中国历史

五代史

陶懋炳 张其凡 曾育荣 著

人民出版社

目　录

序

　　一般读中国历史的人,一接触到所谓"五代十国",就会感到头痛。这期间,若以朱温篡唐(907)到赵匡义灭北汉(979)来计算,实达70余年;若按照传统史家以封建王朝的兴亡为断代标准,到赵匡胤建立北宋(960),就只有54年。虽然为时甚短,若从大势而言,这个时期确是晚唐"乱世"的延续。一则因中国此时政权林立,所谓十国,还只是自宋以后汉人的看法,并未包括边疆少数民族在内;特别是契丹阿保机已在后梁贞明二年(916)称帝建国,在此前后,契丹对华北的政治局势影响极大,终于形成和北宋长期对峙的局势。我们不能不承认这些都是我们多民族国家中的各个民族的政权。由于分裂割据的局势如此,故战争和篡夺频仍,天下大乱。二则因各个政权的最高统治者大多不是世家大族,而是出身于黄巢义军及秦宗权等"流寇"的部将和久已汉化的"蕃夷",这是汉族传统史家所看不惯的。如欧阳修的《五代史记》就不断地哀叹"呜呼",给后人带来了更阴暗的印象。

　　其实,这个时期正是历史辩证运动的一个转折点,表明中国古代社会正走向一个新的阶段。自此,彻底摆脱了六朝以来世族高门垄断政权的局面,农民由于租佃制的普遍施行而人身依附得以削弱和商品经济得以较快发展,因而封建帝王的专制统治也得以进一步的加强。如枢密院到北宋即与政事堂对掌军事、行政大权,天下财赋也渐集中于三司。同时,文化上如诗、词等较之唐代又有新的发展。加以此时开始刻书,为宋代以后教育、文化的日益兴盛提供了有利的条件。如果看不到这些时代特点,就不易理解这段历史的重要意义。

　　由此可知,这确是一个为时虽短暂却又极为错综复杂的历史时期,要全面地掌握它的情况和特点,是很不容易的。陶懋炳同志这本20多万字的书,却在各个方面画出了它的轮廓。特别是对五代十国的兴废及其相互关系,能使读者一目了然。也由此可知,作者是经过长时期的深思熟虑,发现了这个历史时期的矛盾及其变化规律,再以正史、《通鉴》、类书、野史笔记以及近人和国外的研究成果而作了严密的论证的。作者长于考证[1],但此书虽有所创见,却不为新奇可怪之论;虽力求以马克思

---

[1] 如他的《王薄事迹考》,对这位隋末首先起义的农民英雄,从无人知其去向,而此文终于钩稽出他的遭际。(此文刊于《湖南师范学院学报》1981年第2期)

主义作为治史的指导思想，却不以摘引经典著作的论述而自炫。实事求是地以深入浅出的笔法，为读者提供了这一历史时期的全貌。不过，在科学、文化方面还微嫌不足，这是不是我的苛求？

　　陶懋炳同志和我相识已40多年，我深知他酷好隋唐五代史。虽在新中国成立前艰危困苦的岁月中，而读史之志不渝。现在我读了这部书稿，高兴之余就写了这一点读后感，未敢自以为是。反正学术为天下之公器，读者自会对此书作出公允的评价，就不容我饶舌了。

熊德基

1983年10月20日

前　言

　　自公元907年朱全忠废唐建梁(史称后梁)，至公元960年赵匡胤陈桥兵变，篡周(史称后周)建宋，这段时间，共计54年，史称"五代"；在此期间，南北各地又先后出现了一批割据政权，史称"十国"。这本是宋代史家所用的名词，为后世沿用至今。

　　五代十国是我国古代历史上割据分裂时期之一。在它之前，曾经出现三国、十六国、南北朝这几个割据时期。五代十国与前代相比，有什么共同之处和差异之处？为什么五代时期比前代割据历时要短？又为什么它会是中国古代历史上中原地区出现的最后一个分裂割据时期？这都是值得我们思考的问题。

　　毛泽东同志在《中国革命和中国共产党》中指出："自秦始皇统一中国以后，就建立了专制主义的中央集权的封建国家；同时，在某种程度上仍旧保留着封建割据的状态。"这是符合中国历史真实情况的精辟之论。在中国古代社会里，自给自足的自然经济占统治地位，各地区分割闭塞，这就是封建割据的客观条件；即使在统一的封建帝国中，也必然保留着某种程度的割据状态，而且，割据的潜在因素，是一直存在的。不过，仅有以上条件，或者说，仅仅有潜在的封建割据因素，并不就必然能出现分裂割据的局面。2 000多年的中国封建社会历史证明，封建国家统一的时间要比分裂割据的时间长得多。显然，由潜在的因素转化为分裂割据的局面，还要有别的因素。这些因素很多，各个时期都有不同。而其中最主要的因素则是专制主义的中央集权国家的衰落，不但无力控制地方，反而受制于地方军阀，乃至为封建军阀所废弃(或者为内迁的少数族贵族所攻灭)；同时，各地割据势力之间，暂时又没有形成能够吞并其他割据势力的强大力量，于是呈现了鼎峙之局。三国、十六国、南北朝和五代十国的出现，莫不如此。可以说，这就是各个封建割据分裂时期的共同处。

　　但是，五代十国与前代相比，又有差异。

　　一、经济结构有所不同。表现在土地的经营方式上，前代是以士族地主的大庄园经济占支配地位。魏晋南北朝的封建大庄园是由汉代世家豪族以坞壁形式的封建庄园发展而来，各级士族和地方豪强，凭恃先世所分割的土地和劳动力，一身兼庄园主、军政统治者和封建大族长，庄园之内，奴役着注家籍的成千上万的农奴家庭，即部曲、佃客、荫户、徒附之类，既为农奴，又为私兵；他们还封占山泽，垄断一方。隋末农民战争以后，本已衰落的封建大庄园普遍土崩瓦解。整个唐代，庄田的经营方式逐步取代了这种封建大庄园。也就是说，伴随封建土地私有程度的增加，劳动者所承受的超经济强制也相对减少。经过了唐末农民战争，这种变革算是完成了。与此相关联，魏晋南北朝的封建大庄园是高度自给自足的经济结构，因此，商品经济萎缩，远不能与秦汉相比。那时虽有商业活动，但主要是为统治者提供奢侈品，而以物易物的现象十分普遍，货币地位大大下降。五代十国则不然。即使在战争频繁的中原地区，商业仍然活跃，贸易的货物虽然仍以奢侈品为大宗，却还有相当数量的生活必需品。无论是中原的五代，或者是南方的九国，商税都是国家收入的重要部分，而经营商业的人，包括了上自后妃、下至官吏的大小贵族、官吏，巨商大贾又多是依靠各地封建政权的统治者才能贸易各地，牟取暴利的。

二、社会基础也有差异。这是与经济结构的差异密切相关的。三国是东汉末年州牧割据的发展，而东汉末年州牧割据已由来已久。由于皇权和世家地主（以外戚为代表）的矛盾而出现了外戚与宦官之争，因而地方名流在这个空隙中间成长起来，通过征辟、选举等途径跻身于仕途，而且逐渐形成了豪族强宗之类的大庄园。其中最称显赫的如南阳袁氏、弘农杨氏这样一批"四世三公"、"门生故吏遍天下"的名门望姓，就成了后世士族地主的先驱。而各地州郡长官和掾曹佐贰，正是胶结漆固的庄园主集团，他们结为君臣，共享祸福，形成盘根错节之势。这种半割据状态，一旦遇到中央势力衰落的时机，便立即发展为州牧割据。东汉末年割据的"群雄"之中，"四世三公"的袁绍、袁术，出身宗室、名列"八厨"的刘表，依靠宗族部曲武装起家的曹操和孙坚父子，都是此类人物；就是他们部下的谋士武将，绝大多数也是这类人物，吴国的周瑜、鲁肃、陆逊、顾雍、张纮，魏国的曹洪、曹仁、荀彧、荀攸，蜀汉的马超、法正、许靖之流，皆是其选。

三国、两晋形成了士族地主的支配地位。声势显赫的士族领袖人物，不仅成为国家的支柱，甚至皇帝也要赖其提挈。东晋元帝朝"王与（司）马，共天下"的谚语，元帝"寄人篱下，心常怀惭"的慨叹，正是典型事例。即使是内迁的少数民族的封建贵族建立政权，也不能不依赖他们的支持，匈奴刘氏建立的前赵，羯族石氏建立的后赵，鲜卑慕容氏建立的前燕，氐族符氏建立的前秦，鲜卑拓跋氏建立的北魏，哪一个政权不是倚靠了汉族门阀世族的支持？因此，王、谢、袁、萧和顾、陆、朱、张显赫于江左，崔、卢、王、李、郑骋势于中原。当然，十六国和北朝还有另一个重要的社会基础，这就是内迁的少数族封建贵族。经历了300年左右的民族融合过程，汉族与内迁各族的民族界限逐渐泯灭，尤其在北魏孝文帝改制以后，鲜卑贵族成为"虏姓"士族，与中原门阀世族互通婚姻，北周形成的关陇士族，便是"虏姓"与"郡姓"结合的混合体。隋朝的统一，正是在士族势力衰退、民族融合告一段落这两个条件下出现的。

入唐以来，士族和庶族的斗争激烈进行。隋末农民战争以后，关陇士族依然声势显赫。经过几番斗争，关陇士族受到空前未有的沉重打击，士族与庶族逐渐糅合，同时，又结党相争，势同水火。正是在这种情况下，"孤寒无党"的"蕃将"被擢升为雄踞边区,手握军、政、财、刑大权的节度使,"安史之乱"由是而生。此后,节度使遍及中原,呈现了半割据状态。这批节度使不外出身寒微的庶族和"归化"的"蕃将",唐代中兴名将郭子仪和李光弼,恰恰是这两类人的代表,而当时的藩镇不是安史旧部,就是郭、李部属。唐代后期,藩镇割据、宦官专权和朋党之争,都与士族和庶族的斗争相关联。就总的趋势来说,是士族与庶族的合流,形成势官地主阶层,它在宋代称为"形势户"。但在唐朝后期,封建大庄园的经营方式仍有少量存在,士族地主还有相当的政治能量。至于在意识形态方面,则反映更多,谱牒之学一直盛行于有唐一代,就是明证。由于唐朝廷还能确保江淮、巴蜀的财赋收入,又由于藩镇间势力不相上下,各镇内部矛盾更为复杂,各种矛盾交相制约,唐朝的统一局面就靠这些条件得以苟延残喘。

唐末农民战争打破了这种沉闷的局面。"朱门甲第无一半","天街尽踏公卿骨",士族和庶族显贵结合而成的势官地主势力受到惨重的打击。在镇压农民起义军过程中,新兴的藩镇压倒了旧藩镇,藩镇之间旧日的相对平衡被完全打破。唐朝廷不但失去了江淮、巴蜀的财赋收入,而且内部矛盾重重,仰鼻息于强藩,受他们的操纵控制。这样,半割据转为割据之局,徒有其名的大唐帝国终于覆灭,出现了大分裂的局面。然而,也恰恰在这时,出现了新的生机。

五代十国是唐代藩镇割据的发展,又是由长期僵持之局转向统一局面的过渡时期。它是封建军阀称王称帝的年代,藩镇和帝王是一体之人。他们的出身比唐代藩镇还要"等而下之";朱温(全忠)、王建出身流氓,李存勖出身沙陀贵族,而李嗣源、石敬瑭、刘知远都是出身卑下、连姓氏都没有的沙陀军人,郭威是黥面皇帝,高季昌是家奴封王,钱镠家族找祖宗找到了家奴出身的唐朝功臣钱九陇,杨行密出身走卒,李昪是流浪孤儿,王潮兄弟出身农家,南汉刘氏是波斯商人后裔。所以到了赵匡胤建朝称帝,把例行使用的古代祭器俎豆之类废掉,公然说:"吾祖先岂识此乎!"至于文人,虽也有极少数士族遗孽和相当数量进士出身的人物,但他们并非凭借门第或者科举而致位卿相,只不过是投靠藩镇,屈居幕僚,随着镇帅升为天子,他们也就攀龙而跻卿相;而且,即使他们位居宰辅,也只能看武夫脸色、听将帅驱呵,保其禄位而已。所以,五代十国的社会基础与唐朝是颇有差异的,就是说,它改变了唐代士族与庶族新贵合流为势官地主的状态,此后的势官地主又是另一代新人了:在五代是挥舞长枪大戟的武人和听其支配的官僚,在宋代则又是以科举出身的士人为主了。

史学界有些同志称后唐、后晋、后汉三朝为"沙陀三王朝",我们觉得这个说法是可以商榷的。虽然这3个王朝都是沙陀军人当皇帝,但却与十六国、北魏不同,与此后的辽、夏、金、元更不同。这是因为,首先,他们没有对汉族采取民族压迫和民族歧视的政策,后唐明宗甚至因自己是"蕃人"而有自卑感,觉得不足以为天下共主。其次,后唐冒称唐室后裔,施行唐制,晋、汉踵行不改,虽然也保存了扑马、祭天神等习俗，但它毕竟不是政策法令。尤其重要的是，三朝都不曾形成一个以沙陀贵族集团作为王朝统治的核心力量，而是不分蕃汉，一体使用，实际上起决策作用的人物如郭崇韬、任圜、桑维翰之类，都是汉人。可见，它们与汉族地主所建的王朝并无区别。

三、就割据政权分布的状况看，与前代大不相同。东汉末年，州牧割据，群雄角逐，北方终为曹操统一，刘备则据有巴蜀、汉中，兼括南中，而东南则自孙吴盘踞后，其领域南及闽、粤，迄于吴亡，始终不曾分裂。西晋而后，北方先后出现了十六国，东南则全是东晋所占有。南北朝时期，北魏统一北方，后来分裂为东魏、西魏，东魏为北齐所代，西魏为北周所代。南方则是，刘宋代东晋，南齐代刘宋，梁朝代南齐，梁又为陈所代，这样递相承袭，而南方始终在一个政权统治之下。至于侯景之乱以后出现的西梁，不过是北朝附庸而已，也可以说是北周势力向南推进的产物。五代十国则不然，中原五代历时都不久，后梁17年，算是最长的，后汉仅仅4年，为历代王朝中寿命最短的。而在南方，吴越86年，吴46年，南唐39年，楚56年，闽54年，南汉67年，荆南57年，前蜀35年，后蜀41年。历时最短的前蜀也比五代中任何一朝要长。这是由于南方诸国"保境息民"政策所致。尤其值得注意的是，南方割据政权之多，前所未见。两蜀且不必论，而从来都是一个政权统治下的长江中下游和闽、粤地区，也出现了吴和南唐、吴越、楚、闽、南汉、荆南7个政权，或者说，同时存在6个割据政权。故师史学前辈李剑农先生精辟地指出，这是唐中叶以来我国经济重心南移，东南各地经济有了重大发展的反映。这是极有说服力的论断。否则，怎么可以理解，在唐中叶还相当落后的福建，能够养得起闽政权下的那批数量庞大的贵族、官僚和军队呢？

四、五代是中国封建制时代中原地区出现的时间最短的割据时期，也是中原地区的最后一次割据。三国时期如果从公元190年董卓之乱算起，至公元279年西晋灭吴，历时90年。"十六国"和南北朝自公元304年西晋灭亡，迄于公元589年隋文帝灭陈，完成统一，历时将近300年。五代自公元907年后梁建国，至公元960年北宋代后周，共54，这只是中原王朝的更替，如果下推至公元979年宋灭北汉，完成中原地区的统一，也仅73年。而且，五代十国之后，中国的边疆仍出现分裂割据的局面。此后又有辽、宋对峙和宋、金对峙，但这种情况与上面所说的几个时期是不同的。辽、宋对峙，可以说是由辽和宋分别统一了边疆和中原，虽然同时也存在西夏、大理以及回鹘诸政权、吐蕃诸政权，这类情况在历史上的统一诸朝中，几乎都有。至于宋、金对峙，确乎有些像南北朝，但是，无论十六国和南北朝都是中原地区自行分裂，形成割据。建立割据政权的内迁民族，都是迁入较久，并且是在中原"创业"、"建国"的，匈奴、鲜卑、氐、羌、羯，都是如此。金朝则不然，它是女真贵族于原居地完成部族的奴隶制变革、建立政权之后，逐步侵入中原，它不是中原自身分裂的产物。所以，两个"南北朝"，貌似而神异。五代历时最短，而且从此中原地区自身不再分裂，这都不是偶然的。东汉后期出现的士族地主和他们经营的封建大庄园，对中央集权的封建专制主义王朝具有很大的离心力,三国时期正是他们发展壮大的阶段。所以,依靠门阀世族为支柱的西晋王朝就享年不永。此后近300年之间,在士族势力由盛而衰的形势下,经过了重重灾难,统一才能重现。五代就不是这样了。分散的庄田,出自凡下的庶族地主,只能依靠强有力的封建国家来保障他们的利益,而不足为左右皇权的社会势力。尽管在一段时间里,握有重兵的封建军阀可以要挟朝廷,甚至称王称帝,但这种趋势终究不能长久。所以,五代王朝像走马灯似的更换,藩镇们的财富更是朝夕易主、瞬息转手,封建秩序到了无法维持的地步,物极必反,统一代替了割据,而中原地区自行分裂割据之局从此基本上不复见于中国封建制时代的历史。

　　我师熊德基先生对五代历史作了一个精赅的概括:"表面上乱,实质是变。"确实是一针见血之论。把五代十国看成是混乱、倒退的"黑暗时代",可以说是受了宋代文人陈腐观念的影响。就整个中国古代社会的历史来考察,五代十国是一个大震荡、大变革的时期。从此,士族地主的影响荡然无存,劳动者由农奴身份转向人身依附关系相对减轻的农民身份。从此,势官地主换上了以科举出身为主的人物,汰除了士族残余和袭其旧风的官僚、藩镇。这样,就大大减少了封建割据的因素而增强了统一的基础。从五代十国本身来看,固然有社会经济和文化遭受严重破坏的一面,但同时又有它们得到发展的另一面,在南方,这后一方面应当还是主要方面。否则,为什么南宋能够建都临安?为什么福建成为宋代的重要财赋之地?而福建人又为什么会在宋代的政治舞台和学术园地中蜚露头角?为什么"唐宋八大家"中的6位宋代文学家都是南方人?又那么凑巧,江西、四川各占3名?这些问题都绝非偶然的巧合。我们可以认为,五代十国是中国社会经济重心进一步南移的重要时期,又是中国古代文化重心南移的开始。

　　为便于读者了解五代十国更替简况,附表于后。

（一）五代简表

朝代	创建者	起迄年代	简　　介
后梁	朱全忠（原名温,唐朝赐名全忠,即位后改名晃）	公元907—923年	907年朱全忠废唐,建国号梁（后梁）。至其子朱友贞,于923年为后唐所灭。共历17年。
后唐	李存勖	公元923—936年	李存勖于923年称帝,建国号唐（后唐）。同年,灭后梁。926年,李嗣源夺位。933年,李嗣源养子李从珂夺位（本姓王）。936年为后晋所灭。共易三姓。共历14年。

朝代	创建者	起迄年代	简　介
后晋	石敬瑭	公元 936—947 年	石敬瑭于 936 年为契丹帝耶律德光(辽太宗)册立为晋帝,篡后唐。至其侄石重贵(后晋出帝),947 年为契丹所灭。共历 12 年。
后汉	刘知远(即位后改名暠)	公元 947—950 年	刘知远于 947 年建国号汉(后汉)。至其子隐帝刘承祐,950 年为后周所灭。共历 4 年。
后周	郭威	公元 951—960 年	郭威于 951 年代后汉,建国号周(后周),史称后周太祖。954 年,养子柴荣(本其内侄)继位,史称后周世宗。959 年世宗死。次年初,赵匡胤策动兵变,篡周建宋。共历 10 年。

(二)十国简表

国号	创建者	起迄年代	简　介
吴	杨行密(愍)	公元 892—937 年	892 年,杨行密取得淮南节度使。919 年,杨渭(行密次子)称大吴国王。927 年,杨溥(行密四子)称大吴国皇帝。937 年,徐知诰废吴。共历 46 年。
南唐	李昪(原名徐知诰)	公元 937—975 年	徐知诰自称唐室后裔,改姓名李昪,建国号唐,史称南唐。至其孙后主李煜,为宋所灭。共历 39 年。
吴越	钱镠	公元 893—978 年	893 年,钱镠取得镇海节度使位。907 年,后梁封钱镠为吴越王。至其孙钱弘俶归版籍于宋(978),国除。共历 86 年。
楚	马殷	公元 896—951 年	896 年,马殷取得武安军节度使位。907 年,受后梁封为楚王。至其子马希广,兄弟争位,发生混战,951 年为南唐所灭。共历 56 年。
闽	王潮	公元 892—945 年	892 年,王潮取得福建观察使位。897 年,其弟王审知为武威军节度使。907 年,受后梁封为闽王。933 年,其子王鏻称帝。至王延政,发生内讧,945 年为南唐所灭。共历 54 年。

国号	创建者	起迄年代	简　介
南汉	刘隐	公元 905—971 年	905 年,刘隐取得岭南节度使位。917 年,其弟刘岩(刘龑)称帝,国号汉,史称南汉。至其孙刘铱,971 年,灭于宋。共历 67 年。
荆　南(南平)	高季昌(季兴)	公元 907—963 年	907 年,高季昌为荆南节度使。924 年,后唐封为南平王。至其孙高继冲,963 年为宋所灭。共历 57 年。
(前)蜀	王建	公元 891—925 年	891 年,王建取剑南西川,又取东川。907 年称帝,国号蜀,史称前蜀。至其子王衍,925 年为后唐所灭。共历 35 年。
(后)蜀	孟知祥	公元 925—965 年	925 年孟知祥入蜀。932 年,并东川。935 年称帝,号蜀,史称后蜀。至其子孟昶(后主),965 年为宋所灭。共历 41 年。
(北)汉	刘崇(旻)	公元 951—979 年	951 年,后汉高祖刘知远之弟刘崇称帝太原,仍号汉,史称北汉。至其孙刘继元,979 年为宋所灭。共历 29 年。

第一章　唐朝覆灭和后梁、后唐的嬗替

第一节　藩镇割据与唐朝灭亡

一　"安史之乱"后藩镇割据的回顾

经过了唐初近百年的经营,又经过了武、韦数十年的动乱,唐玄宗李隆基依靠庶族官员的势力,发动两次宫廷政变,取得皇位,继前世之余烈,擢贤能为己用,奖励耕织,澄清吏治,终于出现了"开元之治",唐朝的繁盛达到了它的最高峰。"开元天宝之中,耕者益力,四海之内,高山绝壑,耒耜亦满"[1],垦田倍增,户口繁殖,仓廪充实,交通畅达,商业活跃,手工业技术和规模都有新发展。杜甫的《忆昔》诗篇,如实地刻画了当时大唐帝国的繁荣强盛景象。

然而,盛极而衰,在一片升平歌舞声中,唐帝国的基础不断遭到蛀蚀,潜在的社会危机越来越加速发展,强大的帝国终于从顶峰上跌了下来。均田制颓坏,兼并炽烈,户口流散,日益严重的高利贷资本对社会经济的侵蚀,公私用度的成倍增加,尤其是宫廷奢侈用度和军费开支的恶性膨胀,致使唐帝国的坍坏成了必然之势。

士族与庶族的合流,虽为当时的趋势,但在合流的同时,依然倾轧不已。公卿大臣们的结党相争,使皇帝感到厌烦,于是擢拔"孤寒无党"的"蕃将",寄以边任。"外事夷狄,内兴事功"的结果,出现了"先之以师旅,因之以荐饥"的局面;而独当一面的节度使,手握军、政、财、刑大权,"于是骁将锐士、善马精金,空于京师,萃于二统"[2]。形成

唐玄宗像

[1] ［唐］元结:《次山集》卷7《问进士第三》,景印文渊阁四库全书本（第1071册）,第552页。

[2] ［唐］杜佑:《通典》卷148《兵一·兵序》,中华书局点校本1988年版,第3780页。

唐东都洛阳右掖门遗址

了股大于腰、尾大不掉之势。天宝十四年（755）终于爆发"安史之乱"。从此，唐帝国一蹶不振。然而，"百足之虫，死而不僵"，何况唐朝廷还有它巨大的财赋来源和相当的军事、政治力量，除河朔诸镇外，朝廷还可以基本上控制其他地区。它虽是一个患有不治之症的巨人，但它的死期还暂不会到来。

唐代的藩镇，有"蕃将"，也有汉将。这里的"蕃将"与唐初不同，唐初"蕃将"如阿史那大奈、契苾何力等人都是归附的少数族贵族，而"安史之乱"前夕及此后的"蕃将"则是少数民族中的寒微部民或贱民，哥舒翰、安禄山、史思明是如此，田承嗣、李宝臣、张忠志也是如此。汉将也是出身寒微的军人，即使是"功盖天下"、最为诸镇敬惮的，"大富贵、亦寿考"的"中兴第一功臣"汾阳王郭子仪，也不过是出身武举的下级军官，他如赫赫名将李晟、李光颜等，也都出自行伍。镇帅如此，其部将也基本如此。至于藩镇幕僚，则多属庶族士人。安禄山的谋士严庄、高尚是应进士试不中的士子。此后，进士及第而未能得官的士人投靠藩镇，充当幕僚，以为供职朝廷的跳板者，比比皆是。各地藩镇和富商大贾结下千丝万缕的关系，唐代的飞钱固然是商品经济发展的产物，但从另一角度来看，却正表明了藩镇与商贾关系的密切。所以，我认为，藩镇乃是庶族地主势力发展的表现。已故史学大师陈寅恪先生把河朔诸镇目为"胡化"集团。我是未敢苟同的。

"安史之乱"以后，朝廷与藩镇的斗争大致可分为三个阶段：

代宗平河北，行姑息之策，以安史旧部为河朔诸镇节度使。他们"郡邑官吏，皆自署置，户版不籍于天府，税赋不入于朝廷"[1]。唐朝廷也只得听之任之。他们之间，"喜则连衡以叛上，怒则以力相并"[2]。一面以武力吞并邻道疆土，而当邻道镇帅死亡，子侄自称留后，向朝廷请授节旄时，又受其贿赂，联名上表，要挟朝廷，朝廷也只得承认既成事实。代宗一朝便是采取这种姑息政策，以安反侧。然而，对财赋重地巴蜀、江淮，则严密控制，对输送财赋的漕道，则全力保障。因而，横行襄阳，拒不受代的山南东道[3]节度使来瑱，一旦遭宦官程元振谮陷，便谪贬赐死。同华节度

[1] ［后晋］刘昫：《旧唐书》卷141《田承嗣传》，中华书局点校本1975年版，第3838页。
[2] ［宋］欧阳修、宋祁：《新唐书》卷64《方镇一》，中华书局点校本1975年版，第1759页。
[3] 山南东道治襄州（今湖北襄樊市），辖境相当今重庆市长寿、垫江、忠州和陕西紫阳、石泉、宁陕等县市以东，河南泌阳、桐柏和湖北随州、京山、沔阳和洪湖以西，秦岭、伏牛山以南、长江以北地区。

使[1]周智光口出狂言，声称他如果在睡眠中伸一下腿，长安城就会踏破，唐廷便起用郭子仪纠集大军讨伐，诛灭周智光。代宗一朝对待地方的策略，可以归纳为：严控扬益，维护漕道，确保关中，姑息河朔，以后诸朝也基本如此。这是第一阶段。

从德宗削藩失败到宪宗削藩，这是第二阶段。德宗继位后，因杨炎改革赋役，行两税法，财赋收入大增，遂决计削藩。于是，河朔诸镇联兵抗御朝廷，各自称王。叛乱蔓延所及，朱泚据长安、李希烈据大梁，皆称皇帝。德宗逃至兴元(今陕西汉中)，靠李晟、马燧、浑瑊浴血苦战，撑住了局面。朱、李称帝，诸镇离心，唐廷用分化瓦解之计，先后消灭了朱泚和李希烈，河朔四镇去掉王号，重归朝廷，而跋扈益甚。德宗削藩，实际上是以失败而告终。

然而，这场斗争却暴露了藩镇本身及诸镇之间的重重矛盾。诸镇虽然在对抗朝廷时能够联合起来，却不足以推翻朝廷，而且，即使在联兵抗上之际，他们之间也还是互相猜忌，彼此争夺，乃至兵戎相见，联合根本无法巩固。至于叛镇中有人称帝，则形势就骤起变化。在诸镇看来，同辈中有人称帝，便在他们之中分了上下尊卑，他们不屑于俛首低眉北面以事同辈，还在其次，更重要的是，他们权衡利害，就不能不改变态度。因为，他们明白，朝廷对于称王的藩镇，尚有安抚的余地，而对于僭号者，则必须消除而后已；他们依附于号称新朝皇帝的同辈，非但得不到任何好处，反而有遭吞噬的危险；况且，朝廷以全力消灭僭号的叛镇之后，自己也难免受到灾祸。所以，他们宁可转过头来，效顺朝廷，也不愿臣服僭号者。于是，僭号者陷于孤立，号称皇帝的朱泚竟然遭到先树叛旗的从弟朱滔的反对，众叛亲离，迅速灭亡。唐朝廷于这次诸镇叛乱中，采用以藩制藩的办法，尤其是利用藩镇内部将帅的矛盾，收买将校，啖以高官厚赏，许以节旄，让他们杀帅归降，换取节度使职位。这种求一时之苟安，贻后患于无穷的策略，影响极恶劣，使藩镇更加骄横，无所忌惮。宪宗朝，凭恃杨炎、刘晏改革财政取得的积累，加上有一支比较精锐的神策军，先平剑南刘辟叛乱，确保财赋来源之地。尔后，魏博田弘正怵于将士杀帅的惨痛教训，请命朝廷，以期保

郭子仪像

[1] 同华节度辖同、华2州。华州治郑县(今陕西华县，节度使驻此)，辖境相当今陕西华县、华阴、潼关3县市及渭南市北部、临漳县东北一带；同州治冯翊(今陕西大荔县)，辖境相当今陕西大荔、合阳、韩城、澄城、白水等县市地。

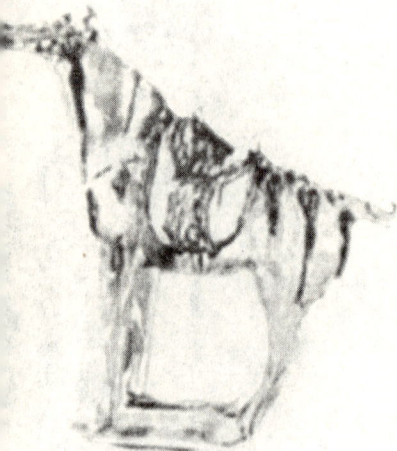

全身家,受到特大宠异,对河朔发生重大影响。接着,唐廷东平淄青,西克蔡州,威望重振,宪宗遂被誉为"中兴之主"。然而,昙花一现,好景不长,就连这位"中兴之主",也被宦官酖杀。

从穆宗弭兵到唐末农民战争之前,是第三阶段。穆宗弭兵,招致了河朔再叛,从此,诸镇兵变,习以常事,而到唐末农民战争前夕,更是无镇无兵变了。于是镇帅节将,往往朝得节旄之赐,夕罹灭族之祸,人人自危,还有何余力来对付朝廷?因而,他们只得转过面来,借用朝命,安抚内部,保全身家。朝廷之中,宦官(北司)与朝臣(南衙)之争,朋党之争,错综复杂,苟延已不容易,还能谈什么削藩,武宗朝虽也利用藩镇内部矛盾,削平了一些叛乱,但是,病入膏肓的唐朝廷,绝无恢复强盛统一局面之可能。"回光返照",一掠而过。懿、僖两朝,每况愈下,丧钟终于敲响了。

下面,再简略地谈谈唐后期的宦官专政和"朋党"之争。

前面已经提过,唐朝皇权在"安史之乱"以前,已猜忌公卿重臣。而且,从武周后期开始,连续出现宫廷政变,唐玄宗灭韦后,杀太平公主,宦官参与其事,起了重要作用。所以,玄宗朝高力士官高位显,甚至可以参与建立皇储的决计,无怪乎皇子、公主都要恭维他了。然而,高力士之流还不敢干预军国大政,更不敢威胁皇权,不过恃恩承宠而已,一遭呵叱,便吓得连连磕头,口称"老奴当死"。安史乱起,唐朝的皇帝对武臣也发生疑忌,连"中兴名将"郭子仪、李光弼都不能免。而宦官内握禁旅,外监诸军,干预军国大政,视皇帝如傀儡,李辅国竟公然对唐代宗说:"大家但内里坐,外事听老奴处置。"[1]德宗置神策军中尉,以宦官充任,他们直接掌握了军队,如虎添翼,以致能够废立帝王如反掌,屠戮宰辅如鸡豚。唐代宦官多是闽、粤贫家鬻卖幼儿,充当阉人,凡能得势的,都是狡黠阴狠之辈,一旦得势,穷凶极恶,为所欲为,成为宫廷政治腐朽的强性催化剂。宦官头子仇士良曾经向他的徒子徒孙们传授挟制皇帝的窍门:"天子不可令闲,常宜以奢靡娱其耳目,使日新月盛,无暇更及他事,然后吾辈可以得志。慎勿使之读

唐三彩马

1 《旧唐书》卷184《李辅国传》,第4761页。

书,亲近儒生,彼见前代兴亡,心知忧惧,则吾辈疏斥矣。"[1]
由于宦官经常出外任诸镇监军,他们便有机会勾结藩镇,
相互利用。从这方面看,唐代藩镇与宦官的关系和东汉州
郡长官与宦官的关系是不同的。东汉州郡长官于外戚宦
官相争之际,多支持外戚,反对宦官,而唐代藩镇虽也有
支持朝臣的时候,更多的场合则支持宦官。不过,宦官既
是皇权的附属物,一旦地方军阀势力发展到足以控制朝
廷,尤其是能够改朝换代的时候,他们总是先消灭宦官,
再行篡代的。所以东汉宦官和唐朝宦官的下场,都是在军
阀的刀剑下被诛灭,这并非偶然的巧合。

唐代釉下彩绘鸟纹瓷壶

　　唐朝的"朋党"和东汉的"党人"更不相同,东汉遭"党
锢之祸"的清流名士,是世家地主的支持者,"党锢之祸"
又可说是门阀世族出现于历史舞台的序幕。唐代的"朋
党"则是式微的士族和新兴的庶族官僚合流过程中的产
物。由于士族有深远的社会影响,出身门荫的士族子弟视
科举出身的庶族新贵为"浮华"、"凡庸",李德裕就公然
说:"好驴马不入行。"而庶族新贵则视他们"才识凡下",
是"久妨贤路"的障碍物。在"牛李党争"这一历史事件中,
我们既要看到"李党重门第,牛党重科举",又要看到李党
有科举出身的成员,牛党也有世家子弟。一般说来,门荫
出身的士族子弟,往往不恃藩镇便可以仕宦,而且能够顺
利致位将相,因而他们往往维护中央集权,主张制藩和削
藩,例如裴度、李德裕,便是其代表人物。而出身科举的士
人,却每每投靠藩镇,尔后得以仕宦于朝廷,牛僧孺力主
姑息藩镇,其原因正在于此。宦官专政,朝臣对此痛心疾
首,力图消除阉宦者大有人在,但总是遭到失败,"甘露之
变"便是最惨痛的一幕。此后,"朋党"又每每与不同派系
的宦官相勾结,依为奥援。唐末农民战争前夕,朝臣斗争
更烈,他们不问是非,全凭意气,每天都在无休止的攻讦
中。

　　回顾从安史之乱到唐末农民战争前夕的100多年的
历史,就会明了,保持着统一帝国称号的唐朝,不过是处
在重重矛盾、冲突无法解决的形势下,才得以苟延生命。
这种沉闷、僵持的局面,越来越成为历史发展的严重障
碍。唐末农民战争打破了这种旧的平衡,带来了新的生

[1] [宋]司马光:《资治通鉴》卷
247,唐武宗会昌三年六月,
中华书局点校本1956年版,
第7985页。

机。此后出现的五代十国，不过是重新统一这个胎儿出世前的阵痛罢了。

二　唐朝的末日

唐朝廷纠聚了一切反动势力，向黄巢农民军疯狂反扑，农民军终于败出长安，转向河南，从此节节败退，不能重振。最后在山东狼虎谷全军覆灭。唐光启元年(885)，唐僖宗率领入蜀的文武百官从成都回转长安。当时的情况正如史籍所载：

> 时李昌符据凤翔，王重荣据蒲、陕，诸葛爽据河阳、洛阳，孟方立据邢、洺，李克用据太原、上党，朱全忠据汴、滑，秦宗权据许、蔡，时溥据徐、泗，朱瑄据郓、齐、曹、濮，王敬武据淄、青，高骈据淮南八州，秦彦据宣、歙，刘汉宏据浙东，皆自擅兵赋，迭相吞噬，朝廷不能制。江淮转运路绝，两河、江淮赋不上供，但岁时献奉而已。国命所能制者，河西、山南、剑南、岭南西道数十州。大约郡将自擅，常赋殆绝，藩侯废置，不自朝廷，王业于是荡然。[1]

唐朝廷依靠藩镇镇压农民军，结果是藩镇势力恶性膨胀，出现了无地不藩，无时不战的混乱局面。早在中和元年(881)，唐僖宗逃往成都之后，淮南节度使高骈便拒受朝命，断绝江淮财赋，拥兵自重，并且公然在奏疏中抨击朝廷。于是唐朝廷的财赋重地仅有剑南一处了。等到唐僖宗回到长安，不到几年，王建入川，与西川节度使陈敬瑄争夺地盘，遮断剑阁，巴蜀财赋又告断绝。唐朝廷失掉了两支输血管，灭亡已成必然之势。然而"燕雀处堂，不知火至"，唐廷宦官、朝臣在面临末日之际，倾轧更达到了白热化的程度，他们似乎都要使自己早日进入坟墓而后感到称心快意。宦官头子田令孜和杨复恭争权夺利，一个靠其兄西川节度使陈敬瑄为后盾，一个靠拥有沙陀铁骑的河东节度使李克用作靠山；宰辅们为了排斥异己，勾结藩镇者有之，依靠宦官者有之，都不择手段地对付自己的政敌，必欲置之死地而后快，至于国家的安危，他们根本不管。这样，不但朝廷完全受制于藩镇，而且，藩镇间争夺朝廷，兵连祸结，岁无宁日。

---

[1]《旧唐书》卷19下《僖宗纪》，第720页。

蒲州治蒲坂（今山西永济市西南蒲州镇），辖今山西永济、临猗、闻喜、万荣、芮城等市县地。陕州治今河南三门峡市西陕县老城，辖境相当今三门峡市、陕县、洛宁、渑池等地。

河阳治今河南孟县南，较长期领有河阳三城和河阳、温县、济源、汜水、河阴等地，辖境相当今黄河故道以北、太行山以南、浚县以西和今黄河南岸孟津县及荥阳市的汜水、广武二镇地。

邢州治今河北邢台市，辖区相当今河北巨鹿、广宗市以西，泜河以南，沙河以北地区。洺州治永年（今河北永年县东南城关镇），辖区相当今河北邯郸、鸡泽、永年、曲周、邱县、肥乡、武安等市县地。

上党，即泽潞镇，治潞州（今山西长治市），辖泽、潞2州，泽州治今山西晋城市，潞州治今山西长治市。

汴州治浚仪（今河南开封市），辖境相当今河南开封市与开封、封丘、兰考、杞县、通许、尉氏等县地。滑州治白马（今河南滑县东南城关镇）。宋州治睢阳(后改宋城县，在今河南商丘县南)，辖境相当今河南柘城、夏邑以北，睢县以东，山东曹县、睢县以南，安徽砀山县以西地。

（接上页注文）汴宋镇即宣武镇。

许州治长社（今河南许昌市），辖境相当今河南许昌、漯河、舞钢、鄢陵、扶沟、临颍、舞阳、郾城、长葛等地。

蔡州治汝阳（今河南汝南县），辖境相当今河南淮河以北、洪河上游以南、桐柏以东地区。

徐泗又称感化军，辖徐、泗等州，徐州治彭城（今江苏徐州市），辖境相当今山东东南部和江苏长江以北地区；泗州治临淮（今江苏盱眙县西北），辖境相当今江苏宿迁、邳州、睢宁、泗阳、涟水、灌南、泗洪及安徽泗县等县市地。

郓州治须昌（今山东东平县西北），辖境相当今山东东平、梁山、郓城、巨野等县地。齐州治历城（今山东济南市），辖境相当今山东济南、淄博、长清、齐河、禹城、临邑、济阳、邹平、章丘、桓台等市县地。曹州治济阴（今山东曹县西北），辖境相当今山东菏泽市及定陶、成武、东明和河南民权等县地。濮州治鄄城（今山东鄄城县西北旧城镇），辖境相当今山东鄄城及河南濮阳南部地区。

淄青治青州（今山东青州市），领淄、青、登、莱、棣等州，约当今山东东北部半省之地。

宣州治宣城（今安徽宣州市），辖境相当今安徽长江以南，郎溪、广德以西，旌德以北、东至以西地。歙州治今安徽歙县，辖境相当今安徽新安江流域、祁门县及江西婺源等地。

山南分东、西两道，西道治兴元府（今陕西汉中市），辖境相当今陕西秦岭、甘肃嶓冢山以南，重庆江津、永川等市县以北，陕西佛坪、西乡、镇巴，重庆城口、开县和四川大竹、邻水以西，嘉陵江流域以东地区。

剑南治益州（今四川成都市），本辖益、彭等25州及昆明军，约当今四川中部地区。至德二年（757）分为东川、西川两道。东川治梓州（今四川三台县），领梓、遂、绵、普、陵、泸、荣、剑、龙、昌、渝等12州，约当今四川盆地中部涪江流域以西、沱江下游流域及剑阁、青川等县地。西川治成都府（今四川成都市），领成都府及彭、蜀、汉、眉、嘉、邛、简、资、茂、黎、雅以西诸州，约当今四川成都平原及其以北、以西和雅砻江以东地区。

岭南治广州（今广东广州市），直辖广管诸州，辖境相当今广东大部分地区，兼领桂、邕、容、安南四管之地。咸通三年（862）分为东西两道，东道辖广管诸州，西道辖桂、容、安南、邕管等地。

仙霞岭七百里山路遗迹

唐朝廷刚回长安,席不暇暖,田令孜就想要夺取河中盐利[1],以朝命移河中节度使王重荣于他镇。王重荣拒受朝命,上表斥责田令孜。田令孜遂联合邠宁[2]朱玫、凤翔李昌符,共讨河中。王重荣自感势孤力薄,便乞援于河东李克用,与李克用联兵抗击朝廷。李克用部强悍猛勇,所向无敌,长驱攻入关中,在长安附近沙苑大破朱玫,朱玫乞和,请为前驱,倒戈进入长安。田令孜仓皇失措,挟唐僖宗逃往兴元。朱玫虏得唐宗室襄王李煴,立为皇帝。李克用大为不满,立即竖起讨逆的旗帜,讨伐朱玫。朱玫兵败,被部将王行瑜所杀,王行瑜遂夺了邠宁节度使位。李昌符于李煴称帝后,重向唐廷归顺,但也被唐廷任命的凤翔节度使李茂贞攻杀。李克用虽然出身沙陀贵族,但深通权术,他很清楚,如果公然废置皇帝或者挟持朝廷,就会把自己"踞于炉火之上",受到四面围攻,因此,他不入长安,引兵北返,以表明并无异志。王重荣入长安,杀李煴,朝官被杀的几乎达到半数。田令孜见势不妙,离开朝廷,入蜀投靠陈敬瑄。这次变乱,朝臣损失巨大,宦官则由田、杨相争变成杨复恭独横,至于关中诸镇虽受到一定程度的打击,而在李克用部北撤之后,凤翔李茂贞趁机扩张,跋扈甚于李昌符、朱玫,当然,罹受战祸最甚的还是长安附近的老百姓。乱兵在长安大肆破坏,以致"宫阙萧条,鞠为茂草矣"[3]。专以踢毬为能事的唐僖宗也在回长安后,暴病身死。

僖宗死后,杨复恭立寿王李杰(即位后改名晔)为帝,是为唐昭宗。李复恭自称"定策国老",目昭宗为"天子门生",作威作福,无所不至。他养了几十名勇士为义子,让他们分掌兵权,号称"外宅郎君";又养600名宦官为义子,分派诸道充任监军使;他一身兼枢密使、右军中尉、观军容使等要职,"既军权在手,颇擅朝政"[4],专横跋扈,为所欲为。唐昭宗忍无可忍,忿恨难平,宰相孔纬、张浚等也不堪杨复恭的欺凌,暗中劝说昭宗采取措施,剪除宦官。他们本身没有力量,便想依靠宣武节度使朱全忠。朱全忠于此时已削平了盘踞蔡州等处的秦宗权,势力转强,而李克用在当时也在北攻幽州、云中[5],兵锋甚锐。张浚听从朱全忠建议,力倡讨伐李克用,以动摇杨复恭的靠山,然后可以

[1] 河中(又称护国军)治蒲州(今山西永济市西南蒲州镇),领河中府及晋、绛、慈、隰4州,辖境屡有变动,较长期领有今山西石楼、汾西、霍州以南和安泽、垣曲以西地区。所产盐称"解盐"。

[2] 邠宁(定难军)治邠州(今陕西彬县),较长期领邠、宁、庆3州,相当今甘肃东部的环江、马连江流域以东和陕西彬县、永秦、旬邑、长武等县地。

[3] 《旧唐书》卷19下《僖宗纪》,第722页。

[4] 《旧唐书》卷184《杨复恭传》,第4774—4775页。

[5] 幽州(卢龙镇)治今北京市城区西南,辖幽、蓟、平、檀、妫、燕等州,辖境相当今北京市区及所辖通县、房山区、大兴县和天津市武清县、河北易县、永清、安次等县。

云中,即云中郡,唐天宝元年改云州置,治所在云中县(今山西大同市)。辖境相当今山西大同市及左云、右玉、怀仁、浑源、大同、阳高等县,内蒙古察哈尔右翼前旗及兴和、丰镇等县,河北尚义、怀安等县部分地区。乾元元年(758)复改云州。

除掉杨复恭。另外几位宰相杜让能、刘崇望和多数朝臣都深知若行此策，非但无功，只能招祸，纷纷劝阻，昭宗和张濬哪里肯听。大顺元年(890)，唐廷下诏，革除李克用一切官爵，拼凑军队，由张濬为统帅，孙揆为泽潞节度使，兼任副统帅，又分任朱全忠为南面招讨使、卢龙节度使李匡威为北面招讨使；三方配合，共讨河东。李克用有杨复恭为内应，尽知对方虚实，加上部属士马精强，一战擒孙揆，把他锯死；再战破晋州[1]，张濬弃城逃走。他在狼狈逃回长安的路上，又遭到杨复恭派来扮作强盗的一伙人袭劫，几乎丧生。朱全忠狡猾，仅派偏师作试探性进攻，交战挫败，立即缩回头来，损失很小。唐廷无奈，下诏昭雪李克用，复其官爵，温词劝说他退回本镇，实际上是向他赔礼认错，主张用兵河东的张濬、孔纬都被谪贬。这是朝官的第二次失败，从此，他们之中，无人敢议斥逐宦官，而杨复恭因得到了这次胜利，益加嚣张。

　　唐昭宗处境孤立，愤懑郁闷，无法抑制，他环顾内外，百思不得良策，最后，想出了拉拢、收买宦官义子以除宦官的蠢办法。他精心选中了杨复恭的义子杨守立，结以恩宠，委以重任，把杨守立从一个偏将破格提拔为节度使、同平章事，并赐姓名李顺节，倚靠他来削夺杨复恭的军政大权。大顺二年(891)，唐昭宗认为时机成熟，诏免杨复恭一切职务，迫令其致仕(退休)。杨复恭被挤出朝廷，岂能甘心，便与义子杨守信等密谋，发动叛乱。唐昭宗得知，命李顺节率兵讨捕。杨复恭战败，逃到兴元，纠集义子杨守信、杨守亮等一伙，以讨伐李顺节为名，联兵叛乱。凤翔节度使李茂贞、邠宁节度使王行瑜早有鲸吞邻道之志，如今有词可借、有利可图，便以讨伐杨复恭为名，发兵进攻杨复恭义子所据的山南西道。战争在两处展开，关中陷于大乱：在长安，宦官西门君遂发动兵变，强逼唐昭宗下诏斩李顺节，他自己夺得观军容使职位，任其同谋李周潼、段翙为内枢密使，控制了朝廷。在兴元，杨复恭被李茂贞等战败，穷蹙无计，想逃往晋阳投靠李克用，路上被华州节度使韩建抓获，押送长安斩首。李茂贞举兵讨杨复恭时，纠合了5节度使联名要挟朝廷，授自己以招讨使头衔。唐昭宗拒绝所请，宰相以下无人敢言。接着，昭宗下诏劝说

唐代青釉褐斑兽形环壶

[1] 晋州治今山西临汾市(后移治今市西南十八里金殿镇)，辖境相当今山西临汾、霍州二市及洪洞、浮山、安泽、汾西等县地。

唐代韩滉《五牛图》之一

李茂贞停止进军,退回本镇,李茂贞置之不理,一面出兵攻汉中,一面再次上疏坚请山南西道招讨使名号。唐廷胁于5镇兵力,宦官又与李茂贞暗中勾结,一唱一和,只得允其所请。李茂贞逐走杨复恭,并取山南西道,又要挟朝廷承认既成事实,委任他兼领山南西道。唐廷不愿李茂贞势力膨胀,诏令李茂贞让出凤翔节度使位。李茂贞拒受朝命,上疏恶言斥骂。唐昭宗怒不可遏,不顾朝议,决计用兵讨伐凤翔。

经过长安禁军混战,唐昭宗对"扈驾五都"这支禁军的将领们也不相信了,罢五都都将军职,调充外任。处于极端孤立之际,他竟然异想天开,以为宗室最可靠,遂起用嗣覃王李嗣周为禁军统帅,匆促招募3 000人充禁军,毫无训练。宰相杜让能眼见这是件危险的事,再三劝阻,昭宗非但不听,反而强派他主持军务,而任李嗣周为京西招讨使,讨伐李茂贞。另一宰相崔昭纬素来忌恨杜让能,力图排挤,便暗中与李茂贞勾结,潜送情报,李茂贞便可以不费气力坐得对方动静虚实。不辨菽麦、毫无军事常识的皇家子弟李嗣周,统率一伙未经训练的乌合之众,来讨伐熟悉自己军事部署、久经攻战之敌,胜败之势,即使痴愚之辈也都能明白。所以,唐朝廷讨伐诏刚刚颁下,人心惶恐,"京师民或亡匿山谷,严刑所不能禁"[1]。两军相遇,禁军一触即溃,不能成军,李茂贞部如入无人之境,直逼长安。在崔昭纬的教唆下,李茂贞上表要挟昭宗,请诛杜让能。昭宗斩西门君遂、李周潼、段翊,遣使向李茂贞婉言解释,说明出兵本非杜让能的主张,乞求他谅解。李茂贞悍然不顾,仍然进围长安。昭宗无奈,只得背信弃义地冤杀杜让能。于是,李茂贞不费多少气力,就尽得凤翔、兴元、洋、陇、秦等15府州之地[2],成为关陇地区的霸主。宦官势力经此两役,大为削弱。朝臣屡遭打击,而毫无醒悟,争夺相位,倾轧更加激烈。"自是朝廷动息皆禀于邠、岐,南、北司往往依附二镇以邀恩泽"[3]。李茂贞、王行瑜并非强镇,只因地近长安,便于控制,就居然成了唐朝实际上的太上皇了。

唐朝朝臣结党相攻,不顾大局,丑态百出;宦官虽然力量削弱,但却有力量挟制皇帝、驾驭朝臣。唐昭宗处在

---

[1]《资治通鉴》卷259,唐昭宗景福二年七月,第8447页。

[2] 洋州治西乡(今陕西西乡县),辖境相当今陕西洋县、西乡、镇巴、佛坪等县地。陇州治今陕西陇县,辖境相当今陕西千水流域及甘肃华亭县地。秦州治成纪(今甘肃秦安县西北),辖境相当今天水市、秦安、清水、两当、西和、礼县、徽县、成县等地。岐州治雍县(今陕西凤翔县),辖境相当今陕西周至、麟游、陇县、宝鸡、太平等市县地。

[3]《资治通鉴》卷259,唐昭宗景福二年十月,第8450页。

这种环境中,心情烦躁万分,而又无计可施。当时,朝廷几经颠簸,长安附近的秩序都非常紊乱,"郊畿多盗,至有逾垣入宫或侵犯陵寝者",唐昭宗便想抓住这个机会,"令宗室诸王将兵巡警,又欲使之四方抚慰藩镇"[1]。这个措施的目的很明显,是要抓住兵权,联络强藩,制服朝臣、宦官,对付岐、邠二镇。于是遭到宦官、朝臣的群起抵制,昭宗只得搁置此议。

唐代韩滉《五牛图》之二

乾宁二年(895),又出了河中王氏争夺节度使继承权的纠纷。原来,河中节度使王重荣死后,其弟王重盈继为节度使。这时,王重盈又死,嫡子王珙、王瑶和义子王珂争夺继承权,掀起一场轩然大波。王珂是李克用之婿,靠其岳父为后台,李克用遂表请唐廷任命王珂为节度使。王珙重赂李茂贞、王行瑜、韩建,请求支持,于是三镇联名上表,斥王珂为"异类"、"家奴",根本无继承的资格,请求让王珙袭父职。三镇支持王珙,不过是借题发挥:李茂贞是想进一步挟持唐廷;王行瑜因请求加给尚书令头衔,遭到昭宗拒绝,怀恨在心,欲图报复;韩建则曾请求将驻鄜阳的禁军拨给自己,也被昭宗拒绝,深感不满。于是,趁此机会,联兵攻入长安,杀致仕宰相韦昭度、宰相李纬及宦官康尚弼等数人。李克用闻讯,便以勤王讨逆为名,举兵西向。三镇本欲废掉昭宗,另立吉王李保为帝,但惧怕李克用,不敢轻易从事,只得各自留下兵将2 000名,驻守长安,各自引大军还镇。李克用兵到河中,长安震动,岐、邠两镇驻长安部队各打主意,王行瑜部要将昭宗劫持去邠州,李茂贞义子李继鹏则勾结宦官驹全瓘,欲将昭宗劫往凤翔,双方争夺,互不相让,便火并起来,"矢拂御衣,著于楼桷","纵火焚宫门","烟炎蔽天",于是,"城中大乱,互相剽掠"[2]。唐昭宗侥幸免于一死,带着宗室诸王和左右近侍狼狈逃进终南山中,"士庶从幸者数十万,比至南山谷口,暍死者三之一"。"恸哭之声,殷动山谷"[3]。李克用进抵同州,韩建自知不是对手,不敢抵抗,开城乞降。李茂贞怕河东加兵于己,推罪于李继鹏,将他斩首,请罪唐廷,乞求罢兵。李克用奉昭宗诏书,围攻邠州,擒斩王行瑜。昭宗恐李克用兵力过于强盛,如果攻并凤翔,则对朝廷的控制会甚于李茂贞,便下诏劝说双方和解,罢兵归镇。李克用深

[1]《资治通鉴》卷260,唐昭宗乾宁二年三月,第8467页。
[2]《资治通鉴》卷260,唐昭宗乾宁二年七月,第8472页。
[3]《旧唐书》卷20上《昭宗纪》,第754页。

唐玄宗纪泰山铭碑

深懂得，自己是以勤王为名，如果挟持昭宗，就会给别人以攻伐自己的借口，而陷自身于被动，于是撤兵北返河东。

昭宗在终南山中，罢免宰相崔昭纬，任命宗室薛王李知柔为宰相，兼领长安尹。回到长安，又另置禁军数万人，用宗室诸王李戒丕、李嗣周等为将。当时，朱全忠上表备称张浚是忠臣，请求重任他为宰相，李克用抗表反对，昭宗不得已，下诏和解。谁知一波甫平，一波又起。宦官因兵权被削夺，极为不满，暗中伺机而动。李克用引兵还本镇，李茂贞消除了压力，故态复萌，借口朝廷有加兵凤翔之意，重又举兵进犯长安。唐兵迎击，大败逃回。昭宗惊慌失措，急派延王李戒丕间道往晋阳向李克用求援，然后自己带领宫室、百官出渭北，打算北向逃奔河东。走到富平，被韩建截住，强行留在华州。李茂贞入长安，纵兵焚掠，"自中和以来所葺宫室、市肆，燔烧俱尽"[1]。

唐昭宗把希望寄托在李克用身上，但是，李克用正与朱全忠在魏州[2]、曹州一带攻战，无暇西顾，他的这招指望就落了空，居于华州，名为天子，实为囚徒。韩建素来是李茂贞同伙，便劝说昭宗下诏安抚李茂贞，昭宗哪敢不听，照此颁诏。韩建忌恨宗室诸王握兵，力谋除之，先用兵力威逼昭宗，强迫他解除诸王兵权，勒归十六宅，尽数遣散侍卫四军2万余人，斩禁军捧日都将李筠，"自是天子之卫士尽矣"[3]。诸王虽被幽禁，韩建还不罢休，又派兵包围十六宅，将他们斩尽杀绝，"诸王惧，披发沿垣而呼曰：'官家救儿命！'或登屋沿树"。"是日，通王、覃王以下一十王并其侍者，皆为建兵所拥，至石堤谷，无长少皆杀之"[4]。这伙龙子龙孙都是些脓包，当然只有遭到如此悲惨的下场。

昭宗在长安，已将崔昭纬贬窜赐死，至华州，又将他的从弟宰相崔胤免职。崔胤素与朱全忠勾结，便乞援于宣武。朱全忠屡败李克用，有力西顾，乃抗表盛赞崔胤是个难得的忠臣，要挟昭宗收回成命，重任他为宰相。崔胤靠朱全忠之力，重登相位，与他的勾结就更加紧密了，遣人暗往汴梁，劝他引兵入关，制服两镇。李茂贞、韩建不是朱全忠的对手，听说他要发兵，连忙于光化元年（898）将昭宗送回长安。

[1] 《资治通鉴》卷260，唐昭宗乾宁三年七月，第8491页。
[2] 魏州治贵乡（今河北大名县东北大街乡），辖境相当今河北大名、魏县、馆陶，河南南乐、清丰、范县，山东冠县、莘县等市县地。
[3] 《旧唐书》卷20上《昭宗纪》，第761页。
[4] 《旧唐书》卷20上《昭宗纪》，第762页。

昭宗回长安,与崔胤密谋诛灭宦官,另一位宰相王搏劝说,操之过急,必生变故,不如稳妥从事。崔胤不听,反而凭恃朱全忠的支持,潜杀王搏,又将任枢密使的宦官朱道弼、景务修处死。这样一来,崔胤势振中外,宦官侧目,朝臣噤声。唐昭宗因华州之役受了特大刺激,造成了心理反常,回长安后,性情异常暴戾,经常酗酒狂怒,乘醉手刃近侍。光化三年(900)十一月,宦官刘季述等发动兵变,率兵闯入宫中,"矫诏以皇太子监国,遂废昭宗,居东内","季述手持银挝,于上前以挝画地数上罪状,云:'某时某事,你不从我言,其罪一也。'……"[1]动辄醉酒杀人的唐昭宗,这时吓得唯唯连声。刘季述畏惧朱全忠,不敢杀崔胤,便派遣使者去大梁,向朱全忠奉献唐社稷。朱全忠听从幕僚李振的建议,囚禁来使,以勤王为名,出兵讨伐刘季述。朱全忠部尚未入关,崔胤已策动神策军将校杀刘季述等人,拥昭宗复位。昭宗既复位,更迫不及待地要尽除宦官,便命宰相崔胤、陆扆分掌左右神策军,尽夺宦官兵权。诏令遭到神策军将领反对,不能施行,只得用宦官韩全海为神策军中尉。崔胤"病急乱投医",居然想利用李茂贞来制宦官,乃暗邀他遣兵3 000,进驻长安,以为奥援。谁知事与愿违,李茂贞早与韩全海有勾结,凤翔兵进驻长安,反而助长了韩全海等一伙宦官的气势。昭宗与崔胤谋诛宦官,事机不密,尽为韩全海所知。于是,在韩全海的唆使下,李茂贞表请昭宗驾幸凤翔;而崔胤则暗中致书朱全忠声称奉密诏命朱全忠发兵迎驾。朱全忠得书,一面表请昭宗移驾洛阳,一面进军关中。天复元年(901),朱全忠攻并河中,进逼华州,韩建不敢抵抗,自动乞降。韩全海闻讯,急与凤翔将李继筠劫持昭宗,焚掠长安,逃往凤翔。崔胤等一批朝官不肯随行,留在长安。朱全忠入长安,遂向凤翔进兵。次年,在他一度返回河中后,重行大举进攻凤翔,包围城池,断其外援。李茂贞久困孤城,求援断绝,十分惶恐,遂于天复三年(903)与唐昭宗密谈,表示愿意诛杀宦官韩全海等人,礼送昭宗回长安,请求昭宗诏令朱全忠,准他乞和。昭宗大喜,立即派人袭杀韩全海等20名宦官,诏命朱全忠许李茂贞和解。朱全忠没有费什么气力就赢得了胜利,挟昭宗回长安。他到了长安,又和崔胤合谋,用

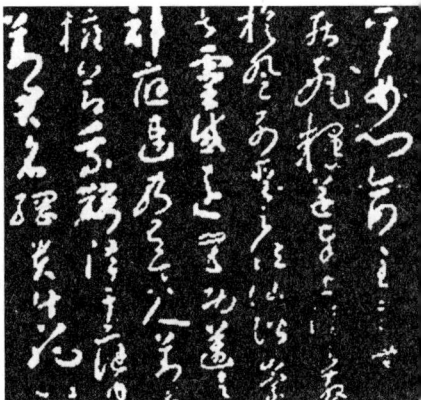

唐怀素《圣母帖》

[1] 《旧唐书》卷184《杨复恭传》,第4776页。

诏书的名义,将朝中宦官数百人全部杀掉,又颁诏诸镇,要他们尽杀所在监军宦官,除河东、剑南与宦官关系密切,保留了宦官以外,其余各地的宦官基本上被杀光了。唐中叶以来历时100多年的宦官专政之局,至此结束。

北宋大史学家司马光评述唐代宦官之祸说:"……东汉之衰,宦官最名骄横,然皆假人主之权,依凭城社,以浊乱天下,未有能劫胁天子如制婴儿,废置在手,东西出其意,使天子畏之若乘虎狼而挟蛇虺如唐世者也。所以然者非他,汉不握兵,唐握兵故也。"[1]这段评论,有一定的道理,尤其是指出宦官握兵与否,是两代宦官专政的区别,是符合实际情况的。但是,作为封建国家的元老宰辅和古代的史学大师,司马光对宦官的认识,不可能不受到阶级和时代的局限。宦官是附着在封建专制皇权上的毒瘤,宦官干政是封建朝廷内部皇权与重臣矛盾激化的产物,又是宫廷政治腐朽的产物。众所周知,东汉宦官专政,由于皇权与外戚(世家地主的头面人物)斗争激烈而出现;唐代宦官专政,由宫廷政变开其端,而皇权与朝臣(势官地主的头面人物)的矛盾、朝廷与藩镇的矛盾,使宦官势力得以恶性膨胀,乃至握兵专政,势倾朝廷。从此以后,宦官威胁皇权的情况,不复再见。宋代虽有童贯、杨戬之流,但他们殃民有余,却不能控制君主、屠戮大臣。明代宦官专政,为祸炽烈,但它是专制主义高度发展下的产物,宦官只是专制君主用以驾驭臣下的鹰犬,尽管他们可以奴视宰辅,杀害臣僚,鱼肉百姓,而皇帝诛戮阉寺,易于割鸡,刘瑾、魏忠贤势倾天下,威偪人主,然而,一旦失去主子宠信,瞬息之间,便身首异处,比杀猪宰羊还要容易。司马光对这种历史现象的本质,当然不可能认识,所以他反而认为宦官是古代宫廷不可缺少的部分,只是人主对他们应当慎重控制,严加约束,不假以威权而已。这种议论显然就不可取了。

那么,为什么东汉朝廷于宦官诛灭之后,还能存在了30多年之久(尽管它名存实亡),而唐朝却随着宦官的消灭不旋踵而覆亡呢?我认为,主要原因在于,东汉一朝,虽然州郡长官握有军政大权,但在董卓之乱前,毕竟没有形成抗拒朝命的割据之势,与唐后期的藩镇割据自不可同

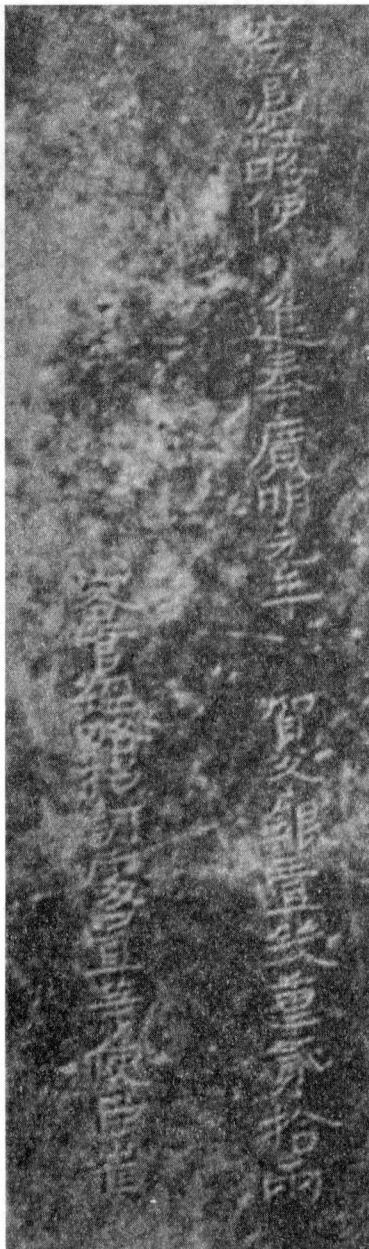

容管经略使崔焯进奉广明元年(880)贺冬银铤

[1]《资治通鉴》卷263,唐昭宗天复三年正月臣光曰,第8596页。

日而语。及至州牧割据一方,暂时还难以分出高下,因而他们一面互相攻伐,一面却又必须打着"尊王"的旗帜,挟天子以令诸侯,否则就会陷自身于被动,甚至招来迅速灭亡。为什么刘虞、袁术刚刚称帝,就迅速灭亡,而视劝进为"踞我于炉火之上"的曹操却可以从容发展实力,以周文王自居,而等待他的儿子去做周武王,取代汉朝,其原因恐怕就在这一点。唐朝则不然,藩镇割据历时已有百余年之久,割据势力逐渐扩大,等到唐末农民战争结束,新兴的藩镇势力迅速上升,吞并邻道,制服旧镇,而朝廷又寄命于他们,唐朝的灭亡,不过是他们一举手之劳罢了。当然,也要承认,朱全忠的政治眼光远远不及曹操,也是他匆促灭唐称帝的一个原因。

　　唐昭宗回到长安,成了彻头彻尾的孤家寡人。朝臣大批遭到诛逐,剩下的都成了朱全忠的奴仆。朱全忠还不放心,留其侄朱友伦典禁军,派部卒万人驻神策军旧营,又安排心腹充任宫苑使、皇城使、街使等职,把唐昭宗和皇室、妃主、百官都严密控制起来。于是宫廷变成了囚室,朝廷变成了牢狱。朱全忠安排已毕,返回大梁。崔胤不甘受制,奏请募兵6 000人,充当卫卒。朱全忠闻知,便暗派部下士兵,假冒平民,前往应募。崔胤的计划不但落了空,而且实际上替朱全忠增加了驻长安的兵员。朱全忠对他疑忌,想要除掉。不久,朱友伦坠马身死,朱全忠疑为崔胤暗害,遂于天复三年底(904年初)杀崔胤[1],强劫唐昭宗和妃主、百官赴洛阳。"全忠令长安居人(民)按籍迁居,撤屋木,自渭浮河而下,连甍号哭,月余不息"[2]。宫室和百官衙署更被全部拆毁,长安遂成丘坏。朱全忠部将温韬"发掘西京陵墓"[3],窃取宝物,长安文物遭受了又一次浩劫。唐昭宗到达华州,见百姓夹道呼"万岁",哭着对他们说:"勿呼万岁,朕不复为汝主矣!"转头对侍臣说:"鄙语云:'纥干山头冻杀雀,何不飞去生处乐!'朕今漂泊,不知竟落何所!"[4]对于他身边的"小黄门及打毬供奉、内园小儿二百余人",朱全忠也不肯放过,"先是选二百余人,形貌大小一如内园人物之状,至是使二人擒一人,缢于坑所,即蒙其衣及戎具自饰"。"昭宗初不能辨,久而方察。自是昭宗左右前后皆梁人矣"[5]。到洛阳后,朱全忠派兵入宫,杀死昭宗,立昭宗第

灞桥现景

[1] 陶案:杀崔胤事在天复三年十二月,按公历推算,为904年初。

[2] 《旧唐书》卷20上《昭宗纪》,第778页。

[3] [五代]孙光宪:《北梦琐言》卷18《明宗诛诸凶》,中华书局点校本2002年版,第334页。

[4] 《资治通鉴》卷264,唐昭宗天祐元年正月,第8627页。

[5] [宋]薛居正:《旧五代史》卷2《梁太祖纪二》,中华书局点校本1976年版,第35页。

唐长安城西内苑下水道铁匣门

九子李祚（即位后改名李柷）为帝，史称昭宣帝（又称哀帝）。

天祐二年（905），朱全忠尽杀昭宗其余九子。而在这时，唐廷朝臣仍然结党相争。宰相裴枢、崔远、独孤损自恃名门宿望，轻视同僚。柳璨进士及第，不满4年，即以善于佞媚践登宰辅，深为世族宿臣所鄙夷。双方意气相争，形同水火。朱全忠厌恶裴枢等人，罢其相位。柳璨便趁机将素所忌恨的朝臣开出名单，向朱全忠献媚进谄，怂恿他把这批人全部杀掉。朱全忠的得力谋士李振，出身寒素，屡试进士不第，因而既忌恨世族，又忌恨出身科举的朝官，把他们当作眼中钉、肉中刺，必欲置之死地而后快。这时，趁机向朱全忠说："朝廷所以不理，良由衣冠浮薄之徒紊乱纲纪；且王欲图大事，此曹皆朝廷之难制者也，不若尽去之。"[1]朱全忠信之不疑，于是，裴枢以下"贬逐无虚日，缙绅为之一空"[2]。隔了一个月，朱全忠在滑州白马驿杀裴枢等30余人，李振意犹未尽，向朱全忠说："此辈尝自谓清流，宜投之黄河，使为浊流！"[3]朱全忠大笑，立刻命人将30余具尸体投入黄河。"朋党之争"至此结束。这批结党营私、昏聩腐朽的衣冠缙绅遭到如此的下场，原不足惜，但朱全忠却在士人心目中形成了凶恶的形象，他们纷纷投向别处，增添了朱全忠的敌对力量。李振也被认为是衣冠中的枭獍。

同年，朱全忠急不可待地要废唐称帝，柳璨献策说，历代易号的惯例，都是先受"九锡"，后行"禅让"。朱全忠根本不懂这些，认为柳璨心怀异志，借此为名，故意拖延岁月，以待外援，暴跳如雷，立刻将柳璨处斩。柳璨临刑喊叫："负国贼柳璨，死其宜矣！"[4]

唐天祐四年（907），朱全忠灭唐，改元开平，是为开平元年。朱全忠废唐昭宣帝，封为济阴王，予以囚禁，朱全忠于唐天复三年（903）受唐朝封为梁王，至此，遂以梁为国号。为了与前代的南朝萧梁相区别，史称后梁。朱全忠为了斩草除根，次年，又杀唐昭宣帝，李唐皇室自此覆灭无遗。

三　两大镇争霸与后梁建国

唐末农民战争期间，藩镇没有受到严重的打击，仍然保存了实力。此后，后起的藩镇势力猛增，旧的平衡完全

[1]《资治通鉴》卷265，唐昭宣帝天祐二年五月，第8642页。
[2]《资治通鉴》卷265，唐昭宣帝天祐二年五月，第8643页。
[3]《资治通鉴》卷265，唐昭宣帝天祐二年六月，第8643页。
[4]《资治通鉴》卷265，唐昭宣帝天祐二年十一月，第8655页。

被打破,兼并战争越演越烈。

当时,北方诸镇势力强盛者,无过于河东李克用和宣武朱全忠,这是镇压农民军最为凶悍的两支武装力量。其余有:感化(徐、泗)时溥、天平(郓州)朱瑄、泰宁(兖州)朱瑾、平卢(淄、青)王师范割据东方。凤翔李茂贞、静难(邠宁)王行瑜、镇国(同华)韩建盘踞关陇。河朔诸镇之中,魏博罗弘信、卢龙(幽州)李匡威、成德(镇、冀)王镕虽号称强镇,但屡经兵变,势力远难与以往相比。至于云中赫连铎、义成(邢、洺)孟方立、义武(易、定)王处存、护国(河中)王珂、河阳李罕之等[1],都不过依附强镇,以求自保而已。惟有蔡州秦宗权,兵员众多,军纪极坏,所至焚掠屠戮,为害最烈。

朱全忠原名朱温,宋州砀山县(今安徽砀山县)午沟里人。"家世为儒,祖信,父诚,皆以教授为业"[2],是一个破落的小地主家庭出身。《旧五代史》称"其先舜司徒虎之后"[3],显然是后来自行捏造的。朱诚早死,家产荡尽,朱温随母到萧县(今安徽萧县)地主刘崇家为牧猪佣工。黄巢聚众起义,朱温前往投军。他平日狡猾凶悍,善承人意,随军转战南北,曾立战功,逐步由队长提升为大将。黄巢下长安,任朱温为同州防御使,责成他进取河中。朱温出兵,屡为河中节度使王重荣挫败,惟恐遭到重谴,便叛变降唐。唐朝廷对朱温叛降,十分重视,立即授以左金吾大将军官衔,又任命为河中行营招讨副使,赐名全忠,用以分化黄巢部属。中和三年(883),唐朝廷纠聚诸镇兵围攻长安,朱全忠以功授宣武节度使,唐廷诏令他于攻下长安后赶赴汴州,堵截黄巢大军东退的去路。次年,黄巢久攻陈州不下,撤围向东,逼近汴州,朱全忠自知抵挡不住,乃卑辞厚礼,乞援于河东节度使李克用,李克用早有扩张地盘的野心,遂亲率部队赴援,黄巢军溃败,退向山东。朱全忠忌李克用强盛,表面上卑躬屈节,甘言奉承;实则暗萌杀机,阴谋杀害。李克用此时还不满30岁,少年气盛,屡胜之余,骄矜异常,朱全忠在汴州驿设宴款待,为他庆功,对他恭维备至,而李克用却傲气凌人,乘醉出言不逊。朱全忠气愤难忍,索性提前下手,于当晚派兵包围上源驿,四面纵火,乱箭齐发,想一举消灭李克用和他的随从卫队。李

[1] 宣武(汴、宋)治汴州(今河南开封市),领有汴、宋、亳、颍4州,相当今河南封丘、开封市、尉氏、柘城、沈丘以东,山东单县及安徽砀山、亳州、涡阳、蒙城、阜阳、颍上等县市地。又兼领滑州。

感化(徐、泗)治徐州(今江苏徐州市),辖徐、泗、宿等州。

泰宁治兖州(今山东兖州市),辖沂、海、兖、密、徐5州,相当今山东胶州湾以西、高密、安丘、莱芜、泰安以南,济宁及江苏平县以东,南至安徽怀远、江苏沭阳。

成德(镇冀或恒冀)治恒州(今河北正定县),辖境约当今河北沙河、滹沱河下游以南,献县、阜城、景县以西,临城、柏乡、南宫、枣强以北地。

魏博治魏州(今河北大名县东北),辖魏、博、贝、卫、澶、相6州,约当今山东武城、高唐、聊城、莘县以西,河北清河、威县、成安、临漳以东,河南新乡、浚县、清丰以北地区。唐天祐元年(904)命名天雄军。

义武治定州(今河北定义市),辖易、定、沧等3州,约当今河北拒马河与唐河之间地区。

[2]《北梦琐言》卷17《梁祖为佣保》,第314页。

[3]《旧五代史》卷1《梁太祖纪一》,第1页。

唐代白瓷帖花高足钵

克用在大醉中被左右亲信唤醒,在侍卫们的拼命保护下,仓皇逃出,河东监军宦官陈景思和亲兵300余人,全部被杀害。从此,晋、汴两方形成水火之势。

上源驿事件并不单纯是朱全忠和李克用之间的恩怨问题,两大军阀势力膨胀,总是难以并存的,暂时的联合,迟早会要被激烈的火并所代替,这是必然之势。果然,这一事件的发生,加速了两大镇的相互攻战。

李克用回到晋阳,本想立即出兵复仇,其妻刘氏力谏,以为如此反而亏理,不如奏请朝廷,请求讨伐。李克用从其议,上表申诉朱全忠之罪,请求讨伐。而唐朝大臣中与朱全忠素有勾结的不乏其人,都替朱全忠缓颊,唐僖宗听信他们的主张,下诏劝谕双方和解。朱全忠要用全力对付霸占河南的秦宗权,生怕腹背受敌,乃遣使以厚币卑词,向李克用谢罪。李克用想要兼并邻道,又要与王重荣联兵入关中,攻伐朱玫、李昌符,也只得暂置朱全忠于不顾。双方冲突暂时缓和下来。

秦宗权,许州(今河南许昌市)人。唐末为本州牙将。农民战争爆发后,他被调发至蔡州,恰值黄巢别部攻蔡州,他率部拒守,保住城池。此后,得到监军宦官杨复光的欢心,保荐为蔡州节度使,率蔡州劲兵万人抗拒起义军。黄巢退出长安,转攻蔡州,秦宗权迎战大败,向黄巢乞降。黄巢东撤之后,他便倚仗兵力,独树一帜,自称皇帝。秦宗权集团残暴绝伦,行同豺狼:

> (秦宗权)遣其将秦彦乱江淮,秦贤乱江南,秦诰陷襄阳,孙儒陷孟、洛、陕、虢至于长安,张晊陷汝、郑,卢瑭攻汴州。贼首皆慓锐惨毒,所至屠残人物,燔烧郡邑。西至关内,东极青、齐,南出江淮,北至卫滑,鱼烂鸟散,人烟断绝,荆榛蔽野。贼既乏食,啖人为储,军士四出,则盐尸而从。关东郡邑,多被攻陷。[1]

朱全忠趁黄巢部败亡之际,招降纳叛,扩充实力,收得了黄巢部素称智勇兼备的名将葛从周。葛从周从此成为汴军名将之冠,时人谚云:"山东一条葛,无事莫撩拨。"[2]虽然朱全忠实力大增,但汴梁处于四战之地,江淮财赋既已断绝,漕道也就失去了作用,要想站稳脚跟,必须解决

[1]《旧唐书》卷200下《秦宗权传》,第5398页。
[2] [五代]王仁裕:《玉堂闲话》卷2《葛周》,见傅璇琮、徐海荣、徐吉军主编:《五代史书汇编》(四),杭州出版社点校本2004年版,第1852页。

财赋军粮的供应问题。而且,汴军与秦宗权相比,兵员多寡虽殊,要想击败秦宗权,哪能有余力向东扩张,并吞并东方诸镇。可是,狡诈凶狠、流氓成性的朱全忠却能巧妙地运用权术,拉拢一批,消灭一个,然后各个击破,逐步并吞,纵横捭阖,用心良苦!

秦宗权横行河南之际,陈州[1]土豪、世为牙将的赵犨本以抗拒农民军有功,逐步升为陈州刺史,再擢为忠武节度使。他在陈州纠集丁壮,广储粮秣,用兄弟子侄分掌劲卒,击败秦宗权别部,保全一方。秦宗权增兵进围陈州,赵犨势单力薄,乞援于朱全忠。朱全忠抓住时机,出兵解围,和他约为婚姻,得到他的资助,财赋军粮问题缓和了。与此同时,朱全忠卑辞厚礼,拉拢朱瑄、朱瑾,以免后顾之忧,又派部将朱珍去山东招兵,充实军力。朱瑄兄弟乐得朱全忠为之屏障,便与他联合。于是,朱全忠得以全力对付秦宗权。

唐光启三年(887),秦宗权孤注一掷,聚集悍勇,自郑州猛扑汴梁。朱全忠得兖、郓援兵,士气大振,大破秦宗权部,斩首2万余级。秦宗权遂弃陕、洛、怀、许、汝诸州,向南逃窜。朱全忠既获大捷,"乃慎选将佐,俾完葺壁垒,为战守之备,于是远近流亡复归者众矣"[2]。招辑流亡,恢复生产,这一措施确是朱全忠能够称霸中原的根本。

这时,秦宗权部悍将孙儒窜至淮南,与杨行密相攻。唐廷任朱全忠兼领淮南节度使。朱全忠刚刚遣将发兵,而孙儒已被杨行密歼灭,扬州平定。汴军还想并取淮南,却遭徐泗时溥所阻,不得进军。唐文德元年(888),唐廷又任朱全忠为蔡州四面行营都统,节制诸镇,进讨秦宗权。朱全忠得到都统头衔,便可以利用它来吞并邻道了。这一年,秦宗权连遭败衄,众叛亲离,被部将捆送汴梁。次年,朱全忠将秦宗权押送长安,献俘朝廷。唐廷斩秦宗权,为酬奖朱全忠之功,封其为东平郡王。朱全忠消灭了这个凶悍的对手,势力大振,他既无后顾之忧,便开始向东、北两方扩张了。

朱全忠灭秦宗权,多得朱瑄兄弟支持,但是,汴州战役刚刚结束,朱全忠就翻了脸,借口朱瑄兄弟用重赏诱募宣武兵卒,大兴问罪之师,派大将朱珍侵伐两镇。不久,又

唐代打马球图

[1] 陈州治今河南淮阳市,辖境相当今河南淮阳、商水、沈丘等县及周口、项城2市地。
[2] 《旧五代史》卷1《梁太祖纪一》,第8页。

唐三彩骆驼、牵驼俑

借口时溥阻其东进,发兵进攻徐、泗。朱瑾遣使劝说朱全忠:"宜念远图,不可自相鱼肉。或行人之失辞,疆吏之逾法,可以理遣,未得便睽和好。"[1]这种劝谕,不但无异与虎谋皮,而且反示人以弱,非徒无益,反而有害。

朱全忠连年进攻东方四镇,不但大量残杀兵卒,而且蹂践田禾,驱杀百姓,以致社会生产几乎无法进行。徐、泗辖境之内,"自光启至大顺六七年间,汴军四集,徐、泗三郡,民无耕稼,频岁水灾,人丧十六七"[2]。朱全忠并徐、泗之后,"移兵攻郓。三四年间,每春秋入其境剽掠,人不得耕织,民为俘者十五六"[3]。唐景福二年(893),朱全忠在巨野击败朱瑄部,俘虏士兵3 000余名。恰在此时,狂风暴起,飞沙弥漫,朱全忠兽性大发,竟说:"此乃杀人未足耳"[4]。下令将3 000余名俘虏全部杀光。与攻并徐泗、兖、郓三镇的同时,汴军又进攻淄、青。朱全忠之侄朱友宁攻博昌县不下,"下俘民众十余万,各领负木石,牵牛驴,于城南为土山。既至,合人畜木石排而筑之,冤枉之声,闻数十里"。"俄而城陷,尽屠其邑人,清河为之不流"[5]。真是惨绝人寰的大凶杀。

经过几年攻战,唐景福二年(893),汴军名将庞师古攻下徐州,时溥率全家自焚死。乾宁四年(897),又并兖、郓两镇,杀朱瑄,朱瑾率残部投奔淮南杨行密。淄、青镇王师范势孤力单,乞降于朱全忠。朱全忠遂尽得郓、齐、棣[6]、兖、沂[7]、密[8]、许、郑、滑、濮诸州,势力超过了河东李克用。

王师范被迫投降,实不甘心。唐天复二年(902),趁朱全忠入关中,起兵袭击兖、齐诸州,杀朱友宁。朱全忠遣将反攻,王师范兵败,再次请罪乞降。朱全忠把他全家迁到汴梁。后梁建国后,又移居洛阳,授以冗官,实行软禁。一次,朱友宁之妻向朱全忠号哭,请求复仇,朱全忠立刻派人把王师范全家200余口尽行杀戮。

朱全忠攻并东方三镇之际,朱瑄兄弟乞援于李克用。李克用屡遣别将赴援,都无功而返。朱瑄败亡时,晋军骑将史俨、李承嗣归路断绝,随朱瑾投奔淮南。"淮南旧善水战,不知骑射,及得河东、兖、郓兵,军声大振"[9]。从此添了骑兵劲旅,更可以保住境内。

当朱全忠扫除东西两方,兼并河南、山东之际,李克

[1]《旧五代史》卷13《朱瑄传》,第170-171页。
[2]《旧唐书》卷182《时溥传》,第4717页。
[3]《旧唐书》卷182《朱瑄传》,第4718页。
[4]《旧五代史》卷1《梁太祖纪一》,第17页。
[5]《旧五代史》卷12《朱友宁传》,第162页。
[6] 棣州治厌次(今山东惠民县东南40里先棣村),辖境相当今山东滨州、惠民、商河、阳信、利津、沾化等市县地。
[7] 沂州治即丘县(今山东临沂市西20里),辖境包括今山东临沂、枣庄、新泰、苍山、费县、平邑、蒙阴、沂水、沂源、沂南等市县地。
[8] 密州治今山东诸城市,辖境相当今山东沂山、莒南以东,胶州、安丘以南地区。
[9]《资治通鉴》卷261,唐昭宗乾宁四年二月,第8501页。

用也在用主力并取邻道。所以,晋、汴双方虽时有交锋,却都没有以主力投入。此后,双方攻战转为激烈。

李克用是内迁的沙陀贵族。沙陀族原出于突厥别部,属同罗、仆骨部。突厥为唐击破,又转属薛延陀。7世纪中,唐太宗灭薛延陀,"分同罗、仆骨之人,置沙陀都督府"[1]。因当地有沙碛,故称沙陀。8世纪吐蕃强盛,四出扩张,至8世纪末(唐贞元年间),攻陷沙陀都督府,沙陀首领朱邪尽忠率其族7 000帐徙于甘州[2]。不久,又被吐蕃逼迫,率部众3万东奔,为吐蕃追袭,朱邪尽忠战死,长子执宜收合余众至灵州[3],唐廷遂于灵州置阴山都督府,收其余部,以朱邪执谊为都督。懿宗朝,庞勋起于徐、泗,唐兵屡败,廷议从康承训请求,起用执宜子朱邪赤心,命他率所部骑兵,前往镇压。庞勋败灭后,唐廷赏朱邪赤心功,赐姓名李国昌,论属籍,授振武[4]节度使。李克用是李国昌的第三子,15岁时,参与镇压庞勋起义,以骁勇见称。唐末农民战争爆发后,唐朝廷更显得摇摇欲坠,朝夕难保。李国昌父子早已了解唐朝虚实,此时更加紧阴谋叛乱。唐乾符三年(876),李克用在大同策动兵变,杀死防御使段文楚等,逞兵攻掠。唐军进讨,李克用兵败,逃往塞外,依鞑靼部。鞑靼诸酋见李克用雄武多谋,甚为猜忌,而李克用在当时已经料到唐廷无力抵御农民起义军,早晚必定要起用他,所以根本不想久居塞外。他听到黄巢起义军进军江淮的消息,便宴请鞑靼部酋长们,告诉他们:"……今闻黄巢北犯江、淮,必为中原之患。一旦天子赦宥,有诏征兵,仆与公等南向而定天下,是予心也。人生世间,光景几何,曷能终老沙堆中哉!"[5]果然,黄巢攻下长安,唐廷拼凑一切反动势力反扑,宦官杨复光建议招抚沙陀部,唐僖宗遂诏免李克用罪,任为雁门节度使[6],加东北面行营都统衔。李克用奉诏,迅速率部向西,扑向长安,立了头功。唐廷酬功,迁为河东节度使。当时,李克用年28岁,为诸将中最年少者,因为他"一目微眇,故其时号为'独眼龙'",所部"军势甚雄,诸侯之师皆畏之"[7]。李克用崭露了头角,又得到素称富饶、未经战乱的河东地区,趁势并取了昭义镇[8],实力为诸镇所不能及。黄巢东撤时,宣武朱全忠、徐泗时溥都颇感畏惧,乞援于李克用。李克用率部东下,尔后遂有"上源驿事件"

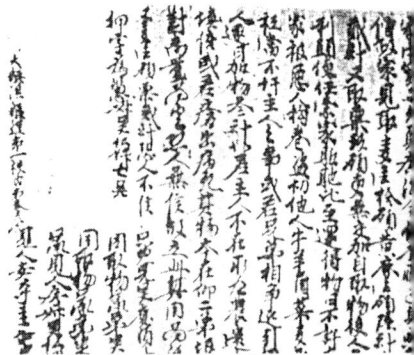

吴庆顺典身契(局部)

[1]《旧五代史》卷25《唐武皇纪上》,第331页。

[2] 甘州治张掖县(今甘肃张掖市)辖境相当今甘肃高台县以东弱水上游地区。

[3] 灵州治回乐(今宁夏灵武西南),辖境相当今宁夏中卫、中宁2县以北地区。

[4] 振武治单于都护府(今内蒙和林格尔县西北),辖黄河南岸内蒙古准格尔旗及陕西神木、府谷2县地,黄河以北内蒙达尔罕茂明安联合镇、武川县、土默特左旗、托克托县地。

[5]《旧五代史》卷25《唐武皇纪上》,第335页。

[6] 雁门治代州(今山西代县),领忻、代2州,辖境相当今山西繁峙、代县、原平、五台、定襄、忻州等市县地。唐中和二年(882)置。

[7]《旧五代史》卷25《唐武皇纪上》,第337页。

[8] 昭义(泽、潞)治潞州(今山西长治市),领泽、潞、沁3州,约当今山西霍山以东及河北涉县地。

的出现。

上源驿事件发生后,李克用一面上表唐廷,请求惩办朱全忠,一面声言要亲率大军,复仇雪恨,但这不过虚声恫吓,并无行动。因为他刚刚得到河东、泽、潞,根基未稳,不敢轻举妄动,同时,他也不能劳师远征,陷入被动的境地,所以只能虚张声势,而实则逐步吞并邻道,扩张势力,以收实效。当时,李克用联合邻近的河中王重荣、易定王处存,二王皆倚他为靠山,唯命是听。李克用凭恃兵强马壮,四面出击,南巡泽潞,略地怀孟、河阳,北攻幽州,击破镇、冀,并且两次进军关中,威胁唐廷。他位至节帅,全由杨复光的举荐,自然与杨复光紧密勾结,表里相应。杨复光死,其弟杨复恭更依靠李克用为奥援,和田令孜争权夺利。李克用既知唐朝虚实,早就有觊觎之心,但他却能清醒地看到,对唐朝廷只可遥加控制,不能直接挟持,尤不能公然废置皇帝。每当诸镇中有挟制皇帝、公行废置的事情发生,他便以"忠臣"的面目出现,打着"勤王讨逆"的旗帜,大张挞伐,以收实利和笼络人心。这样,他就取得了主动的地位,而不致成为众矢之的。这正是他胜于朱全忠、李茂贞等人的地方。他的部下虽也有汉兵汉将,但多为善于骑射的北边游牧部落人,凶悍轻剽,骁勇善战。李克用又选勇敢善战的将校,收为养子以充骨干,一时名将李存孝、李嗣昭、李嗣源都是这类人物。因此,河东兵锋所向,镇、冀王镕输币请降,云中赫连铎、幽州李匡俦先后兵败身死,关中三镇惶恐款服,朱全忠也屡遭败衄,可以说威震中原、势压群藩了。

然而,李克用却因自恃强盛,采用了四面出击的愚蠢战略;而且,他虽然用强大的兵力攻并、制服了很多藩镇,却制御无道,军纪不整,所并地区既难巩固,已款服方镇又往往叛离,使他陷入东奔西走、手忙脚乱的被动地位,而且越来越糟。与朱全忠相比,显然不及。双方力量的相互转化,应当说,这是一个重要的原因。

李克用部官兵蛮横强暴,恣行杀掠,无异悍盗。史载:

> (克用)部下皆北边劲兵,及破贼迎銮,功居第一,由是稍优宠士伍,因多不法,或陵侮官吏,豪夺士民,白昼剽攘,酒博喧竞。[1]

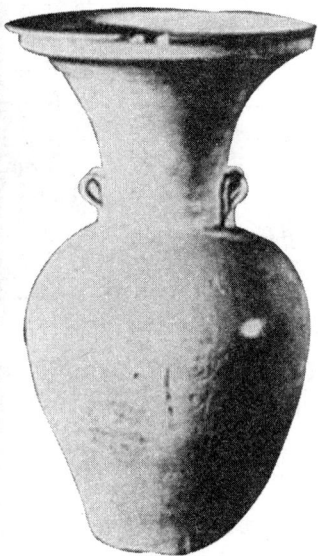

越窑青瓷罍 大中四年(850)

[1]《旧五代史》卷27《唐庄宗纪一》,第366页。

平时尚且如此,战时烧杀劫掠,更不堪想象。对于这种败坏军纪的行径,李克用熟视无睹,听之任之。长子李存勖看不惯这种现象,请求整肃军纪,李克用却认为他年幼不懂事,告诉他说:"此辈从吾攻战数十年,比者帑藏空虚,诸军卖马以自给;今四方诸侯皆重赏以募士,我若急之,则彼皆散去矣,吾安与同保此乎!"[1]虽然他说等到平定天下之后,再来整肃军纪,但是,军纪如此败坏,又怎能平定天下呢? 这种话我们听得很耳熟,原来和北齐创业之主高欢同一个调子。这种姑息纵容的恶劣风气,影响很深,以后还越演越烈。晋兵横暴,不但为被攻并地区的吏民厌苦,就是河东百姓也对他深恶痛绝。背离人心,自然会转胜为败。

李克用攻并邻道,每每废置旧时节帅,另任晋将为节度使,旧镇及部属怀恨不已,窥伺时机,一有风吹草动,便纠集起来,重夺帅位。而晋军诸将也每因争夺节旄而发生摩擦,失意者固然嫉妒得意者,但尤为怨恨李克用一凭己意,赏罚不公,不少人离心离德。因此,李克用虽然征服了许多方镇,但他们时有叛离,闹得李克用顾此失彼。

李克用并取昭义镇,节度使孟方立兵败自杀,李克用任命从弟李克修为节度使,治理颇有成效。李克用视察潞州,不问其政绩,而因供应不丰,发怒谴责,不由分说,打骂交加,李克修有理难诉,怨愤难平,活活气死。李克用用自己的弟弟李克恭继任,李克恭是个骄贵恶少,"性骄横不法,未闲军政"[2],引起兵民离心。孟方立原有亲兵,号"后院军",以心腹安居受为军使。不久,李克用征兵昭义镇,充实本军,李克恭点后院军500名充数,命军校冯霸等带队,前往太原。冯霸不满,途中煽动兵变,杀都将、县令。安居受闻讯,乘机在潞州攻杀李克恭,自称留后,遣使向朱全忠献款请援。安居受很快被杀,冯霸又称留后,向汴军求援。是时,正值唐廷从张浚议,讨伐河东,朱全忠遂一面遣葛从周率兵进援,一面表请唐廷,促讨晋副帅、昭义节度使孙揆迅速赴镇。李克用遣养子李存孝迎击,败汴军,葛从周败走,孙揆被俘杀,晋军复夺潞州。

这一战役,李存孝居首功,而李克用不赏,而任康君立为昭义节度使,李存孝怨望难平。李克用的另一养子李

唐代胡商俑

[1]《资治通鉴》卷263,唐昭宗天复二年三月,第8572页。
[2]《旧五代史》卷50《李克恭传》,第684页。

唐代吹箫男侍图

存信,善于谄佞,嫉妒李存孝,常加谮陷,李存孝更不自安。唐景福元年(892),李存孝暗结朱全忠、王镕,背叛李克用。李克用大怒,率主力围困邢州。王镕亲率3万人马进援,与晋军在叱日岭下遭遇,展开决战,镇、冀兵大败,被歼万余人,河东"军乏食,脯尸肉而食之"[1]。李克用继续追击,王镕穷蹙乞降,请输粮出兵,助攻邢州。邢州围急,李存孝自缚出降,泥首请罪。李克用惜其骁勇,本不想将他处死,又不得不摆出一副杀相,下令将他车裂。李克用原来估计诸将一定会出来讨饶,然后他便顺水推舟,免李存孝死罪,留以效用。哪知李存孝素来傲视同辈,为诸将忌恨,加之李克用盛怒难测,谁也不敢在风头上出来讲话,惹祸上身。就这样,弄假成真,车裂了李存孝,与他暗通的勇将薛阿檀也吓得自杀了。李克用弄巧成拙,郁闷难平,又借题发挥惩办了几个将领以泄闷气。李存孝在晋军中,勇冠三军,"存孝骁勇,克用军中皆莫及;常将骑兵为先锋,所向无敌,身披重铠,腰弓髀槊,独舞铁挝陷陈[阵],万人辟易"。李克用御下无术,自翦羽翼,"自是克用兵势浸弱,而全忠独盛矣"[2]。

李克用御下无方的另一表现是,对前来投降的邻道将帅不能识别,以致养痈遗患,自树仇敌,造成重大损失。其中尤以扶植李罕之、刘仁恭最为失策。

李罕之,河阳人,出身无赖,少时曾出家为僧,"所至不容。曾乞食于酸枣县,自旦至晡,无与之者,乃掷钵于地,毁弃僧衣,亡命为盗"[3]。后投河阳诸葛爽为卒。凭着他凶悍狡猾,敢于死战,逐步升迁,位至河南尹、东都留守。李克用在上源驿脱险后,奔回晋阳,途经洛阳,李罕之曲意奉承,殷勤招待,李克用大喜,和他结为联盟。不久,李罕之被秦宗权部将孙儒击败,弃洛阳,退据怀州。李克用遣将支援,夺取河阳,表请唐廷任命李罕之为河阳节度使,让他有了安身之地。李罕之贪婪残暴,所部率皆凶悍暴戾,"时大乱之后,野无耕稼,罕之部下以俘剿为资,啖人作食"[4]。部将张言不堪苛虐,暗通河中节度使,内外相应,逐走李罕之。李罕之幸免于难,只身逃往晋阳,李克用将他安置于泽州,表为刺史,仍领河阳节度使。"自是罕之日以兵寇钞怀、孟、晋、绛[5],数百里内,郡邑无长吏,闾里无

[1] 《旧五代史》卷26《唐武皇纪下》,第348页。

[2] 《资治通鉴》卷259,唐昭宗乾宁元年三月,第8453—8454页。

[3] 《旧五代史》卷15《李罕之传》,第206页。

[4] 《旧五代史》卷15《李罕之传》,第207—208页。

[5] 绛州治正平县(今山西新绛县),辖境约当今山西河津、稷山、新绛、曲沃、绛县、翼城等县地。

居民。河内百姓,相结屯寨,或出樵汲,即为俘馘"。"数州之民,屠啖殆尽,荆棘蔽野,烟火断绝,凡十余年"[1]。李罕之不满足泽州一地,屡次请求李克用让他专掌一镇,李克用见他是"饥则就我,饱则飏去"的反复无常之徒,婉言谢绝所请。李罕之怀恨在心,伺机而动。唐光化二年(899)十二月,晋将泽潞节度使薛志勤死,李罕之以为时机已到,便从泽州起兵,乘虚袭取潞州,自称留后。李克用大怒,遣李嗣昭进讨。李罕之遂将在潞州的晋军将领押送汴军,请求援助。及至汴将丁会赶到潞州,李罕之已病危,朱全忠遂趁机任命丁会为节度使,将李罕之及其家属迁往河阳,李罕之途中病死。由于李罕之叛变,朱全忠唾手得泽、潞,河东陷于唇亡齿寒之境。从此,双方争夺泽、潞,战争十分激烈。

刘仁恭原为幽州节度使李匡威部下裨将,戍守蔚州[2]。李匡威兄弟相争,其弟李匡俦逐兄夺位,军中混乱。蔚州戍兵久戍不归,怨言四起,聚众哗变,拥刘仁恭为首,回军攻幽州。刘仁恭率众至居庸关,被镇兵击溃,逃往晋阳,降于李克用。李克用正图并取幽州,苦于不明虚实,得刘仁恭,十分高兴,"遇之甚厚,赐田宅以处之"[3]。刘仁恭几次向李克用述说幽州虚实,请求拨给1万兵员,攻取幽州,以报恩遇。李克用从其所请,派他攻取幽州。刘仁恭口出大言,并无作战能力,屡攻不克。唐乾宁元年(894),李克用亲率大军进攻幽州,李匡俦兵败,弃城携家小西逃,欲奔长安,中途被劫杀。李克用得幽州,任刘仁恭为节度使,留心腹10余人分典军政,实行控制。刘仁恭得幽州节旄,逐步扩展实力,他自感羽翼丰满,渐渐不听李克用摆布。乾宁四年(897),晋、汴双方争夺魏博镇,李克用征兵幽州,刘仁恭借口备御契丹,不肯发兵。次年,朱全忠攻取兖、郓,李克用再次征兵幽州,数月之间,使者络绎不绝,多番催促,刘仁恭始终不出一兵一卒,反而口出恶言。李克用大怒,遣使严词责让,刘仁恭毫无怯惧,"览书嫚骂,拘其使人,晋之戍兵在燕者皆拘之,复以厚利诱晋之骁将,由是亡命者众矣"[4]。李克用怒不可遏,率兵征讨刘仁恭。两军在蔚州境内木瓜涧遭遇,李克用倨傲轻敌,又值大醉之中,胡乱指挥,反被刘仁恭杀得大败,损失惨重,李克用几乎被俘。

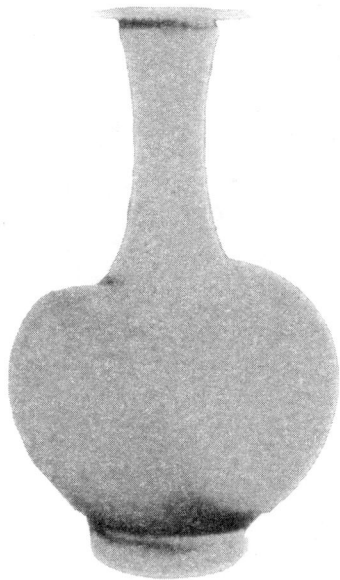

唐代白瓷长颈瓶

[1]《旧五代史》卷15《李罕之传》,第208页。

[2] 蔚州治今河北蔚县西南,辖境相当今河北阳原、蔚县、涞源县及山西阳高、天镇、广灵、灵丘等县地。

[3]《旧五代史》卷135《刘守光传》,第1799页。

[4]《旧五代史》卷135《刘守光传》,第1800页。

从此,刘仁恭利用两大镇的矛盾,对晋、汴双方时降时叛,保全自身,乘隙扩张,趁机渔利。幽州距宣武遥远,对汴军威胁不大,而李克用则因幽州叛离而陷于腹背受敌之境。

晋、汴双方争霸中原,魏博镇居其要冲,有举足轻重之势。魏博素号强镇,河朔皆惟其马首是瞻。自田承嗣建节之日起,就蓄养牙兵,以为亲从。此后,牙兵日益骄横,经常邀功请赏,稍不惬意,即哗变闹事。而偏裨将校中怀有野心者,又每每利用这种机会,策动兵变,杀戮节帅,灭其全家,夺取节旄。唐文德元年(888),节度使乐彦祯重役扰民,民怨沸腾。他又命其子乐从训养亲兵500人,号称"子将",以取代牙兵。牙兵疑惧不安,聚众哗变,杀乐彦祯,推军校罗弘信为节度使。乐从训被逐走,投奔朱全忠,请求帮助复镇。朱全忠出兵攻魏博,败其兵万人。罗弘信袭杀乐从训,自知难拒汴军,乃卑辞厚礼,向朱全忠乞和。不久,朱全忠攻兖、郓,李克用遣别将援救朱瑄兄弟,假道魏博。朱全忠施离间计,遣使游说罗弘信:"克用志吞河朔,师还之日,贵道可忧。"[1]偏偏晋将李存信仗势凌人,率兵万人经魏博镇,肆行横暴,军纪荡然。罗弘信怨忿,发兵袭击,李存信猝不及防,仓皇逃走,大批资粮兵械尽为罗弘信所获。魏博既与河东决裂,道路断绝,进援兖、郓的晋将史俨、李承嗣也因回归无路而投效淮南。朱全忠东向并取三镇,恐罗弘信乘虚袭其巢穴,便甘言美语,竭力恭维他,"弘信每有赠遗,全忠必对使者北向拜受之,曰:'六兄(指罗弘信)于予,倍年以长,固非诸邻之比。'"[2]李克用处处树敌,朱全忠竭力拉拢,因而,朱全忠得以全力经营东方,而李克用却给自己增加了许多阻力。

罗弘信死,其子罗绍威继任。唐光化二年(899),刘仁恭攻并沧州镇[3],任长子刘守文为节度使,又率幽、沧两镇步骑10万,图谋吞并魏博、镇定。"师次贝州[4],一鼓而拔,无少长皆屠之"[5]。罗绍威震惧,向朱全忠求救。朱全忠派葛从周赴援,大破刘仁恭部,斩其骁将单可及,全歼刘守文部5万人,又乘胜追击,"自魏至长河数百里,僵尸蔽地,败旗折戟,累累于路"[6]。罗绍威感朱全忠解救之恩,依附更深,朱全忠和他结为儿女亲家。双方结好,朱全忠既可以主动

唐代石刻武士像

1 《资治通鉴》卷260,唐昭宗乾宁三年闰正月,第8483页。
2 《资治通鉴》卷260,唐昭宗乾宁三年闰正月,第8483页。
3 沧州镇治清池县(今河北沧县东南40里旧州镇),辖境相当今天津市海河以南,静海县及河北青县、泊头市以东,东光及山东宁津、乐陵、无棣以北地区。
4 贝州治清河县(今河北清河县城关乡西北12里),辖境相当今河北清河县、山东临清市及武城、夏津等县地。
5 《旧五代史》卷135《刘守光传》,第1800-1801页。
6 《旧五代史》卷135《刘守光传》,第1801页。

北向出击，又可借魏博为屏障，取得了进退自如、攻守随意的良好战略地位。

罗绍威解除了外来的威胁，又感到牙兵骄横，是威胁自己身家性命的心腹大患，日夜忧虑，必欲除之而后可以甘食安寝。魏博牙兵骄横，确实罕见：

> 初，至德（？）中，田承嗣盗据相、魏、澶、博、卫、贝等六州，召募军中子弟，置之部下，号曰"牙军"，皆丰给厚赐，不胜骄宠。年代寖远，父子相袭，亲党胶固，其凶戾者，强贾豪夺，逾法犯令，长吏不能禁。变易主帅，有同儿戏，自田氏已后，垂二百年，主帅废置，出于其手，如史宪诚、何全皞、韩君雄、乐彦祯，皆为其所立。优奖小不如意，则举族被诛。[1]

唐天复二年（902），朱全忠进攻凤翔之际，罗绍威就密派使者，请求借兵诛灭牙兵。朱全忠因要用全力对付李茂贞，无暇兼顾，允以日后借兵。唐天祐二年（905）末，魏博牙将李公佺密谋叛乱，事泄，率众焚掠，投奔沧州。罗绍威惶恐不安，急不可耐，再次乞援。恰值其媳（朱全忠女）病死，朱全忠以会葬为名，选强兵悍卒假扮担夫，暗藏兵器，前往魏州，而以大军随后。在罗绍威精心配合下，把8 000家牙兵杀得"婴孺无遗"[2]，"州城为之一空"[3]。次日，朱全忠亲率大军赶到。当时，魏博军2万人正与汴军合围沧州，消息传来，群情激愤，拥牙将史仁遇为首，据守高唐，抗击汴军。汴军"攻下高唐，军民无少长皆杀之"[4]。残杀激起了军民愤怒，魏博6州境内军民纷纷据城抗击，历时半年才平定。

魏博处战略要地，又素称富饶之区。魏晋以来一直是兵家必争之地。唐中叶而后，魏博一镇关系河朔的向背：德宗削藩，魏博先叛，三镇影从，然后又出现朱泚、李希烈称帝一方。宪宗朝，魏博田弘正率先效顺朝廷，河朔随之款服，唐廷遂得收削藩的成效。及至穆宗朝，魏博重行叛乱，尔后河朔遂不可收拾。五代时期，魏博一镇对政局更有举足轻重之势。魏博牙兵是唐中叶以来百余年魏博镇割据的重要支柱，牙兵既遭屠戮，魏博军势力空前削弱，罗绍威从牙兵手中解脱出来，却又完全操在朱全忠的掌握之中了。朱全忠以残杀为能事，控制了魏博重镇，却大

唐代韩干《牧马图》

[1]《旧五代史》卷14《罗绍威传》，第188-189页。陶案："至德中"，误。魏博建于代宗广德元年（763）。

[2]《资治通鉴》卷265，唐昭宣帝天祐三年正月，第8657页。

[3]《旧五代史》卷14《罗绍威传》，第189页。

[4]《旧五代史》卷2《梁太祖纪二》，第39页。

失河朔人心。此后，汴军所向，河北诸镇都记得魏博军民血的教训，唯恐再遭他们的命运，无不同仇敌忾，拼命抵抗；就是那批节帅镇将，也都忧目是役，对朱全忠深怀戒心。朱全忠得魏博，异常骄恣，汴军也以征服者的神气横行无忌。是年，朱全忠攻伐沧州，汴军驻屯魏博半年，"罗绍威供亿，所杀牛羊豕近七十万（头），资粮称是，所赂遗又近百万（缗）；比（汴军）去，蓄积为之一空"。罗绍威悔恨不已，恨恨地叹气说："合六州四十三县铁，不能为此错也！"[1]

自朱全忠联合魏博，李克用的处境便日益困难了。唐天复元年（901），朱全忠大举进攻河中，另遣别将扼晋军于晋、绛。李克用的女婿河中节度使王珂危急，屡次遣使哀求救援。李克用复信给他的女儿："前途既阻，寡不敌众，救则与尔两亡。可与王郎归朝廷。"[2]王珂无援，只得乞降于朱全忠，被朱全忠将全家迁往洛阳，另任汴将张存敬为节度使。于是，朱全忠形成了包围晋军的形势。次年，汴军直扑晋阳，晋军连战皆败，在汴兵临城之际，李克用焦灼惶恐，想要弃城突围，逃往云中，诸将苦谏，他们认为如果放弃根本之地，众心涣散，不待到云中，就会全军覆灭。李克用猛醒，听从众议，分命名将周德威、李嗣昭等召集逃散，奋力反攻，打退汴军，解除了晋阳之围。这次战役，晋军苦撑下来，保住了根本之地，但还不能改变消极防御的态势。几年内都不敢与汴军争锋。处于逆境之中，李克用被迫转变策略。刘仁恭攻魏博、镇定遭到惨败，转向河东乞援。李克用恨他反复无常，不肯援救。李存勖劝他说："此吾复振之道也，不得以嫌怨介怀。且九分天下，朱氏今有六七，赵、魏、中山在他庇下，贼所惮者，惟我与仁恭尔，我之兴衰，系此一举，不可失也。"[3]李克用听其计，遣兵应援。虽然此时他力量削弱，对刘仁恭怀有戒心，仅派别将前往，却还起了牵制汴军的作用。其后，朱全忠杀魏博牙兵，激起军民反抗，史仁遇乞援河东，李克用又命李嗣昭率3000骑攻邢州以应之，不克而还。尽管如此，还是收到了一些效果。此后，魏博兵变，仍然投靠晋方，于后梁之亡，是有重要作用的事。

两大镇争霸中原20余年，战无宁日，兵燹所及，人民

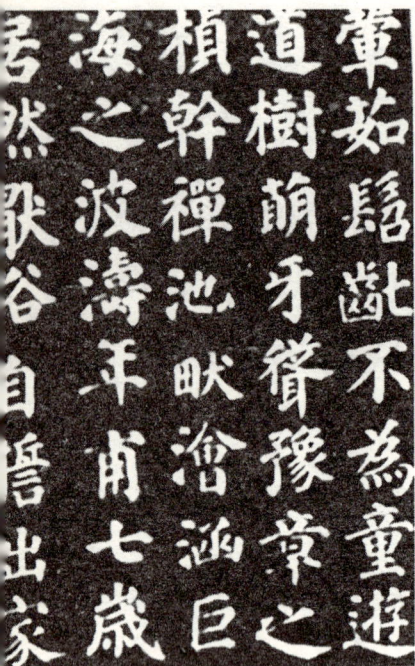

唐颜真卿《多宝塔碑》

[1]《资治通鉴》卷265，唐昭宣帝天祐三年七月，第8660页。
[2]《旧五代史》卷14《王珂传》，第199页。
[3]《旧五代史》卷27《唐庄宗纪一》，第366页。

惨遭屠杀,财物洗劫殆尽,赤地千里,哀鸿遍野。这段时间里,总的趋势是,相对强大的河东李克用集团(晋军)逐步由强转弱,而相对弱小的宣武朱全忠集团(汴军)则逐步由弱转强。造成这种转化的原因,大致有三:

第一,朱全忠处久经战乱、破坏严重的河南地区,李克用则据未经战乱、素称富饶的河东地区。他们在攻袭别镇时,烧杀淫掠,如出一辙,但如何对待自己的根据地,则各不相同。朱全忠在河南,安辑流亡,轻徭薄赋,劝课农桑,收到相当的效果,故能军食无虞,后方安定,能有力量兼并他方。李克用在河东,不事安辑,纵兵扰民,将吏率多贪暴,以至富饶之区反而军食不继,时有以尸为粮的怪事,远不及久经战乱、稍得安定的河南。这是双方势力转化的根本原因。

第二,就策略而言,朱全忠采取联合一批,消灭一个,平定一方,再图他方的方针,因而能够有步骤地消灭秦宗权,吞并东方四镇,然后控制魏博,北向争锋,基本上做到平定一处,稳定一处。李克用虽也联合了一批藩镇,然而,处理失当,被扶植者反成仇敌,内部矛盾也随之增加。所以河东不但稳定不住所并之地,而且内部还经常发生叛乱,形成了抵消或者削弱本身力量的恶果。就晋、汴两方本身而言,谁也不是正义的一方,谁也不为人心所向,这就要看谁的策略高明来定输赢了。

第三,就战略而言,朱全忠从不四面出击,也不跋涉千里,借道远征,只是在实力充足,行将灭唐之际,才进军关中(但从此也开始转向被动)。这样,就可依河南为根本,胜则可并他镇,败则全师而返,得多失少。李克用则不然,凭恃沙陀铁骑,四面出击,往往假道于人,劳师远征,胜则不能收其土地财赋,败则损失巨大的兵员、物资,兼以军纪不整,将骄兵悍,每致败衄。李存信遭袭于魏州,史俨等因道梗而归淮南,不但削弱晋军实力,尤其是造成了恶劣影响,使晋方陷入孤立无援之境。至于李克用几次进军关中,也是徒劳无功,得不偿失。因此,朱全忠并邻道,逐步增加了实力,李克用四面出击,只落得四面楚歌,实力大为损耗。双方势力的转化,这不能不是一个十分重要的因素。

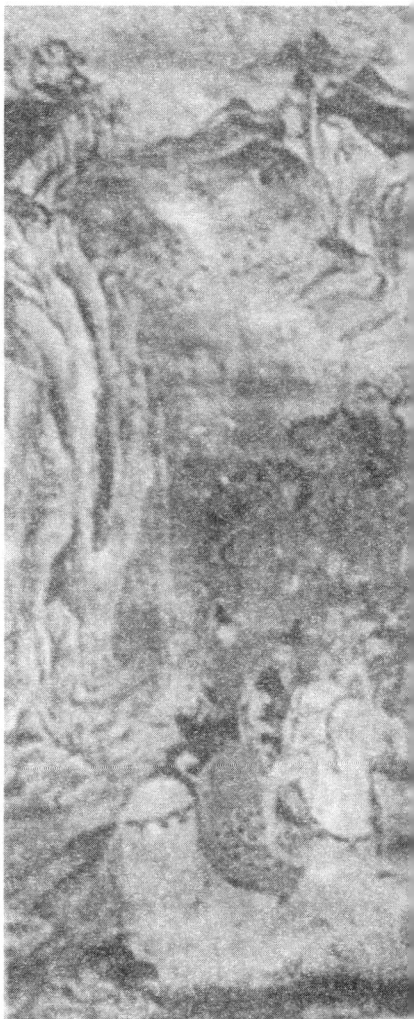

唐代琵琶拔面《骑象鼓乐图》

不过，李克用对待唐朝廷的办法却比朱全忠要聪明得多。朱全忠压倒河东，取得优势之后，便放胆进军关中，挟持朝廷，强移唐廷于洛阳，又迫不及待地篡夺皇位。而李克用却于此时冷眼旁观，积蓄力量，一到时机有利，便联合别镇，同申讨伐。在这以后，双方势力重新向各自的反面转化。

第二节　后梁和后唐的兴替

一　后梁建国与形势的转变

朱全忠屡败晋军，重创幽、沧刘氏，中原无其对手，他便可以无所顾忌地长驱入关，慑服岐、华，诛灭宦官，杀戮朝臣，强劫唐廷至洛阳，置于卵翼之下。这种做法，已为诸道侧目，而朱全忠根本不去理会，又匆忙地杀戮易置，迫不及待地于后梁开平元年(907)废唐昭宣帝，建国称帝。改名晃。以汴梁为东都，号开封府，改洛阳为西都，仍称河南府。这是中国古代建都开封的第一个王朝。后梁版图狭小，为五代之最。包括宣武、宣义、天平、护国、天雄、武顺、佑国、河阳、义武、昭义、保义、平卢、忠武、匡国、镇国、武宁、忠义、荆南[1]等21镇。其中义武、成德、魏博是保留着一定独立程度的附属镇，武定为剑南两川属镇，后梁仅得洋州1州地。

朱全忠之所以要迫不及待地行篡代，并不是由于他已经有足够的力量统一中原、镇服人心，恰恰相反，他唯恐人心不服，才急于采取此策。

朱全忠夺潞州，屠魏博，围沧州，气势汹汹，咄咄逼人，结果适得其反，逼使原成为死敌的李克用、刘仁恭联合起来，共同对付他。而完全出乎他的意料的是，素为他所器重的大将丁会，被任命为昭义节度使，听到唐昭宗被杀凶信，立即宣称效忠唐室，讨伐篡逆，举军归降河东，晋军唾手复得潞州。朱全忠闻变，急解沧州之围，烧营退走。罗绍威尽失牙兵，受制于人，唯恐失朱全忠的欢心，招致不测之祸，他洞察到朱全忠的用心，便于朱全忠退军经魏州时，向他劝进，说："邠、岐、太原终有狂谲之志，各以兴

后梁太祖像

朱温像

[1] 宣义(义成)领滑、郑、陈3州。

天平领郓州等4州。

护国，即河中镇，领蒲、绛等5州。

天雄，即魏博镇，领魏、博、相、澶等6州。

武顺，即成德镇，领镇州等4州。

佑国领京兆(长安一带)及商、华2州。

河阳领怀、孟2州。

义武领定、易、沧等3州。

保义(邢洺)，领邢、洺等3州。

戎昭，辖均(今湖北均县)、房(治今湖北房陵)2州。

泰宁领兖州等3州。

平卢(淄青)领淄、青、登、莱等4州。

忠武领陈、许2州。

匡国领同州。

镇国领陕、虢2州。

武宁领徐、宿2州。

忠义领襄州等8州。

荆南领荆州。

复唐室为词,王宜自取神器,以绝人望,天与不取,古人所非。"[1]朱全忠听了这番话,正合心意,他正感到要征服中原,已是力不从心了,不如干脆废唐称帝,以绝人望,或者能收到些效果。于是,他匆忙赶回汴梁,废唐昭宣帝,称帝建号。他心情如此急迫,以致连历年来受九锡、行禅让的一套例行公事也不耐烦干了。因此,他登上帝座之日,便是他的势力开始下降、陷于困窘之时。

在传统伦理深入人心的时代,"忠君"、"礼分"等观念影响极大,以致朱全忠的胞兄朱全昱竟在宫宴上,使酒骂座,斥责朱全忠不该"灭他李家三百年社稷"[2],断言朱氏要覆灭宗祀。老奸巨猾的李克用深知朱全忠想要吞噬自己,然后篡夺唐室皇位;他又清楚,朱全忠既急于篡唐,必不能旷日持久来对付自己,而且,河东一镇,尤其是晋阳城池坚固,易守难攻,朱全忠难以得逞。因而,他据守晋阳,冷眼观察朱全忠的动静,待机而动。李茂贞劫驾,成了朱全忠挟持唐室的借口;朱全忠篡唐,又成了李克用联合诸镇讨伐后梁的借口。看来,倒是饶有兴味的事。朱全忠没有曹操那样的明智,把自己"踞于炉火之上"了。

李克用于此时,内事整顿,外务联络。他向部属求言,幕僚李袭吉上书说:"伏愿大王崇德爱人,去奢省役,设险固境,训兵务农。定乱者选武臣,制理者选文吏,钱谷有句,刑法有律。诛赏由我,则下无威福之弊;近密多正,则人无潜谤之忧。……则不求富而国富,不求安而自安。"[3]这番看来很平常的议论,却颇中河东弊端。从此,李克用开始改革,积蓄力量,保全自己,待机反攻。他明知刘仁恭反复无常,凶险狡诈,却强忍怨忿,加以利用,与之联合,让他牵制、骚扰梁军,减轻自己的压力。后梁建国后,凤翔李茂贞居然以唐朝忠臣的面目出现,致书李克用和剑南王建、淮南杨渥(杨行密已死,其子杨渥继位),倡议讨伐朱梁,"兴复唐室",推李克用为盟主。王建欲据蜀称帝,也致书李克用,劝说各帝一方,李克用回书,婉言谢绝,声称他家"累朝席宠,奕世输忠",信誓旦旦地说:"誓于此生,靡敢失节。"[4]李克用这番做作,却也收到了一定的效果。

凤翔李茂贞,兵力本不强盛,经过李克用、朱全忠几次打击,实力更为削弱,但他远处关内,退可自保,进可牵

朱友裕(朱温长子)像

[1] 《旧五代史》卷14《罗绍威传》,第190页。

[2] [宋]王禹偁:《五代史阙文》,《梁史·广王全昱》,见傅璇琮、徐海荣、徐吉军主编:《五代史书汇编》(四),杭州出版社点校本2004年版,第2450页。

[3] 《资治通鉴》卷263,唐昭宗天复二年三月,第8571-8572页。

[4] 《旧五代史》卷26《唐武皇纪下》,第361页。

五代荆浩《匡庐图》

制后梁。李茂贞本来姓名为宋文通，士兵出身，由神策军小校积功升为指挥使。唐僖宗奔兴元，他以护驾功，赐姓名李茂贞。唐光启二年（886），唐廷任为凤翔节度使，命率部讨伐李昌符。次年，他攻杀李昌符，遂据凤翔。此后，恣横跋扈，屡次犯阙，挟制朝廷，甚至将唐昭宗劫持至凤翔。朱全忠夺得唐昭宗，撤兵回河南，李茂贞得到喘息之机，重新积蓄力量，逐渐蚕食邻道。后梁建国，他宣言讨伐，实则按兵不动，保住地盘，窥测时机，以取渔利。他曾受唐昭宗封为岐王，至是，仍用昭宗天复年号，开岐王府，置署官职，称妻为皇后，出入全用皇帝仪仗。这个割据关中的小政权，不列入"十国"之内。李茂贞曾趁鄜延镇[1]兵变，发兵图谋并取，后梁遣大将刘知俊入关，击退岐军，李茂贞缩回本镇。不久，刘知俊起兵反梁，后梁反而削弱了自己的力量。

朱全忠猜忌诸镇，采取"分镇"、"移镇"的手段，削减或削除异己，因而逼出许多乱子，使自己重蹈李克用的覆辙。魏博节度使罗绍威死，朱全忠欲趁机移镇，翦除河朔三镇，乃借讨伐幽、沧为名，遣将监魏博兵3 000人进驻深冀，并改任罗绍威之子罗周翰为义武节度使，以代王处直。这一措施引起了成德节度使王镕狐死兔悲之感，部将石君立劝他起兵反梁，他还在犹豫，又发生了驻深州梁将杜廷隐关闭州城，尽杀戍守深州的成德兵的凶杀事件，于是决心反后梁，举兵攻后梁驻深州部队，并请援于晋、燕。王处直拒不受代，也遣使乞援于晋，推为盟主。于是，梁、晋双方战略地位发生明显变化：义武背梁附晋，晋军可以下井陉而抚赵、魏，由被动转为主动；魏博势力削弱，且人心怨梁，后梁虽遣宿将杨师厚坐镇，但潜在的反抗势力只是待机而发罢了，它不但不能成为汴梁的屏障，反而逐渐转化为后梁朝廷的重大威胁。杀人以示威，杀弱以自强，朱全忠想用屠杀的手段来威服天下，结果把自己推上了灭亡的道路。

朱全忠不但广树仇敌于外，还对部属猜忌滥杀。骁将邓季筠、黄文靖屡立战功，邓季筠尤称名将，威震中原，朱全忠忌其能，阅马时，怒其马瘦，借题发挥，当场斩首；李重允、李谠以违抗军令处斩；养子朱友恭、宿将氏叔琮受密令杀唐昭宗，事后，朱全忠诿罪他们，杀以灭口；悍将朱

[1] 鄜延治鄜州（今陕西富县），辖鄜、丹（治义州，今陕西宜川）、坊（治中部，今陕西黄陵）、延（治肤施，今延安东北）4州。此次兵变后，后梁分旧镇为鄜坊（静难）、延丹（保塞）2镇，以分其势。

珍以擅杀处死,数十员梁将求饶,都被朱全忠赶出;爱将李思安贬后再用,郁郁不满,也被处死。凡此种种,不一而足。虽然他们中确有应当处死者,但朱全忠忌才害能,借故杀戮,终于导致上下离心,梁将拥兵叛离者,接踵出现。后梁开平三年(909),保塞(鄜延)兵变,李茂贞及其养子静难(邠宁)节度使李继徽意图兼并,趁势出兵。朱全忠遣刘知俊入关屡破岐、邠军,尽取鄜、延4州。偏偏在这时,朱全忠听信刘捍诬陷,杀佑国节度使王重师,夷灭其族,刘知俊疑忿交集,据同州举兵反,联合李茂贞。朱全忠派刘鄩进讨,刘知俊兵败降岐。尽管后梁仍可保关陇,但内部离心者却日益增加了。

后梁势力日趋下降之际,河东却有了转机。开平二年(908),梁军争夺泽、潞,围潞州。李克用头部疽发死,李存勖继晋王位(895年唐封李克用为晋王)。李存勖刚刚继位,便整饬军纪,任李存璋为河东马步都虞候兼军城使,"初,武皇稍宠军士,藩部人多干扰廛市,肆其豪夺,法司不能禁"。李存璋视事后,"抑强挟弱,诛其豪首,期月之间,纪纲大振,弭群盗,务耕稼,去奸宄,息幸门,当时称其材干"[1]。李克用之弟李克宁权势甚重,在李克用养子李存颢等怂恿下,密谋策动政变,废李存勖自立,以河东地降后梁。事泄,李存勖得李存璋和宦官张承业等勋旧的支持,捕杀李克宁及其党羽,除去内患。然后,亲率宿将周德威等,大举反攻,破梁军于潞州城下,斩其统帅招讨使符道昭,梁军死亡、逃散以万计,委弃资粮、器械,堆积如山。虽然晋军没有能够乘胜攻克泽州,但却大挫了后梁军锋。

李存勖回晋阳,厉行改革。"命州县举贤才,黜贪残,宽租赋,抚孤寡,伸冤滥,禁奸盗"[2],"每出,于路遇饥寒者,必驻马而临问之,由是人情大悦"[3]。又加强队伍训练:"令骑兵不见敌无得乘马;部分已定,无得相逾越,及留绝以避险;分道并进,期会无得差晷刻。犯者必斩。"[4]驻守潞州的昭义节度使李嗣昭,被围一年,"城中士民饥死大半,廛里萧条"。解围后,他"缓法宽租,劝农务穑,一二年间,军城完集"[5]。晋军上下辑睦,同心对敌,与后梁恰成对比,胜败之数,自然可见。

朱全忠不甘心潞州败衄,一度征兵诸道,亲自统帅,

五代黄居寀《山鹧棘雀图》

[1]《旧五代史》卷53《李存璋传》,第720页。
[2]《资治通鉴》卷266,后梁太祖开平二年五月,第8696页。
[3]《旧五代史》卷27《唐庄宗纪一》,第370页。
[4]《资治通鉴》卷266,后梁太祖开平二年五月,第8696页。
[5]《旧五代史》卷52《李嗣昭传》,第704–705页。

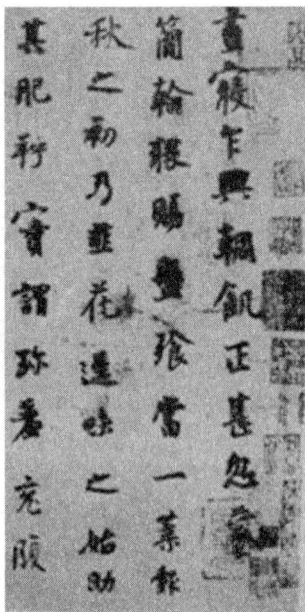

五代杨凝式《韭花帖》(局部)

[1]《资治通鉴》卷267,后梁太祖开平四年十二月,第8731页。

[2] 柏乡即今河北柏乡县。

[3]《资治通鉴》卷267,后梁太祖开平四年十二月,第8731页。

[4]《资治通鉴》卷267,后梁太祖开平四年十二月,第8731–8732页。

[5]《资治通鉴》卷267,后梁太祖乾化元年正月,第8736页。

[6]《资治通鉴》卷267,后梁太祖乾化元年正月,第8736页。

[7] 枣强在今河北枣强县西。

[8]《资治通鉴》卷268,后梁太祖乾化二年三月,第8753页。

[9] 蓨县即今河北景县。

[10]《资治通鉴》卷268,后梁太祖乾化二年三月,第8754页。

以图复夺潞州,终于无功而还。开平四年(910),成德王镕、义武王处直背梁附晋,李存勖用周德威为先锋,亲率大军赴援。途中俘得梁军士兵,审讯得知,朱全忠遣将之时,悍然下令:"镇州虽以铁为城,必为我取之。"[1]李存勖便将俘虏送到镇定,借他的口,激发镇定将士誓死坚守。两军在柏乡[2]遭遇,后梁将士"铠胄皆被缯绮,缕金银,光彩炫耀"[3]。周德威全不在意,对部属说:"彼皆汴州天武军,屠酤佣贩之徒耳,衣铠虽鲜,十不能当汝一。擒获一夫,足以自富,此乃奇货,不可失也。"[4]这批号称天武军的商贾子弟徒有其表,其实是银样蜡枪头,哪堪一击。而周德威临敌慎重,小胜后,退据高阜,不时派出小股骑兵袭扰梁军,待其困窘疲惫,大举出击,梁军大败溃逃,主力龙骧、神捷两军被歼,"自野河至柏乡,僵尸蔽地"。"弃粮食、资财、器械不可胜计"[5]。后梁将杜廷隐在深、冀闻败,弃深州逃走,"悉驱二州丁壮为奴婢,老弱者皆阬之,城中存者坏垣而已"[6]。这种残暴行径,使河北军民恨之入骨。

后梁乾化二年(912),幽州刘守光(刘仁恭之子,囚父夺位)发兵侵成德、义武,李存勖率主力赴援。朱全忠乘隙应刘守光之请,亲帅攻晋。他从洛阳出发,因柏乡败衄,耿耿于怀,郁忿暴怒,恣意杀戮,一路上打死几员文官,又杀大将李思安,以泄怨气,随行人员人人自危,手足无措。兵至下博,讹传晋军大兵涌至,朱全忠惊慌失措,丢弃行幄,逃奔枣强[7],与大将杨师厚会合。枣强城小,守兵仅数千人,都奋死抗击,杀伤梁兵万计,最后被攻陷,梁军肆虐,将全城"无问老幼皆杀之,流血盈城"[8]。晋军援兵不满数千,晋将李存审出奇制胜,以骑兵数百名突袭梁军5万之众,朱全忠夜间不辨虚实,惊惶失措,烧营逃遁。他情急败坏,迷失方向,错走了150里路。河北人民对梁军切齿痛恨,纷纷奋起袭击,梁兵经蓨县[9],"蓨之耕者皆荷锄奋梃逐之"[10]。朱全忠本已染病,羞怒惊恐,病势加重,狼狈逃回汴京。次年,朱全忠被其子朱友珪所杀,此后,后梁处境更形恶化。

二 夹河相战与后梁灭亡

朱全忠出身流氓,赌博酗淫,早已成习,及至晚年,猜忌部属,疑虑万端,在众叛亲离、屡遭败绩的逆境中,精神空虚,苦闷颓丧,越发暴戾荒淫。为了发泄胸中积郁,他一面恣行虐杀,一面纵欲宣淫,逞其兽性。其淫乱无耻,即使在古代帝王中,也是罕见。河南尹、魏王张全义(避梁讳改名宗奭)恢复洛阳属县社会生产,使朱全忠得以资军,稳定河南。朱全忠巡幸洛阳,住在他家,肆行淫秽,遍污其媳妇、女儿,张全义诸子不能忍受屈辱,愤极欲手刃朱全忠,为张全义苦苦劝止。朱全忠对自己的儿媳们(不论嫡子或养子之媳)分别"召侍",逐个通奸,淫乱公行,行同禽兽。这批亲儿养子也都毫无羞耻,竟然利用妻子争宠,博取欢心,探听机密,争夺储位,凭裙带关系夺取皇位继承权,真是旷古丑闻! 养子朱友文之妻以"召侍"得宠,朱全忠遂宠爱他胜于亲儿,每欲立为皇储。乾化二年(912),朱全忠败回汴梁,病势垂危,准备将朱友文从汴梁召来,付以后事。亲子郢王朱友珪素嫉朱友文,是时,得其妻张氏密告这个消息,又听说要将他贬为莱州刺史,惶恐妒恨,顿起杀机,便买通禁军将校,引兵入宫,杀死朱全忠,称帝于洛阳,又派胞弟均王朱友贞赶赴汴梁,杀朱友文。

白釉双鱼穿带背壶（1964 年河北井陉出土）

　　朱友珪弑父篡位,朱氏诸子(无论亲子或养子)个个不服,想要取而代之;重臣宿将知其必败,谁也不肯支持他。朱全忠的谋主、宰相敬翔称病不预朝事。朱全忠养子、河中节度使朱友谦传檄诸道,问罪洛阳,并举河中镇降附于晋。素为朱全忠猜忌的杨师厚,内不自安,这时,趁乱袭据魏博,朱友珪不敢惹他,承认既成事实,任为天雄军节度使。杨师厚为后梁首将,位居招讨使,既兼魏博之众,宿卫劲卒多在其掌握,又有调发诸镇兵马的大权,朱全忠在时,他还有所畏惮,等朱全忠一死,他就可以放肆跋扈了。朱友珪恨杨师厚不把自己放在眼下, 想要翦除,以杜后患,借商讨军机为名,召他来洛阳。杨师厚得诏书,率精兵万人,威风凛凛地进入洛阳,朱友珪胆战心惊,哪敢下手,只得温言逊词,厚加赏赐,遣送归镇。这场较量,朱友珪计谋落空,反而示弱于人,杨师厚更加骄横,而在一旁窥伺时机的朱友贞却找到了一条依靠杨师厚来夺取皇位的绝妙办法。

　　朱友贞早想夺取皇位,苦于没有力量,暗中纠集心腹密商计策。赵岩献策说,杨师厚功高威重,既掌禁军,又有

五代范宽《秋山飞瀑图》

魏博雄镇，是个举足轻重的人物，只有倚靠他发动禁军，才能成功。朱友贞大喜，即派亲信潜赴魏州，游说杨师厚啖以高官厚赏，并许事成之日，赐犒军钱50万缗，慰劳诸军。杨师厚一口应允，派随身侍卫至洛阳，与禁军将官袁象先策划兵变，同时又遣部将朱汉宾率兵进驻滑州，以相呼应。于是，禁军在洛阳哗变，冲入宫中，杀朱友珪。“诸军十余万大掠都市，百司逃散”[1]。事定，袁象先等遣赵岩奉玺印去汴梁，迎请朱友贞赴洛阳即帝位。朱友贞说：“夷门，太祖创业之地，居天下之冲，北拒并、汾，东至淮海，国家藩镇，多在厥东，命将出师，利于便近，若都洛下，非良图也。”[2]遂在汴梁即位，是为后梁末帝。这次兵变立帝，是唐中叶以来藩镇兵变的发展（即由原来的兵变立节度使发展到兵变立皇帝），也是五代由兵变拥立皇帝的第一次，此例一开，效尤踵继，影响很大。

朱友贞是朱氏嫡子，打着“除凶逆、复大仇”的旗帜，杀掉弑父夺位、名不正、言不顺的朱友珪，夺取帝位，本不是难事。可是，得位之后，事情就不那么顺当了。

河南是后梁的根本之地，经过朱全忠、张全义和赵犨兄弟的经营，改变了原来的残破不堪，社会经济得到一定程度的恢复。而后梁四出用兵，横征暴敛，刚刚恢复生产的河南又陷于苦难之中，农民群众尤甚。朱友贞即位之后，任用贪吏，务求搜刮，对于功臣宿将，更是姑息迁就，唯恐失其欢心，听任他们横暴。朱友贞的一个诏书里，供出了当时军民生活困苦的一些情况：“师无宿饱之馈，家无担石之储，而又水潦为灾，虫蝗作殄，戒作于上，怨咨闻于下。”天灾流行之际，地主对农民的地租和高利贷盘剥，仍然毫不放松，诏书里反映了这种情况，规定：“其有私放远年债负，生利过倍，自违格条，所在州县，不在更与征理之限。”“公私债负，纳利及一倍已上者，不得利上生利”[3]。从这里可以知道，州县官吏勾结豪富，替他们向农民催租逼债，豪富之家的高利贷盘剥竟然超逾了国法的禁限，这些都是当时的常事，至于“禁止”，不可能生什么实效，贪吏充斥，诏书只能成一纸空文，这是常识范围中的事。

早在后梁建国之前，朱全忠以苛法暴政治军，已逼出

[1]《资治通鉴》卷268，后梁均王乾化三年二月，第8767页。

[2]《旧五代史》卷5《梁末帝纪上》，第117页。

[3]《旧五代史》卷10《梁末帝纪下》，第142、148页。

了逃亡士兵聚众起义：

> 初，帝在藩镇，用法严，将校有战没者，所部兵悉斩之，谓之跋队斩，士卒失主将者，多亡逸不敢归。帝乃命凡军士皆文其面以记军号。军士或思乡里逃去，关津辄执之送所属，无不死者，其乡里亦不敢容。由是亡者皆聚山泽为盗，大为州县之患。[1]

以刑杀相威胁的手段破了产，朱全忠无可奈何，便趁建国之时，诏书赦免，准许文面士卒回乡居住，于是"盗减什七八"[2]。朱全忠在位期间，有无农民起义的发生，史无明载。朱友贞在位期间，出现了陈州民董乙、毋乙起义，是五代比较著名的一次农民起义。

陈州是后梁财赋重地之一，朱全忠正是靠陈州粮储，才能灭秦宗权，取得河南。后梁末帝即位后，皇族惠王朱友能（朱全忠之侄）任陈州刺史，自恃亲贵，肆行横暴，属官鱼肉百姓，无所顾忌，于是，民怨沸腾。州民董乙、毋乙以"上乘教"组织农民，在乡村中秘密活动，"宵聚昼散"，远近"望风归附"，众至千余。"上乘教"是佛教的一个流派，史籍称："陈州里俗之人，喜习左道，依浮图氏之教，自立一宗，号曰'上乘'，不食荤茹。"这种朴素的教规，易为农民接受，纷纷参加。起义群众在乡村间惩治豪富，"长吏不能诘"[3]。后梁贞明六年（920），起义军势力大盛，后梁朝廷屡发州兵攻捕，都被击败。起义军势力扩展到陈、颍、蔡3州，拥立毋乙为帝，置官属，威胁到后梁东、西两都。梁末帝调发禁军，会合诸州兵，分路合围。由于众寡悬殊，起义军战败溃散，毋乙、董乙和头领80余人被俘，解送汴梁，遭到杀害。

当后梁统治集团相互摩擦、境内百姓聚众反抗之际，晋军却得以全力以赴消灭幽、沧刘氏，尽取河北之地，然后步步向后梁进逼。

早在朱全忠灭唐之前，刘仁恭夺取了沧州，以其长子刘守文为节度使，发兵进图镇、定、魏博，被梁军击破，伤亡惨重，只得卑辞厚礼，修好于晋王李克用，哀求援助。唐天祐三年（906）秋，朱全忠亲率大军进攻沧州，刘仁恭因兵员缺少，"乃酷法尽发部内男子十五以上、七十以下，各自备兵粮以从军，闾里为之一空。部内男子无贵贱，并黥

五代白瓷花口碟

[1]《资治通鉴》卷266，后梁太祖开平元年十一月，第8687页。

[2]《资治通鉴》卷266，后梁太祖开平元年十一月，第8687页。

[3]《旧五代史》卷10《梁末帝纪下》，第144页。

后梁开平通宝

其面,文曰'定霸都',士人黥其臂,文曰'一心事主'"[1]。强征得20万兵员,毫无实用。梁军深沟高垒,围困沧州。刘仁恭率幽州兵赴援,遭到阻击,不得进。沧州城内粮尽,"人相篡啖,析骸而炊,丸土而食,转死骨立者十之六七"[2]。恰于此时,梁将丁会降晋,牵制了梁军,朱全忠又急于篡位,匆匆解围撤回洛阳,刘仁恭才得苟延残喘。他回到幽州,颓唐昏聩,在州西大安山大兴土木,广聚美女,招聘僧道,炼制长生丹药。次年,刘守光打退了进攻幽州的梁军之后,自称节度使,将其父刘仁恭从大安山抓回幽州,囚禁起来。沧州节度使刘守文闻讯,率本镇兵讨伐刘守光,声言除枭獍,救父难。刘守光失败,刘守文心慈手软,要部属"勿伤吾弟",反胜为败,为刘守光所杀。刘守光围沧州,"城中乏食,米斗直[值]三万,人首一级亦直[值]十千,军士食人,百姓食墐土,驴马相遇,食其鬃尾,士人出入,多为强者屠杀"[3]。沧州遂陷落。刘守光得沧州,自以为得天助,毫无畏惮,恣行淫虐,又妄自尊大,想要称帝一方。后梁乾化元年(911),他为要实现称帝的野心,先遣使往成德,劝说王镕尊他为"尚父"。李存勖深知刘守光顽愚凶悍,便采取"欲取先与"、"欲歙故张"之策,联合王处存、王镕共推他为尚书令,尊为"尚父"。按唐朝惯例,唐太宗为秦王时曾任尚书令,故此后虽勋贵耆宿,也无得尚书令衔者,仅有"中兴名将"郭子仪特加尚书令衔,以示殊荣。刘守光获此称号,得意忘形,乃遣使汴梁,将诸镇状送给梁太祖,要挟授以河北道都统职位,以便让他为后梁扫平河东、河北,后梁太祖朱全忠见其愚妄,也予以玩弄,遣使册为河北道采访使而不允加都统衔,另加"尚父"等虚衔。刘守光不满,辱骂梁使,声言:"我大燕地方二千里,带甲三十万,东有鱼盐之饶,北有塞马之利,我南面称帝,谁如我何!"[4]部下有向他晓以利害、劝阻称帝者,他立即处斩,族灭全家。遂自称大燕皇帝,发兵攻并义武镇。

李存勖采取的策略,意在助长刘守光的骄妄,让他充分表演,彻底孤立,自踞于炉火之上,然后不费多大力气,一鼓而消灭之。于是,趁燕兵侵伐义武,李存勖命振武节度使周德威率兵3万,会合成德兵攻取幽州。晋军连下祁沟关[5]、涿州城[6]和瓦桥关[7],擒斩燕军骁将单廷珪。后梁乾化

---

[1] 《旧五代史》卷135《刘守光传》,第1801页。

[2] 《旧五代史》卷135《刘守光传》,第1802页。

[3] 《旧五代史》卷135《刘守光传》,第1803页。

[4] 《旧五代史》卷135《刘守光传》,第1804页。

[5] 祁沟关,旧址在今河北涿州市西南30里岐沟村,位于拒马河之北。

[6] 涿州治范阳(今河北涿州市),辖境相当今河北涿州市、雄县及固定县地。

[7] 瓦桥关,旧址在今河北雄县南易水上。

三年(913),下幽州,俘得刘仁恭及其家属。刘守光在城破时逃走,途中被乡民捕送晋军。乾化四年(914),李存勖将刘氏父子押送到晋阳,向李克用庙告捷献俘,然后处死。于是,王处存、王镕共推李存勖为尚书令,奉为盟主。李存勖灭刘氏,后顾无忧,便南向经营魏博。恰巧在这时又发生了魏博兵变,使他顺利地取得魏博重镇。

　　后梁末帝夺取皇位,全靠杨师厚支持,即位后,封他为邺王,加中书令衔,以示优宠。杨师厚握有重兵,位兼将相,威震人主,梁末帝对他处处小心,朝内"事无巨细,必咨而后行"[1],杨师厚"末年矜功恃众,骤萌不轨之意,于是专割财赋,置银枪效节军凡数千人,皆选摘骁锐,纵恣姿养,复故时牙军之态"[2]。贞明元年(915),杨师厚病死,梁末帝如释重负,在宫中设宴庆贺。亲信赵岩献策:魏博势强难制,不如趁杨师厚甫死,军中无主,分之为两镇,弱其权势,免除威胁。梁末帝从其计,诏分魏博6州为天雄、昭德两镇,天雄仍治魏州,昭德治相州[3],分任贺德伦为天雄节度使、张筠为昭德节度使,分魏博将士、府库之半予昭德。又恐将士不服,另派大将刘鄩率兵6万渡河,准备弹压。魏州士卒不愿背井离乡,贺德伦一再催促,"应行者皆嗟怨,连营聚哭"。议论说:"朝廷忌吾军府强盛,欲设策使之残破耳。吾六州历代藩镇,兵未尝远出河门,一旦骨肉流离,生不如死。"[4]他们聚集哗变,纵火大掠,赶走刘鄩派驻魏州的监护部队,杀贺德伦亲兵500人,劫持贺德伦,请降于晋,乞求救援。李存勖喜出望外,立即亲自率兵到达魏州,当众捕杀兵变头目张彦等8人,慑服乱兵,收银枪效节都为亲军,结以恩信,同时下令整肃军纪,严惩暴掠。安排已定,进兵攻袭梁军。刘鄩是梁将中最称多谋者,被晋军败于魏县后,不敢正面硬拼,想趁虚间道袭晋阳,李存勖洞察其谋,刘鄩不能得逞,退屯莘县[5],闭垒不出。梁末帝下诏催战,刘鄩回奏,要求发给全军每人10斛粮,才能保证反攻胜利。梁末帝急躁,下诏严责,又派宦官督战。刘鄩十分苦恼,集合诸将说:"主上深居宫禁,未晓兵机,与白面儿共谋,终败人事。大将出征,君命有所不受,临机制变,安可豫谋。今揣敌人,未可轻动,诸君更筹之。"诸将胁于朝命,纷纷请战,刘鄩一声不吭地退帐。次日,在辕门外召集

后梁开平元宝

[1]《资治通鉴》卷266,后梁均王乾化三年二月,第8768页。
[2]《旧五代史》卷22《杨师厚传》,第298页。
[3] 相州治今河南安阳市,辖境相当今河北磁县、成安县以南,河南内黄县以西,汤阴县以北,林州市以东地。
[4]《资治通鉴》卷269,后梁均王贞明元年三月,第8787页。
[5] 莘县治今山东莘县。

五代赵岩《八达春游图》

1《旧五代史》卷23《刘鄩传》，第311-312页。

2《资治通鉴》卷269，后梁均王贞明二年三月，第8800页。

3 元城在今河北大名县东。

4《资治通鉴》卷269，后梁均王贞明二年二月，第8802页。

5《资治通鉴》卷269，后梁均王贞明元年十月，第8797页。

6 杨刘城，故址在今山东东阿县东北杨柳乡。

7 麟州治新秦（今陕西神木县北10里）。

胜州治榆林（今内蒙古准格尔旗东北黄河南岸十二连城）。

新州治今河北涿鹿县。

武州治今河北宣化县。

8《资治通鉴》卷270，后梁均王贞明四年七月，第8833页。

诸将，"人具河水一器，因命饮之，众未测其意，或饮或辞"。刘鄩说："一器而难若是，滔滔河流，可胜既乎！"1几天后，被迫出兵，大败退回。次年，梁末帝急不可耐，屡遣使者催战，刘鄩仍坚守不出。李存勖为了寻找战机，歼灭敌军，留大将李存进屯守，扬言回转晋阳，诱敌出击。梁末帝闻讯，诏告刘鄩："今扫境内以属将军，社稷存亡，系兹一举，将军勉之！"2刘鄩无奈，自莘县进袭魏州，与晋军在故元城3西遭遇，大溃败，步兵7万被全部歼灭。当时，后梁匡国节度使王檀率河中等镇兵3万人，乘虚袭晋阳，兵临城下，岌岌可危。退休晋将安金全自请迎战，征发退休将官家中健壮数百人，夜袭梁兵，挫其锐气，援兵赶到，后梁兵受到两面夹攻，死伤十之二三，仓猝逃走，晋阳转危为安。事后，李存勖以谋非己出，不赏安金全。梁末帝见两路受挫，哀叹道："吾事去矣！"4晋军乘胜攻取邢、洺等地后，后梁大将阎宝投降，昭德节度使弃相州逃走，除黎阳一城外，河北之地尽入于晋。从此，李存勖以魏州为基地，与后梁夹河而战。

后梁末帝昏庸无知，朱氏诸子互相猜忌，阴谋攘夺，时刻想发动宫廷政变，夺取皇位。贞明元年（915），末帝妻张贤妃出葬前夜，其弟康王朱友孜遣心腹潜入寝殿，谋杀末帝，事泄被杀。末帝"由是疏忌宗室，专任赵岩及德妃兄弟（张）汉鼎、汉杰、从兄弟汉伦、汉融，咸居近职，参预谋议，每出兵必使之监护。岩等依势弄权，卖官鬻狱，离间旧将相，敬翔、李振虽为执政，所言多不用。振每称疾不预事，以避赵、张之族，政事日紊，以至于亡"5。

李存勖取得了主动的战略地位，就能够经常出击。后梁贞明三年（917）冬，晋军趁黄河冰冻渡河，取杨刘城6。后梁末帝正在洛阳准备行郊祀大典，谣传晋兵已到大梁，扼娄氾水，随从官员担心在汴梁的家属，相顾哭泣。末帝惊慌失措，立即停止了极其隆重的效祀大典，狼狈逃回汴梁。次年春，梁将谢彦章反攻杨刘城，筑垒自固，决黄河水弥漫数里，以阻隔晋军。李存勖亲率部下涉水渡河，大破梁兵。是年秋，李存勖率宿将周德威、李存审、李嗣源等会合魏博、义武两镇兵，大阅于魏州，军中还有"麟、胜、云、蔚、新、武7等州诸部落奚、契丹、室韦、吐谷浑"骑兵8，军容甚为雄壮。晋军屯于麻家渡,李存勖轻敌,常常自率轻骑逼梁营挑战,多次遇险,众将劝阻,他毫不介意。一次,方欲出营,被李存审看见,拦马劝阻,李存勖不得已,闷闷不乐回营,趁李存审不在,策马急出,对左右说:"老子妨人戏!"以战争为游戏,恃勇轻佻可见,无怪后梁名将王彦章称他为"斗鸡小儿"。后梁处境困窘,乃调集全部兵力,由贺瓌、谢彦章统辖,抵御晋兵。贺瓌素嫉谢彦章,计议不合,竟诬以谋反,擅加杀害。李存勖侦知,喜不自胜,便轻率决计攻取洛阳。老成持重的周德威深知时机没有成熟,不宜过早决战,竭力劝阻,李存勖不听。晋军进抵胡柳陂,后梁大军涌至,周德威主张先按兵不战,用小股骑兵袭扰,俟敌疲惫,然后大举进攻,李存勖又不听。他一意孤行,拒纳谋议,轻率地挥军应战,混战中,晋军阵势大乱,周德威父子战死。幸得李嗣昭等整军反击,歼灭梁兵近3万人,而晋军兵员也损失三分之二,是一场得不偿失的消耗战。贞明五年(919),稳重多谋的李存审为持久计,在德胜夹黄河筑南北两城以利守御,又造浮桥相连。从此,杨刘、德胜成为晋军前沿两大据点。为了对付晋军,后梁将王瓒也在据德胜上游18里的杨村夹河筑垒,造浮桥相连接。是年,双方夹河大战,李存勖轻率妄出,几被俘虏,后梁骁将王彦章趁虚入濮阳,晋军形势危急,幸得诸将沉着应敌,奋死抗击,反攻得手,王瓒大败,逃回杨村北城,晋军复夺濮阳。

　　李存勖几次攻梁,虽然消灭了梁军不少有生力量,但本身消耗巨大。这固然表明晋军还没有足够的力量灭亡后梁,但也与契丹侵扰北边、牵制晋军有关。晋军几次克捷之时,辄因北边告警而不得不分兵抵御,遂使后梁减轻压力,得以喘息。

　　李存勖虽然轻佻,但军事才能确胜乃父,堪称五代的一位杰出军事家。然而,他却是个缺乏远大政治眼光的人物。虽然他在继位后也曾进行了一系列的改革,但也只是头痛医头、脚痛医脚的应急救危之策而已。待稍稍安定,他便渐忘昔日艰危,奢侈淫乐,不知节用。晋的领域内,"军府政事一委监军使张承业",张承业虽是宦官,却能廉洁奉公,励精图治,"劝课农桑,蓄积金谷,收市兵马,征租

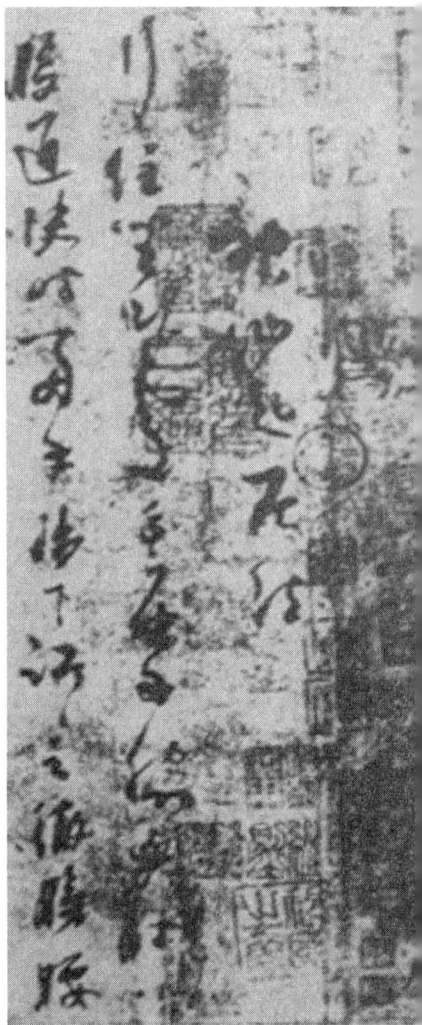

五代杨凝式《神仙起居法》(局部)

1《资治通鉴》卷270,后梁均王贞明四年八月,第8835页。

行法不宽贵戚,由是军城肃清,馈饷不乏"[1]。李存勖有时要钱赌博或赏赐伶人,张承业拒不支付。李存勖无奈,想出一个主意,立了个"酒钱库"作为他的私用,要儿子李继岌为张承业表演舞蹈,赚取钱帛。不料张承业竟分文不给,只用自己的宝带、良马、财物馈赠。李存勖指着钱库说:"和哥(继岌小名)乏钱,七哥宜以钱一积与之,带、马未为厚也。"张承业回答说:"郎君缠头皆出承业俸禄,此钱,大王所以养战士也,承业不敢以公物为私礼。"李存勖火了,借酒耍疯,口出恶言,张承业说:"仆老敕使耳!非为子孙计,惜此库钱,所以佐王成霸业也,不然,王自取用之,何问仆为!不过财尽民散,一无所成耳。"李存勖羞怒难堪,向侍从索剑,想要行凶。张承业一把抓住他的衣衫,哭诉说:"仆受先王顾托之命,誓为国家诛汴贼,若以惜库物死于王手,仆下见先王无愧矣。今日就王请死!"[2]李存勖之母曹氏听到,立即将李存勖唤进宫去,李存勖慌了,忙向张承业叩头谢罪。次日,曹太夫人带着李存勖赔礼道歉。一场风波,就此完了。这件事表明,李存勖是个无赖恶少,只是大敌当前,天下未定,不得不有所顾忌,虽然有时暴露了恶劣本性,却还能有所控制,暂时不敢为所欲为。

为了广收财赋,李存勖起用魏州孔目吏孔谦,擢为支度务使,掌管财赋。孔谦是个惯于敲骨吸髓的奸吏,又能"曲事权要,由是宠任弥固"。虽能保证军需不乏,"然急征重敛,使六州愁苦"[3]。后唐建国后,孔谦益发横征暴敛,酷害百姓。魏州为大军集聚之地,赋税繁重,百姓无力缴纳,常有逋欠。李存勖以民间多逋欠,责问魏州官吏赵季良,赵季良反问:"殿下何时当平河南?"李存勖勃然大怒,申斥说:"汝职在督税,何敢预我军事!"赵季良顶撞说:"殿下方谋攻取而不爱百姓,一旦百姓离心,恐河北亦非殿下之有,况河南乎!"[4]这番话一针见血,说中要害,李存勖为之动容,乃下令缓征。

由于李存勖内部接连出了些乱子,干扰了他挺进河南军事计划的推行。后梁龙德元年(921),成德节度使王镕奢靡昏聩,佞佛求神,宠任阉人。养子张文礼煽动兵变,杀王镕,尽灭其族,北引契丹为援。李存勖在前线闻讯,急率大军讨伐,留李存审、李嗣昭守卫德胜。晋军下赵州,击

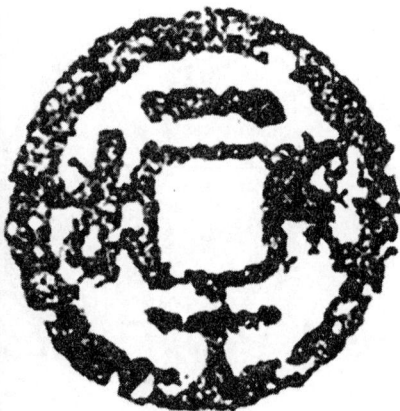

刘仁恭所铸"永安一十"铁钱

[1]《资治通鉴》卷270,后梁均王贞明三年十月,第8819页。
[2]《资治通鉴》卷270,后梁均王贞明三年十月, 第8819-8820页。
[3]《资治通鉴》卷269,后梁均王贞明元年六月,第8791页。
[4]《资治通鉴》卷271,后梁均王龙德二年十二月,第8878页。

败契丹援兵。而后梁将戴思远趁李存勖北上，全力猛攻德胜，赖守军苦撑，李存勖回师神速，才打退梁兵，保住德胜。哪知偏在此时，又出了乱子。李存勖用伶人杨婆儿为卫州刺史。杨婆儿不通军政，专事搜刮，为了饱私囊，他征收士兵月课钱，凡纳钱士兵，可以回家，卫州防务因此空虚。后梁段凝侦知虚实，袭取卫州，和戴思远配合，夹攻晋军，尽取澶州以西、相州以南地，晋军丧失军储三分之一，后梁军势重振。李存勖率将士苦战，才攻克镇州，复取河北失地，而功高威重的宿将李嗣昭、李存进等人都在这次战役中战死，兵员、物资损失惨重。不过，自此以后，成德镇成为晋的直属镇，不再是过去那样的半独立状态了。

后梁朝廷已临末日，而阋墙更烈。后梁龙德元年（921），陈州刺史惠王朱友能企图夺取帝位，举兵向汴梁进攻，虽然迅速败亡，却透露了梁室内部矛盾的激化。此后，君昏臣乱，上下猜忌，将帅不和，排挤陷害，更甚于往昔，梁朝终于迅速灭亡。

后唐同光元年（923），李存勖称帝于魏州，因唐朝对他家赐姓、论属籍，李存勖遂自称唐室后裔，是唐朝的合法继承人，以唐为国号，史称后唐，以别于唐朝。李存勖即史籍所称的后唐庄宗。庄宗即位，便大举伐梁，欲一鼓灭亡之。梁末帝命王彦章、段凝统兵抵御。王彦章骁勇多谋，年逾60，壮志未已。段凝无谋无勇，以善于谄佞得显贵，排斥异己，不顾国家安危。敬翔深知兼用两将，段凝必然会嫉贤害能，事事掣肘，必败无疑，乃面见末帝，力保王彦章为主将。王彦章奇袭德胜，连下德胜北城和潘张、麻家口诸寨，进逼杨刘，两军激战，伤亡惨重。而梁将康延孝降唐，后唐尽知梁军虚实。王彦章又为赵、张、段所谮诮，罢去帅位，梁军丧气。段凝任主帅，怯懦无谋，人心不附，他无抵御之策，竟在滑州决开黄河，东注曹、濮、郓州，企图阻隔唐兵，充分暴露了本身的虚弱。正在这个关键时刻，李嗣昭之子李继韬举潞州降后梁。后梁末帝以为天降良机，急忙遣将前往，配合李继韬，攻下泽州，断绝唐兵归路，并进攻晋阳，捣唐巢穴；又调汝、洛兵攻成德，抄唐军后背。于是，双方都处在生死存亡的紧急关头。

在这种形势下，后唐固然后顾可忧，而后梁则兵力分

刘仁恭所铸"永安五百"铁钱

李克用像

1《旧五代史》卷29《唐庄宗纪
三》,第408页。

散,指挥不一。李存勖聚集武将谋臣商讨决策,有人主张,
兵员损失巨大,粮秣不足半年之用,归路既可虞,契丹又
屡扰北边,困难重重,不如割地退兵,伺机再举。谋臣郭崇
韬、宿将李嗣源坚决反对这种主张,认为处于这种形势
下,进取必胜,退让必亡,只有集中全力,乘虚袭取汴梁,
覆敌巢穴,才有出路。李存勖决计进取,将妻儿和随军家
属遣回魏州,誓以有进无退的决心。于是,用李嗣源为先
锋,自杨刘渡河,直取汴梁,自领大军继后。李嗣源所向皆
捷,擒王彦章及梁将多人。然后以轻骑兼程袭取汴梁。唐
兵以迅雷不及掩耳之势直抵汴梁城下,宛如自天而降,守
将惊惶请降。后梁末帝走投无路,命侍卫杀死自己。后梁
百官于唐兵入城后,纷纷迎降。段凝在前线闻讯,全军解
甲投降。后梁至此灭亡,历时17年。

　　论者多以为李存勖奇袭汴梁、灭亡后梁,纯属孤注一
掷的冒险行为,获取全胜也不过侥幸而已。这种评论,颇
欠公允。一个军事统帅最难能可贵者,在于能在生死存亡
的关键时刻,从容镇定,然后才能辨明主次,权衡利害,当
机立断,夺取胜利。处于梁、唐双方最后决战的前夜,正面
的梁军已成强弩之末,而唐军则归路遮断,巢穴可虞。怎
样变被动为主动,以自己的有利条件来消除自己承受的
威胁,这是决定本身存亡胜败的根本问题。愚懦者慑于突
发事变,畏敌如虎,惊惶失措,而看不到自己的有利条件,
只想割地退兵,保全巢穴。殊不知仓猝退兵,士气沮丧,归
路既断,悍敌尾追,不但前功尽弃,而且灭亡可待。所以,
李存勖听了这番议论,立刻说:"嘻,行此谋则无葬地矣!"
[1]他能够在复杂的形势下,独具慧眼地看到,有利的条件是
主要的,不利的条件或者危险的条件是次要的;虽然泽、
潞失守,晋阳危急,但经营既久,城隍坚固,短时难以攻取,
而后梁朝廷采此险策,不但分散了兵力,而且会因为把全
部希望寄托于此而松弛了戒备,只要镇之以静,使敌难测
高深;然后趁机捣其心脏,就能制敌死命。这是一个具有
辩证法思想的高明战略。如果没有卓越的军事才能和胆略,
是不能作此决策的。这一战例,为我国军事史增添了珍贵
的遗产。从这方面来说,李存勖堪称一位杰出的军事家、
一个生气勃勃的人物。然而,他至此达到高峰,就向着自

己的反面转化了，由一个喜剧中的胜利者变成悲剧中的失败者，由一个叱咤风云的英雄变成了众叛亲离的独夫。

三　后唐庄宗的倒行逆施及其覆灭

后唐庄宗即位魏州时，领域有13节度、50州。13节度是：天雄、成德、义武、横海[1]、卢龙、大同、雁门、振武、河东、护国、晋绛、安国、昭义。50州是：魏、博、贝、澶、相、郓、沼、磁、镇、冀、深、易、祁、定、沧、景、德、棣、瀛、莫、幽、涿、檀、蓟、顺、营、平、蔚、朔、云、应、新、妫、儒、武、忻、代、岚、石、宪、麟、府、并、汾、慈、隰、泽、潞、沁、辽。[2]灭后梁，尽得其领域。不久，进军剑南，并岐，灭前蜀。得汉中及两川之地，五代疆域，无盛于此者。灭蜀之役，南方割据诸国，诸如吴、楚、荆南、南汉皆大为震恐，怕蹈前蜀覆辙。然而，事实的发展却适得其反，统一并未得以实现，而灭梁吞蜀的后唐庄宗却身败族灭了。

后唐取汴梁之前，财力已经空竭。"自德胜失利以来，丧亡粮数百万，租庸副使孔谦暴敛以供军，民多流亡，租税益少，仓廪之积不支半岁"[3]。如果不是一举灭亡后梁，后唐也难以支持下去了。因此，后唐庄宗进入汴梁，喜极欲狂地一把抓住李嗣源的战袍，用头撞着他说："吾有天下，由公之血战也，当与公共之。"[4]庄宗既自称唐室后裔，声言伸张大义，为唐复仇。于是，既至汴梁，便诏毁朱氏宗庙，贬后梁二帝为庶人，"天下官名府号及寺观门额，曾经改易者，并复旧名"[5]。从此，直到宋初，撰史者咸以后梁为"僭伪"，而将后唐、后晋、后汉和后周奉为"正统"。后唐庄宗以诛逆臣为名，族灭后梁宰相敬翔、李振及权贵赵、张诸家，贬窜助梁篡唐、位致宰辅的唐旧臣郑珏等11人。然而，明眼人不难看出，这不过是做个姿态，以让天下人看看而已，对于后梁的弊政、奸佞并无任何改革和严惩。后梁权贵以贿赂得免，仍居显官者不乏其人，袁象先、段凝且不必说，就是发掘唐室陵寝、盗取宝物的温韬竟然免于治罪，以贿赂取得显要之位。后唐改汴梁宫苑为行宫，以洛阳为京都，这似乎也是复唐旧制的一个措施。

后唐庄宗灭梁之后，用人理财，弊端百出，较之后梁，实有过之。与后梁太祖相比，远不能及。后梁太祖曾经改

奔马

[1] 横海（沧景，又改义昌），治沧州（今河北沧县东南旧州镇），辖沧、景等州，约当今天津马厂减河以南、运河以东，山东津浦铁路线以东、黄河以北及博兴县北部地区。
[2] 镇州治真定（今河北正定县）。景州治今河北东光县。棣州治今山东惠民县东南50余里。磁州治滏阳县（今河北磁县）。德州治今山东陵县。瀛州治今河北河间市。莫州治莫县（今河北任丘市北30里鄚州镇）。檀州治密云（今北京市密云县）。顺州治今北京顺义县。应州治今山西应县。妫州治今河北怀来县东南旧怀来。儒州治今北京延庆县。忻州治秀容（今山西忻州市）。代州治雁门（今山西代县）。岚州治今山西岚县北20里岚城镇。并州治晋阳（今山西太原市西南）。汾州治今山西汾阳县。慈州治今山西吉县。隰州治今山西隰县。
[3]《资治通鉴》卷272，后唐庄宗同光元年九月，第8893页。
[4]《旧五代史》卷35《唐明宗纪一》，第487页。
[5]《旧五代史》卷30《唐庄宗纪四》，第414页。

革唐朝的一些弊政；后梁太祖曾经做了一些恢复生产的措施，庄宗则大肆破坏。

关于用人。

后唐之所以能灭亡后梁，上下辑睦、协力同心是一个很重要的原因。正因如此，才能够在李克用死后，撑住危局，反击梁军，厉行改革，转弱为强；才能够在10余年浴血苦战中，屡丧宿将而军心不摇；才能够在关键时刻，谋臣武将敢于置生死于度外，奇袭灭敌。然而，曾几何时，后唐庄宗把这批忠心耿耿的谋臣武将的汗马功劳完全抹杀，把一切功劳归于自己，竖着手指向别人夸耀说："我于指头上得天下。"[1]对宿将功臣，猜忌备至。战功第一的李嗣源受到冷遇和猜忌，勤劳忠诚的郭崇韬死于非命。上下解体，终于使自身灭亡。

后唐庄宗嫉贤害能，而对腐朽无用的名门士族却施以青睐。苏循本为唐臣，出身名门，后梁篡代之际，极尽谄媚之能事，后梁宰相敬翔鄙夷其人，斥之为"唐家之鸱枭，当今之狐魅"，贬回田里。李存勖将称帝，"求访本朝衣冠"，苏循往魏州应召，"入衙城见府廨即拜，谓之'拜殿'"。"时将吏未行蹈舞礼，及循朝谒，即呼万岁舞抃，泣而称臣"，骗得了后唐庄宗的欢心。次日，"又献大笔三十管，曰'画日笔'"[2]，"画日笔"是皇帝专用，后唐庄宗更是喜不自胜，立即任命他以旧任礼部尚书兼河东节度副使，以示宠异。在接受劝进和即位后，又两次"求唐旧臣，欲以备百官"[3]。"于四镇判官中选前朝士族，欲以为相"[4]。这种力求恢复唐朝旧貌的用人政策，显然是倒退的现象，而且，从这里也表明，"宰相"、"百官"不过是供装潢之用的陈列品，并无实用。然而，这一措施，却招来了一批腐朽的士族官僚，把政治风气弄得更加败坏。豆卢革、韦说、卢程等士族旧望擢居宰辅，谄佞贪浊，颟顸无能，还向一些颇有识见的谋臣猛将进行侵蚀。出身沙陀贵族、冒称唐室后裔的庄宗醉心门第，用以增添他帝座的圣光，固不足怪，而颇有谋略识见、忠心谋国的枢密使郭崇韬，也因受了这批人的侵蚀，醉心门第。他本是代州雁门人，和华阴人、唐朝中兴名将郭子仪的家族毫无瓜葛，秉朝政后，"权倾四海，车骑盈门，士人谄奉，渐别品流"。豆卢革向他献媚，故意问

李克用像

[1]《旧五代史》卷133《高季兴传》，第1752页。
[2]《旧五代史》卷60《苏循传》，第810—812页。
[3]《资治通鉴》卷271，后梁均王龙德元年七月，第8866页。
[4]《资治通鉴》卷272，后唐庄宗同光元年二月，第8879页。

他："汾阳王代北人,徙家华阴,侍中世在雁门,得非祖德欤？"郭崇韬顺坡骑驴地说："经乱失谱牒,先人尝云去汾阳王四世。"[1]从此,重视人才的旧风,"旌别流品,援引薄徒,委之心腹;佐命勋旧,一切鄙弃"。甚至公开说不敢引用出身寒微的人,是"虑名流嗤余故也"[2]。唐末农民战争以后,门阀观念已基本扫除,而作为一时贤相能臣竟然挡不住这股短暂复燃的死灰,反而被它侵蚀,无怪他终究成为一位悲剧人物。

猜忌功臣宿将,荒淫骄奢,宦官、伶人遂得到宠任。李克用起家,是倚仗宦官杨复光举荐,杨复光死,李克用又与杨复恭勾结,内外相应,狼狈为奸。朱全忠诛灭宦官,河东成为宦官最大的避难所。唐朝委派的监军张承业,是史籍号称阉宦中的贤直者,辅佐李克用,受顾托之命,安定后方,做了一些有益的事。后唐建都洛阳,"敕:'内官不应居外,应前朝内官及诸道监军并私家先所蓄者,不以贵贱,并遣诣阙。'时在上左右者已五百人,至是殆及千人,皆给赡优厚,委之事任,以为腹心。内诸司使,自天祐以来以士人代之,至是复用宦者,浸干政事。既而复置诸道监军,节度使出征或留阙下,军府之政皆监军决之,陵忽主帅,怙势争权,由是藩镇皆愤怒"[3]。唐廷任宦官监军,本有加强中央集权的作用,初时也还起了些效果。后唐庄宗采此措施,依然承袭唐朝的原意,可是,形势不同了,使用这些阉宦,非但起不了任何积极作用,反而使方镇增加对朝廷的离心力。诸镇主帅握有重兵,朝廷奈他不何,何况监军? 庄宗一朝历时不及4年,宦官也来不及成个气候,但是,他们的侵蚀作用却是不可低估的。可以说,这个措施是恢复唐末弊政的另一表现,与后梁相比,也是个倒退。

宠任伶人,堪称后唐庄宗的"杰作"。他幼好音律,喜爱伶人。后唐建国前,已有伶人杨婆儿居州郡之任,偾事误军。灭梁,原受宠爱的伶人周匝,先为梁军俘去,为后梁教坊使陈俊保护得全,庄宗至汴梁,周匝赶来谒见,庄宗大喜,厚赏有加。周匝诉陷梁时事,"垂泣推荐"陈俊,"请除郡守",庄宗立刻应允[4]。此后,伶人更得恃宠怙势,"出入宫掖,侮弄缙绅,群臣愤嫉,莫敢出气;亦有反相附托以希恩泽者,四方藩镇争以货赂结之。其尤蠹政害人者,景进

李克用墓

[1]《旧五代史》卷57《郭崇韬传》,第772页。
[2]《旧五代史》卷57《郭崇韬传》,第772页。
[3]《资治通鉴》卷273,后唐庄宗同光二年正月,第8912页。
[4]《旧五代史》卷30《唐庄宗纪四》,第412页。

晋王李克用墓模型

为之首。进好采间阎鄙细事闻于上，上亦欲知外间事，遂委进以耳目。进每奏事，尝屏左右问之，由是进得施其谗慝，干预政事。自将相大臣皆惮之"[1]。使用这批毫无政治知识、唯利是图的伶人侦测臣下，"小人得志满天飞"，他们擅作威福，陷害贤能，搜刮民财，穷奢极欲，为所欲为，而贪官污吏又倚他们为奥援，放胆殃害百姓。自然会造成上下离心，民怨沸腾的后果。

后唐未建，暴吏孔谦就得到重任。庄宗灭梁，贪官暴吏普遍受到重用。贪浊谄佞的孔循、段凝以贿赂受宠用，后梁末帝的表兄袁象先素以谄佞贪婪著称，梁亡，"辇珍货数十万，遍赂刘夫人及权贵、伶官、宦者，旬日，中外争誉之，恩宠隆异"[2]。庄宗又下诏，后梁节度使、防御、团练使、刺史及诸将校一概留任，后唐将校官吏先降后梁者，一概不问，复其原职。

这样用人，不但赏罚混乱，尤其是纠聚了各种贪暴势力，非但不改后梁弊政，反而变本加厉。

关于理财。

庄宗和其妻刘氏（后册为皇后）是两个最大的搜刮民财的贪暴民贼。庄宗听信宦官的主意，"分天下财赋为内外府（库），州县上供者入外府，充经费，方镇贡献者入内府，充宴游及给赐左右。于是外府常虚竭无余而内府山积"[3]。刘氏本魏州成安人，出身寒微，五、六岁时为李克用所得，"归晋阳宫，为太后侍者，教吹笙"。长成后，"姿色绝众，声伎亦所长"，赐庄宗为侍妾。刘父是乡村医生，庄宗在魏州，刘父前来认亲，"有内臣刘建丰认之，即昔日黄须丈人，后之父也"。刘氏正在与别人争宠，耻为寒家，对庄宗说："妾去乡之时，妾父死于乱兵，是时环尸而哭，妾固无父，是何田舍翁，诈伪及此！"[4]把亲生父亲在宫门前打了一顿板子，赶了出去。庄宗明知是其父，也不说破，"宫中暇日，自负著囊药箧，令继岌破帽相随，似后父刘叟以医卜为业也。后方昼眠，岌造其卧内，自称刘衙推（时人称乡村医卜）访女。后大恚，笞继岌"[5]。进洛阳以后，庄宗夫妇幸当时首富张全义家，刘后竟然说："妾孩幼遇乱，失父母，欲拜全义为义父。"[6]张全义诚惶诚恐，认了这位义女，献出大批财货做见面礼，以后又经常献礼，保得了荣华富贵。

[1]《资治通鉴》卷272，后唐庄宗同光元年十一月，第8904–8905页。
[2]《资治通鉴》卷272，后唐庄宗同光元年十月，第8901页。
[3]《资治通鉴》卷273，后唐庄宗同光二年二月，第8914页。
[4]《北梦琐言》卷18《刘皇后答父》，第332–333页。
[5]《北梦琐言》卷18《刘皇后答父》，第333页。
[6]《旧五代史》卷63《张全义传》，第843页。

这位刘皇后，简直是"有财便是爹了"，还有什么事干不出来呢！她贪婪极甚，早在魏州，就令人"设法稗贩，所鬻樵苏果茹，亦以皇后为名。正位之后，凡贡奉先入后宫，唯写佛经施尼师，它无所赐"[1]。皇帝、皇后如此贪婪，孔谦之流的贪官们就得其所哉，放胆掠夺了。为了搜刮财物以求媚于帝、后，"凡赦文所蠲者，谦复征之。自是每有诏令，人皆不信"[2]。他升任租庸使之后，更是"曲事嬖幸，夺宰相权，专以聚敛为意，剥削万端"[3]。州县官吏遂群起效尤，并且变本加厉，层层加码。于是，户口流亡，士卒冻馁，危机越演越烈，庄宗全然不理。

孔谦用租庸使帖直下州县催征租税，而不经藩镇，这本是强化中央集权、收地方财权的一种措施。然而，横征暴敛，诛求万端，只能破坏社会生产，这种"改良"，实际上是越改越恶劣。当时，天平、平卢两镇抗表指孔谦"有紊规程"，后唐朝廷敕文也承认"两道所奏乃本朝旧规"，重申"自今支郡自非进奉，皆须本道腾奏，租庸征催亦须牒观察使"[4]，孔谦置若罔闻，行之如故；又"贷民钱，使以贱估偿丝，屡檄州县督之"[5]。有人弹劾，庄宗置之不理。可见，庄宗所为较后梁末帝实有过之，比后梁建国前后，不更是倒退吗？

庄宗既灭后梁，志骄意满，穷奢极欲，日以搜刮财富、广建宫殿、选取美女、驰猎取乐为能事。为了掠夺更多的财富，他策划并吞吴、蜀，以逞贪欲。

灭梁之后，庄宗遣使告知吴和前蜀。吴国闻讯，上下震惊，谋臣严可求全不在意，从容说："闻唐主始得中原，志气骄满，御下无法，不出数年，将有内变。"[6]建议卑辞厚礼，保境安民，以待其变。原受梁册封为渤海郡王、割据荆南的高季兴闻后梁灭亡，惶恐赴洛阳朝见，撺掇庄宗伐蜀，以转移其兵威。他在洛阳，备受伶人、宦官敲诈勒索，竞求贿赂，气愤难忍，设法离开洛阳，兼程驰回本镇。他对部属说："新主百战方得河南，对勋臣夸手抄《春秋》，又竖起手指云：'我于指头上得天下。'如此则功在一人，臣佐何有！且游猎旬日不回，中外之情，其何以堪，吾高枕无忧矣。"[7]远居岭表的南汉主刘䶮，闻庄宗平梁，遣使来聘，窥测虚实，声称："本国已发使臣，大陈物贡，期今秋即至。"使者了解情况后返回报告，南汉"贡亦不至，自是与中国

李存勖像

[1]《北梦琐言》卷18《刘皇后答父》，第333页。

[2]《资治通鉴》卷273，后唐庄宗同光二年二月，第8913页。

[3]《北梦琐言》卷18《明宗诛诸凶》，第334页。

[4]《资治通鉴》卷273，后唐庄宗同光二年十月，第8925页。

[5]《资治通鉴》卷273，后唐庄宗同光二年四月，第8919页。

[6]《资治通鉴》卷273，后唐庄宗同光元年十月，第8903页。

[7]《旧五代史》卷133《高季兴传》，第1752页。

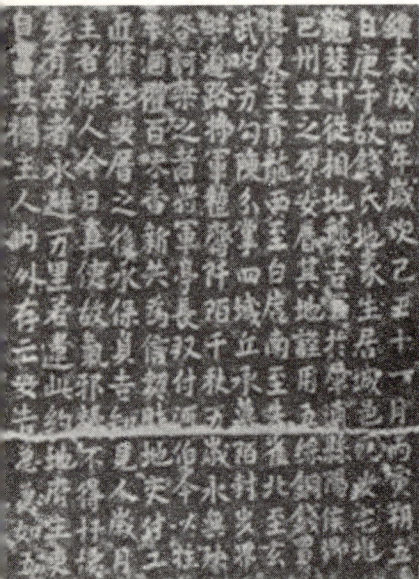

后唐石买地券

遂绝"[1]。稍有识见的人，都看清了后唐庄宗不但不可能统一全国，而且本身祸在旦夕。只有前蜀后主王衍(先主王建之子)愚蠢无比，既不与后唐相委蛇，又不严防守御，反而撩拨庄宗，惹火烧身。后唐遣使至成都，王衍复书称"大蜀国主致书上大唐皇帝"，庄宗阅书愠怒，已萌吞并之志。又遣客省使李严入蜀报聘，采购珍宝，李严在前蜀朝廷盛夸威势，前蜀君臣全不在意。"蜀法严峻，不许奇货东出，其许市者谓之'入草物'"[2]。李严见蜀主昏庸政乱，回洛阳后劝庄宗伐蜀，庄宗从其议，声言要让王衍做"入草人"，向他开刀了。

郭崇韬是伐蜀的主要决策者和执行者。庄宗臣下，郭崇韬最有识见，居河东幕府，每于危难之际，出谋胜敌，灭梁之役，力排众议，功勋尤著。任枢密使以后，"谋猷献纳，必尽忠规"，"内外翕然称之"[3]。但是，对于当时的弊风陋习，他却缺乏改革的勇气。既收汴、洛，后梁藩镇争相馈赠，他一例全收，亲友规劝，他说："余备位将相，禄赐巨万，但伪梁之日，赂遗成风，今方面藩侯，多梁之旧将，皆吾君射钩斩祛之人也，一旦革面，化为吾人，坚拒其请，得无惧乎！藏余私室，无异公帑。"[4]迁就姑息，以求安定，显然是错误的。然而他所说的话，并非欺人之谈，他确实是将藏于私室的财物用之于公，庄宗行郊祀大典，乏钱赏军，他主动将全部私藏捐献，以期纾民困。这种行动，对庄宗毫无感动，他内库"珍货山积"，却不肯拿出分文赏军，还要敛刮民财，广造宫室。郭崇韬屡谏不听，反遭伶人谮谗。他位居枢密，职掌军国大政，却既不能制裁暴敛无艺的租庸使孔谦，甚至连保护一个不避权势、敢于抵制伶官的洛阳县令罗贯的性命都不能如愿，忧郁苦闷，无计可施。亲信献计，劝他请立刘氏为皇后，就可换取她的支持，以制服宦官、伶人。他听此下策，结果适得其反，刘氏当了皇后，地位更高了，为恶就更甚了，而宦官、伶人对他更不在意，攻讦诬陷，有增无已。庄宗欲伐蜀，郭崇韬想趁机建立大功，以制群小，便力赞其计。伐蜀是正确的战略，后唐伐蜀，并非失策。纵观前代统一，无不先取上流，然后顺流而并南方，仅汉光武帝是个例外。秦取巴蜀而后并六国，汉取巴蜀而后灭项羽，晋灭蜀汉而后灭东

[1] 《旧五代史》卷135《刘鄩传》，第1808页。
[2] 《旧五代史》卷33《唐庄宗纪七》，第454页。
[3] 《旧五代史》卷57《郭崇韬传》，第766页。
[4] 《旧五代史》卷57《郭崇韬传》，第766页。

吴,都是明证。就是东晋桓温,也先平成汉而后北伐。所以,后唐伐前蜀,本可作为统一内地的第一步,但由于它本身腐败,矛盾丛生,虽有善策良将,也只能灭前蜀而不能定两川,反而增添了内部矛盾和危机,加速了自身的崩溃。

同光三年(925)秋,庄宗选将伐蜀,欲起用李嗣源为统帅。郭崇韬忌其威名,推词称备御契丹,非有德高望重的李嗣源不可,他人难当此任,于是主张由皇长子魏王李继岌为帅,以成威名。李继岌是个黄口孺子,当然不能主持军政,郭崇韬此议,不过自荐为帅而已。庄宗心领神会,也认为非他不可。遂任继岌为西川四面行营都统,把他托付给郭崇韬,而任郭崇韬为东北面行营都招讨、制置等使,主持军务。前蜀主庸将懦,不堪一击;岐势力本弱,李茂贞早已死去,后继者更为庸碌。后唐出兵,不血刃而并邠、岐,遂长驱入蜀,如无人之境,未经激战,就灭亡了前蜀,从出兵到入成都仅用了70天,"得兵士三万、兵仗七百万、粮三百五十三万、钱一百九十二万贯、金银共二十二万两、珠玉犀象二万、纹锦绫罗五十万,得节度州十、郡(州)六十四、县二百四十九"[1]。不费多少代价而获得如此巨大的战果,可算是后唐前所未有的大胜利。然而,就在这一片胜利的欢呼声中,危机迸发了。

郭崇韬素来痛恨宦官,西征途中,告诫李继岌说:"蜀平之后,王为太子,待千秋万岁,神器在手,宜尽去宦官,优礼士族,不唯疏斥阉寺,骟马不可复乘。"[2]宦官听到,恨之入骨。这次出征,开始军政悉由郭崇韬,李继岌不过挂名而已。成都既下,"崇韬幕府繁重,将吏辐辏,降人争先赂遗",而李继岌的都统府,却"唯大将省谒,牙门索然"[3]。宦官们显不了威风,捞不到油水,妒恨交加,便诬告郭崇韬父子聚敛珠宝,图谋不轨。郭崇韬自恃忠心,不避嫌疑,在成都独断专行,仍用对待梁臣的办法来招降纳叛,于是,前蜀将领们竞誉郭崇韬,联名请求李继岌荐他为西川节度使。李继岌年幼无知,听信宦官诬陷,对郭崇韬大为猜疑。后唐庄宗征发蜀中财物,查阅府库簿籍,难餍其望,十分愠怒,宦官又造谣说蜀中珍宝尽入郭家,诬陷郭氏父子欲据蜀谋反。庄宗益怒,欲除郭崇韬而犹未能决,宦官

后唐中书门下印

[1] 《旧五代史》卷33《唐庄宗纪七》,第460页。
[2] 《旧五代史》卷57《郭崇韬传》,第772页。
[3] 《旧五代史》卷57《郭崇韬传》,第769页。

李存孝打虎

又密劝刘后,以密令指示李继岌杀害郭氏父子于成都,诬以谋反。

五代将相之中,如郭崇韬者实不多见,他才识出众,忠直廉洁,敢于任事,不避嫌疑,不但为后唐勋臣中仅见,就在五代十国之中,也属巨擘。然而,他缺乏一个政治家的刚毅气魄,也缺乏明智的策略和团聚人才的度量。他不敢与浊流颓风开展斗争,没有改革弊政的决心和识见,反而以妥协求安定,以姑息抚反侧,甚至用将刘氏捧上皇后宝座的手段,幻想求得支持;而对于可以信赖、能够起到重大作用的虎将李嗣源却不能推诚合作,反加猜忌排挤。结果陷自身于孤立,罹祸遭冤,父子骈死,而无补于国,确实是个悲剧人物。当然,也不能责怪他一人,处于当时,上有贪鄙帝后,下有奸佞群小,贪官如毛,暴吏成群,要他独力扭转积重的颓风,其何能够!后唐庄宗自戕股肱,自毁栋梁,当然要迅速灭亡了。

庄宗宠任伶官,荒于田猎,沉湎酒色,恣意暴敛,任情杀戮,与灭梁前判若二人。他经常带领大批侍从,前呼后拥,纵猎于洛阳畿内,所至之处,蹂践民田,行同盗冠。一次在中牟县境内田猎,县令拦马苦谏,庄宗暴怒,要杀县令。一个比较正直善良的伶人敬新磨在旁看不下去,故意抢上前去,抓住县令,呵骂说:"汝为县令,独不知吾天子好猎邪?奈何纵民耕种,以妨吾天子之驰骋乎!汝罪当死!"[1]一场打诨,才免了中牟县令杀身之祸。又一次,庄宗于秋收季节到洛阳近郊游猎,洛阳令何泽拦马舍命劝阻,声言:"陛下赋敛既急,今稼穑将成,复蹂践之,使吏何以为理、民何以为生!"[2]他被问得哑口无言,只得回驾。自后唐入汴、洛,连年水旱为灾。同光三年(925)大饥,民多流亡,漕运不通,仓廪空竭,就连侍卫军卒也缺乏粮饷,困苦万状:

> ……军士乏食,有雇妻鬻子者,老弱采蔬于野,百十为群,往往馁死,流言怨嗟,而帝游畋不息。……时大雪,吏卒有僵仆于道路者,伊、洛间饥尤甚,卫兵所过,责其供饷,不得,则坏其什器,撤其室庐以为薪,甚于寇盗,县吏皆窜匿山谷。[3]

这样还能照旧统治下去吗?尽管到了这样严重的地

[1]《资治通鉴》卷272,后唐庄宗同光元年十一月,第8904页。
[2]《资治通鉴》卷273,后唐庄宗同光二年九月,第8924页。
[3]《资治通鉴》卷274,后唐庄宗同光三年十二月,第8950页。

步,后唐庄宗却视而不见,毫无悛改,依然率其亲幸,为所欲为。宰臣请求废除"折纳纽配"的暴敛法令,以缓人心,他非但不允,反而预征河南租赋;宰臣请发内库赈济诸军,"(刘)后将出妆具银盆两口、皇子满喜等三人,令鬻以赡军"[1]。这个愚蠢刁泼、贪财如命的贵妇人真是舍命不舍财、自掘坟墓了!

郭崇韬冤死后,庄宗又听信景进诬陷,冤杀夙著威望的降唐建功名臣朱友谦全家。于是功臣宿将,人人自危,诸镇怨愤,流言纷起,偏裨、军校、士卒愤愤不平。伐蜀建功的骁将康延孝以为郭、朱复仇号召,举兵反,与李继岌所辖部队相攻战,蜀中大乱。康延孝本是后梁降将,得不到各方的支持,兵败身死,但乱局一开,就不可收拾,混战继续蔓延于两川。与此同时,戍守瓦桥关的魏博镇士卒,期满结队回镇,到达贝州,突然颁下敕令,不准他们回乡。在流言四起、人心浮动之际,兵士皇甫晖率众哗变,拔刀露刃,胁迫军校赵在礼为首,长驱南下,攻入邺都[2]。魏博兵是后唐的一支精锐部队,攻下汴、洛,出力最多。庄宗闻讯,急遣素所宠信的元行钦进讨,交兵即败。庄宗不得已,只得起用他平日猜忌的李嗣源率侍卫亲军前往讨伐。侍卫亲军中的"从马直",是庄宗挑选诸军骁勇士卒组成的,分为四指挥。指挥使郭从谦本是伶人,以军功擢升,素以叔父礼事郭崇韬,又为宗室睦王李存乂养子。二人先后遭冤杀,郭从谦不平,暗用私财交结从马直军校,哭诉二人冤情,酝酿复仇。亲军在洛阳饥寒交迫,从马直军士王温策划兵变,事泄被杀。庄宗偶与郭从谦闲谈,戏语问他为什么要依托郭、李,为什么要教唆王温谋反。庄宗戏语,言者无心,听者有意,郭从谦心虚,他本不自安,于是更加惶恐焦急,遂暗中散布谣言,说庄宗已作决计,平定邺都后,要尽杀亲军。消息传出,亲军士卒人人惶惧。庄宗麻木不仁,全无所知,还要强遣他们出征,无异于火上泼油。李嗣源虽遭猜忌、冷遇,并无异志,奉诏即率亲军渡河北上。兵至邺都城下,当晚发生哗变,士卒劫持李嗣源,声言:"昨贝州戍兵,主上不垂厚宥;又闻邺城平定之后,欲尽坑全军。某等初无叛志,直畏死耳。已与诸军商量,与城中合势,击退诸道之师,欲主上帝河南,请令公(李嗣源加中书

五代三彩瓷壶

[1]《北梦琐言》卷18《刘皇后答父》,第333页。
[2] 邺都,后唐建为兴唐府,治魏州。同光初,号东京。三年(925)改为邺都。后晋为广晋府。后周罢邺都为天雄军。

五代《神骏图》（局部）

令衔,故称令公)帝河北。"[1]不由分说,与邺都兵联合,拥李嗣源入城。李嗣源想脱身,假托收抚散兵,出邺都,至魏县,收得镇州兵5 000,马2 000匹,始能成军。李嗣源欲明心迹,屡次上表申诉,都被元行钦扣下,不得达于朝廷。他的女婿石敬瑭趁机密劝他说:"安有上将与三军言变,他日有平手乎! 危在顷刻,不宜恬然。"[2]自请为先锋,攻取汴梁,进攻洛阳。李嗣源决计南下之际,河北诸镇纷纷拥戴,得以顺利渡河,进入汴梁。庄宗闻变,这才出钱帛赏赐诸军,士卒得到赏赐的钱帛,毫不感激,背着这些财物,破口大骂:"吾妻子已殍矣,用此奚为!"[3]庄宗率军向汴梁,途中听说李嗣源已入汴梁,仓皇逃回,至荥阳,兵士已逃走了一半。他再三温言抚慰士卒,士卒们直截了当地回答说:"陛下赐与太晚,人亦不感圣恩。"[4]刚到洛阳,郭从谦率众哗变,与京城驻军混战起来。庄宗在乱兵中为流矢射中身死,左右尽逃散。"唯五坊人善友敛廊下乐器簇于帝尸之上,发火焚之"[5]。这就算是伶人对他恩遇的酬报吧!

　李嗣源入洛阳,称监国,旋即帝位。后梁降臣霍彦威、孔循倡议,"唐运已衰,请改国号"。李嗣源出身行伍,不懂什么是"改正朔",便问旧部属,他们告诉李嗣源说,"今朝之旧人(指后梁降臣)不欲殿下称唐,请改名号耳"[6]。李嗣源自认为李克用待他若亲子,列籍宗室,理当继承唐室,遂不听他们建议,仍用唐号。他监国时,声言要等待李继岌回到洛阳,就让位归藩。李继岌至兴平,闻洛阳兵变,引军西撤,至武功,为宦官李从袭杀害。李嗣源称帝后(史称后唐明宗),用旧日幕僚安重诲为枢密使。安重诲暗令属官尽杀宗室诸王,李克用家族全部消灭。贪吝悍愚的刘皇后逃出洛阳,携带珍宝,想逃到太原为尼,被捕获处死。

　夹河之战中叱咤风云的英雄、吞燕灭梁的智勇兼备之主唐庄宗在灭梁后,为时不过3年,就一变而为内外叛离、置身无所的独夫民贼,身死族灭,历史确是无情的! 北宋的伟大史学家司马光评论他:"知用兵之术,不知为天下之道",颇有道理。但问题并不仅仅如此。后唐庄宗是一个贵公子,任性豪博,习以为常,在制服死敌、夺取江山之际,他不但敢于冒险拼命,也能够暂时抑制自己,保持相当的清醒状态,作出比较高明的战略决策。然而,他目光

[1]《旧五代史》卷35《唐明宗纪一》,第488页。
[2]《旧五代史》卷75《晋高祖纪一》,第980页。
[3]《旧五代史》卷34《唐庄宗纪八》,第475页。
[4]《旧五代史》卷34《唐庄宗纪八》,第476页。
[5]《旧五代史》卷34《唐庄宗纪八》,第478页。
[6]《北梦琐言》卷18《明宗独见》,第331页。

短浅,仅仅把赢得胜利当作最高目标,而赢得胜利又是为了掠夺更多的财富,以满足其无厌的奢欲。这样,他原来用在战场上的冒险拼命精神,就转而用在搜刮、掠夺和荒淫、奢侈上面,以致死而不悔。同时,他如此贪婪,也必然与勋臣宿将只能同患难而不能同安乐,在灭梁之前,尤其在河东困厄之时,他可以推诚部下,施恩小民,换取他们的效忠竭力,以夺取天下。及至汴、洛既下,他就现了原形,把一切功劳归于自己,对勋旧猜疑日甚,至于残杀,对百姓更是敲骨吮髓,无所不至。他不但是当时最大的民贼巨盗,而且是各种腐朽残暴势力的总代表,集中地代表了反动倒退的逆流。

　　邺都兵变,后唐明宗被拥为皇帝,这是五代第二次兵变立帝。它与其他几次相比,在于这次不是有预谋的兵变立帝。但其后果,却使骄兵益盛而为祸益烈,从此,方镇觊觎皇位,阴谋篡夺者也更多了。

四　短暂的“小康之局”与后唐的灭亡

　　天成元年(926),李嗣源即位洛阳,是为后唐明宗。他本是无姓沙陀部民,小名忽邈偈。13岁在李国昌帐下当亲兵,善骑射,选入李克用帐下为小校,以骁勇为李克用赏识,抚为义子,赐姓名李嗣源。17岁随李克用东援宣武,上源驿之役舍死救出李克用,更受亲任,掌亲骑,为侍卫队长。李克用义子李存信为蕃汉内外马步军总管,是个专事谄佞、嫉贤害能的庸才,每战不利,李克用选李嗣源为副总管,为其副手,嗣源善战,所向克捷。他朴实廉洁,深得军心,“始在军中,居常唯治兵仗,不事生产。雄武谦和,临财尤廉,家财屡空,处之晏如也”。而“所得赐与,必分部下”[1]。他从来不矜夸战功,诸将夸功竞噪,他却在一旁从容说:“公辈以口击贼,吾以手击贼。”[2]众皆惭服。李嗣昭、周德威等一班名将先后战殁,惟有他硕果仅存,灭梁居首功,进位中书令,擢为蕃汉内外马步军总管。他出身卑贱的部民之家,不识文字,当然不能像后唐庄宗那样赋诗作词、自夸风雅,却深知民间疾苦,较有识见。他在位期间,进行了一些有益的改革,一时称为小康之局。

　　明宗即位,便革除同光弊政,罢逐伶官,诛戮阉宦,翦

五代版印观世音菩萨像

[1]《北梦琐言》卷18《明宗不伐》,第330-331页。
[2]《旧五代史》卷35《唐明宗纪一》,第482页。

除佞幸,斩孔谦,籍没其家财,废除其苛敛之法。不久,又斩盗掘唐陵的温韬、后梁佞臣以贿赂得显于后唐的段凝、在开封为恶最多的汴州曲务辛廷蔚等,以平民怨。复诏罢诸道监军使,命诸道尽诛宦官,原来在洛阳兵乱时逃出的数百名宦官匿于山林,有的剃度为僧,至晋阳者70余人,全部被捕杀。对于伶官,诛其尤甚,放逐其大部。诏禁献鹰犬奇玩之类,量留后宫百人,宦官30人,教坊100人,鹰坊20人,御厨50人,遣散年少貌美宫女,只用老旧宫人供洒扫。为了汰除冗滥,撤销诸司使务有名无实者。又分遣诸军就食近畿,以减馈送之劳。稍后,贬窜豆卢革、韦说等世族余孽,赐死于路。这些措施,是对最腐朽的社会势力的冲刷;而精减机构、汰除冗滥,也是有利于复苏民困的措施。

明宗惩治贪浊,颇为可称:邓州留后陶玘税外科配,为内乡县令成归仁所劾,即贬为岚州司马;掌书记王惟吉夺历任告敕、配绥州长流百姓;亳州刺史李邺以赃秽赐自尽。汴州仓吏犯赃案,内有史彦珣是旧将之子,又是明宗婿石敬瑭亲戚,宿将王建立请求减刑,明宗说:"王法无私,岂可徇亲。"[1]竟斩之。供奉官丁延徽"巧事权贵,人多拥护,监仓犯赃",侍卫使张从宾向明宗求情,明宗怒曰:"食我厚禄,偷我仓储,期于决死。苏秦说吾不得,非但卿言。"[2]毅然处斩。

明宗关心民瘼,曾采取一些利民措施:州县官吏检括田地,敲诈勒索,扰民甚烈。明宗即位后颁敕令云:"今年夏苗,委人户自供,通顷亩五家为保,本州具帐送省,州县不得差人检括。如人户隐欺,许人陈告,其田倍征。"[3]又诏废变相增税的"纽配"、"省耗",禁富户规避丁徭,投名势要,以求影庇。对于高利贷盘剥,明诏限制,规定:"应私债出利已经倍者,只许征本,已经两倍者,本利并放。"又敕:"河阳管内人户,每亩旧征桥道钱五文,今后不征。诸道州府每亩先征曲钱五文,今特放二文。"[4]这些改革虽然极其有限,但比起庄宗同光年间的横征暴敛,却是不可同日而语了。

明宗虽目不识书,却甚留意治道,爱听儒生讲经,以从中吸取治国之道。他谆谆告诫其子秦王李从荣说:"吾

五代顶竿图

[1]《北梦琐言》卷18《明宗恶贪吏》,第338页。

[2]《北梦琐言》卷19《戮丁延徽》,第352页。

[3]《旧五代史》卷35《唐明宗纪一》,第492页。

[4]《旧五代史》卷41《唐明宗纪七》,第560页。

少钟丧乱，马上取功名，不暇留心经籍。在藩邸时，见判官论说经义，虽不深达其旨，大约令人开悟。……吾见先皇（庄宗）在藩时，爱自作歌诗。将家子文非素习，未能尽妙，讽于人口，恐被诸儒窃笑。吾老矣，不能勉强于此，唯书义尚欲耳里频闻。"[1]他和宰相冯道谈论政事，冯道言及民间疾苦，诵聂夷中诗："二月卖新丝，五月粜新谷；医得眼下疮，剜却心头肉。"明宗甚为感动，"命左右录其诗，常讽诵之"[2]。

尽管是极其有限的改革，却也收到了一定的效果，几年之内，疮痍粗复，"年谷屡丰，兵革罕用，校[较]于五代，粗为小康"[3]。但是，这种小康之局并不稳定，当然更不能持久，不过粗安一时，根本没有振兴的可能。明宗为此，深感悲观失望。他向枢密使范延光询问现管马数，范延光回答，现有马军三万五千。明宗感叹说："朕从戎四十年，太祖在太原时，骑军不过七千。先皇帝与汴军校[交]战，自始至终，马数才万。今有铁马三万五千，不能使九州混一，是吾养卒练士将帅之不至也。老者马将奈何？"[4]因而，他将希望寄托于后来的人物，每夜在宫中焚香祷告："某蕃人也，遇世乱为众推戴，事不获已，愿上天早生圣人，与百姓为主。"[5]宋人附会，谓赵匡胤由此"应运而生"，显然是神化帝王的荒诞言论。

明宗以60高龄即位，留心政事，力求安定，但本身才能不足，宰辅又无杰出人才，治绩是很有限的。明宗朝宰辅中握有实权者只有安重诲和任圜。二人虽然尽忠职守，而不识大体、互相攻讦，终于同归于尽。任圜才具稍强，拜平章事兼判三司，能"简拔贤俊，杜绝幸门，忧国如家"[6]，使"府库充实，军民皆足，朝纲粗立"[7]。安重诲出自内迁的少数民族，粗通文墨而不晓治道。后人评他："志大才短，不能回避权宠，亲礼士大夫，求周身辅国之远图，而悉自恣胸襟。"[8]这里讲他不懂官场要诀和保身之道，固属谬论，但他歧视士人、意气用事、志大才短确是事实。他当了枢密使，大权在握，骄矜跋扈，排斥异己，乃至威震人主，任性使气。任圜虽略胜一筹，却也刚愎自用。两人议政，意气用事，各执己见，声色俱厉，互相呵骂，旁若无人。明宗愠怒，退朝还宫。宫人们说："妾在长安宫中，未尝见宰相、

后唐天成元宝

[1]《北梦琐言》卷19《明宗戒秦王》，第349页。
[2]《资治通鉴》卷276，后唐明宗天成四年九月，第9032页。
[3]《资治通鉴》卷279，后唐明宗长兴四年十一月，第9095页。
[4]《北梦琐言》卷20《马多国虚》，第353页。
[5]《五代史阙文》，《后唐史·明宗》，第2454页。
[6]《北梦琐言》卷18《安重诲杀任圜》，第339页。
[7]《资治通鉴》卷275，后唐明宗天成元年五月，第8984页。
[8]《旧五代史》卷66《安重诲传》，第876页。

绢画

枢密奏事敢如是者,盖轻大家(称皇帝)耳。"[1]明宗听了,更加恼怒,非常厌烦二人。安重海因私仇陷害任圜,将他排挤去位,犹以为不足,又诬以谋反,擅自杀害。明宗事后知任圜之冤,深为不平,却不能惩治安重海。安重海既除去任圜,更加跋扈,经常对明宗出言不逊,甚至以辞职要挟。明宗表面隐忍,另增范延光为枢密使,以分其权,安重海这才感到来势不妙。不久,两川混战,董璋据东川抗朝命,明宗遣石敬瑭进讨,安重海自请督粮,"所在钱帛粮料,星夜輂运,人乘毙踣于山路者不可胜纪,百姓苦之"[2]。明宗信谗,飞诏勒安重海返阙,途中又罢其枢密使职,授河中节度使,安重海惶恐不安,自请退休,而明宗听信诬告,遣使杀安重海并其妻子。安重海不学无术,专横跋扈,排斥异己,草菅百姓,死固不足惜,但毕竟忠心无二、廉洁奉公,非贪婪佞媚之徒可比。安、任踵继凶死,其余宰辅使相多属依违苟且之辈,奸佞得势,上下离心,尤其是藩镇势力继续膨胀,"小康之局"当然难以再保持下去。

　　明宗出自藩镇,虽然威望素重,终是以兵变得践帝座,姑息藩镇,宽容骄卒,也就势所难免。郭崇韬受命伐蜀,推荐孟知祥为西川节度使,俟成都既下,便前往赴任。郭崇韬刚被冤杀,孟知祥已赶到成都,迅速安定秩序,然后攻并东川董璋,割据剑南。明宗遣石敬瑭讨伐,无功而还。于是,明宗以孟知祥是当年故交,采和解之策,下诏温谕,实则听之任之。这样一来,朝廷示弱于藩镇,藩镇更为骄纵,叛乱屡作。义武节度使王都竟勾结契丹,逞兵叛国。至于藩镇贪暴横敛,则比比皆是。明宗虽然严惩了一批贪官污吏,却从来也没杀过一个虐民极甚的方镇。豺狼当道,惟除狐狸,收效自然有限。明宗也曾诛戮了几起哗变的士卒,而姑息将士则无所不至。为了以示优宠,遂广授冗滥,"及长兴以后,所除浸多,乃至军中卒伍、使州镇戍胥吏,皆得银青阶及宪官,岁赐告身以万数矣"[3]。由于庄宗吝财,激起兵变,明宗错误地吸取教训,经常赏军,如长兴三年(932)一月之内赏军两次,士卒犹未满意,而府库已告空竭。由于用度浩大,明宗朝新增加了一些赋税。租庸使孔循强制推行专卖酒曲,擅用酷刑,在洛阳以犯禁罪族灭一家,最为典型。至于官吏冤杀无辜,更属常事。天成三

[1]《资治通鉴》卷275,后唐明宗天成二年五月,第9006页。
[2]《旧五代史》卷66《安重海传》,第875页。
[3]《资治通鉴》卷275,后唐明宗天成元年十一月,第8996页。

年(928)一个诏书透露,洛阳市内有幼童2人,以竹竿为战斗之戏,巡检使浑公儿诬以造反,诏石敬瑭审讯处理,石敬瑭草菅人命,不问原委,竟将两个幼童处死[1]。民间饥寒愁怨,啸聚山林,武装反抗者,颇为不少。安州节度副使范延策奏请"于山林要害置军镇,以绝寇盗"[2];长兴四年(933)诏云:"或有亡命山泽及为事关连逃避人等,并放归乡。"[3]仅从这些记载也可以看出,小股农民起义在当时还不少见。

长兴四年(933),明宗死,在位仅仅7年多。后唐朝廷遂又陷入混乱,不到2年就灭亡了。

《旧五代史》评后唐明宗,"君亲可辅,臣子非才"[4],这8个字颇有些道理,如果明宗宰辅得贤,后继有人,后唐便不会那样迅速灭亡,中原的形势也不致那样急剧恶化。但是,必须看到,杰出人物毕竟不能决定历史的发展。后唐明宗何尝不想统一内地,尽革弊政,然而,他总是力不从心,无可奈何,徒呼负。尤其是对强藩悍帅,只能姑息退让,这并不是仅仅因为他以兵变得皇位就只能采此策,而是势有不得已者。郭威、赵匡胤也都是以兵变而践帝位(而且是预谋策划的),为什么他们就能一反姑息之策,逐步消除方镇,完成统一事业呢?后唐明宗固然没有贤辅良相,而统一王朝开国君臣才具平庸者,无如北宋,可北宋偏偏完成了统一事业。可见,客观形势是起决定作用的,杰出人物只能起一定作用。在当时形势下,藩镇势力正在发展,没有受到任何打击,又不像南方诸国,节度使实际上是一州之长,实力微小,一般不足以威胁君主(当然也不尽如此,福建王氏、湖南马楚就是例外)。后唐明宗即位,尚可弥缝,及至他去世,形势便遽然恶化。更应当注意的是,尽管当时出现了相当数量的小股农民起义,但在全国,尤其是在中原,还远远没有能汇成一股强大的力量来促使中原重新统一。此后形势恶化,然而,却加速了一股力量的发展和汇集。"物极必反",这确实是一个充满辩证法的道理。

后唐明宗不懂皇位继承制度,根本不愿考虑立储的问题。大臣们请立太子,他误解为迫他让位,声泪俱下,从此无人敢言。嫡子秦王李从荣昏愚轻佻,亲任诡佞,忌恨

五代惠崇《沙汀丛树图》

[1] [宋]王钦若:《册府元龟》卷151《帝王部·慎罚》,中华书局影印本1960年版,第1829页。

[2]《旧五代史》卷65《高行珪传》,第867页。

[3]《册府元龟》卷93《帝王部·赦宥十二》,第1112页。

[4]《旧五代史》卷44《唐明宗纪十》,第611页。

五代巨然《层林丛树图》(局部)

旧臣。明宗病危,数日不见臣下,李从荣疑明宗已死,又自感素无人望,恐难继位,情急无策,乃引兵入宫。枢密使朱弘昭、冯赟闻变,以讨逆为名,攻杀从荣。明宗正在弥留之际,闻讯悲愤难抑,顿时死去。五子宋王李从厚继位,是为后唐闵帝。他优柔寡断,听任朱、冯二人专朝政,排斥异己,众皆侧目。明宗养子潞王李从珂(本姓王),总角时为明宗抚养,明宗时为小校,家境贫困,在患难中结下父子深情。从珂既长,骁勇善战,充任偏裨。明宗取汴梁,从珂随行,苦战立功,名震全军。此后,积功擢凤翔节度使。安重海素忌其勇,屡欲翦除,明宗坚决反对,方保无虞。闵帝即位,朱、冯更视他为眼中钉,必欲除之而后快,乃命洋王李从璋代镇凤翔,征从珂回京。从珂疑惧,聚将佐会议,拒受朝命,传檄邻道,指斥朱、冯杀长立幼,阴谋专政,号召联兵讨逆,以清君侧。后唐朝廷任王思同为帅,率禁军合六镇兵讨凤翔。兵至城下,从珂登城哭诉己功,极言无罪。偏将杨思权在城下煽动兵变,率诸军降从珂,拿一幅纸呈给他说:"愿王克京城日,以臣为节度使,勿以为防(御使)、团(练使)。"从珂立即在纸上写:"(杨)思权可邠宁节度使。"为了犒赏降军,"潞王悉敛城中将吏士民之财以犒军,至于鼎釜皆估直以给之"。下长安,又"率民财以充赏"[1]。后唐朝廷窘急,遣侍卫诸军抵御。闵帝召将士慰劳,"空府库以劳之,许以平凤翔,人更赏二百缗,府库不足,当以宫中服玩继之。"将士全不在意,扬言说:"至凤翔更请一份。"[2]果然,李从珂兵至陕州,侍卫诸军尽降。闵帝闻潞王将至,仓猝欲奔魏州,臣下无人肯从行,他只带了50骑卫士渡河。至卫州,遇姐夫石敬瑭,闵帝向他求救,他却指使亲将刘知远尽杀随骑,置闵帝而去。闵帝只身无援,被潞王追获缢死。潞王李从珂即位,是为后唐末帝。

末帝倚兵变得位,骄兵索赏,嚣张更甚,百姓罹祸,惨不可言:

　　帝之发凤翔也,许军士以入洛人赏钱百缗。既至,问三司使王玫以府库之实,对有数百万在。既而阅实,金、帛不过三万两、匹;而赏军之费计应用五十万缗。帝怒,玫请率京城民财以足之,数日,仅得数百缗……执政请据屋为率,无问士庶自居及僦者,预得

[1]《资治通鉴》卷279,后唐潞王清泰元年三月,第9107-9108页。
[2]《资治通鉴》卷279,后唐潞王清泰元年三月,第9109页。

五月僦直。[1]

　　有司百方敛民财，仅得六万，帝怒，下军巡使狱，昼夜督责，囚系满狱，至自经、赴井。而军士游市肆皆有骄色，市人聚诟之曰："汝曹为主力战，立功良苦，反使我辈鞭胸杖背，出财为赏，汝曹犹扬扬自得，独不愧天地乎！"……诏禁军在凤翔归命者，自杨思权、尹晖等各赐二马、一驼、钱七十缗，下至军人钱二十缗，其在京者各十缗。军士无厌，犹怨望，为谣言曰："除去菩萨，扶立生铁。"以闵帝仁弱，帝刚严，有悔心故也。[2]

　　这是五代兵变拥立皇帝的第三次，也是为祸最烈的一次。骄兵悍将视君主为其邀功请赏、升官发财的奇货，而为了满足他们的贪欲，朝廷对百姓敲骨吸髓，无所不至，众怨沸腾，上下离心。这样，后唐朝廷的统治秩序自然无法维持，只要风吹草动，就会土崩瓦解，成了必然的趋势。在这种形势下，觊觎皇位的野心家不断增多，其中阴谋最深、手段最恶劣的便是明宗之婿河东节度使石敬瑭。后唐清泰二年(936)，石敬瑭在晋阳发动叛乱，不惜出卖中原人民利益，投靠契丹太宗耶律德光，自称儿臣，割幽云16州。末帝遣将讨伐，叛将如潮，叛兵如毛，末帝走投无路，在洛阳自焚死。后唐历时14年，至此覆灭。此后，中原人民陷入水益深、火益热的苦难之中。

五代徐熙《玉堂富贵图》

第三节　梁、唐两代经济和社会结构的变化

一　后梁、后唐社会经济的曲折发展

　　唐亡前夕，诸镇混战，汴、晋争霸，经济凋敝，为唐以来近300年间所仅见。关中经李茂贞、朱全忠破坏，长安为圩，自此不复振。河南遭秦宗权焚掠，残破不堪。徐、泗、兖、郓经汴军蹂躏，赤地千里，饿殍蔽野。保持原状的幽沧、河东、河朔诸处，也遭到严重破坏；刘仁恭父子在幽沧，百姓无宁日，横尸千里，哀鸿遍野。河朔在两镇拉锯战中，民力财力，几告空竭。河东破坏程度较小，但百姓愁怨，耕稼失时，情况也很严重。但是，应当看到，部分地区

[1]《资治通鉴》卷279，后唐潞王清泰元年四月，第9116页。
[2]《资治通鉴》卷279，后唐潞王清泰元年四月，第9118-9119页。

在某段时间里，社会经济却也得到一定程度的恢复。大体说来，后梁建国前后，河南地区，从陈、许至汴、洛，经济恢复的成效尚为显著；河东破坏不大，后唐庄宗时，破坏程度较大，范围较宽，河南受祸最烈；明宗继位，经济稍稍回升，中原略得喘息。情况错综复杂，不能截然分开。为了使读者能够有比较清晰的印象，只得将破坏与恢复的情况分别叙述。

中原各地因兵燹、暴政而带来的灾难，前节已作了一些叙述，但仍有甚于此者。

（一）决开黄河，贻祸无穷。

梁、唐对垒，后梁决河制敌，前后3次：

唐乾宁三年（896），滑州水涨，朱全忠命决河为二支，"河夹滑城而东，为害滋甚"[1]。

后梁贞明四年（918），后梁将谢彦章与晋军交战，在杨刘城"决河水，弥浸数里，以限晋兵"[2]。

后唐同光元年（923），后梁灭亡前夕，段凝"自滑州南决破河堤，使水东注，曹、濮之间至于汶阳，弥漫不绝，以陷北军"[3]。

后梁决河制敌，敌不能制而自身难免覆灭，决河酿成的灾患，十分严重。此后，黄河又改道，经常发生水灾。从后梁开平四年（910）至后周广顺三年（953），黄河决口及其他水灾共30次[4]。《资治通鉴》卷292"后周太祖显德元年十月"载：

> 河自杨刘至于博州百二十里，连年东溃，分为二派，汇为大泽，弥漫数百里；又东北坏古堤而出，灌齐、棣、淄诸州，至于海涯，漂没民田庐不可胜计，流民采菰稗、捕鱼以给食。

黄河改道，前后9次大决口，酿成巨灾，从后唐起，诸朝都曾征发军民修治河堤。但在当时朝廷昏暗、方镇横暴、官吏贪虐的情况下，治河工程自难有成效，因而屡决屡塞，水灾终有增无已。仅从以下记载，便可见其端倪：

后唐同光二年（924），"督汴、滑兵士修酸枣县堤，连年河水涨曹、濮故也"，"寻而复坏"[5]。

后唐长兴三年（932），"诸州大水，宋、亳、颍尤甚"[6]。

后晋天福六年（941），"河决于滑、邢，一溉东流"，"充

鸭

[1]《资治通鉴》卷260，唐昭宗乾宁三年四月，第8484页。
[2]《资治通鉴》卷270，后梁均王贞明四年二月，第8824页。
[3]《旧五代史》卷29《唐明宗纪三》，第407页。
[4]《旧五代史》卷141《五行志》，第1881–1884页。
[5]《册府元龟》卷497《邦计部·河渠二》，第5955页。酸枣治今河南延津。
[6]［宋］王溥：《五代会要》卷11《水溢》，上海古籍出版社点校本1978年版，第181页。

州、濮州界皆为水所漂溺";"兖州又奏河水东流,阔七十里,水势南流入沓河,及扬州河"[1]。

后晋开运元年(944),"滑州河决,漂注曹、单、濮、郓等州之境,环梁山合于汶、济"[2]。由此汇成梁山泊(淀)。

黄河经常泛滥成灾,并灌入淮河,酿成巨祸,致使黄淮之间广大地区内,人民生命财产经常遭到威胁,社会生产受到严重破坏,延及后世,贻祸无穷。

五代印本宝箧陀罗尼经

(二)赋役苛繁,田畴荒芜。

唐后期赋役不均的现象越来越甚,虽经杨炎改革赋役,行两税法,一时称便,行之稍久,税外生税之事层出不穷,愈演愈烈。后梁以来,并无更改。后唐同光二年(924)诏云:

> 访闻富户田畴,多投权势影占,州县不敢科役,贫下者更代征徭,转到凋残,最为蠹弊。[3]

富户倚托权势,影占田亩,规避赋役,以致重赋苛役一概转嫁于贫下农户,"最为蠹弊",确是事实。当时赋税名目繁多,几乎不可胜举。

后梁和后唐两朝赋税承唐制,正税有夏、秋二税。正税之外,有盐曲折征、诸般钱谷等名目。后唐庄宗同光年间诏书中指责后梁:"通言杂税,有形之类,无税不加。"[4]天成四年(929)户部奏疏中,列举征收的项目有粮食(大小麦、曲麦、豌豆)、正税匹帛、鞋钱、地头钱、榷曲钱、蚕盐钱、诸色折科[5]。这里所举的仅其大略,至于详细税目,则无法毛举。

税目繁多,农民已不堪其苦,州县官吏征税催科,更恣意勒索敲诈,百姓苦楚,尤不堪言状。同光二年(924),后唐庄宗诏云:"闻伪朝(后梁)以来,恣为掊敛,至于杂色斛斗柴草,受纳仓场,邀诘人户,分外诛求,纳一斗则二斗未充,纳一束则三束不了;互相蒙蔽,上下均分,疲毙生灵,莫斯为甚。"[6]这里所揭露的后梁暴敛,固属事实,而后唐庄宗一朝,孔谦始则急征暴敛于河北,继则广事朘削于中原,乃至诏书蠲免逋欠,征之如故,失信于民而行若无事,及至日暮途穷,更倒行逆施,预征河南租赋以充军用,凡此种种,视后梁有过之而无不及。明宗即位之后,略有改变,而赏军费用浩大,租税减轻有限,成果甚微。

诸税中最苛重扰民者要算盐、曲两项。按照规定,盐

[1]《五代会要》卷11《水溢》,第181页。

[2]《旧五代史》卷82《晋少帝纪三》,第1090–1091页。单州,同光二年(924)改辉州置,治单父(今山东单县南)。

[3]《册府元龟》卷93《帝王部·赦宥十一》,第1103页。

[4]《册府元龟》卷93《帝王部·赦宥十一》,第1103页。

[5]《五代会要》卷25《租税》,第400页。

[6]《册府元龟》卷93《帝王部·赦宥十一》,第1103页。

五代白瓷五尖瓣盘

铛户（灶户）每斗盐折纳白米一斗五升，官府卖盐于乡村，按户配食，照田亩输钱，每亩5文。民间缴纳盐钱，往往不能得到食盐，即使能得到食盐，也是质量粗恶，不能食用。于是私制、私贩者日益增加。朝廷为了禁止私制、私贩，使用严刑峻法，乃至滥行杀戮。后梁、后唐两朝均规定，私贩盐一两至一斤，买卖双方各杖六十；一斤以上至三斤，各杖七十；三斤以上至五斤，各杖八十；五斤以上至十斤，各判徒刑二年；十斤以上，皆处死。[1]关于曲法，则或由官府酿酒专卖，或征收酒税，规定曲法以敛取于民。后梁敕令诸道州府百姓自造酒曲，官府征收酒税。后唐庄宗改行官府专卖，禁民私酿，故在明宗朝，孔循竟在洛阳以曲法枉杀一家。天成三年（928），明宗颁诏，于夏秋田亩税上每亩征收曲钱5文，听民自造曲酿酒，后又减为3文；又规定城镇、草市原买官曲酿酒出卖人户，许自造曲酿酒出卖，照天成二年（927）酿酒数额十分抽二，以充榷酒钱。[2]此法施行，一时颇以为便。长兴二年（931），又改变曲法，仍由官府专断曲利，照旧价减半，民间已造酒曲，一概缴纳官府，量支还麦本。[3]概括言之，后唐盐、曲苛重，更易无常，扰民甚于后梁，至于后晋，更变本加厉。

农民所纳赋税本已繁重不堪，而纳税时又有"折纳"、"纽配"等名目，以实物折钱，而后辗转相折，实际征收数倍，农民尤被其祸。后唐天成四年（929），张昭远奏疏称："切见今秋物价绝贱，百姓随地亩纽配钱物，名目多般，皆贱籴供输，极伤农业。"[4]由此可见一斑。唐置常平仓，本为储粮备荒之用，还可称是取之于民，用之于民。及至以后，惟事征敛而不行赈济，变成了额外赋税。后梁废常平仓，每遇凶年，不事赈济，反而厚敛于民，因之，农民困苦视唐后期有加。再加上钱币混乱，好钱多积存豪富之家，钱币流通量减少，形成钱贵物贱的畸形现象，农民贱卖所有以供赋税，负担增加数倍。于是，凶年不免死亡，丰年亦难免流离。户口流亡，田畴荒芜，日甚一日。后唐朝廷屡颁诏令，奖赏能招致流亡归业的州县官吏，而苛征暴敛如故，招辑流亡又焉能收成效呢？

（三）钱滥税苛，商旅困扰。

处于割据分裂的形势下，各地关卡林立，任意劫掠，

[1]《五代会要》卷26《盐铁杂条上》，第423页。

[2]《五代会要》卷26《曲》，第420-421页。

[3]《五代会要》卷26《曲》，第421页。

[4]《册府元龟》卷502《邦计部·常平》，第6025页。

商旅已受阻碍,贸易无法正常进行,而钱币滥恶,商税苛烦,则尤为商旅之患。

钱币滥恶的根本原因在于社会经济遭受严重破坏。唐末以来,经济萧条,钱币数量既少,质量又劣。唐亡之前,官定以80文为一"陌"(百),不用"足陌"(旧制100文为陌,称"足陌")。后因钱币更缺,连80文为陌也保证不了。后唐天成二年(927),度支奏称:"近访闻在京及诸道街坊市肆人户,不顾条章,皆将短陌,转换长钱,但恣欺罔,殊无畏忌。"请求"如有无知之辈,依前故违,辄将短钱兴贩,便仰收捉,委逐州府枷项收禁勘责。所犯人准条奉[奏]处断讫,申奏其钱尽底没纳入官。"[1]然而,钱币缺少、质量低劣的实际情况既无法改变,严刑峻法也只有更加扰民而已,盗铸铁币牟利之徒毫无畏惮,越来越多,铁钱、铅锡钱之类劣质钱币充斥市面,屡禁无效。钱币滥恶的原因大致有三:一是富户奸商囤积铜钱,销镕以铸器物,高价出售,牟取暴利;二是南方各地铅锡钱、铁钱源源流入中原,无法扼制;三是盗铸有利可图,人们趋之若鹜。于是,后唐朝廷屡颁禁令,效果极微而烦扰滋甚。如:

后唐同光二年(924),敕:"帛布之弊,杂以铅锡,惟是江湖之外,盗铸尤多,市肆之间,公行无畏。因是纲商夹带,舟载往来,换易好钱,藏贮富室,实为蠹弊。"[2]

天成元年(926)八月,中书门下奏:"访闻近日诸道州府,所买卖铜器价贵,多是销镕见钱,以邀厚利。"[3]

天成四年(929)九月,敕:"先条流三京诸道州府,不得于市使钱内,夹带铅铁钱,虽已约束,仍闻公然行使。今后有人于钱陌内,捉到一文至两文,所使钱不计多少纳官,所犯人准条流科罪。"[4]

禁令徒具空文,而农民手中无钱,备受盘剥,受害最深。社会经济萎缩造成钱币缺少。质量恶滥,而钱币量少质劣,又使社会经济更加萎缩。

钱币滥恶固然严重阻碍商业发展,而各地关卡林立,商税苛烦,甚至掠夺商货,杀害商旅,为患更甚。后梁建国前,淮南杨行密遣押牙唐令回持茶万余斤至汴宋贸易,朱全忠尽夺其茶,拘捕唐令回[5],双方关系开始恶化。割据一方的强藩市茶尚被侵夺,何况商贾?后梁、后唐两代为了

五代彩绘石雕奉侍图

[1]《五代会要》卷27《泉货》,第435页。

[2]《五代会要》卷27《泉货》,第434页。

[3]《五代会要》卷27《泉货》,第434页。

[4]《五代会要》卷27《泉货》,第435页。

[5]《资治通鉴》卷259,唐昭宗乾宁元年十一月,第8458页。

五代青釉夹耳瓷罐

多敛商钱,不但多设关卡,而且障塞道路。后唐同光年间,孔谦奏称:"诸道纲运商旅,多于私路苟免商税,不由官路往来,宜令所在关防严加捉搦,山谷私由道路,仍须障塞,以戕行人。"[1]这种倒行逆施,不但阻碍商业的发展,尤其扰害过往百姓。后唐明宗诛孔谦,屡颁诏书通商旅。天成元年(926),诏云:"省司及诸府置税茶场院,自湖南至京六、七处纳税,以至商旅不通,及州使置杂税务交下烦碎,宜定合税物色名目,商旅即许收税,不得邀难百姓。"[2]但是,要改变这些弊政,岂是杀一个孔谦、下几道诏书所能生效? 不久,有人投甄陈状说:"天下商税处,多不由旧时关市制度,以此倍扰农商。"[3]由此可见诏书效果如何了。由于商旅遭到种种阻碍,不能顺利经营,显贵之家便可倚仗权势,攫取厚利。如,后唐勋臣李嗣昭之妻杨氏,"善积聚,设法贩鬻,致家财百万"[4]。庄宗刘皇后"好兴利聚财"[5],尤其著名。如此之类,岂可胜举。他们凭恃特权,遣人贩运奇货,自然通行无阻,不要缴纳任何商税,这种经商,不过是掠夺财富的另一种手段罢了。可以说,商业虽然繁盛,实际上是病态的发展。

梁唐相攻前后30余年,中原诸地受到普遍的破坏,凋敝不堪的情况已如上述。尽管如此,局部地区的社会经济还是得到一定程度的恢复。成效较为显著者要算河南诸州。

河南诸州中,陈州遭受破坏较小,而恢复较快。秦宗权败亡之前,忠武军节度使赵犨已着意广储粮秣,及至秦宗权败亡,他更招抚流亡,恢复农桑。及其弟赵珝继掌节旄,因"陈州土壤卑疏,每岁壁垒摧圮,工役不暇","遂营度力用,俾以甓周砌四塘,自是无霖潦之虞"。又"询邓艾故址,决翟王河以溉稻粱,大实仓廪,民获其利"[6]。这些措施于人民生计,颇有裨益。后梁能战胜秦宗权,并吞东方诸镇,得陈州财力支援,是个重要因素。

洛阳周围生产的恢复,尤其堪称当时典型。唐末农民战争间,黄巢大军下东都,"闾里晏然",生产如常,社会秩序良好。此后,秦宗权部将孙儒与李罕之争夺洛阳,洛阳及其周围,"县邑荒废,悉为榛莽。白骨蔽野,外绝居人。洛城之中,悉遭焚毁"[7]。及至李罕之、孙儒先后退走,张全义

[1]《册府元龟》卷504《邦计部·关市》,第6052页。

[2]《册府元龟》卷504《邦计部·关市》,第6052页。

[3]《册府元龟》卷504《邦计部·关市》,第6052页。

[4]《旧五代史》卷52《李嗣昭传》,第706页。

[5]《北梦琐言》卷18《刘皇后答父》,第333页。

[6]《旧五代史》卷14《赵犨传》,第197页。

[7][宋]张齐贤:《洛阳缙绅旧闻记》卷2《齐王张令公外传》,见傅璇琮、徐海荣、徐吉军主编:《五代史书汇编》(四),杭州出版社点校本2004年版,第2398页。

进据洛阳,受唐廷任为河南尹,其部属仅百余人。于是,张全义选18人为屯将,每人给旗一面、榜一张,分赴河南原属18县招抚农户,劝课农桑。流民既回,张全义又选18人为屯副,负责安辑,规定"除杀人者死,余但加杖而已,无重刑,无租税"[1]。及至人口增多,又任命18人为屯判官,掌管书计。经过一两年,每屯都达到数千户,于是,利用农隙教练丁壮,得娴习武艺者2万余人。5年之后,生产恢复,百姓能够安定,乃设置县令、主簿,恢复县级统治机构。北宋人记载云:

> (张全义)每喜民力耕织者,某家今年蚕麦善,去都城一舍之内,必马足及之,悉召其家老幼,亲慰劳之,赐以酒食茶彩,丈夫遗之布袴,妇人裙衫。⋯⋯取其新麦新茧观之,对之喜动颜色。⋯⋯每观秋稼,见好田田中无草,必于田边下马,命宾客观之,召田主慰劳之,赐之衣物。若见禾中有草,地耕不熟,立召田主,集众决责之。若苗荒地生,诘之,民诉以牛疲,或阙人耕锄,则田边下马,召其邻伍[伍]责之曰:"此少人牛,何不众助之。"邻伍[伍]皆服罪,即赦之。自是,洛阳之民无远近,民之少牛者相率助之,少人者亦然。田夫田妇相劝,以力耕桑为务,是以家家有蓄积,水旱无饥民。[2]

上面这段记载颇多浮夸溢美之词,与其他史籍记载相对照,即可证明。但是,洛阳所属18县恢复了生产,而且能够保持40多年的安定局面,却是事实。不然,朱全忠怎能迁唐室于洛阳、后唐又怎能以洛阳为京都呢?至于张全义本人,所以要采取种种措施,主要原因不在于他出身农家,更不是因为他曾经是黄巢义军的成员,当然也不是关心百姓,主要原因在于要求得生存。为此,他必须恢复统治秩序,首先要足食足兵,否则便无法存在。他在洛阳40年,"其实敛民附赋,以固恩宠。梁时,月进铠马,以补军实。及梁祖为友珪所弑,首进钱一百万(缗),以助山陵。庄宗平中原⋯⋯又通赂与刘皇后,仍请庄宗幸洛,言臣已有郊天费用。"[3]他的一个女儿,随嫁财物便有"珠金等,可得数十万(缗)"[4]。张全义"喜民力耕稼"的秘密岂不尽在此中吗?尽管如此,他恢复洛阳地区社会经济之功仍然是不

五代天王菩萨(敦煌35窟壁画)

[1]《洛阳缙绅旧闻记》卷2《齐王张令公外传》,第2399页。

[2]《洛阳缙绅旧闻记》卷2《齐王张令公外传》,第2399–2400页。

[3]《五代史阙文》,《后唐史·张全义》,第2454页。

[4]《洛阳缙绅旧闻记》卷2《李少师贤妻》,第2403页。

能抹杀的。

为了赡养军队，保存自身，蓄积力量，逐步扩张，朱全忠据宣武，也采取了一些恢复生产的措施：

> 梁祖之开国也，属黄巢大乱之余，以夷门一镇，外严烽候[堠]，内辟汗莱，厉以耕桑，薄其租赋，士虽苦战，民则乐输，二纪之间，俄成霸业。及末帝与庄宗对垒于河上，河南之民，虽困于辇运，亦未至流亡，其义无他，盖赋敛轻而丘园可恋故也。及庄宗平定梁室，任吏人孔谦为租庸使，峻法以剥下，厚敛以奉上，民产虽竭，军食尚亏，加之以兵革，因之以饥馑，不四三年，以致颠殒。其义无他，盖赋役重而寰区失望故也。[1]

由于生产得到一定程度的恢复，朱全忠得以称霸中原，建立后梁。后梁既建，又以用度稍充，"初给百官全俸"[2]。

后唐明宗出自寒微，深知民间疾苦，即位之后，鉴于庄宗的覆辙，能够注意改革弊政，惩治贪暴，恢复生产，安辑百姓。长兴二年（931）暮春三月，雨后天晴，明宗在宫中，眺望西南山坡上，"初谓群羊，俯而察之，乃贫民耦耕"。他深有感触，次日亲往城郊，巡视田间，见"有父子三人同挽犁来[耒]者，帝悯之，赐耕牛三头"[3]。虽然这种"恩赐"，对广大农民群众来说，并不会有什么实际效果，可比起庄宗竭泽而渔，岂不强多了吗？次年，明宗颁诏改革专卖铁器的弊政。诏云："近闻诸道监治所卖农器，或大小异同，或形状轻怯，才当垦辟，旋致损伤。近百姓秋稼虽登，时物颇贱，既艰难于买置，遂抵犯于条章。……自今后，不计农器、烧器，动使诸物，并许百姓逐便自铸。诸道监冶除依尝年定数铸办供军熟铁并器物外，只管出生铁，比已前价，各随逐处见定高低，每斤一例减十文货卖，杂使熟铁，亦任百姓自拣，巡检节级勾当卖铁，场官并铺户等一切并废。乡村百姓只于系省秋夏田亩上每亩纳农器钱一文五分足陌，随秋夏税二时送纳去。"[4]废除官府以所造劣质农器强卖于民，在田亩上附加农器钱，准民自铸器物，虽然对农民负担的减轻极有限，但毕竟有利于生产发展，可称利多害少之举。此后，晋、汉、周三朝，皆承而不改。同年，

五代青釉提梁倒灌壶

[1][宋]洪迈：《容斋三笔》卷10《朱梁轻赋》，见《容斋随笔》，中华书局点校本2005年版，第541页。
[2]《资治通鉴》卷267，后梁开平三年正月，第8707页。
[3]《册府元龟》卷70《帝王部·务农》，第792页。
[4]《册府元龟》卷70《帝王部·务农》，第792-793页。

又诏"河东、河北进农具以为式样"[1]。明宗关心民瘼，注意农事，在位七、八年间，"比岁丰登，中原无事，言于五代，粗为小康"[2]。

华州在一段时间里，社会生产恢复，颇有成效，驰誉全国。韩建据华州，地狭兵弱，无以自存，只得"披荆棘，辟污莱，劝课农事，树植蔬果，出入闾里，亲问疾苦，不数年，流亡毕复，军民充实"[3]。当时，南北诸镇招抚流亡，劝课农桑，成效卓著者，首推华州、荆南，有"北韩南郭"之称。唐亡前夕，朱全忠收取华州，尽取韩建所敛钱900万缗，将韩建挟持东去，名为移镇，实行禁锢。华州地毗长安，与其兴衰息息相关，朱全忠劫唐室东下；毁坏长安，华州随之衰落；此后，屡经战祸，华州益形凋敝。韩建治华州，成为昙花一现之景。

两镇争霸，夹河对垒，后梁破坏水利，史无前例，贻祸后世尤烈。后唐平河南，无治河长策，仅建修堤防，以防泛滥，先后在酸枣县筑尧堤，自郓城西开濠口引水入古河，收效有限，黄河仍几次决口。此外，后唐时，灵武开渠白河，引黄河水溉田[4]，此举似成效尚著。

为了保证财赋输送，后唐朝廷曾于幽州府东南自马口至淤口[5]开河路165里，可通千石漕船；又于黎阳开河，以通漕运。[6]后唐租庸使每以征借私船为名，强迫民船承担漕运，漕运本以运送粮储、布帛为主，而实际上多是运载丝绸、珠玉之类的"轻赍"，权势之家多借此经商牟利。[7]

唐末，战火所延，城市残破，道路梗阻，商业活动遭到严重障碍，远非唐代盛况可比。但是，经过社会生产的恢复，各地贸易又重行逐步开展，城市渐趋繁荣。汴、洛两地，位居京华，时称繁盛之地。从史籍记载看，洛阳市内有为官商贮存货物的"通利店"[8]；与唐代不同，市内各行业商铺不是聚于一坊，货物市价也无定规，巨商大贾往往与诈骗之徒勾结，营取暴利。[9]城内有牙行、牙人从事中间剥削，欺诈入城买卖的农民，任意抬压物价，规取暴利。[10]明宗天成元年(926)，敕云："在京市肆，凡是丝绢、斛斗、柴炭，一物已上，皆有牙人。百姓将到物货卖，致时物腾贵，百姓困穷。"宣布"今后宜令河南府一切禁断"[11]。汴梁城市情况，将在后面叙述。由于商利甚厚，中原与南方诸国往往因争

五代文殊菩萨壁画

[1]《册府元龟》卷70《帝王部·务农》，第793页。

[2]《五代史阙文》，《后唐史·明宗》，第2454—2455页。

[3]《旧五代史》卷15《韩建传》，第203页。

[4]《册府元龟》卷497《邦计部·河渠二》，第5956页。

[5] 淤口在今河北霸市信安镇。

[6]《册府元龟》卷498《邦计部·漕运》，第5972页。

[7]《册府元龟》卷498《邦计部·漕运》，第5972页。

[8]《洛阳缙绅旧闻记》卷1《少师佯狂》，第2390页。

[9]《洛阳缙绅旧闻记》卷4《水中照见王者服冕》，第2424—2426页。

[10]《洛阳缙绅旧闻记》卷5《张太监正直》，第2432页。

[11]《五代会要》卷26《市》，第415页。

榆林窟五代女供养者像

夺商利,竟至以兵戈相见,而当时政府收入,商税为其重要项目。

中原地区社会经济在一定时期内有所恢复,但发展是曲折缓慢的,远不能跟南方相比。至于遭受的种种破坏,则是十分惨重的。如果说,在这段时间里,还有后梁太祖经营河南、后唐明宗的"小康之局",那么,后唐灭亡前后,情况便急转直下,中原遭受了全面的惨重破坏。

二　唐末以来社会结构的变化

唐末以来,社会结构发生了变化。主要是:衣冠户衰落下去,至后周,重行复苏,变为宋代的官户,它标志着自唐代形成的势官地主阶层经过唐末五代的大震荡,重新改组,至于北宋,已非旧时面目。其次是,形势户继唐后期又有发展,形成无可遏制之势,至于宋代,其势力足以与官户相颉颃。由于这些变化,农民的人身依附关系相对减轻,人身奴役的程度有所减少,而经济剥削则加重了。这就是五代时期社会结构变化的总趋势。

(一)衣冠户的变化。

唐朝承隋末农民战争之后,否定山东世族的社会地位,明令"不须论数世以前,止取今日官爵高下作等级"[1]。此后,门阀世族屡受打击;而科举制则越来越盛。唐后期形成的"衣冠户",便是出身科举或以军功显贵的庶族地主和尚能保持较高政治地位的世族后裔的混合体。唐代以五品和六品为界,区分官秩尊卑,享受特权,迥然有别。衣冠户的上层,即五品以上之家,便是当时的势官阶层。唐代后期,世族固然已至末日,而由科举或军功出身的势官之家也腐朽不堪,甚至一些出身世族的人物,如陆贽、杜佑、裴度、李德裕等反而比那些以科举致宰辅的人物要略胜一筹。至于唐末,衣冠之家淫奢贪吝,昏庸无识,不知纪极,其居高堂的头面人物更结党营私,互相倾轧无虚日,祸国殃民,肆无忌惮,处于灭顶之际,还是燕雀处堂,不知火至。涤荡这支腐朽势力,成为历史发展的必需,也是历史发展的必然趋势。

唐代东、西二都(洛阳、长安)为显宦、名家荟聚之所。

[1]《旧唐书》卷65《高士廉传》,第2444页。

唐末农民战争期间，黄巢至洛阳，东都百官迎降，里闾晏然，大军迅速进军关中，东都势官之家可说没有受到什么打击。黄巢下长安之后，贵戚势家阴谋煽乱，遭到大齐军的应有镇压，"朱门甲第无一半"，"天街尽踏公卿骨"，这批腐朽势力受到了巨大的扫荡。而在唐朝廷纠集一切反动势力反扑得手之后，衣冠之家兼并土地，一如往昔。时人杨爋上书宰辅云：

> 衣冠户以余庆所及，合守清廉，既恃其不差不科，便恣其无畏无忌。且古画地之数，限人名田，一则量其贫富，一则均其肥瘠。今凡称衣冠，罔计顷亩，是奸豪之辈，辐辏其门，但许借名，便曰纳货，既托其权势，遂恣其苞囊，州县熟知，莫能纠摘。且州县所切，莫先科差。富贵者即党护有人，贫困者即窜匿无路，上逼公使，下窘衣资，嗟怨之声，因伤和气。[1]

杨爋提出限田，当然无济于事。此后，中原混战，两都为圩；唐亡之际，朝官死者如莽，甚至旧时藩镇殒身灭族，比比有之。衣冠之家再不能像往日那样神气了。

唐代名相李德裕晚年置平泉庄别墅于洛阳，"采天下奇花异竹、珍木怪石，为园池之玩"。刊石云："移吾片石，折树一枝，非子孙也。"经过秦宗权、孙儒大毁坏，"洛阳灰烬"，"李氏花木，多为都下移掘，樵人鬻卖，园亭扫地矣"。李德裕最珍爱的"醒酒石"被洛都留守张全义的监军宦官所得，李德裕之孙李敬义哀求张全义代为取回，张全义在宴会上谈及此事，宦官非但不允，反而声色俱厉地说："黄巢败后，谁家园池完复，岂独平泉有石哉！"[2]张全义原是黄巢部属，以为宦官是指桑骂槐，盛怒之下，笞死宦官。这件小事表明了势官之家，尤其是门阀世族没落的程度。再如出身望姓的豆卢革、韦说、卢程之辈，降尊辱贵，专事迎奉，虽得列宰辅，终不免贬窜恶死，昔日威风，自是扫地以尽。后唐同光年间，郭崇韬考核官选，势官之家狼狈不堪，丑态毕露：

> 自唐末丧乱，缙绅之家或以告赤鬻于族姻，遂乱昭穆，至有舅、叔拜甥、侄者，选人伪滥者众。郭崇韬欲革其弊，请令铨司精加考核。时南郊行事官千二百人，注官者才数十人，涂毁告身者十之

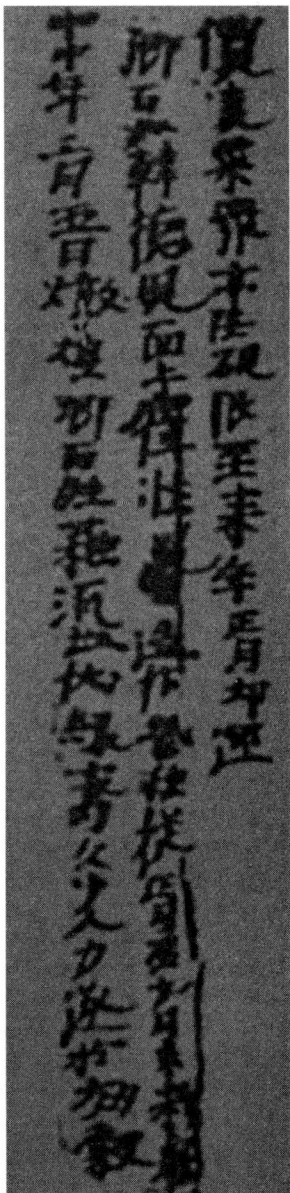

苏流奴雇工契

[1]　［清］董诰编：《全唐文》卷866，杨爋：《复宫阙后上执政书》，中华书局影印本1983年版，第9075页。

[2]　《旧五代史》卷60《李敬义传》，第806—807页。

九。[1]

郭崇韬本意是恢复旧时势官的社会地位,而效果适得其反。这表明,旧日势官的衰落,已成不可挽救之势了。

至于旧日藩镇,手握兵权,霸据一方,并没有受到农民战争的冲击。到了中原混战时,则殒身覆宗者,不计其数。时溥、朱瑄、李匡威、王师范等杀身灭族,而成德王镕,尤为典型。王氏自王庭凑夺据成德,五传至王镕,独霸一方。王镕曾为李匡威劫持,赖屠者墨君和奋死救免,遂“以千金赏之。兼赐上第一区、良田万亩,仍恕其十死,奏授光禄大夫。终赵王(王镕)之世,四十年间,享其富贵”[2]。由此可以想见王镕田宅财富之多、权势之重。他“高屏尘务,不亲军政,多以阉人秉权,出纳决断,悉听所为。皆雕靡第舍,崇饰园池,植奇花异木。递相夸尚。人士皆褒衣博带,高车大盖,以事嬉游,藩府之中,当时为盛”。终于激起兵变,王镕被杀,“镕姬妾数百,皆赴水投火而死”[3]。王镕的排场,完全是唐代门阀世族居高官之家的那副派头,而且有过之而无不及。王镕全家于是役被杀戮一尽,仅有次子王昭诲获救,剃发为僧,匿居湖南南岳僧寺,隐姓埋名。直到后唐庄宗朝,王镕旧将符习为之申诉,王昭诲才得回到洛阳,还俗成家,朝廷养以冗官。王镕一家的没落史,正是势官地主衰败的一个标本。

五代虽仍有衣冠户,但已衰落不堪,不是原来面貌了。中原混战之际,缙绅衣冠四处奔命,他们南投粤闽,北奔河东,西依剑南,东归江淮,不但没有像西晋灭亡之际中原士族率宗族、宾客渡江,侨置州郡那样的气派,而且也不能像安史之乱时元结率族人移居荆襄那样的威风。他们有的只是逃命,至多只能携带妻子而已。因此,“自五季以来,取士不问家世,婚姻不问阀阅”[4],和唐代大不相同了。

然而,科举出身的士人,虽然其中显贵者遭到杀身灭族之祸,其中下层却仍受礼遇,而负有文名者尤见优礼。诸如韦庄为前蜀宰相,罗隐见礼于吴越、魏博,如此不一而足。诗人杜荀鹤穷途潦倒,赴大梁求见朱全忠,数月不得接见。一天,朱全忠传话接见,待他赶到,朱全忠又回宅去了。杜荀鹤久等,饥肠辘辘,告诉管事人要求回去吃饭,

五代巨然《秋山问道图》(局部)

[1]《资治通鉴》卷273,后唐庄宗同光二年三月, 第8917-8918页。

[2] [宋] 李昉:《太平广记》卷191《骁勇二·墨君和》,中华书局断句本1961年版,第1443页。

[3]《旧五代史》卷54《王镕传》,第729-730页。

[4] [宋]郑樵:《通志》卷25《氏族略一》,中华书局影印本1987年版,志439。

管事的人连忙哀求饶命,央告说:"若大王出,要见秀才,言已归馆舍,即某等求死不暇。"连忙替他开饭。朱全忠接见时,知他久等,"连声命屈秀才",要他免行趋阶礼,说:"秀才不合趋阶。"[1]杜荀鹤诗名夙著,受礼遇尚不足怪。进士司马都,居青州,以2万钱交给淄、青节度使王师范部下军将,搭股贩丝求利。经年之后,丝和股本全被军将侵吞,司马都敢怒不敢言。他经常去王师范官署,颇为王师范敬重,某日在衙署遇此军将,问及钱货,此人"貌状,魁伟胡腮,凶顽发怒,欲自投于井"。对于这种诳诈恐吓,司马都噤不敢声。"王公知之,毙军将于枯木"[2]。即使割据江西的土豪钟传,也养着一批士子,对他们另眼相看。后唐明宗天成三年(928),敕令国子监生、太学生及各道州府学生免役,但"不得因此便取公牒,辄免本户差役"[3]。次年闰八月,户部奉敕,"凡登科第,皆免征徭"[4]。这是唐朝优待士人办法的继续。可见科举或学校出身的士子还多少保持了原有的的社会地位。但在骄兵悍将肆行横暴,尔后契丹铁骑蹂躏之下,他们生命尚难保全,遑论其他?至于南方诸国,比较安定,经济情况较为良好,士人颇受优礼。这就是为什么入宋以后,南方士人雄踞文坛,列位卿相者不乏其人的基本原因。由唐后期的衣冠户变为宋代的官户,是地主阶级内部结构的一个重要变化。势官阶层改其旧貌,门阀世族的余孽固然涤荡一尽,唐中叶以后新上升的显宦高官也淘汰殆尽,入宋以后,主要是出身科举的高品官员重新组成势官阶层。

(二)形势户的发展。

形势户的出现比衣冠户要早一些,他们是"诸色杂有职掌"和各地的权势有力人户。这批人在政府中并无官职,不过是诸色胥吏而已。唐人记载云:"里胥者,皆乡县豪吏,族系相依。"[5]他们都是本籍人户,以供职役为名,上倚官府,下欺乡民,甚至侵吞国家职田。唐武宗会昌五年(845)诏书云:"畿内诸县百姓租佃百官职田地,访闻其中有承虚名配佃多时,县司但据额征收租子,或无本地,及被形势庄园将瘠薄田地回换,令人户虚头纳子,岁月既久,无因申明,各委县令仔细磨勘,别立薄[簿]书,具明(地)段四至申报。"[6]形势户居然敢以薄地偷换京畿百司职

五代黄筌《溪芦野鸭图》

[1]《洛阳缙绅旧闻记》卷1《梁太祖优待文士》,第2387页。
[2]《玉堂闲话》卷2《司马都》,第1867页。
[3]《五代会要》卷16《国子监》,第275页。
[4]《五代会要》卷15《户部》,第255页。
[5][宋]王谠撰,周勋初校证:《唐语林校证》卷1《政事上》,中华书局1987年版,第62页。
[6][宋]李昉:《文苑英华》卷429《会昌五年正月三日南郊赦文》,中华书局影印本1966年版,第2173页。

田,其势可见。会昌年间,要算唐后期政治稍为清明的年代,尚且如此,至于五代,法制荡然,形势户就更加嚣张了。如:

　　庄宗同光二年(924)六月诏:"西京诸道州府见禁囚徒,速宜疏决不得淹停,兼巩[恐]内外刑[形]势官员私事寄禁,切要止绝,俾无冤滞。"[1]

　　明宗长兴二年(931)六月诏:"都邑之间,殷繁是贵。……其在京诸坊,若是有力人户及形势职掌曹司等,已有居第外,于别处及连宅置得菜园,令园子主把,或典凭与人者,并准前敕价例出卖,不得辄有违越。"[2]

　　后唐清泰三年(936)十月诏:"乡村士庶有马者,无问形势,马不以牝牡,尽皆抄借。但胜衣甲,并仰印记。"[3]

　　这里表明,形势户非但不是劳动人民,而且不是一般富户,他们不但可以上下其手,恣意虐害百姓,甚至可以"私事寄禁"犯人,不作疏决,公然在京城之内买置菜园,非法牟利,终五代之世,其势不减,乃至庇护富户,地方官吏不敢过问,入宋而后,其势犹有炽张。

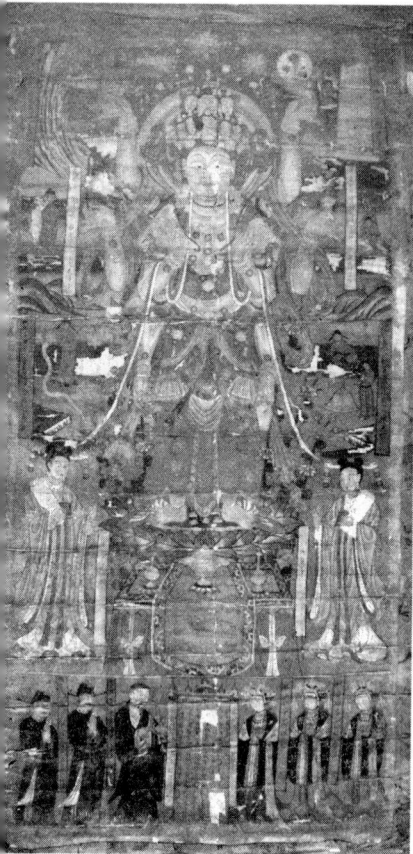

五代八臂十一面观音像

[1] 《册府元龟》卷151《帝王部·慎罚》,第1828页。

[2] 《册府元龟》卷14《帝王部·都邑二》,第164–165页。

[3] 《五代会要》卷12《马》,第208页。

第二章　南方的相对稳定和社会经济的发展

五代彩绘石雕散乐图

　　唐末,全国处于混战之中,南方各地既摆脱了唐廷控制,又因中原两大镇争霸,无力南顾,各地大小军阀盘踞一方,争城夺地,战无宁日,剑南、江淮、两浙、福建、荆湖、岭南都陷于混乱,遭到不同程度的破坏,江淮残破尤甚。但与北方相比,战争规模较小,时间较短,几经较量,得人心者由弱转强,消灭对手,建立了几个割据一方的封建政权。这些割据政权的建立者都能采取“保境息民”之策,诸国基本上保持和平,各于境内劝课农桑,兴修水利,招徕商旅,使社会经济获得不同程度的发展。一向落后的福建,从此跻居全国经济发展的先进行列,泉州成为海上贸易名港,至宋,乃有市舶司之设置;从这时起,福建的文化也有了长足的进展,人文荟萃,不亚江浙。两浙不但迅速恢复昔时盛况,而且有了显著的进步,捍海塘的建筑,杭州城的扩建,增添了祖国雄伟工程的篇章。湖南茶、丝有较大发展,湘西苗族、土家族与汉族间的融合有了巨大进展。江淮、剑南、岭南也都恢复旧状,且有相当进步。这一切,都为宋代南方经济的繁荣提供了有利条件。

　　南方割据群雄都出自下层:王建是流氓,杨行密是破产农民,钱镠世业农渔,马殷原是木工,高季昌出身家奴,王潮世代业农,李昪是流浪孤儿,刘隐是大食商人后裔,冒称汉族,只有孟知祥是唐代方镇孟方立的近亲,出身军校,也不是高门望族之家。这批人对民间疾苦比较了解,尤其是在角逐之中,懂得了人心向背的重要作用,因而延揽人才,励精图治,以求自保。南方诸国除闽、楚两方诸子握兵,同室操戈,导致覆灭外,一般用文人主州郡,虽有节度使之设,而地狭兵少,多能受制于中枢,很少发生重大

的变乱，内部较为安定。大批中原人士因而视南方为乐土，竞相投奔，对南方文化的发展起了积极作用。

南方诸国中疆域最广、实力最强的莫过于吴和取代它的南唐，执行保境息民、发展经济之策最为得力的是吴太祖杨行密和南唐烈祖李昪，而李昪行之成效更著，历时更久。故江淮之间，财阜民安，文物甲于全国。其次则两浙，虽地狭力薄，而经营至勤，农田水利进展甚著；而且，内部从无重大变乱发生，于南方诸地，保持安定时间最久。

第一节　江淮两浙的短期混战与割据政权的建立

一　江淮残破与浙东混战

唐末，淮南节度使高骈兼领江淮盐铁、转运诸使，拥众数万，为南方最强的方镇。高骈，幽州人，出身军家。祖父高崇文，宪宗朝平剑南刘辟，为一时名将。高骈是军家子弟，隶神策军，少时"好为文，多与儒者游，喜言理道"[1]，为统领神策军的宦官器重，屡擢为神策军都虞候。嗣以军功，累迁安南都护、天平军节度使、成都尹兼剑南西川节度使、镇海节度使等要职，曾经凿通岭南、交趾间水路，完葺成都城郭，做了些有益后代的事。由于他升迁顺利，气骄志满，听信妖法，又残忍嗜杀，作恶多端，骇人听闻。在西川任内，屠杀原西川"突将"（类似魏博牙兵）及其家属近万人，"老幼孕病，悉驱去杀之，婴儿或扑于阶，或击于柱，流血成渠，号哭震天"[2]。及镇江淮，值黄巢挥军北上，他受挫败后，拥兵保境，不敢阻挡，黄巢大军长驱渡淮。黄巢克两京，"骈大阅军师，欲兼并两浙，为孙策三分之计"[3]。唐僖宗奔成都，屡诏高骈"勤王"，高骈置若罔闻，唐廷遂诏罢其节钺，并免盐铁、转运诸使等职。高骈得诏，愤怒怨望，上表诟骂，自此不再听命于唐廷。高骈如此对待唐廷，部属自然萌生效尤之念。加以他年老，昏悖日甚，荒淫奢侈，毫无限度，又想求长生，好神仙术。鄱阳茶商子吕用之利用他的昏愚，投其所好，多方哄骗，得高骈宠信，掌管盐铁，参决军政。吕用之又荐骗子诸葛殷、张守一能长生之

[1]《旧唐书》卷182《高骈传》，第4703页。
[2]《资治通鉴》卷252，唐僖宗乾符二年六月，第8179页。
[3]《旧唐书》卷182《高骈传》，第4705页。

术,高骈奉之若神,用为牙将,"于府第别建道院,院有迎仙楼、延和阁,高八十尺,饰以珠玑金钿。侍女数百,皆羽衣霓服,和声度曲,拟之钧天"[1]。与吕用之等人深居院中,谈法论道,不见部属。吕用之又怂恿高骈置巡察使,防范军民,"募险狯者百余人,纵横闾巷间,谓之'察子',民间呵妻骂子,靡不知之。用之欲夺人货财,掠人妇女,辄诬以叛逆,榜掠取服,杀其人而取之,所破灭者数百,道路以目,将吏士民虽家居,皆重足屏气"[2]。高骈又听信吕用之计议,选募诸军骁勇2万人,号称左右莫邪都,用以挟制诸将,于是诸将怨忿,皆有离心。就这样,高骈陷于极端孤立的境地,却仍不自知。

千秋万岁铜镜

唐光启三年(887)三月,秦宗权部向南流窜,高骈命部将毕师铎戍守高邮,以事防御。毕师铎本王仙芝部将,叛降高骈,以骁勇善战得亲任,及至高骈专听吕用之,屡杀旧将,毕师铎亦失宠,内不自安。至此,忧忿难平,乃联淮南将张神剑、郑汉璋,以除吕用之为名,举兵攻广陵。其时,秦宗权部将秦彦据宣州,称观察使,毕师铎屡战不利,乞援于秦宗权,得其相助,遂陷广陵。广陵陷,吕用之逃走,毕师铎获得高骈,高骈署他为节度副使,以求保全性命,毕师铎受其署职而将他囚于道院。秦彦闻广陵陷,从宣州赶到,自称淮南节度使,而以毕师铎为行军司马。毕师铎已得合法的副使职位,岂甘降为行军司马,极为不满,与秦彦产生怨隙。高骈部将庐州刺史杨行密不服秦、毕,兴兵讨伐,进攻广陵,屡败秦、毕军,包围广陵城。城中久困,粮食匮乏,富户竞以珠玉、缯帛抢购粮食,"通犀带一(条),得米五升,锦衾一(床),得糠五升"[3]。"米斗直[值]钱五十缗,草根木实皆尽,以堇泥为饼食之,饿死者太半。宣军掠人诣肆卖之,驱缚屠割如羊豕"[4]。高骈全家居道院,米薪全无,"奴仆撤延和阁栏槛,煮革带食之,互相篡啖"[5]。秦、毕窘迫,弃广陵逃走。临行遣人杀高骈及其全家。兵士闯入道院,把高骈拉了出来,指着他说:"公上负天子恩,下陷扬州民,淮南涂炭,公之罪也。"[6]不等高骈答话,头已落地。这就是昏暴荒淫的刽子手高骈应得的下场!

杨行密得广陵,自称淮南留后。"城中遗民才数百家,饥羸非复人状"[7],杨行密不等城外辎重运进城中,就先发

[1]《旧唐书》卷182《高骈传》,第4711页。

[2]《资治通鉴》卷254,唐僖宗中和二年四月,第8267页。

[3]《资治通鉴》卷257,唐僖宗光启三年八月,第8361–8362页。

[4]《资治通鉴》卷257,唐僖宗光启三年十月,第8363页。

[5]《旧唐书》卷182《高骈传》,第4712页。

[6]《旧唐书》卷182《高骈传》,第4712页。

[7]《资治通鉴》卷257,唐僖宗光启三年十月,第8364页。

军粮赈济饥民。恰值秦宗权遣其弟秦宗衡渡淮，与孙儒合军，进围广陵，尽掠行密城外辎重；秦彦离宣州时，赵锽乘机袭取之，秦、毕欲夺回宣州以为立足地，秦宗权遽召其返，合围广陵，广陵重又遭围。不久，秦宗权召秦宗衡回军蔡州城抵御汴军，孙儒拒不听命，杀秦宗衡，献首于朱全忠。广陵城下乏食，孙儒乃分兵掠邻州，招收散兵，众至数万，攻高邮受挫，陷城后屠杀百姓殆尽。广陵围虽解，而残破不堪，军食困难，无法立足，归降于杨行密的部将又心怀两端，密谋叛卖。杨行密感到处境极为险恶，乃先将反复无常的张神剑、高霸斩首，族灭吕用之，然后放弃广陵，回军庐州。孙儒咄咄相逼，杨行密深恐庐州难保，想另谋出路，轻兵袭取洪州[1]，以为根本之地。幕僚袁袭劝阻说："钟传定江西已久，兵强食足，未易图也。赵锽新得宣州，怙乱残暴，众心不附。公宜卑词厚币，说和州孙端、上元张雄使自采石济江侵其境，彼必来逆战，公自铜官济江会之，破锽必矣。"[2]杨行密听其计，亲将自糁潭[3]渡江，孙端、张雄为赵锽战败，赵锽主力2万屯曷山，杨行密坚壁以老敌军，乘其懈怠，攻拔曷山，招降宣州。唐廷遂以宣歙为宁国军，以杨行密为宁国军节度使。杨行密至此，不但有了立足之所，而且先后得了一批人才，如：归降的秦宗衡部将安仁义本沙陀骑将，骁勇善战；俘得的宣州勇将周本，号称勇冠三军；赵锽谋士李德诚，行密妻以宗女；他们对杨氏创业都起了积极作用。

　　杨行密既得宣州，便着手安定百姓，积蓄力量，并争取联合者，以制孙儒。孙儒则相反：他四面出击，陷庐州等处，复渡江陷常、润、苏3州，逼得钱镠和杨行密联合起来；他所至残破，人心痛恨；孙儒猜忌部属，任意杀戮，斩毕师铎、秦彦，将卒更辄遭诛杀，兵心离散，逃奔杨行密军中者，日益增多。孙儒本想杀秦宗衡附朱全忠，得其庇护，朱全忠乘机愚弄，先表为淮南节度使，以安其心；及至孙儒实力稍减，便杀其来使，联合杨行密，夹攻孙儒。孙儒攻宣州受挫，重新组织进攻，又为大水所阻，退还广陵。他听到朱、杨联合的消息，暴跳如雷，决计先攻杨行密，"于是悉焚扬州庐舍，尽驱丁壮及妇女渡江，杀老弱以充食"[4]。杨行密部将张训、李德诚于孙儒军离开后入扬州，救灭余火，

白瓷三瓣口碗

[1] 洪州，治今江西南昌市西，唐为都督州，此处指洪州所辖洪、饶、信诸州。

[2]《资治通鉴》卷257，唐僖宗文德元年八月，第8381页。

[3] 糁潭在今安徽省无为县境南70里长江北岸。

[4]《资治通鉴》卷258，唐昭宗大顺二年七月，第8417页。

得谷数十万斛,赈济灾民,扬州百姓两次受到杨行密部救济,更加归心,孙儒后路断绝了。但是,孙儒部仍然10倍于杨行密,杨行密以众寡不敌,欲退保铜官,以避其锋。部将刘威、李神福谏止,他们说:"儒扫地远来,利在速战。宜屯据险要,坚壁清野以老其师,时出轻骑抄其馈饷,夺其俘掠。彼前不得战,退无资粮,可坐擒也!"[1]幕僚戴友规也说:"淮南士民从公渡江及自儒军来降者甚众,公宜遣将先护送归淮南,使复生业;儒军闻淮南安堵,皆有思归之心,人心既摇,安得不败!"[2]前者是以逸待劳、后发制人的高明战术,后者不但可以瓦解敌军,尤其可以争取人心,安定民生,乃是有远见宏图之策。杨行密兼采二策,与孙儒展开决战。孙儒攻宣州,屡战屡败,粮道断绝,军中食尽,疾疫大作,走投无路,乃分兵掠粮。杨行密趁势出击,擒斩孙儒。其残部7 000人由部将刘建锋率领,逃向江西,其余皆降。自是,杨行密尽得淮南诸州,并兼括江南常、润、昇3州地。不过,此时的江淮已残破不堪,远非昔时可比:

> 先是,扬州富庶甲天下,时人称扬一、益二,及经秦、毕、孙、杨兵火之余,江、淮之间,东西千里扫地尽矣。[3]

在江淮残破的同时,两浙也因大小军阀战无宁日,遭到了相当程度的破坏,只是与江淮相比,显得轻多了。

两浙自裘甫起义失败后,到处出现小股农民起义,唐廷加强两浙兵力,以事镇压。然而,事与愿违,将贪兵悍,屡生兵变,使得两浙秩序越来越乱。唐乾符二年(875)夏,浙西狼山镇遏使王郢等69人有战功,只得虚职,不赏衣粮,申诉无效,愤而聚众劫取武库兵仗,攻陷苏、常2州,大掠而去。从此,乘舟往来,泛江入海,转掠两浙,南及福建。于是杭州所属诸县招募骁勇,建立土团,以事防御,后来发展为"杭州八都"。王郢流窜各地,到处劫掠,时降时叛,历时数年,终于败灭。但杭州所募地方武装却逐渐壮大,成为地方割据的武装力量。

唐末,管辖两浙的镇海军节度使周宝,与高骈同出神策军,少年时谊同兄弟,及至高骈荣显,傲视周宝;尔后各镇一方,辖区毗邻,彼此互挖墙脚,各怀吞噬之计,怨隙日甚,不啻水火。双方摩擦未已,悍将刘汉宏又进入浙东,局

白瓷花瓣口皿(吴太和五年)

[1]《资治通鉴》卷259,唐昭宗景福元年正月,第8425页。
[2]《资治通鉴》卷259,唐昭宗景福元年正月,第8425页。
[3]《资治通鉴》卷259,唐昭宗景福元年七月,第8430-8431页。

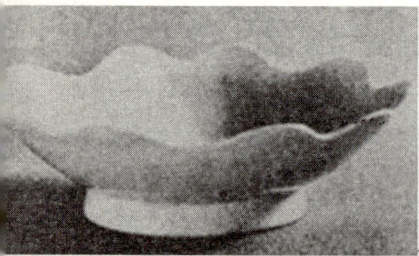

白瓷葵瓣口碗（吴太和五年）

势更加混乱。刘汉宏本为兖州小使，以功擢为州将，奉遣抵御黄巢起义军，"遂杀将首劫辎重而叛"[1]。这支游寇军队与起义军根本不同，"所至剽劫，恣行焚杀"，后受招降，为荆南节度使、南面行营都统王铎（宰相出任）部将。黄巢大军北上，进逼江陵，王铎逃往襄阳，委刘汉宏留守江陵。刘汉宏"大掠江陵，焚荡殆尽，士民逃窜山谷，会大雪，僵尸满野"[2]。刘汉宏弃江陵后，四向掠夺，再受招抚，充宿州刺史。他仍不满，唐廷改任为浙东观察使，以慰其意。刘汉宏以客军入境，已为当地不满，他又于唐中和二年（882）发兵侵吞浙西，周宝陷于高骈、刘汉宏的两面逼迫下，命杭州八都抗击刘汉宏。杭州八都主将董昌，本当地土豪，充杭州刺史，而以副将钱镠为杭州都知兵马使，迎击刘汉宏部。经历4年苦战，钱镠连破刘部，擒斩刘汉宏，夺得越州[3]。董昌被任为越州刺史，并据有浙东之地。

浙东甫平，浙西乱起。周宝有亲兵千人，号"后楼兵"，待遇优厚，全军不服，怨望日甚，而"后楼兵"也贪求无厌，骄横难制。周宝沉湎酒色，不理政事，大兴土木，筑罗城20余里，建造东第，暴敛苛役，人不堪命。部将薛朗、刘浩趁民怨沸腾，煽动兵变，焚烧府舍，肆意剽劫。周宝醉中惊醒，仓猝投"后楼兵"，哪知"后楼兵"也反起来了，他只得狼狈逃赴常州。周宝原兼租庸使，竭力搜刮，"城中货财山积"[4]，被乱兵劫掠一空。高骈闻讯，幸灾乐祸，"列牙受贺"，"遣使馈以蒟粉"，嘲笑周宝。周宝气得发昏，掷于地下，说："汝有吕用之在，他日未可知也！"[5]果然不出一月，高骈被囚，下场比周宝更惨。

周宝败亡，薛朗自称节度使。钱镠攻伐薛朗。唐文德元年（888），擒斩之；又夺取苏、常等州，与孙儒、杨行密争夺江南。景福二年（893），唐廷授钱镠为镇海军节度使，于是，他与董昌、杨行密形成江浙鼎足之势。

董昌，临安人。唐末为土团军，镇压农民起义，擢为石镜镇将。杭州八都建立，董昌以临安都将统辖八部，以钱镠为副。黄巢克两都，唐廷诏高骈、周宝北上勤王，高骈无意北上，故作姿态，檄董昌同往，实则欲引为自用。董昌从钱镠议，回转辖区，充实力量。刘汉宏败亡，董昌迁越州刺史，升为义胜军节度使（即浙东）。董昌在浙东，横征暴敛，

[1]［宋］钱俨：《吴越备史》卷1《武肃王》，见傅璇琮、徐海荣、徐吉军主编：《五代史书汇编》（十），杭州出版社点校本2004年版，第6175页。

[2]《资治通鉴》卷253，唐僖宗乾符六年十月，第8218页。

[3] 越州治今浙江省绍兴市。

[4]《资治通鉴》卷256，唐僖宗光启三年三月，第8346页。

[5]《资治通鉴》卷256，唐僖宗光启三年三月，第8346页。

以取悦唐廷显贵，"于常赋之外，加敛数倍，以充贡献及中外馈遗，每旬发一纲，金万两，银五千铤，越绫万五千匹，他物称是，用卒五百人，或遇雨雪风水违程，则皆死"[1]。又"恣为淫虐，凡按罪人，无轻重枉直，必命骰子，使之对掷，胜者宥之，否则杀之，而案牍不复参决，但一概诛戮"[2]。杀人刑场白楼门因之土地尽赤。他昏悖荒唐，酷信符谶，"故妖人应智等竟以幻惑进，愚民俗吏致龟鱼符印者日以百数，又集无赖之徒皆断腕截耳，号曰'感恩都'，以备腹心"[3]。唐乾宁二年（895），董昌在越州自称皇帝，国号罗平（罗平是当时两浙传说的一种神鸟），尽杀劝阻者。于是，钱镠先致书董昌，劝说他取消帝号，请罪唐廷；不听，然后上表唐廷，声言讨逆，发兵进攻越州。董昌乞援于淮南，杨行密以进援为名，出兵浙西辖地。钱镠尽取浙东诸州，进围越州，擒斩董昌，然后回戈击退淮军。事定，唐廷改越州威胜军为镇海军，以钱镠兼镇海、镇东两镇节钺，两浙遂尽归钱氏。

两浙经战祸前后10年之久，各州遭受破坏程度不等，其中杭、越2州损失重大，但也远不如广陵残破之甚，因之，此后两浙经济恢复和发展较南方诸国都要顺利，成绩也最显著。

二　吴和南唐的嬗替

（一）吴的兴亡

杨行密，庐州合肥人，原名行愍，由高骈改名。少时孤贫，有膂力，能日行300里，为本州步行急递文牒。秦宗权扰江淮，行密应募从军，初为队长，以功擢为牙将，"自募百余人，皆虓勇无行者"[4]，以为骨干。都将忌其才能，排挤出外戍守，他愤怒之下，趁都将为戍兵钱行时，杀都将，并本州兵，胁迫刺史荐己自代，得任淮南押牙知庐州事。当时庐州境内有农民起义，高骈遣左、右雄卫军使率兵3 000入州境镇压，杨行密袭杀左、右雄卫军使，歼其部卒，谎报二将谋叛，高骈昏聩，信以为真，加以重赏。广陵乱起，杨行密自庐州起兵，与毕、秦、孙儒苦战6年，终于歼灭孙儒，尽得淮南9州，兼有江南常、润、昇诸州。

杨行密出自孤贫，久历艰苦，经过多年磨炼，深知民

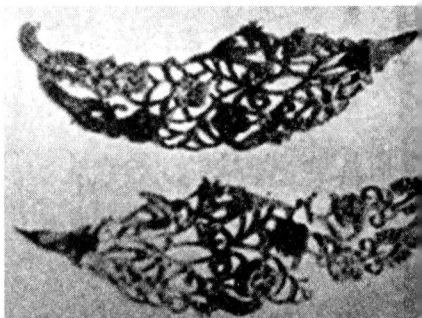

银首饰

[1]《资治通鉴》卷259，唐昭宗乾宁元年十二月，第8460页。
[2]《吴越备史》卷1《武肃王》，第6186页。
[3]《吴越备史》卷1《武肃王》，第6186页。
[4]《旧五代史》卷134《杨行密传》，第1779页。

李昇陵出土的铜钥匙

间疾苦,注意节用安民。直到他抚定江淮,身为淮南节度使、弘农郡王时,还把旧日的破绽衣留在身边,经常表示不忘根本。自取庐州,便多方罗致人才,得高勖为谋主,每事咨询。初入广陵,即以军粮赈灾,收揽人心。灭孙儒前夕,从属下议,护送淮南士民及孙儒部淮南籍降将、降兵回乡,妥善安置,创造了战胜孙儒的基本条件。淮南既定,又采取有力措施,安辑百姓,充实力量。

江淮富庶之地,经过6年战乱,变得疮痍满目,哀鸿遍野。杨行密苦于用度匮乏,欲以茶盐易取民间布帛,以充军用。高勖不以为然,献策说:"兵火之余,十室九空,又渔利以困之,将复离叛。不若尽我所有易邻道所无,足以给军;选贤守令劝课农桑,数年之间,仓库自实。"[1]行密听纳其议,并躬行节俭,以为表率。"行密初至,赐与将吏,帛不过数尺,钱不过数百;而能以勤俭足用,非公宴,未尝举乐。招抚流散,轻徭薄敛,未及数年,公私富庶,几复承平之旧"[2]。其后,安定既久,"广陵殷盛,士庶骈阗"[3]。重又出现了繁华景象。

杨行密留意人才,先后得袁袭、高勖、李神福、徐温、台濛等文武将吏,为之羽翼。唐景福二年(893)秋,杨行密进攻池、歙2州,歙州久守不下。当时杨行密部将任刺史者率多贪暴,歙州士民畏其暴虐,死命拒守,提出请求:"得陶雅为刺史,请听命。"[4]陶雅宽厚得民心,行密用为歙州刺史,歙州即日迎降。杨行密同乡旧友、宁国节度使田頵叛乱,其属吏宣州长史骆知祥善治金谷,观察牙推沈文昌善于文词,为田頵撰写檄文,辱骂杨行密,田頵败死,行密捕得二人,不加惩治,反加擢用,以骆知祥为淮南支计官,掌管财赋,以沈文昌为节度牙推,居幕府右职。孙儒败亡,所部淮南籍士卒多归降,其"淮南之骁勇也",行密"选五千人豢养于府第,厚其衣食,驱之即战,靡不争先。甲胄皆以黑缯饰之,命曰'黑云都'"[5]。淮南水乡,多水军而无骑兵,难与中原争锋。唐乾宁四年(897),朱全忠并兖、郓,李克用部沙陀骑将李承嗣、史俨归路断绝,随朱瑾投淮南,行密厚待之。从此有了一支强悍的骑军。

杨行密重视安定内部,保境息民。宁国节度使田頵为行密旧部,功勋卓著,行密表为宁国节度使,驻守宣州。田

[1]《资治通鉴》卷259,唐昭宗景福元年八月,第8434页。
[2]《资治通鉴》卷259,唐昭宗景福元年八月,第8434-8435页。
[3][宋]史温:《钓矶立谈》,见傅璇琮、徐海荣、徐吉军主编:《五代史书汇编》(九),杭州出版社点校本2004年版,第5004页。
[4]《资治通鉴》卷259,唐昭宗景福二年八月,第8447页。
[5]《旧五代史》卷134《杨行密传》,第1781页。

颛恃其兵强财富，好攻取，行密每加抑止。乾宁二年（895），两浙钱镠部将徐绾在杭州发动叛乱，请师于田颛，田颛欲趁机夺取杭州，便率兵前往。杨行密竭力制止，迫其退师。田颛请求把池、歙2州划归他的辖区，行密又不允。田颛怨望，遂联合行密妻弟朱延寿、骁将安仁义举兵叛乱，并引朱全忠为援。杨行密先诱斩朱延寿，然后进围宣州，擒杀田颛，再取润州，诛安仁义。杨行密迅速平定三叛，固然是他才识过人，深得民心，但这场拼搏又是保境息民与滋事攻掠两种主张的斗争，杨行密除三叛，不可以看成是杀功臣，而是排除了干扰，为江淮保持长久的安定局面提供了有利的条件。

白瓷枕

　朱全忠垂涎江淮，非止一日。唐光启三年（887），唐廷以朱全忠兼淮南节度使，充东南招讨使，是时朱全忠尚未消灭两朱、时溥，无力南进，只得表杨行密为副使，而以部将李瑶为淮南留后，遣兵送赴任所。阻于时溥，不得通，朱全忠无奈，召回李瑶，奏请授杨行密为淮南留后。此后，朱、杨暂时联合，共击孙儒，实际上，汴军正以全力对付东方四镇，徒作姿态，并无任何进攻孙儒的行动。杨行密消灭了孙儒，站稳了脚跟，而朱全忠也消灭了时溥，双方境土毗邻，发生矛盾。泗州苦于汴军残暴，降于杨氏，朱全忠不满，采取报复，将淮南派往汴宋卖茶使者扣押，尽夺其茶。唐乾宁四年（897），朱全忠并兖、郓，乘胜进攻江淮，遣所部名将庞师古、葛从周统兵10余万，两路向南挺进。庞师古驻兵清口[1]，地处汙下，颇为不利，但他自恃兵多屡胜，骄傲轻敌，放松戒备。杨行密与朱瑾率3万人抗击汴军。朱瑾壅淮水上流，准备水灌汴军。庞师古正在营中弈棋作乐，有人来报军情，他反而说是诳言惑众，立即将报事人处斩。朱瑾率5 000骑暗渡淮河，打着汴军旗帜，从北方直扑中军，汴军猝不及防，淮水又漫了下来，他们惊驰混乱，全军大溃。杨行密引大军渡淮，和朱瑾夹攻汴军，斩庞师古，杀汴军将士万余人。葛从周屯军寿州西北，被淮军击败，退守濠州，闻庞师古兵败身死，慌忙撤退。淮军尾追至淠水，大破之，汴兵被杀溺殆尽。残兵败将渡过淮水，4天没有饭吃，又值大雪，冻饿而死者遍布道路，还者不满千人。"行密由是遂保据江、淮之间，全忠不能与之争"[2]。

[1] 清口又名清河口，或称泗口，在今江苏淮阴市西南。
[2]《资治通鉴》卷261，唐昭宗乾宁四年十一月，第8511页。

五代云纹瓷罍

杨行密尽取江东、淮南诸州,兼括光、濠、蕲、黄等地,然后西上进图洪、鄂[1]诸州。

据有鄂州的武昌节度使杜洪,出身伶人,投军立功,渐擢至岳州刺史。光启二年(886),趁乱据鄂州。杜洪昏暴无能,以顺从朱全忠,得其庇护。淮军几次进攻,都被汴军挫败,杜洪得以苟全。天复三年(903),杨行密再遣朱瑾、李神福等进取鄂州,杜洪向朱全忠乞援,朱全忠遣别将驻滠口,以为救援,又檄荆南节度使成汭、武贞[2]节度使雷彦威、武安[3]节度使马殷发兵救应。成汭不敢违命,又想趁机夺取江淮,乃发水师10万,自乘巨舰赴援。马殷、雷彦威却另有打算,他们以赴援为名,实则袭击成汭的后方。成汭兵在途中,江陵便被他们袭取,马、雷大掠货财及百姓而去。成汭军中闻讯,士气瓦解,人无斗志,与淮军在君山遭遇,淮将李神福用火攻,焚其战舰,成汭溺死,部卒溃散。汴军闻败讯,不战逃走,马殷却唾手而得岳州。不久,淮军下鄂州,擒斩杜洪父子,鄂州从此成为杨氏辖区。鄂州号为雄镇,扼长江中游,杨氏得鄂州,进可以攻襄阳、江陵,退可以保境,有利于自己(吴)领域的安定;鄂州既得,洪州陷于淮军三面包围之中,杨氏遂可进图江西。

唐末,江西混乱,高安商贩钟传,聚集少数民族,依山建堡,众至万人。王仙芝下抚州后,弃城而去,钟传趁虚入据,唐廷遂任为刺史。及势力稍强,又逼走江西观察使,进据洪州,四向攻战,拥有江西大部分土地。钟传好学礼士,安抚百姓,甚得人心,杨行密屡欲吞并,都有所顾忌而止。唐天祐三年(906),钟传死,子钟匡时继位,养子钟延规不服,遣使降吴。吴将秦裴引兵下洪州,灭钟氏。从此,江西诸州皆为杨氏所并,惟虔州并于吴时间较晚。

天复二年(902),唐封杨行密为吴王。自杨行密创业,至其子杨渥,吴的辖区有扬、楚、泗、滁、和、光、蕲、黄、舒、庐、濠、寿、泰、海、常、润、昇、宣、池、歙、鄂、饶、信、江、洪、抚、袁、吉、虔等30州,淮南、宁国、武昌、镇南、忠正5节度。

杨行密对待邻道的策略大致有二:

一是联合可以联合的力量(哪怕是暂时可以联合的),对付威胁最大的敌人。他最初联合朱全忠、钱镠对付孙儒。他十分明白,朱全忠吞并不下东方四镇,就不致威

1 鄂州治今湖北省武汉市武昌城区。
2 武贞节度使驻朗州,即今湖南省常德市。马殷建楚,取朗州,改名武平节度使。
3 武安节度使驻潭州,即今湖南长沙市。

胁到他,而钱镠地狭力小,也不可能对他造成重大危害。及至孙儒灭亡,朱全忠又消灭了二朱、时溥,他就联合李克用、王建、李茂贞来抵制朱全忠,尤其在后梁灭唐之际,他也打出了讨逆的旗帜,目的就在于保存自己,俟机而动。

另一条,也就是主要的一条,是在与邻道相攻战之后,讲和通好,保境安民。他和钱镠为争夺江南,屡兴兵戈,形同水火。"行密尝命以大索为钱贯,号曰'穿钱眼'。镠闻之,每岁命以大斧科柳,谓之'斫杨头'"[1]但在双方拉成平局之后,相互送还被俘将士;田頵欲图杭州,杨行密竭力制止,并与钱氏联姻。此后,双方极少战争,保持了几十年的和平相处。据有湖南的楚王马殷曾与吴发生战争,其弟马賨本孙儒部将,孙儒灭亡,马殷随刘建锋往江西,马賨降吴,得杨行密赏识,用为黑云都指挥使。行密偶询及马賨家世,才知他是马殷胞弟,礼送赴长沙,临行盛宴饯别,恳切叮嘱说:"勉为吾合二国之欢,通商贾、易有无以相资。"[2]马賨至长沙,陈说此事,马殷因归附朱梁,正颜厉色地打了几句官腔,说什么杨氏不附朝廷,不能与之通好,但实际上还是互通有无,保持和平。

杨渥继位,昏暴好杀。时杨氏旧将或诛或死,存者寥寥,唯有张温、张颢等居中弄权。后梁开平二年(908,吴仍称天祐五年),张颢杀杨渥,恐吴臣不服,欲举全吴地降后梁,以求庇护。徐温趁机杀张颢,拥杨行密次子杨渭(隆演)继位,从此,吴国"政归徐氏,祭则寡人"。后梁贞明五年(919),徐温又拥杨渭为大吴国王,改元武义,置百官、宗庙、社稷、宫殿、文武,皆用天子礼。后唐天成二年(927),徐温养子知诰继掌朝政,拥杨渭弟杨溥称大吴皇帝,改元乾贞。后晋天福二年(937),徐知诰废杨溥,灭吴,建国号唐,史称南唐。自杨行密据淮南,至徐知诰代吴,吴历时共46年。吴亡,杨氏宗族被禁锢,与外界断绝往来,以致杨姓男女无法婚配;及至后周南征,南唐中主尽杀杨氏宗族,无幸免者。

(二)南唐建国

杨渥被弑,政归徐温。徐温,海州朐山人,少时贩盐为业,从杨行密为元从部属,与刘威、陶雅等号称"三十六英

南唐女陶俑

---

[1] [宋]陶岳:《五代史补》卷1《杨行密钱塘侵掠》,见傅璇琮、徐海荣、徐吉军主编:《五代史书汇编》(五),杭州出版社点校本2004年版,第2477页。

[2] 《新五代史》卷66《楚世家》,第822页。

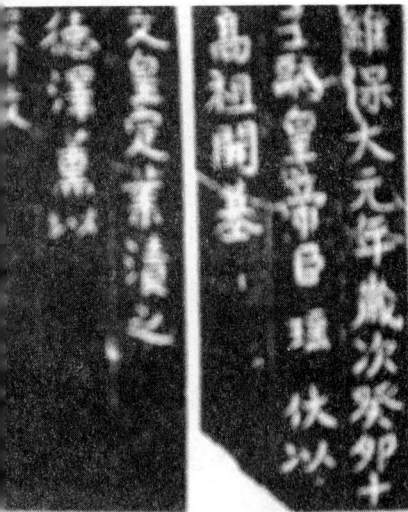

李昇陵出土的玉哀册拓片

雄"。杨行密取宣州之役，诸将争取金帛，唯有徐温独据粮仓，开仓散粥，救济饥民。他虽无赫赫战功，而多智数，深受杨行密亲任，居府中参与谋议。张颢杀杨渥，徐温本参与其事，而张颢忌之，欲排挤出外，徐温忿忧交加，听谋士严可求计，以讨逆为名，杀张颢，立杨渭为吴王，遂专国政。杨渭称大吴国王，以他为大丞相、都督内外诸军事，封东海郡王。他居于金陵，命其子徐知训驻广陵，处理日常政事，大事则由他决断；又命养子徐知诰驻润州，以为呼应。于是，吴国内外，悉为徐氏控制。

徐温执政，仍厉行保境息民之策。吴武义元年（919），吴军大败吴越军于无锡，诸将请乘胜攻取杭州，吞并吴越。徐温力排众议，他告诫部下说："天下离乱久矣，民困已甚，钱公亦未易可轻；若连兵不解，方为诸君之忧。今战胜以惧之，戢兵以怀之，使两地之民各安其业，君臣高枕，岂不乐哉！多杀何为！"[1]恩威并用，以保境息民；不图侥幸，以免兵连祸结，使朱全忠坐收渔人之利。徐温此论，确实是明智的策略。

徐知训驻广陵，任淮南行军副使、内外马步军都指挥使、通判军府事，虽然官位不高，而军政实权全在其掌握之中。他少年得志，悍愚无知，骄横贪暴，为所欲为。在宣州刺史任内，"聚敛苛暴，百姓苦之"。一次入觐，"伶人戏作绿衣大面若鬼神者"，旁边的配角问他是谁，回答说："我宣州土地神也，吾主入觐，和地皮掘来，故得至此。"[2]驻广陵后，更加荒淫骄奢，往往凌侮诸将，从无约束，对吴王杨渭，更是经常侮弄，动辄戏骂殴打，杨渭懦弱，忍气吞声。这样，便逼出了乱子。朱瑾归淮南，备受礼遇。徐氏当政时，朱瑾任同平章事，督亲军，战功赫赫，威望甚高，事杨氏甚忠心。徐氏父子畏忌，出为静淮军节度使。朱瑾平日为徐知训狎侮，早已恨之入骨，至是，设宴盛待知训，事先在户内埋伏壮士，又在廊下系两匹劣马，席前，朱瑾令宠妓唱歌献酒，又献良马给徐知训，徐知训喜得忘乎所以，朱瑾乘其不备，从背后用笏猛击，把他打翻，命壮士曳出，立即斩首；与此同时，将劣马放开，两马相互踢咬，嘶叫不已，外面的人就听不到里面响声。朱瑾杀了徐知训，提头入宫，要杨渭趁此机会亲政。怯懦无能的杨渭吓得魂

[1]《资治通鉴》卷270，后梁均王贞明五年七月，第8847页。
[2]〔宋〕佚名：《江南余载》卷上，见傅璇琮、徐海荣、徐吉军主编：《五代史书汇编》（九），杭州出版社点校本2004年版，第5108页。

不附体,说:"舅自为之,我不敢知!"[1]朱瑾见他无用,愤然掷首于地,向外冲杀,冲杀不出,自刎而死。徐知诰在润州闻变,急忙渡江赶到广陵,安定秩序,遂代徐知训执政。

徐知诰,徐州人,本姓李(一说姓潘,见《吴越备史》),少时贫苦,8岁丧父,流落濠泗。杨行密下濠州掠得他,爱其聪明,欲收为养子,而杨氏诸子一致反对,行密不得已,命徐温收养为子。徐温执政,初以知诰为昇州刺史,时"牧守多武夫悍人,类以威骛相高,平居斋几之间,往往以斩伐为事,至有位居侯伯,而目不识点划、手不能捉笔者"。徐知诰却"以文艺自好,招徕儒俊,共论治体,总督廉吏,勤恤民隐"。治绩斐然,声誉日高。徐温闻之,亲往视察,"见其城隍浚整,楼堞完固,府署中外肃肃,咸有条理"[2]。遂移知诰知润州,自徙于昇州。徐知诰不愿赴润州,请改镇宣州,徐温不许。知诰幕客宋齐丘密劝曰:"西朝贡己,知训童昏,老臣宿将不甘诟辱。度其势乱在旦暮。蒜山之津,曾不一昔[夕]而可以定事。更舍此利,而求入宣城山中,卒卒度岁月,其亡聊奈何?"[3]知诰顿时省悟,立即到润州赴任,理民行政,一如在昇州时。果然,徐知训被杀,他抢先一步入广陵,得代徐知训执政。他思虑深远,智谋过人,待徐温极尽孝道,徐温深受感动,认为他才能、孝道都远胜诸子,决计授以继承权。徐知诰并不因此掉以轻心,处处精心筹划。徐温入朝,以兵仗相随,知诰密告吴王杨渭:"温虽臣之父,忠孝有素。而节镇入觐,无以兵仗自从之例,请以臣父为始。"[4]于是,以王命令徐温去兵仗入朝。这样一来,既稍稍限制了徐温的威风,又在朝中表现徐温忠谨过人。徐温爱穿白袍,每逢他的生日,徐知诰照例献上一袭白袍。一次,有座客向徐温献媚,语涵双关地劝进:"白袍不如黄袍好。"徐知诰当场正色呵斥,向徐温说:"令公忠孝之德朝野所仰,一旦惑诡佞之说,闻于中外,无乃玷烜赫之名,愿令公无听其邪言。"[5]徐温认为很得体,满口称赞。这样一来,拖延了徐温夺取皇位的时间,他却可以广揽人才、积蓄力量了。他"尽反知训之所为。接御士大夫,曲加礼敬,躬履素朴,屏去浮靡而又宽刑勤理,孜孜不倦"[6]。又"以吴王之命,悉蠲天祐十三年(916)以前逋税,余俟丰年乃输之"[7]。"盛暑未尝张盖、操扇,左右进盖,必却

李昇陵出土的抱卷男俑

[1]《资治通鉴》卷270,后梁均王贞明四年六月,第8829页。
[2]《钓矶立谈》,第5003页。
[3]《钓矶立谈》,第5003页。
[4][宋]佚名:《五国故事》卷上《伪唐李氏》,见傅璇琮、徐海荣、徐吉军主编:《五代史书汇编》(六),杭州出版社点校本2004年版,第3182页。
[5]《五国故事》卷上《伪唐李氏》,第3182页。
[6]《钓矶立谈》,第5005页。
[7]《资治通鉴》卷270,后梁均王贞明四年七月,第8831页。

李昇陵中室北壁

之，曰：'士众尚多暴露，我何用此？'"甚至"使人察视民间有婚丧匮乏者，往往賙给之"[1]。"于是士民翕然归心，虽宿将悍夫无不悦服"[2]。

吴乾贞元年（927），徐温死，徐知诰赚其子知询而因禁之，遂继徐温主政。是年，拥吴王杨溥（杨渭弟）为皇帝。尔后，自居金陵，而以其子景通、景迁先后驻广陵，如徐温旧例。数年后，知诰自感年事渐高，急于禅代，先除吴宗室素称有才能的临江王杨濛。吴天祚元年（935），吴加徐知诰尚父、太师、大元帅，进封齐王，备殊礼，以昇、润、宣、池、歙、常、江、饶、信、海10州为齐国，知诰辞尚父、太师、殊礼不受。不久，又加九锡，建天子旌旗，改金陵为西都，改广陵为东都。知诰用宋齐丘、徐玠为左右丞相。他早"于其所居第旁，创为延宾亭，以待四方之士。遣人司守关徼，物色北来衣冠，凡形状奇伟者，必使引见，语有可采，随即升用。听政稍暇，则又延见士类，设宴赋诗，必尽欢而罢，了无上下贱贵之隔。以此二十年间，委曲庶务，无不通知，兴利去害，人望日隆"[3]。这不但与中原王朝凌视士人形成对比，而且为南方诸国所不能及。937年，徐知诰受吴"禅让"，建国号唐（史称南唐），改元昇元，以金陵为都。不久，复姓李，改名昇，为了与唐宗室联挂上，他自称唐室后裔，经群臣会议，又"命有司考（吴王恪、郑王元懿）二王苗裔，以吴王孙祎有功，祎子岘为宰相，遂祖吴王，云自岘五世至父荣。其名率皆有司所撰"[4]。这种滑稽可笑的现象，岂止南唐，帝王谱牒，往往如此。南唐既建，追尊徐温为义祖，而尊杨溥为让皇。李昇即史称南唐烈祖。其领域"东暨衢、婺，南及五岭，西至湖湘，北拒长淮，凡三十余州，广袤数千里"[5]，南方诸国无如其强盛者。

李昇执政和在位期间，一贯采取"保境息民"政策。他常说："百姓皆父母所生，安用争城广地，使之肝脑异处，膏涂草野。"[6]南唐既建，谋臣武将争欲立功，屡请四向扩张。李昇不听众议，他说："知足不辱，道祖（老子）之戒"，要求臣下，"讨伐之议，愿勿复关白也"[7]。吴越与吴、南唐间有战争，一次，杭州大火，宫室器械焚烧一空，吴越王钱元瓘惊悸而死，宋齐丘倡议趁机攻并，李昇不纳其议，反而"特命行人，厚遗之金粟缯绮，盖车马相望于道焉"[8]。一次，

[1]《新五代史》卷61《南唐世家》，第766页。
[2]《资治通鉴》卷270，后梁均王贞明四年七月，第8831页。
[3]《钓矶立谈》，第5005页。
[4]《资治通鉴》卷282，后晋高祖天福四年二月，第9198－9199页。
[5]《旧五代史》卷134《李景传》，第1787页。
[6]《钓矶立谈》，第5007页。
[7]《钓矶立谈》，第5007页。
[8]《钓矶立谈》，第5007页。

李昪君臣议政,宋齐丘、冯延巳倡议拓疆,兼并吴越、闽、楚,李昪说了一段话,道出了他的战略思想:

> 钱氏父子,动以奉事中国为辞,卒然犯之,其名不祥。闽土险瘠,若连之以兵,必半岁乃能下,恐所得不能当所失也。况其俗怙强喜乱,既平之后,弥烦经防。惟诸马在湖湘间,恣为不法,兵若南指,易如拾芥。孟子谓齐人取燕,恐动四邻之兵。徒得尺寸地,而享天下之恶名,我不愿也。孰若悉舆税之入,君臣共为节俭,惟是不腆之圭币,以奉四邻之欢,结之以盟诅,要之以神明,四封之外,俾人自为守。是我之存三国,乃外以为蔽障者也。疆场之虞不警于外廷,则宽刑平政得以施之于统内。男不失秉耒,女无废机织,如此数年,国必殷足。兵旅训练,积日而不试,则其气必倍。有如天启其意,而中原忽有变故,朕将投袂而起,为天下倡。倘得遂北平僭窃,宁乂旧都,然后拱揖以招诸国,意虽折简可致也。[1]

这段话有许多冠冕堂皇的话,我们且不去理会它。但从这段话里,可以看出他的战略要点:保境息民,积蓄实力,进可以北伐,谋求统一,退可以保疆界;不打得不偿失的仗,不贪一隅之地而分散兵力,形成包袱;不轻率用兵并吞弱小,以免引起南方诸国连横来对付自己,使自己处于南北夹攻、腹背受敌的被动地位;不吞地势狭弱而奉事中原王朝的吴越,免得中原之敌乘虚蹑其后。总之,他是立足于抵御强敌,并准备条件消灭强敌,完成统一的。或者有人会说,他连弱敌都不敢吞并,还高唱北伐统一,岂非言大而自夸吗?未必。他估计到,用兵中原,南方诸国不敢轻举妄动,而用兵于毗邻的小国,则中原王朝必然发兵淮上;而且,纵使用兵中原,邻国乘机攻袭,也易于对付,观此后后周南征,南唐正处于并闽灭楚、实力大损,而又于北线连遭败绩之时,尚能击败吴越来袭,就足以证明他立足于防御中原之敌的战略是正确的。五代十国时期,能有如此高明的战略思想者极为难见,有之,则后周世宗与南唐烈祖二人而已。虽然南唐烈祖仅见之于言词,未能付诸行动,但也不能就以"言大而自夸"来抹杀他的卓越

李昪陵地宫

[1] 《钓矶立谈》,第5011页。

乾宁四年(897)唐廷赐钱镠铁券

识见。

烈祖在位期间，"不以外戚辅政，宦者不得预政事，皆他国所不及也"[1]。这两项成法，终南唐之亡，未有更变。自杨吴始，江淮主政者就注意增加劳动人手，减少冗食，后汉乾祐三年(950)，后汉臣僚李钦明奏疏里说："臣窃知淮南不度僧尼，不滋医卜，已六十年矣。"[2]这是吴和南唐一贯奉行息民政策的一个反映。与南方的闽、楚、南汉、吴越等国相比，实为仅见，当然更不是中原王朝可比了。究其原因，还在于兵革不兴、赋役较轻。经过几十年的经营，南唐境内，"中外寝兵，耕织岁滋，文物彬焕，渐有中朝之风采"[3]。成为当时中国经济文化的最先进地区。

南唐烈祖李昇不是一位叱咤风云的军事家，而是一位善于治国安民的政治家，对于社会经济的恢复和发展，对于文化艺术的保护和繁荣，都作出了有益的贡献。南方诸国君主固无出其右者，中原的"小康"之主后唐明宗也难望其项背，能胜过他的，唯有后周世宗。可惜他迷信长生术，服食丹药，毒发身死，这似乎也是唐朝的祖风吧。此后，其子李璟(景通)改变他的施政方针，南唐渐趋衰落。

三 吴越建国于钱塘

钱镠，杭州临安人。据其孙钱俨所撰《吴越备史》称，他家是"唐武德中陪葬功臣潭州大都督巢国公九陇孙也"。钱九陇本是家奴，以军功擢为将军，许敬宗"贪财与婚，乃为九陇曲叙门阀，妄加功绩"[4]，大为时人鄙夷。钱俨为了虚夸门第，竟然找到钱九陇来认祖宗，确实令人捧腹。这只能说明钱镠世代寒微而已。钱镠少时"无赖，不喜事生业，以贩盐为盗"[5]。后应募为土团兵，渐由偏将而主一州兵，翦除刘汉宏、薛朗，灭董昌，遂据有两浙。他得到两浙后，请求唐廷将镇海军额由润州移至杭州，自兼镇海、镇东两节度使。唐天复二年(902)，唐封钱镠为越王。唐天祐元年(904)，钱镠请改封为吴越王，唐廷不许，经朱全忠出面干预，改封吴王。及后梁建国，钱镠称臣，后梁遂封为吴越王。于是，钱镠划小节度使辖区，分命诸子为节度使。吴越地域狭小，极盛时不过13州，即：杭、越、湖、苏、秀、婺、睦、衢、台、温、处、明、福州，置镇海、镇东、中吴、宣德、武

[1] 《资治通鉴》卷282，后晋高祖天福四年正月，第9197-9198页。

[2] 《册府元龟》卷547《谏诤部·直谏十四》，第6575页。

[3] 《钓矶立谈》，第5007页。

[4] 《旧唐书》卷82《许敬宗传》，第2764页。

[5] 《新五代史》卷67《吴越世家》，第835页。

胜、彰武[1]7节度,另于杭州故乡置安国衣锦军,以示荣耀。

吴越地狭兵少,保全自身,实非易事。钱镠最初联杨御孙,曾支援淮军粮食。孙儒败亡之际,钱、杨争夺江南诸州,摩擦甚为激烈。董昌称帝,为钱镠所攻,乃乞援于杨氏,淮军乘势进取苏、湖等州,钱镠深受威胁,从部将顾全武谋,先置苏、湖于不顾,全力攻克越州,然后反击淮军,收复苏、湖。几经较量,双方互有胜负,吴方俘吴越名将顾全武,吴越也俘得吴名将秦裴,双方议和,交换顾、秦二将及被俘将士。唐天复二年(902),钱镠亲往视察衣锦城修治水利,孙儒旧部降将徐绾趁士卒苦于力役,煽动杭州兵变,焚掠城市,并遣使招吴宁国节度使田頵。田頵久欲染指杭州,乃通牒钱镠,限令让出杭州,撤往越州,同时,又出兵围困杭州。钱镠居杭州,腹背受敌,内外交困,想东撤越州,顾全武竭力劝阻,乃从其议,命他偕己子钱传璙告急于杨行密,以传璙为人质,请婚杨氏。杨行密从其请,严令田頵回师。田頵执拗不得,便向钱镠勒索犒军钱20万缗,要挟他送子为质,与己通婚。钱氏诸子皆不愿往,唯有次子传璙自请前去。杭州方得解围,徐绾迅速被擒斩。从此,双方基本和平相处。钱镠以传璙于危难中,不计死生,挺身而出,便开始想以他为王位继承人(传璙后改名为钱元璙)。

钱镠自知实力不足,一直利用中原王朝,以为抵制对手或消除他方的凭借。唐亡之前,他以效忠唐朝的旗帜先后消灭刘汉宏、薛朗和董昌,却偏又与直接胁持唐朝的朱全忠联合。朱氏篡唐,他和杨行密相反,收起了效忠唐朝的旗帜,称臣后梁,得到尚父、吴越国王的头衔;至梁末帝朝,又加以诸道兵马元帅衔。后唐灭梁,他照例上表称臣,求为国王和赐给玉册,后唐庄宗授以天下兵马都元帅、尚父、尚书令衔,封吴越国王,赐玉册金印,以示宠渥。钱镠采取这种策略,无非是借中原王朝来牵制吴和南唐,事实上也收到一些效果,所以,南唐烈祖以为钱氏"以奉事中国为词,卒然犯之,其名不祥",而不加兵于钱塘。但钱镠并不是那么"恪守臣节"的"恭顺之臣"。他"命所居曰宫殿,府署曰朝廷,其参佐称臣,僭大朝百僚之号"[2]。从908年起,3次改元:天宝年号共16年(908—923),宝大年号共

吴越国武肃王钱镠像

[1] 越州治今浙江绍兴市。
湖州治今浙江湖州市城区,宣德军置于此。
秀州治今浙江嘉兴市,奉国军置于此。
婺州治今浙江金华市,武胜军置于此。
睦州治今浙江建德市东北50里梅城镇。
台州治今浙江临海市。
处州治今浙江丽水市东南7里古城村。
明州治今浙江宁波市。
彰武军置于福州(取闽福州后置)。
中吴军置于苏州。
[2] 《旧五代史》卷133《钱镠传》,第1768页。

2年(924—925),宝正年号共6年(926—931),至钱元瓘嗣位,方用中朝年号。

吴越与海上交往频繁,"行制册,加封爵于新罗、渤海,海中夷落亦皆遣使行封册焉"[1]。对于国内民族融合和中外经济文化交流,做了不少有益的事。

钱镠出自下层,社会经验丰富,十分注意收揽人心。灭董昌之役,董昌身居危城,亡在旦夕,而"贪吝日甚,口率民间钱帛,减战士粮"。城破之日,"库有杂货五百间,仓有粮三百万斛"。钱镠得越州,"散金帛以赏将士,开仓以振贫乏"[2]。优劣相去如此,优胜劣败,自属必然。平定两浙后,钱镠颇有踌躇满志之感,"于临安故里兴造第舍,穷极壮丽,岁时游于里中,车徒雄盛,万夫罗列"[3]。一次,"亲巡衣锦营,大会故老宾客,山林树木皆覆以锦幄,表衣锦之荣也"[4]。《旧五代史·钱镠传》载:"其父宽每闻镠至,走窜避之,镠即徒步访宽,请言其故。宽曰:'吾家世田渔为事,未尝有贵达如此,尔今为十三州主,三面受敌,与人争利,恐祸及吾家,所以不忍见汝。'镠泣谢之。"这段记载并不属实,因为钱宽死于唐乾宁二年(895)[5],当时钱镠方讨董昌,何能谈什么"十三州主"? 尽管如此,却也反映了一个实际情况,钱镠居三面受敌的形势下,虽有时得意忘形,奢侈自夸,但毕竟有所戒惧,有所敛迹。他在军中,"未尝自安,每欲暂憩,必先整衣甲、备盥漱而后寝焉。又以圆木小枕缀铃,睡熟则欹,由是而寤,名曰'警枕'。又置粉盘于卧内,有所记则书之"[6]。每晚分派侍女依更次值勤,规定:"外有报事,当振铃声以为警省。""凡有闻报,即时而遣"。还怕守卫当班时睡着,"常弹丸于墙楼之外,以警宿直者,使其不寐以应其事"[7]。时人称他为"南方不睡龙"。钱镠执法严明,信赏必罚。"尝微行,夜叩北城门,吏不肯启关。曰:'大王来,我亦不启。'"他只得由便门入。"明日,召吏厚赐之"[8]。侍妾郑氏之父犯法当死,左右因郑氏在宫中,为他向执法官求情,钱镠说:"刑者公柄,岂可以一妇人而乱我法耶?""命出其女而后斩之"[9]。他平日"自奉节俭,衣服衾被皆用细布,非公宴惟瓷罇漆器而已"。旧寝帐敝坏,其媳取青绢帐换下,他执意不肯,说:"作法于俭,犹恐其奢,但虑后代皆施锦绣耳。此帐虽故,犹可蔽风。"[10]在选用人

吴越王的金铜印

[1]《旧五代史》卷133《钱镠传》,第1768页。
[2]《资治通鉴》卷260,唐昭宗乾宁三年五月,第8488-8489页。
[3]《旧五代史》卷133《钱镠传》,第1767页。
[4]《吴越备史》卷1《武肃王》,第6193页。
[5]《吴越备史》卷1《武肃王》:"(乾宁)二年,夏,四月……乙巳皇考太师薨。"第6184页。
[6]《吴越备史》卷1《武肃王》,第6217页。
[7]《吴越备史》卷1《武肃王》,第6218页。
[8]《吴越备史》卷1《武肃王》,第6218页。
[9]《吴越备史》卷1《武肃王》,第6218页。
[10]《吴越备史》卷1《武肃王》,第6218页。

才方面,则十分注意擢用士人,一时名士罗隐、皮光业等皆居其幕府。皮光业是晚唐文学家、思想家皮日休之子,在吴越践位宰辅。又置择能院,专司选士之事。钱镠据两浙41年,终年81岁,是五代十国享年最久的君主。他在位数十年间,筑捍海塘,兴修水利,劝课农桑,招徕商旅,使两浙安定繁荣,其历史功绩是应当肯定的。

钱镠子孙嗣位者多能承其作风。钱镠晚年委政于钱元瓘,元瓘勤于政事,"簿书填委皆躬亲批署,手为胼胝,复置粉盘于卧榻之首,夜有所记,必书其上,诘旦以备顾问"[1]。继位后,"除民田荒绝者租税"[2]。又秉公守法,不私亲戚,对于舅家,"每加厚赐而未尝迁职";妻弟马充求免使役,元瓘"廷责之,遂下狱,寻黜于剡溪"[3]。钱镠孙弘佐在位时,征发兵员,无人应募,乃下令:"料而得之者,粮赐皆蠲半",军中及民间子弟由是踊跃应募,"遂加精训。南方之捷,多其力也"[4]。钱弘佐、弘俶兄弟轻徭薄赋,奖励垦殖,都颇有成效。钱氏子孙间也曾发生过争夺王位的斗争,但都未酿成大乱,未带来重大损失。南方九国之中,嗣主较为贤达者,无逾钱氏,这虽与吴越诸主不事内宠、教诲子嗣得法有关,但比较重要的原因,似乎是居桑梓之地,更注意人心民情吧? 姑妄言之,以待谠论。

北宋建国后,宋太宗太平兴国三年(978),钱俶(避宋讳,去"弘"字)上版籍于宋,自请归于汴京。两浙未经兵戈归宋,市不易肆,民无惊扰,于社会经济、文化的发展是有利的。

吴越王的金铜印文

第二节　闽、粤出现的割据政权——闽和南汉

唐末,刘氏割据岭南,尔后建立南汉,王氏割据福建,尔后建立闽国,这是前所未有的事。西汉初无诸建闽越,赵佗建南越,不过是"南蛮"部落长,与闽和南汉是根本不同的。

唐末农民战争期间,黄巢进军福建,开山路700里,改变了福建闭塞的状态。黄巢弃广州北上之后,岭南秩序尚不甚紊乱,南海贸易往来依然进行。福建虽有土豪陈岩割

[1]《吴越备史》卷2《文穆王》,第6230-6231页。
[2]《资治通鉴》卷277,后唐明宗长兴三年三月,第9066页。
[3]《吴越备史》卷2《文穆王》,第6231页。
[4]《吴越备史》卷3《忠献王附忠逊王》,第6241页。

据,亦无重大破坏。此后,南汉和闽的财政收入都以海上贸易商税为其大宗。两个割据政权的出现,虽然不免给人民带来一些灾难,但对此后两地经济文化的发展,无疑有着一定的积极作用。此后,闽、粤两地遂跻居先进地区之列。

一　刘氏据岭南建南汉

唐末,岭南出现了许多小股农民起义,地方势力趁乱跋扈起来,开始抵制唐朝廷派遣的岭南节度使赴任。于是,唐廷已无法收取南海商税和舶来宝货。大食商人后裔刘氏由地方卑职逐渐发展壮大,终于割据岭南,建号称帝。

刘谦,大食商人后裔,初定居福建仙游,后迁居岭南。[1]唐末,宰相韦宙出任岭南节度使,刘谦为牙校,为韦宙赏识,妻以侄女。"其内(妻)以非我族类,虑招物议,讽诸幕寮,请谏止之"。韦宙却说:"此人非常流也,他日吾子孙或可依之。"[2]当时,唐末农民战争的序幕正在揭开,这位出自京兆郡望的"足谷叟"已感到了严冬的寒冷,不惜从"非我族类"的牙将身上找出路了。

黄巢大军弃广州北上,岭南诸地小股农民起义部队颇为活跃。刘谦以镇压数处起义军之功,为岭南节度使刘崇龟表为封州[3]刺史、贺江镇遏使,防御梧、桂以西。"岁余,有兵万人,战舰百余艘"[4]。在岭南算得上一支强大的武装力量。

刘谦死,贺水将校中有阴谋变乱者,刘谦长子刘隐设计翦除,刘崇龟赏其能,署为右都校,复领贺水镇遏使,再荐举为封州刺史。刘隐"用法清肃,威望颇振"[5]。值刘崇龟病死,唐廷任宗室嗣薛王李知柔为岭南节度使,至湖南,岭南将卢琚、覃玘发动兵变,李知柔闻讯惶惧,不敢赴任。刘隐率封州兵攻杀二将,迎李知柔到任,以功擢行军司马,军旅财赋,一以委之。此后,徐彦若以宰相出任岭南节度使,依界刘隐,更胜于李知柔,徐彦若临终上表,荐之为留后。唐廷不许,另以宰相崔远出任。崔远行抵江陵,闻岭南路途不靖,不敢南下,而唐廷适于此时召还他,重任为相,刘隐方被唐廷任为岭南节度留后。为了营求节钺,刘

南汉方形七层铁塔

[1]（日）藤田丰八著,何健民译:《南汉刘氏祖先考》,见《中国南海古代交通丛考》,商务印书馆1936年版,第137–150页。
[2]《北梦琐言》卷6《韦氏女配刘谦事》,第123页。
[3]封州治今广东封开县东南封川镇。
[4]《新五代史》卷65《南汉世家》,第809页。
[5]《旧五代史》卷135《刘陟传》,第1807页。

隐遣使以厚币重礼求助于朱全忠，得其支持，唐廷乃任刘隐为节度使。后梁建国，刘隐称臣献礼，后梁太祖大喜，给以隆宠，授检校太尉兼侍中，封大彭郡王，旋又加检校太师兼中书令，兼领安南都护，充清海、静海两军节度使，晋爵南海王。于是，刘隐遂得到独霸岭南的合法权位。

刘隐据岭南，以文吏治州县，所以尽管他的后人荒淫暴虐，但境内少有兵革之乱，文吏纵或贪浊，而较之不知法纪、恣行横暴的武夫悍将的危害总要小得多。是以数十年间，岭南基本保持安定。

招徕海外商贾和延揽中原士人，是刘隐最为瞩意的两件大事。"是时，天下已乱，中朝士人以岭外最远，可以避地，多游焉。唐世名臣谪死南方者往往有子孙，或当时仕宦遭乱不得还者，皆客岭表"[1]。刘隐礼贤下士，招揽了一批名士，如容管巡官王定保，唐名臣刘崇望之子刘浚，太学博士倪曙，李德裕之孙李衡，善于星历的唐司农少卿周杰，谙熟典礼的杨洞潜等。这批人有的是刘隐礼聘而至，有的则是奉使前往，刘隐竭诚留下，待以师友，经常咨询治道、制度。尤礼遇杨洞潜，待以师礼，表为节度副使。南汉建国，"为陈吉凶礼法。为国制度，略有次序，皆用此数人焉"[2]。刘隐死，异母弟刘岩继位，称帝建国，仍承袭其兄成法，礼遇士人，以杨洞潜、倪曙、赵光胤为宰相。赵光胤"自以唐甲族，耻事伪国，常郁郁思归"。刘岩乃仿其笔迹，遣使至洛阳，将其二子及亲眷迎至广州，"光胤惊喜，为尽心焉"[3]。刘氏兄弟都注意招徕海外和各地商贾，刘岩即位后，"广聚南海珠玑，西通黔、蜀，得其珍玩，穷奢极侈，娱僭一方，与岭北诸藩岁时交聘"[4]。

唐末，岭表诸管纷纷据地自雄，交州曲承美、桂州刘士政、邕州叶广略、容州[5]庞巨昭分据诸管，并企图攻掠广州所属州县，据江西虔州的卢光稠也伸入岭南，占据潮、韶2州[6]。刘隐兄弟击走卢光稠，取韶、潮2州，逐庞巨昭，取容管，然后又并邕管。至刘岩虏曲承美，交州也为南汉所有。刘氏与湖南马氏争夺桂、韶，马氏获胜，得桂管及韶、贺、连诸州。及南唐灭马楚，南汉趁机夺取桂、贺、连、韶诸州，并逾岭夺得郴州，这是南汉辖区最大之时。

刘岩初名陟。继兄位后，"耻称南海之号"，慨叹说：

南汉乾亨通宝

[1] 《新五代史》卷65《南汉世家》，第810页。

[2] 《新五代史》卷65《南汉世家》，第810页。

[3] 《新五代史》卷65《南汉世家》，第811页。

[4] 《旧五代史》卷135《刘陟传》，第1808页。

[5] 桂州，治今广西桂林市，所辖州县（多为羁縻州）称桂管。

容州，治今广西容县。

邕州，治今广西南宁市郁江南岸亭子街。

[6] 韶州，治今广东韶关市。

唐威武军节度使王潮墓

"中原多故,谁为真主,安能万里梯航而事伪庭乎!"[1]遂于后梁贞明三年(917)在广州称帝,因他家冒姓刘,故以汉为国号(史称南汉),改元乾亨。又改名为"龑",取"龙飞在天"之意。及后唐灭朱氏,刘龑大为震恐,急遣宫苑使何词前往洛阳聘问,窥伺虚实。他致书后唐庄宗,"称大汉国主致书上大唐皇帝",又声言"本国已发使臣,大陈物贡,期今秋即至"[2]。庄宗以岭外来贺,增添自己的光彩,更可得大批宝货,异常高兴,不以南汉为意。何词返广州,备言后唐内部紊乱,庄宗荒淫奢靡之事,刘龑知道他无所作为,自身难保,更不可能涉远吞并南汉,胆子壮了,"自是与中国遂绝"[3]。刘龑和其子刘晟都轻视中原王朝,称后唐皇帝为"洛州刺史"[4],刘龑甚至"自言其家本咸秦,耻王蛮夷"[5]。妄自尊大,这尽管看来殊为滑稽可笑,但他推行中原文化于岭表,还是有相当成效的。

南汉僻处岭表,与闽、楚、南唐为邻。刘氏虽屡有暴君,但尚能始终奉行"保境息民"之策。南汉与闽从无兵戈之争。与南唐也一直没有发生过战争,只是在南唐灭楚,取潭、衡2州,向南推进之际,南汉才予以反击,挫败唐兵,夺得郴州,这是以攻为守之策。南汉与楚曾有战争,及马氏得桂、贺、连、韶诸州后,双方罢兵媾和,结为姻亲,自是不复干戈相见。

二　王氏入福建,建立闽国

唐末,黄巢起义军自浙西入闽,福建观察使郑镒无力抗拒,惶恐万状。建州土豪陈岩以"保乡里"为名,纠聚数千人,号"九龙军"。黄巢大军未在福建久停,便长驱挺进岭南,郑镒遂奏请任陈岩为团练副使,领泉州刺史。郑镒部下左厢都虞候李镒有罪,率部卒窜入溪洞,时出剽掠。陈岩攻破之,声势日盛,郑镒畏其逼,表请辞职,举以他代,唐廷遂任陈岩为福建观察使。"岩为治有威惠,闽人安之"[6]。但福建诸州多为土豪盘踞,各自为政,并不听命于陈岩。

唐光启元年(885),秦宗权部将王绪率所属5 000人闯入福建。王绪本固始县屠者,趁黄巢下两京之际,据固始县自称将军。秦宗权任之为光州刺史,屡征其租赋,王绪

[1] 《旧五代史》卷135《刘陟传》,第1808页。
[2] 《旧五代史》卷135《刘陟传》,第1808页。
[3] 《旧五代史》卷135《刘陟传》,第1808页。
[4] 《五国故事》卷下《伪汉彭城氏》,第3193页。
[5] 《新五代史》卷65《南汉世家》,第812页。
[6] 《资治通鉴》卷256,唐僖宗中和四年十二月,第8316页。

不堪诛求,甚为怨望,拒不缴纳。秦宗权大怒,发兵攻讨,王绪力不能敌,乃率光、寿两州兵5 000人,驱吏民辗转自固始向南,渡过长江,企图在南方寻求安身之地。他命妹夫刘行全为前锋,转掠江、洪、虔诸州,又折入福建,攻陷汀、漳2州,自称汀州刺史。王绪部虽不如孙儒部杀戮之惨,而攻占之地,并不久留,往往洗劫一空而去。到漳州后,王绪因道险粮少,命令军中不准携带老弱家属,违者本人及家属并斩。部将王潮兄弟三人共奉一母,不肯弃老母,苦求于王绪,王绪大怒,欲立斩其母,赖将士哀求方免。王绪残忍猜忌,"见将卒有勇略逾己及气质魁岸者皆杀之"[1],连至亲刘行全也被他杀掉。于是激起军中怨忿,人人痛恨,王潮与将士密谋,擒杀王绪,遂被拥为首,称将军。

王潮出身农家,固始县人。唐末为本县佐,王绪据固始,署为军正。王潮既杀王绪,本想率部北返光州,与部属相约,改变以往恶习,整饬军纪,"所过秋毫无犯"[2],得到当地百姓的拥护,这才能够在漳州存下身来。当时泉州刺史廖彦若为政贪暴,军民怨忿,百姓闻知王潮部军纪整肃,"耆老乃奉牛酒,遮道请留"[3]。王潮乃改变北返之计,率部围泉州,历时一年下之,灭廖彦若。而后,又平狼山薛蕴,势力更盛。次年,福建观察使陈岩表王潮为泉州刺史,王氏遂能在福建得到比较优裕的安身地。福建地处偏僻,兵力薄弱,唐廷从没有在这里设置节度使。陈岩、王潮都仅以5 000之众而称雄。所以,在福建攻城夺地,并非难事,而在夺取福建之后,如何能够存在下去,却不那么容易了。王潮整肃军纪,争取人心,才能使自己在福建存在下去。

唐大顺二年(891),陈岩病死,妻弟都将范晖胁迫将士推自己为留后,而骄侈横暴,大失众心。王潮这时羽翼已满,乃命其弟王审知率兵攻福州,"民自请输米饷军,平湖洞及滨海蛮夷皆以兵船助之"[4]。王审知久攻不克,士卒伤亡甚大,请求退师,王潮不许。王审知无奈,请王潮亲临指挥,并请增派援兵,王潮回报说:"兵与将俱尽,吾当自往。"[5]王审知大惧,亲督士卒苦战,福州城内粮尽,将士斩范晖迎降,王潮遂入福州。于是,汀、建两州闻风迎降,岭

药师净土变相龛地藏(后蜀广政十八年)

[1]《资治通鉴》卷256,唐僖宗光启元年八月,第8325页。
[2]《资治通鉴》卷256,唐僖宗光启元年八月,第8326页。
[3]《旧五代史》卷134《王审知传》,第1791页。
[4]《资治通鉴》卷259,唐昭宗景福元年二月,第8427页。
[5]《新五代史》卷68《闽世家》,第846页。

海间20多股农民军也接受王氏招安。王氏"由是尽有闽、岭五州之地"[1]。唐廷任王潮为福建观察使,王审知为副使。"潮遣僚佐巡州县,劝农桑,定租税,交好邻道,保境息民,闽人安之"[2]。

唐乾宁三年(896),唐廷升福建为威武军,任王潮为节度使。唐乾宁四年(897)初[3],王潮病死,王审知继位,唐廷仍任为节度使,后加同平章事,封琅琊郡王。后梁开平三年(909),又受后梁封为闽王。王审知继位后,恪守王潮成规,其节俭过之。他"性俭约,尝衣绅,一日袴败,乃取酒库醡袋而补之"。使者自南方还,献玻璃瓶,王审知赏玩之后,掷瓶于地,说:"好奇尚异,乃奢侈之本。今沮之,贵后代无为渐也。"[4]

唐末,北方衣冠避地福建者甚多。王审知礼贤下士,多方延揽,唐相王抟之子王淡、杨陟从弟杨沂和知名进士徐寅皆入其幕中。又"建学四门,以教闽士之秀者"[5]。此后,福建人才辈出,至于宋代,且成为全国藏书丰富之地,与此当不无关系。福建濒临南海,王审知开辟商港,"招徕海中蛮夷商贾",不但坐收商利,又促进了中外经济文化的交流。史称:"审知起自陇亩,以至富贵,每以节俭自处,选任良吏,省刑惜费,轻徭薄敛,与民休息,三十年间,一境晏然。"[6]这些话并非溢美之词。

王审知死后,诸子侄争夺君位,日寻干戈,终于覆灭。

第三节　割据两川的前蜀和后蜀

巴蜀古称天府之国,在中国古代,经常出现割据政权,如新莽朝的公孙述,三国中的蜀汉,以及十六国中的李成政权等等。自隋朝建立后,历时近300年间,蜀中基本稳定。隋末农民战争期间,蜀中未受波及,故唐高祖得以利用巴蜀财力保住关中,翦平西北,北定并、代,东收中原。唐末,蜀中开始亦未受农民大起义波及,只是在唐廷窜至成都后,矛盾急剧发展,才形成大乱。此后遂出现了王氏所建的前蜀。

闽忠懿王墓碑

[1]《旧五代史》卷134《王审知传》,第1791页。

[2]《资治通鉴》卷259,唐昭宗乾宁元年十二月,第8459–8460页。

[3] 陶案:乾宁四年十二月王潮死,按公历当为897年。

[4]《五国故事》卷下《伪闽王氏》,第3194页。

[5]《新五代史》卷68《闽世家》,第846页。

[6]《旧五代史》卷134《王审知传》,第1792页。

一　唐廷入川与蜀中大乱

唐末农民战争期间,宦官田令孜是蜀中人,本姓陈。其兄陈敬瑄因鞠球获胜,被唐僖宗任为西川节度使,西川遂成为田令孜营建的一个狡兔之窟。黄巢起义军攻克两都,唐僖宗为田令孜所挟,率后妃、宦官和部分朝臣弃长安逃往成都。当时,"诸道及四夷贡献不绝,蜀中府库充实,与京师无异,赏赐不乏,士卒欣悦"[1]。唐朝流亡政府还可以赖以生存下来。但是,唐廷的庞大机构,从宫廷到公府,从官员到随驾诸军,像一伙蝗虫,蔽天遮日而来,加上江淮贡献断绝,蜀中很快发生变乱。唐中和元年(881),唐僖宗刚到成都,就闹出兵变。由于田令孜歧视蜀军,不给赏赐,蜀军军官郭琪提出抗议,田令孜不听,反阴谋酖杀,郭琪忿极,率部哗变,焚掠坊市,兵败诈死逃走。这是蜀中大乱先声,此后,变乱日滋,陷入混战。

陈敬瑄庸碌贪浊,惟以搜刮为能事。每派遣爪牙分赴各县镇察访,称"寻事人",到处敲诈勒索,稍不称心,便诬杀官吏,鱼肉百姓,更属常事。邛州牙官阡能因众情怨愤,聚众起义,一个多月便"众至万人,立部伍,署职级"[2],活动于邛、雅[3]二州间,攻下城邑多处。于是,蜀中各地农民起义军"纷纷竞起,州县不能制"[4]。罗浑擎、句胡僧、罗夫子、韩求等率数千人与阡能联合。陈敬瑄遣部将杨行迁前往镇压,被农民军杀得大败,"恐无功获罪,多执村民为俘送府,日数十百人;敬瑄不问,悉斩之"[5]。逼得无辜百姓纷纷投入起义军。与此同时,另一支起义军韩秀昇、屈行从部截断峡江路,唐廷财赋运道被阻,深感威胁。

蜀中起义诸军反抗暴政,无疑是正义行为,如果领导得法,很可能发展壮大。然而,起义诸部头领多为下级将吏,组织能力不强,不能提出如同黄巢那样的口号和策略,甚至采取了一些错误的做法,如阡能起义时,"驱掠良民,不从者举家杀之"[6]。这种做法显然是有害于起义军本身的。因而,陈敬瑄部将高仁厚利用起义军的弱点,分化瓦解,仅仅6天,就镇压了阡能、罗浑擎、句胡僧、罗夫子、韩求5部,韩秀昇部也在高仁厚的诱骗下瓦解。

农民起义诸部失败之后,西川与东川两镇又开始混

王建石座像

[1]《资治通鉴》卷254,唐僖宗中和元年三月,第8248页。

[2]《资治通鉴》卷254,唐僖宗中和二年三月,第8264页。

[3] 邛州,治今四川邛崃市。雅州,治今四川雅安市。

[4]《资治通鉴》卷254,唐僖宗中和二年三月,第8264页。

[5]《资治通鉴》卷255,唐僖宗中和二年六月,第8272页。

[6]《资治通鉴》卷254,唐僖宗中和二年三月,第8264页。

前蜀武德军十二生肖镜

战。陈敬瑄派遣高仁厚镇压韩秀昇时，许以事成后奏保为东川节度使。东川节度使杨师立早已十分不满陈敬瑄、田令孜，闻讯更加忿怒。田令孜以诏书罢免杨师立节钺，征为冗官，杨师立杀派去的官告使和监军使，以讨伐陈敬瑄为名，出兵进攻成都。陈敬瑄举高仁厚为东川留后，率兵抗击。高仁厚围梓州，分化杨部，东川将杀杨师立降。高仁厚遂被任为东川节度使。

光启元年（885），唐僖宗率妃嫔、百官离成都回长安。此后，两川更加混乱。

陈敬瑄忌高仁厚，借故攻杀。唐廷另委顾彦朗为东川节度使，两川互相猜忌，经常发生摩擦。光启二年（886），田令孜在朝中失势，自请为西川监军使，入川倚陈敬瑄。他到成都，尽收军政大权，陈敬瑄徒拥虚名而已。唐朝廷宦官倾轧，引出了连锁反应。杨复恭挤走田令孜，又欲排斥其党羽，将田令孜的义子们，即扈驾五都都将出为外州刺史，其中王建出为利州[1]刺史。利州属山南西道管辖，节度使杨守亮（原姓名訾亮）为杨复恭之侄（即杨复光养子），忌王建骁勇，欲召而杀之，王建惧不受召。幕僚周庠劝他弃利州而取地辟人富的阆州[2]，以为安身之地。于是，王建"招合溪洞豪猾，有众八千"[3]，攻下阆州，自称防御使，招纳亡命，军势强盛，杨守亮对他无可奈何。东川节度使顾彦朗本为神策军将，与王建相识，畏其侵暴，经常馈送礼品，供应军食，与之联合，王建遂不入东川境。陈敬瑄见顾、王交好，恐联兵图己，请田令孜设法解决。田令孜以为王建是他的义子，只要给一大州为其托身之地，就不会有什么乱子发生，便遣使召王建率部来成都。王建受召大喜，留家属于梓州[4]，率精兵2 000西行。至鹿头关[5]，田令孜又听谋士议，以王建骁勇难驯，召入成都，不啻引虎入室，将祸生不测，遂止王建，不令入成都，并增修守备，以事防御。王建大怒，攻破鹿头关，拔汉州[6]、德阳，直逼成都。顾彦朗正欲图西川，便任其弟顾彦晖为汉州刺史，与王建合围成都。不胜，退屯汉州。唐廷遣使和解，全然无效。王建转攻彭州[7]，陈敬瑄出兵援救，王建解围，大掠而去。

王建攻成都不下，方欲退兵。谋士周庠、綦毋谏力阻，劝他上疏朝廷，列举陈敬瑄罪状，请求朝廷遣大臣主持讨

[1] 利州，治今四川广元市。
[2] 阆州，治今四川阆中市。
[3] 《旧五代史》卷136《王建传》，第1816页。
[4] 梓州，治今四川三台县。
[5] 鹿头关，在今四川德阳市东北鹿头山38里。
[6] 汉州，治今四川广汉市。
[7] 彭州，治今四川彭州市。

伐,自请为辅佐,并要求朝廷任为邛州刺史,以利用城堑完固、军食充足的优厚条件,树立根本,谋取西川。顾彦朗也畏王建慓悍难制,表请朝廷赦免王建,移陈敬瑄于他镇,以靖两川。适值唐僖宗病死,其弟昭宗继位,他为寿王时,曾见辱于田令孜,早已恨之入骨,即位后,罢田令孜军职,勒令致仕,另遣监军代之。田令孜拒不受命,昭宗益怒,文德元年(888)夏,以宰相韦昭度兼中书令,充西川节度使及两川招抚制置等使,罢陈敬瑄节钺,征充龙武统军等冗职。陈敬瑄拒不受代,唐廷下诏讨伐,以韦昭度为行营招讨使,顾彦朗为行军司马,割邛、蜀、雅、黎[1]4州置永平军,以王建为永平军节度使,充行营诸军都指挥使,实际上掌握了讨伐军的兵权。王建连克邛、雅、蜀、黎、嘉、戎[2]诸州,势力大盛。韦昭度率兵讨伐,3年无功,唐廷又诏复陈敬瑄官爵,命顾彦朗、王建退兵归镇。王建从幕僚议,上表朝廷,极言田、陈罪大恶极,不可赦宥,要求予以诛灭,以肃纪纲;又劝韦昭度还朝,将讨伐重任交付自己。韦昭度犹豫未决,王建唆使将士哗变,脔杀其侍从,韦昭度极为恐惧,急忙交出印节,狼狈逃回。王建得计后,急攻成都,暗遣部属入城侦探敌情,分化城内守军。成都粮尽兵疲,田令孜、陈敬瑄开城迎降,唐廷任王建为西川节度使。从此,王建遂据有西川。稍后,王建为除后患,杀田、陈,上表朝廷,自诩"大义灭亲"。唐廷也听任而已。

王建得西川之时,恰值顾彦朗病死,顾彦晖继任东川节度使。顾彦晖庸碌甚于其兄,王建更加觊觎东川,企图兼并。是时,唐廷罢黜杨复恭,杨复恭逃出长安,依杨守亮于兴元,发动叛乱,遣将进攻东川。顾彦晖不敌,乞援于王建。王建遣别将击退杨守亮部,密令他们趁顾彦晖前来劳军时,扣押为人质,一举吞并东川。事机不密,顾彦晖称疾不往劳军,径回梓州,王建计谋落空。从此,两川形同水火。顾彦晖受到杨、王双方的威胁,力不能敌,转而求援于与杨氏作对的李茂贞。李茂贞本有野心,乃趁机遣养子李继颙等入川,从杨氏集团手中夺得利、阆等州,并与王建争城夺地,展开混战。王建连挫李、杨两部,争得主动地位。景福二年(893),又大破东川、凤翔联军于利州,顾彦晖兵败乞和,请与李氏绝。乾宁二年(895),唐廷讨伐李茂

王建墓出土金甲武士像

[1] 黎州,治今四川汉源县北九襄镇。

[2] 蜀州,治今四川崇州市。
　　嘉州,治今四川乐山市。
　　戎州,治僰道,今四川宜宾市,一说在今宜宾县西安边镇。

贞，王建以勤王赴难为名，实则进攻东川。至乾宁四年（897），攻下梓州，灭顾氏，并有东川。稍后，又趁朱全忠围凤翔之机，出兵取汉中及秦、成、凤、阶诸州[1]，以为蜀中屏障。至此，王建非但拥有两川，并且兼据汉中、陇东，这一地区基本上趋于安定。

两川战乱绵延10余年，各地遭到严重破坏。如：

王建攻彭州，不克，"纵兵大掠，十一州皆罹其毒，民不聊生"[2]。

王建围成都，"陈敬瑄括富民财以供军，置征督院，逼以桎梏箠楚，使各自占；凡有财者如匿赃、虚占，急征，咸不聊生"[3]围城既久，"城中乏食，弃儿满路。民有潜入行营（即王建军中）贩米入城者……然所至不过斗升，截筒，径寸半，深五分，量米而鬻之，每筒百余钱，饿殍狼藉。军民强弱相陵，将吏斩之不能禁；乃更为酷法，或断腰，或斜劈，死者相继而为者不止"[4]。

王建再围彭州，一个被迫当兵的士人王先成说，王建部"与盗贼无异，夺其赀财，驱其畜产，分其老弱妇女以为奴婢，使父子兄弟流离愁怨；其在山中者暴露于暑雨，残伤于蛇虎，孤危饥渴，无所归诉"[5]。

江淮、剑南是两大财赋重地，素称"扬一益二"，10余年内，都遭到破坏，迥非昔时可比。不过，两川所遭破坏既远不如中原之甚，也较江淮为轻，此后恢复也较快。

二　王建称帝成都，建立前蜀

王建，河南舞阳[6]人，世为饼师，少时无赖，屠牛盗驴，贩卖私盐，因行八，里人诟为"贼王八"。唐末，应募投军，隶忠武军。忠武监军杨复光挑选骁勇，建忠武八都，任鹿晏宏、韩建、王建等8人为都将，各辖千人为一都。黄巢克长安，遣朱全忠攻襄、邓，杨复光遣鹿晏宏率八都兵抵御。不久，鹿晏宏转入山南，趁乱逐走兴元节度使，自称留后，分委王建等为属州刺史。鹿晏宏猜忌残暴，王建等不堪忍受，率兵3 000奔成都，投效唐廷，唐僖宗甚喜，给以重赏，分其部为五都，任王建等为都将。田令孜欲扩充实力，收王建等为养子，将所部并入神策军，号"随驾五都"。田令孜失势，王建也被排斥出朝，任外州刺史。尔后趁乱入蜀，

王建墓白云龙纹带

[1] 秦州，治今甘肃秦安县西北。

凤州，治今陕西凤县东北凤州镇。

成州，治今甘肃成县西南。

阶州，治甘肃福津县（今武都县）。

[2] 《旧五代史》卷136《王建传》，第1817页。

[3] 《资治通鉴》卷258，唐昭宗大顺元年八月，第8403页。

[4] 《资治通鉴》卷258，唐昭宗大顺二年四月，第8413-8414页。

[5] 《资治通鉴》卷259，唐昭宗景福元年七月，第8431页。

[6] 舞阳，今河南舞阳县。

经过几年征战，成为雄踞西南的一方霸主。

王建能够在几年之间由偏裨而创大业，得力于蜀中土豪者甚多。他自利州入川，"召募溪洞酋豪，有众八千"[1]，成为他的基本队伍。在奉朝命讨伐陈敬瑄之前，驻军新都，"时绵州土豪何义阳，安仁费师勲等所在拥兵自保，众或万人，少者千人；建遣（养子）王宗瑶说之，皆帅众附于建，给其资粮，建军复振"[2]。进攻戎州，"僰道土豪文武坚执戎州刺史谢承恩降于建"[3]。当然，王建收降陈、顾、李、杨四部降将也不少，他们或在围城中杀将迎降，或兵败归降，但对王建部军力、财力发展所起的作用，尤其在当地的影响，都远不能与蜀中土豪相比，王建对他们的依畀也就不如许、蔡故人和蜀中土豪。

王建攻战之际，纵兵暴掠，殃民颇甚，但在攻占之后，却又能约束队伍，安辑百姓。如：既得邛州，委节度判官张琳知留后，"缮完城隍，抚安夷獠，经营蜀、雅"[4]。

攻克成都之前，王建向部下将士许愿："西川号为锦花城，一旦收克，玉帛子女，恣我儿辈快活也！"这批武夫们听了，舍命攻城，等到城内请降，王建先不准诸军入城，而派悍将张勍为马步斩斫使，先进成都。然后召集将士，宣布说："我与尔累年战斗，出死入生，来日便是我一家也。入城之后，但管富贵，即不得恣暴。我适来差张勍作斩斫马步使，责办于渠，女辈不得辄犯。若把到我面前，足可矜恕；或被当下斩却，非我能救。"[5]张勍素日残暴，这次受任严惩虏掠，却能执法如山，抓到违犯军令、恣行淫掠的士卒百余人，先捶其胸，然后斩首，积尸市衢示众，于是全军惕惧，不敢焚掠，张勍由此被呼为"张打胸"。

王建与杨氏集团争夺彭州时，军纪恶劣，"民皆窜匿山谷；诸寨日出俘掠，谓之'淘虏'，都将先择其善者，余则士卒分之，以是为常"。被迫当兵的新津书生王先成找到诸将中较为明达的王宗侃，陈说利害。他先指出，彭州百姓初闻王建部到达州境，不避入城内而匿于山谷，乃是信任王建，等待招抚，而兵临彭州月余，非但不予招徕，反而暴掠难民，造成了恶劣后果，"彼始以杨晟非其主而不从，今司徒（即王建）不加存恤，彼更思杨氏矣"。又指出："又有甚于是者：今诸寨每旦出六七百人，入山淘虏，薄暮乃

王建墓棺台

[1]《资治通鉴》卷256，唐僖宗光启三年三月，第8346页。

[2]《资治通鉴》卷257，唐僖宗文德元年六月，第8380页。

[3]《资治通鉴》卷258，唐昭宗大顺元年四月，第8395页。

[4]《资治通鉴》卷258，唐昭宗大顺元年九月，第8405页。

[5]《太平广记》卷190《将帅二·张勍》，第1424页。

王建石棺床

返，曾无守备之意。赖城中无人耳，万一有智者为之划策，使乘虚奔突，先伏精兵千人于门内，登城望淘虏者稍远，出弓弩手、砲手各百人，攻寨之一面，随以役卒五百，负薪土填壕为道，然后出精兵奋击，且焚其寨；又于三面城下各出耀兵，诸寨咸自备御，无暇相救，城中得以益兵继出，如此，能无败乎！"王宗侃悚然请教，王先成请求他向王建提出7条措施：一，招安山中百姓。二，严禁诸寨出外"淘虏"，划定诸寨周围7里为樵收区，越界者斩。三，置招安寨，容数千人，以安置所招百姓。四，委王宗侃主办招安事。五，严令各寨主将，将虏得的彭州男女老幼集于营场，让他们骨肉相认，送入招安寨暂住，敢私藏人口者斩；从军前先寄归者，给以资粮，全数送招安寨。六，在招安寨置行县，"设置曹局，抚安百姓，择其子弟之壮者，给帖使自入山招其亲戚"。七，"彭州土地宜麻，百姓未入山时多沤藏者，宜令县令晓谕，各归田里，出所沤麻鬻之，以为资粮，必渐复业"[1]。王建照此办理，三日内山中难民竟出，投奔招安寨，一个月后，百姓尽返家园，招安寨为之一空。

　　如果没有这些重大的措施来收揽人心，王建是无法存身于剑南的。

　　王建采取保全两川、守境息民之策。天复元年（901），趁凤翔受围之际，出兵取山南州县多处，兼收秦、凤诸州，目的在于取得屏藩。当时诸将力请乘李茂贞疲败不堪之机，一举并凤翔，王建不纳众议，说：

　　　　此言失策，吾所得已多，不俟复增岐下。茂贞虽常才，然名望宿素，与朱公力争不足，守境有余。韩生所谓入为捍蔽，出为席藉是也。适宜援而固之，为吾盾卤耳。[2]

　　这种策略自然不是王建的独特创作，当时割据者几乎都采取这种手段，而王建以强者不并弱者，颇为难得。

　　王建取西川，受唐廷西平郡王封爵。唐天复三年（903），晋爵蜀王。次年，朱全忠驱唐昭宗及妃嫔、百官弃长安赴洛阳，昭宗遣密使告难于王建，王建遣将迎驾，不成。但是，他却捞到了"勤王讨逆"的政治资本，遂自用墨制除官，又联合李克用、杨行密、李茂贞，声讨朱全忠。天祐三年（906），唐亡前夕，王建在成都立行台，"承制封

[1] 《资治通鉴》卷259，唐昭宗景福元年七月，第8431-8433页。
[2] 《旧五代史》卷136《王建传》，第1819页。

拜"。次年（后梁开平元年）唐亡，王建在成都称帝，建国号蜀（史称前蜀），改元永平。以养子王宗佶为中书令，韦庄判中书门下事，唐道袭为内枢密使，周庠为成都尹，又以张格、王锴为翰林学士。官制基本承唐朝。

王建自定西川，即"留心政事，容纳直言，好施乐士，用人各尽其才，谦恭俭素"[1]。称帝后，尤重翰林学士，臣下有以为礼遇太过者，王建说："盖汝辈未之见也。且吾在神策军时，主内门鱼钥，见唐朝诸帝待翰林学士，虽交友不若也。今我恩顾，比当时才有百分之一尔，何谓之过当耶！"[2]他好与书生谈论政理。时唐朝衣冠避难入蜀者甚多，他多加礼用，使修举故事，"故其典章文物有唐之遗风"[3]。王建又能听从诤谏。蜀中赋敛繁重，人莫敢言。冯涓借贺王建生日之机，献赋婉劝，赋文先颂扬其功德，后陈述生民之苦，王建读之感悟，称赞说："如君忠谏，功业何忧！"[4]重赏冯涓，下诏减轻赋税。诸将力请并凤翔，冯涓独不以为然，对王建说："兵者凶器，残民耗财，不可穷也。今梁、晋虎争，势不两立，若并而为一，举兵向蜀，虽诸葛亮复生，不能敌矣。凤翔，蜀之藩蔽，不若与之和亲，结为婚姻，无事则务农训兵，保固疆场，有事则觇其机事，观衅而动，可以万全。"[5]王建以为正合己意，乃不纳众将之议，保境息民。前蜀永平二年（908），成都有僧人抉目以献，王建命饭僧万人，以建功德，翰林学士张格劝阻说："小人无故自残，赦其罪已幸矣，不宜复崇奖以败风俗。"[6]王建遂罢其事。所以，前蜀建国前后，政局较为稳定，百姓得以安居。

王建本骑将出身，很重视骑兵的建设。得蜀之后，"于文、黎、维、茂[7]州市胡马"，10年之间，有"官马八千，私马四千，部队甚整"。朱全忠遣使报聘，使于宴间偶言蜀中兵虽多而乏马，王建勃然作色说："当道江山险阻，骑兵无所施；然马亦不乏，押牙少留，当共阅之。"[8]便在星宿山下召集附近诸州骑兵，举行盛大的检阅，梁使为之叹服。

王建虽然兵力强盛，却不黩武逞兵，唯以保境息民为事。对北面，取汉中及秦、凤为屏障而不并凤翔，固已可见。在东面，曾与荆南高季昌争夺峡路，挫败高氏之后，也不穷追。两川南邻云南，云南即唐代的南诏，一直是唐廷感到棘手的问题。唐末，邛、黎间有刘、杨、郝三王，唐廷

前蜀永平元宝

[1]《资治通鉴》卷258，唐昭宗大顺二年十月，第8420页。

[2]《五代史补》卷1《王建优待翰林学士》，第2480页。

[3]《资治通鉴》卷266，后梁太祖开平元年九月，第8685页。

[4]《资治通鉴》卷265，唐昭宗天祐元年七月，第8635页。

[5]《资治通鉴》卷265，唐昭宗天祐元年七月，第8634页。

[6]《资治通鉴》卷266，后梁太祖开平二年正月，第8688页。

[7] 文州，治今甘肃文县西南。

维州，治今四川理县东北薛城镇西南。

茂州，治今四川茂县。

[8]《资治通鉴》卷264，唐昭宗天复三年四月，第8607页。

后蜀尊胜幢帖

[1]《太平广记》卷190《将帅二·王建》，第1425页。

[2][清]冯甦：《滇考》卷上《段氏大理国始末》，景印文渊阁四库全书本（第364册），第52页。

[3]武信，治遂州（今四川遂宁市）。

永平，治雅州（今四川雅州市西）。

保宁，治阆州（今四川阆中市）。

武定，治洋州（今陕西西乡县）。

武泰，治黔州（今四川彭水苗族土家族自治县）。

镇江，治夔州（今重庆市奉节县）。

昭武，治利州（今四川广元市）。

武兴，治凤州（今陕西凤县东北凤叶镇）。

天雄，治秦州（今甘肃秦安县西北，与中原王朝魏博军同军号）。

[4]《新五代史》卷63《前蜀世家》，第790页。

"岁支两川衣赐三千分，俾其侦云南动静"，"云南亦资其觇成都盈虚，持两端而求利也"。当时两川节度使多为文人，唯恐生事，务从姑息。王建据蜀，绝其旧赐，又斩主其事者都押牙山行章以令之。于是，"邛峡之南，不立一堠，不成一卒，十年不敢犯境"[1]。此后，王建遣军伐云南，因三王泄漏军机，召而斩之。从此，数十年间，南陲无虞。保障大渡河之内，使两川安谧，乃是前蜀王氏的策略。后蜀承之而不改。这一策略，兼有利弊，在十国时期，可说利多害少，因为它有利于安定蜀中，休养生息，就是对云南而言，也无大害。北宋开国，宋太祖平后蜀之前，以玉斧划大渡河，说"此外非吾所有也"[2]，虽惩唐朝之失，似亦吸收王氏的经验。然而，这一决策既见宋开国之图不宏，也不利于民族融合。

前蜀辖区有两川、山南西道46州地，置武信、永平、保宁、武定、武泰、镇江、昭武、东川、武兴、天雄等节度使。[3]就九国而论，仅次于吴（尔后的南唐）。

三　前蜀覆灭，孟氏建后蜀

前蜀建国前后，虽能安定一方，而内部存在着许多问题，尤其是唐朝缙绅旧习和宦官残余势力影响甚大，促使政治日益腐朽。王建称帝，沿唐旧制置内枢密使，初以所宠舞童唐道袭充任。唐道袭竟然能谮陷太子王元膺致死，演出了一场类似汉武帝时"巫蛊之祸"那样的悲剧。而后，又有宦官唐文扆、宋光嗣为枢密使。前蜀兼用士人、宦官为枢密使，虽不曾酿成如同唐朝那样的宦官专政，而宦官谮陷功臣，引导宫廷奢侈无度，却起了十分恶劣的作用。衣冠缙绅之士多数无所作为，与此俯仰，而奢华犹似当年。因此，前蜀在南方诸国中，腐朽得最快。

王建虽留心政事而多猜忌，功臣宿将，多被杀戮，及至晚年，更认为"老将大臣多许昌故人，必不为太子用"[4]，一面诛黜旧人，一面想选驯服可靠的顾命大臣，直至病危，仍无称意人选。不得已，用宦官宋光嗣为枢密使，判六军。他晚年多内宠，不但宫廷生活逐渐奢侈，而且诸子争位，倾轧激烈。王建在位20年，"仓廪充溢，而聚敛不已"。蜀中某年三月蚕市，王建登楼观望，见市上买卖桑条者很多，便对左右说："桑栽甚多，倘税之，必获厚利。"[1]传扬出外，百姓惊恐，纷纷将桑树砍伐殆尽。他在病危时，精神失常，对近侍说："我见百姓无数列于床前，诉我曰重赋厚敛，以至我伤害而死，今已得诉于帝矣。"[2]由此，惊悸不已，病情加重而死。

王建生前，蜀中尚能基本保持安定，他死之后，情况便加速恶化了。

王建的幼子王衍以母宠得立为太子，好读书而不务正业，不求治国之道，专为淫艳之词。继位后，不理政事，专事游娱。他的生母徐太后姊妹，公然卖官鬻爵，"自刺史以下，每一官阙，必数人并争，而入钱多者得之"。犹以不足，又在"通都大邑起邸店，以夺民利"[3]。王衍"荒淫酒色，出入无度。尝以缯彩数万段结为彩楼山，上立宫殿亭阁，一如居常栋宇之制"，"衍凭彩楼以视之，谓之当面厨。彩山之前复穿一渠，以通其宫中。衍乘醉夜下彩山，即泛小龙舟于渠中，使宫人乘短画船，倒执烛蜡千余条，逆照水面，以迎其船，歌乐之声沸于渠上。及抵宫中，复醋宴至晓"。"彩楼山遇风雨霜雪所损，乃重易之，无所爱惜"。又喜击鞠，"常引二锦障以翼之，往往至于街市，衍为步障所蔽，而亦不知，乃齐东昏高障之类也"[4]。复崇奉道教，大建庭观，与"其母、徐妃同游青城山，驻于上清宫。时宫人皆衣道服，顶金莲花冠，衣画云霞，望之若神仙"[5]。王衍宠信宦官宋光嗣、宋光葆、景润澄、王承休、欧阳晃、田鲁俦等和狎客韩昭、潘在迎、严旭等，拒纳忠谏，荒淫无度，几次出巡，"旌旗戈甲，连亘百余里"。"龙舟画轲，照耀江水，所在供亿，人不堪命"[6]。呈现了衰乱之象。

后唐灭梁，王衍集团毫无畏惧，全不在意。庄宗遣使告捷，王衍复书，称"大蜀国主致书上大唐皇帝"，书中言词傲慢，庄宗甚为不满。后唐又遣客省使李严报聘，并购置蜀中珍玩。"而蜀法禁锦绮珍奇不得入中国，其粗恶者乃听入中国，谓之'入草物'"[7]。王衍君臣既不事防御，又偏要撩拨生事，蜀东川节度使宋承葆预见其祸将至，请求及早采取积极防御之策，奏请在"嘉州沿江造战舰五百艘，募水军五千，自江下峡；臣以东师出襄、邓，水陆俱进，东北沿边，严兵据险。南师出江陵，利则进取，否则退保峡

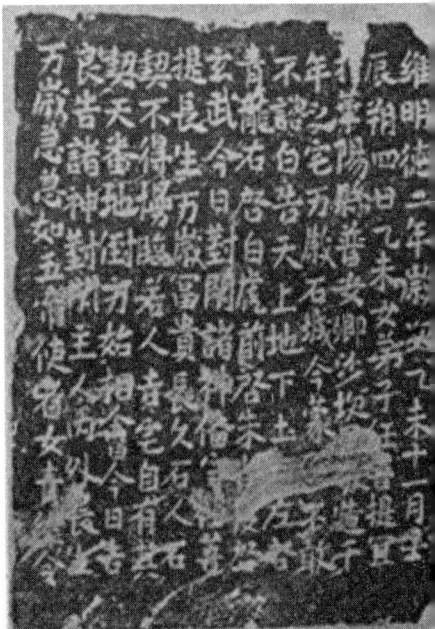

后蜀石买地券

[1]《五国故事》卷上《前蜀王氏》，第3186页。

[2]《五国故事》卷上《前蜀王氏》，第3186页。

[3]《新五代史》卷63《前蜀世家》，第791页。

[4]《五国故事》卷上《前蜀王氏》，第3186页。

[5]《旧五代史》卷136《王衍传》，第1819页。

[6]《新五代史》卷63《前蜀世家》，第792页。

[7]《新五代史》卷63《前蜀世家》，第792页。

口"。"又选三蜀骁壮三万,急攻岐、雍,东据河、潼,北招契丹,啗以美利,见可则进,否则据散关以固吾圉,事纵不捷,亦攻敌人之心矣"[1]。除了以厚利结契丹这一点是错误的外,其余策划都可称甚有识见,王衍置之不理。李严回洛阳,备陈前蜀情况,他说:"王衍骄童耳,宗弼等总其兵柄,但益家财,不恤民事,君臣上下,惟务穷奢。其旧勋故老,弃而不任,蛮蜑之人,痛深疮痏。以臣料之,大兵一临,望风瓦解。"[2]果然,唐军西向,王衍仍然麻木不仁,听王承休请求,出游秦州。途中得前方告警,还不相信,依然赋诗作乐。唐军长驱入大散关,前蜀武兴节度使王承捷举凤、兴、文、扶[3]4州地迎降。这时王衍才慌了手脚,急遣亲军将领王宗勋为三招讨,率兵3万抵御。王宗勋等与后唐兵相遇,一触即败,狼狈溃逃,唐军所至,州县迎降,顺利到达绵州。王衍无奈,率百官迎降,前蜀亡。后唐兵从洛阳出发,至进入成都,仅仅用了70天。

前蜀覆灭如此迅速,固然由于王衍荒淫无度和重臣、宦官贪浊无能,而州县官吏贪暴虐民成风,百姓不堪诛求,更为前蜀速亡的重要原因。时人咏诗讽刺说:

> 剑牙钉舌血毛腥,窥算劳心岂暂停?不与大朝除患难,惟于当路食生灵;从将户口资馋口,未委三丁税几丁?今日帝王亲出狩,白云岩下好藏形。(王仁裕)

> 岩下年年自寝讹,生灵餐尽意如何?爪牙众后民随减,溪壑深来骨已多。天子纪纲犹被弄,客人穷独固难过。长途莫怪无人迹,尽被山王税杀他。(李浩弼)[4]

两首诗的作者为前蜀文词之臣,指斥州县,意在讽谏。但诗中所说情况应是实在的。

后唐顺利取蜀,虽因王衍集团丧失人心,而郭崇韬招降纳叛,减少了许多阻力,也起着很大的作用。进入成都以后,郭崇韬仍然采取当年入汴洛的故伎,虽诛戮前蜀诸臣中为恶最著者,而对降官降将所进贿遗,如珍宝之类,则一例全收,以安反侧;其随行诸子多不法,广事纳贿,招摇颇甚。终于招致诽谤,身死族灭。蜀中再乱,当然不是由

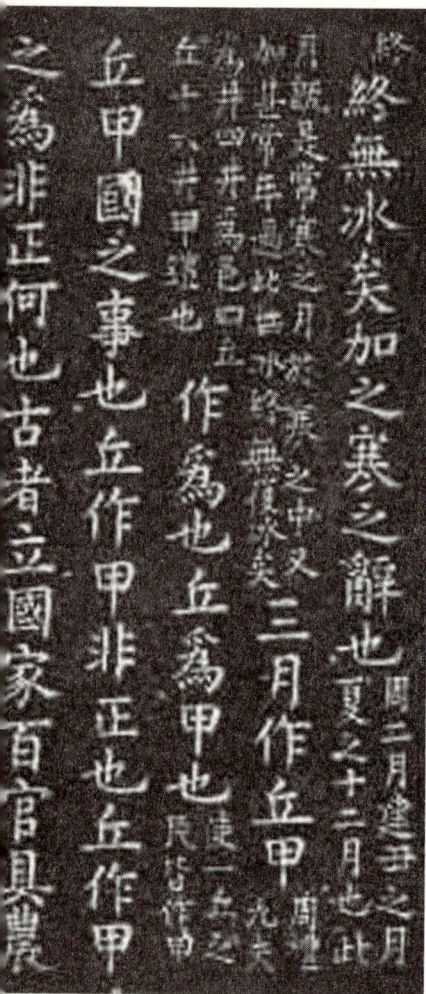

后蜀广政石经拓片(部分)

[1]《资治通鉴》卷273,后唐庄宗同光二年五月,第8921页。

[2]《旧五代史》卷136《王衍传》,第1820页。

[3] 兴州,治今陕西略阳县。

扶州,治今四川南坪县白水江东岸安乐乡。

[4]《太平广记》卷241《诡诈三·王承休》,第1862—1863页。

于郭崇韬冤死，因为即使他不遭冤杀，也无治蜀长策，何况庄宗急征珍玩财货无餍，势必逼出乱子来呢？不过，郭崇韬之死，确成了蜀中大乱的导火线。

郭崇韬入成都，即署行营右厢马步使、邠州节度使董璋为东川节度使。至于西川节度使人选，则早在他离朝前就向庄宗推荐知北都留守事、太原尹孟知祥充任。成都既下，庄宗遂召孟知祥至洛阳，授以西川节度使，加同平章事衔，遣派赴任。

孟知祥，邢州龙冈人。事李克用，得其赏识，妻以其弟克让之女。李存勖继晋王位，更加亲任，用为中门使，掌理机要。当时任此职者每因失宠而致诛戮，孟知祥惧不自安，乃举荐郭崇韬自代。郭崇韬由此得践位将相，对他深为感激，所以特予推荐。孟知祥奉诏至洛阳，即将西行，庄宗急又召见，嘱以郭崇韬怀异志，至成都须立即诛灭。孟知祥婉言陈说："崇韬，国之勋旧，不宜有此。俟臣至蜀察之，苟无他志则遣还。"[1]孟知祥出发不久，庄宗听信刘后和宦官马彦珪诬陷，遣马彦珪驰赴成都，刘后并手谕李继岌杀害郭崇韬父子。孟知祥行至陕县石壕镇，马彦珪深夜赶到，叩门宣诏，促其兼程赴镇。孟知祥眼见郭氏父子性命难保，又深知蜀中大乱将至，乃昼夜兼行，赶到成都。是时，郭氏父子已死，孟知祥"慰抚吏民，犒赐将卒，去留帖然"[2]。开始树立了威信。

李继岌奉诏还师，留李仁罕、赵廷隐、潘仁嗣等戍成都，以保义军节度使、原西南行营马步军先锋排阵使李绍琛率12 000人为后军。李绍琛原姓名康延孝，本后梁将，平汴之役降唐，陈说虚实，充当向导，建立奇功。征蜀之役，又功居第一。郭崇韬听信董璋潜谮，恶其倨傲，故意署董璋为东川节度使，以抑其骄矜之气。他的部属多是鄜延、河中旧人，本为朱友谦旧部，途中闻朱友谦冤遭族诛，群情激愤；适董璋领兵与他相遇，不来谒见，他更加愤怒。军至剑州[3]，拥众回，自称西川节度、三川制置等使，传檄招谕，3日之内，众至5万。在董璋、孟知祥的夹攻下，李绍琛兵败被俘杀，部将李肇、侯知益及所率数千人降孟知祥，孟知祥收为亲军。于是，孟知祥"择廉吏使治州县，蠲除横赋，安集流散，下宽大之令，与民更

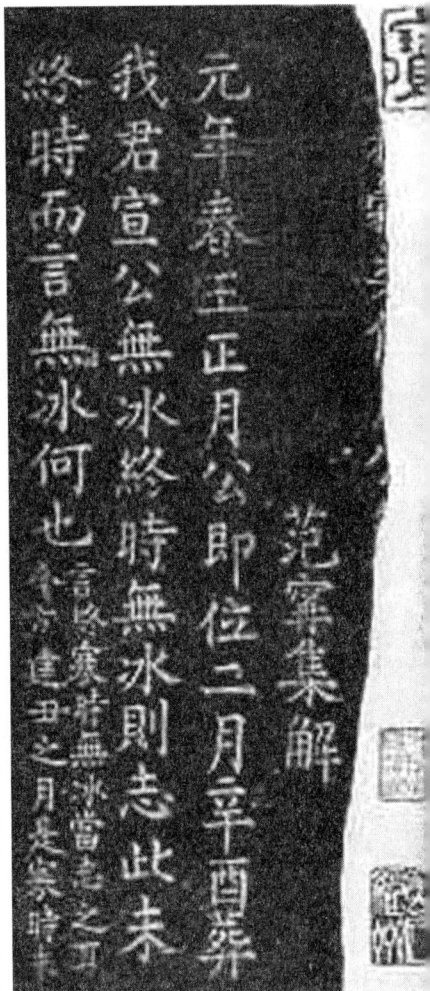

后蜀广政石经拓片（部分）

---

[1]《资治通鉴》卷274，后唐庄宗同光三年十二月，第8952—8953页。

[2]《资治通鉴》卷274，后唐明宗天成元年正月，第8955页。

[3] 剑州，治今四川剑阁县。

明唐寅绘《后蜀宫妓图》(局部)

始"[1]。又分遣赵廷隐等分路镇压各地农民起义及士卒啸聚者。蜀中暂时平定。

孟知祥入蜀，初无割据之志。及至庄宗死于乱兵，明宗被拥为帝，孟知祥便开始图谋据蜀自王，扩建义胜、定远、骁锐、义宁、飞棹等军7万人，分任李仕罕、赵廷隐、张业诸将统辖，精心训练。李继岌班师时，孟知祥征发成都富户及前蜀臣僚家得钱600万缗，犒军之余，尚有200万缗。任圜自蜀入相，兼判三司，深知此事，遂遣朝臣赵季良为三川制置使，收蜀中财权，征发犒军余钱送洛阳，以解除财政危机。赵季良与孟知祥有旧，又有谋略。他到成都后，孟知祥拒不交出财权和犒军余钱，仅送大批金帛至洛阳，以解危急，而将他留为己用。安重诲为相，以孟知祥为庄宗姻亲，且为旧日亲信，疑他怀贰，遣李严为西川都监，前去监督。李严曾倡议伐蜀，两川深受其害，恨之入骨，孟氏部属也劝他拒而不纳。孟知祥佯装不听，于李严到后，殷勤款待，然后突面数其罪，立即斩首。后唐明宗无可奈何，遣人礼送孟知祥妻儿入蜀，并以旧交之情，温谕孟知祥。孟知祥知后唐朝廷无能为力，越来越不听后唐朝廷的诏令。于是，安重诲倡议征伐，先委夏鲁奇、李仁矩为武信、保宁两军节度使，作讨伐的准备。董璋因辖地被割，忿不能平，乃联合孟知祥，共反后唐。孟知祥素恶董璋，企图吞并，便假意联合，俟机而动。董璋先举兵反，攻破阆州，杀李仁矩。孟知祥举兵应之。后唐朝廷以石敬瑭为招讨使，夏鲁奇为副，率兵讨伐，败董璋于剑门，止于剑州，不敢深入。孟知祥稳坐成都，一面遣将援救东川，一面遣将下峡，攻取渝、黔2州[2]。待唐军疲惫，遣赵廷隐等反击，大败唐兵，俘杀夏鲁奇，石敬瑭败退，入川诸将纷纷弃城逃走。"是时，唐军涉险，以饷道为艰，自潼关以西，民苦转馈，每费一石，不能致一斗，道路嗟怨"[3]。似此，岂有不败之理？适安重诲被杀，明宗遣使劝慰孟知祥，备叙旧日交情，并言他在洛阳的家属都安然无恙，劝说他听从朝命。董璋因家属被杀，愤恨难忍，又认为被孟知祥所卖，遂发兵攻西川属州。孟知祥乘机反击，一举灭董璋，尽得两川。后唐长兴四年(933)，明宗诏授孟知祥为检校太尉兼中书令，任为行成都尹、剑南东西两川节度、管内观察处置、统押近界

[1] 《资治通鉴》卷274，后唐明宗天成元年三月，第8966页。
[2] 渝州，治今重庆市。

黔州，治今四川彭水苗族土家族自治县。
[3] 《新五代史》卷64《后蜀世家》，第801页。

诸蛮,兼西山八国云南安抚制置等使,封蜀王。[1]是年底,明宗病殁,孟知祥遂于934年初在成都称帝,亦以蜀为国号,史称后蜀,改元明德。半年后,知祥病死,子孟昶继位,史称后蜀后主。

后蜀辖区与前蜀基本相同。孟知祥死后,中原多故,始则有石敬瑭割幽蓟借兵契丹,篡夺皇位,继则有辽太宗耶律德光入洛阳,蹂躏中原,激起人民的抗辽起义,后蜀趁机收取秦、凤、成、阶诸州,复前蜀极盛之况。

孟氏取两川易于王氏,且对当地土豪并不倚重。后蜀将相多为入川的后唐将吏,与王氏依许昌故人还不一样,蜀中土豪在后蜀政权中的地位,也远非前蜀可比。王氏灭亡后,前蜀官员多被遣送洛阳,此后,虽有被遣返者,亦不得孟氏重用。经过这场大变乱,前蜀腐朽势力确有所淘汰,地方吏治稍有改善。后蜀能存在40年,固因中原王朝无力西顾,但它本身毕竟有其存在的条件,也就是说,它多少还采取了一些安定民生的措施,有某些可取的善政。

溪州铜柱

第四节　两湖的马楚与高氏南平

唐末各地混乱,两湖出现了割据湖南的马氏和割据荆南的高氏。在中国历史上,这是前所未有的。湖南从未出现过割据政权,自不必说。而在南朝后期出现的西梁,既不过是北周附庸,且辖区远非江陵一地。马氏在湖南建立楚国,与高氏据荆南称王,并不尽相同。马氏建楚国于湖南,势力强盛时,不仅奄有今湖南省全境,而且取得今贵州、广西、广东部分地区,境内经济有显著发展。荆南居四战之地,辖区最大时亦仅唐代荆南镇所辖8州中的荆、归、峡[2]3州而已,以弹丸之地而能久存数十年之久,仅因诸方相持不下,留以为缓冲之地而已。高氏在荆南虽有一些建设,而于后世影响甚微。

一　湖南混战与马殷建楚国

早在唐末农民战争期间,湖南各地土豪趁唐室颠簸、无力制驭之机,各据一州,日寻干戈,湖南陷入分裂混战

---

[1]《新五代史》卷64《后蜀世家》,第802页。

[2] 荆州,治今湖北沙市市荆州区故江陵县城。

归州,治今湖北秭归县西北归州镇。

峡州,治今湖北宜昌市东北。

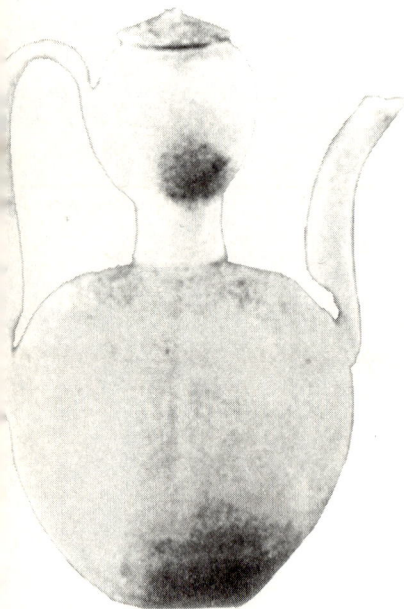
白瓷执壶

之中。

　　开始割据一州、恣行杀掠的是武陵"洞蛮"雷满。他本朗州[1]小校，隶荆南节度使高骈部，随往广陵。黄巢下长安时，雷满率部卒窜回朗州，又招得数千人，杀刺史，"沿江恣残暴，始为荆人大患矣"。每年发兵三四次侵扰江陵，"入其郛，焚荡驱掠而去"[2]。唐廷鞭长莫及，唯行姑息，授以澧、朗节度使。雷满带了这个头，湖南各地土豪就纷起效尤。他的同乡陬溪人周岳聚众攻下衡州[3]，唐廷即任为衡州刺史。周岳夺取潭州后，杨师远又袭据衡州称刺史。另有唐世旻据永州，蔡结据道州，陈彦谦据郴州，鲁景仁据连州[4]，皆自称刺史。雷满"贪秽惨毒，盖非人类"[5]，周岳等人也相去无几。

　　唐中和元年（881），江西牙将闵勖戍湖南，途经潭州，逐走观察使李裕，自称留后。唐廷随任为湖南观察使。闵勖意犹不满，请升湖南为节镇。唐廷恐此例一开，别道效尤，不许。次年，钟传逐走江西观察使，据洪州。唐廷采以毒攻毒之策，任闵勖为镇南节度使，使讨钟传。闵勖知唐廷用心，拒不受命。唐廷不得已，于中和三年（883）升湖南为钦化军，任闵勖为节度使。光启二年（886），衡州刺史周岳举兵攻下潭州，杀闵勖，唐廷不问，改钦化军为武安军，任周岳为节度使。闵勖部将邵州刺史邓处讷不服，欲为闵勖报仇，训兵厉卒，前后8年，景福二年（893），与雷满联合，共攻潭州，击斩周岳，自称留后，而所辖仅潭、邵2州而已。及至孙儒旧部刘建锋挺进湖南，湖南混乱之局才开始改变。

　　杨行密灭孙儒，孙儒部将刘建锋率残部7 000逃向江西，沿途招收逃散，众至10万。既入江西，又为钟传挫败，无法存身，乃折向湖南。湖南内无强者，正适合进军夺取。乾宁元年（894），刘军抵达醴陵，邓处讷命部将蒋勋、邓继崇扼守龙回关以拒之。蒋勋畏刘军强盛，不敢阻击，以牛酒犒劳。刘军先锋马殷见其示弱，乃乘机劝说以利害，劝降二将，由他们充当向导，刘军改着邓部服装，用其旗帜，进入潭州，邓处讷正在饮宴，当场被斩，刘建锋唾手得潭州，初称留后，后径称节度使。蒋勋自以倒戈有功，请为邵州刺史，刘建锋拒其请求，他遂与邓继崇联合，攻据邵州，

[1] 朗州，治今湖南常德市。
[2] 《旧五代史》卷17《雷满传附雷彦恭传》，第237页。
[3] 陬溪，即西溪，今湖南衡山县西2里。
　衡州，治今湖南衡阳市。
[4] 永州，治今湖南永州市。
　道州，治今湖南道县西。
　郴州，治今湖南郴州市。
　连州，治今广东连州市。
[5] 《旧五代史》卷17《雷满传附雷彦恭传》，第237页。

并结"飞山、梅山蛮"掠湘乡。刘建锋乃命马殷进讨。马殷
尚未攻下邵州,潭州军府就出了乱子。

刘建锋识浅智短,下潭州后,得意忘形,酗酒贪淫,不
理政事,仍然是旧日游寇恶习。因奸污亲兵陈瞻之妻,激
怒陈瞻,以铁挝将他头颅击碎而死。诸将杀陈瞻,推行军
司马张佶为留后。张佶自揆非淮军旧人,众望不及马殷,
乃声言才能不及马殷,坚请让位。恰巧他又被马踢伤,诸
将乃从邵州前线迎回马殷,拥为留后。张佶自请代马殷讨
邵州,消灭蒋、邓。邵州既克,马殷又分遣李琼、李唐等进
取岭北7州。光化元年(898),李琼斩杨师远,取衡州。又进
围永州,月余下之,唐世旻兵败逃走。次年,李唐攻道州,
蔡结聚当地瑶人据隘伏击,潭军大败。李唐受挫后,用火
攻之计,顺风纵火,瑶人惊逃,转败为胜,斩蔡结,取道州。
同年,郴、连2州也被攻下,陈彦谦、鲁景仁悉被消灭,岭北
尽平。

是时,唐廷升桂管为静江军,以经略使刘士政为节度
使。马殷平岭北,刘士政惶恐不安,遣副使陈可璠屯全义
岭[1]以备御之。光化三年(900),马殷遣使修好,陈可璠拒而
不纳。马殷遂令李琼等率兵7 000攻桂州,下全义岭。陈可
璠退守秦城,掠县民耕牛犒军,县民怨忿,赴李琼军前请
为向导,间道袭取秦城,斩陈可璠。兵临桂州,刘士政出
降,桂管桂、宜、严、柳、象[2]5州皆为马氏所得。

马殷,许州鄢陵[3]人,少为木工,遭乱投秦宗权部。刘建
锋率部向江西,以马殷为都指挥使,张佶为行军司马,视
若左右手。马殷为先锋,劝降蒋勋,顺利入潭州,功居第
一。刘建锋征邵州,又以他为主将。马殷深得军心,将士乐
为之用,因而被拥为主。他在平定湖南、并有桂管之后,又
想向北扩展。当时,成汭据荆南,号称富强,杨行密据江
淮,势力尤盛。马殷畏惧两方,欲以金帛结好。谋士高郁
说:"成汭不足畏也。行密公之仇,虽以万金赂之,安肯为
吾援乎! 不若上奉天子,下奉士民,训卒厉兵,以修霸业,
则谁与为敌矣!"[4]马殷从其议,安定民心,积蓄力量。朱全
忠入关中,挟制唐廷,杨行密遣使至潭州,陈说朱全忠跋
扈不臣,请马殷与之绝而与己结好,共讨朱氏。马殷权衡
利害,以为若绝朱氏,非但道路梗塞,难与中原通商,而且

酱釉瓷执壶

[1] 全义岭,即越城岭,在今广
西全州、资源二县间。
[2] 宜州,治龙水(今广西宜州
市)。
　　严州,治今广西来宾县
东北城厢。
　　柳州,治今广西柳州市。
　　象州,治今广西象州县。
[3] 陶案:《资治通鉴》卷256,唐
僖宗光启二年十二月,以马
殷为扶沟人,第8342页。
[4]《资治通鉴》卷260,唐昭宗
乾宁三年九月,第8493页。

将受制于杨氏，乃谢绝其请而附于朱全忠。天复三年（903），吴军攻鄂州，朱全忠令成汭、雷彦威（雷满之子）、马殷出兵援救。马殷佯作应援，与雷彦威合伙，乘虚袭入江陵，尽掠其人及货财而去。然后，趁成汭败死君山之机，夺得岳州，北方遂有屏障。尔后，又谋取澧、朗。澧、朗自雷满死后，其子彦威、彦恭争夺继承权，雷彦恭逐走其兄，夺取节钺。雷彦恭"贪残类其父，专以焚掠为事，荆、湖间常被其患"[1]。"烬墟落，榜舟楫，上下于南郡、武昌之间，殆无人矣"[2]。一片荒凉景象。他受湖南马氏和荆南高氏两方威胁，乃联吴为援，出兵攻荆南属县。后梁开平元年（907），后梁诏马殷、高季昌共讨雷彦恭。次年，彦恭乞降于吴，吴遣将救援，入楚境，为楚兵击败。雷彦恭失援，困守朗州，引沅水环城为防。楚兵久围不攻，俟其懈怠，遣敢死之士由水窦潜入城中，内外举火相应，遂克朗州。澧州刺史向瓌本当地土豪，至是请降于楚。马氏乃得澧、朗2州。此后，又取辰、溆[3]诸州。在南方，曾与南汉刘氏争夺高、容2州，一度得手，终为刘氏夺回。

马殷定湖南，受唐廷任为武安军节度使。后梁开平元年（907），受封为楚王。后梁末帝加守太师、兼中书令衔。马殷请援唐太宗为秦王时受天策上将先例，加天策上将军之号，末帝允其请，并许在管内置武平、静江等节度使。于是，马殷"署置天官幕府，有文苑学士之号，知诏令之名，总制二十余州，自署官吏，征赋不供"[4]。后梁亡，马殷又向后唐称臣纳贡，得授尚书令衔。后唐明宗于天成二年（927）封马殷为楚国王，马殷乃建国，立宫殿，置百官，皆如天子。

楚极盛时，辖区有20余州，即潭、衡、永、道、郴、邵、岳、朗、澧、辰、溆、连、昭、宜、全、桂、梧、贺、蒙、富[5]、严、柳、象、容等州，置武安、武平[6]、静江等五节度使。相当今湖南全省、广西大部和贵州、广东的一部分。

马殷据湖南，留心保境息民。吴、楚间几经兵革，岳州为双方争夺之地。楚虽兵力财力不敌吴，但攻不足者守有余，采取积极防御之策。吴并不以楚为主要敌人，仅用偏师进攻，所以，楚终能击败吴军，保住岳州。吴兵也曾进入浏阳、平江等地，不胜而退。马殷弟马赟被吴礼送归长沙，

十二辰八卦镜

[1]《资治通鉴》卷266，后梁太祖开平元年九月，第8684页。
[2]《旧五代史》卷17《雷满传附雷彦恭传》，第237页。
[3] 辰州，治今湖南沅陵县。
　　溆州，治今湖南溆浦县。
[4]《旧五代史》卷133《马殷传》，第1755页。
[5] 全州，治今广西全州县，马希范置。
[6] 武平军治朗州。马殷初改武贞军为永顺军，再改为武平军。

马殷表为节度副使。马赍劝说其兄："杨王地广兵强,与吾
接邻,不若与之结好,大可以为缓急之援,小可通商旅之
利。"马殷深知吴是他的最大威胁,又畏朱全忠之强,便作
色说:"杨王不事天子,一旦朝廷致讨,罪将及吾。汝置此
论,勿为吾祸!"[1]他很明白,如果臣服于中原王朝,可借以
牵制吴,反之,则会失去支持,坐为吴所吞并,这本是"远
交近攻"之策的翻版。从此吴、楚很少战事,互通商旅,成
为经常。楚与荆南也曾开战,互有胜败。马殷本想吞并荆
南,几次不能遂愿。后唐天成三年(928),楚将王环大破荆
南兵于刘郎洑[2],乘胜逼江陵。高季兴(即高季昌,避后唐讳
改为"兴")乞和,王环许和还师。马殷责问,王环说:"江陵
在中朝及吴、蜀之间,四战之地也,宜存之以为吾捍蔽。"[3]
马殷省悟,改容听从。楚与汉争夺桂管,屡兴干戈,此后讲
和,结为婚姻,保持了相安无事。

　　马殷听高郁议,奖励农桑,发展茶叶,提倡纺织,通商
中原,"遂致一方富盛"[3]。史籍有言马殷"穷极奢侈"[4],未免
言之过甚。但晚年多内宠,嫡庶无别,诸子骄奢,猜忌旧臣
宿将,众皆侧目。天成二年(927),楚击破吴兵,擒其二将。
吴遣使请和,马殷允和,礼遣二将。宿将许德勋奉命饯别
二将,临发嘱咐说:"楚国虽小,旧臣宿将尚在。愿公此归,
勿以湖南为念。若须得志,当待马子争草,然后可图也。"[5]论
者责许德勋不忠,其实,这正反映了楚旧臣宿将对马氏诸
子骄奢猜忌、不识大体的愤懑和对楚国前途的失望心情。

二　马楚与境内诸族的交往

　　楚辖境之内民族复杂,少数民族多聚居于湘西、湘南
偏僻山区。马殷定湖南,在消灭各州土豪割据势力的同
时,也击败了与他们勾结的少数族酋豪。如前节所叙,蒋
勋据邵州,引"飞山、梅山蛮"扰湘乡,马殷灭蒋勋,对降附
的"飞山、梅山蛮"采羁縻之策。"飞山、梅山蛮"在今湖南
安化、新化一带,宋置新化县,此后,虽有上梅、下梅之名,
而此族则融合于汉族了。马殷平衡、永、道诸州,道州蔡结
用"道州蛮"(当即瑶族)依山设伏,败楚将李唐,李唐反攻
获胜,斩蔡结,对"道州蛮"也是招降了事。湖南既定,马殷
仍沿袭旧章,授官职于各族酋豪,保持各地旧制旧俗。对

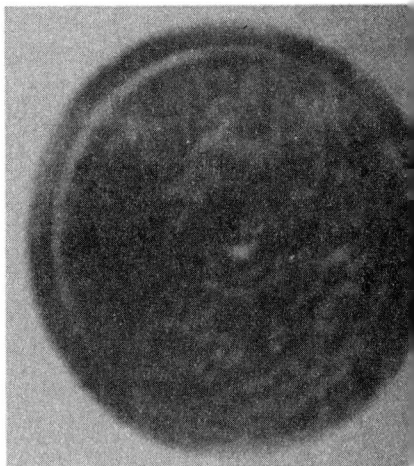

双凤衔花镜

[1]《资治通鉴》卷265,唐昭宗
天祐元年十二月,第8638页。
[2] 刘郎洑,今湖北石首市西北
长江北岸。
[3]《资治通鉴》卷276,后唐明
宗天成三年三月,第9015-
9016页。
[3]《旧五代史》卷133《马殷
传》,第1757页。
[4]《旧五代史》卷133《马殷
传》,第1757页。
[5] [宋]路振:《九国志》卷11
《楚·许德勋传》,见傅璇琮、
徐海荣、徐吉军主编:《五代
史书汇编》(六),杭州出版社
点校本2004年版,第3349页。

历来为流官所治州县,征收赋税亦低于别的州县。后梁龙德二年(922),"始取永、道、郴诸州民丁钱绢米麦"[1]。

与马氏交往频繁的是辰、溆、溪诸州的土家族。土家族之名,迄于元、明,均未见古籍。《元和郡县志》论"辰州蛮"起源,兼载两说:"其人皆槃瓠子孙","巴子兄弟立为五溪之长"[2]。据湖南省考古专业同志考察,土家族没有槃瓠氏的传说,此说乃踵袭《后汉书》陈说而来。[3]史学前辈向达先生(土家族)提出土家族源于巴人之说,截至目前,也难说是定论。后梁开平四年(910),"辰州蛮宋邺寇湘乡,溆州蛮潘金盛寇武冈"[4],后梁乾化二年(912),"辰州蛮宋邺、溆州蛮昌师益帅众降",马殷"以邺为辰州刺史,师益为溆州刺史"[5]。这就是击败其骚扰之后,听其归降,授以官职,以期相安。就在这时,吉州庐陵[6]赤石洞酋豪彭氏入湖南,投靠马殷,得其扶植,据有溪州,尽统土家诸部。

彭氏"世居赤石洞为酋豪",彭邺、彭玕、彭瑊兄弟于唐末农民战争期间,"保聚徒众,得数千人,自为首领"[7]。镇压当地农民起义,补为州吏。钟传据江西,彭氏兄弟为之效劳,彭瑊、彭玕先后被任为吉州刺史。彭玕好儒学,"当兵荒之岁,所在饥馑,玕延接文士,曾无虚日,治具勤厚,人多归之"。"军政严肃,樵采不犯"[8]。是一个颇有政治眼光的人物。彭瑊先投马氏,受其信任,授辰州刺史。吴灭钟氏,并江西,彭玕不服,率部反抗,乞援于楚,企图反扑洪州。彭玕为吴将周本所破,而楚援不至,乃以所部并其族千余人奔马殷。马殷颇礼遇之,奏授郴州刺史,娶其女为四子马希范妻。彭瑊至辰州,善结人心,联合来凤土家族首领向伯林,击溃另一支土家族酋吴著、惹巴,据有溪州[9]。后梁开平四年(910),彭瑊战死,彭玕子彭士愁继为溪州刺史(彭士愁一作"士憝")。彭氏"昆弟强力,多积聚,故能诱胁诸蛮皆归之,胜兵万余人。春夏则营种,秋冬则暴掠,而长沙四境最被其患"[10]。马殷在时,对他们多加容忍。及马殷死后,次子希声、四子希范踵继为楚王,后晋天福四年(939),彭士愁"引锦、溪州蛮万余人寇辰、澧二州,焚掠镇戍,遣使乞师于(后)蜀,蜀主以道远不许。"[11]马希范遣左静江指挥使刘勍、决胜指挥使廖匡齐率兵5000进讨,

[1] [清]吴任臣:《十国春秋》卷67《楚一·武穆王世家》,中华书局点校本1984年版,第941页;此条下转引宋人李心传《建炎以来朝野杂记》云:"马氏据湖南,始取永、道、郴州、桂阳军、茶陵县民丁钱绢米麦。"

[2] 转引[宋]乐史:《太平寰宇记》卷119《江南西道十七》,台北文海出版社影印本1971年版,第138页。

[3] 参考湖南省博物馆彭武一、熊传新:《溪州铜柱纪文及补刻姓名的剖析》。

[4] 《十国春秋》卷87《楚一·武穆王世家》,第938页。

[5] 《十国春秋》卷87《楚一·武穆王世家》,第938-939页。

[6] 吉州庐陵,在今江西吉安。

[7] 《九国志》卷11《楚·彭玕传》,第3355页。

[8] 《九国志》卷11《楚·彭玕传》,第3355页。

[9] 溪州,治今湖南永顺县东南老司城,辖区包括今湖南永顺、保靖、古丈、龙山等县地,分为上、中、下溪州,以下溪州为都誓主,统其他相等的19州,实则为部落联盟形式。

[10] 《九国志》卷11《楚·彭师暠传》,第3359页。

[11] 《十国春秋》卷68《楚二·文昭王世家》,第953页。

[12] 《十国春秋》卷68《楚二·文昭王世家》,第953页。

彭士愁兵败,弃州走保山寨,"石崖四绝,勋为梯栈上围之"[12],廖匡齐战死。次年,刘勋用火箭攻破山寨,彭士愁狼狈逃入深山,穷蹙无计,遣其子彭师暠率土家诸部酋豪田洪赟、覃行方、向存祐、罗君富等携3州牌印请降。刘勋班师,将彭师暠带回长沙为质。马希范自称东汉名将马援后裔,仿效马援于交州立铜柱故事,在溪州铸立铜柱。这就是保存至今的"溪州铜柱"。铜柱用铜5 000斤铸成,柱呈六棱形,内空,柱面铸有2 118个字,楚天策府学士李宏皋撰写铭文。铭文云:

五代黄筌《雪竹文禽图》

> 盖闻牂牁接壤,槃瓠遗风,因六子以分居,入五溪而聚族。上古以之要服,中古逝尔羁縻,泊帅号精天[夫],相名姎氏。汉则宋均置吏,稍静溪山,唐则杨思勖兴师,遂开辰、锦。迩来豪右,时恣陆梁,去就在心,否臧由己。溪州彭士愁,世传郡印,家总州兵,布惠立威,识恩知劝,故能历三四代,长千万夫。非德教之所加,岂简书而可畏,亦无辜于大国,必不虐于小民,多自生知,因而善处。无何忽承间隙,俄至动摇,王每示含宏,尝加姑息,渐为边患,深入郊圻,剽掠耕桑,侵暴辰、澧,疆吏造逼,郡人失宁,非萌作孽之心,偶昧戢兵之法,焉知纵火,果至自焚……

这段文字所述远古传说和汉唐故事,概言溪州土家族的历史,我们且不必论。其叙及彭氏的部分,嘉其善而责其暴掠,恩威并用,指明彭氏何所应从,颇为得体。这是马氏处理境内诸族关系的基本态度。马希范平溪州,固在其妻彭夫人死后,但我们不能从亲戚关系断绝方以兵戈相见来解释。在中世纪,婚姻是政治关系的一种表现,中外尽然。恩格斯在《家庭、私有制和国家的起源》中已论之甚详。所以,历代统治者之间结姻亲者车载斗量,不可胜数,而恪守亲戚情谊者绝少,无论汉族之间或者汉族与少数民族统治者之间,莫不如此。彭氏"饥则就人,饱则飏去",实力充足,自然要四出伸展,岂是姻亲关系所能限制?观铭文所载,彭士愁侵掠辰、澧,已非一日,早在彭氏夫人生前已然;马氏隐而不发,也不是顾及一个女子,而是外有吴和荆南造成威胁,需要用兵抵御,继而连遭大丧,内部不稳,也未遑及此。等到这些问题基本解决,然后即调兵反击,

都省铜坊镜

予以惩罚,其事后处理,也比较妥当。铭文中云:

> 王曰:"古者叛而伐之,服而柔之,不夺其财,不贪其土,前王典故,后代著龟,吾伐叛怀柔,敢无师古,夺财贪地,实所不为。"乃依前奏,授彭士愁溪州刺史,就加检校太保,诸子将吏,咸复职员,锡赉有差,俾安其土。仍颁廪粟,大赈贫民。乃迁州城,下于平岸。……尔宜无扰耕桑,无焚庐舍,无害樵牧,无阻川涂,勿矜激濑飞湍,勿恃悬崖绝壁。荷君亲之厚施,我不征求,感天地之至仁,尔怀宁抚。苟违诚誓,是昧神祇,垂于子孙,庇尔族类。

在铭文之后,又记下双方的协议:

> 蒙王庭发军收讨不顺之人,当都愿将本管诸团百姓军人及父祖本分田场土产,归明王化。当州大乡、三亭两县,苦无税课,归顺之后,请只依旧额供输。不许管界团保军人百姓,乱入诸州四界,劫掠滋盗,逃走户人。凡是王庭差纲,收买溪货,并都幕采伐土产,不许辄有庇占。其五姓主首、州县职掌有罪,本都申上科惩,如别无罪名,请不降官军攻讨。若有违誓约,甘请准前差发大军诛伐。
>
> 王曰:"尔能恭顺,我无科徭,本州赋租,自为供赡,本都兵士,亦不抽差。永无金革之虞,克保耕桑之业。"[1]

我们汰除其中神圣堂皇的词句,可以看出,马希范平溪州后,采取了如下措施:

第一,保持各部首领旧有官职,世代承袭。就是和他们建立联合统治,依靠他们统治土家族人民。

第二,平叛之后,赏赐诸州首领、将吏,发粟赈贫,当然是收揽人心、广示恩惠的手段,而所收效果是良好的。

第三,赋税仍依旧制,且留本州自用,楚廷不向溪州征赋抽兵。楚廷需用的"溪货"、土产,仍按旧章办理。

第四,禁止诸部头人等越界劫掠、诱纳逃人。

第五,移溪州治所于平岸,以便控制。

这些措施之外,马希范又留彭师暠于长沙,补为武安

[1] 本铭文据湖南博物馆拓本,参照《十国春秋》卷74《楚八·李宏皋传》,第1017-1018页。

军牙校,充其侍卫,看来颇为亲重,实则留为人质。而此后马氏诸子内讧时,彭师暠却表现得十分忠诚。

尽管马希范是个骄奢无度的昏君,但在处理溪州土家族的问题上,还不失为开明的君主。他注意收揽人心,不但以誓约的形式订出法规,符合当地汉族和土家族下层人民憎恶战争、劫掠的愿望,而且开仓赈济,尤其使他们得到好处。移州治于平岸,目的虽在加强控制,但却有利于土家族经济文化的发展。铜柱勒铭,表明违约者便失去了法定的统治地位。这样,后世视铜柱为"神物",产生了许多神怪传说,足见其影响深入人心。就在当时,铜柱立后,"宁州蛮莫彦殊以所部温那等十八州、都云蛮尹怀昌率其昆明等十三部、牂牁蛮张万浚率其彝、播等七州,皆前后来附"[1]。马楚声威达于今川黔境内。自立铜柱至北宋真宗咸平六年(1003)60余年间,保持了安定。至于彭氏家族,从910年起,历马楚、宋、元、明迄于清初,保持了817年的统治,直到改土归流才告结束。

三　高氏据荆南

唐末,荆南残破。淮西人成汭(原姓郭)为蔡州军校,率部戍荆南,节度使恶其凶暴,欲加诛锄。成汭逃往秭归,不久,据归州,招集流亡,训练士伍,得兵千人,顺流袭取荆南。唐廷任为节度使。成汭初至江陵,居民仅17家,"汭抚辑凋残,励精为理,通商训农,勤于惠养,比及末年,仅及万户"[2]。时称"北韩南郭"。江陵一隅之地,虽经恢复,财力人民仍然有限,而成汭"性豪暴,事皆意断"[3],不自量力,急于扩张。几次欲并朗、澧,均未得逞,与朗州雷氏形同水火。唐天复三年(903),又趁援救鄂州杜洪之机,大造战舰,倾巢出动,企图顺流而下,夺取江淮之地。马殷、雷彦威乘其后方空虚,联兵进袭,入江陵,大掠而去。成汭回归无路,君山一战,吴将李神通焚其战舰,成汭溺死,全军溃散。马殷得岳州,雷彦威据江陵,皆得渔人之利。不久,山南东道节度使赵匡凝逐走雷彦威,取得江陵,以其弟赵匡明为荆南留后。赵氏兄弟不服朱全忠,东结吴,西联蜀,对唐廷贡赋不绝。朱全忠既深恶赵氏兄弟,又欲争荆襄这块兵家要地,遂于唐天祐二年(905)遣杨师厚攻伐荆襄。杨

莲花青瓷瓶(湖南长沙出土)

[1]《十国春秋》卷68《楚二·文昭王世家》,第954页。

[2]《旧五代史》卷17《成汭传》,第229页。

[3]《旧五代史》卷17《成汭传》,第229页。

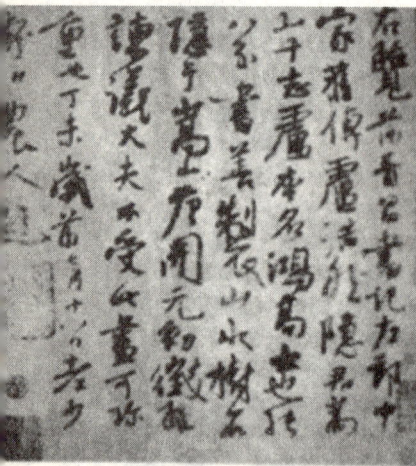

五代杨凝式《卢鸿草堂十志图跋》

师厚连下襄阳、江陵,赵匡凝奔吴,赵匡明投前蜀。朱全忠遂任杨师厚为山南东道节度使,另委高季昌为荆南留后(后梁开国,升为节度使)。从此,高氏据有荆南。后唐时,据有荆、归、峡3州。

高季昌,陕州硖石[1]人。后唐时,避后唐庄宗祖父李国昌讳,改名季兴。他幼年为汴州商人李七郎家奴。朱全忠收李七郎为义子,改姓名为朱友让,又喜爱高季昌,命朱友让养为义子,改姓朱。他初为亲兵,渐升为牙将,以献计破凤翔立奇功,为朱全忠赏识,累迁至颍州防御使,始复原姓。荆南原领江陵府,下辖荆、澧、朗、峡、夔、忠、万、归[2]8州,经唐末混战,7州尽为他镇所夺,仅存荆州1州。高季昌到任之初,"兵火互集,井邑不完",乃"招葺离散,流民归复"[3]。他也注意招致人才,用倪可福、鲍唐为将,梁震、司空薰、王保义、孙光宪为谋士。梁震本唐末进士,耻受高氏官职,高季昌礼遇备至,不强加官职,称"前辈"(唐代对进士的尊称)而不名。高季昌恢复江陵旧况之后,"厚敛于民,招集亡命"[4],暗中积蓄实力俟机扩张。后梁太祖在位时,他还有所畏惮,不敢跋扈。及至后梁末帝即位,梁朝日形衰落,他便不那么驯服了。末帝封他为渤海郡王,以示优宠,他全不在意,佯言出兵助梁攻晋,实则袭取襄州,被后梁将孔勍击败,索性断绝贡赋,称臣吴、蜀。后梁亡,高季昌畏后唐之强,亲往洛阳朝觐,险被囚禁。后唐明宗即位后,封为南平王。而高季兴又受吴封为秦王。他死后,后唐追封为楚王。故《新五代史》称荆南为"南平",《九国志》则称之为"北楚"。

高季兴据江陵四战之地,储蓄力量,企图扩张,也还算是以攻为守、以图自保的策略,比较能够量力而行,不似成汭鲁莽妄为。他一面卑词厚币,称臣三方,一面又窥伺时机,伸手夺取土地财货。后梁衰落,他就臣事吴、蜀,求其支持,抵制后梁和马楚。他时常寻找机会,北向襄州,西向夔、万,南向澧、朗,东向鄂州,争城夺地,胜则不敢深入,败则谢罪乞和。后梁朝,他先后攻楚,攻归、峡,攻襄州,所向皆败。后唐灭王氏,"尽选其宝货浮江而下"[5],高季兴抓住时机,大捞一把,全部劫取。又向后唐诡诈,请得夔、万、忠等州为辖区,后唐不允,发兵致讨,他便称臣于

[1] 陕州硖石治所在今河南陕县东南52里硖石乡。
[2] 峡州,治今湖北宜昌市东北。
夔州,治今重庆市奉节县。
忠州,治今重庆市忠县。
万州,治今重庆市万州。
施州,治今湖北恩施市。
归州,治今湖北秭归县西北归州镇。
[3]《旧五代史》卷133《高季兴传》,第1751页。
[4]《旧五代史》卷133《高季兴传》,第1751页。
[5]《旧五代史》卷133《高季兴传》,第1752页。

吴。其纵横捭阖,可谓甚矣。

高季兴虽然以流氓手段在夹缝中求生存, 但在关键时刻却能听纳忠谏,泯除祸患,也堪称知人善任。例如,后唐庄宗身死,唐廷未定之际,他大治战舰,准备攻楚。掌书记孙光宪劝阻说:"荆南乱离之后,赖公休息士民,始有生意,若又与楚国交恶,它国乘吾之弊,良可忧也。"[1]高季兴遂止。其后,唐兵伐高氏,兵至江陵,高季兴见其兵少,意甚轻之,便想开城出战。梁震谏说:"大王何不思之甚耶!且朝廷礼乐征伐之所自出,兵虽小而势甚大,加以四方诸侯各以相吞噬为志,但恨未得其便耳。若大王不幸,或得一战胜,则朝廷征兵于四方,其谁不欲仗顺而起,以取大王之土地耶! 如此则社稷休矣。为大王计者,莫若致书于主帅,且以牛酒为献,然后上表自劾,如此则庶几可保矣。不然,则非仆之所知也。"[2]高季兴猛醒,即从其议,谢罪乞和,后唐乃罢兵。

后唐天成三年(928),高季兴死,子高从诲继位,承其父旧策,且又过之。"荆南地狭兵弱,介于吴、楚为小国。自吴称帝,而南汉、闽、楚皆奉梁正朔,岁时贡奉,皆假道荆南。季兴、从诲常邀留其使者,掠取其物,而诸道以书责诮,或发兵加讨,即复还之而无愧。其后南汉与闽、蜀皆称帝,从诲所向称臣,盖利其赐与。俚俗语谓夺攘苟得无愧耻者为赖子,犹言无赖也,故诸国皆目为'高赖子'"[3]。高从诲居王位时,极少用兵,荆南保持了安定。

"赖子"为王,割据一隅,传之四世,历时数十年,看来是滑稽可笑的怪事。其实,这只不过是分裂割据下出现的特殊情况而已。江陵处四战之地,得之不足以益财赋、兵力,反而招致诸方攻夺;在还没有出现能够统一全国的力量之前,诸方相峙,互不能下,势必留为缓冲,以为己之屏障。所以,数十年间,无论是中原的梁、唐、晋、汉四朝,或者是南方的吴(和后来的南唐)、楚、两蜀,都不吞并荆南,置以缓冲;即使后周世宗进行统一活动时,也不以荆南为用兵目标,因为它不值一击。至于北宋,兵不血刃而取荆南。这正表明,一旦形势改变,它也就无法存在下去。当然,荆南弹丸之地,居于诸强包围之下,尚能存在几十年之久,不单是靠着诸方"平衡",更不单靠劫取财物、骗赏

栖霞寺舍利塔

[1]《资治通鉴》卷275,后唐明宗天成元年四月,第8980页。
[2]《五代史补》卷4《梁震裨赞》,第2517页。
[3]《新五代史》卷69《南平世家》,第859页。

王建墓出土鸟兽花草纹金银平脱
册匣

赐就可使财用不乏,得以生存。任何弱小势力想要图存,都不能只靠别人的"平衡"和专仰他人赐与,而是要靠自力。高氏据荆南数十年,主要是在辖境内保境息民,恢复生产;其在当地从事的经济建设,也还有相当成绩。史籍斥言其无赖,极嘲笑之能事,忽视它赖以存在的主要条件,显系正统观念的偏见。

第五节　南方经济的恢复和发展

　　8世纪以来,我国经济重心南移,南方变成了唐朝的财源要地。安史之乱期间出现的浙东袁晁为首的农民起义,是反抗唐廷暴敛财物、充当军费的斗争;9世纪末出现的浙东裘甫起义,则是反抗唐廷竭泽而渔的斗争。裘甫起义揭开了唐末农民战争的序幕,从此,江淮、两浙农民起义一直没有断绝。以后,岭南、福建、江西、湖南、剑南两川遍地出现了农民起义,形成了唐末农民战争的高潮。由于藩镇的割据,又形成了"无地无割据、无岁无战争"的大分裂局面。各处割据势力一面镇压起义,一面攻城争地,恣行杀掠,造成了南方社会经济的凋敝。南方诸国的出现,又改变了各地大分裂而形成了地区性的局部统一, 其所推行的保境息民之策, 基本上停止了各地间战无宁日的状态。这是由大分裂过渡到新统一的转变阶段。数十年间,南方社会经济的发展虽然也有曲折,但恢复较快,发展较大,中原远不能及。

一　劳动力的增长与农田水利的发展
　　南方自然条件优越,7世纪末以后, 生产技术进步较快,所以农业生产跃居中原之上。五代时期,南方诸国要想图存,必须首先解决军食,而且,与统一时期不同,当一方遭受自然灾害时,既无大一统的朝廷调粮救赈,又难以乞籴于邻道而受制于人,因而势必采取有力措施,恢复和发展农田水利以增加农产量。劳动力的大量增加,是农田水利得以发展的保证。唐末以来,中原劳动力成批南移;有随黄巢起义军南下留居各地的, 有避秦宗权等游寇杀掠逃向南方的,有避契丹铁骑的蹂躏而奔向南方的,他们分别迁入江浙、闽、粤和蜀、楚诸地,而闽、粤增加劳动力尤多。直到北宋统一,南方户口还是大大超过北方,而且,以后依然如此。

从以下的户数,可见五代时期南方人口远胜北方:

年　　代	平定地区 (或割据国)	得州县数	得户数
958年(后周世宗显德五年)	南唐属淮南地区	州　14 县　60	226 574[1]
963年(宋太祖乾德元年)	荆　南	州　3 县　17	142 300[2]
963年(宋太祖乾德元年)	湖　南	州　14 监　1 县　66	97 388[3]
965年(宋太祖乾德三年)	后　蜀	州　46 县　240	534 029[4]
971年(宋太祖开宝四年)	南　汉	州　60 县　214	170 263[5]
975年(宋太祖开宝八年)	南　唐 (江南)	州　19 军　3 县　108	655 065[6]
978年(宋太宗太平兴国三年)	漳　泉	州　2 县　14	151 918[7]
978年(宋太宗太平兴国三年)	吴　越	州　14 县　86	550 608[8]
合　　计			2 528 145

太平兴国四年(979),平北汉,仅"得州十、军一、县四十一、户三万五千二百五十"[9]。

宋人记载说:

国初,杭、越、蜀、汉未入版图,总户九十六万七千五百五十三。[10]至开宝末,增至二百五十万八千六十五户。太宗拓定南北,户犹三百五十七万四千二百

1 《旧五代史》卷118《周世宗纪五》,第1570页。

2 [宋]李焘:《续资治通鉴长编》卷4,太祖乾德元年二月,中华书局点校本2004年版,第85页。

3 《续资治通鉴长编》卷4,太祖乾德元年三月,第87页。

4 《续资治通鉴长编》卷6,太祖乾德三年正月,第146页。

5 《续资治通鉴长编》卷12,太祖开宝四年二月,第261页。

6 《续资治通鉴长编》卷16,太祖开宝八年十二月,第353页。

7 《续资治通鉴长编》卷16,太祖开宝八年十二月,第353页。

8 《续资治通鉴长编》卷19,太宗太平兴国三年五月,第427页。

9 《续资治通鉴长编》卷20,太宗太平兴国四年五月,第452页。

10 《续资治通鉴长编》卷1,太祖建隆元年十月,定五等县。"凡望县五十,户二十八万一千六百七十;紧县六百七,户二十二万八千六百九十三;上县八十九,户二十一万八千二百八十;中县一百一十五,户一十七万九千亦十;中下县一百一十,户五万九千七百七十。总九十六万七千三百五十三户,此国初版籍之数也。"注云:"按总数不符,应作九十六万七千四百四十三户。"第26页。

1 ［宋］袁□：《枫窗小牍》卷上，景印文渊阁四库全书本（第1038册），第210页。

2 《宋史》卷173《食货志上一·农田》，第4183页。又［宋］乐史：《太平寰宇记补阙》卷114《江南西道十一》云："龟塘在县东南八里，塘下有良田数百顷。"台北文海出版社影印本1971年版，页6-1，见两说似相抵牾。陶按：《寰宇记》指其附近而言，《宋史》则指州境而言。龟塘今名圭塘，在长沙市东郊树木岭，久已干涸，无复故迹。

3 ［清］卞宝第、李瀚章等修，曾国荃、郭嵩焘等纂：《湖南通志》卷47《堤堰》，上海古籍出版社影印本1990年版，第1272页。

4 《十国春秋》卷90《闽一·太祖世家》，第1310页。

5 《十国春秋》卷4《前蜀六·张琳传》，第597页。

6 《九国志》卷7《后蜀·武漳传》，第3305页。

7 《九国志》卷7《后蜀·李奉虔传》，第3315—3316页。

8 《十国春秋》卷112《地理表下》，第1622页。

9 《十国春秋》卷100《荆南一·武信王世家》，第1430页。

10 《吴越备史》卷1《武肃王》，第6194页。

五十七。[1]

如果将后周收淮南所得户数与北宋收南方诸地所得户数相加，则共为2 528 145户，约超过宋总户数的70%。南方户口的增加，当然不仅是由中原移入，而且更因南方相对安定，生产发展、人口增殖所致。

众多的劳动力，使农业生产得以发展。水利的兴修，尤其如此。水利是农业的命脉，南方诸国无不重视水利，各地水利的兴修，都有不同程度的成绩。如：

吴和南唐曾于楚州境内筑白水塘溉田；又修寿州安丰塘，可溉田万顷。2州都在江北，还不是农业最盛之区。

楚于潭州东20里，"因诸山之泉，筑堤潴水，号曰龟塘，溉田万顷"[2]。又在衡州西修凿百亩大堰，于辰州西北凿莲花塘以溉农田。[3]

闽王王审知在位时，"大浚侯官县西湖，广至四十里，灌溉民田无算"[4]。据《福建通志》卷33《水利》载：又于长乐县建海堤，"置斗门十，以御海潮，旱则积水，涝则排水，堤穿尽成良田，连江县东湖方圆二十里，溉田四万余顷"。

前蜀邛州节度使张琳在眉州修通济堰，溉田一万五千顷。[5]后蜀兴修水利者甚多，于史有证者，不乏其选：山南节度使武漳，"以褒中用武之地，营田为急务，乃凿大洫以导泉源，溉田数千顷，人受其利"[6]。昭武军都监兼嘉州刺史李奉虔在任内，"属夏秋多雨，嘉陵江溢出城，奉虔置堰，开湔濑二十余处，泄其蓄水，筑堤以护之，城池克完，人被其利"[7]。

就是地处一隅的荆南，也在监利县南修古堤垸以防水患；[8]又自安远镇北、禄麻山南至沱步渊，筑堤130里，以障襄、汉之水。[9]

南方诸国兴修水利，成绩之著，无如吴越。钱镠初据两浙，便"亲巡衣锦城，治沟洫"[10]。吴越天宝三年（910），兴修捍海塘，这是一个雄伟的古代建筑工程，史载：

武肃王以梁开平四年（910）八月筑捍海塘。怒潮急湍，昼夜冲击，板筑不就。……因采山阳之竹，令矢人造为箭三千只。……明日，募强弩五百人以射涛头，人用六矢，每潮一至，射以一矢，至五矢，潮乃退。[1]

  钱王命强弩五百人以射涛头，潮乃退，东趋南陵。……又以大竹破之为笼，长数十丈，中实巨石，取罗山大木长数丈，植之，横为塘，依匠人为防之制，又以木立于水际，去岸二丈九尺，立九木，作六重。……由是潮不能攻，沙土渐积，岸益固也。[2]

  故老又云："初置（铁）幢时，塘犹未成，虑潮盪幢，用铁轮护幢趾，而以铁絙贯幢干，且引絙维于幢上下之石键，然后实土筑塘，故幢首出土云。……近世有赋铁箭者，遂指此幢为箭，认幢首为镞首，不思方射潮时，箭已逐潮去矣，箭恶能存？"[3]

钱镠射潮乃是神化英雄人物的迷信传说，纵使当年有射潮之事，也不过借以鼓舞人心而已，根本不可能起到退潮的作用。至于使用铁幢、竹笼等技术设备，建成坚固的捍海塘，确实是我国古代劳动人民建筑工程专家的聪明才智和血汗的结晶，它是我国古代建筑工程学的优秀遗产，也是中华民族的光荣。

吴越又于重要水利工程处置撩浅军，专事维修。吴越天宝八年（915），"置都水营使以主水事，募卒为都，号曰'撩浅军'，亦谓之'撩清'，命于太湖旁置'撩清卒'四部，凡七八千人，常为田事，治河筑堤，一路径下吴淞江，一路自急水港下淀山湖入海，居民旱则运水种田，涝则引水出田。又开东府南湖（即鉴湖），立法甚备"。吴越宝正二年（927），"浚柘湖及新泾塘，由小官浦入海，又以钱塘湖葑草蔓合，置撩军千人芟草浚泉"[4]。钱镠子元璙在苏州任中吴节度使时，因海潮挟沙入江，淤塞支港，乃命部将梅世忠为都水使，率兵募民，"设锸港口，按时启闭，以备旱涝"[5]。杭州西湖有"撩湖兵士千人，专一开浚"[6]。其他著名水利还有武义县长安堰，溉田万余顷，鄞县东钱湖方圆800顷，叠石为塘80里，至宋代，可溉田50万顷。

水利事业发展，促进了农业生产。江南土地利用程度，胜于前代。北宋杰出的政治家范仲淹在奏疏中说：

  且如五代群雄争霸之时，本国岁饥，则乞籴于邻国，故各兴农利，自至丰足。江南应有圩田，每一圩方

陈棣（闽在福建晋江县修筑的围海堤坝）

[1] ［清］翟均廉：《海塘录》卷26《杂志》引《吴越备史》，景印文渊阁四库全书本（第583册），第795-796页。

[2] 《海塘录》卷26《杂志》引《钱塘县志》，第796页。

[3] ［明］徐一夔：《史丰稿》卷7《杂述·辨钱塘铁箭》，景印文渊阁四库全书本（第1229册），第238-239页。

[4] 《十国春秋》卷78《吴越二·武肃王世家下》，第1090、1101页。

[5] 《十国春秋》卷115《拾遗·吴越》，第1736页。

[6] 《宋史》卷97《河渠志七·东南诸水下》，第2397页。

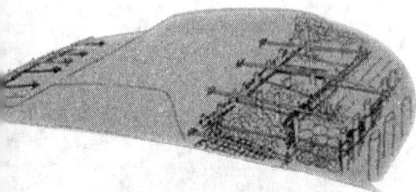

钱氏捍海塘结构示意图

数十里如大城,中有河渠,外有门闸,旱则开闸引江水之利,潦则闭闸拒江水之害,旱涝不及,为农美利。又浙西地卑,常苦水涔,虽有沟河可以通海,惟时开导,则潮泥不得而堙之,虽有堤塘可以御患,惟时修固,则无摧坏。……臣询访高年,则云曩时两浙未归朝廷,苏州有营田军四都,共七八千人,专为田事,导河筑堤以减水患,于是民间钱五十文籴白米一石。自皇朝一统,江南不稔则取之浙右,浙右不稔则取之淮南,故慢于农政,不复修举,江南圩田,浙西河塘,大半隳废,失东南之大利。今江浙之米,石不下六七百文,足至一贯文者,比于当时,其贵十倍。[1]

范仲淹是心忧天下的杰出政治家,又是苏州人,所陈情况自属确实。但如果据此而引出割据胜于统一的结论,则显然是不恰当的。宋代官吏因循,是其开国政策所造成的恶果之一,试观汉、隋、唐、明、清诸朝统一后经济发展的盛况,便可避免此种偏颇之论了。

南方诸国于留心水利的同时,又致力劝课农桑,不但使各地农桑迅速得到恢复,而且有程度不同的发展,以下略加叙述。

吴和南唐

唐末,江淮经高、毕、孙、杨之间的战争,其中孙儒破坏最烈,昔时繁华之区,残破不堪。杨行密初定江淮,从谋士高勖议,招抚流散,保境息民,轻徭薄赋,劝励耕织,数年之内,江淮间公私富庶,几复昔时盛况。李昪执政后,又采纳宋齐丘建议,改革税法:

吴顺义(921—927)中,差官兴版簿,定租税,厥田上上者,每一顷税钱二贯一百文,中田一顷税钱一贯八百,下田一顷一贯五百,皆足陌见钱,如见钱不足,许依市价,折以金银,并计丁口课调亦料钱。宋齐丘时为员外郎,上策乞虚抬时价而折䌷绵绢本色,曰:"江淮之地,唐季已来,战争之所。今兵革乍息,黎甿始安,而必率以见钱,折以金银,此非民耕凿可得也;无兴贩以求之,是为教民弃本逐末耳。"是时,绢

[1] [宋]范仲淹:《范文正公政府奏议》卷上《治体·答手诏条陈十事》,见《范文正公集》,四部丛刊初编本(第136册),商务印书馆影印本1926年版,页10~1~2。

每匹市卖五百文、绅六百文、绵每两十五文，齐丘请绢每匹抬为一贯七百，绅为二贯四百，绵为四十文，皆足钱，丁口课调亦请蠲除。朝议喧然阻之，谓亏损官钱万数不少。齐丘致书于徐知诰（李昪）曰："明公总百官，理大国，督民见钱与金银，求国富庶，所谓拥篲救火，挠水求清，欲火灭水清，可得乎？"知诰得书曰："此劝农上策也。"即行之。自是，不十年间，野无闲田，桑无隙地。[1]

这一改革是甚有远见卓识的，弃小利而致大利，排除众议，毅然推行，更需要气魄。推行的结果，不但使国家用度充足，而且推动了江淮间农桑的发展，出现了繁荣的局面。"于时中外寝兵，耕织岁滋，文物彬焕，渐有中朝之风彩"。南唐皇家仓库德昌宫"凡积兵器缯帛七百余万"[2]。经济文化的发展，南北无出其右者。

吴越

自钱镠始，吴越屡募民垦荒。钱镠子孙嗣位者，又多颁令减免租赋：

后唐长兴三年（932），吴越王钱元瓘即位，"赦境内，一应荒绝田产尚隶租籍者悉免之"[3]。后晋天福二年（937），"仍赦境内今年租税之半"[4]。

钱弘佐继王位，有献嘉禾者，"王问仓吏蓄积几何。对曰：'十年。'王曰：'然则军食足矣，可以宽吾民。'乃命复其境内租税三年"[5]。

后汉乾祐二年（949），吴越王钱弘俶下令，"以境内田亩荒废者纵民耕之，公不加赋"。"时王募民垦荒田，勿取租税，由是境内并无弃田。或请料民遗丁以增赋，王命杖之国门，民皆大悦"[6]。

《十国春秋·附录》称："吴越时开垦田土，修理水利，米一石不过数十文"；"宋高宗时，知扬州晁公武言，吴越垦荒田而不加税，故无旷土"。这些后世之说，无先入为主的成见，应当说是可信的。南唐官员所撰《江南余载》和北宋欧阳修所撰《五代史记》（即《新五代史》）都强调吴越酷刑峻法，虐取于民，看来是言之过甚的。[1]如果吴越确实这样残暴，则比闽、楚还有过之；它的幅员、兵力都并不比

[1]《容斋续笔》卷18《宋齐丘》引《吴唐拾遗录·劝农桑》，第418页。

[2]《钓矶立谈》，第5007页。

[3]《吴越备史》卷2《文穆王》，第6224页。

[4]《吴越备史》卷2《文穆王》，第6226页。

[5]《吴越备史》卷3《忠献王附忠逊王》，第6241—6242页。

[6]《吴越备史》卷4《大元帅吴越国王》，第6246—6247页。

[7]《江南余载》卷上云："钱氏科敛苛惨，民欠升斗，必至徒刑。汤悦、徐铉尝使焉，云夜半闻声，若麋鹿号叫，及晓问之，乃县司催科耳。其民多裸行，或以篾竹系腰。"第5108页。《十国春秋》卷116《备考·吴越世家辨案》引《丹铅录》云："杨用修氏曰：司马温公《通鉴》载：吴越王钱弘佐……问仓吏，'今蓄积几何？'曰：'十年。'王曰：'军食足矣，可以宽吾民。'乃命复其境内税三年。欧阳永叔《五代史》乃云：'钱氏自武肃王镠，常重敛以事奢侈，下至鱼鸡卵壳，必家至日取。每笞一人，以责其负，则诸案吏各持簿于庭，凡一簿所负，唱其多少，量为笞数，笞已，则以次唱而笞之，少者犹积数十，多者百余，人不堪其苦。'欧阳《史》、司马《鉴》所载不同，可疑也。胡致堂曰：'司马氏记弘佐复税之事，《五代史》不载，欧阳修记钱氏重敛之虐，

捍海塘基础内侧护基本桩

(接上页注文)《通鉴》不取，其虚实有证矣。'予按宋代别记载欧阳永叔为推官时，昵一妓，为钱惟演所持，永叔恨之。后作《五代史》，乃诬其祖以重敛民怒之事。若然，则挟私怨于褒贬之间，何异于魏收辈邪!"第1777-1778页。陶案:欧阳修挟私之说，未可尽信，其所载是否属实，尚待考察。附录以供读者参考。

1《十国春秋》卷90《闽一·司空世家》，第1299-1300页。

2《十国春秋》卷90《闽一·太祖世家》，第1310页。

3《十国春秋》卷94《闽五·王审邽传》，第1363页。

4《十国春秋》卷95《闽六·邹勇夫传》，第1382页。

5《十国春秋》卷96《闽七·颜仁郁传》，第1389页。

6《资治通鉴》卷274，后唐庄宗同光三年十二月，第8953页。

7《十国春秋》卷67《楚一·武穆王世家》，第937页。

8《十国春秋》卷75《楚九·卒长传》，第1035页。

闽、楚强，而又处在南唐三面包围之中，南唐能灭闽、楚却不能灭吴越，吴越反可趁机夺取福州，足见它还不像闽、楚两方那样暴敛横征、尽失人心；至于后世所称吴越的建树，那就更可作正面的说明了。

闽、楚

闽、楚于九国中，骄奢贪暴、取民无艺，最为甚者，故先后为南唐所灭。但是，在一段时间里，农业生产还是有所发展的。

福建在唐亡之际，容纳了大批南移的劳动力。王潮甫得泉州，便"招怀流散，均赋缮兵"，既定全闽，又"还流亡，定租税，遣吏巡州县，劝课农桑"[1]。王审知继位，承其兄成法，倡勤俭，去浮费，"宽刑薄赋，公私富实"[2]。其地方官员重视农业者也不乏其人。如其弟王审邦主泉州，"善吏治。流民还者，假以牛犁，兴完庐舍。"[3]归化镇帅邹勇夫初至任时，"民户凋残，道路榛塞"，"勇夫招集流亡，完葺宅舍，民稍稍越境来归"[4]。一个没有入流的小官归德场长颜仁郁，治理"土荒民散"之区，"一年襁负至，二年田莱辟，阅三岁而民用足"[5]。闽中农田增垦，粮食增多，农桑大有发展，较之前代，有长足的进步。

马殷据湖南，用高郁为谋主。"湖南民不事桑蚕，郁命民输税者皆以帛代钱，未几，民间机杼大盛"[6]。楚以茶为贸易大宗，马殷命"属内民皆得摘山笻茗筹"[7]，用以奖励百姓种茶。湖南种植甘蔗技术有新成就。有一个不知姓氏的"鸡狗坊卒长"，"当马氏时，善种子母蔗，灌莳有法，繁殖蔓衍，遂为湖南圃人冠。蔗凡三种:曰蜡蔗，曰荻蔗，曰赤昆仑蔗，一时称绝盛焉"[8]。这位出自下层的种蔗专家的姓名、事迹，尤其是种蔗技术，都语焉不详，确实可惜。

两蜀

前蜀先主王建定两川，招抚流亡，劝课农桑，颇著成效。建国时，颁发赦书云:"……兼有军人百姓先因公事关连逃避，诸州县镇不敢放归还者，亦任却还本贯，所在不得勘问扰搅。……今年正月九日以前，应在府及州县镇军人百姓,先因侵欠官中钱物,或保累填赔,官中收没屋舍庄田,除已有指挥及有人经官收买外,余无人射买者,有本主及妻儿见在无处营生者,并宜给还却,据元额输纳本户税赋。"[1]这些条文是有利于恢复农桑的。邛南招安使张琳,除在眉州兴修水利外,又在邛州"抚安彝僚,经营蜀雅"[2],对偏僻地区的开发,作出了有益的成绩。开国功臣晋晖在武泰军节度使任内,"招来[徕]逋窜,划除蠹弊,州民爱之"[3]。由于生产恢复,前蜀境内粮食产量增加,以致府库充溢。当然,府库充溢也与王建暴敛有关,但毕竟反映了农业生产有所发展、农产量有所增加的事实。

南唐二陵外景

后蜀孟氏集团比王氏要胜过一筹。孟知祥定两川,即择廉吏,除横赋,安集流散。后主孟昶留心吏治,"先是节度使多领禁兵,或以他职留成都,委僚佐知留务,专事聚敛,政事不治,民无所诉"。后蜀广政四年(941),"帝知其弊,因使诸臣各知节度事,略与正帅有异"[4]。多少改革了旧弊。后蜀沿前蜀旧制置屯田务,招民耕垦。屯田务多在边远地区,垦田成效各有差异。其中有梁山县石氏屯田务,较为著名。[5]曾事前蜀的石处温,"本波斯之种",在奖州[6]刺史任内,"广事耕垦,常积谷数万千石,前后累献军粮二十余万石"[7]。孟昶在位时,"米斗三钱"[8],却还反映了粮食产量之多。至于蚕桑、茶之类,蜀中亦盛。

由于宋人囿于正统陈见,贬斥五代,尤视十国为僭伪,以致文献多阙,以上只能就很不完全的记载,略加叙述而已。

二　手工业生产的发展

南方诸国农业生产既得到恢复和不同程度的发展,手工业生产也就有了发展的条件,当时纺织、制茶、制盐、冶炼、陶瓷诸业都有显著进步。

纺织业

江淮纺织品之精美,品种、数量之多,素来著名。吴以丝织品输税,既可见民间家庭纺织的普遍,而采取这一措

[1][宋]句延庆:《锦里耆旧传》卷5,见傅璇琮、徐海荣、徐吉军主编:《五代史书汇编》(十),杭州出版社点校本2004年版,第6029页。
[2]《十国春秋》卷40《前蜀六·张琳传》,第597页。
[3]《九国志》卷6《前蜀·晋晖传》,第3294页。
[4]《十国春秋》卷49《后蜀二·后主本纪》,第711页。
[5]《十国春秋》卷49《后蜀二·后主本纪》,第714页。
[6]奖州,在今湖南芷江侗族自治县西便水市。
[7]《九国志》卷7《后蜀·石处温传》,第3319页。
[8]《十国春秋》卷49《后蜀二·后主本纪》,第719页。

吴越鎏金铜观音造像

1《十国春秋》卷49《后蜀二·后主本纪》，第719页。

2《五国故事》卷上《伪唐李氏》，第3185页。

3《五国故事》卷上《伪唐李氏》，第3185页。

4《十国春秋》卷15《南唐一·烈祖本纪》，第194页。

5《吴越备史》卷1《武肃王》，第6208页。

6《十国春秋》卷78《吴越二·武肃王世家下》，第1097页。

7《十国春秋》卷79《吴越三·文穆王世家》，第1122页。

8《十国春秋》卷79《吴越三·文穆王世家》，第1124页。

9《五国故事》卷上《前蜀王氏》，第3186页。

10 ［清］王士禛编，郑方坤删补：《五代诗话》卷4《前蜀·后蜀·张立》，人民文学出版社点校本1989年版，第201页。

11《旧五代史》卷136《王衍传》，第1819页。

施，又刺激了纺织业的发展。后唐时，吴遣使"进贡"，见于记载者有"罗锦一千二百匹"，"锦绮罗一千二百匹"[1]。南唐后主李煜"于宫中以销金红罗幂其壁，以白银钉玳瑁而押之。又以绿钿刷隔眼，糊以红罗"，"每七夕延巧，必命红白罗百匹以为月宫天河之状"[2]。当时南唐宫人创造新颖的染色技术，号"天水碧"，其法是，"染碧，夕露于中庭，为露所染，其色特好，遂名之"，因为这种染色享有盛誉，"建康市中染肆之榜，多题曰'天水碧'"[3]，成了盛行一时的招牌。南唐后主精神空虚，豪奢无度，暴殄天物，以遣忧郁，当然是不足道的亡国之君，然而，用锦罗之多，染色之精，则反映了当时丝纺织技术的新成就。南唐宫廷用物，无疑出自官手工业，这些产品不是作为商品投入市场的，但其技术的成就，却总会影响到民间的纺织行业。江南纺织产品之多，还可以从文献中发现：南唐昇元三年（939），诏书规定："民三年艺桑及三千本者，赐帛五十匹，每丁垦田及八十亩者，赐钱二万，皆五年勿收租税。"[4]这当然旨在奖励农桑，却也反映了国库所存绢帛之多。

吴越也是绫罗的著名产区。从事纺织业的工匠按官府规定地区居住，从事操作。例如，钱镠时，徐绾在杭州发动叛乱，"城中有锦工三百余人，皆润（州）人也（按徐绾也是润州人）"。钱镠长子钱元瓘恐他们响应徐绾，便宣布说："王令百工悉免今日工作"，"遂放出门而发悬门"[5]。这一事例，说明当时专业手工业者对封建官府具有严格的人身依附关系，没有居住和经营的自由。但杭州城内锦工人数之多，却可反映纺织业之盛。吴越丝织品质量精美，数量繁多，有很多著名产品。吴越向中原王朝进贡的纺织品就有"越绫、吴绫"，"盘龙凤锦织成红罗縠袍袄衫缎"[6]，"锦绮五百"[7]，"吴越异纹绫八千匹、金条纱三千匹、绢二万匹、绵九万两"[8]。至于贸易他方乃至国外者，为数当然更多。

蜀中自古为织锦盛地，成都素称锦官城。每春三月，蜀有蚕市，市面极为繁盛。前蜀后主王衍结彩楼山，用"缯彩数万段"，又作锦障，从宫内直伸至街市；[9]每秋，成都"四十里尽铺锦绣"[10]；游上清宫，"随驾宫人皆衣画云霞道服"[11]。这种穷奢极欲形成的锦绣世界，固然是极其腐朽的表现，然而,它毕竟反映了蜀中丝纺织业的水平,可以看出彩罗锦绫数量之多,技术之巧。

湖南马氏奖励桑蚕,使境内纺织业得到空前的发展。湖南的纺织品有丝、麻两种,棉纺织品是否已在湖南出现,尚待考证。楚贡奉中原的纺织品有:"土绢、土绝、吉贝布共三千匹";"紬绢六十匹、白罗一百匹、筒卷白罗十匹、锦绮缛面十床、锦绮背十合[盒]"[1]。马希范治宫殿,"地衣,春夏用角簟,秋冬用木绵"[2]。湖南诸州所产纺织品有:潭州产丝布、葛布、纻布。永州产细葛。道州、郴州产白纻布。澧州产龟甲绫、五纹绫、纻练纱、光明纱。[3]仅从以上记载看,已见湖南丝麻纺织之盛。至于"木棉(布)"或者"吉贝布",却不见于各州土产项内,究属官手工业制造、或者来自岭表,很难断定。不过,马希范居楚王位时,桂管属于楚的地区,或为桂管所产(桂管产棉布,已见于唐代)。而且,棉布在当时还是奢侈用品。

闽纺织业发展情况,记载甚少。从向中原王朝的贡品中,可窥其一斑。闽贡品之中,金银、香药之类为多,但也有"锦绮罗三千匹","白氎、红氎","葛五十匹","细葛二十匹","红蕉二百匹、蝉纱二百匹"的记载。[4]种类不少,也有工艺水平较高的产品。

荆南地仅3州,而纺织业也很可观。其贡品有"御衣段罗绫绢一百五十匹","异纹绮锦法锦三百匹、筒卷白罗二百匹、白花罗一百匹、绒毛暖座二枚","细锦五十匹、绣锦六铢五十段、罗二百匹"[5]。其中未必无取之他道的产品,但其多数是本地出产。

制茶业

唐代以茶叶为贸易大宗,茶叶不仅畅销于中原,而且大量运销于回鹘、吐蕃以及国外的日本、朝鲜、大食等处。五代时期,南方茶叶生产又有发展。宋人称:"茶之佳品,摘造在社前,其次则火前,谓寒食(即清明节)前也。其下则雨前,谓谷雨前也。茶之佳品,其色白,若碧绿色者,乃常品也。茶之佳品,芽蘖微细,不可多得,若取数多者,皆常品也。"[6]五代诗人郑邀《茶诗》云:"嫩芽香且灵,吾谓草中英。夜臼和烟捣,寒炉对雪烹。惟忧碧粉散,常见绿花

王建墓出土宝盝

[1]《十国春秋》卷67《楚二·文昭王世家》,第952、957页。

[2]《资治通鉴》卷283,后晋高祖天福七年十月,第9241页。

[3]分见《太平寰宇记》卷12、12、14、15、16《江南西道一一四、一一四、一一四、一一六、一一七、一一八》,第105、117、120、124、131页。

[4]《十国春秋》卷91《闽二·惠宗本纪》,第1324页;同书卷92《闽三·景宗本纪》,第1339、1341页。

[5]《十国春秋》卷101《荆南二·文献王世家》,第1442、1444、1445页。

[6][宋]王观国:《学林》卷8《茶诗》,中华书局点校本1988年版,第275页。

生。最是堪珍重，能令睡思清。"[1]另一五代诗人僧齐己的茶诗则云："甘传天下口，贵占火前名。""高人爱惜藏岩里，白硾封题寄火前。"[2]茶叶制造技术的提高，由这里可见一二。

江淮素为主要产茶区，杨行密初定江淮，以用度不足，欲以茶盐易民布帛，可见府库存茶之多。而杨行密与朱全忠交恶的导火线，又是因朱全忠扣押吴押牙唐令回，尽夺其携往汴宋贸易的万余斤茶叶。后唐时期，双方关系较好，吴几次致新茶于后唐[3]，反映了江淮与中原的茶叶贸易已经恢复。江淮茶原以阳羡茶为珍品。南唐保大四年（946），"命建州制的乳茶，号曰京铤腊茶之贡，始罢贡阳羡茶"[4]。这种茶乃"取其乳作片，或号曰京铤的乳及骨子等"[5]。它又可作妇女妆饰之用，据记载，"江南晚季，建阳进茶油花子，大小形制各别，极可爱。宫嫔缕金于面，皆以淡妆，以此花饼施于额上，时号'北苑妆'"[6]。其花色、香味可以想见。建州本属闽，京铤茶取代阳羡茶，反映了福建茶超过了江淮茶。南唐境内官焙（茶）38处，官私制茶共1 336处[7]，产量自然是很可观的。

吴越和蜀中也都是产茶之区。吴越向中原王朝的贡品中有"茶二万七千斤"、"大茶、脑源茶二万四千斤"、"茶二万五千斤"、"脑源茶三万四千斤"，[8]而贸易于中原的茶，数量当10倍于此。

至于蜀中，产茶也盛。唐天复三年（903），唐昭宗从凤翔回长安，唐廷财力困竭，王建"贡茶布等十万"[9]以解其急。王建这一行动，不过是象征性的支援而已，这些茶布于蜀中不啻九牛一毛。蜀中茶园甚多，贵族官僚往往自营茶园，规模甚大。后蜀亡，其旧臣毋守素仕宦宋朝，"籍其成都庄产茶园以献，宋太祖诏赐钱三百万缗以充其值，仍赐第汴京"[10]。由此可以推测毋守素私营茶园之规模，而他还不是后蜀重臣中的最富者。

湖南为产茶地区之一，而且地处南北通道，茶的贸易额甚大。马殷定湖南，"高郁请听民自采茶卖于北客，收其征以赡军"，马殷从其议，请得后梁朝廷准许，"于汴、荆、襄、唐、郢、复州置回图务，运茶于河南、北，卖之，以易缯纩、战马而归，仍岁贡茶二十五万斤"[11]。"于中原卖茶之

李昇陵出土的鎏金铜饰

[1] ［宋］阮阅：《诗话总龟·后集》卷30《咏茶门》，景印文渊阁四库全书本（第1478册），第802页。

[2]《学林》卷8《茶诗》，第275页。

[3]《十国春秋》卷3《吴三·睿帝本纪》，第60页。

[4]《十国春秋》卷16《南唐二·元宗本纪》，第210页。

[5]《诗话总龟·后集》卷30《咏茶门》，第800页。

[6] ［宋］陶谷：《清异录》卷下《北苑妆》，见朱易安、傅璇琮等主编：《全宋笔记（第一编）》，大象出版社点校本2003年版，第76页。

[7] ［宋］宋子安：《东溪试茶录》，景印文渊阁四库全书本（第844册），第655页。

[8] 分见《十国春秋》卷78、79、80《吴越二·武肃王世家下》、《吴越三·文穆王世家》、《吴越四·忠献王世家·忠逊王世家》，第1101、1124、1135、1139页。

[9]《十国春秋》卷35《前蜀一·高祖本纪》，第496页。

[10]《十国春秋》卷53《后蜀六·毋守素传》，第783页。

[11]《资治通鉴》卷266，后梁太祖开平二年七月，第8702页。

利，岁百万计"[1]。由于湖南与中原王朝一直保持了良好的关系，道路虽然多有关卡，却较他方为便，所以中原茶贩多往湖南兴贩，因而湖南茶利数额甚大。

冶炼业

南方九国不但保存和经营唐代官营坑冶，而且开发了一些新的坑冶。江淮有铜、铁、铅等多种矿藏。宣州盛产铜铁，仍能保持原来的规模。而新开的大冶矿，影响后世，至为深远。《十国春秋》卷111《地理表上》载：鄂州羊山镇、永兴大冶青山场院，皆置官冶；信州铅山有铅冶。大冶矿创置于吴武昌军节度使秦裴任内，"裴在治七年（从唐天祐三年，即906年开始），积军储二十万，开青山大冶，公家仰足"[2]。南唐保大十三年（955）乃"分阳新、武昌三乡置大冶县"[3]。从此大冶成为产铁要区，至于近代更盛。大冶附近的兴国军产铜、铁、银。[4]湖南产铅铁丹砂，又有铜坑。潭州境内丹砂数量甚多，"涌出丹砂，委积如丘陵"，马希范造宫殿，用丹砂涂壁，"凡用数十万斤"[5]。马殷听高郁议，铸铅钱行于境内，可见铅铁产量之多，而采用这个措施，反过来又促进了铅铁矿的开采。马氏又在辰州置铜矿。[6]衡州、邵州、永州、郴州皆产朱砂（即丹砂，通称砾砂），衡州、邵州原产水银，邵州兼产银。[7]

南汉产金银，南汉诸主竞用金银，穷奢极丽：刘䶮建昭阳殿，"用金为仰阳，银为地面"[8]；刘钺建万政殿，"饰一柱，凡用银三千两。又以银为殿衣"[9]。至于南方诸国献于中原王朝的贡品中，金银数量是很多的，如：吴越贡品中有"金器五百两、白金一万两"[10]，"铤银五千两"[11]。闽贡品中有"白金四千两"，"白金一千两"，"铤银二千两"，"白金四千两"[12]。这些金银都是用来制造华丽的用具或观赏之用，并没有当作货币来使用。这反映在当时乃至以后相当长的一段时间里，社会财富的发展还是很有限的。

制盐业

唐代财赋号称"扬一益二"，与这两地盐利是有重大关联的。唐置盐铁使于扬州，榷取盐利。高骈就倚靠这个资本抗拒唐廷，恣意跋扈。吴和南唐立国，仍以盐利为重

李昪陵出土的铁片和各种铁钉

[1] 《旧五代史》卷133《马殷传》，第1757页。

[2] 《九国志》卷1《吴·秦裴传》，第3227页。

[3] 《十国春秋》卷111《地理表上》引《湖广志》，第1590页。

[4] 《太平寰宇记》卷113《江南西道十一》，第103页。

[5] 《五代史补》卷3《马希范奢侈》，第2500页。

[6] 《资治通鉴》卷293，后周世宗显德三年七月，"（周）行逢少时尝坐事黥，隶辰州铜阬"。胡三省注："唐文宗之世，天下铜阬五十，辰州不在其数。辰州铜阬，盖马氏所置也。"第9557页。

[7] 分见《太平寰宇记》卷115-117《江南西道十三~十五》，第111、114、120、124页。

[8] 《十国春秋》卷58《南汉一·高祖本纪》，第847页。

[9] 《五国故事》卷下《伪汉彭城氏》，第3194页。

[10] 《十国春秋》卷79《吴越三·文穆王世家》，第1124页。

[11] 《十国春秋》卷80《吴越四·忠献王世家》，第1135页。

[12] 《十国春秋》卷92《闽三·景宗本纪》，第1339、1341页。

吴越雕花莲瓣纹青瓷钵

要财源。杨行密据江淮,以盐茶为库存的重要物资,已见前面所述。其后,吴定民户田赋,规定每正苗一斛,加收三斗,官给盐二斤,谓之"盐米"。[1]至后周显德四年(957),后周世宗南征,取南唐江北诸州以后,南唐元宗(中主)李璟"以江南无卤田,愿得海陵[2]盐南属以赡军",世宗以"海陵在江北,难以定居",遂命每年"支盐三十万斛以给江南"[3]。这一决定,既表现了世宗"宽厚",赢得人心,更对南唐起了控制作用。

蜀中产井盐,历来著名。前蜀和后蜀都以盐利为重要收入。各地盐井产量不等,如陵州[4]盐井,"岁炼八十万斤",是产量较多的。此后于后蜀广政十九年(956)曾一度报废,"石脉淤塞,毒烟上蒸,以绲绳炼匠下视,绲者皆死,不复开浚"。北宋灭后蜀后,遣派官员专理此事,重开陵州井,"初炼数百斤,日稍增数千斤"[5]。

制瓷业

我国制瓷业始于唐代,至宋代有重大发展。五代十国是介于两代之间的过渡阶段,也可以说,为宋代制瓷的工艺、技术的发展开辟了新径。尤其是南方制瓷业的发展,影响后世甚为深远。

根据古籍记载和文物发掘,我国南方瓷窑兼存于唐、宋两代者有越窑、西山窑(浙江温州西山)、岳州窑(湖南湘阴铁罐咀)、潮州窑(广东潮州上埠韩山)、琉璃厂窑(四川华阳县琉璃厂)5处,历唐、五代者有胜梅亭窑(江西景德镇)1处,历五代、宋者有黄岩窑(浙江黄岩县)1处。[6]胜梅亭窑是景德镇最早的瓷窑,虽然入宋以后,此窑不复存在,但此后景德镇瓷窑不断增加,至11世纪就开始形成了驰名中外的景德镇瓷器。

南方瓷器最为精美的是越州秘色瓷。越州瓷并非仅指越州治所绍兴所制的瓷器,而是泛指其辖境内诸窑所烧造的瓷器。其中,余姚窑的瓷器可以为越州瓷的代表产品。余姚瓷窑的建立至迟当在唐长庆三年(823)之前,诸窑本属民窑,在唐代,技术已很精美。钱镠据两浙,置官监窑,开设了一批官窑,即"秘色窑"。[7]所谓"秘色"就是所制瓷器专门供给统治者(首先是吴越王宫廷使用),民间不

[1]《江南野史》卷3《后主》,第5171—5172页。

[2]海陵,治今江苏泰州市。

[3]《资治通鉴》卷294,后周世宗显德五年五月,第9584页。

[4]陵州,治四川仁寿县东2里。

[5][宋]僧文莹:《玉壶清话》卷3,中华书局点校本1984年版,第27—28页。

[6]据冯先铭:《瓷器浅说》,载《文物》1958年第8期。

[7]据王士伦:《余姚窑瓷器探讨》,载《文物参考资料》1958年第8期。

得使用。秘色窑烧制出来的瓷器，无论是胎质、釉色、纹饰或造型，在当时都别创一格，堪称越州窑瓷器发展到高峰的杰作。就现存的余姚秘色瓷器来看，施釉技术已经提高到能够控制釉色的境界，青翠悦目，恰如诗句"夺得千峰翠色来"的描述。造型则有盘、碟、瓶、盒、碗、茶托、枭首杖头等，多样别致，美不胜收。装饰方面集中了以前的各种方法加以发展，题材有矫健的各种蟠龙，翱翔天空的鹤、凤，花丛中比翼双飞的鹦鹉，钱塘江汹涌的潮水等。刻划人物的也很多，轮廓勾勒都很准确，线条流利生动。莲花瓣饰极丰富，有10多种不同形式和不同刻法。它们不但是瓷器中的珍品，而且在绘画史上，也有其重要价值。因为五代是我国绘画史上的一个重要时期，而留传至今的真品极少，秘色瓷的装饰，多少可以弥补这个缺陷。

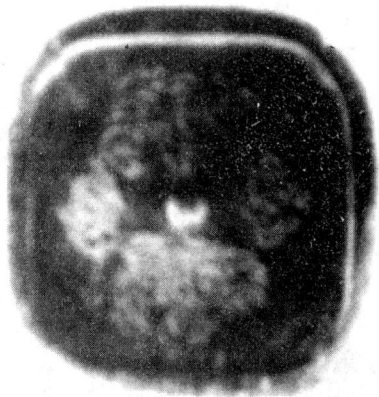

鸳鸯莲花境

1956年发掘出来的浙江黄岩窑是吴越时期的民窑。它烧造的瓷器胎质坚硬而细腻，胎体轻薄，火候比较高。釉色以青绿为主，淡青、淡黄为次，还有青白色和青中带银灰色等7种。釉施通体，比较光泽。淡青部分更加匀净透明。瓷器有盘、碗、盏、双耳瓶、器盖、碟等多种。花纹图案秀丽、鲜明而生动，以划纹为主，兼有印纹。纹样有2类，禽兽有凤凰、鸳鸯、鹦鹉等，花卉类有菊、茶、荷、牡丹等20种。它与越窑窑址中出土的瓷器很近，应属于越窑系统。[1]

岳州窑也是著名的瓷窑，而于马楚时期却不及长沙窑之盛。20世纪50年代，湖南省博物馆清理了唐、五代和宋的墓葬，从中出土了大量陶瓷器。器型有盅、碟、盂、杯、粉盒等日常用具。釉色以青釉为主，次为褐釉或青黄釉绘褐彩，间或也有绘绿彩者。从长沙五代墓葬中发掘得的瓷器，有碗、碟、盒、壶等型，以白瓷为主，青瓷甚少，白瓷以碗碟为主。从铜官窑发掘的瓷器来看，釉下彩至为精美，它突破了传统的单色釉，烧成了青釉带褐绿彩的瓷器。其中白釉绿条，无论是从原料或烧制工序，都可视为青花瓷器的鼻祖。铜官窑瓷器销售于国内外，夙负盛名。铜官窑瓷器兼有唐、五代的产品，而无宋代瓷器，它的烧制时限应在唐和五代这段时间之内。[2]

此外，五代时期南方造船业也颇为发达。南汉、闽、吴

---

[1] 据浙江省文物管理委员会：《浙江黄岩古代青瓷器窑址调查记》，载《考古通讯》、《文物参考资料》1958年第8期。

[2] 参阅周世荣：《略谈长沙的五代两宋墓》，载《文物》1960年第3期。湖南省博物馆：《长沙瓦渣坪唐代窑址调查记》；冯先铭：《从两次调查长沙铜官窑所得到的几点收获》，均载《文物》1959年第4期。

越和吴、南唐都航行海上，如果没有规模巨大的造船业当然是无法进行的。且不说这些较大的割据政权，就是据江陵一隅的成汭，也"作巨舰，三年而成，制度如府署，谓之'和舟载'，其余谓之'齐山'、'截海'、'劈浪'之类甚众"[1]。成汭的行为固然愚蠢，但江陵制船业的技术和规模却是很可观的。江陵如此，何况扬州、金陵、杭州、泉州、福州、广州等临海濒洋之地？

　　江南、吴越所制文具，驰名南北。南唐所产澄心堂纸、龙尾砚、李廷珪墨，称"文房三宝"；《辍耕录》载南唐制墨名家有李廷珪、耿文寿、耿文政、盛通、盛真等。吴越温州产"蠲纸"，"洁白坚滑，类高丽纸，东南出纸处最多，此为第一"[2]。吴越钱氏对造这种纸张的人户蠲免赋役，故称"蠲纸"。这些名贵纸张，产量不多，却是文化艺术发展的一种反映。

三　商业的活跃

　　五代时期，南方诸国经营商利，招徕商贾，征收商税，以充军国用度。隋代开凿的大运河，这时虽然阻断不通，但海运却发展了，南北的通商贸易，中外的贸易往来，都继续进行着，各地商业的活跃，使城市呈现了繁华景象。可以说，南方各地商业的活跃视唐代有加。

　　江南物产丰富，商业一向都很发达。吴都广陵，唐都金陵，都是商业繁盛之地。广陵经兵燹，残破不堪，经过几年恢复，"广陵殷盛，士庶骈阗"，再呈旧日盛况。不过，广陵繁盛，全赖大运河，五代时期，运河梗塞，杭州一段属吴越，而北段通汴洛者淤塞梗断，故广陵已非昔时全盛之况。南唐迁都金陵，主要原因不在于它是烈祖立基之地，而因金陵军事形势胜于广陵，兼可以收长江舟楫通商之利，惟盐利不及。金陵经南唐修建，盛况逾前，"制度壮丽"[3]，甚为繁荣，成为其政治经济中心。吴和南唐不但与中原、邻道贸易往来，而且贸易远及东北的契丹。吴、唐与中原贸易，主要以茶帛换取羊马，契丹也是以羊马易取吴、唐的丝、茶、药品。南唐昇元二年（938），契丹东丹主遣使至南唐，"以羊马入贡，别持羊三万口、马二百匹来鬻，以其价市罗纨、茶药"[4]。这只是一例而已。两朝又从海路与新

越窑青釉划花注

[1] 《资治通鉴》卷264，唐昭宗天复三年四月，第8607页。

[2] 《十国春秋拾遗备考·吴越》，见《十国春秋》，第1786页。

[3] ［宋］陆游：《南唐书》卷1《烈祖本纪》，见傅璇琮、徐海荣、徐吉军主编：《五代史书汇编》（九），杭州出版社点校本2004年版，第5464页。

[4] 《十国春秋》卷15《南唐一·烈祖本纪》，第191页。

罗、高丽、占城、大食诸国贸易。由于商利甚厚，贵族显宦也竞事经营。如：徐温之子徐知谔居润州，身为一方长官，居然"作列肆于牙城西，躬自贸易"[1]。寿春的地方军政长官李彦真，"惟务聚敛，不知纪极，列肆百业，尽收其利"[2]。不但城市里商业繁荣，就是农村间的草市、圩场也很繁荣。因而有的圩市升为县，或置为镇。据《十国春秋》卷111《地理表上》记载吴、唐二朝置州、县、镇、院的情况如下：

制置院升为州者：1（泰州）。

前代废县至是复置者：2（芜湖、繁昌）。

场、镇升为县者：20（靖安、清江、如皋、嘉鱼、永安、通山、大冶、德兴、铅山、德安、瑞昌、湖口、东流、龙泉、瑞金、龙南、石城、上犹、万载、上高）。

新设制置院：2（静海、新淦）。

新置场：4（铅山铅场，金谿场、宜黄场、上犹场）。

新置镇：4（高安盐步镇、龙泉万安镇、德化星子镇、海陵东洲镇）。

这些州、县、院、场、镇的设置，当然不是仅由商业发展，其中有一批是冶炼的需要，而就其中大多数言，商业发展，无疑是一个重要因素。

两浙也是通商要区。钱镠据两浙，于唐景福二年（893）发十三都兵和役徒20万人建杭州新城，"自秦望山由夹城东亘江干泊钱塘湖、霍山、范浦，凡七十里。"[3]吴越天宝三年（910），又大事扩建，广修台馆，兴筑子城，"建候潮、通江等城门"[4]。经过钱镠营建，杭州城"邑屋之繁会，江山之雕丽，实江南之胜概也"[5]。南宋建都临安，城郭、宫室皆钱氏之旧。杭州成为举世闻名的旅游胜地，吴越营建之功是不可磨灭的。吴越北通中原，南通闽、粤，又由海路与国外通商，杭州市内商业繁荣，胜况堪称空前：

僧契盈……广顺（951—953）初，游戏钱塘，一旦陪吴越王（钱弘俶）游碧浪亭。时潮水初满，舟辑辐辏，望之不见其首尾。王喜曰："吴国地去京师三千余里，而谁知一水之利，有如此耶？"盈对曰："可谓三千里外一条水，十二时中两度潮。"……时江南未通，两浙贡赋自海路而至青州，故云三千里也。[6]

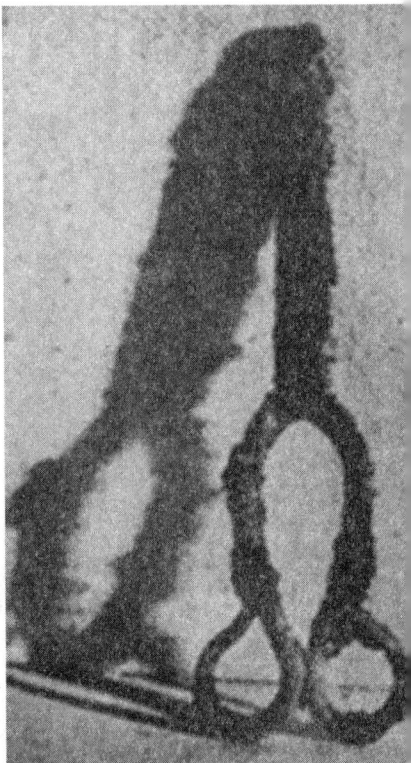

铁剪刀

[1]《资治通鉴》卷279，后唐潞王清泰二年七月，第9132页。

[2]《玉壶清话》卷10《江南遗事》，第101页。

[3]《吴越备史》卷1《武肃王》，第6181页。

[4]《吴越备史》卷1《武肃王》，第6205页。

[5]《旧五代史》卷133《钱镠传》，第1771页。

[6]《五代史补》卷5《契盈属对》，第2534页。

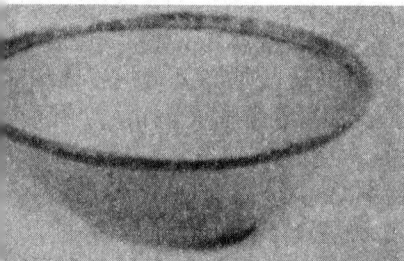

青釉金扣边碗

"舟辑辐辏,望之不见其首尾",则城内商业的繁华盛况,就可想而知了。吴越不但由海路通青州,与中原贸易,而且东至新罗、日本,西至占城、大食,皆有商船往来。无疑,两浙商业之盛已超逾了唐代。

福建商业,尤其是海上贸易,较之唐代,进步更为显著。王氏据福建,修建福州城,"唐天复(901-903)时王氏筑罗城,其门七(当为"八"):南利涉,东南通津,东海晏,东北延远,北永安,西北安善,西南清远,西金斗。梁开平元年(907),又筑夹城,在罗城外,其门六:南宁越,东南美化,东北井楼,北严胜,西北遗爱,西迎仙"[1]。由于陆路阻断,王审知时,"每岁朝贡,泛海至登莱抵岸,往复颇有风水之患,漂没者十四五"[2]。当时,为了广开海上贸易,王审知辟甘棠港,传王审知"招来[徕]海中蛮夷商贾,海上黄崎(山),波涛为阻,一夕风雨雷电震击,开以为港,闽人……号为甘棠港"[3]。这个神化王审知的记载,当然是无稽之谈,但它却反映了劳动人民以惊人的智慧和劳动开辟甘棠港的事实。从此,海上船艘往来,十分便利。唐代已成为重要港口的泉州,这时更加繁荣。王审知之侄王延彬主泉州26年,善于招徕南海商贾,致取宝货,时人称他为"招宝侍郎"。[4]闽亡之后,留从效据漳、泉2州,广植刺桐,美化城市。后人记载云:

> 五代时留从效重加版筑,傍植刺桐环绕。宋吕造诗:"闽海云霞绕刺桐,往年城郭为谁封。鹧鸪啼困芒前事,荳蔻香消减旧容。"其木高大,而枝叶蔚茂,初夏开花极鲜红。如叶先萌芽而其花后发,则五谷丰登。[5]

由此,外国人称泉州为"刺桐城"。虽然这个名称可能开始于"南宋时泉州互市极盛"[6]之时,但留从效经营之功是不可磨灭的。

岭南自秦汉以来就是中外通商重地,唐代海上贸易尤盛于以往,"海上丝绸之路"胜过了陆路。黄巢义军弃广州北伐,广州海上贸易迅速恢复。刘氏据岭南,赖商税为军国用度的大宗。刘龑称帝后,"广聚南海珠玑,西通黔、蜀,得其珍玩,穷奢极侈,娱僭一方,与岭北诸藩岁时交聘。"[7]反映了南汉海上贸易之盛、与国内各地通商之密。

[1]《十国春秋》卷112《地理表下》,第1619页。
[2]《旧五代史》卷134《王审知传》,第1792页。
[3]《新五代史》卷68《闽世家》,第846页。
[4]《十国春秋》卷94《闽五·武肃王审珪子延彬传》,第1363页。
[5][明]黄仲昭修纂:《八闽通志》卷80《古迹·泉州府·晋江县》,福建人民出版社点校本2006年版,第1260页。
[6]参阅(日)桑原骘藏著,陈裕青译:《蒲寿庚考》第一章《蕃汉通商之大势》,中华书局1954年版,第41-42页。
[7]《旧五代史》卷135《刘龑传》,第1808页。

各地商贾受到南汉皇室礼遇，刘龑对"岭北商贾至南海者，多召之，使升宫殿，示以珠玉之富"[1]。

湖南与中原和邻道的贸易也盛于唐代。马殷以茶与中原贸易，获利百万。又从高郁议，铸铅钱，十当铜钱一；又铸铁钱，围六寸，文为"乾封泉货"，用九文为贯，以一当十，流行境内，"商旅出境，无所用之，皆易它货而去，故能以境内所余之物易天下百货，国以富饶"[2]。马希范继位后，因"楚地多产金银，茶利尤厚，由是财货丰殖"。在马希范的小朝廷之内，"富商大贾，布在列位"[3]。商人当官握权，加速了马氏集团的腐化。

高氏据荆南，扩建江陵城。后梁乾化二年(912)，征发10余万人建外郭。后梁贞明五年(919)，又筑子城，于东门上建江汉楼。[4]高氏以商税为财赋首要来源。高从诲继位之后，一度与后汉断绝，"北方商旅不至，境内贫乏，乃遣使上表谢罪，乞修朝贡"[5]。江陵城市处四方交会之所，商贾荟萃，后周世宗在民间，就曾与邺中大商颉跌氏往江陵城贩卖茶货。[6]荆南又辟沙头市，成为商业城市，这就是后世的沙市。

蜀中号称"天府之国"，秦汉以来便是通商重地。唐代财赋"扬一益二"，也包括了蜀中商税的收入。成都号称"锦官城"，唐时，城内有三市"鬻花果、蚕器于一所，号蚕市；鬻香、药于一所，号药市；鬻器用者号七宝市"[7]。虽经战乱，但都很快恢复了旧时盛况，且又过之。每年三月有蚕市，"货易毕集，阗阓填委"[8]。市内"歌乐掀天，珠翠填咽，贵门公子，乘彩舫游百花潭，穷奢极丽。诸王功臣已下，皆置林亭，异果名花，小类神仙之境"[9]。秋季，"城上尽种芙蓉，九月间盛开，望之皆如锦绣"[10]。尽管这些情况之中，有很大程度是贵族官僚奢侈生活的反映，但成都城市之美，商业之活跃，却也由是可见。由于经商可获厚利，前蜀后主徐太后姊妹竞于"通都大邑起邸店，以夺民利"[11]。后蜀宰相李昊"秉利权，资货岁入无算"[12]。简州刺史安重霸黩货无厌，"部民有油客子者，姓邓，能棋，其力粗赡"，安重霸想要对他敲诈勒索，故意邀入府内下棋，令立侍而不给座位，弄得邓某"倦立且饥，殆不可堪"。别人乘间教他献财求免，他才"以中金十铤获免"[13]。从这个故事，可以看出一

李昪陵出土的陶鸡

[1]《新五代史》卷65《东汉世家》，第812页。

[2]《资治通鉴》卷274，后唐庄宗同光三年十二月，第8953页。

[3]《资治通鉴》卷283，后晋齐王天福八年十二月，第9258、9259页。

[4]《十国春秋》卷100《荆南一·武信王世家》，第1431页。

[5]《资治通鉴》卷288，后汉高祖乾祐元年六月，第9394页。

[6]《五代史补》卷5《世宗问卜》，第2525页。

[7]《资治通鉴》卷253，唐僖宗乾符六年四月胡三省注，第8213页。

[8]《五国故事》卷上《前蜀王氏》，第3186页。

[9][宋]耿焕：《野人闲话》，《颂令箴》，见傅璇琮、徐海荣、徐吉军主编：《五代史书汇编》（十），杭州出版社点校本2004年版，第5991页。

[10][宋]张唐英著，王文才、王炎校笺：《蜀梼杌校笺》卷4《后蜀后主》，巴蜀书社1999年版，第381页。

[11]《新五代史》卷63《前蜀世家》，第791页。

[12]《十国春秋》卷52《后蜀五·李昊传》，第774页。

[13]《北梦琐言》卷1《日本国王子棋》，第21—22页。

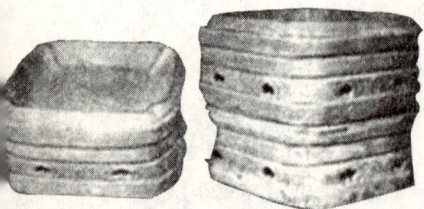

越窑青瓷叠式方盒

个小小的油客子居然有如此多的资本，而且可以出入州府，则蜀中商业之盛，商人势力之大，由此也可窥一斑了。

五代时期，南方经济发展远胜北方，其原因在于：南方各地战争较少，环境相对安定，诸国保境息民，奖励农桑，招徕商旅；大量劳动力南移，加上各地安定后户口增殖，与中原人户流散、死于锋镝，恰成对比；南方优越的自然条件，得到了进一步的发挥。三者之中，诸国开创者施行的保境息民、奖励农桑政策，起了决定作用。这不是强调统治者的个人作用，须知在一定的历史条件下，政策是可以起到决定性作用的。毫无疑问，南方财富的创造者、宏伟壮丽工程的建造者，都是当时的劳动人民，其功绩永垂不朽。然而，没有相对安定的环境，没有各国统治者的提倡和组织，他们也难以发挥自己的聪明才智和力量。

但是，南方各地经济的发展，并不能证明这样一种论调：割据可以带来诸方竞争，促进经济发展，与历史发展有利。这种论调乃是片面之见和短视之论。且不说各地经济的发展是在各地区削除了当地的独据一方的小割据势力、形成地区性的统一后才有可能，就在此后，各地经济的发展也还是畸形的和病态的。割据政权对经济发展的阻力，客观上是存在的。对此，应略加分析。

首先，南方诸国无论其称帝与否，一概自有一套天子以至于百官的统治机构，内廷、朝堂，一应俱全。吴、南唐、前蜀、后蜀、闽和南汉都称帝建国，自不消说；吴越、楚都用天子制度，自设百官，就是四面称臣的"赖子"王荆南高氏，也建立了具体而微、类于帝王的王府。这样的封建统治机构包括的人员、费用，比起统一时期的王朝来，何啻10倍？至于其奢侈费用，更难以计算。处于割据时期，各国竞以养兵为务。例如，后蜀亡时，"二十万军齐拱手"[1]，而户则534 039，合两户养一兵。吴越国除时，户550 608，兵115 036，合五户尚不能养一兵。各方宫廷、官府、兵员如此之多，加上奢侈费用激增，势必加重人民群众的负担，阻碍社会经济的发展。南唐烈祖李昪是五代杰出的政治家之一，南方诸国创业之君无出其右者，然而，在其执吴政时，用汪台符之策，"括定田赋，每正苗一斛，别输三斗，

[1] ［后蜀］何光远：《鉴诫录》卷5《徐后事》，见傅璇琮、徐海荣、徐吉军主编：《五代史书汇编》（十），杭州出版社点校本2004年版，第5903页。

官授盐一斤,谓之盐米,入仓则有薳米"[1]。宋人尝言:"窃见五季暴政所兴,江东西酿酒则有曲引钱,食盐则输盐米,供军须[需]则有鞋钱,入仓库则有薳钱。"[2]这些暴敛,有些当为南唐元宗李璟以后所增,但江淮百姓负担之重,是可见的。吴越旧臣江景防于钱氏归朝时,负责呈送图籍,"当五代时,吴越以一隅捍四方,费用无艺,其田赋市租山林川泽之税,悉加故额数倍。"江景防为了免除百姓暴敛之苦,甘冒风险,"沉图籍于河"[3],请罪于朝。江淮、两浙在南方诸国之中,要算是比较开明的,两方尚且如此,他处更难闻问了。

南唐保大元宝

其次,各国统治集团腐化的速度甚为惊人。手工业技术被大量用于穷奢极欲的需求,非但不能为整个社会所用,而且耗费了大量的人力和物力。这方面也是甚于统一王朝时期的。

至于商业,商利之厚正是由于交通阻塞,遂有奇货可居、暴利可图。而能够稳得暴利的,首先是各小朝廷及其显贵,他们凭恃特权,有恃无恐,可居垄断。其次则是依前者为靠山的富商大贾,他们或者乞得官衔,借以逞威。至于一般商贾则要冒险经商,甚至生命都没有保证。因为各地关卡林立,重困商旅,甚且劫掠货财,杀害商贾,商人们要冒重重风险,又要向所经途中的大小关卡官吏们施贿行赂。有时,即使官营商业也不免遭劫掠,朱全忠劫取吴国茶货、拘押经商者,便是其例。各地统治者公然劫夺商贾者不乏其例,"高赖子"就经常这样干。而南汉主刘晟,居然"遣巨舰指挥使暨彦赟以兵入海,掠商人金帛作离宫游猎"[4]。军队在他手里,竟发挥了劫掠外商的"职能"了!

此外,由于没有统一的、中央集权的国家,钱币更加混乱,影响经济的发展和人民的生活;由于道路阻断,不得已而用海运,遭到飓风的袭击,人死船毁,损失巨大。凡此种种,都足以表明割据从根本上说,是不利于经济文化的交流和发展的。

[1] [元]马端临:《文献通考》卷4《田赋考四·历代田赋之制》,考53,中华书局影印本1986年版。
[2] 《文献通考》卷4《田赋考四·历代田赋之制》,考53。
[3] 《十国春秋》卷78《吴越十一·江景防传》,第1265页。
[4] 《新五代史》卷65《南汉世家》,第816页。

出猎图

第三章　契丹的崛起与中原人民
的抗辽斗争

第一节　契丹的崛起与建国

10世纪时中国疆域内的众多政权中,辖境最广、兵力最强者,无逾于契丹(辽)。而治五代史者往往对契丹不加详叙,仅在与中原王朝的往来中附带叙述,这样就不能显现10世纪时中国的历史全貌。因为本套《中国通史》有《辽史》专册,因而,本节仅对契丹在五代时的情况作大略叙述。详情可参见《辽史》专册。

一　契丹族的发展和阿保机建国

契丹是我国古代东北少数民族之一, 其名始见于北魏。《辽史》称契丹之先,"出自炎帝","其可知者盖自奇首云","奇首生都菴山,徙潢河之滨。传至雅里,始立制度,置官属,刻木为契,穴地为牢"[1]。"出自炎帝"之说不见于《魏书》以下诸史,应当说,这是辽朝建立后,接受了先进文化才造出此说的,与鲜卑拓跋氏自称黄帝之后,如出一辙。至于奇首、雅里的传说,则是有相当价值的。直至5世纪,契丹仍处在氏族社会阶段。他们逐水草牧畜,有时"多为寇盗",更多的时间则是向北魏"求朝献,岁贡名马",经常"交市于和龙、密云之间"[2]。这表明,契丹内部生产得到发展,狩猎和畜牧所提供的单纯产品,已不能满足他们的需要,因而用交易和掠夺两手来得到内地的农产品和手工业产品,以满足其生活、生产的需求。稍后,契丹畜牧业发展甚快,北齐战败契丹,一次就虏获"杂畜数十万头"[3]。

[1] [元]脱脱等:《辽史》卷2《太祖纪下》,中华书局点校本1974年版,第24页。

[2] [北齐]魏收:《魏书》卷100《契丹传》,中华书局点校本1974年版,第2223页。

[3] [唐]李延寿:《北史》卷94《契丹传》,中华书局点校本1974年版,第3128页。

隋唐之际,契丹诸部形成了部落联盟。隋时,"分为十部。兵多者三千,少者千余,逐寒暑,随水草畜牧。有征伐,则酋帅相与议之,兴兵动众合符契"[1]。唐兴,契丹诸部纷纷归附,唐置羁縻州于其居地,依其旧俗,用其酋帅为府州长官,以孙敖曹为归诚州刺史,曲据为玄州刺史,又置松漠都督府,以窟哥为使,使其八部分置九州(包括玄州)。武则天时,窟哥孙李尽忠举部反,自号"无上可汗",任孙敖曹之孙孙万荣为将,南向侵掠,河北诸州为之残破。旋为唐军所破,部落溃散,转附突厥。8世纪初,突厥衰亡,契丹重附于唐,俄而其酋帅可突于又叛归回鹘。唐会昌二年(842),回鹘败亡,契丹酋帅屈戌附唐,唐授以云麾将军。契丹再与内地恢复政治经济关系,为其内部的发展增添了有利条件。

耶律阿保机像

唐初以来200余年间,契丹的一些部落头人率其部落迁入内地,逐渐融合为汉族一部分者,不乏其例。唐朝中兴名将李光弼及其父李楷洛,可以为代表。李光弼"其先,契丹之酋长。父楷洛,开元初,左羽林将军同正、朔方节度副使,封蓟国公";而李光弼的籍贯则为"营州柳城人"[2]。此后,他的子孙都自称汉人,与契丹族脱离。像李氏家族这样的契丹上层人物,最初率部落内附,数代而后,子孙列位将帅,爵封王公,成为汉族地主阶级中的显贵,而原由他们带来的部落也销声灭迹,实际上也变成汉人了。至于仍居故地的契丹部落则仍然保持旧俗,没有进入阶级社会。

唐末,习尔为部落联盟之长,四向扩张,"土宇始大";钦德继位,趁唐朝衰落,每入塞侵掠。[3]其中,耶律部发展尤为迅速:

> 懿祖生匀德实,始教民稼穑,善畜牧,国以殷富,是为玄祖。玄祖生撒剌的……始置铁冶,教民鼓铸,是为德祖,即太祖之父也。世为契丹遥辇氏之夷离堇,执其政柄。德祖之弟述澜……始兴版筑,置城邑,教民种桑麻,习织组,已有广土众民之志。而太祖受可汗之禅,遂建国。[4]

社会生产的迅速发展,促成了氏族社会急剧瓦解。而在这时,掠夺战争频繁,契丹先后征服了五姓奚、七姓室

[1] [唐]魏征等:《隋书》卷84《契丹传》,中华书局点校本1973年版,第1882页。

[2] 《旧唐书》卷110《李光弼传》,第3303页。

[3] 《资治通鉴》卷266,后梁太祖开平元年五月,第8678页。

[4] 《辽史》卷2《太祖纪下》,第24页。

韦和靺鞨,并往往将虏得的生口充当奴隶,耶律氏邻近内地,受先进经济文化影响较深,部落内部的发展胜于他部。10世纪初,幽州节度使刘守光残暴,"军士亡叛皆入契丹",契丹每入塞侵掠,"燕之军民多为寇所掠,既尽得燕中人士,教之文法,由是渐盛"[1]。刘守光幕僚韩延徽奉使前往,被强行扣留,经阿保机再三劝说,降于契丹,备受礼遇,为阿保机"营都邑,建宫殿,正君臣,定名分法度",又"树城郭,分市里,以居汉人之降者。又为定配偶,教垦艺,以生养之"[2]。这些措施基本保持汉族内地生产关系的原状,使汉族人民得以安居,对阿保机建国的影响尤大。像韩延徽其人,所作出的成绩,既有利于移居东北边区的汉族人民,又促进契丹耶律部的发展,我们不能以"民族败类"、"汉奸"视之,应当把他跟稍后的石敬瑭、赵延寿、桑维翰之流区别开来,如实地肯定他对中国民族融合起了积极作用。

耶律阿保机的先世世为夷离堇,统领军马,窃取了大权,于是,旧有的选举部落联盟酋长制度再也无法存在下去了。阿保机任部落联盟首长后,9年之内,四出征伐,虏得大量财富,汉族士人又教他,"中国之王无代立者"[3]。于是,阿保机屡次于任期满时,拒不受代。9年后,七部大人联合抗议,强迫他解职受代,阿保机被迫受代,传旗鼓,但又提出要求:"我为王九年,得汉人多,请帅种落居古汉城,与汉人守之,别自为一部。"[4]古汉城在炭山东南滦河上,"地宜五谷,有盐池之利"[5]。阿保机掌握了盐池,七部皆仰其盐利。至辽神册元年(916),阿保机诱七部大人会宴盐池,伏兵尽杀之,遂自称皇帝,建立契丹国。这是契丹族贵族新旧势力斗争的结果,它标志着契丹族社会发展的一个飞跃,由野蛮时期跃入了文明时期,也就是进入阶级社会。这是阿保机一生的主要方面,从这方面说,他堪称契丹族的民族英雄。而在这以后,就发生转化了,转化为征服者和侵掠者。

阿保机建国之前,契丹族已经出现了奴隶制因素和封建制因素。征战所掠人口,是奴隶的主要来源。阿保机建国前,掳掠河东、河北9州,"获生口九万五千",神册四年(919),征乌古部,"俘获生口万四千二百"[6],都是例证。

契丹人持骨朵门吏

[1] 《旧五代史》卷137《契丹传》,第1828页。
[2] 《辽史》卷74《韩延徽传》,第1231页。
[3] 《新五代史》卷72《四夷附录二》,第886页。
[4] 《资治通鉴》卷266,后梁太祖开平元年五月,第8678页。
[5] 《资治通鉴》卷266,后梁太祖开平元年五月,第8679页。
[6] 《辽史》卷1《太祖纪上》,第2页;同书卷2《太祖纪下》,第15页。

奴隶制因素在契丹建国前后都在发展，封建制因素却发展得更加迅速。这是因为，契丹族刚刚进入奴隶社会，生产力急剧发展，尤其是迅速伸入到已有千余年封建制历史的中原地区，使契丹加速进入封建社会，而奴隶制因素只能降居次要地位。从大量记载来看，契丹境内主要劳动者是农奴和依附农民。据《新五代史·四夷附录一》载，阿保机将俘得的或逃入境内的汉人，"依唐州县置城以居之"。在古汉城，"率汉人耕种，为治城郭部邑廛市如幽州制度，汉人安之，不复思归"。如果不是保持原状，而是抑为奴隶，汉族人民岂能安居而不复思归吗？

《辽史·地理志》记载尤多，仅上京道[1]就有：

临潢县，"太祖天赞（922—925）初，南攻燕、蓟，以所俘人户散居潢水之北，县临潢水，故以名。地宜种植，户三千五百"[2]。

定霸县，"太祖下扶余，迁其人于京西，与汉人杂处，分地耕种"[3]。

长泰县，"太祖伐（渤海）大諲譔，先得是邑，迁其人于京西北，与汉民杂居，户四千"[4]。

渤海虽较中原落后，却也是封建制地区，阿保机对渤海农民也采取如同对待汉族农民的办法，保持其生产关系的原状。

从事手工业的汉族、渤海（靺鞨族）劳动人民，在契丹境内，其身份也同于农奴或依附农民。如：

上京道长乐县，"太祖伐渤海，迁其民，建县居之。户四千，内一千户纳铁"[5]。

东京道[6]东平县，"产铁，拨户三百采炼，随征赋输"[7]。

中京道[8]弘政县，"以定州俘户置。民工织纴，多技巧"[9]。

契丹贵族割有"头下军州"："各部大臣从上征伐，俘掠人户，自置郛郭，为头下军州。凡市井之赋，各归头下，惟酒税赴纳上京，此分头下军州赋为二等也。"[10]赋税与一般军州无别，其人户身份也与一般军州相同，不过，他们是契丹贵族所辖的农奴或依附农民而已。

契丹本族人民，"有事则以攻战为务，闲暇则以畋渔为生"[11]。在氏族制末期与奴隶制时代，当兵是光荣的职

[1] 辽置五京道。上京道置于辽会同元年（938），治所在临潢府（今临潢县，在今内蒙古巴林左旗东南），辖境约当今内蒙古东部，辽宁、吉林、黑龙江一小部分及蒙古国地。

[2] 《辽史》卷37《地理志一》，第439页。

[3] 《辽史》卷37《地理志一》，第439页。

[4] 《辽史》卷37《地理志一》，第439页。

[5] 《辽史》卷37《地理志一》，第448页。

[6] 东京道，辽会同元年（938）改南京为东京，置东京。辽东京治所在东京辽阳府（在今辽宁辽阳市老城），东京道辖境南至朝鲜东北部，北达外兴安岭（今俄罗斯斯塔诺夫山），西起医巫间山、嫩江，东抵日本海。

[7] 《辽史》卷38《地理志二》，第469页。

[8] 中京道，辽统和二十五年（1007）建中京大定府，治今内蒙古宁城县西大明镇，辖境北至今内蒙古赤峰市，东至今辽宁锦州市，西至今河北滦河流域，南至今秦皇岛市及其西北至北京市北境长城一线。

[9] 《辽史》卷39《地理志三》，第487页。

[10] 《辽史》卷59《食货志上》，第926页。

[11] 《辽史》卷31《营卫志上》，第361页。

契丹门吏图之一

业，只有自由民才够格当兵。契丹建国之初情况仍然如此，以后则发生分化，大部分契丹族自由民转化为封建依附农民或牧民。

至于契丹辖境内其他少数民族，则仍然保持他们的原状，有的处在奴隶制时代，有的处于氏族制时期，因为经济发展的不平衡情况比较复杂。

因此，契丹族虽然基本上进入封建社会，辽朝虽然是我国历史上封建王朝之一，但是，它不但与内地有较大的差距，而且，就其整体言，并没有形成统一的经济基础。所以，到了它的末年，一旦被金击破，便土崩瓦解，不旋踵而告灭亡。

自916年阿保机建契丹国，至938年（辽会同元年）其子耶律德光（辽太宗）改国号为辽，983年（辽统和元年）辽圣宗耶律隆绪又改为契丹，1066年（辽咸雍二年）辽道宗耶律洪基重改为辽，以迄于辽亡，国号未再改变。1124年（辽保大五年），为金所灭。辽朝历时共209年。

二 契丹的政治经济

契丹（辽）是我国历史上的一个封建王朝，它据有北部和东北部幅员辽阔的边疆地区，并占有中原的幽云16州。它是以契丹封建贵族为首，联合汉族地主、边疆各族封建贵族、奴隶主贵族、氏族或部落头人而构成的封建政权。由于它没有形成统一的经济基础，而疆域内民族又极复杂，在某种意义上说，它带有比较松弛的军事政治联盟的色彩。

契丹的统治机构有其特点：

> 太祖神册六年（921），诏正班爵。至于太宗，兼制中国，官分南、北，以国制治契丹，以汉制待汉人。国制简朴，汉制则沿名之风固存也。辽国官制，分北、南院。北面治官帐、部族、属国之政，南面治汉人州县、租赋、军马之事。因俗而治，得其宜矣。[1]

这样的统治机构固不可与汉族封建王朝相比，就是"十六国"和北魏，以及西夏、金、元，也都与它不同。所以说，它是一个带有松弛的军事政治联盟色彩的封建政权，

[1] 《辽史》卷45《百官志一》，第685页。

而且保留了较多的氏族制残余。

辽自建国以来，掌国政者一直是皇族与国舅族（后族），皇后或太后掌政是常见的事。阿保机时，将迭剌夷离堇分为北、南二大王，称为北、南院，宰相、枢密、宣徽等官属皆分北、南，"其实所治皆北面之事"[1]。"北枢密视兵部、南枢密视吏部，北、南二王视户部，夷离毕视刑部，宣徽视工部，敌烈麻都视礼部，北、南府宰相总之。惕隐治宗族，林牙修文告，于越坐而论议，以象公师"[2]。皇族即三耶律，国舅族为二审密，辽朝皇后皆出肖氏，并参与政事。北宰相府由"皇族四帐世预其选"，南宰相府由"国舅五帐世预其选"，皆"掌佐理军国之大政"[3]。

辽得幽云16州后，为了加强对汉族居住地区的统治，置南面官，"乃用唐制，复设南面三省、六部、台、院、寺、监、诸卫、东宫之官"[4]。其重要机构有汉人枢密院、中书省（一度改称政事省）、门下省、御史台、翰林院等，兼以契丹人、汉人为之，一般情况下，契丹贵族居首位，握实权，汉人居辅佐地位。州县亦仍用唐制，兼用契丹人和汉人为州县长官。

辽的军事制度也按族分等。契丹人称"正丁"，汉人及其他部族则称"蕃汉转丁"。御帐亲军在最初专用契丹人，耶律德光始选蕃汉精锐为之；宫卫骑军兼用正丁和蕃汉转丁，为辽的主力军。五京重要之处置诸卫军。地方置五京乡丁，各县人数不等，大致内地则以汉人为之，其他地区则为蕃汉转丁，契丹人不为。辽国兵权掌握在契丹贵族手中。契丹贵族又有其私人军队，称为"大首领部族军"。《辽史》卷35《兵卫志上》云："辽亲王大臣，体国如家，征伐之际，往往置私甲以从王事。大者千余骑，小者数百人，著籍皇府。国有戎政，量借三五千骑，常留余兵为部族根本。"边缘部族则分隶南北府，守卫四边，以契丹贵族分统，仍其旧制。此外，又有属国军，《辽史》卷36《兵卫志下》云："辽属国可纪者五十有九，朝贡无常。有事则遣使征兵，或下诏专征；不从者讨之。助军众寡，各从其便，无常额。"

契丹与北方诸族习俗相同，"秋冬违寒，春夏避暑，随水草就畋渔，岁以为常。四时各有行在之所，谓之'捺

契丹门吏图之二

[1] 《辽史》卷45《百官志一》，第686页。

[2] 《辽史》卷45《百官志一》，第686页。

[3] 《辽史》卷45《百官志一》，第690页。

[4] 《辽史》卷47《百官志三》，第772页。

契丹草原放牧图

钵'"[1]。"捺钵"意为住坐,契丹皇帝每年两地移住,"五月,纳凉行在所,南、北臣僚会议。十月,坐冬行在所,亦如之。"[2]诸史所云阿保机建四楼、四时捺钵的说法,经陈述先生《阿保机营建四楼说正误》加以驳正,指出实际上只有冬夏两地捺钵,其说甚为确切。[3]自契丹建国至11世纪,前后建立上京、东京、南京[4]、中京、西京[5],以统治其幅员辽阔、民族复杂的辖境。

辽的经济虽较内地落后,但边疆地区的开发则胜于前代,经济获得较大的进展。

阿保机建国前,契丹部已重视农桑。阿保机"以户口滋繁,糺辖疏远,分北大浓兀为二部,程以树艺,诸部效之"[6]。至耶律德光继位,更重视农业,"诏有司劝农桑,教纺绩。以乌古之地水草丰美,命瓯昆石烈居之,益以海勒水之善地为农田"。又"诏以谐里河、胪朐河近地赐南院欧堇突吕、乙斯勃、北院温纳河剌三石烈人,以事耕种"[7]。占有幽云16州以后,农业在辽境内的比重更为增加。因而,宋初,北汉乞粮于辽,辽以"粟二十万斛助之"[8]。可见辽朝对边疆地区的开发是有成绩的,其境内农业也有很大的进步。

辽朝的手工业也有显著进步。与内地朝廷不同,辽境盐铁坑冶之利概由官府专有。阿保机所居汉城即有盐池之利。稍后,又开发鹤剌泺盐池。及得幽云16州,"始得河间煮海之利,置榷盐院于香河县,于是燕、云迤北暂食沧盐"[9]。又在各产盐地设官管理。辽境的铜铁金银诸种坑冶,辽朝廷都根据诸部传统,设冶经营。如以室韦人作铜铁器,命曷术部开三铁冶,改渤海铁利府为铁利州,置坑户冶铁。此外,还有金银等冶多处。至于幽蓟旧有坑冶,则仍照旧制经营。辽廷屡颁诏劝课农桑,奖励耕织,民间家庭纺织业当然会有所发展,在幽蓟和汉人定居州县置织户,专为官府织造锦帛。契丹的各种手工业产品如马具、兵器、陶瓷纺织品和皮革等,数量和质量都很可观。出土的辽代文物,铜铁、银制品质量甚为精美,陶瓷则有三彩釉。

畜牧业也有巨大发展。阿保机建国前,"群牧蕃息,上下给足"。尔后,"伐河东,下代北郡县,获牛、羊、驼、马十

[1]《辽史》卷32《营卫志中》,第373页。

[2]《辽史》卷32《营卫志中》,第376页。

[3] 参阅陈述:《契丹社会经济史稿》,三联书店1963年版,第200-203页。

[4] 辽南京初在今辽宁辽阳市老城,辽会同元年(938),改南京为东京,而以幽都府(治今北京城西南)为南京。

[5] 辽于重熙十三年(1044)以大同府(今山西大同市)为西京。

[6]《辽史》卷59《食货志上》,第924页。

[7]《辽史》卷59《食货志上》,第924页。

[8]《辽史》卷59《食货志上》,第924页。

[9]《辽史》卷60《食货志下》,第930页。

余万"。又伐女真,"获马二十余万,分牧水草便地,数岁所增不胜算。当时,括富人马,不加多,赐大、小鹘军万余匹,不加少"[1]。至11世纪,"群牧滋繁,数至百有余万"[2]。这里面,既没有包括边疆诸部马驼杂畜,也没有包括私家放牧者。

辽幅员广阔,与边缘各族及邻国贸易往来,征收商税,互通有无,是以契丹之名,传之甚远。辽境通商城市如:

> (上京)有邑屋市肆,交易无钱而用布。有绫锦诸工作、宦者、翰林、伎术、教坊、角觚、秀才、僧、尼、道士等,皆中国人,而并、汾、幽、蓟之人尤多。[3]

> (南京)城北有市,百物山偫,命有司治其征;余四京及它州县货产懋迁之地,置亦如之。

> 东平郡城中置看楼,分南、北市,禺中交易市北,午漏下交易市南。雄州、高昌、渤海亦立互市,以通南宋、西北诸部、高丽之货,故女直[真]以金、帛、布、蜜、蜡诸药材及铁离、靺鞨、于厥等部以蛤珠、青鼠、貂鼠、胶鱼之皮、牛羊驼马、毳罽等物,来易于辽者,道路襁属。[4]

辽境诸城多属初级市场,即其南京、西京也远非内地的汴梁、金陵、成都等城市可比。但是,它对边疆民族之间的贸易往来,以及对中外经济的交流,都起了积极的影响,这是不可忽视的。

第二节　契丹族南侵与被逐出中原

一　投靠辽主,石敬瑭甘当儿皇帝

契丹在向阶级社会急剧转化时,掠夺战争更加频繁。唐末,契丹贵族经常入塞骚扰,卢龙节度使刘仁恭熟悉契丹情况,平时选将练兵,每趁深秋,越摘星岭主动出击,挫败契丹兵锋;每至霜降时,遣人尽焚塞下野草,断绝契丹马秣,于是"契丹马多饿死,常以良马赂仁恭买牧地"[5]。阿保机曾遣其妻兄阿钵率领骑兵万余进犯榆关,被刘仁恭设计擒获,阿保机只得重赂乞和,赎还阿钵。榆关旁东北

契丹铜镜

[1]《辽史》卷60《食货志下》,第931页。
[2]《辽史》卷60《食货志下》,第932页。
[3]《新五代史》卷73《四夷附录二》,第906页。
[4]《辽史》卷60《食货志下》,第929页。
[5]《资治通鉴》卷264,唐昭宗天复三年十二月,第8623页。

五代胡瓌番骑图(局部)

循海有小道,形势险要,唐代于此置八防御军,募土兵,且耕且守,"田租皆贡军食,不入于蓟。幽州岁致缯纩以供战士衣。每岁早获,清野坚壁以待契丹"。契丹兵至,守兵闭关不战,俟其饥疲交加,撤离榆关时,选骁勇据隘邀击,契丹往往败走。"士兵皆自为田园,力战有功则勋赐加赏,由是契丹不敢轻入寇"[1]。这种积极防御的战略是可取的,然而,它却未能维持下去。

阿保机称帝前,曾自率30万众骚扰云州,李克用与之联合,约为兄弟,商定共击后梁。阿保机极为狡猾,一面与李克用结盟,一面又利用梁、晋双方矛盾,坐收渔人之利,时而联梁,时而联晋,反复无常,唯利是图。等到李存勖与后梁夹河相战,后方空虚时,阿保机更趁机南犯,亲率30万众,陷蔚州,攻云州。李存勖亲将反击,才打退契丹。李存勖灭刘氏,得幽州,任宿将周德威为卢龙节度使。他"恃勇不修边备,遂失榆关之险,契丹每刍牧于营、平之间"[2]。917年(后梁贞明三年,辽神册二年),阿保机用降将卢文进为向导,引兵30万进围幽州,李存勖命李嗣源反击,以少胜多,大败契丹兵。此后,契丹经常入塞侵扰,"卢龙巡属诸州为之残弊"[3],营、平等州也被契丹攻陷,中原防御形势转为被动。不过,当时后唐兵力尚强,可以抵御契丹贵族的侵扰,每致克捷;同时,阿保机又集中力量东向经营渤海,暂时无力大举南犯。所以数年之间,双方关系暂告缓和。

阿保机觊觎中原,为时已久。926年(后唐天成元年、辽天显元年),契丹太祖阿保机既灭渤海,便以其地为"东丹国",命长子突欲镇守,号"人皇王"。又以次子耶律德光守西楼(迭剌),号"元帅太子"。恰于此时后唐庄宗败死,明宗即位,遣使告哀于契丹主。阿保机趁机拘留唐使,要挟说:"若与我大河之北,吾不复南侵矣。"遭到拒绝后,又说:"得镇、定、幽州亦可也。"[4]也没有得逞。是年,阿保机死,其妻述律后立次子耶律德光为帝,突欲忿而投奔后唐,后唐赐以官爵,又赐姓名李赞华。述律太后每遣使请求修好,要求遣返突欲,而同时又寻找时机南侵。

阿保机死后,契丹贵族集团内部发生激烈的摩擦,波动很大。降将卢文进遂杀契丹戍守平州将士,率众10余万、车帐8 000乘奔回中原。天成三年(928),义武节度使王

[1]《资治通鉴》卷269,后梁均王贞明三年二月,第8813页。

[2]《资治通鉴》卷269,后梁均王贞明三年二月,第8813页。

[3]《资治通鉴》卷270,后梁均王贞明三年八月,第8819页。

[4]《资治通鉴》卷275,后唐明宗天成元年七月,第8989页。

都叛乱,引契丹为援。契丹所属的奚部首领秃馁得其赂,引万余骑入定州,契丹主又派惕隐赫邈进援。后唐北面招讨使王晏球率兵平叛,反击契丹。曲阳一战,后唐军"骑兵先进,奋挺挥剑,直冲其阵,大破之,僵尸蔽野;契丹死者过半,余众北走";赫邈所部又被卢龙节度使赵德钧邀击,契丹"北走者殆无孑遗",赫邈、秃馁都被擒获;人民群众痛恨掠夺者,"(契丹)余众散投村落,村民以白梃击之,其得脱归国者不过数十人。自是契丹沮气,不敢轻犯塞"[1]。

五代赵岩《调马图》

　　契丹贵族南侵,屡遭内地军民抗击而挫败,曲阳之战几乎全军覆没,这不仅说明了当时后唐军队战斗力尚强,将帅指挥得力,尤其表现了中原人民痛恨侵掠、同仇敌忾的英勇气概。如果后唐统治集团内部不发生混乱和分裂,如果没有卖国贼石敬瑭出卖中原人民利益来换取儿皇帝的宝座,那么,契丹贵族想要长驱深入内地,肆意蹂躏,是不可能的。

　　后唐明宗死后,皇位继承的斗争异常激烈。李从珂依靠兵变夺得皇位,骄兵悍将更不可制,法纪荡然,举国嗟怨。末帝李从珂所用宰相,尽都是贪浊庸碌之辈,政事极为混乱。藩镇企图趁机夺取皇位者,也大有人在,其中野心最大、蓄谋最深的便是明宗之婿河东节度使、北京留守石敬瑭。

　　石敬瑭本是沙陀族平民后裔,连姓都没有。其父臬捩鸡,历事李国昌、李克用父子,从军校擢至偏裨。石敬瑭为李嗣源亲兵将领,以骁勇得其欢心,招为女婿。李嗣源奉命抚定邺都兵变,反为变兵劫持,石敬瑭劝他进军洛阳,夺取皇位。长兴四年(933),后唐末帝夺取皇位。闵帝率从骑50名逃走,渡河至卫州,石敬瑭尽杀其从骑,置闵帝而去,闵帝被缢死。这些事实,都透露了石敬瑭是一个极为阴险狠毒的野心家和阴谋家,在羽翼未满、时机未至之时,他还不敢贸然下手,却乘机充实势力,窥伺时机。明宗末年,石敬瑭身兼太原尹、北京留守、河东节度使三要职,握有重兵和财赋,便想俟机发难了。

　　后唐闵帝和末帝对石敬瑭都怀有戒心。闵帝欲将石敬瑭移镇成德,未果。末帝即位,石敬瑭更加紧阴谋活动,将他在洛阳和诸道所存财物全部收归晋阳,又借口备边,

[1]《资治通鉴》卷276,后唐明宗天成三年五月、八月,第9019、9022页。

《海青对鸣图》

请求增兵运粮,把戍守幽、并的禁军全数控制在手里。唐廷"诏借河东人有蓄积者菽粟";又"诏镇州输绢五万匹于总管府,籴军粮,率镇冀人车千五百乘运粮于代州;又诏魏博市籴。时水旱民饥,敬瑭遣使督趣严急,山东之民流散,乱始兆矣"[1]。末帝被石敬瑭愚弄,粮秣财物悉被石敬瑭搜刮而去,而后唐朝廷却尽失人心。为了窃取情报,石敬瑭又收买其岳母曹太后的近侍,"令伺帝之密谋,事无巨细皆知之"[2]。而后唐末帝却无一良策来制服他。当时,刘延朗专权,政以贿成,群情沸腾,其余的宰相们也全是庸碌怕事之辈,典型人物马裔孙,身为中书侍郎平章事,"无能专决,但署名而已。又少见宾客,时人目之为'三不开',谓口不开、印不开、门不开也"[3]。至于武将,更人怀异志,很多人想把皇帝当作交易品,换取更多的权益,也有人怀着篡夺皇位的野心。末帝与侍臣密商制服石敬瑭之策。给事中李崧问计同僚吕琦,吕琦建议归还被俘辽将,与辽和亲,岁输10余万缗,以争取契丹,免得它与石敬瑭勾结。末帝欲从其策,为翰林直学士薛文遇劝阻。事虽不行,却充分透露了后唐朝廷畏惧契丹的极为虚弱的心理状态。

石敬瑭要向后唐末帝摸底,"累表自陈羸疾,乞解兵柄,移他镇"[4]。薛文遇倡议,石敬瑭移亦反,不移亦反,末帝听信他的话,索性诏允所请,移镇天平。后唐清泰二年(936),石敬瑭遂在晋阳举兵叛乱。末帝任张敬达为太原四面兵马都部署,杨光远为副,统大军讨伐。石敬瑭自度实力不足,听从幕僚桑维翰计,遣使向辽"赍表乞师,愿为臣子"[5]。耶律德光大喜,便自率5万骑由雁门来援石敬瑭。

后唐兵员众多,大军统帅张敬达也忠心耿耿,而副帅杨光远以下,则多怀异志;张敬达虽然忠诚,却无谋略。唐军围太原,筑长围以困城中,城中粮储日减,窘迫日甚,本不难攻破。但是,后唐对契丹毫无戒备,不及早扼断雁门诸路,伏兵险要,遂让耶律德光所率辽兵轻易地度过险要,大败唐兵。本来包围太原的张敬达部5万余人反而被围于晋安寨,外无救援,内无粮草,难以支撑。末帝诏范延光、赵德钧分道进援。赵德钧也素怀异心,至此趁机要挟,先提出要求将范延光部拨归他统领,不成;又请任命其子赵延寿为镇定节度使,被末帝怒斥,"乃遣使于契丹,厚赍

[1]《资治通鉴》卷279,后唐潞王清泰二年六月,第9131页。
[2]《资治通鉴》卷279,后唐潞王清泰二年六月,第9131页。
[3]《旧五代史》卷127《马裔孙传》,第1670页。
[4]《资治通鉴》卷280,后晋高祖天福元年四月,第9141页。
[5]《旧五代史》卷137《契丹传》,第1833页。

金币,求立以为帝"[1]。在臣下的劝说下,末帝不得已,率军亲征。至怀州,吏部侍郎龙敏献计,"立东丹王(李)赞华为契丹主,以兵援送入蕃,则契丹主有后顾之患,不得久驻汉地矣"[2]。这一策略虽有可取处,但为时已晚,况且末帝心意已乱,岂能施行? 他畏敌如虎,每天"酣饮悲歌,形神惨沮";臣下劝他亲征,他说:"卿辈勿说石郎,使我心胆堕地。"[3]后唐败亡之势,已成定局了。

契丹人物

耶律德光解晋阳围,与石敬瑭会于太原北门外柳林,册立他为大晋皇帝,石敬瑭穿着契丹服饰受册封,与"辽约为父子之国,割幽州管内及新、武、云、应、朔州之地以赂之,仍每岁许输帛三十万(匹)"[4]。所割之地便是"幽云十六州",即幽、冀、瀛、莫、涿、檀、顺、新、妫、儒、武、云、应、寰、朔、蔚16州。及至赵德钧遣使至,耶律德光以自率孤军深入,恐被他截断归路,欲从其请。石敬瑭闻讯急躁惶恐,连忙派桑维翰赶到耶律德光帐外,长跪号哭,如丧考妣,卑词力请,耶律德光乃指石为誓,拒绝了赵德钧。张敬达部5万众被困晋安寨,处境极为困苦:

> (辽和晋军)自晋安寨南门外,长百余里,阔五十里,布以毡帐,用毛索铃,而部伍多犬,以备警急。营中尝有夜遁者,出则犬吠铃动,跬步不能行焉。自是敬达与麾下部曲五万人,马万匹,无由四奔,但见穹庐如岗阜相属,诸军相顾失色。始则削木筛粪,以饲其马,日望朝廷救军,及渐羸死,则与将士分食之,马尽食殚。[5]

张敬达身为元帅,拥众5万,不能激励士卒奋起抗击,无突围之谋,坐困株守,一筹莫展,其庸碌无能,可谓甚矣! 但他毕竟还有爱国思想,于艰危中,仍誓不降敌。杨光远、安审琦劝降,他断然拒绝,杨光远等索性将他杀害,举部降于石敬瑭。于是,诸路后唐将领相继迎降。后唐末帝奔回洛阳,暴躁悲观,喜怒无常,侍臣人人自危。耶律德光至潞州,留5 000骑助后晋,自率大军北返。石敬瑭进逼洛阳,末帝杀突欲(李赞华),举火自焚死。后唐至此灭亡。

后唐灭亡,在于其本身分崩离析、横敛殃民、腐朽虚弱,而不是由于辽的强大。辽得幽云16州,又得后晋岁币,经济力量空前增强,于是,数年之间,"士马精强,吞噬四

[1] 《旧五代史》卷98《赵德钧传》,第1309页。
[2] 《旧五代史》卷48《唐末帝纪下》,第665页。
[3] 《旧五代史》卷48《唐末帝纪下》,第665页。
[4] 《旧五代史》卷137《契丹传》,第1833页。
[5] 《旧五代史》卷70《张敬达传》,第934页。

契丹人引马出猎图

邻"，"牛羊蕃息，国无天灾"[1]。辽主更积极准备，为大举深入中原之计。

后晋取代后唐，视后唐更等而下之。17世纪的伟大思想家王夫之论石敬瑭："德不可恃，恃其功；功不可恃，恃其权；权不可恃，恃其力；俱无可恃，所恃以偷立乎汴邑而自谓为天子者，惟契丹之虚声以恐喝臣民而已。……惟其无以自主而一倚于契丹，故人即持其长短以制之。"[2]尽管王夫之不是历史唯物主义者，可这段话却说得合情合理，不但一针见血地刺中了石敬瑭的要害，而且揭示了后晋统治集团内部必然有大批野心家企图踵效石敬瑭、依样画葫芦地篡夺皇位，后晋统治集团的分裂是必不可免的。

石敬瑭既倚辽主篡国，当然就媚事辽朝，无所不至。他"奉表称臣，谓契丹主为'父皇帝'（陶按：其实他比耶律德光大9岁）；每契丹使至，帝于别殿拜受诏敕。岁输金帛三十万之外，吉凶庆吊，岁时赠遗，玩好珍异，相继于道。乃至应天太后、元帅太子、伟王、南、北二王、韩延徽、赵延寿等诸大臣皆有赂；小不如意，辄来责让，帝常卑辞谢之。晋使者至契丹，契丹骄踞，多不逊语。使者还，以闻，朝野咸以为耻，而帝事之曾无倦意"[3]。真是厚颜无耻到了极点！然而，尽管石敬瑭如此恭顺，却丝毫不能消除耶律德光南侵的野心，相反的，他积极储蓄力量，俟机而动。后晋藩镇不服石敬瑭，公然武装夺取皇位的事件，也接连发生了：

石敬瑭入洛阳，因当地宫室残破，便以汴梁为都。天福二年（937），就出现了天雄军节度使范延光起兵谋夺皇位的事件。范延光系前朝重臣，威望视石敬瑭有加，后唐明宗晚年已萌篡夺之念，及至后晋建国，他既不服，又不自安，石敬瑭特加宠异，封为临清王，以宽其反侧。范延光自感为石敬瑭所猜疑，遂据镇举兵反，自称天子。范部2万人南抵黎阳，义成节度使符彦饶、东都巡检使张从宾举兵响应。后晋朝廷任杨光远为都部署、张从宾为副，讨伐天雄军。张从宾至洛阳，举兵应范延光，杀石敬瑭子石重信，回兵入洛阳，又杀石敬瑭子石重义，"取内库金帛以给部伍"[4]。石敬瑭先命将击破张从宾，张从宾兵败，溺死洛水。

1《资治通鉴》卷282，后晋天福六年六月，第9223页。

2〔清〕王夫之：《读通鉴论》卷30《五代下》，中华书局点校本1975年版，第1068页。

3《资治通鉴》卷281，后晋高祖天福三年七月，第9188-9189页。

4《旧五代史》卷97《张从宾传》，第1289页。

符彦饶刚刚起兵，就被部下拘捕。范延光失援孤立，困守
邺都年余，石敬瑭遣使劝降，仍封其为高平郡王，授以冗
职，迁居汴京，以事羁縻。

　　天福六年（941），成德军节度使安重荣又举兵反。安
重荣是个跋扈的武夫，常对人说："天子，兵强马壮者当为
之，宁有种耶！"[1]他不服石敬瑭，遂畜聚亡命，收市战马，俟
机而动。虽然他是骄横残暴、怀有夺取皇位野心的藩镇，
但却还有些爱国心和民族气节，"每见蕃（契丹）使，必以
箕踞慢[谩]骂"，又联合辽境内吐浑等族以为援，招致吐
浑酋长白承福等率本族3万帐内迁。他上表论述辽境内民
族矛盾的激烈，要求乘势发兵，抗击契丹，"其表数千言，
大抵指斥高祖称臣奉表，罄中国珍异，贡献契丹，陵辱汉
人，竟无厌足。""又以此意为书，遗诸朝贵及藩镇诸侯"[2]。这
可算义正词严的宣言，石敬瑭感到十分恼火；加之辽主因
吐浑部落被招致，接连遣使责让石敬瑭，石敬瑭焦急忧
虑，亲至邺都，连下十道诏书劝谕安重荣，毫无效果。是年
冬，安重荣大集境内饥民，众至数万，举兵南向汴梁。由于
部将被收买，大败。安重荣为晋将杜重威所杀，石敬瑭"漆
其头颅，函送契丹"[3]。石敬瑭进驻邺都对付安重荣时，山南
东道节度使安从进举兵襄州，以应镇军，攻邓州不克，兵
败自焚死。

　　两次藩镇起兵，都失败了。石敬瑭姑息藩镇，表现十
分虚弱，尤其是安重荣斥责他的卖国行径，更使他无地自
容。他满以为献上安重荣的头颅就会得到他的"父皇帝"
的宽恕，哪知耶律德光仍然几次遣使诮责，他忧虑无计，
病发身死。此后，觊觎皇位的藩镇就更多了。

　　石敬瑭姑息藩镇，不但是为了换取他们的支持，保住
皇位，而且是为了向诸镇索取"助国钱物"，以充军国用
度。这样，方镇骄恣残暴，更无止境。各镇进奉物品有钱、
帛、金、银、粮食、马匹等类，数量很多。后晋朝廷既要仰给
诸道贡奉，当然也就只能听任他们贪纵暴敛，鱼肉百姓。
靠兵变起家的晋昌节度使赵在礼，"历十余镇，善治生殖
货，积财巨万，两京及所莅藩镇，皆邸店罗列"[4]。在宋州镇
时，所为不法，百姓厌苦，有诏移镇永兴，百姓闻讯，欣然
相贺说："此人若去，可为眼中拔钉子，何快哉！"赵在礼闻

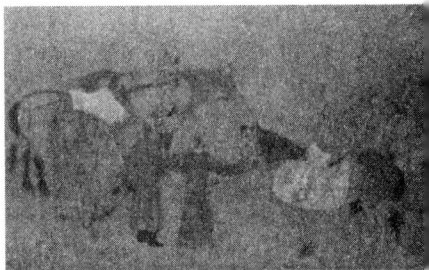

五代胡瓌《卓歇图》（局部）

[1]《旧五代史》卷98《安重荣
传》，第1302页。
[2]《旧五代史》卷98《安重荣
传》，第1303页。
[3]《旧五代史》卷98《安重荣
传》，第1304页。
[4]《旧五代史》卷90《赵在礼
传》，第1178页。

儿童跳绳图

知,恼羞成怒,上表请留任一年,下令境内按户每年增收一千钱,号为"拔钉钱"。严令官吏"公行督责,有不如约,则加之鞭朴"[1]。泾州节度使张彦泽以迎降之功,骄横不法,恨幕僚张式直言忤意,欲加杀害,张式畏惧逃走。朝廷不辨曲直,流放张式,张彦泽还不满足,遣使赴朝面奏,公然要挟说:"若不得张式,恐致不测。"朝廷竟将张式押送给张彦泽,听任他将张式"决口割心,断手足"[2],残酷杀害。赵在礼、张彦泽的威望、权势在藩镇中是很平常的,石敬瑭尚且如此姑息纵容,可见他是怎样惴惴不安地睡在丛棘之上,在上有辽主压力,下有藩镇压力的困境下,当然会忧病而死了。

对于石敬瑭的卖国罪行,人民群众无不痛恨。幽云16州割给辽邦,各州军民多不甘心,云州军民就奋起反抗。耶律德光自潞州北返,经过云州,拘押大同节度使。大同节度判官吴峦为众所推,领云州军州事,率领军民抗击辽军,拒不听从辽国接收。辽兵攻城,遭到军民英勇抗击,坚守半年,辽兵终不能得逞。石敬瑭用釜底抽薪的伎俩,诏迁吴峦为武宁节度副使,促迫离镇,云州军民失去统帅,他们的抗辽斗争就这样被扼杀了。安重荣素以酷暴为镇州百姓所怨,但当他以抗辽来号召,集饥民举兵向阙时,却又得到苦于后晋暴敛媚敌的镇州人民的支持,因而,镇州城破之日,守陴军民2万人英勇反抗,全遭杀害。抗辽不但是汉族人民的要求,也是缘边少数民族(包括辽境内)人民的要求。从安重荣的表文里,就可以反映出一些真实情况:

> 臣昨据熟吐浑节度使白承福、赫连公德等,各领本族三万余帐,自应州地界奔归王化。续准生吐浑并浑契苾两突厥三部落,南北将沙陀、安庆、九府等,各领部族老小,并牛羊、车帐、甲马,七八路慕化归奔,俱至五台及当府地界已来安泊。累据告劳,具说被契丹残害,平取生口,率略羊马,凌害至甚;又自今年二月后来,须令点检强壮,置办人马衣甲,告报上秋向南行营,诸蕃部等实恐上天不祐,杀败后随例不存家族,所以预先归顺,兼随府族,各量点检强壮人马约十万众。又准沿河党项及山前、山后、逸利、越利诸族

[1]《五代史补》卷3《赵在礼拔钉钱》,第2507-2508页。
[2]《旧五代史》卷98《张彦泽传》,第1306页。

部落等首领，并差人各将契丹所授官告、职牒、旗号来送纳，例皆号泣告劳，称被契丹凌虐，怨愤不已，情愿点集甲马，会合杀戮。续又朔州节度副使赵崇与本城将校杀伪节度使刘山，寻已安抚军城，乞归朝廷。[1]

安重荣所说情况，不可以虚夸视之，据当时和日后发生的事加以印证，可见其说基本如实。既然以耶律德光为首的辽统治集团日夜策划大举进犯中原，驱使各族人民为他们效命，那么，中原地区人民的抗辽斗争也就势必迸发而汇合成一个高潮。

二　辽军南侵，中原人民奋起抗辽

天福七年（942），石敬瑭死，无子，侍卫亲军都指挥使景延广与宰臣冯道等受顾命，拥其侄石重贵为帝（即后晋出帝）。"既发丧，都人不得偶语"[2]，透露了后晋政权的不得人心和极端虚弱。石重贵昏庸无能而又鄙俗下流，景延广位居将相，骄横贪浊而又谋勇俱无，宰相而下，备位而已。朝廷力量比石敬瑭在位时更加腐朽脆弱。整个统治集团内部的倾轧，更加炽烈。由于后晋朝廷和诸镇州县横征暴敛，鱼肉百姓，兼以水利失修，一遇天灾，便赤地千里，哀鸿遍野。仅以天福七、八两年为例，就可见其惨状：

天福七年（942）："是月（七月），州郡十七蝗。""（八月）河中、河东、河西、徐、晋、商、汝等州蝗"[3]。

天福八年（943）："河南府上言：'逃户凡五千三百八十七，饿死者兼之。'……时州郡蝗旱，百姓流亡，饿死者千万计。""河中逃户凡七千七百五十九。是时天下饥，谷价翔涌，人多饿殍"。"（四月）河南、河北、关西诸州旱蝗"。"（六月）宿州奏，飞蝗抱草干死"。"贝州奏，逃户凡三千百"。"开封府奏，飞蝗大下，遍满山野，草苗木叶食之皆尽，人多饿死"。"陕州奏，蝗飞入界，伤食五稼及竹木之叶，逃户凡八千一百"。"辛未，遣内外臣寮二十八人分往诸道州府率借粟麦。时使臣希旨，立法甚峻，民间碓硙泥封之，隐其数者皆毙之，由是人不聊生，物情胥怨"。"是月，诸州郡大蝗，所至草木皆尽"[4]。"（八月）辛亥，分命朝臣一十三人分检诸州旱苗。泾、青、磁、邺都共奏逃户凡五千

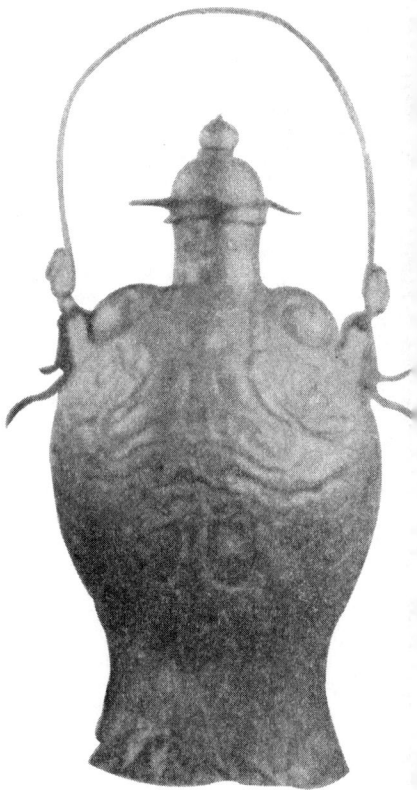

辽代鱼形提梁银壶

[1]《旧五代史》卷98《安重荣传》，第1302-1303页。

[2]《旧五代史》卷88《景延广传》，第1144页。

[3]《旧五代史》卷81《晋少帝纪一》，第1070、1071页。

[4]《旧五代史》卷81《晋少帝纪一》，第 1074、1075、1076、1078页。

八百九十。诸县令佐以天灾民饿,携牌印纳者五"。"(九月)是月,诸州郡括借到军食,以籍来上,吏民有隐落者,并处极法。州郡二十七蝗,饿死者数十万"。"(十二月)华州陕府奏,逃户凡一万二千三百"。"是冬大饥,河南诸州饿死者二万六千余口"[1]。

这些出自官府文书的记载,显然缩小了实际情况,但由此也可见灾情之重,搜刮之酷,百姓痛苦之深了。尽管酷刑峻法,百般搜刮,赋税仍然无法征足,"于是留守、节度使下至将军,各献马、金帛、刍粟以助国"[2]。表面看来似乎取之于方镇军将,实则是纵使他们横掠百姓,以暴敛所得的十分之一二上供,其余悉充私库。其中尤以石敬瑭的妹夫杜重威最为贪残。杜重威击破镇州,授成德节度使,"所得重荣家财及常山公帑,悉归于己,晋高祖知而不问。至镇,复重敛于民,税外加赋,境内苦之"。又"重威于州内括借钱帛,吏民大被其苦"[3]。及至大灾之年,朝廷因成德一道灾情特重,免括民谷,而杜重威"奏称军食不足,请如诸州例","检索殆尽,得百万斛。威(即杜重威,避石重贵讳去'重'字)止奏三十万斛,余皆入其家;又令判官李沼称贷于民,复满百万斛,来春粜之,得缗钱二百万,阖境苦之"[4]。杜重威搜刮之后,境内十室九空,他看看已无油水可捞,便上表请求回朝,不待诏许,就离镇上路,石重贵即授他以邺都留守、天雄军节度使要职。"会镇州军食不继,遣殿中监王钦祚就本州和市,重威私第有粟十余万斛,遂录之以闻。朝廷给绢数万匹,偿其粟直"。杜重威非但不满,还大怒说:"我非反逆,安得籍没耶!"[5]除了杜重威之外,趁国家有难,加紧勒索百姓以自肥的藩镇,比比皆是,如泰宁节度使安审信,"以治楼堞为名,率民财以实私藏"。晋廷派官员至兖州赋缗钱10万,"值审信不在,拘其守藏吏,指取钱一囷,已满其数"[6]。这些史实表明,后晋政权已经烂透了,即使没有辽兵南犯,它的灭亡也是指日可待的。

耶律德光企图大举南侵,蓄谋已非一日。他原想趁安重荣起兵之役,大举发兵南向,未成,又等待时机再举。石重贵继位后,景延广徒为大言,却不作任何抗辽准备;杨光远蹑效石敬瑭,向辽称臣,举兵叛乱,自称皇帝,于是,耶律德光以为良机已至,便大举南犯了。

石敬瑭像

[1]《旧五代史》卷82《晋少帝纪二》,第1081、1082、1084页。
[2]《资治通鉴》卷283,后晋齐王天福八年十二月,第9258页。
[3]《旧五代史》卷109《杜重威传》,第1433-1434页。
[4]《资治通鉴》卷283,后晋齐王天福八年十二月,第9258页。
[5]《旧五代史》卷109《杜重威传》,第1434页。
[6]《资治通鉴》卷284,后晋齐王开运元年四月,第9271页。

景延广以定策功加同平章事,居功倨傲,不可一世,力图树威以制群僚。他拘捕辽回图使乔荣下狱,"凡辽国贩易在晋境者,皆杀之,夺其货"[1]。这种措施哪里能算爱国行为? 石重贵继位后,遣使告哀于辽,"无表致书,去臣称孙",耶律德光大怒,遣使责让。景延广释放乔荣,命他回告辽主,"先帝则北朝所立,今上则中国自策,为邻为孙则可,无(为)臣之理"。又口出大言说:"晋朝有十万口横磨剑,翁若要战则早来,他日不禁孙子,则取笑天下,当成后悔矣。"[2]只会空口说大话,却不做任何抗辽准备,要说这是雪耻报国,那是不恰当的。

就在这时,石敬瑭的儿女亲家杨光远暗通辽主,阴谋篡夺政权,当一个"石敬瑭第二"。杨光远以杀帅迎降之功,为石敬瑭所宠信;又平范延光,优遇益甚。于是,"稍干预朝政,或抗有所奏,高祖亦曲从之"[3],还和他结成儿女亲家。杨光远跟桑维翰争权,石敬瑭不得已,免除桑维翰枢密使职,调以外任,同时任命杨光远为西京留守,兼镇河阳,罢其兵权。杨光远"由此怨望,潜贮异志,多以珍玩奉契丹,诉己之屈;又私养部曲千余人,挠法犯禁,河、洛之人,恒如备盗"[4]。石敬瑭晚年任他为平卢节度使,"及赴任,仆从妓妾至千余骑,满盈僭侈,为方岳之最。下车之后,惟以刻剥为事"[5]。石重贵继位后,杨光远与景延广交恶,"因此构契丹,述少帝违好之短,且言大饥之后,国用空虚,此时一举可以平定"[6]。开运元年(944),他在求得辽主允许赴援后,在青州举兵反。

耶律德光信杨光远之言,乃使用降将赵延寿,与他商讨南侵之计,征调幽云诸州兵5万人,拨归赵延寿统辖,同时许愿,征服中原即立他为皇帝。这本是赵延寿梦寐以求的事,他当然欣喜若狂,使尽全身气力,为辽主效劳。后晋朝廷察知辽将举兵与杨光远联合,乃"遣使城南乐及德清军,征近道兵以备之"[7]。这种临时抱佛脚的做法,不但为时已晚,而且是消极防御的战略,形成被动之势。

开运元年(944),辽兵大举进犯,赵延寿充当先锋,进围两河军需储备重地贝州。贝州无主帅,晋廷急征原主持云州抗辽的吴峦权知州事。"既至,会大寒,军士无衣者悉衣之,(峦)平生廉俭,囊无资用,以至坏帐幕以赒之,其推

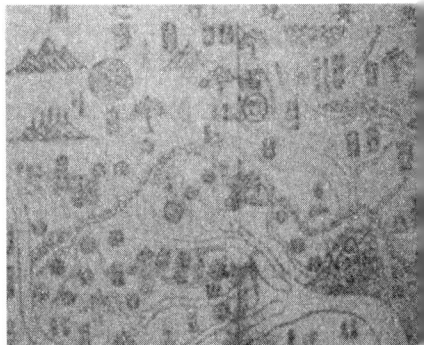

后晋献契丹全燕之图

[1]《旧五代史》卷88《景延广传》转引《契丹国志》,第1144页。

[2]《旧五代史》卷88《景延广传》,第1144页。

[3]《旧五代史》卷97《杨光远传》,第1291页。

[4]《旧五代史》卷97《杨光远传》,第1291页。

[5]《旧五代史》卷97《杨光远传》,第1292页。

[6]《旧五代史》卷97《杨光远传》,第1292页。

[7]《资治通鉴》卷283,后晋齐王天福八年十二月,第9256-9257页。南乐,治今河南南乐县。德清军,治今河南清丰县西南。

大云院七宝塔

心抚士如此"[1]。辽兵迫城下，"契丹主躬率步奚及渤海夷等四面进攻，峦众投薪于夹城中，继以炬火，贼之梯冲，焚爇殆尽"。杀伤大批辽兵，打退了他们的进攻。"是日，贼复合围，郡中丁壮皆登城守陴"[2]。吴峦本一介书生，又单人赴任，手下无可用之将，流氓邵珂骗取他的信任后，叛国降敌，为虎作伥，引辽兵由南门入城，贝州陷落。吴峦苦战力尽，投井死，城中军民万人英勇死难。贝州之役，显示了爱国军民同仇敌忾的战斗意志，揭开了中原军民第一次抗辽高潮的序幕。

辽兵攻陷贝州后，便全面大举南犯，从雁门关到恒、邢、沧诸道，几路向南推进，气势汹汹，咄咄逼人。后晋朝廷先遣宿将高行周为北面行营都部署，统率禁军，抵御从贝州来犯的辽兵。等到耶律德光进据邺城外，石重贵下诏亲征，以景延广为御营使，"时用兵方略号令皆出延广，宰相以下皆无所预；延广乘势使气，凌侮诸将，虽天子亦不能制"[3]。他既无军事素养和战争经验，又刚愎自用，独断独行，不顾将帅的团结，怎能不误大事！晋廷又任河东节度使刘知远为幽州道行营招讨使、杜重威为副使，刘知远按兵不动。石重贵至澶州，遣使致书耶律德光，求修旧好，双方媾和，遭到拒绝。由此事就可见后晋朝廷并无决心抗辽、只求苟安的卑怯心理了。

辽军由降将为向导，自马家口渡河，企图与杨光远叛军会师，晋廷急派李守贞等赴援。当时，高行周部在戚城被辽兵围困，景延广命令诸将分地守御，不准相救，高行周率部苦战，几乎全军覆没。李守贞部到达马家口时，辽兵正在筑造营垒，主力留在西岸，数千艘渡船运送西岸兵还没有完，"晋兵薄之，契丹骑兵退走，晋兵攻其垒，拔之。契丹大败，乘马赴河溺死者数千人，俘斩亦数千人。河西之兵恸哭而去，由是不敢复东"。辽兵战败，"忿恚，所得民，皆杀之，得军士，燔炙之"[4]。激起了中原军民的更大愤怒，抗击更力。接着，耶律德光自率10余万人，在澶州城北与晋军决战，"苦战至暮，两军死者不可胜数"[5]。耶律德光宵遁，而景延广却疑其有诈，不敢乘胜追击。耶律德光自澶州北上，分兵两路，一支出沧、德，一支出深、冀，退回辽境，所过焚掠，方圆千里之内，残破不堪。辽兵既退，晋军

1 《旧五代史》卷95《吴峦传》，第1268页。
2 《旧五代史》卷95《吴峦传》，第1268页。
3 《资治通鉴》卷283，后晋齐王开运元年正月，第9262页。
4 《资治通鉴》卷284，后晋齐王开运元年二月，第9266页。
5 《资治通鉴》卷284，后晋齐王开运元年三月，第9268页。

攻下青州,杀杨光远。辽兵第一次进犯算是被打退了。

是年冬,辽兵重行大举南犯,围恒州,分兵陷鼓城、藁城、元氏、高邑、昭庆、宁晋、蒲泽、栾城、柏乡等县,前锋直抵邢州,河北诸州告急。开运二年(945),后晋北面行营马步军都监张从恩弃邢州南逃,"于是诸军恟惧,无复部伍,委弃器甲,所过焚掠,比至相州,不复能整"[1]。义成节度使皇甫遇赴援邢州,与辽兵在邺都南榆林店遭遇。皇甫遇和慕容彦超以数千之众,抵挡10倍于己的辽兵,身陷重围,犹奋力冲杀。晋将安审琦请求赴援,张从恩不许,安审琦便自率所部骑兵,驰往援救。辽兵见尘烟大起,以为晋大军赶到,解围而去。耶律德光在邯郸闻讯,急忙退到鼓城。处于有利的战机,张从恩竟不敢追击,他唯恐辽军增兵反扑,想退军黎阳仓,倚河守险。会议未决,他便引军先发,造成混乱。幸而留守相州的知州事符彦伦当机立断,设疑兵退敌,辽兵才退而北去。

辽兵经恒州北返,以老弱驱掠所得的牛羊经祁州城下,祁州刺史沈赟派出州兵邀击,被辽兵截断归路。城中兵少,赵延寿亲到城下招降,沈赟在城上严词回答:"侍中父子误计,陷于契丹,忍以膻幕之众,残害父母之邦,不自羞惭,反有德色。沈赟宁为国家死,必不效汝所为也。"[2]奋战一昼夜,次日城破,沈赟自刎而死。

戚城、马家口和澶州3次战役,辽军主力并未被歼灭,于是稍事修整,又卷土重来。

开运二年(945)春,耶律德光至虎北口[3],闻晋军取泰州[4],引众8万,南向反扑。后晋北面都招讨使杜重威率十三节度使会于定州,闻讯,不战南撤,退至阳城[5]。辽军追击,其兵"如墙而来",晋军"为方阵以御之",辽兵败退,渡白沟河而去。次日,双方展开激战:

> 蕃汉转斗,杀声震地,才行十余里,(晋)军中人马饥乏。癸亥,大军至白团卫村下营,人马俱渴,营中掘井,及水辄坏,兵士取其泥绞汁而饮,敌众围绕,渐束其营。是日,东北风猛,扬尘折树,契丹主坐车中谓众曰:"汉军尽来,只有此耳,今日并可生擒,然后平定天下。"令下马拔鹿角,飞矢雨集。军士大呼曰:"招讨使何不用军,而令士卒虚死!"诸将

后晋天福元宝

[1] 《资治通鉴》卷284,后晋齐王开运元年十二月,第9280页。

[2] 《旧五代史》卷95《沈赟传》,第1267页。

[3] 虎北口即今古北口,在今北京市密云县东北120里。

[4] 泰州,辽置,治今吉林洮南市东北洮河北岸城四家子村。

[5] 阳城,今河北清苑县西南40里阳城镇。

咸请击之，杜（重）威曰："俟风势稍慢，观其进退。"（李）守贞曰："此风助我也，彼众我寡，黑风之内，莫测多少，若俟风止，我辈无噍类矣。"即呼诸军齐力击贼，张彦泽、符彦卿、皇甫遇等率骑奋击，风势尤猛，沙尘如夜，敌遂大败。……是时，契丹主坐车中，及败走，车行十余里，追兵既急，获一橐驼，乘之而走。[1]

爱国的中下层官兵奋死抗敌，以寡胜众，在饥渴交加、风沙蔽日、铁骑合围的极端困难条件下，获得大捷。这种英勇壮烈的行为，确可以惊天地而泣鬼神。而后晋诸将虽也有爱国之士，奋战却敌，但身为正副统帅的杜重威、李守贞却不是爱国人物。杜重威贪浊横暴，畏敌如虎，临危惶恐，专以退缩为能事，就在获得大捷、诸将要求追击时，他却泼冷水说："逢贼幸不死，更索衣囊邪？"[2]李守贞在这次战役中的表现虽然比杜重威要好些，而在击败辽兵之后，却说："今日危急矣，幸诸君奋命，吾事获济。两日以来，人马渴乏，今吃水之后，脚重难行，速宜收军定州，保全而还，上策也。"[3]看起来似乎是关心将士，实际上不过是畏敌怯懦的借口。于是，将士请求出击不成，全军退还。耶律德光逃回幽州，"因怒其失律，自大首领已下各杖数百，唯赵延寿免焉"[4]。辽军损失之惨重，由此可以想见。

在这次抗辽斗争高潮中，爱国军民表现了许多可歌可泣的英雄事迹，除上面已述者外，还有不少事例，其中可称述者如：

辽兵受后晋博州刺史周儒降，"执其军士，将献于幕帐，行次中途，守者夜寝，其中军士一人自解桎梏，为诸兵释缚，取贼戈矛，尽杀援者二百余人，南走而归，至河无舟，浮水而归，溺死之余，所存者六十七人"[5]。

辽兵所经州县，受到一批爱国将士的抗击和攻袭。如：辽兵自澶州北撤，经沧州，以3 000人"援送所掠人口宝货等，由长芦入蕃"，沧州守军"以轻骑邀之，斩获千余人，人口辎重悉委之而走"[6]。辽兵陷德州之后，"缘河巡检使梁进以乡社兵复取德州"[7]。晋军偏裨临敌奋战，比主将不知强多少倍。辽军犯遂城、乐寿，深州刺史唐彦进孤军

辽代白釉迦叶像

[1]《旧五代史》卷83《晋少帝纪三》，第1103-1104页。
[2]《资治通鉴》卷284，后晋齐王开运二年三月，第9290页。
[3]《旧五代史》卷83《晋少帝纪三》，第1103页。
[4]《旧五代史》卷137《契丹传》，第1834页。
[5]《旧五代史》卷82《晋少帝纪二》，第1087页。
[6]《旧五代史》卷82《晋少帝纪二》，第1087页。
[7]《资治通鉴》卷284，后晋齐王开运元年四月，第9270页。

守御,力战退敌。阳城之战,奋命苦战的是偏将药元福、符彦卿。主将之中表现得差强人意的是副招讨使马全节。他任义武节度使,辖境毗邻杜重威,州吏于杜重威搜刮钱谷时,请援例为奏,他拒绝说:"边民遇蝗旱,而家食方困,官司复扰之,则不堪其命矣。我为廉察,安忍效尤。"[1]平时有惜民之念,不为己甚,抗辽军兴,率部攻取辽属泰州,请求乘虚进取幽州,未能如愿。像马全节这样的主将在后晋诸镇中是极少的。

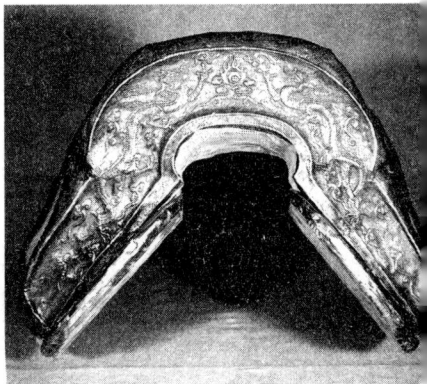

辽鎏金马具饰件

抗击辽军侵掠,不但是中原汉族军民的愿望,也为居于内地的少数民族所支持。党项贵族定难军节度使李彝殷趁辽兵南犯、境内空虚时,率众万余自麟州渡黄河,袭击辽境。石敬瑭割北边地于辽,府州亦在其列,辽欲尽徙河西民以实辽东,激起人民愤怨,刺史党项贵族折从远率众据险拒辽。辽兵南犯时,"从远引兵深入,拔十余寨"[2]。自辽境来附的吐浑白承福部抗击辽兵,也有战果。辽军南犯,士气并不甚旺盛,士卒中无论汉人或契丹人都有乘机投降晋军者。澶州之役,"契丹主帐中小校窃其马亡来,云契丹已传木书,收军北去"[3]。这个契丹主帐内小校无疑是契丹人。阳城战役之前,赵延寿部下有来降者,提供辽军大举反扑的情报。当时,"契丹诸部频年出征,蕃国君臣稍厌兵革"[4]。可见,如果主持抗辽战争得人,如果后晋统治集团不是那样极端贪残腐朽、上下离心离德,保卫中原的战斗是可操胜券的。然而,事实的发展却适得其反,在两次击退辽兵之后,踵接而来的则是辽兵再次南下,灭亡后晋,中原涂炭。

后晋朝廷于大灾之年,横征暴敛,兵兴于春荒严重之际,肆行搜刮,州县官吏更因缘为奸,鱼肉百姓。石重贵在开运元年(944)秋颁发的"罪己诏"中自供说:

> 频年灾沴,稼穑不登,万姓饥荒,道殣相望……仍属干戈尚兴,边陲多事。仓廪不足,则辍人之馂食;帑藏不足,则率人资财;兵士不足,则取人之丁中;战骑不足,则假人之乘马。……甲兵不暇休息,军旅有征战之苦,人民有飞挽之劳,疲瘵未苏,科徭尚急。[5]

"罪己诏"无非是缓和人心的一种骗术,诏书上许的

[1]《旧五代史》卷90《马全节传》,第1181页。
[2]《资治通鉴》卷284,后晋齐王开运元年六月,第9273页。
[3]《资治通鉴》卷284,后晋齐王开运元年三月,第9268页。
[4]《旧五代史》卷137《契丹传》,第1834页。
[5]《旧五代史》卷83《晋少帝纪三》,第1096页。

愿也不会兑现，但它却透露了许多事实。击退辽兵之后，石重贵"谓天下无虞，骄侈益甚。四方贡献珍奇，皆归内府；多造器玩，广宫室，崇饰后庭，近朝莫之及；作织锦楼以织地衣，用织工数百，期年乃成"[1]。"每遇四方进献器皿，多以银于外府易金而入，谓左右曰：'金者贵而且轻，便于人力'"[2]。将士浴血苦战，击退强敌，朝廷赏赐甚薄，而石重贵宠爱优伶，赏赐无度。桑维翰进谏说："曩者陛下亲御胡寇，战士重伤者，赏不过数端。今优人一谈一笑称旨，往往赐束帛、万钱、锦袍、银带，彼战士见之，能不觖望，曰：'我曹冒白刃，绝筋折骨，曾不如一谈一笑之功乎！'如此，则士卒解体，陛下谁与卫社稷乎！"[3]石重贵根本不理。他远远没有后唐庄宗那样英勇多智，而腐朽贪暴却又过之，欲不灭亡，如何能够？

　　后晋的几位军国重臣，也都是没有爱国心的人物。卖国求荣，对他们来说，乃平常之事。桑维翰、杜重威固然是卖国贼，刘知远也是唯利是图、觊觎皇位、置国家利益于不顾的人。景延广虽非卖国贼，而刚愎庸愚，专权树威，误国殃民，在强敌面前怯懦恇惧，一筹莫展，最后还是向敌人俯首认罪，仍不免一死。请看以下事实，或可不以偏颇见责了。

　　桑维翰本是石敬瑭卖国篡位的谋主，又深为辽太宗所宠爱，所以当上了中书侍郎平章事，兼枢密使，权势无匹。由于杨光远攻讦排挤，石敬瑭被迫免其职，外任为节度使，历相、兖两要镇。安重荣抗表请求抗辽，桑维翰密表陈"七不可"，夸张辽朝势力之强，鼓吹抗辽必亡、和亲则存的卖国滥调，正合石敬瑭的心意。石重贵继位，将他征还朝中，而不给实权。"及契丹退，维翰使亲党受宠于少帝者，密致自荐"，遂受中书令，再为枢密使，于是，"四方赂遗，咸凑其门，故仍岁之间，积货巨万"[4]。他"累贡谋画，请与契丹和"[5]。这样的民族败类，王夫之斥之为"万世之罪人"，是非常恰当的。

　　石敬瑭的心腹刘知远，也是受辽太宗青睐的人物，以倨傲被排挤出朝廷，任太原尹、北京留守、河东节度使。他心怀异志，积极储蓄力量，俟机而动。安重荣招降吐浑部落贵族白承福等，刘知远趁安重荣败亡，收降之。此后，又

五代关全《山溪待渡图》

[1]《资治通鉴》卷285，后晋齐王开运二年八月，第9295–9296页。

[2]《旧五代史》卷84《晋少帝纪四》，第1112页。

[3]《资治通鉴》卷285，后晋齐王开运二年八月，第9296页。

[4]《旧五代史》卷89《桑维翰传》，第1166–1167页。

[5]《旧五代史》卷89《桑维翰传》，第1168页。

冤杀白承福、白铁匮、赫连海龙及其家族400人，收其牲畜财宝，以充军用。辽兵南侵，后晋朝廷任他为北面都部署，诏命会兵山东，他置之不理，惟严守本道，制止辽兵入境。爱国将领马全节请求追击辽兵袭取幽州，他却冷言冷语地说："中国疲弊，自守恐不足，乃横挑强胡，胜之犹有后患，况不胜乎！"[1]因而，打定主意，按兵不动作壁上观，积蓄实力，俟机收渔人之利。他无心抗辽，有志夺国，可算一个有野心的奸雄，这样说是不过分的。

景延广主持军政，戚城之役，"勒兵不出"，"及契丹退，延广犹闭栅自固"[2]，遭到诸将强烈反对。他既婴犯众怒，又为桑维翰排挤，石重贵也恶他跋扈，罢其兵权，出为西京留守。"由是郁郁不得志，亦意契丹强盛，国家不济，身将危矣，但纵长夜饮，无复以夹辅为意"[3]。像这样怯懦颓废、嗜权若命的庸夫，还有什么抗辽卫国之可言呢！

杜重威就更不堪了。他"久镇恒州，性贪残，自恃贵戚，多不法。每以备边为名，敛吏民钱帛以充私藏。富室有珍货或名姝、骏马，皆房取之；或诬以罪杀之，籍没其家。又畏懦过甚，每契丹数十骑入境，威已闭门登陴，或数骑驱所掠华人千百过城下，威但瞋目延颈望之，无意邀取。由是房无所忌惮，属城多为所屠，威竟不出一卒救之，千里之间，暴骨如莽，村落殆尽"[4]。为了逃避契丹，杜重威于搜刮一空之后，弃镇自行入朝。石重贵不敢责问，授以天雄军节度使，仍主重镇。杜重威欺他愚懦无能，更大耍手段，加以愚弄，"献部曲步骑合四千人并铠仗……又献粟十万斛，刍二十万束，云皆在本道。帝以其所献骑兵隶扈圣，步兵隶护国，威复请以为衙队，而禀赐皆仰县官"[5]。所谓贡献，实际上是一毛未拔，而又取得国库供给以养亲兵，石重贵哪敢说个不字。杜重威的这种做法，不但是为图利，更是他轻蔑石重贵、企图篡夺的用心之表露。

从这些当权人物的行径，已足以看到后晋必亡之势，实则还不止此。晋军出征，军纪荡然，扰民极甚，连官方文书都供认，"征师五万，运粮千里，行扈所过，卷团一空，将吏醉饱，百草尽除，遂使河北生民无措足之所"；军队出发要赏赐"挂甲钱"，回师要赏赐"卸甲钱"，"微有功名目，皆次第优给缯帛，动计三十万数"[6]。至于诸军劫掠，更无可胜

大云院弥陀殿(今山西平顺)

[1]《资治通鉴》卷284，后晋齐王开运二年二月，第9284页。
[2]《旧五代史》卷88《景延广传》，第1144页。
[3]《旧五代史》卷88《景延广传》，第1145页。
[4]《资治通鉴》卷284，后晋齐王开运二年五月，第9291-9292页。
[5]《资治通鉴》卷284，后晋齐王开运二年五月，第9293页。
[6]《册府元龟》卷180《帝王部·滥赏》注引"史官曰"，第2166页。

擎花天女壁画

言。天灾兵祸交织,人民群众无法生存,纷纷起来反抗。仅开运三年(946),见于记载的农民起义就有:

（四月)时河南、河北大饥,殍殣甚众,沂、密、充、郓寇盗群起,所在屯聚,剽劫县邑,吏不能禁。

（七月)自夏初至是,河南、河北诸州郡饿死者数万人,群盗蜂起,剽略县镇。[1]

从这些迹象来看,农民起义已在蔓延,而且随着天灾的流行和暴政的加剧,势必加速发展。后晋王朝已面临末日。就在这时,耶律德光再一次大举南犯了。

这次进犯,耶律德光做得更加狡猾,他指使赵延寿和瀛洲刺史诈降后晋,暗送假情报来骗诱后晋朝廷。昏聩的石重贵和他的重臣们不察真伪,喜得头脑发胀,急欲侥幸收功,便命杜重威为北面行营都招讨使,李守贞为兵马都监,统率大军北上。石重贵在诏书里大吹大擂:"专发大军,往平黠虏。先取瀛、莫,安定关南,次复幽燕,荡平塞北。"[2]口气确实不小,但除了虚骄轻敌之外,再没有别的了。杜重威趁势争夺兵权,借口"深入虏境,必资众力",要其妻在石重贵面前请求增兵,"由是禁军皆在其麾下,而宿卫空虚"[3]。晋兵到了瀛洲,州城四门大开,寂若无人。稍一探询,听说辽将早已引兵潜出,杜重威遂派偏将梁汉璋追击。梁汉璋追至淤口关,与辽兵遭遇,以寡敌众,苦战竟日,中箭而亡。杜重威非但不发援兵,而且率师南退,"时束城等数县请降,威等焚其庐舍,掠其妇女而还"[4]。耶律德光见晋将中计,乃采后发制人之策,亲领辽军主力自易、定向恒州推进。杜重威退至武强,闻讯又想继续南退,适张彦泽从恒州引兵来会,声言辽兵可破。杜重威便派他当前锋,重向恒州。进抵中度桥,桥被辽兵拆断,双方夹滹沱河列阵。辽兵见晋军兵多势众,本想退走,而晋军不敢出击,却筑垒为持久计,向敌军显露出怯懦的面貌,辽兵知其不足惧,遂据北岸不去。杜重威在军中,"但日相承迎,置酒作乐,罕议军事"[5]。磁州刺史李谷请求"以三股木置水中,积薪布土其上,桥可立成。密约(恒州)城中举火相应,夜募将士斫虏营而入,表里合势,虏必遁逃"[6]。诸将赞成,而杜重威却不理。辽兵切断晋军粮道和归路,杜重威仍然不采取任何反击措施,只是一味向晋廷请求增兵运粮。前

[1]《旧五代史》卷84《晋少帝纪四》,第1114、1116页。

[2]《资治通鉴》卷285,后晋齐王开运三年十月,第9312页。

[3]《资治通鉴》卷285,后晋齐王开运三年十月,第9313-9314页。

[4]《资治通鉴》卷285,后晋齐王开运三年十一月,第9314页。

[5]《资治通鉴》卷285,后晋齐王开运三年十一月,第9315-9316页。

[6]《资治通鉴》卷285,后晋齐王开运三年十一月,第9316页。

线危急,朝内震恐,而石重贵还在宫中调鹰作乐,行若无事。

晋军粮运断绝,进退维谷。偏将王清眼见晋军"守株于此,营孤食尽",将遭歼灭,自"请以步兵二千为前锋,夺桥开路"[1],大军继之,与恒州兵会合,杜重威许诺了。王清率众奋战,夺桥而进,辽兵小却,而杜重威心怀异志,拥众不进,更不派一兵一骑救援,辽兵纷纷涌至,王清忿怒地向部下说:"上将握兵, 坐观吾辈困急而不救, 此必有异志。吾辈当以死报国耳!"[2]部卒感奋,人人作殊死战,直到黄昏时分,全数壮烈战死。

耶律德光至栾城,辽兵包围了晋军,杜重威和李守贞密商,暗派亲信前往请降,耶律德光大喜,许他做中原的皇帝。这样一来,杜重威精神焕发了,伏甲营中,召集诸将,宣布已降辽朝,"诸将愕然",随着"乃俛首听命","遂连署降表"。杜重威又集合全军,士兵们以为要出战,踊跃向前,杜重威宣布要他们解除武装降敌,"军士解甲,举声恸哭"[3]。从这里也反映了士卒是不甘心降敌的。

耶律德光早已许了赵延寿当皇帝,这时又许杜重威为皇帝,让他们都穿着赭黄袍,招摇过市,他就像一个演傀儡戏的,一手耍着两个穿黄袍的傀儡,尽兴表演,这两个民族败类,沐猴而冠,恬不知耻,自鸣得意,殊不知已在他人掌股之上。耶律德光用这种手段,无非是深知晋军士卒不肯诚服,使用这个伎俩,以示自己无意据中原为帝,骗哄人心。然而,卖国贼利令智昏,容易愚弄,爱国军民却不是那么容易受骗的。以后事实的发展,正是如此。

杜重威叛降,后晋无可用之兵,耶律德光遂派降将张彦泽率2 000骑为先驱,杜重威率降兵相继,如入无人之境地到了汴梁。厚颜无耻的卖国贼张彦泽居然在旗帜上大书"赤心为主",昼夜不停地到达汴京,从封丘门斩关而入,包围宫城。次日,石重贵上降表,请罪求饶。耶律德光将石重贵等一行驱出宫外, 置于开封府囚禁。张彦泽将"内帑奇货,悉辇归私邸,仍纵军大掠,两日方止";又"杀(桑)维翰,尽取其家财"[4]。凭着劫掠,"又所居第,财货山积"。又"数日之内,恣行杀害",兵士抓到人,他"不问所

诸菩萨众壁画

1 《旧五代史》卷95《王清传》,第1262页。
2 《资治通鉴》卷285,后晋齐王开运三年十二月, 第9318页。
3 《旧五代史》卷109《杜重威传》,第1435页。
4 《旧五代史》卷98《张彦泽传》,第1307页。

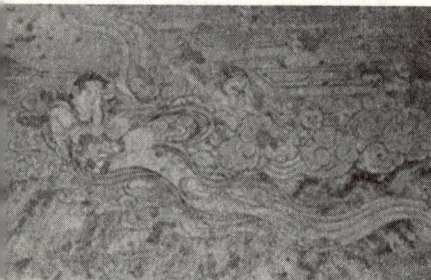

犯，但瞋目出一手竖三指而已，军士承其意，即出外断其腰领焉。"[1]耶律德光知道他民愤极大，又知道他搜刮了大量财物，为了缓和人心和尽取其财货，便将他逮捕，"仍以彦泽罪恶宣示百官及京城士庶，且云：'彦泽之罪，合诛与否？'"于是，"百官连状具言罪在不赦，市肆百姓亦争投状，疏彦泽之罪"。耶律德光便下令斩张彦泽，"市人争其肉而食之"[2]。然而，耶律德光并没有骗得了人民群众，他的伎俩全然没有收到预期的效果。

耶律德光废石重贵，后晋灭亡。辽将石重贵全家强迁到辽建州[3]居住，几年后，石重贵死。

耶律德光入宫后，召集降臣们，假情假意地问他们："今中国之俗异于吾国，吾欲择一人君之，如何？"降官们明知他是试探，便回答说："天无二日，夷、夏之心，皆愿推戴皇帝。"[4]耶律德光信以为真，洋洋得意地于天福十二年（947）在汴梁宫中，身穿汉服，即皇帝位。耶律德光对汉人怀有戒心，入宫后，"都城诸门及宫禁门，皆以契丹守卫，昼夜不释兵仗"[5]。他骗哄降官说："自今不修甲兵，不市战马，轻赋省役，天下太平矣。"[6]其实，他也明白办不到。对他的忠实走狗赵延寿，他也并不真正信任。赵延寿称帝不成，又遣人劝耶律德光立他做皇太子。耶律德光回答："我于燕王，无所爱惜，但我皮肉堪与燕王使用，亦可割也，何况他事！我闻皇太子，天子之子合作，燕王岂得为之也！"便命给赵延寿加官。辽翰林学士承旨张砺"拟延寿为中京留守、大丞相、录尚书事、都督中外诸军事，枢密使，燕王如故"，耶律德光取笔抹去"录尚书事，都督中外诸军事"[7]。他经常得意地对后晋降臣们说："中国事，我皆知之，吾国事，汝曹不知也。"[8]其实，他对后晋统治集团、尤其是那批卖国贼确是清楚的，而对中原百姓人心所向、仇恨之深、力量之大，他是不可能了解的。

耶律德光于受杜重威降后，尽收其铠仗数百万，贮于恒州，又驱战马数万归辽，而驱杜重威率降卒数万南行。到达黄河南岸，恐晋兵有变，欲使契丹铁骑将他们驱入黄河，尽数溺死。经臣下劝阻后，又命杜重威率降卒驻陈桥驿。是年冬，久雪严寒，士卒冻馁交加，更加痛恨杜重威。耶律德光再萌杀机，想尽杀晋军。赵延寿献计说："臣知上

飞天壁画

[1]《旧五代史》卷98《张彦泽传》，第1307页。

[2]《旧五代史》卷98《张彦泽传》，第1307-1308页。

[3] 辽建州在今辽宁朝阳县西南黄河滩喀喇城。

[4]《资治通鉴》卷286，后汉高祖天福十二年正月，第9338页。

[5]《资治通鉴》卷286，后汉高祖天福十二年正月，第9330页。

[6]《资治通鉴》卷286，后汉高祖天福十二年正月，第9330页。

[7]《旧五代史》卷98《赵延寿传》，第1312-1313页。

[8]《资治通鉴》卷286，后汉高祖天福十二年正月，第9334页。

国之兵,当炎暑之时,沿吴、蜀之境,难为用也。未若以陈桥所聚降军团并,别作军额,以备边防。"耶律德光念及阳城之败,心有余悸,赵延寿说:"(晋军)尽在河南,诚为不可,臣请迁其军,并其家口于镇、定、云、朔间以处之,每岁差伊分番,于河外沿边防戍,斯上策也。"[1]这一阴险的计划,却使数万晋兵免遭长平之祸,耶律德光乃分遣降卒还营。为了防范诸镇,他将诸道藩镇征调到汴京,留而不遣;即位后,又诏:"自今节度使、刺史,毋得置牙兵,市战马。"[2]耶律德光志得意满,骄矜忘形,广受四方贡献,每天纵酒作乐。他又纵兵四出掳掠,遣使到处搜刮:

> 乃纵胡骑四出,以牧马为名,分番剽掠,谓之"打草谷"。丁壮毙于锋刃,老弱委于沟壑,自东、西两畿及郑、滑、曹、濮,数百里间,财畜殆尽。[3]

> 契丹主谓判三司刘昫曰:"契丹兵三十万,既平晋国,应有优赐,速宜营办。"时府库空竭,昫不知所出,请括借都城士民钱帛,自将相以下皆不免。又分遣使者数十人诣诸州括借,皆迫以严诛,人不聊生。其实无所颁给,皆蓄之内库,欲辇归其国。于是内外怨愤,始患苦契丹,皆思逐之矣。[4]

受害最深的中原农民群众忍无可忍,奋起反抗了:

> 初,晋置乡兵,号天威军,教习岁余,村民不闲军旅,竟不可用,悉罢之,但令七户输钱十千,其铠仗悉输官。而无赖子弟,不肯复农业,山林之盗,自是而繁。及契丹入汴,纵胡骑打草谷,又多以其子弟及亲信左右为节度使、刺史,不通政事,华人之狡狯者多往依其麾下,教之妄作威福,掊敛货财,民不堪命。于是所在相聚为盗,多者数万人,少者不减千百,攻陷州县,杀掠吏民。[5]

这里所说的"无赖子弟",其实是敢于反抗的青壮年贫苦农民,他们始则聚众起义,反抗后晋暴政;随着形势的变化,继又奋起抗击肆意杀掠的辽兵。一时各地人民起义抗辽者其多,而在这股巨大力量的推动下,各地将校逐杀辽主派往各地的军政长官,据守州郡者,相继出现:

天福十二年(947)春,"澶州贼帅王琼与其众断本州浮桥,琼败,死之。时契丹以族人朗五为澶州节度使。契丹

大势至菩萨壁画

[1] 《旧五代史》卷98《赵延寿传》,第1312页。
[2] 《资治通鉴》卷286,后汉高祖天福十二年二月, 第9339页。
[3] 《资治通鉴》卷286,后汉高祖天福十二年正月,第9334-9335页。
[4] 《资治通鉴》卷286,后汉高祖天福十二年正月, 第9335页。
[5] 《资治通鉴》卷286,后汉高祖天福十二年二月,第9342-9343页。

性贪虐,吏民苦之。琼为水运什长,乃拘夏津贼帅张乙,得千余人,沿河而上,中夜窃发,自南城杀守将,绝浮航,入北城……会契丹救至,琼败死焉"[1]。

相州梁晖,"磁州滏阳人……会契丹入汴,晖收集徒党,先入磁州,无所侵犯……晖侦知相州颇积兵仗,且无守备,遂以三月二十一日夜与其徒逾垣而入,杀契丹数十人,夺器甲数万计,遂据其城。……未几,契丹主至城下,是(四)月四日攻拔之,遂屠其城。……城中遗民,得男女七百人而已。乾祐中(948—950),王继弘镇相州,奏于城中得髑髅十余万……"[2]。

天福十二年(947)二月,晋州"军乱,杀知州副使骆从朗及括钱使、谏议大夫赵熙"[3]。

三月,延州士卒逐走辽派去的节度使周密;"丹州都指挥使高彦珣杀伪命刺史"[4]。

这还只是几个例证罢了。由于辽主所遣将吏残虐贪浊,激起各地军民,乃至将校们的愤恨,西起延、丹,东至兖、郓,聚众抗辽者蜂起并作,将校逐杀辽主所遣将吏,自称留后者相继。尤其是汴梁以东,起义诸军来势猛烈,攻克宋、亳、密3州,威胁着汴梁;澶州王琼起义,使耶律德光又感到有归路断绝之忧。他在汴梁,像是坐在起义诸军的熊熊大火之中,惊惶失措,哀叹说:"我不知中国之人难制如此!"[5]他在汴梁再也呆不下去了,便驱迫后晋降官数千人、诸军吏卒数千人、宫女阉宦数百人,尽虏晋廷财物,留其妻弟肖翰为宣武节度使,驻守汴梁,自己仓猝北窜。怀着失败的郁闷心情,耶律德光在北返途中,更加残暴嗜杀,非但纵使辽兵杀掠,而且施行了"屠城"的惨绝人寰的兽行。他自我解嘲地说:"我在上国,以打围食肉为乐,自及汉地,每每不快,我若得归本土,死亦无恨!"[6]这虽然是自欺欺人之谈,但也透露了他处在中原军民的包围下,生怕回不了老巢的惶恐心情。

就在这时,又发生了"河阳兵变"。后晋将武行德"陷于契丹",伪请自效,因遣送将校数十人,护所取尚方铠甲还契丹。至河阳,"行德谓众曰:'我与若等能为异域鬼邪?'辞气慷慨,涕泗横集。众素服其威名,皆曰:'惟命!'遂攻孟州城,走其伪节度使崔延勋,悉(以)府库分诸校,

供养菩萨

[1]《旧五代史》卷99《汉高祖纪上》,第1325–1326页。

[2]《旧五代史》卷99《汉高祖纪上》,第1327页。

[3]《旧五代史》卷99《汉高祖纪上》,第1325页。

[4]《旧五代史》卷99《汉高祖纪上》,第1326页。

[5]《资治通鉴》卷286,后汉高祖天福十二年二月,第9346页。

[6]《旧五代史》卷137《契丹传》,第1836页。

而权领州事。"[1]耶律德光闻讯，更加恐慌，对臣下说："我有三失：杀上国兵士，打草谷，一失也；天下括钱，二失也；不寻遣节度使归藩，三失也。"[2]他惊悸忧郁，至临城得病，途中病情急剧恶化，至栾城杀胡林，苦热，聚冰于胸腹四肢，嚼食冰块，体温还是不下降，终于死去。"契丹人破其尸，摘去肠胃，以盐沃之，载而北去，汉人目之为'帝䄺'焉"[3]。

五代玉璧斗力碗

　　耶律德光北窜之后，洛阳留守刘晞也被逐走。肖翰眼见归路可虞，便匆匆立后唐明宗之子许王李从益为帝，为置官属，然后率部狼狈北逃。李从益母子深知这是大祸临头，惶恐万状，不肯称帝，而遣使向已在太原称帝的刘知远称臣，想讨得一线生机。耶律德光死后，辽永康王兀欲和南北二王入恒州，侦知赵延寿想趁机称帝河北，便与诸将密商，借会商军事，将他拘捕，锁送北返。兀欲又集契丹、汉族官员，自称受遗命继位，任皇族麻答为中京留守，将后晋降官和士卒留在恒州，自率部北返。麻答"贪猾残忍，民间有珍货、美妇女，必夺取之。又捕村民，诬以为盗，披面，抉目，断腕，焚炙而杀之，欲以威众。常以其具自随，左右悬人肝、胆、手、足，饮食起居于其间，语笑自若"[4]。这种种灭绝人性的兽行，激起了军民的拼死反抗。晋将何福进、李荣暗中团结士兵，乘虚突起，杀辽卫兵，火焚牙门，"烟火四起，鼓噪震地。麻答等大惊，载宝货家属，走保北城"[5]，然后组织反扑。正在晋兵苦战方酣时，"会日暮，有村民数千噪于城外，欲夺契丹宝货、妇女，契丹惧而北遁"[6]。契丹贵族的侵掠又被击败了。

　　中原军民的抗辽斗争，不仅有汉族人民群众浴血奋战，还有境内北边诸族的配合，这是一场反对民族压迫、反抗残杀的正义性战斗。各族人民群众为此付出了巨大的血的代价，打退了侵掠者，促成了辽皇室内部的分化和倾轧。但是，这场斗争在当时没有能汇成一个整体，尤其是缺乏比较有识见、有作为的领导者或领导集团，而且，诸地逐杀辽将者，多是偏裨将校，他们得手之后，纷纷向称帝于太原的刘知远上表归诚，因而，抗辽斗争的胜利果实，竟被刘知远不费唾手之劳就撷取到手。中原人民虽然暂免契丹铁骑蹂躏之苦，然而，他们还是得不到比较安定的处境，仍然陷于深重的苦难之中。

1 ［宋］曾巩：《隆平集》卷16《武行德传》，台湾文海出版社影印本1967年版，第638页。

2 《旧五代史》卷137《契丹传》，第1836页。

3 《旧五代史》卷137《契丹传》，第1836页。

4 《资治通鉴》卷287，后汉高祖天福十二年闰七月，第9370页。

5 《资治通鉴》卷287，后汉高祖天福十二年闰七月，第9371页。

6 《资治通鉴》卷287，后汉高祖天福十二年八月，第9372页。

定窑"官"白瓷刻莲花纹盖罐

第三节　后汉政权的建立与速亡

一　刘知远称帝与后汉的残暴统治

当耶律德光入汴、中原军民奋起抗辽之际,刘知远据河东,积极策划,扩充实力,趁乱称帝于太原。

刘知远本是沙陀部平民,冒姓刘,初为军校,隶石敬瑭部,梁、晋战于德胜,刘知远在战阵中救护石敬瑭得全,遂为他所亲信。石敬瑭任河东节度使,以刘知远为都押牙,充心腹之任。石敬瑭在太原策划叛乱,倚他和桑维翰为左右手。桑维翰献计,向辽主称儿臣、割土地,以求其援助,他不以为然,说:"称臣可矣,以父事之太过。厚以金帛赂之,自足致其兵,不必许以土田,恐异日大为中国之患,悔之无及。"[1]这就表明了,他虽是石敬瑭卖国集团的骨干,在投靠辽主、篡夺帝位这一根本决策上与石敬瑭、桑维翰是一致的,但毕竟还有程度上的差别,尤其是反对割让幽云16州这一战略重地,是颇有见识的。石敬瑭发动叛乱,后唐大军进围太原,他以5 000之众,守卫太原,抵住了张敬达10倍之众,不但深得石敬瑭的信任,而且甚为耶律德光赏识,告诉石敬瑭:"此都军甚操刺,无大故不可弃之。"[2]天福元年(936)十一月,石敬瑭入汴梁称帝,用他典禁军,遂握兵权。天福四年(939)三月,与杜重威同加平章事,自以为有佐命之功,耻与凭裙带关系、庸劣无功的杜重威比肩,愤不受命。石敬瑭怒其倨傲,欲罢去兵权、勒归私第。虽经侍臣劝阻,刘知远勉强受任,但从此与石敬瑭离心离德。[3]天福五年(940),石敬瑭借防范成德节度使安重荣之名,任刘知远为邺都留守,仍兼侍卫亲军都指挥使,将他挤出朝廷。次年,又改任北京留守、河东节度使,免除其禁军统帅职,以杜重威代之。于是,刘知远更加愤郁不平,萌生异志。

刘知远是个心狠手辣、诡计多端的人物:晋安寨之役,张敬达部有千余名骁卒投降,石敬瑭想把他们编入亲军,刘知远却把他们全部杀掉。他招诱吐浑白承福等部,置于太原东山及岚石之间,表白承福为大同节度使,收其

[1] 《资治通鉴》卷280,后晋高祖天福元年七月,第9146页。
[2] 《旧五代史》卷99《汉高祖纪上》,第1323页。
[3] 《旧五代史》卷78《晋高祖纪四》,第1027页。

精骑以隶麾下,后来又诬以谋反通辽,杀白承福及其家族400人,尽夺其杂畜财货。辽兵南犯之际,他保聚河东,利用"山川险固、风俗尚武、士多战马"的有利条件,扩军积粮,坐观成败。阳城之役,他不发一兵一卒援救,却收诸军散卒数千人为己用,"由是河东富强冠诸镇,步骑至五万人"[1]。晋廷屡诏他会师共击辽兵,他身为北面都部署,始终不理朝命,引起了石重贵的不满和猜疑,不再和他商讨密谋大计,他也全不介意,只是专力守御本境,又亲率牙兵,在朔州南阳武谷大败辽兵。耶律德光陷汴梁,他一面"分兵守境,以备寇患"[2],一面又遣牙将王峻奉表于辽主,庆贺他入汴京,声言,"太原夷、夏杂居,戍兵所聚,未敢离镇";"应有贡物,值契丹将刘九一军自土门西入屯于南川,城中忧惧,俟召还此军,道路始通,可以入贡"[3]。耶律德光"赐诏褒美,呼帝为儿。又赐木拐一。蕃法,贵重大臣方得此赐,亦犹汉仪赐几杖之比也"[4]。刘知远这些手段,不但可以避免被征离重镇,而且可以骗取人心,使人们误以为他能保持独立,不屈于辽。他的这套本领不但比杨光远、杜重威之辈强过十倍,就连石敬瑭也远不能及。他能够骗取军民信任,笼络将校,因而能不费吹灰之力就夺取了抗辽斗争的胜利成果。

在两次遣使入汴,借名贡献、侦察情报之后,部将纷纷劝刘知远称帝发兵。他回答说:"用兵有缓有急,当随时制宜。今契丹新降晋兵十万,虎踞京邑,未有他变,岂可轻动哉!且观其所利止于货财,货财既足,必将北去。况冰雪已消,势难久留,宜待其去,然后取之,可以万全。"[5]他用心之深,计谋之周密稳妥,确也胜人一筹。他纵横捭阖,保全辖境,充实力量,凭着他素日的地位和声望,在后晋将帅纷纷降辽、被夺去兵权之际,他虽然两次进贡于辽,称臣致贺,而在将吏士卒心目中,还是以为他不过行忍辱负重的权宜之计而已。等到耶律德光准备北逃,部下文武将吏纷纷劝进的时候,他遂于天福十二年(947)三月在太原称帝,因为冒姓刘,故以汉为国号(史称后汉)。为了掩人耳目,他仍用晋天福年号而不改元,并且在石重贵等一行被押解北上时,故作姿态,"愤惋久之","率亲兵趋土门路,邀迎晋帝"[6],其实,走到寿阳便回转太原。他称帝之后,仍

舍利石棺

[1] 《资治通鉴》卷286,后汉高祖天福十二年正月,第9335页。

[2] 《旧五代史》卷99《汉高祖纪上》,第1324页。

[3] 《资治通鉴》卷286,后汉高祖天福十二年正月,第9336页。

[4] 《旧五代史》卷99《汉高祖纪上》,第1324页。

[5] 《资治通鉴》卷286,后汉高祖天福十二年正月,第9336页。

[6] 《旧五代史》卷99《汉高祖纪上》,第1325页。

刘知远像

然没有发一兵一卒追袭辽军,对浴血抗战的军民和惨遭杀害的百姓,仍然冷眼旁观,不予任何救援。而在各地将校逐杀辽将,上表归诚时,他就一例收纳,正式给以任命。他在太原组织好新的朝廷班子之后,就乘虚向洛阳进发。恰恰在这时发生了陕州兵变,将士杀辽将,上表归诚,刘知远得到通向洛阳的咽喉要地,大喜过望。是年夏六月,他一路顺风地到达洛阳,不等入宫,便派亲信杀害李从益母子,李从益的母亲王淑妃临死号哭说:"吾家子母何罪?吾儿为契丹所立,非敢与人争国,何不且留我儿,每年寒食使持一盂饭,洒明宗陵寝!"[1]闻者为之酸鼻。

刘知远到洛阳后,就颁布赦诏,略云:

> 应天福十二年(947)六月十五日昧爽已前,天下见禁罪人,已结正未结正,已发觉未发觉,除十恶五逆外,罪无轻重,咸赦除之。诸州去年残税并放。东、西京一百里外放今年夏税;一百里内及京城,今年屋税并放一半。契丹所授职任,不议改更。诸贬降官,未量移者与量移,已量移者与叙录。徒流人并放还。应系欠省钱,家业抵挡外并放。[2]

看了这个诏书,会感到刘知远似乎很宽厚,然而,事实并不如此。他对曾经浴血抗击辽兵、还没有放下武器、解散队伍的起义群众,就丝毫也不宽厚了。他到了汴梁之后,便颁布诏书说:

> 亡命不逞之徒,残民蠹物之类,或隐藏山谷,或畏惧典刑,及今日已前,结集为非者,并不问罪。仍令所在长吏,丁宁晓谕,如愿在军都者,量材安排;不愿在军都者,即任归农业。与限两月,明示招携。如限满依前结集为非,不议宽恕,即严加捕捉,复罪如初。[3]

又"诏天下,凡关贼盗,不计赃物多少,案验不虚,并处死"[4]。

这副狰狞面目,还有什么宽厚可言呢?那么,刘知远完全不宽厚吗?也不是,他对那批卖国降辽的文武将吏是很宽厚的,甚至对罪大恶极的卖国贼杜重威,都十分宽厚。耶律德光将要北逃之前,遣还诸方镇,杜重威回天威

[1]《五代史阙文》,《汉史·王淑妃许王从益》,第2457页。
[2]《旧五代史》卷100《汉高祖纪下》,第1332–1333页。
[3]《册府元龟》卷95《帝王部·赦宥十四》,第1133页。
[4]《旧五代史》卷100《汉高祖纪下》,第1336–1337页。

军。刘知远入洛、汴,移之为归德军节度使。杜重威拒不受命,刘知远先遣宿将高行周讨伐,继又亲率诸军前往。杜重威向辽将麻答乞援,麻答也被镇州军民逐走,哪能救援他?杜重威粮尽援断,只得开城纳降。这次战役,杜重威负隅顽抗,杀伤汉兵甚多,而"邺城士庶,殍殣者十之六七"[1]。对于这样罪大恶极的卖国贼,刘知远仍封之为楚国公,授以冗职,安置于汴京,直到刘知远病危,才下令诛杀杜重威父子。对杜重威尚且如此,则罪恶次于他的藩镇,就更加姑息了。

刘知远入汴梁时,两河地区经过后晋的残酷搜刮和契丹铁骑的肆意蹂躏,已经凋残不堪。刘知远的诏书中说:

> 顷属前朝季年,中原失驭,蒸黎板荡,寓县分离,寰区为戎虏之乡,宫阙作腥毡之地,百万之生聚,俱陷虎狼,数千里之人烟,顿成荆棘。……大河之北,易水之南,久因兵戈,聚成疮痏,男孤女寡,十室九空。
>
> 朕昨凤驾河汾,薄狩陕虢,洎及京邑,周览神皋,禾黍废为闲田,墙屋毁为平地。[2]

诏书说的是实际情况。如果后汉朝廷确实照入洛诏书办理,民困还可以少苏。然而,就连这些也没有能兑现。

刘知远称帝之后,旧日亲信将佐、幕僚都执掌了要害部门,杨邠、郭威任正副枢密使,苏逢吉、苏禹珪同为中书侍郎同平章事,王章任三司使,史弘肇为侍卫亲军马步都指挥使兼平章事。这批人之中,只有郭威识见深远,接纳贤才,体察民情,有所作为,其余都是横蛮无知、残暴绝伦之徒。

苏逢吉善伺人意,惯于谄佞,而又嗜杀成性。刘知远出镇太原,"从事稀得谒见",只有他日侍左右,把奏疏藏在袖内,"俟其悦色则咨之,多见其可"。诣上者必虐下,他"深文好杀",残忍异常,在河东为幕僚时,"尝因事,高祖命逢吉静狱,以祈福祐,逢吉尽杀禁囚以报"。当了宰相,更爱杀人,刘知远欲镇压各地起义群众,他就草诏说:"应有贼盗,其本家及四邻同保人,并仰所在全族处斩。"有人驳斥说:"为盗者族诛,犹非王法,邻保同罪,不亦甚乎?"

后汉汉元通宝

[1]《旧五代史》卷109《杜重威传》,第1436页。
[2]《册府元龟》卷95《帝王部·赦宥十四》,第1132—1133页。

白釉镂雕殿宇人物瓷枕

他仍固执己意,勉强抹去"全族"二字。"时有郓州捕贼使臣张令柔尽杀平阴县十七村民,良由此也"。他"尤贪财货,无所顾避,求进之士,稍有物力者,即遣人微露风旨,许以美秩"。更爱奢侈,"好鲜衣美食,中书公膳,鄙而不食,私庖供馔,务尽甘珍"[1]曾在私第宴请权贵,一次就"所费千余缗"。苏禹珪庸碌昏庸,一切照他眼色行事,和他一个鼻孔出气,分一杯羹而已。

横蛮暴虐的刽子手,无过于史弘肇,他是个行伍出身的无知军人,自牙校以功擢至亲军主将。刘知远入洛、汴,他充当前锋,严束部伍,还能做到"兵士所至,秋毫不犯"。进了汴梁城,他的狰狞面目就日益显露无遗了。他"都辖禁军,警卫都邑,专行刑杀,略无顾避",而且"不问罪之轻重,理之所在,但云有犯,便处极刑,枉滥之家,莫敢上诉"。这样一来,上行下效,"巡司军吏,因缘为奸,嫁祸胁人,不可胜纪"。甚至"太白昼见,民有仰观者,为坊正所拘,立断其腰领"。"有醉民抵忤一军士,则诬以讹言弃市"。"其他断舌、决口、斮筋、折足者,仅无虚日"[2]他兼领归德节度使,"其属府公利,委亲吏杨乙就府检校,贪戾凶横,负势生事,吏民畏之。副戎以下,望风展敬,聚敛刻剥,无所不至,月率万缗,以输弘肇。一境之内,疾之如仇"[3]。这样的人物在五代也属罕见。

王章理财,惟事暴敛,堪与孔谦相匹。他"专于权利,剥下过当"。"旧制,秋夏苗租,民税一斛,别输二升,谓之'雀鼠耗'。乾祐中,输一斛者,别令输二斗,目之为'省耗'。百姓苦之"。"又,官库出纳缗钱,皆以八十为陌,至是民输者如旧,官给者以七十七为陌,遂为常式"[4]。"有犯盐、矾、酒曲之禁者,锱铢涓滴,罪皆死;由是百姓愁怨"[5]。

"上梁不正下梁歪",于是,诸方藩镇至于州县,无不竞以苛暴为能事:

卫州刺史叶仁鲁听说境内有"盗",便"自帅兵捕之。时村民十数共逐盗,入于山中,盗皆散走。仁鲁从后至,见民捕盗者,以为贼,悉擒之,断其脚筋,暴之山麓,宛转号呼,累日而死"[6]。对于叶仁鲁这种昏暗残酷的殃民罪行,苏逢吉大加赞赏,认为他办事得力,赏赐升官。

青州节度使刘铢,"性惨毒好杀",以"立法深峻"著

[1]《旧五代史》卷108《苏逢吉传》,第1422-1424页。

[2]《旧五代史》卷107《史弘肇传》,第1404页。

[3]《旧五代史》卷107《史弘肇传》,第1405页。

[4]《旧五代史》卷107《王章传》,第1410页。

[5]《资治通鉴》卷289,后汉隐帝乾祐三年十一月,第9429-9430页。

[6]《新五代史》卷30《苏逢吉传》,第328页。

称,"每亲事,小有忤旨,即令倒曳而出,至数百步外方止,肤体无完者。每杖人,遣双杖对下,谓之'合欢杖'。或杖人如其岁数,谓之'随年杖'"[1]。他又贪浊异常,横征暴敛,无所纪极。据当时谏官李元懿揭发,青州一道,"夏秋苗上每亩麻、农具等钱,省司元定钱十六。及刘铢到任,每亩上加四十五(文钱),每顷配柴五围、炭三秤;省条之外,严刑立使限征"。又"放丝三万两配织绢五千匹,管内七县,大抵如是"[2]。还规定,"每秋苗一亩率钱三千,夏苗一亩率钱二千,以备公用。部内畏之,胁肩重迹"[3]。这种种暴敛强夺,并非青州一镇、刘铢一人而已,李元懿疏中说:"臣窃闻诸道,亦有如刘铢配处。"[4]尤有甚者,西京留守王守恩,在洛阳"专事聚敛。丧车非输钱不得出城,下至抒厕、行乞之人,不免课率;或纵麾下,令盗人财"[5]。穷凶极恶,还有甚于此者吗?

本来,在辽军被逐出中原之际,没有一个统一的政权是不行的,握有实权、收揽人心的刘知远,称帝建国,虽属夺取人民群众的胜利成果,却也是当时形势的要求,因为,在纷乱形势下,一个统一的中原政权毕竟是"无秩序中的秩序"。然而,它能不能存在下去,还要看它能不能担当起时代所赋予的任务。当时的时代任务,不外是安定百姓,恢复生产,积蓄力量,抗御辽朝侵掠,完成统一大业。后汉朝廷的所作所为,恰恰与此不相适应。要想久存,显然是不可能的。

二 后汉覆灭与北汉小王朝的出现

后汉建国前后,边防形势是比较缓和的。耶律德光死后,东丹王突欲(李赞华)之子耶律兀欲(永康王)在恒州自立为帝,率其党羽北返,击败述律太后,将她囚禁起来。兀欲幼年随父居内地多年,"慕中华风俗,多用晋臣,而荒于酒色,轻慢诸酋长,由是国人不附,诸部数叛,兴兵诛讨,故数年之间,不暇南寇"[6]。兀欲与契丹守旧贵族的矛盾,实质上是改革与保守的斗争。辽朝内部发生摩擦,对内地是有利的,因为它可以使内地得以从容休养生息,恢复生产,积贮力量。然而,后汉政权却让这个大好时机空过了。

五代王齐翰《勘书图》

[1] 《旧五代史》卷107《刘铢传》,第1414–1415页。
[2] 《册府元龟》卷547《谏诤部·直谏十四》,第6575页。
[3] 《旧五代史》卷107《刘铢传》,第1415页。
[4] 《册府元龟》卷547《谏诤部·直谏十四》,第6575页。
[5] 《资治通鉴》卷288,后汉隐帝乾祐二年七月,第9412页。
[6] 《资治通鉴》卷287,后汉高祖天福十二年六月,第9367页。

五代徐熙《豆花蜻蜓图》(局部)

刘知远称帝之后,席不暇暖,仅仅1年就患病身死。他死之前,阶级矛盾已很激烈,统治集团内部的争夺也甚为炽烈。他死之后,年幼无知的后汉隐帝刘承祐登上帝座,所引用者更是一批庸碌无知、又爱轻举妄动的浮躁之徒。各种矛盾交炽并作,终于迅速覆灭。史籍论后汉之亡,评论说:"自古覆宗绝祀之速者,未有如(隐)帝之甚也。噫!盖人之谋之弗臧,非天命之遽夺也。"[1]"臣观汉之亡也,岂系于天命哉!盖委用不得其人,听断不符于理故也"[2]。征诸史实,这些话是有相当道理的。

乾祐元年(948),刘知远临终前,下诏说:"兵荒之际,寇盗连群。自朕始及京师,以宣赦宥,尚闻结集,未复家园。……赦书到后,仍与限一月,若不归本家,复罪如初,当令紧切擒捕,必无矜恕,仍别有条理指挥。"[3]从这个杀气腾腾的诏书里,可以见到,原来抗辽的起义群众又在为反抗暴政而进行战斗。诏书用抚、剿兼施的手段来对付起义群众,然而,暴敛有增无已,虐政有添无减,不啻为渊驱鱼,为丛驱雀,想要缓和人心,岂非南辕北辙?

刘知远拉拢、姑息降辽方镇,无所不至;不但优遇活人,而且优恤死人,给活人做样子看。就连勾结辽朝、逞兵叛乱的杨光远,都"赠尚书令,追封齐王,仍令所司追谥立碑"[4]。他用了这么大的气力,本想用以安反侧,结果并没有达到他的主观愿望而适得其反。杜重威叛乱甫定,李守贞等又联兵叛乱了。

晋昌[5]节度使赵匡赞是赵延寿之子,与凤翔节度使侯益都受辽官职,虽经后汉留任,仍不自安,乃南联后蜀,举兵叛乱。刘知远遣使招抚,赵匡赞便离长安入朝。后汉将王景崇率禁军至长安,后蜀兵已出大散关,王景崇恐赵部牙兵趁乱亡逸,欲令文面为计。军校赵思绾狡狯异常,自请文面以骗取宠信。刘知远死后,侯益也从凤翔到达汴京,厚赂权贵,得任兼中书令、行开封尹。汉廷征调赵匡赞牙兵入京,赵思绾便在长安发动兵变,联合凤翔节度使王景崇举起叛旗。与杜重威同时降辽的后晋宿将、护国节度使李守贞于是联合两镇,密通辽朝,自称秦王,据潼关叛。赵、王二人受李守贞官爵,又联合后蜀为援。三镇叛讯传至汴京,举朝震惊,朝廷遣将讨伐,既不置主帅,事权不

[1]《旧五代史》卷103《汉隐帝纪下》,第1378页。
[2]《旧五代史》卷107《刘铢传》,第1416页。
[3]《册府元龟》卷95《帝王部·赦宥十四》,第1135页。
[4]《旧五代史》卷100《汉高祖纪下》,第1335页。
[5]晋昌军,治今陕西西安市。

一,诸将又怯懦畏敌,互相猜防,以至出师无功,徒耗公帑。昭义节度使常思屯潼关,永兴军节度使白文珂屯同州,都畏惧李守贞,不敢进逼河中。凤翔节度使赵晖屯咸阳,拥兵不动,也不敢进逼凤翔镇。永兴节度使郭从义和河中行营都监王峻逼近长安,本可一举攻克长安,而二人势同水火,相互摩擦,"自春徂秋,皆相仗莫肯攻战。"[1]形成了旷日持久、师老无功的被动之势。后汉朝廷无奈,遂任枢密使郭威为西面军前招慰安抚使,节度西征诸军。郭威至军前,曲意收揽人心,"居常接宾客,与大将燕[宴]语,即褒衣博带,或遇巡城对垒,对阵敌,幅巾短后,与众无殊。临矢石,冒锋刃,必以身先,与士伍分甘共苦。稍立功效者,厚其赐与,微有伤痍者,亲为循抚,士无贤不肖,有所陈启,温颜以接,俾尽其情,人之过忤,未尝介意,故君子小人皆思效用"[2]。他认定"擒贼先擒王",把主要力量用来进攻声望最高、兵力最强的李守贞,李守贞久典禁军,素有威望,自恃功高。他以为禁军一到城下,只消他三言两语,禁军就会倒戈投降。不料事实全然与他的想象相反。汉兵进至城下,"扬旗伐鼓,踊跃诟躁;守贞视之失色"[3]。为了截断叛军西逃之路,郭威亲率牙兵阻击蜀兵,蜀兵不战而退,叛军失援,陷于孤立。为了严肃军纪,郭威斩违禁饮酒的爱将李审以示众,撤走不能作战的常思。乾祐二年(949)夏,河中被攻克,李守贞自焚死。赵思绾在长安,势穷投降,被处斩。是年底,攻克凤翔,王景崇自焚死。三叛既平,郭威不自居功而推功于诸将相、方镇,遍加升赏,博得朝内外的普遍称颂,威望大增。方镇叛乱的平定,后汉朝廷免除了外面的压力,内部倾轧、角斗反而更炽烈了。

自后晋灭亡,耶律德光拘留诸镇节帅,不予遣返,等到抗辽斗争高涨,才匆匆命他们还镇,而在这时,各地将校杀辽将自立为帅者甚多,旧时藩镇即使能回到原镇,声威、实力也远非昔时可比了。杜重威和三镇叛乱先后被平定,方镇势力又一次削弱。于是,后汉朝廷便想趁此形势,策划削藩。乾祐三年(950),乘诸镇入京朝贺,来一个大调动,把他们调离本镇。这个调虎离山之计,本来无可厚非,但因将相擅权,营求货赂,滥用赏罚,反而造成了恶劣的

"佛顶尊胜陀罗尼经"石幢

[1]《资治通鉴》卷288,后汉高祖乾祐元年八月,第9396页。
[2]《旧五代史》卷100《周太祖纪一》,第1450–1451页。
[3]《资治通鉴》卷288,后汉高祖乾祐元年八月,第9397页。

后果。如保大留后王饶,曾暗通李守贞,本应受到法办,他却因厚赂史弘肇,靠史弘肇的援引,非但逃脱了法纪惩治,反而擢升为护国军节度使。以一个小镇留后,有罪无功,居然一跃而为大镇节帅,诏下之日,朝野骇异。这样,削藩的效果非但不能收到,而后汉朝廷威信也大为降低了。

　　虽然削藩未收实效,然而,方镇势力削弱,暂时也无人敢于逞兵作战了。这时,朝内角逐趋于白热化,由将相倾轧发展到隐帝集团杀戮重臣,一幕幕的闹剧、凶杀剧,终于导致了后汉的一旦覆灭。

　　刘知远的顾命大臣郭威、杨邠、史弘肇、苏逢吉,分为两派,势不能下。杨邠出自小吏,本无知识,显贵之后,异常歧视文人,常言"为国家者,但得帑藏丰盈,甲兵强盛,至于文章礼乐,并是虚事,何足介意也"[1]。史弘肇说得更加露骨:"安朝廷,定祸乱,直须长枪大剑,至如毛锥子,焉足用哉!"三司使王章也是小吏出身,只知钱粮,他说:"虽有长枪大剑,若无毛锥子,赡军财赋,自何而集?"[2]然而,他也鄙视知识较多的文人,公然说:"此等若与一把算子,未知颠倒,何益于事!"[3]对儒生出身的官员,倍加刻削,发给月俸,"皆取不堪资军者给之,谓之'闲杂物',命所司高估其价,估定更添,谓之'抬估'"[4]。像这样一批鄙俗无知、横蛮贪暴的人,还有什么治国之道可言!杨邠为相,尽夺苏逢吉、苏禹珪之权,双方仇恨日深,乃至在宴会上吵闹起来,史弘肇还几乎动刀杀人。这场角斗,并不是将相意气之争或者文武重臣之争,它实际上包含了君权与相权、朝廷与方镇之争。同是以幕僚起家,杨邠、王章都是不学无术的小吏出身,而且沾染了藩镇的骄悍恶习,不但偏袒方镇,依重武夫,而且杨邠尤其独断专行,不识大体;苏逢吉虽名为书生出身,但全没有一点治国安邦的学问,于谄佞之术、贪暴之政,则是他的专长。所以说,双方之争,很难说是什么进步与落后的矛盾。乾祐三年(950),辽兵扰边,横行河北,诸镇拥兵自守,不敢抗击。汉廷任郭威为邺都留守,主持河北军政,统率诸镇。郭威未出朝,廷议郭威是否仍领枢密使。苏逢吉认为,大臣调外任者,从无带枢密使的先例,主张免去他的枢密使职。史弘肇却说:"领枢密使

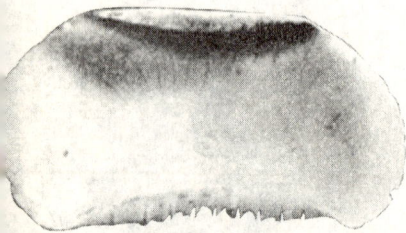

　　图片说明:定窑"官"白瓷莲叶形洗

1 《旧五代史》卷107《杨邠传》,第1408页。
2 《旧五代史》卷107《史弘肇传》,第1406页。
3 《旧五代史》卷107《王章传》,第1410页。
4 《旧五代史》卷107《王章传》,第1410页。

则可以便宜从事,诸军畏服,号令行矣。"苏逢吉反驳说:"以内制外,顺也;今反以外制内,其可乎!"[1]争论结果,郭威还是领枢密使,出任邺都留守,兼天雄军节度使,隐帝诏书规定:"河北诸州,凡事一禀帝(郭威)节度。"[2]于是,郭威就握有控制朝廷的实力了。

汉隐帝刘承祐即位时才18岁,年幼轻佻,狎于近习,专事荒淫。他十分不满杨、史2人倨傲跋扈,而甚为信任善于谄媚的苏逢吉。杨、史2人根本没有察觉,因而依然故态。某次议事,隐帝说:"审图之,勿令人有言。"杨邠悍然回答:"陛下但禁声,有臣等在。"[3]太后有故人之子,求补军职,"弘肇怒而斩之";隐帝听乐,赐教坊使玉带、诸伶官锦袍,他们前往拜见史弘肇,史弘肇一见,勃然大怒,呵骂说:"健儿为国戍边,忍寒冒暑,未能遍有沾赐,尔辈何功,敢当此赐!"[4]立刻褫去他们的袍带,缴还宫中。汉隐帝因为这些事,积恨已久,左右乘机谮言2人蓄谋异图,汉隐帝更加恼恨,便纠集舅父李业、近侍聂文进、后匡赞、郭允明等一伙亲信,密谋翦除杨、史等人。翦除权臣,非同小可,即使是英明有为、手握强兵的君主和老于谋略的重臣宿将,都非易事,而乳臭未干、荒唐无知的汉隐帝和一批轻率无知、毫无政治经验的贵戚幸臣,率尔从事,除了招致灭顶之灾之外,还会有别的效果吗?汉隐帝和亲信计议已定,伏兵殿门,趁杨、史、王3人入朝时,突然狙击,杀死3人,尽灭其族。同时,又用苏逢吉为权知枢密院事,刘铢知开封府,命刘铢杀郭威家属。复颁急诏,征河南诸镇至汴京,密遣使者赴澶州,杀戮郭威。郭威闻讯,召集诸将校,哭诉杨、史之死和自己的遭遇,激怒将士:"今有诏来取予首级,尔等宜奉行诏旨,断予首以报天子,各图功业,且不累诸君也。"[5]于是,亲将郭崇威带头,率领将校纷纷要求郭威率兵南下,清君侧,洗冤诬。郭威遂命郭崇威为先锋,自统大军随后,长驱渡河。河北诸镇闻讯,纷纷响应,一时声势大振。而汉隐帝召河南诸镇,诸镇皆按兵不应,仅刘知远同母弟慕容彦超率部入援。郭威至滑州,节度使宋延渥开城迎降,郭威取当州府库财物,赏赐将士。监军王峻公然向军中宣布:"我得公处分,俟克京城,听旬日剽掠。"[6]郭威大军迫近汴京,汉隐帝才感到大事不妙,惶恐万状,连忙

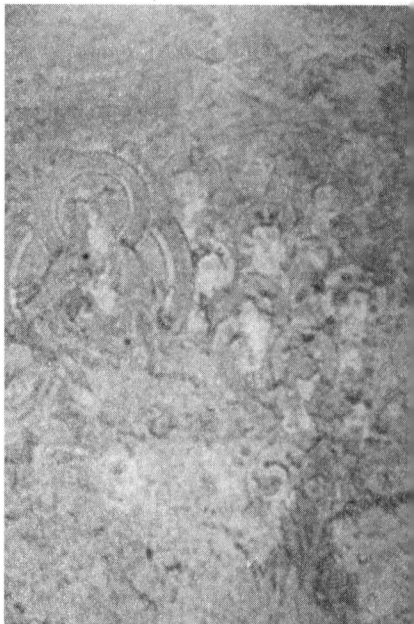

维摩净土变(文殊及胁从)壁画

[1]《资治通鉴》卷289,后汉隐帝乾祐三年四月,第9422页。
[2]《旧五代史》卷110《周太祖纪一》,第1452页。
[3]《资治通鉴》卷289,后汉隐帝乾祐三年十一月,第9431页。
[4]《旧五代史》卷107《史弘肇传》,第1405页。
[5]《旧五代史》卷110《周太祖纪一》,第1453页。
[6]《资治通鉴》卷289,后汉隐帝乾祐三年十一月,第9435页。

开府库劳军,赏赐禁军士卒每人20缗。禁军得了赏赐,刚出城门,便不肯作战。次日,慕容彦超拥隐帝出阵,兵锋甫交,诸军纷纷弃戈迎降。傍晚,汉隐帝逃回汴京城下,城内已降,不能入城,被乱兵所杀。

郭威率部入汴京,"诸军大掠,通夕烟火四发",一些贵戚达官也遭到杀掠。原任义成节度使白再荣,在任内"为政贪虐难状",人们认为他和辽将麻答酷虐无二,称他为"白麻答",移镇滑州,"箕敛诛求,民不聊生"。罢任之后,搜刮所得巨万,居于汴京。这时,"军士攻再荣之第,迫胁再荣,尽取财货",临出门,又转回来说:"某等军健,常趋事麾下,一旦无礼至此,今后何颜谒见?"[1]不等他开口,就把他的脑袋砍了下来,扬长而去。吏部侍郎张允,家藏以万贯计,吝啬异常,锁钥连妻妾都不许经管,挂在身上,走起来叮当作响,像环佩一样。"是夕,匿于佛殿藻井之上,登者浸多,板坏而坠,军士掠其衣,遂以冻卒"[2]。然而,受害最烈的还是市内百姓。在混乱中,只有右千牛卫大将军赵凤和一个不知名的童子守住一个街口,手持弓矢,抵挡劫掠的乱兵,射死多人,保全了全里。部将郭崇威、王殷见军纪乱得太不成话了,急忙报告郭威:"不止剽掠,今夕止有空城耳。"[3]郭威便下令分委诸将分部禁止劫掠,违者当场处斩。大军入城,捕杀刘铢等人,苏逢吉自杀。郭威请太后临朝听政,迎立刘知远之侄武宁节度使刘赟继位。刘赟未至汴京,镇、邢2镇报辽兵南犯,郭威率禁军北上抵御。军至澶州,将士哗变,将黄袍披在他身上,拥为皇帝,转回汴京。刘赟至宋州,被杀。广顺元年(951),郭威受后汉禅让,即皇帝位,国号周(史称后周)。这是五代兵变拥立皇帝的第四场,也是赵匡胤陈桥兵变、黄袍加身的样板。其实,辽兵南侵不过是个假情报罢了。

自梁、晋相争,迄于郭威代汉,魏博一镇有举足轻重之势。是以,梁得魏博而能挫晋,后唐得魏博而能灭梁,明宗据魏博而得践帝座,杜重威举魏博迎降而辽灭后晋,郭威据邺都而能灭后汉。然而,能不能认为这举足轻重之势的重要因素在于魏博一军(尤其是牙兵)的向背呢?这却未必尽然。五代与唐颇有差别,唐朝藩镇拥兵自据,牙兵尤为凶悍,后梁以来,则亲军力量强于诸镇,诸镇不能像

五代观世音菩萨毗沙门天王像

[1]《旧五代史》卷106《白再荣传》,第1400页。

[2]《资治通鉴》卷289,后汉隐帝乾祐三年十一月,第9438页。

[3]《资治通鉴》卷289,后汉隐帝乾祐三年十一月,第9439页。

唐代那样不听调度,而是要按朝廷规定,分批按期派兵戍守边地或别道。凡握有禁军大权的节度使,往往可以左右政局,乃至夺取皇位,否则,就只能附从于人。魏博一镇军力,自唐天祐二年(905)朱全忠杀牙兵后,已非昔比。虽然杨师厚复置牙兵,而洛阳政变起主力作用的却是禁军。虽然后唐庄宗收魏博精兵置银枪效节都,而魏博兵变,拥明宗入城的又是禁军(尤其是"从马直"),在洛阳哗变杀死庄宗的,还是"从马直"。天成二年(927),后唐将房知温再次杀戮魏博士卒,魏博本镇军力更衰。此后,拥立后唐废帝的是禁军,杜重威以魏博降辽,他所率部队并不是以魏博兵为主力而是以禁军为主力;李守贞敢于逞兵叛乱,是由于自恃久典宿卫,禁军必为所用,而他的败死,恰恰因为禁军归心郭威;郭威入汴,也是靠着身兼枢密,统率河北诸军,尤其是手握禁军。因此,左右五代政局的军事力量,与其说是魏博兵,不如说是禁军。当然,这时的禁军和后来的宋朝禁军还不相同,它是由藩镇专兵权转向朝廷收兵权的过渡,禁军虽归朝廷,统辖则由宿将,而且专兵久任,将校士卒仍然留下亲党胶固、骄横嚣张的旧日恶习,因而从牙兵立帅发展到了禁军立皇帝。当然,魏博一镇的战略地位和经济条件对政局能起左右轻重的作用,倒是符合事实的。五代以洛、汴为都,魏博为其屏障,屏障既失,京城难保,其战略地位尤为突出。所以,北宋澶渊一战,挫败辽兵,方保北宋的安存。北宋哪里还有什么牙兵呢? 只是因为魏博(宋为北京)的战略地位特别重要罢了。魏博的经济条件,兹不赘述。但可以说,五代和北宋,魏博(邺都、北京)的战略地位比经济地位更为重要。

　　后汉灭亡前夕,统治集团内部的大凶杀,郭威入汴时诸军掠杀高官显宦,都表明了政局已乱到不能再乱的地步。如果不能改变这种状态,不但家赀巨万的豪贵官宦难保身家性命,就是政权也无法照样统治下去了。汉隐帝、苏逢吉跟杨邠、史弘肇等人的火拼,是皇权和军阀间的斗争。削除军阀、完成统一,固然是当时历史发展的要求,然而,愚昧荒唐的汉隐帝、残虐贪浊的苏逢吉之流,又是异常腐朽的反动势力。双方角斗,不过是以毒攻毒,结果是同归于尽。看起来,似乎是历史在玩弄着一场恶作剧,实

五代瓜棱二系罐

北汉镇国寺大殿

际上是一场对腐朽反动势力的再次扫除。郭威靠两次兵变夺得皇位，第一次是逼出来的，第二次则是预谋策划的，但又是不得不这样干的。后汉成为我国历史上最短命的王朝，根本原因在于它沿袭了后晋的暴虐统治，且又过之，与时代和人民的要求背道而驰，尽失人心。在当时，虽有各地的农民起义，但却不具备发展成规模宏大的、足以扫除污秽、刷新局面的农民大起义的条件，因而也只能通过政变、改朝换代之后的改革来实现这种历史任务，这就不能不使新局面里蕴藏着大量的病毒，使以后的新的统一王朝染有积贫积弱的病症。

后周建立后，刘知远之弟、北京留守、河东节度使刘崇据河东，于太原称帝，自命为后汉的当然继承人，仍用汉为国号（史称北汉），俨然以正统自居（《新五代史》称为"东汉"，包括在十国内）。

河东原为后唐根本之地，李氏父子倚河东财赋兵力，终灭后梁。石敬瑭倚河东人力财力，阴谋篡夺。刘知远被挤出朝，任北京留守、河东节度使，因祸得福，聚集力量，守境自固，趁乱夺取皇位。所以，河东一道也具有左右五代政局的举足轻重地位。刘知远深知利害，因而不肯将河东假借他人，当他离太原，入洛、汴时，便任命刘崇为北京留守、河东节度使，守住根本之地。刘知远死后，刘崇因素与郭威有隙，遂"招募亡命，缮完兵甲，为自全之计，朝廷命令，多不禀行，征敛一方，略无虚日，人甚苦之"[1]。实际上已成了一方割据势力。其子刘赟入继帝位的消息传到太原，刘崇高兴万分。不久，刘赟被杀，郭威建后周，刘崇遂称帝太原，声言要报仇复国。北汉"所有者并、汾、忻、代、岚、宪、隆、蔚、沁、辽、麟、石十二州之地"[2]，还不及后唐的河东全道。由于设置朝廷机构，又多置节度使，财赋不足供应，因而，北汉小朝廷"宰相月俸止百缗，节度使止三十缗，自余薄有资给而已，故其国中少廉吏"。"北汉土瘠民贫，内供军国，外奉契丹，赋繁役重，民不聊生，逃入周境者甚众"[3]。到了刘崇次子刘承钧继位，竟因"国用日削"，而任命五台山僧继颙为鸿胪卿，求其资助。继颙本姓刘，为刘守光之子，免死为僧，"多智，善商财利，自旻（刘崇改名）世颇赖之。继颙能讲《华严经》，四方供施，多积蓄以

[1]《旧五代史》卷135《刘崇传》，第1811页。
[2]《资治通鉴》卷290，后周太祖广顺元年正月，第9453页。
[3]《资治通鉴》卷290，后周太祖广顺元年正月、十二月，第9454、9470—9471页。

佐国用。五台当契丹界上,继颙常得其马以献,号'添都马',岁率数百匹。又于柏谷置银冶,募民凿山取矿,烹银以输,刘氏仰以足用,即其冶建宝兴军"[1]。倚仗宗教大地主来维持国用,确是史无前例。但由此反映了北汉小朝廷是河东大地主势力的代理人。刘崇为了"报仇复国",乃依附于辽,向辽主兀欲称侄,经常与辽相呼应,骚扰后周边境,焚杀劫掠,肆行破坏。"十国"之中,北汉是唯一在北方出现的割据政权。它跟南方九国不同,因为南方诸国完成了地区性的统一,为内地的统一提供了便利条件,而北汉则是把中原地区的一部分割裂出去,并且成为联合辽朝、破坏中原统一的反动势力;南方诸国在一定时期内保境息民、劝课农桑、奖掖商旅,对经济的发展作出不同程度的贡献,而北汉则横征暴役于境内,杀掠骚扰于周境,只能起着破坏的作用。传统史家有贬九国为僭伪而称北汉犹尚大义者,这是出于传统伦常的观念,为马克思主义史学研究者所不能取。

郭威称帝后,泰宁节度使慕容彦超南联南唐,北结辽和北汉,逞兵叛乱,郭威统兵亲征,迅速平定叛乱。尔后,佐命功臣枢密使、同平章事王峻和同平章事、邺都留守、天雄军节度使王殷恃功倨傲,嚣张跋扈,乃至凌驾皇权,独断专行,郭威忍无可忍,将他们先后翦除。于是后周朝廷得以稳定,便开始进行改革了。

北汉天龙山碑

[1]《新五代史》卷70《东汉世家》,第868页。

王审知像

第四章　统一趋势的发展和
后周的改革

后晋、后汉两朝是五代时期最黑暗、人民群众苦难最深的年代。自朝廷至于州县,自帝王下及胥吏,残虐贪浊,上下皆然,稍为清廉正直的官吏,稀于凤毛麟角,哀鸿遍地,人不聊生。契丹铁骑的蹂躏,更使中原千里为圩,白骨如莽。人民群众浴血奋战,驱逐了掠夺者,而苦难曾无小纾。于是,反暴政的斗争绵延不绝。然而,"物极必反"是历史的辩证法,黑暗最甚之时,也就是新的生机萌长之日。人民群众的抗辽斗争和暴政斗争,形成了统一再出现的基本动力。而统治集团内部的相互劫夺、凶杀,却又扫除了成批最腐朽的反动势力。后周的改革和后周世宗的统一活动,正是在这种条件下出现的"符合客观形势要求"的行动。

第一节　南方形势的变化和南唐统一计划的失败

南方各地在一段时间里相对安定,经济得到恢复和发展,文化也有了进步或繁荣。在此以后,各地情况发展不一:能守前人成业,继续维持局面者,唯有吴越钱氏差可称之。虽有改革之志、节约之行,而无能力驾驭臣下,又不能贯彻始终,政事日非者,后蜀孟昶属之。虽不能守前人成策,而国力尚强者,唯有南唐。毁前人之业,兄弟阋墙,日寻干戈,自取灭亡者,有闽、楚两方。至于南汉,虽然君主多属残暴贪婪,政事紊乱,但以地处岭南,旁无强邻,故可暂免于覆灭。

一　闽、楚的覆灭

王氏集团来自中原,据闽自王,根基本不深固,非吴、南唐、吴越可比。而自王审知死后,继位诸主与豪商大贾往来,闽又居海上贸易要地,得南海珍奇宝货,商贾和以奢侈品为主的贸易,使王氏集团耳濡目染之下,穷奢极欲,贪浊残暴,达到了骇人听闻的程度。

王审知死后,其子延翰继位。其妻崔氏悍妒残忍,有人认为是她鸩死公爹王审知的。王延翰自称大闽国王,骄奢荒淫,大肆掠取民女,以充后宫。又猜忌兄弟,将他们排挤出外。其弟延钧(王审知次子)被贬为泉州刺史,与王审知养子王延禀勾结,王延禀从建州出兵,攻下福州,杀王延翰,拥王延钧为主。他以王延钧全靠其力得位,对王延钧十分藐视。他将回建州,王延钧盛宴钱行,他却傲然地说:"善守之,勿烦老兄再至。"[1]他既然不服王延钧,就想取而代之,便向后唐上表求官职,以取得合法地位,并且窥伺福州消息,俟机行动。王延钧看得明白,设计赚他,后唐长兴二年(931),"诈疾以死,讣于(延)禀",王延禀中其计,率部袭福州,船未靠岸,大败,被斩于船中。王延钧得其首级,得意地说:"果烦老兄再至矣。"[2]王延钧"其初数年,颇亦善守"[3],后来就越来越昏暴了。933年(后唐长兴四年、闽龙启元年),他在福州称帝,国号大闽,改元龙启,改名王鏻。王鏻既称帝,扩宫室,立五庙,置百官,费用激增,加上他崇信佛道,好神仙术,宠信道士陈守元和巫师徐彦林、盛韬,听信他们的狂言,大设道场,建宝皇宫,极华丽之能事。又"度民二万为僧,由是闽中多僧"[4]。僧徒数多,赋役摊在农民头上,百姓困苦日甚。王鏻为了广事搜刮,用亲信薛文杰为国计使。"文杰多察民间阴事,致富人以罪,而籍没其赀以佐用,闽人皆怨"[5]。为了陷害异己,他向王鏻推荐巫师徐彦,谎称:"陛下左右多奸臣,不质诸鬼神,将为乱。"[6]王鏻权欲熏心,居然信以为真,重用徐彦,经常让他在宫中看鬼。内枢密使吴英主持兵政,深得军心,薛文杰忌恨他,阴谋诬陷。吴英患病请假,薛文杰以探病为名,哄骗他说:"主上以公久疾,欲罢公近密,仆言公但小苦头痛耳,将愈矣。主上或遣使来问,慎勿以它疾对也。"吴英

闽王审知墓道石

[1]《五国故事》卷下《伪闽王氏》,第3195页。

[2]《五国故事》卷下《伪闽王氏》,第3195页。

[3]《五国故事》卷下《伪闽王氏》,第3195页。

[4]《资治通鉴》卷276,后唐明宗天成三年十二月,第9026页。

[5]《新五代史》卷68《闽世家》,第848页。

[6]《新五代史》卷68《闽世家》,第848页。

哪知其诈，一口答应。薛文杰又指使盛韬报告王鏻："适见北庙崇顺王讯吴勛（英）谋反，以铜钉钉其脑，金锥击之。"王鏻问薛文杰，他故意说："未可信也，宜遣使问之。"[1]吴英果称头痛，王鏻立即诏捕下狱，差薛文杰带领狱吏审讯，严刑拷打，胁迫成供，遂冤杀吴英和他的妻儿。这件骇人听闻的冤案，引起闽中人士的愤怒，兵士们更加愤恨不平。吴英之子吴光幸免，投奔于吴，请兵报仇。吴信州刺史蒋延徽急于邀功，不请朝命，擅自发兵攻建州。王延钧乞援于吴越，又遣将抵御。闽军士卒不肯出发，强烈要求杀薛文杰。王鏻无奈，听任其子王继鹏将他捕送军中。薛文杰平日嫌囚车太松阔，设计制造新囚车，形如木匮，"中以铁铓内向，动辄触之"[2]。哪知刚刚完成，就由他本人来享受它的风味了。士兵们碎斩薛文杰，盛韬也被处死，然后击退了吴兵。

闽永和元年（935），王继鹏趁其父病重之时，率兵入宫，杀王鏻及其妻陈后，自立为帝，改名昶。王昶残忍贪婪，愚蠢无知，甚于乃父。即位后，贬斥师傅叶翘，宠信巫道，拜道士谭紫霄为正一先生，陈守元为天师，听信巫师林兴，事无大小，都和他们商议，他们也就假借宝皇圣命，胡作非为。陈守元，"受贿请托，言无不从，其门如市"[3]。王昶听他的话，"起三清台三层，以黄金数千斤铸宝皇及元始天尊、太上老君像，日焚龙脑、薰陆诸香数斤，作乐于台下，昼夜声不辍。云如此可求大还丹"[4]。又作紫微宫，"饰以水晶，土木之盛倍于宝皇宫"[5]。闽通文三年（938）夏，宫中出现彩虹，林光诡称有神降言，"此宗室将为乱之兆也"[6]。王昶信之不疑，派林兴带人将王审知之子王延武、王延望和他们的五个儿子杀掉。他如此挥霍侈靡，财用自难供求，便问吏部尚书判三司蔡守蒙："闻有司除官皆受赂，有诸？"蔡守蒙矢口否认。王昶却公然说："朕知之久矣，今以委卿，择贤而授，不肖及闒冒者勿拒，第令纳赂，籍而献之。"从此，任官便以纳财多少为差。他犹未满足，"又以空名堂牒使医工陈究卖官于外"[7]。另派使者分赴诸州，伺人阴私，敲诈勒索，乃至劫夺财物。重重暴敛，种种苛法，使境内上下嗟怨。闽禁军本是王审知所建牙兵，称威武军，后改称拱宸控鹤都。王昶尽斥去王审知的勋旧，并欲将拱

闽王纪念碑

[1]《资治通鉴》卷278，后唐明宗长兴四年十一月，第9096页。陶案：吴英，《通鉴》作吴勛，实为一人。

[2]《新五代史》卷68《闽世家》，第849页。

[3]《资治通鉴》卷279，后唐潞王清泰二年十二月，第9137页。

[4]《新五代史》卷68《闽世家》，第851页。

[5]《资治通鉴》卷281，后晋高祖天福二年四月，第9172页。

[6]《新五代史》卷68《闽世家》，第851页。

[7]《资治通鉴》卷281，后晋高祖天福二年六月，第9176页。

宸控鹤都调出福州,分隶漳、泉二州,"因召市井屠沽辈,别立宸卫军名,衣以罗襦银带,饮食之器皆中金,所给俸赐复数倍于威武"[1]。闽通文四年(939),拱宸控鹤都将朱文进、连重遇激怒兵卒,发动兵变,攻杀王昶,拥王审知之子王延羲为帝。这是南方诸国出现的第一次兵变立帝。

王延羲原来遭王昶猜忌,借故软禁家中,兵变之夜,乱兵前往邀请,他还以为是王昶派人来杀他,吓得躲入厕所,终被拉了出来。即位后,改元永隆,移书邻道,内有"六军踊跃于门前,群臣欢呼于日下"[2]两句,借以遮丑。他改名王曦,本是酗酒之徒,"在位,为长夜之饮,锻银叶为酒杯,以赐饮群下。银叶即柔弱,因目之为冬瓜片,又名之曰醉如泥。酒既盈,即不许复置他所,惟饮尽乃可舍"[3]。因此,宗室、宰相以下因拒饮而被杀者很多。某夜,王曦大醉,传旨斩宰相李准。李准也大醉如泥,拖到刑场,嘴里还在叫唤爱婢春莺,行刑者不敢下手,把他安顿到别处。次日王曦上朝,召见李准,左右告以昨夜传旨事,王曦全无印象,急召李准,复其原位。这样的君主宰相,可称一对绝妙的好搭档了!王曦对宗族、勋旧猜忌杀戮,他们人人自危。他对居于建州的王延政最为忌恨,发兵攻讨。王延政自料不敌,乞援吴越。吴越兵未至,王延政败福州兵,乘胜取永平、顺昌。吴越兵至建州,意图并吞,王延政又与王曦联和,击走之。南唐烈祖恐王氏内讧,吴越收渔人之利,于己有害,遣使劝说,促其和解。王氏兄弟不听,依然相互斫伐,以致"福、建之间,暴骨如莽"[4]。王曦即位后,责蔡守蒙卖官鬻爵之罪,杀蔡守蒙而籍没其家资。此后,他公行卖官鬻爵,恣行贪暴,胜过了王昶。资用不给,乃与国计使陈匡范谋生财之道,陈匡范自请日进万金。王曦大喜,加他为礼部侍郎。陈匡范增商税数倍,王曦认为他才能出众,夸他是"人中之宝"。不久,商税收入也不够用了,陈匡范只得"贷诸省务钱以足之"。他感到这样搪塞下去,必然败露,难保身家,忧惧而死。王曦又用黄绍颇为国计使,黄绍颇献计,请"令欲仕者,自非荫补,皆听输钱即授之,以资望高下及州县户口多寡定其值,自百缗至千缗"[5]。泉州刺史余廷英贪秽不法,掠人女子,假称奉旨选美。王曦派御史查办,余廷英恐惧,赶到福州,"献买宴钱万缗",王曦转

福州的闽王庙

[1]《五国故事》卷下《伪闽王氏》,第3196页。

[2]《五国故事》卷下《伪闽王氏》,第3196页。

[3]《五国故事》卷下《伪闽王氏》,第3196页。

[4]《资治通鉴》卷282,后晋高祖天福六年七月,第9226页。

[5]《资治通鉴》卷282,后晋高祖天福六年六月,第9225页。

留从效南园故址

嘖为喜,次日召见,问他:"皇后贡物安在?"他连忙献钱给李后,就这样,平安无事地返回原任,不久居然擢升为宰相。余廷英带了头,"自是诸州皆别贡皇后物"[1]。拥立王曦的朱文进、连重遇遭到猜疑,已不自安,而王曦之妻李后妒尚妃之宠,想借二将之力推翻王曦而立其子王亚澄。闽永隆六年(944)三月,王曦春游,大醉而归,朱、连二将遣人把他打死。朱文进被拥为主,尽杀在福州的王氏宗族,愚昧悍妒的李后的"太后梦"破产了,连性命也没保住。

居福州的王氏子弟虽被杀光,居外州的王氏宗族还大有人在。朱文进据福州,去帝王号,称臣后晋。又分任将吏居诸州,以黄绍颇守泉州,程赟守漳州,许文稹守汀州。这时,王延政在建州,早于殷天德元年(943)称帝,建号殷。众将不服朱文进,泉州将留从效首先发难,杀黄绍颇,迎王审知孙王继勋为刺史。漳州也杀程赟,迎王继成为刺史。许文稹恐惧,以汀州降王延政。福州发生兵变,连重遇杀朱文进,请降于王延政,旋为神将林仁翰所杀。

趁福建乱成一团,南唐元宗李璟出兵进攻了。王延政遣其侄王继昌守福州,南唐兵攻建州,福州将李仁达对部下说,王延政自身难保,岂能有福州之地,遂杀王继昌而拥立雪峰寺僧卓俨明。不久,杀卓俨明自立,惧不能保,送款南唐。南唐保大四年(946),南唐兵下建州,将王延政及其家属俘送金陵,南唐置他于鄱阳,实行软禁,封"自在王(后改光山王)"[2],这个昏暴贪残的王延政做了不自在的"自在王",老死于鄱阳。

闽自王延翰以下,赋役日益苛重。王鏻度民为僧,百姓苦于重敛苛役,纷纷剃度,以避赋役。王鏻下诏丈量田土,定上、中、下三等,"膏腴上等以给僧道,其次以给土著,又其次以给流寓。科取之法,大率效唐两税而加重焉"[3]。寺院拥有膏腴上田,不供赋役,宗教地主不但可以优游卒岁,其中一些头面人物还可以出入宫廷,参与政事,弄权敛财,无所不为,成为闽政权的烈性腐蚀剂。所谓"土著",首先是当地土豪。王氏据闽,中外官吏,多为闽人,他们与土豪本为一体,逃避或转嫁赋役,自属易事。至于宗室、达官,更不在话下。层出不穷的赋役都摊在无权无势的中小地主和农民身上,尤其是从外地移来的流寓户,受

[1]《资治通鉴》卷283,后晋高祖天福七年八月,第9240页。
[2]《五国故事》卷下《伪闽王氏》,第3197页。
[3]《十国春秋》卷91《闽二·惠宗纪》,第1323页。

害最甚。王昶在位,命"诸州各计口算钱,谓之身丁钱,民年十六(纳钱)至六十免放,后漳、泉二州折米五斗(大斗,等于七斗三升)。凡江湖陂塘皆有赋"[1]。"诏民有隐年者杖背,隐口者死,逃亡者族。果菜鸡豚,皆重征之"[2]。王曦度民为僧,"民避重赋多为僧,凡度万一千人"[3]。据建州的王延政,暴敛尤甚,宠信户部尚书杨思恭,擢为仆射录国事,他"增山泽坑亩之税,鱼盐蔬果,皆倍其算,道路侧目,号'杨剥皮'"[4]。殷[5]宰相潘承祐上疏指陈十事,其大要云:

> 兄弟相攻,逆伤天理,一也。赋敛烦重,力役无节,二也。发民为兵,羁旅愁怨,三也。杨思恭夺民衣食,使归怨于上,群臣莫敢言,四也。疆土狭隘,多置州县,增吏困民,五也。除道裹粮,将攻临汀,曾不忧金陵、钱塘乘虚相袭,六也。括高赀户,财多者补官,逋负者被刑,七也。延平诸津,征果菜鱼米,获利至微,敛怨甚大,八也。与唐、吴越为邻,即位以来,未尝通使,九也。宫室台榭,崇饰无度,十也。[6]

潘承祐诤谏无效,反被殷主王延政罢斥。而这个奏疏虽是论王延政的种种弊政,实则王氏诸君,莫不尽然,而且一个甚于一个,覆灭的命运,自不可避免。

南唐保大三年(945),南唐中主李璟和他的近臣冯延巳等一反"保境息民"成策,趁闽中大乱,出兵进取建州,"建人苦王氏之乱与杨思恭之重敛,争伐木开道以迎之"。然而,南唐克建州,不事安抚百姓,反而"纵兵大掠,焚宫室庐舍俱尽;是夕,寒雨,死者相扰"[7]。百姓失望,怨恨唐兵。当时南唐受汀、泉、漳3州降,几乎奄有全闽,南唐朝廷猜忌闽中降将,乃将原任刺史全部调走,另派南唐将佐接替,闽军将佐因而更不满。克建州后,南唐派陈觉为使,谕降福州守将李仁达,李仁达不听,陈觉恼羞成怒,至建州,矫命发汀、建、信、抚4州兵攻福州,南唐侍臣魏岑也发漳、泉兵助之。李璟本想收手,冯延鲁力争不已,索性增兵前往,李仁达乞援吴越,吴越陆海两路赴援,大败南唐兵,南唐兵"死者二万余人,委弃军资器械数十万,府库为之耗竭"[8]。吴越入福州城,将李仁达迁吴越境,遂得并福州。南唐虽得建、汀等州,得不偿失,反使本身实力大损。

五代阮郜《阆苑女仙图》(局部)

[1]《十国春秋》卷91《闽一·康宗纪》,第1331页。

[2]《资治通鉴》卷281,后晋高祖天福二年六月,第9176页。

[3]《资治通鉴》卷282,后晋高祖天福五年七月,第9216页。

[4]《九国志》卷10《闽·杨思恭传》,第3340页。

[5] 陶案:天福八年(943)二月,王延政建国于建州,号曰殷。

[6]《资治通鉴》卷283,后晋齐王天福八年五月,第9250-9251页。

[7]《资治通鉴》卷285,后晋齐王开运二年八月,第9296-9297页。

[8]《资治通鉴》卷286,后汉高祖天福十二年三月,第9350页。

南唐军入建州,受漳州将留从效降,任他为清源军节度使。留从效据有漳、泉,遂拥兵不听南唐调遣。南唐遣兵戍守,进行监视。留从效趁南唐在福州败衄之时,告南唐戍将说:"此一方东渐于海,与福州世为仇敌;南限广州瘴疠之地,人使不通;西连鄞水,皆猿径鸟道。近岁干戈屡动,三农废业,冬征夏敛,仅足自赡,不烦大军久驻于此。"[1]发出这个"逐客令"后,次日就设宴饯行,南唐屯将只得卷旗而去。南唐元宗制他不下,只得授以平章事兼侍中,封晋江王,以事羁縻。"从效起自行阵,知人疾苦,勤俭养民,常衣布素。涉猎史传,延纳名士,部内清治,吏民爱之"[2]。又整建泉州城港,招徕海外商贾,影响后世颇大。北宋建隆元年(960),亲将陈洪进、张汉思囚禁留从效,留从效忿郁而死。陈洪进拥张汉思为主,而张氏诸子反欲加杀害,乃囚张汉思,自立为节度使。北宋太平兴国三年(978),以两州版籍归宋。

闽王氏覆灭之际,湖南马氏诸子也同室操戈,战无宁日。南唐灭闽后,又出兵灭楚。

马殷定湖南,虽然施行了一系列善政,有益于湖南的进一步开发,社会经济得到相当的发展,但晚年多内宠,诸子骄奢横暴,互相嫉妒。长子马希振,"长而贤",不愿卷入勾心斗角之中,"弃官为道士,居于家"[3]。以消极的态度来避祸。马殷年老,以次子马希声为武安、静江等军节度副使、判内外诸军事,委以政事,惟重大事项方向他禀请。马殷的谋主高郁,扬州人,明敏明算,为都军判官,湖南的诸项重大政治、经济决策,都是他制定的,对湖南的安定和富裕起了重大作用。他声望既高,邻道忌之,毁者日众。后唐灭梁,马殷遣四子马希范入觐。后唐庄宗见马希范年少无知,故意拊其背说:"国人皆言马家社稷必为高郁所取,今有子如此,高郁安得取之耶!"马希范素忌高郁,对这番话深信不疑。马殷不听,说:"主上战争得天下,能用机数,以郁资吾霸业,故欲间之耳,若梁朝罢王彦章兵权也。盖遭此计,必至破灭,今汝诛郁,正落其彀中,慎勿言也!"[4]荆南高季昌更嫉恨高郁,经常造谣中伤,指使人造谣,"季昌闻楚用高郁,大喜,以为亡马氏者必郁也"[5]。马希声兄弟密谋除高郁,由马希声出面,反复向马殷力争,马

五代关全《秋山晚翠图》

[1]《九国志》卷10《闽·留从效传》,第3341页。

[2]《九国志》卷10《闽·留从效传》,第3341页。

[3]《新五代史》卷66《楚世家》,第826页。

[4]《五代史补》卷3《马希范杀高郁》,第2501页。

[5]《新五代史》卷66《楚世家》,第825页。

殷无奈,罢其兵权。高郁受贬,愤然说:"吾事君王久矣,亟营西山(岳麓山),将老焉,犬子渐大,能咋人矣!"[1]马希声兄弟仍不甘心,假传马殷命令,诬以谋反,竟行杀害。马殷次日才知此事,抚膺大哭,说自己也不久人世了。

一年以后,79岁的马殷死去(930年,后唐长兴元年),马希声继承了王位。他本以母宠得立,凶恶贪婪,骇人听闻。"海商有鬻犀带者,直[值]数百万,昼夜有光,洞照一室"[2],他居然杀死海商,夺得犀带。他听说朱全忠爱吃鸡臁,十分羡慕,"命庖人日烹五十鸡以供膳"[3]。父死,毫无伤感。马殷灵柩将运衡阳安葬,他全不理会,依然"食鸡臁数器"。其礼部侍郎潘起实在看不下去,冷言冷语地说:"昔阮籍居丧而食蒸豚,世岂乏贤邪!"[4]不到两年,这位吃鸡专家死了,马希范继承王位。

后唐长兴三年(932),马希范自朗州回长沙即位,便把马希声的同母弟马希旺囚禁起来,排除出兄弟之列。然后,又把在桂、朗2州颇得民心的异母弟马希杲酖杀。马希范好学,能赋诗,优礼文士,"然性刚愎,且奢靡而喜淫,先王姬媵,多加无礼;又令尼僧潜搜士庶家女,有容色者,强委禽焉,前后数百人,犹有不足之色"。甚至,"有商人妻美而艳,辄杀其夫夺之,妻誓不辱,自经死"[5]。天福四年(939),马希范开天策府,置护军中尉、领军司马等官,以诸弟及将校充职。又仿唐太宗天策府文学馆,设学士员,以幕僚拓跋恒、李宏皋、徐仲雅等18人为之。他们之中,不乏有学识之士,但都不能发挥才智,有所作为。马希范在位,平溪州彭氏叛乱,差有可称。此后,奢侈无度,暴敛不息,苛刑日甚。建造天策府,"极栋宇之盛;户牖栏槛皆饰以金玉,涂壁用丹砂数十万斤;地衣,春夏用角簟,秋冬用木绵"[6]。又在长沙大兴土木,于天策十六楼外,"又建会春园、嘉宴堂、金华殿,其费巨万"[7]。天福八年(943),又建九龙殿,"刻沈香为八龙,饰以金宝,长十余丈,抱柱相向;希范居其中,自为一龙,其幞头脚长丈余,以象龙角"。为了显示气魄,他"为长枪大槊,饰之以金,可执而不可用。募富民年少肥泽者八千人为银枪都"[8]。这样愚蠢之极的铺张浪费,把"财货丰殖"的收入用得几乎罄尽,便疯狂地肆行搜刮。"每遣使者行田,专以增顷亩为功,民不胜租赋而

白玉双凤纹梳背

[1]《新五代史》卷66《楚世家》,第825页。

[2]《十国春秋》卷68《楚二·衡阳王世家》,第949页。

[3]《十国春秋》卷68《楚二·衡阳王世家》,第949页。

[4]《新五代史》卷66《楚世家》,第825页。

[5]《十国春秋》卷68《楚二·文昭王世家》,第958页。

[6]《资治通鉴》卷283,后晋高祖天福七年十月,第9241页。

[7]《十国春秋》卷68《楚二·文昭王世家》,第956页。

[8]《资治通鉴》卷283,后晋齐王天福八年十二月,第9258-9259页。

贯休《罗汉图》之一

逃"。他却说出这样的混账话来："但令田在，何忧无谷！"派邓懿文籍逃户田，募民耕种纳租，"民舍故从新，仅能自存，自西徂东，各失其业"[1]。境内形成混乱。用度仍然不足，又公开卖官鬻爵，以输财多少定官秩高下，而富商大贾，充斥于楚王府之中。此外，外州官员还朝，必责贡献，"民有罪，则富者输财，强者为兵，惟贫弱受刑"。"又置函，使人投匿名书相告讦，至有灭族者"[2]。这样还不能满足贪欲，又令"常税之外，大县贡米二千斛，中（县）千斛，小（县）七百斛；无米者输布帛"。天策府学士拓跋恒进谏，马希范大怒，将他斥去，终生不与相见，拓跋恒慨叹说："王恣欲而愎谏，吾见其千口飘零无日矣！"[3]

后汉天福十二年（947），辽太宗陷汴梁，闻湖南有丹砂涌现，诧异之余，赞马希范是个"异人"，授以"尚父"之号。马希范受册，不以为耻，反而欣喜若狂，骄气更甚。牙将丁思觐进谏说："先王起卒伍，以攻战而得此州，倚朝廷以制邻敌，传国三世，有地数千里，养兵十万人。今天子囚辱，中国无主，真霸者立功之时。诚能悉国之兵出荆、襄以趋京师，倡义于天下，此桓、文之业也。奈何耗国而穷土木，为儿女之乐乎？"[4]马希范不听，丁思觐忿极绝吭而死。是年，马希范死，诸弟争立，楚将各自结党，分别拥立武平军节度使马希萼、武安军节度副使兼镇南节度使马希广，从此日寻干戈，无有宁时。

马希广是马希范同母弟，懦弱愚昧，极其吝啬。马希范对他异常宠爱，留驻长沙，为自己副手。马希范死，将吏议所立。都指挥使张少敌等以马希萼最长当立，长直都指挥使刘彦瑫、天策府学士李宏皋等力主立马希广，遂以遗命拥之继位。后汉天福十二年（947）冬，马希萼自朗州来长沙奔丧。马希广从刘彦瑫计，派兵迎马希萼，命他先将部属解除武装，再进长沙。部将劝马希广杀马希萼，马希广不听，只将他安置碧湘宫，不准入见，然后用厚赂将他遣还。马希萼还朗州，于次年几次上表后汉朝廷，请封为藩王，与马希广分湖南而治，后汉不许，乃转而称臣于南唐，请求援助，同时积极策划袭取长沙。当时，后汉朝廷颁诏劝谕和解，无效。南汉求婚不成，见楚乱已萌，乃出兵攻取贺、昭2州，击败楚兵。次年，马希萼调朗州丁壮为乡兵，

[1]《资治通鉴》卷283，后晋齐王天福八年十二月，第9259页。

[2]《资治通鉴》卷283，后晋齐王天福八年十二月，第9259页。

[3]《资治通鉴》卷283，后晋齐王天福八年十二月，第9259—9260页。

[4]《新五代史》卷66《楚世家》，第827页。

号"静江军"，造战舰700艘，欲攻长沙。马希广闻讯，欲自动让位，为刘彦瑫、李宏皋所阻，遂派岳州刺史王赟随刘彦瑫率水军迎击，大败之，获战舰300艘。马希萼败走，王赟穷追，马希广却下令退军，遂让他逃回朗州，重新整顿兵力，卷土再来。

乾祐三年（950），马希萼诱辰溆土家族首领及"梅山蛮"攻益阳，于是，这些少数族头人卷入了马氏子弟争夺王位的战争，他们怀着掠夺长沙公私财物的念头，驱使部下随马希萼东向。马希萼攻益阳、湘乡诸地；而南唐又对他加官助饷，遣楚州刺史何敬洙相援，马希萼声势更张。马希广告急于后汉，后汉自顾不暇，不能顾及。刘彦瑫领水军袭朗州，大败。马希广闻讯，惶恐涕泣，六神无主，大出金帛以买军心，也完全无效。马希萼同母弟马希崇任天策府左司马，向马希萼暗送情报，又在军中制造谣言。有人劝马希广除掉他，马希广不忍，反听之任之。朗兵下益阳，溯江攻岳州，王赟坚守不下，马希萼在城下责他异心，回答说："君王兄弟不相容，而责将吏异心乎？愿君王入长沙，不伤同气，臣不敢不尽节。"[1]马希萼无言以对，转而攻湘阴，迫长沙，屯于湘江西岸。马希广情急无策，"信巫觋及僧语，塑鬼于江上，举手以却朗兵，又作大像于高楼，手指水西，怒目视之，命众僧日夜诵经，希广自衣僧服膜拜求福"[2]。彭士愁之子彭师暠为牙将，登城望湘水西岸朗兵，献计说："武陵兵骄，杂以蛮蜑，其势易破。请令（许）可琼等阵（岳麓）山前，臣以步兵三千自巴溪渡江趋岳麓，候夜击之。"[3]许可琼已暗中勾结朗军，竭力反对，计不行。长沙陷落，"朗兵及蛮兵大掠三日，杀吏民，焚庐舍，自武穆王（马殷）以来所营宫室，皆为灰烬，所积宝货，皆入蛮落"[4]。马希萼夺得王位，缢死马希广，他临死还喃喃地诵佛经。

马希萼刚狠无义，夺位后，杀刘彦瑫、李宏皋等人，"湖南要职，悉以朗人为之"。他又"多思旧怨，杀戮无度，纵酒荒淫"，懒得理事，将军政大权悉委马希崇。马希崇"复多私曲，刑政紊乱"[5]。部下离心离德，怨声载道。朗州兵请求赏赐，"府库既尽于乱兵，籍民财以赏赉士卒，或封其门而取之，士卒犹以不均怨望"[6]。长沙府舍焚荡，马希萼派朗州将王逵、周行逢率部卒营造宫室，士卒劳苦而不得犒

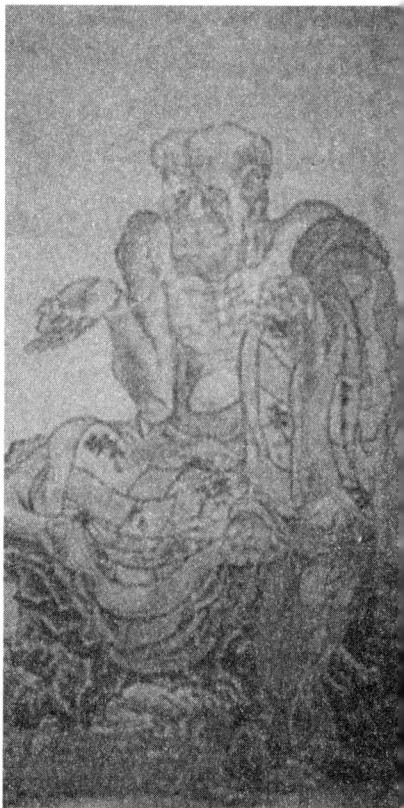

贯休《罗汉图》之二

[1]《新五代史》卷66《楚世家》，第828页。

[2]《资治通鉴》卷289，后汉隐帝乾祐三年十二月，第9445页。

[3]《新五代史》卷66《楚世家》，第828页。

[4]《资治通鉴》卷289，后汉隐帝乾祐三年十二月，第9445页。

[5]《十国春秋》卷69《楚三·恭孝王世家附弟希崇》，第968-969页。

[6]《资治通鉴》卷290，后周太祖广顺元年三月，第9458页。

宝林寺（始建于南汉）

赏，人人嗟怨，商议杀将逃走。周行逢听到，便与王逵商量，煽动士兵，各持木梃，冲出长沙，奔回朗州，拥原为彭玕部将的辰州刺史刘言为留后，立马殷之孙马光惠为节度使。马光惠"性愚懦，嗜酒废事，不能服众心"[1]，被废掉。马希萼遣将攻朗州，败回。马希崇与旧将徐威等合谋，缚马希萼，解送衡山囚禁，马希崇遂取而代之。刘言自朗州出兵讨马希崇，至益阳，马希崇惶恐乞和。而彭师暠又在衡山拥立马希萼为衡山王，"以县为府，断江为栅，编竹为战舰"。"召募徒众，数日至万余人"[2]。又遣使称臣南唐，乞求救援。马希崇深恐被部将杀害，也遣密使请兵南唐。在这批蠢货乱成一团的时候，南唐早已派信州刺史边镐屯兵袁州。这时，边镐便率兵万人从醴陵入长沙，马希崇迎降。岳州也被南唐将刘仁赡所取。长沙既下，马希萼也以衡山降。南唐任边镐为武安军节度使，征马希崇及其家族赴金陵，他们聚族相泣，重赂请留，都遭到拒绝，马氏家族及将佐千余人都被押送去金陵。南唐先以马希萼镇洪州，以后趁他入觐，留在金陵，数年后病死。马希崇先后居舒州、扬州，后周南征，马氏兄弟17人投降，迁于汴京。"先是，马氏富强，雄于列国，诸院公子长幼凡八百余人，咸以侈靡为务，时称酒囊饭囊，多非刺之"[3]。"及边镐师至，奔散寒馁而毙者过半焉"[4]。诸驹争皂栈，同归于尽，就是这伙愚昧淫侈的吸血虫所得的下场。

南唐取潭州时，南汉乘虚攻夺桂、宜、连、梧、严、富、昭、龚、象、郴等州，南唐兵南向争郴州，南汉兵以逸待劳，奋击败之。从此其辖区逾过五岭。

南唐初灭马楚，尚能收揽人心：边镐入潭州，时值大饥之年，乃"大发仓粟赈之，楚人大悦"。刘仁赡取岳州，"抚纳降附，人忘其亡"[5]。如果能够持久，则湖南可以安定，南唐实力也可以增强。而以后南唐朝廷却倒行逆施，"悉收湖南金帛、珍玩、仓粟乃至舟舰、亭馆、花果之美者，皆徙于金陵，遣都官郎中杨继勋等收湖南租赋以赡戍兵。继勋等务为苛刻，湖南人失望"[6]。朗州刘言趁众怨沸腾，出兵攻取长沙，逐走南唐兵，尽复马氏岭北旧地，唯郴州则入南汉。南唐并楚而复失，非但损耗巨大，而且声威锐减。灭楚主将边镐尤其狼狈不堪，威信扫地。他虽然崇佛，而多

[1]《十国春秋》卷71《楚五·马希振附子光惠传》，第988页。

[2]《十国春秋》卷69《楚三·恭孝王世家附弟希崇》，第970页。

[3]《十国春秋》卷69《楚三·恭孝王世家附弟希崇》，第971页。

[4]《十国春秋》卷69《楚三·恭孝王世家附弟希崇》，第972页。

[5]《十国春秋》卷69《楚三·恭孝王世家附弟希崇》，第971页。

[6]《资治通鉴》卷290，后周太祖广顺元年十二月，第9472页。

有智谋，"始为将也，爱惜士卒，分甘绝苦。其所过之地，秋毫不犯，出入地邑，整齐而有容"。人们称他为"边菩萨"，靠了这套本领，镇压了张遇贤起义(见下节)。"及其既耄，则威不克爱，纲纪紊乱，玩侮饕餮，禁约不胜"。人们呼他为"边和尚"[1]。"边和尚"之得名，主要是因被逐出湖南，狼狈万状而遭到的嘲笑。

南唐退兵后，湖南继续混战。刘言本彭玕部将，自江西随彭氏来降，素为人所轻视。王逵、周行逢等人拥他为主，而谋议全由他们决定，刘言无法驾驭。南唐兵退，刘言表请后周赐与官爵，又以潭州残破，请移治所于朗州。后周太祖从其请，升朗州为武平军，置武安军之上，任刘言为节度使，而以王逵为武安军节度使。王逵不满，遂图除刘言，与周行逢密谋，佯言伐南汉、复桂州，请刘言遣亲将何景真、朱全琇来潭州会师。既至，杀二将，并其兵，袭破朗州，擒斩刘言，遂自立为武平军节度使。后周世宗南征，任王逵为南面行营都统，进攻鄂州。他"本无钤略，不能驭群下"。手下几个副使"各置牙兵，分厅案事，军政淆乱"，"逵莫能禁止"[2]。及至率兵过岳州，刺史潘叔嗣奉侍甚谨，王逵亲信求赂不得，谗言诬陷。潘叔嗣惧恨交集，乘虚袭取朗州。王逵从鄂州前线狼狈奔回，被潘叔嗣擒杀。潘叔嗣自量不能服众，便从潭州迎请周行逢为主。

周行逢，武陵人，少时无赖，坐罪黥配溪州铜坑。后应募为静江军卒，与王逵、潘叔嗣、张文表等人结为"十兄弟"，周行逢在10人中最有谋略。王逵为武平军节度使，任他为武清军节度知潭州府事。潘叔嗣拥他为主，他到了朗州，就捕斩潘叔嗣，"恣行诛戮，逵之子弟及门将吏，死者百余辈"。他又"性猜忌，每遣人伺察郡县守宰，有聚饮偶语者，必逮捕下狱，以谋反诛"[3]。但他却能"为治严整，不徇私党。躬履俭约，以率群下。辟置官吏，必取廉介之士。条教简约，民甚便之"[4]。他的女婿求官，他不许，给以农具，告诫说："吏所以治民也，汝才不能任职，岂敢私汝以禄？姑归垦田，以自治也。"[5]其妻严氏(《资治通鉴》作邓氏)劝他不可滥杀，不听，遂自请回乡，督课佃户。"至则营居以老，岁时衣青裙押佃户送租入城"。周行逢劝她不要自苦，她说："公思作户长时乎？民租后时，常苦鞭朴，今贵矣，宜先

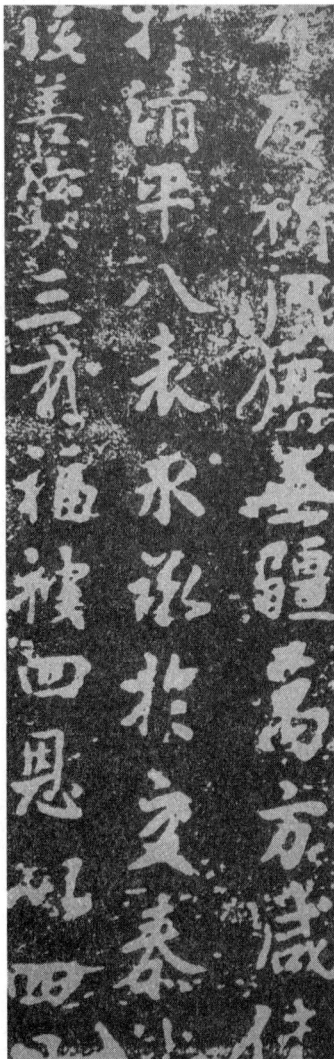

南汉光孝寺东铁塔(局部)

[1]《钓矶立谈》，第5010页。
[2]《九国志》卷11《楚·王逵传》，第3361页。
[3]《九国志》卷11《楚·周行逢传》，第3364页。
[4]《九国志》卷11《楚·周行逢传》，第3364页。
[5]《九国志》卷11《楚·周行逢传》，第3364页。

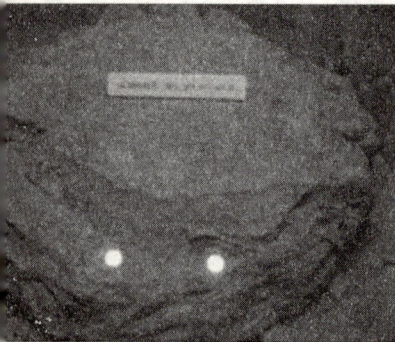

南汉宫殿遗址中的狮础柱石

期以率众,安得遂忘垅亩间乎!"[1]周行逢强行留她,她终不肯,说:"公用法太严而失人心,所以不欲留者,一旦祸起,田野间易为逃死尔。"[2]从这里反映了,即使是割据一方的军阀家属,也感到时有灭族之祸。周行逢据湖南,"四五年间,仓廪充实"[3],但赏赐用度既大,冗官又多,周行逢偶问徐仲雅,四邻畏惧他否,徐仲雅讥讽说:"侍中境内,弥天太保,遍地司空,四邻那得不畏!"[4]周行逢也奈他不得。

北宋建隆三年(962),周行逢死,子保权继位。行逢将殁,料到衡州刺史张文表必然起兵争位,遗嘱令杨师璠讨之,如不胜,则坚守城池,自归朝廷。果然,张文表闻周行逢死,自衡州率兵攻下潭州。周保权遣杨师璠统兵抵御,一面乞援于北宋朝廷。北宋兵未至,杨师璠已大破张文表。北宋兵入朗州,迁周氏全族于汴梁,湖南平。

二 南汉的残暴统治与张遇贤领导的岭南农民起义

南汉自刘龑以下,诸主皆残酷暴虐,穷奢极欲,荒淫昏庸。但以地居岭外,四无强敌,内无骄兵悍将,加之商利甚厚,故能维持数十年之久,甚至辖境还有所扩张。

刘龑并非愚昧之徒,他狡诈多变,颇有权术,但残忍异常,以苛虐为乐事:

> 每视事,则垂帘于便殿,使有司引罪人于殿下,设其非法之具,而屠脍之,故有汤镬铁床之狱。又有投汤镬之后,更加日曝,沃以盐醋,肌体腐烂,尚能行立,久之乃死。其余则锤锯互作,血肉交飞,腥秽之气,冤痛之声,充沸庭庑。而岩之唇吻必垂涎及颐领,若啖膏血之气者,久之,方复常态。[5]

刘龑的残忍行径,简直像一头野兽。而其穷奢极欲,更为惊人:

> 岩暴政之外,惟以治宫殿为务,故作昭阳诸殿,秀华诸宫,皆极瑰丽。昭阳殿以金为仰阳,银为地面,檐楹榱桷亦皆饰之以银。殿下设水渠,浸以真珠,又琢水晶、琥珀为日月,列于东西二楼之上,岩亲书其榜。其余宫室殿宇,悉同之。每引岭(外)行商以示奢(侈),亦由之而称强盛。[6]

[1]《新五代史》卷66《楚世家》,第831页。
[2]《新五代史》卷66《楚世家》,第831页。
[3]《九国志》卷11《楚·周行逢传》,第3364页。
[4]《资治通鉴》卷293,后周世宗显德三年七月,第9557页。
[5]《五国故事》卷下《伪汉彭城氏》,第3192页。
[6]《五国故事》卷下《伪汉彭城氏》,第3192页。

及至刘龚晚年,建造宫殿,更是花样翻新。建南薰殿,"柱皆通透刻镂,础石各置炉燃香,有气无形"。这样精致奇异的建筑艺术,耗费了多少精工巧匠的心血和多少工役的血汗,甚至葬送了多少生命!刘龚却得意忘形地说:"隋炀帝论车烧沉水,都成粗疏,争似我二十四具藏用仙人,纵不及尧、舜、禹、汤,亦不失作风流天子。"[1]他沾沾自喜地与隋炀帝竞奢,自夸风流天子,昏暴淫奢,可谓甚矣!他又"聚毒蛇于水中,以罪人投之,谓之水狱"[2]。虽然他在位时,礼遇儒士,并且以文人为州县官,使境内比较安定,而在晚年猜忌日甚,乃至认为士人都为子孙打算,不会对他效忠尽死,只有绝祀无后的宦官才能竭诚无二,于是专任宦官,宦官数量越来越多。

南汉御花园中的莲池遗址(局部)

> 先是,高祖(刘龚)虽宠任中官,其数裁[才]三百余,位不过掖庭诸局令丞而已。中宗(刘晟)时,益广至千余人,略增内常侍、谒者之称。逮后主(刘铱),信任宦者,凡群臣有才能及进士状头或僧道可与谈者,皆先下蚕室,然后得进,亦有自宫以求用者,亦有免死而官者,由是奄人渐十倍于乾和时(刘晟年号,943-958)。诸使名不翅二百,有三师、三公等官,稍加内字以别之,因谓士人为门外人。卒以此亡国。[3]

小小的南汉居然有1万多名宦官,已经够骇人听闻了,何况其中还有一批操持政事、恣行贪暴、谗谮忠直、蠹政祸国的权阉,南汉不亡何待!

刘龚自己如此奢侈暴虐,他的儿子们也就学了他的样子,而昏庸又过之。他以其子秦王刘弘度判六军,募市井无赖子弟千人为宿卫兵,军纪荡然,"掠商人金帛,商人不敢诉"[4]。宰相杨洞潜进谏,刘龚不听,反说不劳他过问,杨洞潜愤而辞职。

南汉光天元年(942),刘龚死,子刘弘度继位,是为殇帝。他改名刘玢,"昏暴益甚,为长夜之饮"[5]。委政于其弟晋王弘熙,不理政事,专事荒淫秽行。刘龚未葬,他就"作乐酣饮;夜与倡妇微行,裸男女而观之。左右忤意辄死,无敢谏者"。"常猜忌诸弟,每宴集,令宦者守门,群臣、宗室,皆露索,然后入"[6]。刘弘熙想篡位,与其弟循王刘弘杲合计,

[1]《十国春秋》卷58《南汉一·高祖纪》,第850页。

[2]《十国春秋》卷58《南汉一·高祖纪》,第850页。

[3]《十国春秋》卷66《南汉九·陈延寿传》,第923页。

[4]《资治通鉴》卷279,后唐潞王清泰元年十二月,第9127页。

[5]《五国故事》卷下《伪汉彭城氏》,第3193页。

[6]《资治通鉴》卷283,后晋齐王天福八年三月,第9249页。

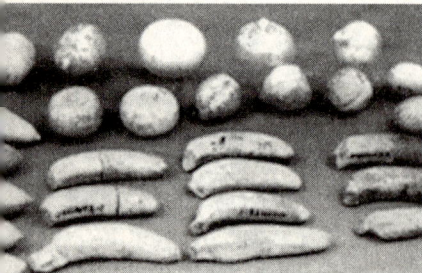

南汉康陵地宫出土的"岭南佳果"

听从元帅府马步军都指挥使陈道庠的主意,利用刘玢爱看角抵,进力士刘思潮等表演角抵,趁刘玢酒醉,把他拉杀。刘弘熙遂于南汉应顺元年(943)夺位,改名刘晟(是为中宗)。是年底(农历十一月)又改元乾和。

刘晟杀兄篡位,众议沸腾,刘弘杲劝他归罪刘思潮等,杀之以塞众议。刘晟不听,反信刘思潮诬告,以刘弘杲要谋乱,将他杀掉。刘龚诸子以越王弘昌最称贤明,刘晟也派人暗杀,诈称为盗所杀。又酖杀居邕州有善政的镇王刘弘泽。于是"诸弟相次见杀"[1],对被杀的兄弟,"尽杀其男,纳其女充后宫"[2]。猜忌勋旧,诛戮杀害,更不在话下,就连其亲信爪牙,也难免族灭之祸。刘晟杀了他的鹰犬刘思潮,献计谋杀刘玢的陈道庠还满不在意,以为无事。其友邓伸送给一部《汉纪》,他不解其意,邓伸叱骂说:"憨獠!此书有韩信、彭越事,审读之。"[3]刘晟听到了,斩2人,尽灭其族。又"作离宫千余间,饰以珠宝,设镬汤、铁床、刳剔等刑,号'生地狱'"[4]。一次酒醉,"以瓜置伶人尚玉楼项,拔剑斩之以试剑,因并斩其首"[5]。得岭南诸州及郴州,更加骄矜,又派水师入海,掠夺商人。刘晟越老越感到无人可以信赖,便依靠宦官林延遇、宫人卢琼仙为心腹,听任他们为所欲为,专恣杀人。

刘氏集团的暴虐统治,激起境内农民起义,其中声势较大的是张遇贤领导的岭南起义。

刘龚在位时,循州[6]已有许多小股农民起义,因为势力分散,不相统一,多被镇压下去。南汉大有十五年(942),张遇贤率众在博罗镇起义,形成了一支声势浩大的农民起义军。他本博罗县小吏,县境刻杉镇有民家借神灵附体为名,言人祸福,他也拜之为师。当地诸部农民起义军不相统一,祷告于神。这位"神灵附体"者告诉他们:"张遇贤是第十六罗汉,当为汝主。"[7]于是,共推他为首,号"中天八国王","改元永乐,置百官"[8]。他们攻下循州,又攻潮、惠2州沿海地带,声势大振。时刘龚刚死,刘玢继位,派素"以胆勇闻"的循王刘弘杲佐越王刘弘昌领禁军前往镇压,起义军数万之众把他们围困起来,"矢下如雨,军人多死"[9]。禁军将领万景忻、陈道庠舍命救出刘氏二王,讨伐军则被歼灭殆尽。一时岭东多被义军攻占,处死了循州刺史刘

---

[1]《新五代史》卷65《南汉世家》,第815页。

[2]《资治通鉴》卷287,后汉高祖天福十二年八月,第9376页。

[3]《九国志》卷9《南汉·陈道庠传》,第3331—3332页。

[4]《资治通鉴》卷287,后汉高祖天福十二年八月,第9376页。

[5]《新五代史》卷65《南汉世家》,第816页。

[6] 循州,治今广东龙川县西北。

[7]《十国春秋》卷66《南汉九·张遇贤传》,第925页。

[8]《资治通鉴》卷283,后晋高祖天福七年七月,第9239页。

[9]《九国志》卷9《南汉·刘弘杲传》,第3329页。

传。南汉朝廷增兵反扑,起义军连连败阵,乃请示于"神",回答说:"可过岭,取虔州,当成大事。"[1]他们便越过大庾岭,杀进南唐虔州境内,进攻南康县。南唐承平已久,驻守虔州的百胜军节度使贾匡浩毫无备御,起义军猛增至10余万人,南唐兵抵挡不住,虔州属县多被攻克。南唐朝廷闻败讯,急调洪州营屯都虞候严恩和通事舍人边镐主持军事,领兵赴援。边镐素善笼络人心,起用虔州土豪白昌裕为谋主,使用各种手段,分化瓦解起义军。起义军虽然初战获胜,而处于异乡,人地生疏,尤其缺乏有政治军事才能的领袖人物,屡战失利,士气沮丧。不久,叛徒将张遇贤等领导人缚送南唐军,边镐将他们解送金陵,全部杀害。历时3年、转战大庾岭两麓的张遇贤起义军就此失败了。

南汉康陵出土的兽面瓦饰

　　这次声势浩大的农民起义为南方诸国所仅见。失败如此之快,主要原因在于没有具有识见的军事政治人才充当领袖和谋主,只靠宗教迷信维系众心,所以虽然在势力强盛时,所向皆捷,一遇挫败,便毫无主张,乃至于弃熟悉而又有群众基础的岭南,进入人地生疏的虔州一带,获得初战胜利,又不能与当地百姓联系,站稳脚跟,一旦挫败,叛徒便可逞意。这次起义因文献难征,无法详知其全部情况,尤其是他们的战斗口号。从建年"永乐"揆之,似在反对暴政,要求永得安居乐业。此说未免望文生义,姑作妄测,以待后来者考证。

　　刘晟末年,闻后周代南唐,取江北,忧忡病死。958年(南汉乾和十六年,旋改大宝元年),其子刘𬬱继位,宠信阉宦、宫女,视乃父有加。宦官龚澄枢、陈延寿,女官卢琼仙和女巫樊胡子欺其童骏,百般愚弄,"(樊胡子)自言玉皇降胡子身。𬬱于内殿设帐幄,陈宝贝,胡子冠远游冠,衣紫霞裾,坐帐中宣祸福,呼𬬱为太子皇帝,国事皆决于胡子"[2]。又称,"澄枢等皆上天使来辅太子,有罪不可问"[3]。参政事钟允章请诛宦官,反被诬陷谋反,举家骈斩。刘𬬱又听陈延寿教唆,杀戮诸弟。他宫中蓄养了一批"波斯女"[4],极为爱昵,这大约是刘氏本波斯后之故。

　　宋开宝三年(970),宋伐南汉。南汉将邵廷琄早就劝刘𬬱修兵设备,反遭贬斥。宋兵克郴州,南汉将暨彦赟等

[1]《十国春秋》卷66《南汉九·张遇贤传》,第926页。

[2]《新五代史》卷65《南汉世家》,第817页。

[3]《新五代史》卷65《南汉世家》,第817页。

[4]《新五代史》卷65《南汉世家》,第817页。

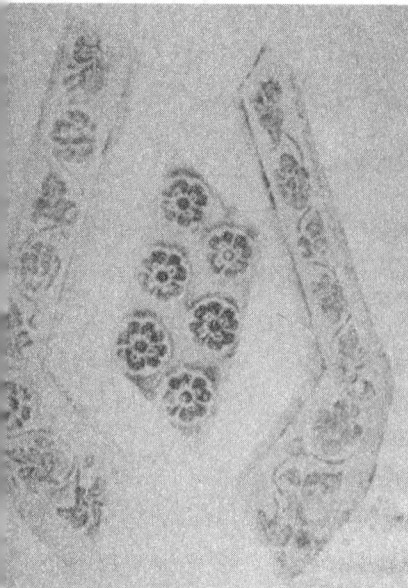

李昇陵中室北壁的浮雕武士像细部底纹拓片

皆战死，余众退保韶州。刘鋹重新起用邵廷琄，率水军抵御。他刚刚反攻得手，又被诬谋反，赐死。于是南汉诸将皆按兵不战。次年，宋兵迫广州，刘鋹听龚澄枢计，"尽焚其府库、宫殿"，"以海舶十余，悉载珍宝、嫔御，将入海"[1]，宦官乐范窃舟逃归，刘鋹乃请降。在他被解送汴京献俘途中，越骑田岭，入郴州界，南汉旧吏来迎，他惊讶说："尔何近在此邪？"旧吏说："陛下之国边境至此已极，非有万里之远也。"[2]原来刘鋹以为郴州乃穷荒北边之地，距广州遥远得很。连自己疆域有多大都不明白，真是个糊涂透顶的皇帝！

南汉诸主率皆残暴淫侈，而终能自保者，固然因地僻海滨、四无强敌，而南汉诸主虽暴虐于境内，却不启衅于邻道，应是更重要的原因。在击走虔州卢全播之后，划大庾岭自守，与吴和南唐相安；只是在南唐灭楚，进略郴州时，才以逸待劳，败远道客军。南汉与闽从无战事，即使在闽亡之际，也不出兵闽境。与南汉争战较多的是楚，为争夺桂管，几经交锋，尔后和亲，保持和平；及至楚灭之际，才尽取桂管和郴州。而且，南汉惟长舟师，马步为短，与它方交战，每以水战制胜，较之步骑，劳惫少而粮馈易。南汉官吏之中，还有一批比较廉洁奉公者。郴州刺史陆光图，"至郴，周恤穷民，招辑兵士，民皆呼为'陆父'"[3]。尚书右丞简文会诤谏遭贬为祯州刺史，"尽心民事，卒于官"[4]。翰林学士梁嵩"见时多虐政，乞归养母"，"锡赉皆却不受，请蠲本州一岁丁赋"[5]。宰相赵光裔建议与楚修好，谏议大夫李纾奔走两方，"睦邻封，续旧姻，宁边鄙，弭敌兵，谋出光裔，而纾实有以成之"[6]。这批人物虽不占多数，但却起了一些良好的影响与作用。

三　南唐统一计划的失败与南唐、后蜀的衰落

南方诸国地大财阜、兵力强盛者，莫如吴和南唐。自李昇执政以至南唐建国以后，不但继前代保境息民之策，而且奖励农桑，澄清吏治，"禁以羡余搵民刻军"[7]。十数年间，境内敉安，户口增殖，财用充足。烈祖终时，德昌宫库存就有700万缗军器、金帛。烈祖怀有统一大志，而深苦地利不足，时机难得。一次廷议，他说："天下之势，低昂如权

[1]《新五代史》卷65《南汉世家》，第819页。

[2]《十国春秋》卷65《南汉八·陆光图传》，第912页。

[3]《十国春秋》卷65《南汉八·陆光图传》，第911页。

[4]《十国春秋》卷65《南汉七·简文会传》，第897页。

[5]《十国春秋》卷63《南汉六·梁嵩传》，第897页。

[6]《十国春秋》卷63《南汉六·李纾传》，第898页。

[7]《资治通鉴》卷282，后晋高祖天福五年六月，第9216页。

衡。要当以河山为腹背,腹背奠,然后手足有所运。朕藉杨、徐遗业,抚有东夏。地势未便,犹如绘事,窘于边幅,虽有手笔,无所纵放。毛遂云:'锥未得处囊中故也,如得处囊中,则必颖脱而出矣。'我之所志,大有以似此。每思高祖、太宗之基绪,若坠冰谷。痿人不忘起,盲人不忘视,以方我心未足以训其勤。然所以不能躬执干戈,为士卒先者,非有所顾悭也,未得处囊中故也。"[1]他反对攻并闽、楚、吴越三方的主张,说:"倘天人之望,或未之改,朕尚庶几从一二股肱之后,如得一拜陵寝,死必目瞑。"[2]他从历史上刘裕北伐的失策、杨玄感不纳李密西取关中之策、徐敬业不直趋河洛而游兵江南的失败教训中,深知必须持重稳健,积蓄财力,训练士兵,以守图进,趁中原有变,全力北伐。这个计划不但是有见识的,而且是有可能的。然而,冯延巳却认为他"龌龊无大略","不足以集大事也"[3]。其实,恰恰是这些浮躁之徒不能理解这个宏伟的计划,轻举妄动,才"不足以集大事"。后唐灭亡之际,原降契丹的后唐将卢文进不甘屈受欺凌,先杀契丹将率部及辽境汉人数十万人奔回中原,至是又率部投南唐。烈祖受降,待之甚厚,任为宣州节度使。不久,后晋安州节度使安金全来降,南唐遣将迎接。安金全部将士暴掠,为后晋所败,安金全逃入南唐,也受重用。南唐烈祖重用中原降将,意在知其虚实,待机北伐,正是以守备攻的策略。

南唐保大元年(943),烈祖死,长子景通即位,改名璟,是为南唐元宗(又称中主)。他践祚之后,不用宿臣,而信任冯延巳、冯延鲁、魏岑、陈觉、查文徽5人,付以机要之务,言听计从。在他们的撺掇下,中主改变乃父成策,用兵闽、楚,"其后闽土叛涣,竟成迁延之兵,湖湘既定而复变,地不加辟,财乏而不振"[4]。国势从此一落千丈,且日益趋于衰亡。

烈祖生前,眼见石敬瑭倚辽篡位,人心不附,预感到中原不久将出现重大变故,因而收中原降将以为用,俟机北伐。他没有等到辽兵灭晋就病殁了,而中主则率尔用兵伐闽,陷入泥淖而难拔,坐失千载难逢的时机。后晋开运三年(946),辽主陷汴梁。次年,后晋将密州刺史皇甫晖、棣州刺史王建不甘奴事契丹,率众归南唐,淮北抗辽起义

李璟像

[1]《钓矶立谈》,第5010页。

[2]《钓矶立谈》,第5011页。

[3]《钓矶立谈》,第5012页。

[4]《钓矶立谈》,第5012页。

五代《丹枫幼鹿图》

诸部也纷纷请命于南唐。南唐臣僚韩熙载上疏说："陛下恢复祖业，今也其时。若虏主北归，中原有主，则未易图也。"[1]这话是有道理的，但南唐中主已陷入伐闽的泥淖之中，无力北伐，反而遣使贺辽主灭晋，"且请诣长安修复诸陵"[2]。这种示弱的行为，遭到辽主的轻视，断然拒绝其请求，但仍遣使报聘。宋、元之际杰出史学家胡三省说："使唐无福州之役，举兵北向，亦丧师而已矣。"[3]这话却未必尽然。虽然安陆之役，南唐兵败，然而，主要原因在于遣将失人，专事攘夺，兼以形势未具，偏师独出，本难收功效。至于中原军民抗辽怒潮高涨之际，则与以往形势迥异，若能以卢文进等为前驱，招纳淮北起义诸部，所至安抚人民，收降诸州杀辽将请命者，则席卷洛汴，不过举手之劳，即河北之地，取之也非甚难。当然，事情并不是这么轻易，尤其是在辽兵北窜后，与刘知远逐鹿中原，尚未知鹿死谁手。如刘知远制井陉之险，后蜀出兵取成、凤等4州，对南唐北伐是有威胁作用的。但是，也不能断言，南唐就一定丧师败绩。也就是说，晋汉之际的中原形势比东晋桓温、刘裕北伐时的形势要有利得多，而南唐主又不像桓温、刘裕那样企图立功境外、夺位朝中，至于邻道，也都无力趁南唐北伐之际攻袭，何况南唐以光复故国为号召，乃仗义之师，谁敢冒不义之名以袭之？断言北伐失败，恐不免失之武断。

李璟坐失良机，又示人以弱。及至耶律德光北窜，死于途中，肖翰弃汴京逃走，李璟又想乘机北上了，下诏说："乃眷中原，本朝故地。"[4]以李金全为北面行营招讨使，议经略北方。由于刘知远迅速入洛汴，遂不敢出兵。后汉隐帝时，"中国衰弱，淮北群盗多送款于景（璟），景遣皇甫晖出海、泗诸州招纳之"[5]。"淮北群盗"就是反抗暴政的农民起义军，他们还是把希望寄托于南唐，可是，中主偏偏又在此时用兵湖湘，损耗惨重。而且，他还采取联合契丹、扶植叛乱的错误策略来经营中原，非图无功，而又陷于被动。后汉乾祐元年（948），李守贞联合关内两镇叛乱，联蜀、辽、南唐以为援，中主听魏岑、查文徽计，命李金全出兵淮北，入沂州境，几乎中伏，退回海州，"时唐士卒厌兵，莫有斗志，又河中道远，势不相及"[6]，自然劳师无功。于是，

[1] 《资治通鉴》卷286，后汉高祖天福十二年正月，第9338页。

[2] 《资治通鉴》卷286，后汉高祖天福十二年正月，第9338页。

[3] 《资治通鉴》卷286，后汉高祖天福十二年正月胡三省注，第9338页。

[4] 《资治通鉴》卷287，后汉高祖天福十二年六月，第9368页。

[5] 《新五代史》卷62《南唐世家》，第772页。

[6] 《资治通鉴》卷288，后汉高祖乾祐元年十一月，第9404页。

向后汉请和,要求复通商旅,并请赦免李守贞,后汉不理。后周广顺元年(951),慕容彦超据泰宁镇反,结辽和南唐为援,中主遣燕敬权等四将率兵5 000至下邳应援,为后周击破,俘得四将。后周太祖"诏赐衣服金帛,放归本土",召见四将,面谕慕容彦超"婴城作逆,殃及生灵",南唐"助兹凶慝,非良算也"[1],要他们回报中主。这次交锋,后周军事上的胜利还不算大,而政治上的胜利却影响深远。南唐理亏兵败, 只得礼遣原被扣押的后汉往湖南市茶使者三司军将路昌祚,偿还因兵乱损失的茶价,赠茶18 000斤,水运至江夏,以为答谢。这表明了,从精神上看,南唐已经输了。

南唐中主于五代十国君主之中, 还不算是残暴昏庸之主。但他志大才疏,辅佐无人,好大喜功,轻率从事。南唐内外臣僚在承平日久的的环境中,腐朽之风逐渐蔓延,残暴贪浊者与日并增。而冯延巳等"五鬼"集团都是器小识浅,言而夸口,浮华轻佻,贪功逐利,滋生事端的人物,他们结党营私,排斥异己,不遗余力。这样的政权不但担当不了统一的历史任务,就连本身也难以维持长久。中主继位后,冯延巳利用草列祖遗诏之机,改变他禁压良为贱的成法,在遗诏上写进"听民卖男女"一条,为自己买姬妾开方便之门,当即遭到司门郎中判大理寺肖俨驳斥。肖俨断言"此必延巳等所为,非大行之命也"。他说,冯延鲁曾有此请,烈祖"斜封延鲁章,抹三笔,持入宫"。经过查对,果然属实,中主却以"遗诏已行,竟不之改"[2]。从此,他们就肆无忌惮地改变烈祖成法了。

南唐用兵闽楚,搜敛所得远不能偿损耗之费,早在伐闽时,就把烈祖积蓄耗费过半;伐楚之役,不但库存荡然无余,而且军费不足,增加赋敛,榷盐铁尤重。中宗尝与侍臣同游后苑,远望钟山云雾弥漫,说:"雨即至矣。"近臣李家明在一旁说:"雨虽来,必不敢入城。"中主怪而问之,回答说:"惧陛下重税。"[3]幸而中主不以为忤,大笑而已。至于内外官员贪浊虐民者,比比皆是。

刘彦贞镇寿春,"惟务聚敛,不知纪极,列肆百业,尽收其利。古安丰塘溉田万顷,寿阳赖之。彦贞托浚濠为名,决塘以涨壕,濠满塘竭,遂不复筑,民田皆涸,无以供舆

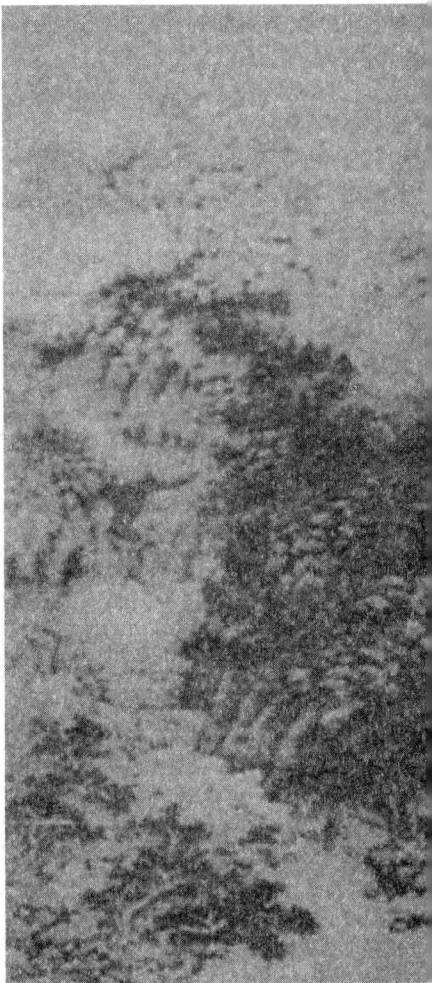

五代巨然《万壑松风图》

[1] 《旧五代史》卷112《周太祖纪三》,第1480页。

[2] 《资治通鉴》卷283,后晋齐王天福八年二月,第9246页。

[3] 《十国春秋》卷32《南唐十八·李家明传》,第460页。

五代范宽《雪景寒林图》

1《玉壶清话》卷10《江南遗事》,第101页。
2《资治通鉴》卷291,后周太祖广顺三年十二月,第9498页。
3《江南余载》卷上,第5108-5109页。
4《十国春秋》卷30《南唐十六·刘承勋传》,第443页。
5《十国春秋》卷30《南唐十三·孙晟传》,第382页。
6《十国春秋》卷30《南唐十六·李德柔传》,第442页。
7《资治通鉴》卷290,后周太祖广顺二年正月,第9472页。
8《钓矶立谈》,第5007-5008页。
9《资治通鉴》卷290,后周太祖广顺元年十月,第9467页。
10《资治通鉴》卷291,后周太祖广顺二年十月,第9486页。

赋,尽卖之而去。彦贞选上腴贱价以市之,买足,再壅塘以蓄水,岁积巨亿"[1]。

楚州请修白水塘溉田实边,冯延巳支持其议,"李德明因请大辟旷土为屯田,修复所在渠塘埂废者。吏因缘侵扰,大兴力役,夺民田甚众,民愁怨无诉"。徐铉奉命按视,将所侵占民田尽还原主,反被冯延巳等诬为"擅作威福",谪贬舒州,而"白水塘竟不成"[2]。

张崇帅庐州,恣行非法,百姓怨恨,张崇入觐,百姓相顾而言:"渠伊必不复来矣。"张崇闻之,计口征"渠伊钱",以泄私愤。"明年又入觐,州人不敢交语,唯道路相目,将须为庆而已"。张崇回州,又征"将须钱"。他在金陵时,伶人嘲讽他,"戏为死获谴者,云当作水族去阴司,遂判曰,'焦湖百里,一任作獭'"[3]。比起后晋的赵在礼犹有过之!

德昌宫使刘承勋,监守自盗,极事淫侈。"蓄伎数百人,每置一伎,价盈数十万,教以艺,又费数十万,而服饰、珠犀、金翠称之。江南李德诚、皇甫继勋辈最号豪侈,未能过也"[4]。

以忠直见称、死节之士孙晟,豪奢也堪惊人。他"事烈祖父子二十余年,家益豪富,每食不设几案,使众妓各执一器,环立而侍,号'肉台盘',江南贵人多效之"[5]。

掌管刑狱的大理卿李德柔,昏暴残忍,人呼为"李猫儿"。审理案件,还不等问明原委曲直,就"悉以芦席裹囚,倒置之,死者甚众"[6]。

这不过是几个典型而已。当时有人说南唐,"朝无贤臣,军无良将,忠佞无别,赏罚不当"[7],确非过分之词。

南唐的处境日益险恶,而其君臣却麻木不仁,毫不吸取教训。早在征闽之役,曾掌管财计调外任后重又回朝领计司的杜昌邻,查阅簿籍,抚案恸哭说:"国事去矣。夫鸿鹄养护六翮,将致千里,今拔取之以傅斥鷃,宁不使人恨恨也。"[8]可是,中主君臣于灭楚后,竟得意忘形,中主"谓诸国指麾可定",魏岑马上附和说:"臣少游元城,乐其风土,俟陛下定中原,乞魏博节度使。"[9]正在他们沉醉于美梦中的时候,南唐兵败湖湘,惊醒了他们。有人劝中主:"愿陛下数十年不用兵,可小康矣!"他回答说:"将终身不用,何数十年之有!"[10]但是,"保境息民"的条件已经不复存在了,南唐指日可亡。

后周太祖建国之后,注意争取民心。广顺元年(951),"诏沿淮州县军镇,今后自守疆土,不得纵一人一骑擅入淮南地分"[1]。夏四月,又"诏沿淮州县,许淮南人就淮北籴易馈粮"[2],以济饥馑。次年,南唐境内大旱,"井泉涸,淮水可涉",饥民成群结队渡淮北上,南唐濠、寿2州发兵阻截。"民与兵斗而北来"[3]。后周太祖诏"听籴米过淮";后又因南唐趁机筑仓籴米,囤积供军,规定"唐民以人畜负米者听之,以舟车运载者勿予"[4]。事隔几年,人心向背,迥然变化,由中原沿淮的人心向南唐,变成了淮南人心向后周,双方胜败,自无待龟蓍。

南唐每况愈下之际,据西南称霸的后蜀也处于风雨飘摇之中。

后蜀后主孟昶于后蜀明德元年(934)继位,做了30多年的"偏霸之主"。宋人对孟昶多斥为"亡国昏主",而事实并不尽然。孟昶虽不是杰出人物,却也不是残虐昏庸的暴君,与同一时代的诸马、诸王、诸刘以及前蜀后主王衍相比,与中原王朝的后晋出帝、后汉隐帝相比,都不可同日而语。而内部积重难返,全国大势所趋,加上他才具平常,终于灭亡。把亡国之罪尽归其一身,非但殊欠公允,尤其不符史实。

巴蜀虽称天府之国,但只能在全国处于分裂状态下,据以自保,不能以此为根本,统一全国。在中国历史上,从来如此。孟昶以孩提嗣位,不能亲政,将相大臣,多为后蜀先主旧人,孟昶不得不予容忍。这批勋旧目无幼主,骄恣不法,为所欲为,"多逾法度,务广第宅,夺人良田,发其坟墓"[5]。其中尤以赵庭隐、李仁罕、张业、李肇最为嚣张。赵庭隐"久据大镇,积金帛钜万,穷极奢侈,不为制限,营构台榭,役徒日数千计"[6]。张业掌禁兵,任宰相,兼判度支,"新收征税,多为主吏干没。业作盗税法,犯者十倍征之,吏民不堪其命。业多视事私第中,宰相之门,被桎梏者常满"[7]。孟昶闻知,诏除10倍之法。李仁罕是张业舅父,不可一世,孟昶趁他入朝,密令武士当场打死。李肇为昭武军节度使,入觐时大模大样,持杖上殿,称足疾不拜,李仁罕被打,吓得他"遽释杖而拜"[8]。由于张业"务以酷法厚敛蜀人,蜀人

五代人《雪溪图》

[1]《旧五代史》卷111《周太祖纪二》,第1471页。
[2]《旧五代史》卷111《周太祖纪二》,第1471页。
[3]《资治通鉴》卷291,后周太祖广顺三年七月,第9496页。
[4]《资治通鉴》卷291,后周太祖广顺三年八月,第9496页。
[5]《新五代史》卷64《后蜀世家》,第804页。
[6]《九国志》卷7《后蜀·赵庭隐传》,第3303页。
[7]《九国志》卷7《后蜀·张业传》,第3304页。
[8]《新五代史》卷64《后蜀世家》,第804页。

五代青釉执壶

1《新五代史》卷64《后蜀世家》,第804页。

2《新五代史》卷64《后蜀世家》,第803页。

3《五国故事》卷上《后蜀孟氏》,第3188页。

4《新五代史》卷64《后蜀世家》,第803页。

5《新五代史》卷64《后蜀世家》,第803-804页。

6《容斋续笔》卷1《戒石铭》,见《容斋随笔》,第220页。

7《容斋续笔》卷1《戒石铭》,见《容斋随笔》,第220页。

8《五国故事》卷上《后蜀孟氏》,第3188页。

9《五国故事》卷上《后蜀孟氏》,第3188页。

10《五国故事》卷上《后蜀孟氏》,第3188页。

大怨"[1]。孟昶与禁军将谋,将他捕杀。赵庭隐见事不妙,自请退休。孟昶敢于惩治这批贪暴不法的元老重臣,确有气魄。不过他主要目的是维系君权,其次才是收揽人心,而后者也是为了抬高自己的威望,不可能改变后蜀统治集团的贪浊风气。

孟昶亲政,颇注意纳谏。"昶好打毬走马,又为方士房中之术,多采良家子以充后宫"[2]。"而民间惧其搜选,皆立求媒伐而嫁之,谓之惊婚焉"[3]。枢密副使韩保贞切谏,"昶大悟,即日出之,赐保贞金数斤"[4]。有人上书言台省官当择清流,孟昶叹说:"何不言择其人而任之?"近侍见他不同意上书人之见,请求追诘,孟昶斥责说:"吾见唐太宗初即位,狱吏孙伏伽上书言事,皆见嘉纳,奈何劝我拒谏耶!"[5]他又撰诏颁发州县:

> 朕念赤子,旰食宵衣。言之令长,抚养惠绥。政存三异,道在七丝。驱鸡为理,留犊为规。宽猛得所,风俗可移。无令侵削,无使疮痍。下民易虐,上天难欺。赋舆是切,军国是资。朕之赏罚,固不逾时。尔俸尔禄,民膏民脂。为民父母,莫不仁慈。勉尔为戒,体朕深思。[6]

这个诏书究竟能起多大效果,当然难说,不过,也未必全为一纸具文。北宋太宗采其中"尔俸尔禄,民膏民脂,下民易虐,上天难欺"等八句,亲书颁赐州县,立于厅事之南,称《戒石铭》,由此看来,孟昶诏书在当时多少起过作用,对后世甚有影响。南宋人洪迈说:"昶区区爱民之心,在五季诸僭伪之君为可称也。"[7]不失公允之论。孟昶亲政之初,"寝处惟紫罗帐、紫碧绫帏褥而已,无加锦绣之饰。至于盥漱之具,亦但用银,兼以黑漆木器耳。每决死刑,多所矜减"[8]。虽然这是有限度的奢侈和小恩小惠,但总比穷侈极欲、残酷绝伦的同时代暴君们要强得多。宋人评他:"俭止一身,仁唯容恶,乃匹夫之小节耳。"[9]这话是有一定道理的。孟昶畏惧民力,常怀戒心,"三十年不南郊,不放灯,率由惧非常也"[10]。这却免除了相当大的浪费,不能算是坏事。

但是,出自宫廷的幼主孟昶,虽然一时稍有作为,终不免转向奢侈怠惰。他除去勋旧,起用了小僧徒出身、"给事左右而见亲狎"的王昭远,任为通奏使、知枢密使事,"事无大小,一以委之,府库金帛恣其所取不问"[1]。他也渐渐与臣下"务为奢侈以自娱,至于溺器,皆以七宝装之"[2]。他每年只出外两次,春季往拜父陵,生日去佛寺烧香,身体发了胖,不能骑马,"每出,则乘步辇,垂以重帘,环结珠香囊至于四角,香闻数里,人亦不能见其面"[3]。蜀中久安,宗室贵戚、达官子弟生活在锦官城中,晏乐奢侈,成为风气。成都"城内人生三十岁,有不识米麦之苗者。每春三月、夏四月,人游花浣者、游锦浦者,歌乐掀天,珠翠填咽,贵门公子,乘彩舫游百花潭,穷奢极丽。诸王功臣已下,皆置林亭,异果名花,小类神仙之境"[4]。"生于忧患,死于安乐",这样一批纨绔子弟、膏粱少年都是垮掉的一代。孟昶虽然诛李仁罕、张业,但不能制止内外官员贪暴,并且每予姑息。王昭远固不在话下,他如:"前后仕蜀五十年"、"位兼将相"的李昊,"秉利权,资货岁入无算,奢侈尤甚,后堂伎妾曳罗绮数百人"[5]。各啬贪利的范禹偁,求任外官,孟昶不听其出,"令兼简州刺史,岁令州输钱数千缗于禹偁"。不久,掌贡举,"贿厚者登高科,面评其直[值],无有愧色"[6]。盐铁判官李匡远,"一日不断刑,则惨然不乐",听到严刑拷打的刑具声和惨号声,竟然说:"此一部肉鼓吹。"[7]亲军将、眉州刺史申贵,"贪鄙残虐,所在聚敛财货,民不胜其弊"。指着狱门对左右说:"此我家钱炉。"[8]这种种现象,与南唐相对照,确实东西辉映。

唐、晋之际,中原多故,后蜀得以充实力量。后唐末年,凤翔兵变,闵帝所遣主将王思同兵溃城下,山南西道节度使张虔钊、武定军节度使孙汉韶以山南地降后蜀,孟知祥厚礼二将,委以节钺。后晋时,蜀兵西出,"群盗张达、任康等劫清水德铁之城以应之"[9]。可见,困于虐刑重敛起义反抗的群众归心于后蜀。及辽陷汴京,后晋雄武军节度使何重建不甘降辽,斩其使,以秦、成、阶3州归后蜀,后蜀遂得秦、凤、成、阶4州地,复前蜀之旧,有了屏障。后汉初建,孟昶欲趁关内叛乱之机略取三秦,"因命(张)虔钊与韩保贞等总师五万出散关,雄武军节度使何重建出陇右,奉銮肃卫都虞候李廷珪出子午谷,会于雍州"[10]。气势确实很大。李廷珪刚出子午谷,听说晋昌军节度使侯益已被胁

南唐卫贤《高士图》(局部)

[1]《新五代史》卷64《后蜀世家》,第806页。
[2]《新五代史》卷64《后蜀世家》,第805–806页。
[3]《五国故事》卷上《后蜀孟氏》,第3188页。
[4]《野人闲话》,《颂令箴》,第5991页。
[5]《十国春秋》卷52《后蜀五·李昊传》,第774页。
[6]《十国春秋》卷52《后蜀六·范禹偁传》,第782页。
[7]《十国春秋》卷52《后蜀六·李匡远传》,第784页。
[8]《九国志》卷7《后蜀·申贵传》,第3320–3321页。
[9]《旧五代史》卷79《晋高祖纪五》,第1037页。
[10]《九国志》卷7《后蜀·张虔钊传》,第3308页。

东行,立即退兵。张虔钊、韩保贞至陈仓,意见不一,而凤翔节度使侯益又降后汉,后蜀仅取陇州,得不偿失。不久,李守贞等三镇叛,后蜀出兵大散关,无功而返。

后蜀几次出大散关而处境迥异。从后唐灭亡前夕至辽陷汴京,这时关西军民归心后蜀,因为它比紊乱不堪的后唐、依附契丹的后晋好得多,更不用说与蹂躏中原的契丹相比了。尽管如此,它也只能足以自保,不可能争夺中原。后汉建立后,情况遂变,后蜀支持叛乱,联结契丹,失去了正义性,即使能出散关、迫长安,也必败无疑。辽兵北窜,如果南唐中主恪守成策,全力北伐,或有统一中原之望,而后蜀充其量不过收地关陇,加强屏障而已。南唐伐闽、楚,自耗实力,后蜀保疆自固,坐收4州,较为得策。然而,在统一的趋势下,它们都难逃灭亡。

第二节　统一因素的增长与后周二主的改革

一　统一因素的增长

后晋、后汉两朝,中原混乱到了极点。北方则契丹铁骑横行,灾难奇惨;南方则战争复起,闽、楚岁无宁日。后周建国,疆域更蹙,视晋、汉尤小。“剥极而复”,统一的因素正是在这种环境下迅速增长。

首先是中原人民的抗辽斗争反映的统一因素。耶律德光被逐北窜后,抗辽斗争并没有终止,不过,它不是表现为中原人民武装反抗,而是表现在北边陷于辽朝的汉族及各民族的人民群众以逃亡、聚义等方式来反抗辽朝的统治。自后汉建国以后,辽境百姓奔向中原者,络绎不绝:乾祐元年(948)“七月后,幽州界投来人口凡五千一百四十七,北土饥故也”[1]。后周广顺二年(952),“沧州奏,自十月已前,蕃归汉户万九千八百户。是时,北境饥馑,人民转徙,褓负而归中土者,散居河北州县,凡数十万口”[2]。又,广顺元年(951),“是岁,幽州饥,流人散入沧州界。诏流人至者,口给斗粟,仍给无主土田,令取便种莳,放免差税”[3]。在爱国军民的推动下,辽兵犯境常被击退。广顺二年(952),辽兵进犯深、冀等州,后周遣将抵御,“时契丹闻官

郭威像

[1]《旧五代史》卷101《汉隐帝纪上》,第1349页。
[2]《旧五代史》卷112《周太祖纪三》,第1485页。
[3]《旧五代史》卷111《周太祖纪二》,第1474页。

军至,掠冀部丁壮数百随行,狼狈而北,冀部被虏者望见官军,鼓噪不已,官军不敢进,其丁壮尽为蕃军所杀而去"[1]。辽将吏来降者也颇不少。辽武州刺史石越奔易州来降。"契丹幽州榷盐制置使兼防州刺史、知卢台军事张藏英,以本军兵士及职员户人、孳蓄七千头口归化"[2]。原后晋翰林学士李浣被胁迫入辽,劝说辽幽州节度使肖海真(兀欲妻弟)降后周,又通过定州谍报人员上密表报告辽朝情况。他还写信给其兄李涛说:"契丹(主)童骏,专事宴游,无远志,非前人之比,朝廷若能用兵,必克;不然,与和,必得。二者皆利于速。"[3]不仅中原和陷辽的人民、将吏有抗辽的要求,就是南方诸国也有这种反映,楚将丁思觐和南唐臣韩熙载就提出了北伐驱辽的建议。南唐、后蜀境内人民奔向后周,中原人民反抗暴政,都要求有一个能够改革弊政、统一南北,让他们能够安居的政权。这个因素发展迅速,声势逐渐增强。

其次,藩镇势力的削弱,统治阶级内部互相杀掠、动荡不安,乃至形成了朝不保夕之势,也成了统一的重要因素。后梁以来,藩镇已非唐时旧状,昔时拥兵一方、自擅租赋、不奉朝命的方镇如河朔三镇之类,逐被淘汰,而掌管禁军、带节度使者,成为左右朝廷的人物,杨师厚、李嗣源以及郭威都是这样。禁军分驻要镇,诸镇兵听朝廷抽调戍边或戍守别地,这是唐朝所没有的事。不过,掌禁军、带节度使者,擅财赋,握重兵,不但可以左右朝廷,甚至可以夺取帝位;诸镇不入租赋、养兵自重、恣横不法者至后晋则更多。晋、汉之际,这类人大批地被淘汰掉,像范延光、杨光远、杜重威、李守贞,就是首当其冲者。后周太祖平慕容彦超,方镇无再敢抗命者。藩镇势力的空前削弱,减少了统一的阻力。

非但如此,随着他们的互相吞噬,很多悍帅富公合族尽歼,而且将校兵卒也养成了杀人越货的恶习,眼红手痒,乃至敢于杀戮将帅,夺其资财,这批靠杀人致富的将帅于是自食其果。他们的下场,使统治集团内部,包括手握兵权的将帅们都感到惶惧。五代将帅劫财之风甚炽,且看一个典型事例。

镇州节度使董温琪"在任贪暴,积镪巨万"[4]。部将秘琼

后周摩崖字

[1]《旧五代史》卷112《周太祖纪三》,第1484页。
[2]《旧五代史》卷113《周太祖纪四》,第1497页。
[3]《资治通鉴》卷290,后周太祖广顺二年六月,第9479页。
[4]《旧五代史》卷94《秘琼传》,第1256页。

艳羡已久,趁他被辽兵俘走,杀其全家,尽夺其资财。石敬瑭入汴,遣安重荣为节度,调秘琼为齐州防御使,重兵压境,促迫赴任。秘琼力弱,不敢反抗,"囊其奇货,由邺中赴任"。天雄军节度使范延光素恨他傲慢,又贪其财货,"及闻琼过其境,密使精骑杀琼于夏津,以灭其口,一行金宝侍伎,皆为延光所有"[1]。范延光据邺都叛乱,兵败乞降,被征至汴京,请回河阳私邸养老,获准后,"延光携妻子辇奇货从焉"[2],西京留守、河阳节度使杨光远曾讨平范延光叛乱,"利其奇货,且虑为子孙之仇"[3],请求诛杀范延光,石敬瑭以曾颁给他免死铁券,持疑未决,杨光远不等朝命,就将他推入洛水溺死,尽夺其财货、妓妾。杨光远搜刮更甚于范延光,"仆从妓妾至千余骑,满盈僭侈,为方岳之最。下车之后,惟以刻剥为事"[4]。杨光远据青州叛乱,李守贞平叛,杀杨光远,"光远有孔目官吏宋颜者,尽以光远财宝、名姬、善马告于守贞,(守贞)得之置于帐下"[5]。他又吞没犒军赏赐,财富胜过了范延光。经过4次互相劫杀,财货五易其主,而且后来者财货都居前者之上。最后,李守贞据河中叛乱,兵败自焚,财货不知下落,无疑是被劫掠而去。历时不及10年,五家荡尽,这不能不使那批杀掠致富的武人胆战心惊,他们也想有一个比较安稳的环境,保其资财,全其家口;原来被他们当成爪牙、工具的将校兵卒,逐渐成为威胁他们生命财产的恐怖力量了,他们感到头痛。这恐怕应当是宋太祖轻易地能够"杯酒释兵权"的原因之一吧。

握兵操权的武人尚且惴惴不安,何况仰人鼻息的文人?清朝史家赵翼说:"五代之初,各方镇犹重掌书记之官。盖群雄割据,各务争胜,虽书檄往来,亦耻居人下,觇国者并于此观其国之能得士与否,一时遂延致名士,以光幕府。……然藩镇皆武夫,恃权任气,又往往凌蔑文人,或至非理戕害。"[6]这话十分中肯。文人当幕僚,不过替藩镇装潢门面,毫无实权,即使居心腹之任,处卿相之位,也不能与将帅相匹敌。冯道历事四朝、十一主,三入中书,居相位20余年,从来不敢开罪方镇将帅。如果说他不是皇帝的亲信的话,那么,桑维翰为石敬瑭篡国谋主,受耶律德光赏识,然而,他却为杨光远排挤外任,及至辽兵入汴,张彦泽

建于后周的文峰塔

[1] 《旧五代史》卷94《秘琼传》,第1256页。

[2] 《旧五代史》卷97《范延光传》,第1288页。

[3] 《旧五代史》卷97《杨光远传》,第1292页。

[4] 《旧五代史》卷97《杨光远传》,第1292页。

[5] 《旧五代史》卷109《李守贞传》,第1438页。

[6] [清]赵翼著,王树民校证《廿二史札记校证》卷22《五代幕僚之祸》,中华书局1984年版,第475-476页。

居然缢杀他而尽夺家资。历事数朝,位致师傅的李崧,辽主入汴,任为太子太师充枢密使,随辽太宗北行。刘知远平洛汴,"乃以崧之居第赐苏逢吉,第中宿藏之物,皆为逢吉所有"[1]。李崧返朝,不敢争执,以宅券献给苏逢吉,苏逢吉颇愠怒。其弟李屿、李𪩘酒后有怨言,苏逢吉遂诬陷李崧谋反,诛灭其家。而苏逢吉也因谋除杨邠、史弘肇、郭威而身死家破。这批出身幕僚的大官僚尚且如此,诸镇幕僚的命运就更差了。后唐宁江军节度使西方邺所为非法,判官谭善达多次劝谏,"邺怒,遣人告善达受人金,下狱"[2],死于狱中。后晋平卢节度使房知温,"性粗犷,动罕由礼","多纵左右排辱宾寮"[3]。张彦泽残杀掌书记张式,尤为惨绝人寰。后汉相州节度使王继弘,"杀节度判官张易,以讹言闻"。"是时,法尚深刻,藩郡凡奏刑杀,不究其实,即顺其情,故当时从事鲜宾客之礼,重足累迹而事之,犹不能免其祸焉"[4]。这批文人,尤其是较有才识之士,虽然在武人跋扈之下,难以有所作为,但他们渴望改变现状,希望有一个能够改革弊政的朝廷,给他们以仕途顺利的环境,因而迫切要求统一和改革。后周改革,李谷、王朴之功居多,正是最好的说明。李谷是韩熙载好友,韩熙载避祸南奔,李谷送行,各抒己志。韩熙载说:"江淮用吾为相,当长驱以定中原。"李谷说:"中国用吾为相,取江淮如探囊中物尔。"[5]由于机遇不同,李谷得行其志,韩熙载郁郁终老江南,但他们志在统一,则无二致。传统王朝治国必用儒生,后周二主皆谙此理,故能援引人才,收取实效。至于那批尸位素餐的老官僚们(例如马裔孙、苏禹珪之流),虽不能成为改革和统一的积极力量,却也不能产生什么大的阻碍作用,因为他们并非实权派。

此外,商业的发展也亟需结束分裂,实现统一。尽管商品生产在古代社会里不占主要地位,古代社会也不可能出现统一的市场,但商业的发展毕竟能使各地互通有无、交流文化,有其重要作用。五代各地关禁森严,商税重重,商贾不但备受敲诈勒索,甚至蒙受杀掠;而水道往来,船户每被强征船只、恣行榨取,乃至家破人亡。这种现象越到后来越甚。因而,也就急需结束分裂,实现统一。

沧州铁狮子

[1] 《旧五代史》卷108《李崧传》,第1421页。

[2] 《旧五代史》卷61《西方邺传》,第824页。

[3] 《旧五代史》卷91《房知温传》,第1196页。

[4] 《旧五代史》卷101《汉隐帝纪上》,第1349页。

[5] [宋]马令:《南唐书》卷30《儒者传上》,见傅璇琮、徐海荣、徐吉军主编:《五代史书汇编》(九),杭州出版社点校本2004年版,第5351页。

沧州铁狮子头部

1《旧五代史》卷110《周太祖纪一》，第1447页。

2《旧五代史》卷110《周太祖纪一》，第1448页。

3《旧五代史》卷110《周太祖纪一》，第1448页。

4《五代史阙文》，《周太祖冯道》，第2458页。

5《资治通鉴》卷289，后汉隐帝乾祐三年正月，第9418页。

6《旧五代史》卷99《汉高祖纪上》，第1327页。

7《资治通鉴》卷290，后周太祖广顺元年正月，第9454页。

8《旧五代史》卷110《周太祖纪一》，第1463页。

二　后周二主的改革

后周的改革创于太祖而成于世宗，为北宋开国奠定了基础。

后周太祖郭威，邢州尧山人。"或云本常氏之子，幼随母适郭氏，故冒姓焉"[1]。足见其家世寒微贫贱。少时，"爱兵好勇，不事田产"。年18，"避吏壶关"[2]，应募为兵，是我国历史上仅有的一位"黥面天子"。从充当禁兵之日始，他就留心读书，"喜笔札"，"多阅簿书，军志戎政，深穷紫肯"，又从李琼学《阃外春秋》，懂得兵法要义[3]。后来遂以长于书记，受石敬瑭、刘知远重用。刘知远建国，郭威之功居多。任枢密使时，礼遇文士，听纳众议，和史弘肇、杨邠、苏逢吉都不同。李守贞等三镇叛乱，久不能平，汉廷遣他主持军务，临发向冯道请教，冯道说："守贞在晋累典禁兵，自为军情附己，遂谋反耳。今相公诚能不惜官钱，广施恩爱，明其赏罚，使军心许国，则守贞不足虑也。"[4]郭威从其计，遂平三叛。可见他善于倾听人谋，行之不懈。他即位之后，面对疮痍满目、弊政丛集的实际状况，保守疆土，力事恢复，积蓄力量，稳步改革，几年之间，成效斐然。世宗继之，于厉行改革的同时，开始了统一战争。

（一）恢复生产　发展经济

后汉朝廷4年之中，两河疮痍未复，而关中又经兵燹，破坏严重。三叛平定之后，后汉朝廷遣使往凤翔等处收葬尸骸，"时有僧已聚二十万矣"[5]。这当然是中和以后迄于三叛这段长时期死于战祸者的骸骨，数字堪以惊人。在相州，"城中得髑髅十余万"[6]，全属辽兵杀害的军民。中原凋残至此，当务之急自然是要安定人民，恢复生产，否则，后周自身难保，遑言统一。

后周太祖即位后，躬行节俭。他说："朕起于寒微，备尝艰苦，遭时丧乱，一旦为帝王，岂敢厚自奉养以病下民乎。"[7]颁诏说："宫闱服御之所须[需]，悉从减损；珍巧纤奇之厥贡，并使寝停。"将诸州镇所贡珍奇食品，如两浙细酒、海味，华州麝香、羚羊角、熊胆、獭肝、熊白等百余品种全部禁止上贡。[8]又"内出宝玉器及金银结缕、宝装床几、饮食之具数十，碎之于殿庭"。"凡为帝王，安用此"！"仍诏所司,凡珍华悦目之物,不得入宫"[1]。于是,他便着手改革,安定民生,医治长期以来的创伤。

定窑"易定"白瓷碗

奖励耕殖,招抚流亡,平均赋役。

广顺三年(953),太祖颁诏"以天下系官庄田仅万计悉以分赐见佃户充永业",诏云:

> 诸道州府系属户部营田及租税课利等……其职员节级,一切停废。应有客户元佃系有庄田、桑土、舍宇,便赐逐户,充为永业,仍仰县司给与凭由。应诸处元属营田户部院及系县人户所纳租中课利,起今年后并与除放。所有见牛犊并赐本户,官中永不收系。[2]

太祖在民间,深知营田之弊,所以首先革除营田。有人上言说,将系官庄田出卖,可得地价30万缗,足以增加国库收入。他断然说:"苟利于民,与资国何异。"[3]佃耕系官庄田的农民获得官颁执证,"比户欣然,于是葺屋植树,敢致功力"[4]。一年之内,户部增加了3万余户。不久,又将京兆府庄宅务等照此办理。

五代时,另一扰民弊政是沿淮州县的牛租。原来后梁太祖渡淮作战,掠得淮南民牛以千万计,全数配给诸州百姓,受牛户输纳牛租。"自是六十余载,时移代改,牛租犹在,百姓苦之"[5]。后周太祖于罢营田的同时,废除牛租,民得稍纾。

营田本为军营屯垦。唐末,"募高赀户使输课佃之,户部别置官司总领,不隶州县,或丁多无役,或容庇奸盗,州县不能诘"[6]。这样,营田实际上归高赀地主所占有,国家的赋役收入因之削减。罢营田,把佃户变成了小自耕农,而国家财富的多少,正是由自耕农数量的多少来决定。"丁多役少"、"容庇奸盗"之弊政既除,不但增添了财赋收入,而且有利于稳定统治秩序。它有利于安定农民生活,发展农业生产,也有利于加强中央集权。

后周世宗柴荣继位以后,大力招集流亡,奖励耕垦。显德二年(955)颁诏规定:

> 应自前及今后有逃户庄田,许人请射承佃,供纳租税。如三周年内,本户来归业者,其桑土不以

[1] 《旧五代史》卷111《周太祖纪二》,第1468页。
[2] 《旧五代史》卷112《周太祖纪三》,第1488页。
[3] 《旧五代史》卷112《周太祖纪三》,第1488页。
[4] 《旧五代史》卷112《周太祖纪三》,第1488页。
[5] 《旧五代史》卷112《周太祖纪三》,第1488页。
[6] 《资治通鉴》卷291,后周太祖广顺三年正月,第9488页。

五代守墓人雕像

1《五代会要》卷25《逃户》，第406-407页。
2［唐］元稹：《元稹集》卷38《同州奏均田》，中华书局点校本1982年版，第435页。

荒熟，并庄田交还一半。五周年内归业者，三分交还一分。应已上承佃户，如是自出力别盖造到屋舍，及栽种到树木园圃，并不在交还之限。如五周年外归业者，庄田除本户坟茔外，不在交付。如有荒废桑土，承佃户自来无力佃莳，只仰交割与归业人佃莳。

一，近北诸州，自契丹离乱，乡村人户多被番军打虏向北，近来多有百姓自番界回来，其庄田已被别户请射，无处归托。今后如有五周年内，其本主还来识认，不以桑土荒熟，并庄园三分中交还二分；十周年内来者，交还一半；十五周年内来者，三分中交还一分。

一，应有坐家破逃人户，其户下物业，并许别户陈告，请射承佃，供纳租税，充为永业，不限年岁，不在论认之限。

一，诸州应有冒佃逃户物业，不纳租税者，其本户归业之时，不计年限，并许论认。仰本县立差人检勘，交割与本户为主。如本户不来归业，亦许别户请射为主。……如冒佃人户自来陈首承认租税者，特与免罪。[1]

与罢营田的防止"奸盗"一样，规定"坐家破逃走人户"不得识认田产，是束缚和镇压农民反抗的一种手段。但这些规定的主要目的则是招诱流亡，恢复生产，尤其是对被虏北去、逃返家乡的农民给予优待，正符合南归群众的要求，又能激励陷辽人民和北境人民的抗辽斗志。后周二主的这些措施，是将流散的农民重新附着于土地之上，从而使农业生产可以恢复、发展，国家赋役可得保证，社会秩序可得安定，这是封建国家谋求长治久安的重要手段。为了使百姓减少困苦，得以安居，显德五年(958)，世宗平均赋税，以苏民困，颁唐代元稹《均田图》于诸道节度使、刺史。元稹的"均田"不是像北魏以来按口授田的均田制那样，而只是平均赋税。他在同州刺史任内，见民户逃散，田土荒芜，而近河田地被水冲刷，变成沙碛，农户却还要照原来田亩额缴纳两税，另一方面，"豪富兼并，广占阡陌，十分田地，才税二三。致使穷独逋亡，赋税不办"[2]。元稹乃疏请除去逃户庄田及浸坏田亩，将两税税额按实有耕地田亩摊派，既可免除现存农户额外负担，又可打击富豪逃避赋税的不法行为。世宗在诏书中，盛赞元稹《均田表》，"较当时之利病，曲尽其情，俾一境之生灵，咸受其赐"。遂命按表"制素成图，直书其事"，颁行诸处，"庶公王观览，触目惊心，利国便民，无乱条制，背经合道，尽系变通。但要适宜，所冀济务"[1]。要求各地按实际情况，认真改革赋税不均之弊，而不行一切之法。同年，又遣艾颖等34人，至诸州检定民租，要求对赋税，"须议并行均定，所冀永适重轻"[2]。次年，诸道使臣回，"总计检到户二百三十万九千八百一十二，定垦田一百八万五千八百三十四顷。淮南郡县不在此数"[3]。对农民来说，额外负担得以减除，而封建国家则可保证赋役来源。

世宗均定田赋，于显贵不予假借。后汉宰相窦贞固，入周，授司徒，致仕居洛阳，"府县以民视之，课役皆不免"[4]。甚至"先圣"后裔曲阜孔氏，也不得优免。"先是，历代以圣人之后，不预庸调，至周显德中，遣使均田，遂抑为编户"[5]。作为一个封建皇帝，后周世宗能采用这种措施，确实难能可贵，这种气魄是他的后来人赵匡胤所望尘莫及的。

后周世宗又采取两项便民措施：显德三年（956），命三司通告诸道州府，"今后夏税以六月一日起征，秋税以十月一日起征，永为定制"[6]。改变不时征敛之弊，民间称便。显德五年（958），又敕诸道州府，"应有商贾兴贩牛畜，不计黄牛、水牛，凡经过处，并不得抽税，如是货卖处，只仰据卖价每一千抽税钱二十，不得别有邀难"[7]。当时耕牛缺少，不利农耕，这一措施，对解决耕牛困难提供了很大的方便。

限制寺院，减少浮食，崇本抑末。

寺院田产扩大，广收僧徒，使国家赋税收入减少，劳动人手也随之日减；而且，剃度为僧者，除了痛苦无告的农民外，还有逃兵、犯法以及"恶逆徒党、山林亡命"之类的起义群众，又对政权起着威胁。基于这些原因，后周世宗采取了"灭佛"措施。

早在后汉乾祐二年（949），就有一个小官员李钦民疏

后周周元通宝

[1]《五代会要》卷25《租税》，第402页。
[2]《五代会要》卷25《租税》，第402页。
[3]《册府元龟》卷488《邦计部·赋税二》，第5844页；同书卷495《邦计部·田制》，第5934页。
[4]《资治通鉴》卷292，后周太祖显德元年七月，第9518页。
[5]《文献通考》卷4《田赋考四·历代田赋之制》引"止斋陈氏说"，考54。
[6]《册府元龟》卷488《邦计部·赋税二》，第5843页。
[7]《五代会要》卷25《杂录》，第404页。

五代荆浩《秋山瑞霭图》

请"灭佛",疏云：

> 伏见天下民户,大半家贫产薄,征赋之外,差配尤繁,岂宜寒耕热耨之人,供游手惰农之辈。臣近以简苗外县,遍历乡村,缁侣聚居,精舍辉赫,每县不下二十余处,求化斋粮,不胜饱饫;寺家耕种,又免征税。……臣以为,聚僧不如聚兵,僧富不如民富,昔秦皇帝并吞六国,虎视天下,以兵多民富故也,僧何预焉。经曰:"圣人在上,国无幸民,民之多幸,国之不幸。"臣尝三复此言,为之扼腕。[1]

这个倡议在后汉朝未受到重视。后周世宗把这个问题提到了议事日程上来。显德二年(955),颁诏云:"……近年已降,颇紊规绳。近览诸州奏闻,继有缁徒犯法,盖无科禁,遂至尤违,私度僧尼,日增猥杂,创修寺院,渐至繁多,乡村之中,其弊转甚。漏网背军之辈,苟剃削以逃刑;行奸为盗之徒,托住持而隐恶。"乃规定:"诸道府州县镇村坊,应有敕额寺院,一切仍旧,其无敕额者,并仰停废","王公戚里诸道节刺以下,今后不得奏请创造寺院及请开置戒坛"。"如有私剃头者,却勒还俗,其本师主决重杖勒还俗,仍配役三年"。"曾有罪犯,遭官司刑责之人,及弃背父母、逃亡奴婢、奸人细作、恶逆徒党、山林亡命、未获贼徒、负罪潜窜人等,并不得出家剃头。如有寺院辄容受者,其本人及师主、三纲、知事僧尼、邻房同住僧,并仰收捉禁勘,申奏取裁"。"僧尼俗士,自前多有舍身、烧臂、炼指、钉截手足、带铃挂灯、诸般毁坏身体、戏弄道具、符禁左道、妄称变现还魂坐化、圣水圣灯妖幻之类,皆是聚众眩惑流俗,今后一切止绝"[2]。是年,境内保留寺院2 694所,废除寺院30 316,仍为僧尼者61 300人。世宗此举,被佛教僧侣认为是"三武(魏太武帝、北周武帝、唐武宗)之祸"以后的再次大祸。但它却对当时历史的发展起了积极作用。文献不载还俗僧尼详数,但可以估计不会少于尚存僧尼数的10倍。寺院田亩免除赋税特权被废除,大批僧尼还俗,国家财赋及劳动力得以增加;而坐食的僧尼转事农桑,化消费人口为生产人口,对生产的发展有利。至于严禁种种眩惑流俗,既有反对迷信之效,又可制止僧徒诈骗行径。因此,世宗灭佛是具有积极意义的历

[1]《册府元龟》卷547《谏诤部·直谏十四》,第6574-6575页。
[2]《旧五代史》卷115《周世宗纪二》,第1529-1530页。

史事件。

与此同时,世宗诏地方官吏"厚农桑,薄技巧,优力田之夫,禁末游之辈"。次年,又诏课民种树,上户每年种树百株,依户等第减差;"令民每口种韭一畦,以助其食"[1]。又"刻木为耕夫、蚕妇,置之殿庭"[2],以示劝励。这种表现在古代帝王中实属罕见。为了严密农村基层结构,"诏诸州并乡村,率以百户为团,团置耆长三人"[3],负责征收赋税,维持治安。

减免苛敛,以苏民困。

唐后期行两税法以后,日久弊生,诸道州府每于正税外,巧立名目,多征财物,以"羡余"为名,将额外征收所得十之一二上供朝廷,余者中饱。后周太祖深知其弊,即位赦文中就规定:"天下仓场、库务,宜令节度使专切钤辖,掌纳官吏一依省条指挥,不得别纳斗余、秤耗,旧来所进羡余物色,今后一切停罢。"[4]羡余扰民,至晋、汉尤烈,罢除此弊是深得人心的。

盐曲之禁于晋、汉极为苛虐。后晋天福年间,"河南、河北诸州,除俵散蚕盐征钱外,每年末盐界分场务,约籴一十七万贯有余。言事者称,虽得此钱,百姓多犯盐法,请将上件食盐钱于诸道州府计户,每户一贯至二百,为五等配之,然后任人逐便兴贩"[5]。不久,盐价跌落,"去出盐远处州县,每斤不过二十文,近处不过一十文",主管部门为了夺利归官,便建议改变盐法,天福七年(942),晋出帝诏书规定,"应有往来盐货悉税之,过税每斤七文,住税每斤十文"。施行后,"籴盐虽多,而人户盐钱又不放免"[6],百姓深以为苦。后汉时,"青盐一石,抽钱一千、盐一斗",而私盐之禁尤重。时用酷法,"不计斤两多少,并处极刑"[7]。广顺二年(952),后周太祖敕:"宜令庆州榷盐务,今后每青盐一石,依旧抽税八百八十五陌,盐一斗,白盐一石,抽税钱五百八十五陌,盐五升。此外更不得别有邀求。"[8]又规定:"凡犯五斤已上者处死,煎咸盐犯一斤以上者处死。"[9]虽然减轻的程度有限,究竟纾于前代。后周世宗时,规定"曹、宋已西十余州,皆尽食颗盐"[10],不但减少运输之苦,又可减少私制私贩。至于曲禁,后汉凡犯私曲者,"涓滴皆死",后

五代《秋林野鹿图》

[1]《册府元龟》卷70《帝王部·务农》,第794页。

[2]《资治通鉴》卷294,后周世宗显德五年十月,第9588页。

[3]《资治通鉴》卷294,后周世宗显德五年十月, 第9587–9588页。

[4]《旧五代史》卷110《周太祖纪一》,第1459页。

[5]《旧五代史》卷146《食货志》,第1951页。

[6]《旧五代史》卷146《食货志》,第1951页。

[7]《旧五代史》卷146《食货志》,第1952页。

[8]《五代会要》卷26《盐》,第419页。

[9]《旧五代史》卷146《食货志》,第1952页。

[10]《旧五代史》卷146《食货志》,第1953页。

五代董源《洞天山堂图》

1《资治通鉴》卷290,后周太祖广顺二年七月,第9481页。
2《资治通鉴》卷291,后周太祖广顺二年十一月,第9486页。
3《五代会要》卷25《杂录》,第403页。
4《资治通鉴》卷292,后周世宗显德二年十一月,第9533页。
5《册府元龟》卷160《帝王部·革弊二》,第1938页。
6《资治通鉴》卷292,后周太祖显德元年十月,第9519页。
7《旧五代史》卷114《周世宗纪一》,第1522页。
8《宋史》卷91《河渠志一·黄河上》,第2256页。

周太祖改为5斤以上处死[1],也不似后汉之酷。

五代苛禁,牛皮最酷。"先是,兵兴以来,禁民私卖买牛皮,悉令输官受直。唐明宗之世,有司止偿以盐;晋天福中,并盐不给。汉法,犯私牛皮一寸抵死"[2]。广顺二年(952),后周太祖敕改旧法,规定:"应天下人所纳牛皮,今将逐年所纳数,三分内减收二分,其一分于人户苗亩上配定。每秋夏苗共十顷,纳连角牛皮一张……其皮人户自诣本州送纳,所司不得邀难。所有牛马驴骡皮筋骨,今后官中更不禁断,并许私家共使买卖,只不得将出化外敌疆。"[3]这一改革,大苏民困,效果甚佳。

世宗收后蜀、南唐州县,即除其苛敛,以安民心。既取秦、凤、成、阶4州,诏"四州之民,二税征科之外,凡蜀人所立诸色科徭,悉罢之"[4]。得淮南、江北地,又罢南唐苛敛,"先是,州人于两税外以茗茶及盐抑配户民,令输缣帛稻米,以充其值,谓之转征;又岁率羊彘薪炭之类,人甚苦之"。世宗"以克复之始,悉命除放,民情悦,甚允(来)苏之望"[5]。本来,秦凤诸州民就是苦于苛敛,请求周师西征,南唐百姓也苦于重赋,引颈北望,世宗采此策,不但得以安抚已附州县,尤可广泛收揽人心,为统一事业增加了有利条件。

兴修水利,治理黄河,疏通漕路。

后周立国不足10年,而兴修水利,治理黄河,疏通漕路,成绩斐然。

自梁、唐相争,决河御敌,黄河决口为灾,日甚一日。后梁决河杨刘,更使此后累年水灾严重,百姓身家荡尽,几无宁日。"河自杨刘至于博州百二十里,连年东溃,分为二派,汇为大泽,弥漫数百里;又东北坏古堤而出,灌齐、棣、淄诸州,至于海涯,湮没民田庐不可胜计,流民采菰稗、捕鱼以给食"[6]。后唐以来,屡治无效,水患更烈。后周建国后,几次遣使治河,毫无成效,朝臣无敢议治河之工。显德元年(954),后周世宗决心治河,派宰相李谷亲赴澶、郓、齐等沿河州县观察现场,主持工程,"役丁夫六万人,三十日而罢"[7]。这次治河,自阳谷至张秋口,筑长堤以御洪水,"水患少息。然决河不复故道,离而为赤河"[8]。显德六年

（959），"河决原武，诏宣徽南院使吴廷祚发近县丁夫二万人以塞之"。[1]经过两次治河，水灾稍弭，虽然北宋初年仍有河决成灾之事，而比以前却有改善。

后周世宗又于河北浚修胡芦河，收到御敌、通漕、溉田三种效果。自后晋以来，河北屡遭辽兵骚扰，"郊野之民每困杀掠"，无法安居生产。深、冀两州间有胡芦河，横亘数百里。显德元年（954），世宗命忠武节度使王彦超、彰信节度使韩通率兵卒、丁夫浚修胡芦河，建堡于李晏口，派将驻守，"自是契丹不敢涉胡芦河，河南之民始得休息"[2]。北宋时，又引胡芦河通漕运。

显德五年（958），世宗遣使赴关西，"于雍、耀二州界，疏泾水以溉田"[3]。

世宗在进行统一活动的同时，着手浚修漕路，使阻塞已久的大运河重行通航。

显德四年（957），"诏疏下汴水一派，北入于五丈河，又东北达于济。自是齐鲁之舟楫，皆至京师"[4]。次年南征，"发楚州丁壮开鹳河以通运路"，10日完功，江淮间水运得以沟通，数百艘战舰驶入长江，南唐使者陈觉"睹楼船战棹已泊于江岸，以为自天而降，愕然大骇"[5]。又"浚汴口，导河流达于淮，于是江、淮舟楫始通"[6]。显德六年（959），"发徐、宿、宋、单等州丁夫数万浚汴河"；"发滑、亳二州丁夫浚五丈河，东流于定陶，入于济，以通青、郓水运之路"；"又疏导蔡河，以通陈、颍水运之路"[7]。于是，汴梁水运四通八达，成为各地财货汇集之所。

及至北伐，又修通沧州水道，"补坏防，开游口三十六，遂通瀛、莫"[8]。

经过几年的修浚，改变了唐末以来江淮漕道断绝的现象，也改变了自安史之乱后，河北漕道逐渐阻绝的现象，为北宋漕运畅通开创了有利条件。

扩建大梁，发展工商，整顿钱币。

大梁自战国即为名城。隋开运河，以洛阳为中心，汴梁位处枢纽。唐后期汴梁的经济地位和战略地位大大提高，后梁以为京都。汴梁规模素非长安、洛阳相匹，而戎马倥偬之际，遑言营建。并且，几经战乱，汴梁城市连遭破

韩通妻姜氏墓志

[1]《旧五代史》卷119《周世宗纪六》，第1582页。

[2]《资治通鉴》卷292，后周太祖显德二年正月，第9523–9524页。

[3]《五代会要》卷27《疏凿利人》，第443页。

[4]《五代会要》卷27《漕运》，第431页。

[5]《旧五代史》卷118《周世宗纪五》，第1569页。

[6]《资治通鉴》卷294，后周世宗显德五年三月，第9582页。

[7]《旧五代史》卷119《周世宗纪六》，第1580页。

[8]《资治通鉴》卷294，后周世宗显德六年四月，第9596页。

五代周文矩《宫中图》之一

坏,亟需修复。广顺二年(952),后周朝廷发丁夫55 000修补东京罗城,两旬而罢。世宗继位,深感东京城市日益繁荣,而制度狭隘,不能适应发展的需要,决心扩建。显德二年(955)颁诏云:

> 东京华夷辐辏,水陆会通,时向隆平,日增繁盛。而都城因旧,制度未恢,诸卫军营,或多窄狭,百司公署,无处兴修。加以坊市之中,邸店有限,工商外至,络绎无穷。僦赁之资,增添不定,贫乏之户,供办实难。而又屋宇交连,街衢湫隘,入夏有暑湿之苦,居常多烟火之忧。将便公私,须广都邑。[1]

诏书规定,采取冬闲施工、分期完成的办法,进行扩建。先令主管部门"于京城四面,别筑罗城,先立表识,候将来冬末春初,农务闲时,即量差近甸人夫,渐次修筑,春作才动,便令放散。或土功未毕,即次年修筑"[2]。农隙施工,春作而停,不事急役,这是不伤民力、不误农时的妥善办法,收效甚佳。诏书又规定,"今后凡有营葬及兴窑灶并草市,并须去标识七里外。其标识内候宫中劈画,定军营、街巷、仓场、诸司公廨院,务了,即任百姓营造"[3]。有规划地进行营建,于市容有利。次年,又发畿内及滑、曹、郑诸州丁夫10余万筑新罗城,派曹州节度使韩通指挥全局。显德三年(956),世宗自淮上返京,又颁诏整顿市内街巷:

> 辇毂之下,谓之浩穰,万国骏奔,四方繁会。此地比为藩翰。近建京都,人物喧阗,闾巷隘狭,雨雪则有泥泞之患,风旱则多火烛之忧,每遇炎热相蒸,易生疾疹。近者开广都邑,展引街坊,虽然暂劳,终获大利。朕自淮上,回及京师,周览康衢,更思通济。千门万户,靡存安逸之心;盛暑隆冬,倍减燠寒之苦。其京城内街道阔五十步者,许两边人户,各于五步内取便种树掘井,修盖凉棚,其三十步已下至二十五步者,各与三步,其次有差。[4]

加宽街道,便于车辆及行人往来,改善市内清洁卫生状况,提倡植树建井,美化环境,这都是可取的历史经验。由于整顿市区,规定迁坟改葬,遭到人们的怨望,臣下也有以"孝道"为言者。世宗说:"近广京城,于存殁扰动诚

[1]《五代会要》卷26《城郭》,第417页。

[2]《五代会要》卷26《城郭》,第417页。

[3]《五代会要》卷26《城郭》,第417—418页。

[4]《五代会要》卷26《街巷》,第414页。

多;怨谤之语,朕自当之,他日终为人利。"[1]这话是多么有远见和气魄!

汴梁(开封府)经过扩建,此后北宋百余年间,城市繁荣,誉满中外,为我国古代经济繁荣、文化发达的又一个标志。至今"汴梁宋城"仍为中外人士所神驰。宋人记当时轶事一则,甚为有趣:

> 周世宗显德中,遣周景大浚汴口,又自郑州导郭西濠达中牟。景心知汴口既浚,舟楫无雍,将有淮、浙巨商贸粮斛,贾万货,临汴,无委泊之地,讽世宗,乞令许京城民环汴栽榆柳、起台榭,以为都会之壮。世宗许之。景率先应诏,踞汴流中要起巨楼十二间。方运斤,世宗辇辂过,因问之,知景所造,颇喜,赐酒犒其工,不悟其规利也。景后邀钜货于楼,山积波委,岁入万计。[2]

周景利用职权,巧计建楼兴利,获致巨万,固为贪利之徒,而倡议栽榆柳、造台榭,蔚为壮观,有利后世,未可一笔抹杀。由此可见,扩建汴梁,畅通漕运,适应了时代的需要,出现了日益繁荣的现象。

疏通漕运,固然有利于物资交流,而陋规积弊不除,船户愁苦,虽有漕道,也无法使商业繁荣。世宗鉴于此,显德二年(955)颁诏:"转输之物,向来皆给斗耗。自晋、汉以来,不与支破。仓廪所纳新物,尚破省耗,况水路所般[搬],岂无所损?起今后每石宜与耗一斗。"又诏:"今州戍兵,旧制:沿江发运务差均、邓两州人户,自备舟船,水运粮盐,供馈军食。近闻彼民颇甚劳弊,及令有司按本州税积,所纳尝赋,可以岁给军储,其水运舟船,并宜停废。"[3]废除这两项陋规积弊,使船民减免包赔之苦和遭无偿强征之厄,确为利民措施。

后周朝廷对官私手工业也进行了整顿。

在整顿官营手工业方面,采取的措施是罢诸州作院,罢方镇及诸州贡器甲,选各地精工巧匠赴京作坊。"先是,诸道、州、府各有作院,每日课定造军器,逐季般[搬]送京师进纳;其逐州每年占留系省资金不少,谓之甲科,仍更于本部内,配土产物,又征敛数倍,部民苦之。除上供军器外,节度使、刺史又私造器甲,以进贡为名,功费又倍,悉

五代周文矩《宫中图》之二

---

[1]《资治通鉴》卷292,后周世宗显德二年十一月,第9532页。

[2]《玉壶清话》卷3,第26–27页。

[3]《册府元龟》卷498《邦计部·漕运》,第5973页。

五代《神骏图》(局部)

取之于民。"[1]这种陋规侵吞了国库收入,增添了苛敛,而将优质器甲留归本镇,以劣质器甲上缴或充贡,实际上起着削弱中央的作用。广顺二年(952),后周太祖"以诸州器甲,造作不精,兼占留属省物用过当,乃令罢之。仍选择诸道作工,赴京作坊,以备役使"[2]。从此,中央的军器作坊得到改进,北宋军器之精,当是在这个基础上发展而来。

关于私家丝纺织品,确定规格,禁止滥造。显德三年(956),敕:"旧制:织造绝䌷、绢布、绫罗、锦绮、纱縠等,幅阔二尺起,来年后并须及二尺五分。宜令诸道州府,来年所纳官绢,每匹须及一十二两。其绝䌷只要夹密停匀,不定斤两。其纳官䌷绢,依旧长四十二尺。"直到宋元两代,"税绢,尺度长短阔狭,斤两轻重,颇本于此"[3]。这个规定表明了封建国家对农民、手工业者剥削量的增加,然而,统一规格,禁止滥造,应当说多少还有些积极作用。

周世宗在位时,北方瓷器开始复兴,秘色瓷本始于唐代。陆龟蒙诗云:"九天风露越窑开,夺得千峰秘色来。"后周朝,郑州柴窑烧造御用瓷器,世宗批云:"雨过青天云破处,这般颜色做将来。"[4]器成:"天青色,滋润细媚,有细纹,足多粗,黄土。"[5]于是,越窑秘色不能专美于前。此后,北宋中原名窑有官、汝、均、定四处。

欲求商业发展,除了疏浚漕道,扩建东京外,世宗又整顿钱币,淘汰滥恶。自唐末以来,钱币紊乱滥恶,越来越甚。显德二年(955),世宗下诏立监铸钱,规定:"除朝廷法物、军器、官物及镜,并寺观内钟、磬、钹、相轮、火珠、铃铎外,其余铜器,一切禁断。""应两京、诸道州府铜象[像]器物,诸色装铰所用铜,限敕到五十日内,并须毁废送官。其私下所纳到铜,据斤两给付价钱"。限期外隐藏及埋窖使用者,按斤两多少论刑,5斤以上处死。民户纳铜于官,熟铜每斤给予150文,生铜每斤100文,其后又增价50文;采得铜砂者,旧定20两为1斤,改为16两1斤,给钱130文收买。又"许青、登、莱州人户"[6]兴贩朝鲜铜货。

销毁佛像铸钱,臣下议论纷纷,有人出面劝阻。世宗毅然回答:"夫佛以善道化人,苟志于善,斯奉佛矣。彼铜像岂所谓佛邪!且吾闻佛在利人,虽头目犹舍以布施,若

[1]《册府元龟》卷160《帝王部·革弊二》,第1937页。

[2]《旧五代史》卷112《周太祖纪三》,第1485页。

[3]《容斋三笔》卷10《绝绸绢尺度》,见《容斋随笔》,第541页。

[4] [明]谢肇淛:《五杂俎》卷12,辽宁教育出版社新世纪万有文库本2001年版,第253页。

[5] [清]陈元龙:《格致镜原》卷36《珍宝类五·古窑器》,景印文渊阁四库全书本(第1031册),第549页。

[6]《五代会要》卷27《泉货》,第437-438页。

朕身可以济民,亦非所惜也。"[1]在佛教盛行的时代,能有这样卓越的见解,确实罕见。经过这次整顿,滥恶钱币多被汰除,钱币质量显著改善,它对商业流通起了很大的积极作用。

此外,还罢诸色课户、俸户,并归于州县,抑制豪富奸吏,增加国家收入,纾贫下户之困。原来,"唐初,诸司置公廨本钱,以贸易取息,计员多少为月料。其后罢诸司公廨本钱,以天下上户七千人为胥士,而收其课,计官多少而给之,此所谓课户也。唐又薄敛一岁税,以高户主之,月收息给俸,此所谓俸户也"[2]。这里说的上户和高户,无疑是各地大地主,他们倚仗官府,从之取得本钱,暴敛小民,与官府分肥,以大部归己。世宗在镇宁节度使任内,已察知此弊,上疏云:"属州帐内有羊、猪、纸、炭等户,并羊毛、红花、紫草及进奉官月料,并是影占大户,凡差役者是贫下户。今并欲放免为散户。"[3]太祖允其请,诏书褒扬。显德五年(958),世宗诏重定诸道州府幕职令录佐官料钱,罢课户、俸户,明文规定:"右诸州府、京百司、内诸司、州县官、课户、庄户、俸户、柴炭纸笔户等,望令本州及检田使臣,依前项指挥,勒归州县,候施行毕,具户数奏闻。……如今后更有人户愿充此等户者,便仰本州勒充军户,配本州牢城执役。"[4]这样严法除弊,自能收到效果。

(二)改革朝政　振饬纲纪　调整机构

后周初建,勋旧骄恣,以外制内,方镇暴虐不法,官吏贪浊殃民,士卒纪律紊乱。动辄要挟赏赐,而居庙堂之上的元老宿臣,尸位素餐,无所作为。这种形势亟需变革,而阻力却不小。后周二主就是在这种条件下,逐步改革的。

周太祖改革政治,首先从转变风气着手。他躬行节俭,罢诸地贡献珍味,碎珍奇侈丽器物,是一种表现。而崇尚儒学,尤为转变风气的重要手段。太祖征慕容彦超,至曲阜,奠祭孔祠,幸孔林,拜孔墓。臣下言孔子为人臣,不能以帝王拜人臣。太祖说:"文宣王,百代帝王师也,得无敬乎!"[5]这不但是提倡文治的象征,而且,儒家学说是中国古代王朝进行统治的理论依据,尊君爱民,崇礼守法,在当时混乱的形势下,还是有着转变颓风的作用,未可全盘否定。后周太祖在着手改革时,尽力减少阻力,所以进度

柴荣像

[1]《资治通鉴》卷292,后周世宗显德二年九月,第9530页。

[2]《资治通鉴》卷294,后周世宗显德五年十二月胡三省注,第9589页。

[3]《册府元龟》卷160《帝王部·革弊二》,第1937页。

[4]《五代会要》卷28《诸色料钱下》,第447页。

[5]《旧五代史》卷112《周太祖纪三》,第1482页。

窦仪像

1《旧五代史》卷112《周太祖纪三》,第1481、1482页。

2《旧五代史》卷113《周太祖纪四》,第1497–1498页。

3《旧五代史》卷130《王峻传》,第1712页。

4《旧五代史》卷130《王峻传》,第1713页。

5《旧五代史》卷130《王峻传》,第1713页。

缓而变革较少。世宗继之,雷厉风行,进度快而收效多。他们是相辅相成的,为北宋的统一和改革打下基础,但北宋太祖改革的气魄却差多了。

惩治贪残,翦除跋扈,澄清吏治。

太祖为减少阻力,对宿将功臣多容忍,凡不谋乱者,尽量优容,以冗官养之或渐使致仕。对敢于逞兵作乱或跋扈专横者,则决心翦除,并于翦除后改变机构,收权于中央。对恣行贪残的暴吏和营私舞弊的官员,严加惩处,为澄清吏治开创了有利条件。

太祖初即位,即亲征泰宁,平慕容彦超。然后"诏兖州降为防御州,仍为望州"。"诏端明殿学士颜衎权知兖州军州事"1。这是以文臣主州郡的开始,至宋,普遍用文臣主州郡。广顺三年(953),又诏:"京兆、凤翔府、同、华、邠、延、鄜、耀等州所管州县军镇,顷因唐末藩镇殊风,久历岁时,未能厘革,政途不一,何以教民。其婚田争讼、赋税丁徭,合是令佐之职。其擒奸捕盗,庇护部民,合是军镇警察之职。今后各守职分,专切提撕,如所职疏遣,各行按责,其州府不得差监征军将下县。"2限制了方镇对州县的权力,实行民政、军事分工管理,尤其是将校兵卒扰民的行为受到限制。

太祖平泰宁,一时方镇无敢叛乱者,而朝内却有王峻、王殷专横跋扈,太祖忍无可忍。王峻本后汉高祖亲从,隐帝时,后周太祖出镇邺城,统河北兵马,王峻为兵马都监。邺城兵变,南下汴洛,王峻与王殷之功最多。后周建国,王峻为枢密使兼右仆射、门下侍郎平章事,位兼将相,权势无侔。王峻虽勤于职守,却居功骄矜,专横嚣张。"每有启请,多自任情,太祖从而顺之,则忻然而退,稍未允可,则应声而愠,不逊之语随事辄发"3。广顺元年(951)冬,北汉刘崇联辽兵围晋州,太祖任王峻为行营都部署,节制诸军。周军过绛州,距平阳30里,"贼军燔营,狼狈而遁",王峻入晋州,"犹豫久之"4,不敢乘胜追击,无功而还,他"贪权利,多机数,好施小惠,喜人附己"5。见郑仁诲、李重进、向训这批名望素浅者擢居要职,十分嫉妒,假意辞职,而在"未陈请之前,多发外诸侯书以求保证,旬浃之内,诸道驰骑进纳峻书,闻者惊骇其事"[1]。借方镇要挟君主,确实做得太愚蠢了！世宗任镇宁节度使,请求入觐,王峻忌其聪明,力阻其行,而自请兼青州节度使。既而,又要挟免除李谷、范质相职,举荐陈观、颜衎代之。太祖不允,婉言推却,王峻出言不逊,争之不已。太祖忍无可忍,拘押王峻,召见大臣,流泪说:"峻凌朕颇甚,无礼太过,拟欲尽去左右臣僚,翦朕羽翼。朕儿在外,专意阻隔,暂令到阙,即怀怨望。岂有既总枢机,又兼宰相,坚求重镇,寻亦授之,任其襟怀,尚未厌足,如此无君,谁能甘忍！"[2]下诏列其罪状,贬为商州司马,至州病死。与王峻堪称难兄难弟的王殷,素典禁军。从平汴京,授侍卫亲军都指挥使。后周建国,授天雄军节度使,加同平章事,仍典禁军,充邺都留守。"殷赴镇,以侍卫司局从,凡河北征镇有戍兵处,咸禀殷节制。又于民间多方聚敛"[3]。周太祖厌之,几次劝谕。王峻死,太祖恐他不安,遣其子赴邺城告知王峻罪状。广顺三年(953),他趁太祖生日,要求入觐,太祖允许后又怕他心怀叵测,中止其行。镇州节度使何福进恶王殷专横,入朝奏其不法事,太祖更疑王殷。是年冬,王殷入觐,"出入部从不下数百人,又以仪形魁伟,观者无不耸然"。一天,突然要求"请量给甲仗,以备非常"[4]。中外惊惧,恐生变乱。太祖病重,力疾登殿,捕擒王殷,降制流窜,刚出汴京城,诏赐死。遂罢邺都,仍为天雄军、大名府,地位在"京兆府之下"[5]。从此以后,大名府虽为河北重镇,却不复能威胁朝廷,据邺都逞兵入朝夺位或据邺都以制朝廷、发动叛乱等事情不再演出。

周太祖惩治贪浊,十分严厉。考城县巡检供奉官马彦勍匿赦书,杀狱囚,处斩。[6]户部尚书张昭(原名张昭远)之子张秉为阳翟县簿犯法抵罪,张昭贬授太子宾客。[7]两浙吊祭使李知损奉命往江淮,"所经藩郡,皆强贷于侯伯",为青州知州张凝告发,贬窜登州。[8]原莱州刺史叶仁鲁贪浊暴虐,滥杀无辜,为民所讼,赐死。[9]方城县令陈守愚尅留户民蚕盐1 500斤,处斩。[10]宋州节度使常思移镇青州,将"在宋州日出放得丝四万一千四百两,请征入官"。太祖"诏宋州给还人户契券,其丝不征"[11]。常思自此不被重用。供奉官武怀赞盗马价入己,处斩。[12]对于弄虚作假的官员,也给以

五代关仝《关山行旅图》

[1] 《旧五代史》卷130《王峻传》,第1713页。

[2] 《旧五代史》卷130《王峻传》,第1715页。

[3] 《旧五代史》卷124《王殷传》,第1626页。

[4] 《旧五代史》卷124《王殷传》,第1626-1627页。

[5] 《旧五代史》卷113《周太祖纪四》,第1501页。

[6] 《旧五代史》卷111《周太祖纪二》,第1473页。

[7] 《旧五代史》卷111《周太祖纪二》,第1473页。

[8] 《旧五代史》卷112《周太祖纪三》,第1489页。

[9] 《旧五代史》卷112《周太祖纪三》,第1489页。

[10] 《旧五代史》卷112《周太祖纪三》,第1490页。

[11] 《旧五代史》卷113《周太祖纪四》,第1496页。

[12] 《旧五代史》卷113《周太祖纪四》,第1498页。

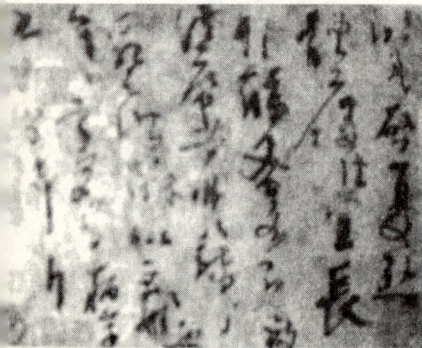

五代杨凝式《夏热帖》

[1]《旧五代史》卷111《周太祖纪二》,第1475页。

[2]《旧五代史》卷113《周太祖纪四》,第1498页。

[3]《资治通鉴》卷292,后周太祖显德元年十月,第9518页。

[4]《旧五代史》卷117《周世宗纪四》,第1558页。

[5]《旧五代史》卷117《周世宗纪四》,第1558页。

[6]《旧五代史》卷117《周世宗纪四》,第1560页。

[7]《旧五代史》卷118《周世宗纪五》,第1576页。

[8]《旧五代史》卷116《周世宗纪三》,第1548页。

[9]《旧五代史》卷116《周世宗纪三》,第1549页。

[10]《旧五代史》卷116《周世宗纪三》,第1550页。

[11]《旧五代史》卷115《周世宗纪二》,第1531页。

[12]《旧五代史》卷115《周世宗纪二》,第1536页。

[13]《旧五代史》卷118《周世宗纪五》,第1572页。

惩办:中书舍人刘涛遣男刘颛代草制词,父子俱贬外任卑职。中书舍人杨昭俭多在假告,不亲其职,削职为民。[1]内衣库使齐藏珍奉诏修河,玩忽职守,削职流放沙门岛。[2]这批官员多属近侍之臣,严惩他们,影响很大。世宗继位,守太祖法,严治贪虐渎职。左羽林大将军孟汉卿,坐监纳厚取耗余赐死,有司奏罪不当死。世宗说:"朕知之,欲以惩众耳!"[3]亲军将领、战功卓著的韩令坤,其父韩伦原任许州行军司马,解任后,住韩令坤所领陈州节度使任所,"在州干预郡政,掊敛之暴,公私患之"[4],为项城部民武都等告发,追夺在身官爵,流配沙门岛。韩伦与世宗生父交往甚密,又为亲军将领之父,世宗不免徇情,但在当时,还算难得。重修永福殿,内供奉官孙延希尅扣工食,虐待役夫。世宗经施工现场,"见役夫有就瓦中噉饭,以柿为匕者",大怒,立斩孙延希,罢御厨使董延勖等3官。[5]贬后遇赦重任的濠州刺史齐藏珍犯法,处斩。[6]楚州兵马都监武怀恩擅杀降军4人,处斩,楚州防御使张顺隐落榷税钱50万、官丝绵2 000两赐死。[7]对举官失人,骗取官职者,也或贬或黜。御史中丞杨昭俭、知杂侍御史赵砺、侍御使张纠审狱失实,并罢官。[8]太仆卿剧可久举人不当,罢官。[9]右拾遗赵守微不学无术,品行不端,投机取巧,以徒步上书得官,旋为妻父所讼,彰其丑行,"杖一百,配沙门岛"[10]。当然,世宗也有量刑失当、冤杀无辜的事:刑部员外郎陈渥,"为人清苦,临事有守",坐检齐州临邑县民田失实赐死,"以微累而当极刑,时论惜之"[11]。而起居郎陶文举本酷吏,征宋州残租,"宋民被其刑者凡数千,冤号之声,闻于道路,有悼毛之辈,不胜其刑而死者数人,物议以为不允"[12]。却逍遥法外。尤为世所非议者,翰林医官马道玄申诉,其子在寿州被杀,"获正贼,见在宿州,本州不为勘断"。世宗盛怒下遣端明殿学士窦仪驰赴审讯,"及狱成,坐族死者二十四人"[13]。这都表明,即使英明如周世宗的封建皇帝也有其残暴、昏悖的一面。封建君主一人专断,不可避免会有刑赏失措、死生任情的情事,究其原因,与其说是世宗用法深刻,倒不如说是封建专制主义的不可医治的病毒在他身上的反映。

惩治不法官吏,势在必行,而整顿地方机构又不容忽视。后汉时，杨邠为相，"以功臣、国戚为方镇者多不闲吏事，乃以三司军将补都押牙、孔目官、内知客，其人自恃敕补，多专横，节度使不能制"[1]。朝廷任命佐吏，削弱方镇用人权，釜底抽薪，不失良策，而用军将为佐吏，掌管地方政事，非徒无益，反而殃民。他们"一则碍州县之色役，一则妨春夏之耕耘，贫乏者困于供须，豪富者幸于影庇"[2]。太祖即位，尽罢亲事官。世宗继位后，显德二年（955），诏"两京及诸道府州，不得奏荐留守判官、两使判官、少尹、防御团练军事判官，如是随幕已曾任此职者听奏。防御、团练、刺史州，各置推官一员"[3]。将判官这一要职的任命权收归朝廷，又为方镇暂保余地，在当时尚不得不尔，然而较之后汉所行则效果迥异。

五代董源《龙袖骄民图》

优免老朽，提掖人才，调整机构。

后周太祖即位，为了收揽人心，于宿将旧将多所优遇，甚至已致仕官员也加官晋秩，又矜恤苏逢吉、刘铢家属，非但不予族灭，仍赐庄宅，以广示恩德。这些措施的用意，不外是安反侧，揽人心，减少阻力，稳定局面。果然，慕容彦超叛乱，诸道帖然，无人与之联合，叛乱迅速平定。太祖还能在宿将勋臣中，选择典型，给以殊荣。四代名将高行周，以谨厚见称，功勋卓著而无跋扈之行。后唐废帝伐河东，高行周从张敬达围太原，晋安寨之役，杨光远等密谋杀帅降敌，高行周知之，引壮士护卫，后被张敬达猜疑，"由是不复敢然，敬达遂为光远所害"[4]。他曾居邺都，典禁兵，前后封临清王、邺王、齐王，而"心游事外，退朝归第，门宅翛然，宾友过从，但引满而已"[5]。确是个善于处世、明哲保身的人物。后周既建，"太祖以行周耆年宿将，赐诏不名，但呼王位而已"。死后，"赐赙加等，册赠尚书令，追封秦王"[6]。其子高怀德受重用，迅速升为节度使，后为宋开国功臣。树了这个典型，影响很大，资历深的方镇安审晖、安审信先后自请致仕，白文珂、赵晖自请罢镇归阙。对武将如此，对文臣也如此，窦贞固、苏禹珪罢相，以司徒、司空虚衔以优养，冯道虽仍带中书令，并无实权。这样稳步进行，收效虽慢，却能免除变乱，处于当时的环境，是比较稳妥的办法。

[1]《资治通鉴》卷290，后周太祖广顺元年正月，第9451页。
[2]《旧五代史》卷111《周太祖纪二》，第1470页。
[3]《旧五代史》卷115《周世宗纪二》，第1531页。
[4]《旧五代史》卷123《高行周传》，第1613页。
[5]《旧五代史》卷123《高行周传》，第1613页。
[6]《旧五代史》卷123《高行周传》，第1614页。

五代周文矩《文苑图》(局部)

与此同时,太祖下诏求言,选拔人才,扶植后进。他即位之初,"诏在朝文武臣僚各上封章,凡有益国利民之事,速具以闻"[1]。诏书中说:"朕生长军旅,不亲学问,未知治天下之道,文武官有益国利民之术,各具封事以闻,咸宜直书其事,勿事辞藻。"[2]这不但是求言,而且是选贤,又是对文风的改革。于是,选拔李谷、范质、王溥等人,"范质明敏强记,谨守法度。李谷沈毅有器略……善譬谕以开主意"[3]。王溥也好学勤奋,有所作为。李谷为中书侍郎平章事、兼判三司。范质为枢密副使、中书侍郎平章事。太祖临终,又擢王溥为中书侍郎平章事。武将中,后起的郭崇(即郭崇威)、韩令坤、李重进、向训等受到重用,典禁兵,居重镇。如果把这些都当成"一朝天子一朝臣"的现象,是不足以见其深意的。

太祖临终,以王溥为相,说:"吾无恨矣!"又诏命薄葬,规定:"陵所务从俭素,应缘山陵役力人匠,并须和雇,不计近远,不得差配百姓。陵寝不须用石柱,费人功,只以砖代之。……切不得伤他人命。勿修下宫,不要守陵宫人,亦不得用石人石兽。"[4]这种精神在封建帝王中是难能可贵的。后世史家多论世宗之英明,而没有对太祖的建树作充分的估价,而世宗的改革,如果没有太祖的根基,也不可能如此顺手。五代诸君似太祖践祚不及5年而能有如此成绩者,实为罕见,后唐明宗也远不能及。后周太祖算不上历史上杰出的政治家,但堪称五代的一位有作为的皇帝。

世宗继位,改革益力。显德二年(955),下诏求言,诏云:"善操理者不能有全功,善处身者不能无过失","至于刑政取舍之间,国家措置之事,岂能尽是,须有未周","而在位者未有一人指朕躬之过失,食禄者曾无一言论时政之是非",主要在"为人上者,不能感其心而致其言,此朕之过也"。诏书恳切提出:"朕于卿大夫,才不能尽知,面不能尽识,若不采其言而观其行,审其意而察其忠,则何以见器略之浅深,知任用之当否?……应内外文武臣僚,今后或有所见所闻,并许上章论谏。若朕躬之有阙失,得以尽言;时政之有瑕疵,勿宜有隐。方求名实,岂尚虚华,苟或素不工文,但可直书其事,辞有谬误者,固当舍短,言涉

[1]《旧五代史》卷110《周太祖纪一》,第1464页。
[2]《资治通鉴》卷290,后周太祖广顺元年正月,第9455页。
[3]《资治通鉴》卷290,后周太祖广顺元年六月,第9461页。
[4]《旧五代史》卷113《周太祖纪四》,第1503页。
[5]《旧五代史》卷115《周世宗纪二》,第1526–1527页。

伤忤者,必与留中,所冀尽情,免至多虑。"[5]诏书里还提倡
兴利革弊,反对因循苟安,规定根据进言,考核官员。同
年,命朝臣"各举堪为令录者一人,虽姻族近亲,亦无妨
嫌。授官之日,各署举主姓名,若在官贪浊不任,懦弱不
理,并量事状重轻,连坐举主"[1]。他留心翰林、两省和御史
台官,要求他们献议诤谏,又命翰林学士承旨徐台符20余
人各撰《为君难为臣不易论》和《平边策》各1篇,亲自披
阅。其中很多人都讲些"修文德、来远人"之类迂阔之词,
陶谷、王朴、窦俨、杨昭俭则提出统一的战略,尤其是倡议
伐江淮。世宗除奖励臣僚进言外,还对草野上书者不次擢
用。当时成为装饰品的科举制,世宗也亲自整顿,从显德
二年(955)起,亲自复审及第进士的诗赋策论,汰除滥进。
又从窦仪奏,废童子、明经二科及条贯考试次第,为宋代
科举改革开其先例。显德四年(957),"诏悬制科凡三:其
一曰贤良方正能直言极谏科,其二曰经学优深可为师法
科,其三曰详闲吏理达于教化科。不限前资、见任职官,黄
衣草泽,并许应试"[2]。广开途径,搜求人才,唐末以来,此为
仅见。对于武职,则着重在战争中选用智勇将校,兼命武
臣举人。这些措施改变了幕僚为卿相、亲将为将帅的用人
唯亲的旧习,虽然此后短期内仍不免有此现象,如赵普之
为开国宰相,但改变颓习却由此而启其端。

　　周太祖鉴于各地州县官因任区贫富远近之差而俸给
不一,广顺元年(951),规定诸防御使、团练使、刺史的料
钱、禄粟、食盐、马匹、元从人数衣粮的数量,以统一规格。
世宗继位,为了提高文臣的地位,废王章所行的"折估"。
他说:"文武百寮所请俸给,支遣之时,非唯后于诸军,抑
亦又多折估,岂均养之理邪!如其有过,朕不敢私。责重俸
薄,甚无谓也!此后并宜支与实钱。"[3]这个决定不仅是使文
臣增加收入,更重要的是排除对他们的歧视,提高他们的
政治地位,从而激发他们敢于进言、任事。于是,窦俨(窦
仪弟)上疏说:

　　　　为政之本,莫大择人;择人之重,莫先宰相。自有
　　唐之末,轻用名器,始为辅弼,即兼三公、仆射之官。
　　故其未得之也,则以趋竞为心,既得之也,则以容默
　　为事。但思解密勿之务,守崇重之官,逍遥林亭,保安

五代巨然《萧翼赚兰亭图》

[1]《旧五代史》卷115《周世宗
纪二》,第1525页。
[2]《旧五代史》卷117《周世宗
纪四》,第1562页。
[3]《册府元龟》卷508《邦计部·
俸禄四》,第6100页。

宗族。乞令即日宰相于南宫三品、两省给（事）、舍（人）以上，各举所知。若陛下素知其贤，自可登庸；若其未也，且令以本官权知政事。期岁之间，察其职业，若果能堪称，其官已高，则除平章事；未高，则稍更迁官，权知如故。若有不称，则罢其政事，责其举者。又，班行之中，有员无职者太半，乞量其才器，授以外任，试之于事，还以旧官登叙，考其治状，能者进之，否则黜之。[1]

调朝官任外职，减少冗官，培养人才，是锻炼政治人才的妥当办法。此例一开，宋代踵其法，尔后竟以朝官知州县事为实际的地方官员，而团练、防御诸使，反为虚名。窦俨言宰辅之弊，尚未能尽，而选拔人才，逐步培养，从使用中考核，区别黜陟，也不失为长策。至于当时宰辅之滥，实在到了极点：目不识丁的方镇带平章事者甚多，虽非真宰相，而能借以立威，甚乃干预朝政。真宰相中，有目不知书的安重海，有武人带职衔的史弘肇，他如杨邠、王峻、王殷之流，不一而足，而元老耆旧如冯道、和凝之辈，只能仰其鼻息而已。世宗从窦俨议，整顿相职，引范质、李谷、王溥、魏仁浦等为枢密、平章之类要职，开始扭转武人左右朝廷的局面，为宋朝开其先导。

这里附带谈谈以"长乐老"自称的冯道。冯道身后名声越来越坏。宋初史家对他毁誉参半：称他"以持重镇俗为己任，未尝以片简扰于诸侯。平生甚廉俭"。又指出，"逮至末年，闺庭之内，稍狥奢靡"。既赞称："道之履行，郁有古人之风；道之宇量，深得大臣之体。"接着又说："事四朝，相六帝，可得为忠乎！夫一女二夫，人之不幸，况于再三者哉！所以饰终之典，不得谥为文贞、文忠者，盖谓此也。"[2]北宋中叶欧阳修撰《五代史记》（《新五代史》），把冯道列居杂传之首，呵责为"无廉耻者"的典型。[3]司马光作《资治通鉴》，谴责他对君主"若逆旅之视过客，朝为仇敌，暮为君臣，易面变辞，曾无愧怍"，"兹乃奸臣之尤"[4]。明末清初的王夫之斥他是卖主求荣之徒。[5]这些传统史家的评论，都是以传统纲常为基调，而时移代迁，各有不同的处境，他们也就从自己的处境出发，根据自己时代的要求，对古人施以褒贬。评价古人，首先应根据马克思主义的实

冯道像

[1]《资治通鉴》卷293，后周世宗显德四年九月，第9571—9572页。

[2]《旧五代史》卷126《冯道传》，第1665、1666页。

[3]《新五代史》卷54《杂传·序》，第611页。

[4]《资治通鉴》卷291，后周太祖显德元年四月臣光曰，第9512页。

[5]《读通鉴论》卷28《五代上》，第1022页。

事求是精神,不应以封建道德标准为评议人物的准则,而看这个人物的所作所为对历史的发展、人民群众的苦乐起了什么作用。固然,冯道其人,于五代之世,在政治上无所建树,于学术上无所成就,并不足称道。然而,他毕竟还有某些可取之处,不宜全盘否定。后唐明宗朝,他乘间诵聂夷中诗,陈民间疾苦,感悟明宗。[1]耶律德光入汴,召见冯道,问他:"汝是何等老子?"回答说:"无才无德痴顽老子。"[2]毫无民族气节,奴颜婢膝,确实令人读之生厌。在中原人民抗辽斗争高涨时,耶律德光问他:"天下百姓,如何可救?"他答说:"此时百姓,佛再出救不得,唯皇帝救得。"[3]史家称:"其后衣冠不至伤夷,皆道与赵延寿阴护之所至也。"[4]"人皆以谓契丹不夷灭中国之人者,赖道一言之善也"[5]。我们不能学冯道这样委曲求全、谀词哀求,而应当学中原人民抗辽的英雄气概,然而,他毕竟不是卖国求荣,而是劝诱辽主不事杀掠,后世史家溢美,甚至把引狼入室的赵延寿也说成拥民有功,这是不符史实的,但冯道之言,多少起了一些效果。及至随辽主北上,至恒州,"见有中国士女为契丹所俘者,出橐装以赎之,皆寄于高尼精舍,后相次访其家以归之"[6]。看来这批人不像是劳动人民,但冯道此举,总算好事。此后,为讨平李守贞叛乱出谋,倡议雕版印五经,都是有益于统一,有利于文化的事。因此,对冯道的评价,不应看他是否忠于一姓、一君,而要看他的民族气节如何;不仅要看到他圆滑世故、浮沉宦海、因循苟安的基本方面,也要看到他做了某些有益的事这一次要方面。他虽然无所作为,阿世求容,但并不是苛虐如苏逢吉那样的酷吏民贼;他虽然奴颜婢膝,缺乏民族气节,却又不同于卖国求荣的桑维翰、赵延寿之流那样的"万世之罪人";他虽然因循苟且,但又非嗜杀如李振、忌才如安重诲那样的阴狠残暴之徒。冯道应批判之处:一是缺乏民族气节;二是反对北伐,但求苟安。他是五代时期产生的典型人物,随着分裂割据的混乱局面趋于结束,他也必然为时代所淘汰。

后周于调整朝廷官属之际,重定县邑等级。广顺三年(953),诏书规定:"除畿赤外,其余三千户已上为望县,二千户已上为紧县,一千户已上为上县,五百户已上为中

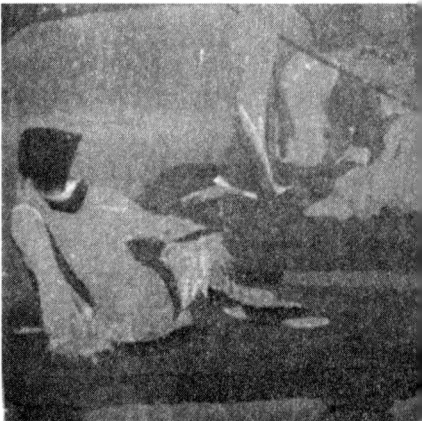

五代《神骏图》(局部)

[1]《旧五代史》卷126《冯道传》,第1658页。

[2]《新五代史》卷54《冯道传》,第614页。

[3]《旧五代史》卷126《冯道传》,第1660页。

[4]《旧五代史》卷126《冯道传》,第1660页。

[5]《新五代史》卷54《冯道传》,第614页。

[6]《旧五代史》卷126《冯道传》,第1660页。

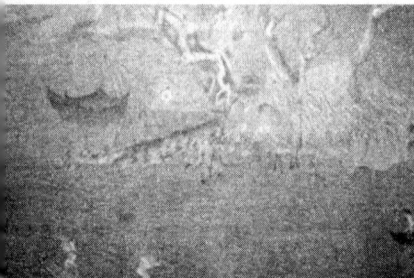

五代赵幹《江行初雪图》（局部）

县，不满五百户为中下县。"[1]这是整顿地方基层机构之始。

世宗选拔人才，大力培养，甚为艰苦。显德元年（954）初次北伐获捷之后，世宗更勤于政事，"政事无大小皆亲决，百官受成于上而已"。于是，河南府推官高锡上疏说：

> 四海之广，万机之众，虽尧、舜不能独治，必择人而任之。今陛下一以身亲之，天下不谓陛下聪明睿智足以兼有百官之任，皆言陛下褊迫疑忌举不信群臣也！不若选能知人公正者以为宰相，能爱民听讼者以为守令，能丰财足食者使掌金谷，能原情守法者使掌刑狱，陛下但垂拱明堂，视其功过而赏罚之，天下何忧不治！何必降君尊而代臣职，屈贵位而亲贱事，无乃失为政之本乎！[2]

这番议论是很有道理的。但是，处于颓风陋习、积重难返的时候，要拨乱反正，岂是易事？新进之士虽有卓识，而威望不高，经验不足而且难以排除阻力，如果世宗不是如此勤政，阻力的扫除、改革的进行，将会有很多的困难。所以，以疑忌好察、不识为政之本来责后周世宗，是不恰当的。

整顿司法，制定《刑统》，严密基层结构。

唐末以来，法律紊乱，刑罚酷滥，至于晋汉而极。由唐末"不用律文，更定峻法，窃盗赃三匹者死"，到"晋天福中，加至五匹。奸有夫妇人，无问强、和，男女并死"。再到后汉，"窃盗一钱以上皆死；又罪非反逆，往往族诛、籍没"[3]。用刑之酷，尤令人发指，后晋开运年间，各地官吏恣行残虐，"或以长钉贯篸人手足，或以短刀脔割人肌肤，乃至累朝半生半死"[4]。各地官吏又对案件故意稽延，不及时审理，借以敲诈勒索，致使诉讼者荒废生产，耗尽家业，在押者遭受虐待，加上牢狱中异常污秽，往往染病身死。种种弊端，给百姓以巨大的灾难。改变无法可循、刑罚酷虐、官吏为奸的状态，自是当务之急。

后周太祖即位，便在颁行敕诏时规定："今后应犯窃盗贼赃及和奸者，并依晋天福元年（936）已前条制施行。应诸犯罪人等，除反逆罪外，其罪并不得籍没家产，诛及骨肉。"[5]算是初步改变了滥刑酷法。是年，"诏京兆、凤翔府，

[1]《旧五代史》卷113《周太祖纪四》，第1500页。
[2]《资治通鉴》卷292，后周太祖显德元年五月，第9517页。
[3]《资治通鉴》卷290，后周太祖广顺元年正月，第9451页。
[4]《旧五代史》卷147《刑法志》，第1971页。
[5]《旧五代史》卷110《周太祖纪一》，第1460页。

应诸色犯事人第宅、庄园、店砚已经籍没者,并给付罪人骨肉"[1]。虽然这个诏书主要是对犯官的特赦,但也反映了赦书不是空言。同时,又斩匿赦书、杀狱囚的考城县巡检供奉官马彦勋,以示儆戒。广顺三年(953),又诏州县云:

> 在州及所属刑狱见系罪人,卿可躬亲录问,省略区分,于入务不行者,令俟务开系;有理须伸者,速期疏决。俾皆平允,无至滞淹。又以狱吏逞任情之奸,因人被非法之苦,宜加检察,勿纵侵欺。常令净扫狱房,洗刷枷匣,知其饥渴,供与水浆,有病者听骨肉看承,无主者遣医工救疗,勿令非理致毙,以致和气有伤。[2]

这个诏书规定较为明确,颁行后也收到了一些效果。其后,屡颁诏书以慎刑狱。广顺三年(953),准中书门下奏,凡断死罪,"候断遣讫录元案闻奏,仍分明录推司官典,及详断检法官姓名。其检用法条朱书,不得漏落"[3]。这样,对各地滥杀起了一定的限制作用。世宗承成法,加以补充。显德二年(955),敕令诸道,凡在囚犯人无家人供食者,每人每日给米二升,"不得信任狱子节级减消罪人口食"。要充分供给饮水,扫洒狱内,每五天洗刷枷柑一次;"如有病疾者,画时差人看承医疗"[4]。显德五年(958),敕"州县自官已下,因公事行责情杖……致死者,具事由闻奏"[5]。多少限制了非刑逼供。为了改变官吏久滞不决之弊,显德元年(954),周世宗重申太祖诏令,并命藩镇州郡"选明干僚吏,当其诉讼。如狱不滞留,人无枉挠,明具闻奏,量与甄奖"[6]。又斩"在叶县巡检日,挟私断杀平人"的供奉官郝光庭,以肃法纪。[7]显德四年(957),以地方官吏处理婚姻、田宅讼案,故意稽延,包庇富豪强猾,欺凌贫寒孤弱,诏令此项案件限于十一月一日至二月三十日之内处理,免碍农事,"若是交相侵夺、情理妨害、不可停滞者,不拘此限"[8]。

由于法制紊乱,诉讼手续当然也紊乱无章。后周太祖即位后,于广顺二年(952)敕令:"民有诉讼,必先历县州及观察使处决,不直,乃听讼于台省,或自不能书牒,倩人书者,必书所倩姓名、居处。若无可倩,听执素纸。所诉必须己事,毋得挟私客诉。"[9]明定诉讼手续,对地方官吏无所凭据、妄行决断以及讼棍妄兴事端、讹诈勒索他人等弊端

五代赵幹《江行初雪图》(局部)

[1] 《旧五代史》卷111《周太祖纪一》,第1473页。
[2] 《旧五代史》卷147《刑法志》,第1973页。
[3] 《五代会要》卷10《刑法杂录》,第163–164页。
[4] 《五代会要》卷10《刑法杂录》,第164页。
[5] 《五代会要》卷10《刑法杂录》,第164页。
[6] 《旧五代史》卷147《刑法志》,第1973页。
[7] 《旧五代史》卷114《周世宗纪一》,第1522页。
[8] 《旧五代史》卷117《周世宗纪四》,第1561页。
[9] 《资治通鉴》卷291,后周太祖广顺二年十月,第9485页。

五代董源《夏山图》（局部）

有所限制。

五代诸朝都曾编法典，但越编越乱，矛盾百出，且往往成为虚文。太祖时着手编纂，仍以承袭晋、汉为主。显德四年（957），中书门下奏："法书行用多时，文意古质，条目繁细使人难会。兼前后敕格，差缪重叠，亦难详究。"[1]世宗乃命中书门下删繁存要，制定简明易懂的法典。于是，派侍御史知杂张湜等10人，根据当时所行法典，重行编纂。规定，"律令之有难解者，就文训释，格敕之有繁杂者，随事删除，止要谙理省文，兼且直书易会。其中有轻重未当，便于古而不便于今，矛盾相攻，可于此而不可于彼，尽宜改正，毋或牵拘"[2]。编纂成书，由御史台、尚书省四品以上官和两省五品以上官，共同审定，呈中书门下议定进奏。次年完成，另有目录21卷，称为《大周刑统》。诏行于全国。《大周刑统》有简要易懂和适应现状之长，此后宋朝制定法典颇效其长。

整顿司法，制定法典，虽以维护统治秩序为目的，但还有利民、安民的一面。而严密县以下基层结构，则是镇压农民起义的重要措施，它赤裸裸地表现了封建国家的阶级本质。当时，农民起义遍及各地，州县不能制。显德四年（957），窦俨上疏说：

> 除盗之术，大概有三：一者，使贼人徒侣自相纠告，纠告不虚则以所告贼产之半赏其告者；或一人能告十贼人，亦以十贼半产与之。亲属之间，比许容隐，在于用权救弊，亦可暂更，今后有骨肉为非，许令首告，然所被告者不可令至极刑……只令通指同行徒侣。则除恶甚多，骨肉所首之人，特与疏放。……此息盗之上策也。二者，如郑州新郑一县，团结乡社之人，名为义营，分立将佐，一户为贼，则累其一村；一户被劫，则罪其一将。大举鼓声之所，壮丁云集，贼徒至多不过一二十数，义营所聚，动及百人，贼人奔逃，无有免者。见今郑州封内，唯新郑独免敿戭。顷岁，尉氏强民潜往密县行劫，回入新郑疆界，杀获苦无漏遗。……此息盗之中策也。三者，有贼之后，村人报镇，镇将诣村验踪，团保限外不能获贼，罪罚镇戍，此息盗之下策也。[3]

[1]《五代会要》卷9《定格令》，第148页。
[2]《五代会要》卷9《定格令》，第149页。
[3]《册府元龟》卷476《台省部·奏议七》，第5689页。

收买叛徒，利用宗族关系，分化瓦解；普建地主武装，严密防备，就地镇压；地方武装与地主武装相结合，逐级负责。这就是所谓"三策"，其基本精神是剿、抚并用。三策同施，两手兼用，用心确实深刻之至！疏上，世宗深为嘉许，颁行各地。宋代踵行其策，所以整个宋朝少有大规模的农民起义。

五代董源《夏山图》（局部）

刊印经籍，访求图书，提倡文治。

后周建国后，制礼作乐，刊印经籍，访求图书，提倡文治，收到了一定的效果。

早在后唐长兴三年（932），冯道倡议雕印九经，久而未成。后周太祖广顺三年（953）六月，"进印板《九经》书、《五经文字》、《九经字样》各二部，共一百三十册"。显德二年（955），又将校勘《经典释文》30卷雕造印板。[1]

显德三年（956），诏访求古籍。诏云："史馆所少书籍，宜令本馆诸处求访补填。如有收得书籍之家，并许进书人据部帙多少等第，各与恩泽。如是卷帙少者，量给资帛。如馆内已有之书，不在进纳之限。"[2]又保护私人藏书，秘书少监许逊借窦氏图书，隐而不还，贬为蔡州别驾。[3]搜集书籍，予以整理，往往是国家繁荣强盛的侧面反映，当然也会带来学术文化的重大发展。

后周朝，王朴制《显德钦天历》（即《大周钦天历》）及《律准》，定雅乐十二律旋相为宫之法，并造《律准》。这都是后周二主提倡文治的表现。

后周立国不及10年，而厉行改革，成绩斐然，为北宋统一和改革开辟了道路，奠定了基础。它的改革是有积极意义的，为北宋继承并有发展，尤其集权于中央的诸项措施，当时是积极的，而入宋以后，积久弊生，如官职分离、名实混淆，冗官倍增，就转化为消极的东西了。当时也只有消极作用而为宋朝所继承发展的，如"捕盗三策"。总之，宋朝开国，虽然完成了统一内地的历史任务，而其气魄则不及后周，这是与开国君主的识见有关的。

[1] 《旧五代史》卷43《唐明宗纪九》，第588页。《五代会要》卷8《经籍》，第129页。

[2] 《旧五代史》卷116《周世宗纪三》，第1551–1522页。

[3] 《旧五代史》卷115《周世宗纪二》，第1533页。

五代董源《夏景山口待渡图》(局部)

第三节　杰出政治家后周世宗的统一活动

后周二主的改革是统一趋势下的产物，它又为实现统一创造了有利的条件。太祖以保境息民为主，禁诸军入辽、南唐境，与诸方通使往来，对北汉则几次挫败其进攻，俘得北汉官兵，一概赐与衣物，遣送回归。这种措施不是屈辱或软弱的表现，而是积蓄力量，收揽人心，为此后统一活动打下坚实的基础。世宗继位，开始了统一活动，收到明显的效果。

后周世宗原姓柴，名荣，后梁龙德元年(921)[1]生于邢州，本郭威内侄，被抚养为子。郭威微时，家道贫困，将家事全部交他。他年轻时，偕商人颉跌至江陵等处贩卖茶叶，以佐家用，经历诸地，接近民间，谙悉了民间疾苦、地方利弊。郭威任枢密使，柴荣授诸卫将军。及出镇邺都，又任他为天雄军牙内都指挥使，主亲兵，参谋议。后汉隐帝杀杨、史，郭威家属留汴梁者尽被杀害，诸子皆死。郭威起兵向汴，留他守邺都，主持根本之地。后周建国，授澶州(镇宁)节度使，"在镇，为政清肃，盗不犯境"。又以"澶之里衖湫隘，公署毁圮"，乃"广其街肆，增其廨宇，吏民赖之"[2]。又奏罢课户、俸户，以苏民困。广顺三年(953)初，奉召入汴京，授开封尹，封晋王，实为储君。太祖病重，又兼判内外兵马事。太祖死，秘不发丧，遗诏晋王荣于柩前即位。柴荣遂于显德元年(954)继位，史称后周世宗，因他即位后复原姓，又称周世宗。他一面厉行改革，一面进行统一战争，怀着"十年开拓天下，十年养百姓，十年致太平"[3]的壮志宏图，宵衣旰食，励精图治，虽然壮志未酬，其贡献却是不可磨灭的。

一　初次北伐　整顿禁军

后周建国之际，北汉贪官遍地，役繁税苛，百姓愁怨，而辽朝内部也陷于混乱之中。

辽太宗死于栾城，兄子兀欲(耶律阮)在定州称帝，率南侵辽兵北返，与述律太后、太弟李胡争夺皇位，击败对

[1]《旧五代史》卷114《周世宗纪一》云："帝以唐天祐十八年，岁在辛巳。"第1509页。陶案：薛《史》以后梁为僭伪，故用唐纪年，而是时唐早已亡，今改用后梁纪年。

[2]《旧五代史》卷114《周世宗纪一》，第1510页。

[3]《五代史补》卷5《世宗问王朴运祚》，第2529页。

方，囚禁述律太后。从此，内部争夺日益炽烈，天德、肖翰、刘哥、公主阿不里等先后谋反，或杀或窜。辽天禄五年（951），兀欲册封刘崇为汉帝，在九十九泉召集诸部贵族会议南犯，遭到反对，便强令诸部南行。至新州火神淀，泰宁王察割杀兀欲，而察割又为诸部贵族所杀，拥辽太宗长子述律（耶律璟）为帝（辽穆宗）。述律"好游戏，不亲国事；每夜酣饮，达旦乃寐，日中方起，国人谓之'睡王'"[1]。即位不到一年，臣下谋反事件就连续发生："太尉忽古质谋逆，伏诛。""国舅政事令萧眉古得、宣政殿学士李浣等谋南奔，事觉，诏暴其罪。""政事令娄国、林牙敌烈、侍中神都、郎君海里等谋乱就执"[2]。可见契丹贵族内部斗争的激烈。尽管如此，契丹贵族并没有断绝南侵之念。兀欲南侵不成，反遭杀害。述律即位后仍想南犯，而苦于力不从心，只得配合北汉，进行骚扰。

刘崇在后周建国之初，便称臣侄于辽，五路发兵，进攻晋、隰2州。后周太祖遣王峻督大军进讨，刘崇闻讯，焚营逃走。"崇驻军六十余日，边民走险自固，兵无所掠，士有饥色"，加上天降大雪，北汉兵"比至太原，十亡三四"[3]。他这次向辽乞援，辽只派5 000骑相助。次年，刘崇遣3 000兵犯府州，守将折德扆击破之，并进克北汉所辖岢岚军。这两次战役规模不同，晋州战役是较大的战役，本可多歼敌军，而王峻犹豫缓进，致失歼敌良机。史称："向使峻极力追蹑，则并、汾之孽，无噍类矣。"[4]此言未免过甚，但如果乘胜猛追，北汉所遭损失一定还要大得多。刘崇两次败绩，心实不甘，又欲趁周太祖之丧大举进犯，遂乞师于辽，自率北汉主力南向，前锋自柏团谷入。于是，周世宗集群臣廷议。冯道等宿臣强调北汉"自平阳奔遁之后，势弱气夺，未有复振之理"[5]，以此劝阻北伐。世宗断定："刘崇幸我大丧，闻我新立，自谓良便，必发狂谋，谓天下可取，谓神器可图，此际必来，断无疑耳！"[6]冯道仍然反对，世宗毅然说："昔唐太宗之创业，靡不亲征，朕何惮焉。"冯道认为："未可便学太宗。"世宗指出："刘崇乌合之众，苟遇王师，必如山压卵耳。"冯道畏惧辽兵，冷言冷语地说："不知陛下作得山否？"[7]世宗震怒，罢廷议，决计亲征。当时宰臣中主张北伐的，唯有王溥一人，这场争论，可以说是后周朝

董源《溪岸图》

[1]《资治通鉴》卷290，后周太祖广顺元年九月，第9463页。
[2]《辽史》卷6《穆宗纪上》，第70页。
[3]《旧五代史》卷135《刘崇传》，第1811页。
[4]《旧五代史》卷130《王峻传》，第1713页。
[5]《旧五代史》卷114《周世宗纪一》，第1511页。
[6]《旧五代史》卷114《周世宗纪一》，第1511页。
[7]《旧五代史》卷114《周世宗纪一》，第1511页。

《韩熙载夜宴图》（局部）

新旧势力的一场斗争。要说冯道之辈心怀叵测，企图卖国求荣，非但过甚，而且没有充分根据，但他们确实是因循苟且，怯懦畏敌，抱残守阙，不愿也不能有所作为。世宗将出征，罢冯道相职，任为主持太祖安葬事宜的山陵使，冯道不久病死。这对因循守旧、苟且偷安的老官僚们无疑是个沉重的打击。

世宗亲征，命宿将符彦卿、郭崇（即郭崇威）从磁州固镇出北汉军后，王彦超、韩通自晋州东出，邀击北汉，自率大军当正面，以禁军将领樊爱能、何徽为先锋，周军迅速到达泽州东北。刘崇不料世宗亲征，不攻潞州，径向南推进到高平之南。两军于高平遭遇，北汉兵为周军前锋击退，世宗命诸军急速进兵。当时，后军尚未赶到，世宗志气勇锐，命白重赞、李重进统左军居西，樊爱能、何徽统右军居东，向训、史彦超统精骑居中，殿前都指挥使张永德率禁军扈驾。刘崇轻视周军兵少，以为不需辽兵相助，便可获全胜，遂不听辽将杨衮劝说，要他按兵观战。两军交锋，右军主将樊爱能、何徽引骑兵溃逃，步兵千余人解甲降敌。樊、何二将率兵南逃，沿路杀掠，骚扰百姓，公然造谣："官军大败，余众已解甲矣。"[1]世宗遣近臣驰追制止，劝谕回军，他们竟悍然杀使。在此严峻的时刻，世宗屹然不动，自率亲骑，临阵督战。于是，亲军主将张永德率偏将赵匡胤冲锋陷阵，奋命拼杀；马仁瑀激励士卒，引弓射杀敌军将卒数十人，挫其气焰。血战至傍晚，北汉兵大败，万余人被驱赶到涧边，阻涧列阵。后周后军刘词部赶到，以生力军压疲惫之众，北汉兵大溃，阵斩北汉大将张晖（《资治通鉴》作张元徽）及北汉枢密使王延嗣，北汉兵"僵尸弃甲，填满山谷"。后周"所获辎重、兵器、驼马、伪乘舆器服等不可胜纪"[2]。刘崇狼狈随亲骑10余人翻山逃窜，夜间迷路，强迫村民引路，村民恨之入骨，故意将他们引向晋州路上，走了百余里，刘崇才发现上了当，杀死向导，找别路逃走，"乃易名号，被毛褐、张桦笠而行"。到达沁州，和三五从骑在乡舍中稍停，饥寒交加，派人找来他的沁州刺史李廷诲，"廷诲馈盘餐、解衣裘而与之"。他"每至属邑，县吏奉食，匕箸未举，闻周师至，即苍黄而去"[3]。他就这样丧魂落魄地日夜奔窜，逃回太原。周军很快赶到，兵临城下，刘崇

[1]《旧五代史》卷114《周世宗纪一》，第1514页。
[2]《旧五代史》卷114《周世宗纪一》，第1513页。
[3]《旧五代史》卷135《刘崇传》，第1812页。

心胆俱碎,闭垒不出,次年病死。

　　高平战役表现了周世宗临危不惧、力压强敌的气魄,也表明后周军队是有战斗能力的。但是,骄兵悍将遇敌则怯,扰民则勇,临阵溃逃,公行劫掠,乃至悍然不顾军令,杀伤使者的举动,使周世宗深恶痛绝。如果姑息容忍,军纪荡然,虽有百万大军也将遭致败绩。高平战役结束后,周世宗就考虑惩办樊、何二将及所部犯法将校,但犹豫难决,深夜不寐,他的妹夫、禁军主将张永德入帐问讯,支持严惩诸人,以正军纪。世宗霍然而起,次日,大会诸将,宣布樊爱能、何徽及将校70余人罪状,立即处斩,"自是骄将惰卒始知所惧"[1]。自后梁末帝以来,禁军将士骄横日甚,稍忤其意,即生兵变,乃至成不测之祸。世宗临敌斩将,确实冒了极大的风险。行危道而能挽弊风,固然可见世宗刚毅果断,但也不能仅仅看到他个人的性格和才识,更应当看到当时的形势,没有久乱思治、久分求合的时代思潮,没有方镇势力的空前削弱,没有爱国将领的支持,世宗也难为此举。不仅如此,周世宗统一之志,也是在人民群众推动下,才能坚定的。世宗亲征,本意仅在挫敌凶焰,使之不敢再犯,"既入北汉境,其民争以食物迎周师,泣诉刘氏赋役之重,愿供军须,助攻晋阳,北汉州县继有降者。帝闻之,始有兼并之意"[2]。周军长驱逼太原,四面合围,世宗遣使征询诸路将领意见,都强调粮秣不足,请求班师。世宗不听。"既而诸军数十万聚于太原城下,军士不免剽掠,北汉民失望,稍稍保山谷自固"[3]。世宗一面严令禁止剽掠,安抚百姓,一面诏泽、潞、邢、赵诸州运粮支前。是时,后周将符彦卿率部与辽兵战于忻口,中伏兵败;而太原围城部队又因连日大雨,士卒疲病。世宗不得已,匆匆颁诏班师。"指麾之间,颇伤匆遽,部伍纷乱,无复严整,不逞之徒,讹言相恐,随军资用,颇有遗失者,贼城之下,粮草数十万,悉焚弃之"[4]。第一次北伐至此结束。

　　初次北伐,事先无周密计划,尔后匆促退师,损失重大,所得州县尽行放弃,似无所获。但是,它不但是统一战争的开端,而且暴露了诸将不和、军纪不整等等弊害,为整军提供了反面教材。世宗返汴,即着手整军。

　　整编亲军并非易事。五代侍卫诸军,"累朝相承,务求

《韩熙载夜宴图》(局部)

[1]《资治通鉴》卷291,后周太祖显德元年三月,第9507页。
[2]《资治通鉴》卷291,后周太祖显德元年四月,第9509页。
[3]《资治通鉴》卷291,后周太祖显德元年四月,第9510页。
[4]《旧五代史》卷114《周世宗纪一》,第1517页。

姑息,不欲简阅,恐伤人情,由是羸老者居多,但骄蹇不用命,实不可用,每遇大敌,不走即降,其所以失国,亦多由此"[1]。所以整顿禁军是件揌虎须的事。世宗对侍臣说:

> 侍卫兵士,累朝已来,老少相半,强懦不分,盖徇人情,不能选练。今春朕在高平,与刘崇及蕃军相遇,临敌有指使不前者,苟非朕亲当坚阵,几至丧败。况百户农夫,未能赡一甲士,且兵在精不在众,宜令一一点选,精锐者升在上军,怯懦者任从安便。庶期可用,又不虚费。[2]

整编禁军,固然旨在淘汰冗弱,精选骁勇,减少开支,增强军队战斗能力,但其意义还远不止于此,它是加强中央集权的一个重要措施。世宗"又以骁勇之士,多为外诸侯所占,于是召募天下豪杰,不以草泽为阻,进于阙下,躬亲试阅,选武艺超绝及有身首者,分署为殿前诸班"[3]。经过这次整编,"诸军士伍,无不精当。由是兵甲之盛,近代无比,且减冗食之费焉"[4]。减冗费,建精兵,削弱方镇兵力,当然强化了中央集权。整编禁军还有一个目的,就是收降起义农民,编为侍卫兵士,化反抗力量为维护统治秩序的力量。早在世宗北伐之始,就"以矫捷勇猛之士,多出于群盗中",乃"诏诸道募山林亡命之徒有勇力者,送于阙下,仍目之为强人","贷其罪,以禁卫处之"[5]。整编禁军时,又大量吸收了这类人物,就当时而论,吸收大批勇敢善战的农民,汰除兵痞,提高军队素质,有利于抗击辽兵,完成统一,尚有一定的积极意义。至于北宋,躔行其法,甚至利用灾年,招募丁壮充兵,并不以抗御辽、夏为目的,而是作为"防内重于防外"的开国政策的一种策略,即用来防止农民起义的一种措施,冗兵日增而国势日弱,兵变与农民起义交炽,这就没有任何积极意义了。

二　策划统一　西取四州

后周世宗于高平战役后,深知民心所向,慨然有削平天下之志。显德二年(955),"秦、凤人户怨(后)蜀之苛政,相次诣阙,乞举兵收复旧地"[6]。世宗从其请,遣凤翔节度使王景、宣徽南院使向训为西征主将,率兵伐后蜀。后蜀主孟昶闻讯震恐,即遣客省使赵季札按视边备。赵季札素以

雁门关

---

[1]《资治通鉴》卷292,后周太祖显德元年十月,第9518–9519页。

[2]《五代会要》卷12《京城诸军》,第206页。

[3]《五代会要》卷12《京城诸军》,第206页。

[4]《旧五代史》卷114《周世宗纪一》,第1522页。

[5]《旧五代史》卷114《周世宗纪一》,第1511页。

[6]《旧五代史》卷115《周世宗纪二》,第1529页。

文武才略自任,出使还,奏称驻守秦州的雄武军节度使韩继勋无将帅才,难当守御重任,口出大言,自请为帅。孟昶信之,任为监军使,给宿卫精兵千人为亲兵。后周兵自大散关趋秦州,连克黄牛八寨。孟昶急命李廷珪为北路行营都统,率大军赴援。赵季札至德阳,闻周兵入境,惊惶失措,上书求解边任,又要求回朝奏事,先将辎重、妓妾遣回成都,不俟朝命,单骑奔回成都。人们见其狼狈之状,皆以为蜀兵大败,举朝惶惶不安。孟昶询问军情,他张口结舌,不能对答。孟昶大怒,斩之。后蜀主将李廷珪遣将抵御周兵,出奇兵欲绝周兵粮道,扼其归路。黄花一战,周兵获胜,再败蜀兵于唐仓,擒其将张峦及将士3 000人,诸路蜀兵闻风溃逃,秦、成、阶3州皆降。孟昶遣使请和,世宗以来书言词傲慢,拒不答复。孟昶更加恐惧,乃"聚兵粮于剑门、白帝,为守御之备,募兵既多,用度不足,始铸铁钱,榷境内铁器,民甚苦之"[1]。是年底,王景、向训攻克凤州,擒后蜀威武节度使王环以下将士5 000人。世宗遂颁诏赦4州境内,除后蜀种种暴敛,"所获蜀将士,愿留者优其俸赐,愿去者给资装而遣之"[2]。这样,不但收4州之地,更赢得了人心,影响巨大。西征之役,仅用偏师,并无吞并后蜀之志,不过要夺取战略要地,封锁后蜀,使之不敢越雷池一步而已。从此,后蜀完全陷入被动挨打的局面,随时可以灭亡。

在遣将西征的同时,世宗命近臣20余人各作《安边策》一篇,研究统一的战略、策略。王朴献"先易后难"之策,提出要"观所以失之由,知所以平之术"。而认为自唐末以来"君暗政乱,兵骄民困",才使"天下离心,人不用命",形成分裂割据之局,至于后晋益甚。如何反前代之失呢? 他主张,"必先进贤退不肖以清其时,用能去不能以审其材,恩信号令以结其心,赏功罚罪以尽其力,恭俭节用以丰其财,徭役以时以阜其民"。接着,他提出"先易后难"的战略方针,认为应从南唐开刀,在与之相接的2 000里边界上,"从少备处先挠之,备东则挠西,备西则挠东,必奔走以救其弊,奔走之间,可以知彼之虚实、众之强弱,攻虚击弱,则所向无前矣"。不用大军,只用轻兵袭扰,本身无所损失,而能造成对方兵疲、民困、国用空竭,然后逐步

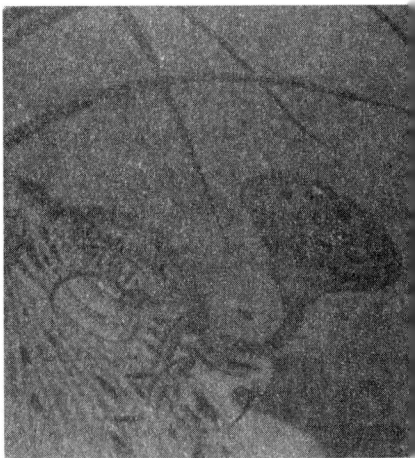

五代黄居寀《晚荷郭索图》(局部)

[1]《资治通鉴》卷292,后周世宗显德二年十月,第9531页。
[2]《资治通鉴》卷292,后周世宗显德二年十一月, 第9533页。

五代董源《萧湘图》

取江北、江南之地。"得吴，则桂、广皆为内臣，岷、蜀可飞书而召之；如不至，则四面并进，席卷而蜀平矣。吴、蜀平，幽可望风而至。唯并必死之寇，不可以恩信诱，必须以强兵攻之，但亦不足以为边患，可为后图，候其便则一削以平之"[1]。

王朴之策为北宋采用，影响很深。此论吸收唐末以来的经验教训，提出治国要领，不失为卓识。其论平南唐，不过沿袭隋朝高颎平陈故智，稍加发挥而已。但是，隋朝平陈之前的形势跟后周筹划统一时的形势并不尽相同。隋代北周，面临的主要矛盾是统一与割据，具体表现为隋跟陈两方的矛盾；当时虽有突厥横行北边，也只能骚扰边地，并无长驱深入中原、并吞华夏之志。后周则不然。虽然统一与割据是主要矛盾，而亟需用主要力量解决的问题，并不是并吞南方诸国，而是战败契丹，恢复幽云，才能得到比较强盛、富庶的统一局面。从这两方面看来，王朴虽不失为一个比较优秀的政治家，却不能称为杰出的战略家。而富有实践经验的周世宗却要比他高明多了。与王朴不同，世宗把主要对手认定为辽朝，而以南方诸国为次要之敌，故其战略思想以辽为首要之敌，以收复幽蓟为首要任务。所以，偏师西征，得4州就住手；虽以主力南讨，历时近3年，而只得江北，便全师而返。这样做，一来将后蜀、南唐置于瓮中，随时可以吞并；二来得江淮财赋，可以裕国赡军。后顾无忧，财用充足，乘全锐之气北向，战胜强敌、克复幽蓟，取得战略优势地位，然后席卷南方，不过唾手之劳而已。这种战略也可以称为"先难后易"吧，它是符合辩证法的卓越思想。明清之际伟大思想家王船山盛赞周世宗的战略思想，认为"此其所以明于定纷乱之天下而得用兵之略也"[2]，这一评论甚为中肯。就当时形势而论，辽自太宗死，内讧迭起，世、穆二宗暴虐甚于太宗，大臣精明强悍者不能当其什一，俱为昏庸之才，辽政于是衰落。如趁此有利时机，全力北伐，战胜强悍的契丹铁骑，虽然要经受许多艰险，付出重大代价，而且很难收到汉服匈奴、唐平突厥的丰功，但收复唐代旧境，还是大有可能的。反观北宋，采先易后难之策，翦平南方不啻秋风扫落叶，平荆楚只需跋涉之劳，灭后蜀但凭长驱直入，定南唐不过弹指

---

[1] 《旧五代史》卷128《王朴传》，第1679–1680页。
[2] 《读通鉴论》卷30《五代下》，第1102页。

之间,平南汉仅小试锋镝。然而,轻而易得的胜利,造成了将骄兵惰的恶劣后果。何况将军们入富庶之地,腰缠百万而归,又加官晋爵,富贵已极,在北宋猜防武臣的开国政策之下,要这批安享富贵的将帅冒锋镝、历艰险去立不赏之功,欲求克捷,岂有可能? 同时,先南后北,让辽朝赢得了时间,由乱转治,由衰重振,而北伐便无有利的时机了。两策优劣不是昭然可见吗? 周世宗和宋太祖各采不同的战略,与他们的识见和气魄有重要关系。周世宗立足于以战克敌,宋太祖则本无用兵北伐的决心,而企图用封桩库存来赎买失地,反映了怯懦畏敌的心理状态。史学前辈多认为北周武帝远胜隋文帝,后周世宗远胜宋太祖,可谓不易之论。

五代黄筌《写生珍禽图》

三　三驾江淮　二次北伐

周世宗筹划统一,宵衣旰食。西征奏捷,又筹划进军江淮。显德二年(955)冬,连日降雪,他对侍臣说:"两日大寒,朕于宫中食珍膳,深愧无功于民而坐享天禄,既不能躬耕而食,惟当亲冒矢石为民除害,差可自安耳! "[1]年底,出师南征,以宰臣李谷为淮南道前军行营都部署,知庐、寿等州行府事,以许州节度使王彦超为行营副部署,统侍卫马军都指挥韩令坤等12将南向江淮。这时,南唐毫无准备。平时,每逢冬季淮水浅涸,照例发兵戍守,称为"把浅"。寿州监军吴廷绍"以为疆场无事,坐费资粮,悉罢之"[2]。宿将清淮节度使刘仁赡上表力争,无效。等到周军南下,举朝恐惧,南唐中主才任神武统军刘彦贞为北面行营都部署,率兵2万赶赴寿州,另派降将皇甫晖等率兵3万,屯定远以为后援。南唐侍中周宗贪财好货,家赀巨万,仍事贩易,"每自淮上通商,以市中国羊马"。周军将渡淮,"乃使军中人蒙一羊皮,人执一马,伪为商旅,以渡浮桥而守"[3]。周军由正阳渡淮,连败唐兵,但这都是小战役,南唐主力尚未投入战斗。

显德三年(956)初,周兵久攻寿州不克,世宗自汴梁亲往督师。南唐主将刘彦贞率兵解寿州围,兵至距寿州300里的来远镇[4],又用战舰数百艘向正阳,为攻占浮桥而之势。李谷以周兵不习水战,恐浮桥断绝,腹背受敌,无法回

[1]《资治通鉴》卷292,后周世宗显德二年九月,第9531页。
[2]《资治通鉴》卷292,后周世宗显德二年十月,第9532页。
[3]《五国故事》卷上《伪唐李氏》,第3184页。
[4]今安徽寿县西南60里正阳镇。

李璟陵出土的捧笏男俑

师,乃与诸将会议,解围退保正阳,"遂燔其粮草而退。军回之际,无复严整,公私之间,颇多亡失,淮北役夫,亦有陷于贼境者"[1]。世宗至开封府属雍丘县境内的圉镇,闻李谷退兵之谋,急遣使驰往阻止,已经来不及了。刘彦贞见周兵退走,骄傲轻敌,不听劝阻,率兵追击。时世宗于阻止退兵不及之后,急调侍卫亲军都指挥使李重进率精兵渡淮,在正阳东阻击唐兵。李重进率部兼程赶到,未及用餐,南唐兵至。刘彦贞表面上气势汹汹,其实十分怯懦,面对周军,不敢进攻,而先施放铁蒺藜、拒马牌等防御器具,这就示弱于人了。于是,周兵奋勇冲杀,斩刘彦贞,擒南唐将咸师朗等,"斩首万余级,伏尸三十里,收军资器械三十余万"[2]。刘彦贞"无才略,不习兵","专为贪暴,积财巨亿,以赂权要"[3],用这样的角色当统帅,哪能不败!正阳战役使南唐朝野震惊,周兵乘锐,连战皆胜,下滁、扬、泰、光、舒等州。世宗又于此时,调整南征军政、民政主管人选,以李重进为淮南道行营都招讨使,主持军务,以李谷判寿州行府事,专掌安辑。他亲率侍从进驻寿州城下,移浮桥于正阳东55里的下蔡镇,命诸军围寿州,并分遣使者安抚百姓。南唐中主惶恐,遣使至寿州乞和,贡献金银器饰、罗绮、犀带、茶药等物。南唐使者钟谟、李德明至军前,世宗盛陈兵甲召见,斥责说:"尔主自谓唐室苗裔,宜知礼义,异于他国,与朕止隔一水,未尝遣一介修好,惟泛海通契丹,舍华事夷,礼义安在?"要他们,"可归语汝主,亟来见朕,再拜谢过,则无事矣。不然,朕欲观金陵城,借府库以劳军,汝君臣得无悔乎"[4]!李璟请去帝号,割淮南寿、濠、泗、楚、光、海6州,岁输金帛百万。世宗回书,认为可仍用帝号,而要求尽割江北之地,划江为界。双方争议未决,而寿州又久不能下,世宗乃返回汴京。

周军南征,本为江淮百姓引颈所望,"初,唐人以茶盐强民而征其粟帛,谓之博征,又兴营田于淮南,民甚苦之;及周师至,争奉牛酒迎劳"[5]。世宗虽然三令五申,存抚百姓,而诸将多是毫无政治识见的武夫,不知恤民,"专事俘掠,视民如土芥",激起了江淮之间人民的反抗,他们"相聚山泽,立堡壁自固,操农器为兵,积纸为甲,时人谓之'白甲军'"。"周军讨之,屡为所败,先所得唐诸州,多复为

[1]《旧五代史》卷116《周世宗纪三》,第1540页。
[2]《资治通鉴》卷292,后周世宗显德三年正月,第9536页。
[3]《资治通鉴》卷292,后周世宗显德三年正月,第9535页。
[4]《资治通鉴》卷292,后周世宗显德三年二月,第9540页。
[5]《资治通鉴》卷293,后周世宗显德三年七月,第9558页。

唐有”[1]。较有眼光的向训驻守广陵，奏请收缩战线，暂时放弃扬州，集中兵力攻克寿州，再图进取，得诏准，“封府库以授扬州主者，命扬州牙将分部按行城中，秋毫不犯”，“扬州民感悦，军还，或负糗糒以送之”[2]。暂时弃地，争回民心，确实有见识。当周军收缩战线时，南唐诸将请求据险邀击，宋齐丘唯恐结怨于后周，禁诸将出兵，皇弟齐王李景达领5万大军驻濠州，一切军政都由陈觉掌管，陈觉无意决战，将吏畏其权势，无人敢言。寿州围急，中主遣使从海路入辽境乞援，辽主不肯发兵，留使者陈处尧不遣，陈处尧多次面争，辽主不理。南唐联辽制周的幻想破灭，更形窘迫。

二十八宿图(拓本)

周军整饬军纪，集中兵力，重又振作。而殿前都指挥使张永德与李重进不睦。张永德听信了南唐挑拨离间的谣言，密奏李重进怀二心，世宗不信。李重进知之，主动单骑过营拜访，与他饮酒谈心，开诚布公，晓以大义，张永德深为感动。这样，南唐的离间计破产，周军主将间增强了团结。这时，周军水军也练好了，“初，帝之渡淮也，比无水战之备，每遇贼之战棹，无如之何，敌人亦以此自恃，有轻我之意。帝即于京师大集工徒，修成艨舰，逾岁得数百艘，兼得江、淮舟船，遂令所获南军教北人习水战出没之势，未几，舟师大备”[3]。南征的形势更加有利了。

显德四年(957)，周军攻寿州久不下，守将刘仁赡矢志死守，斩其欲降之子以儆全军，屡出奇兵袭击周营。但因久围食尽，无法支撑。李景达自濠州派数万人进援，溯淮而上，沿途结寨十余，与寿州城中烽火相应，又筑甬道抵寿春，绵亘数十里，准备运粮给守兵。李重进击破援兵，歼敌五千，夺其二寨。李谷病中上疏，劝世宗再征江淮。于是世宗年初从大梁出发，到寿州城下督战。周兵切断甬道，使唐军首尾不能相救，处于逆境。而陈觉又忌恨大将朱元，密表夺其兵权，朱元怨愤，率万余人降周。周兵士气旺盛，大举出击，“唐兵战溺死及降者殆四万人，获船舰粮仗以十万数”[4]。李景达、陈觉从濠州狼狈逃回金陵，南唐将边镐、许文稹等被俘。刘仁赡本已病重，闻败讯病危，将吏趁机开城迎降。寿州下，世宗诏移州治于下蔡，以旧寿州为寿春县。曲赦寿州管内在押罪犯。规定，“寿州管界去城

[1]《资治通鉴》卷293，后周世宗显德三年七月，第9558页。
[2]《资治通鉴》卷293，后周世宗显德三年七月，第9558页。
[3]《旧五代史》卷117《周世宗纪四》，第1563-1564页。
[4]《资治通鉴》卷293，后周世宗显德四年三月，第9564页。

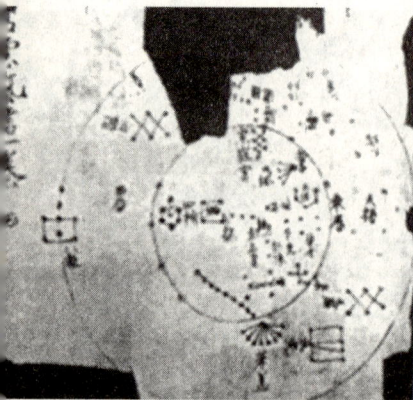

紫微垣星图（约晚唐五代）

五十里内,放今年秋夏租税。自来百姓,有曾受江南文字聚集山林者,并不问罪。……自用兵已来,被掳却骨肉者,不计远近,并许本家识认,官中给物收赎。……自前政令有不便于民者,委本州条例闻奏,当行厘革"[1]。刘仁赡死,世宗特赐哀荣,追封彭城郡王,制辞盛赞说:"尽忠所事,抗节无亏,前代名臣,几人堪比!朕之伐叛,得尔为多。"[2]这不仅是为了收揽南唐臣吏之心,尤其是要纠革当世士风,而这正是趋于统一的思潮之反映,因为统一之业是不能容许朝秦暮楚之辈的。至于赦诏的各项规定,更足以表明江淮人民群众抗暴起义威力是巨大的,对后周君臣的教训是深刻的,可以说,它是促进统一的重大力量。

是年底,世宗于回汴京后重又三次亲征南唐。这时,经过了寿州战役这一决定性战役,南唐败局已定。世宗进驻濠州城下,大军水陆并进,在十八里滩寨和涡口大破唐兵,"鼓行而东,以追奔寇,昼夜不息,沿江城栅,所至皆下"[3]。连取濠、泗、楚、扬等州。楚州之役,世宗发丁壮开凿鹳河以通运道,亲临战阵,指挥攻城。守将张彦卿死守,城破,犹奋力巷战。世宗暴怒,下楚州,"尽屠城中居民,焚其室庐"[4]。与唐太宗屠夏县一样,表露了古代帝王残暴的阶级本质。

显德五年(958),南唐屡败,中主李璟困蹙,遣使乞和,以江北庐、舒、蕲、黄4州献,世宗许和。于是,江淮之间的光、黄、蕲、舒、寿、庐、滁、和、濠、泗、楚、海、扬、泰14州[5]、60县,226 574户,皆入后周。后周又得南唐犒军银10万两,绢10万匹,钱10万贯,茶50万斤,米麦20万石。[6]南唐并岁输贡物10万。中主请传位于其子李煜,世宗诏书劝止;又诏为杨行密、徐温置守冢户,保护南唐臣僚在江北的先人坟墓,遣返被俘将士,将淮南诸州乡军尽放归农。为了解决南唐食盐问题,每年支拨供军食盐30万石。南征至此以全胜结束。世宗收到了"取威"、"得众"、"阜财"、"息乱"、"习兵张势"的极其重要的效果。

南征获胜,不但使南唐俛首就范,而且震慑了远居岭南、一贯藐视中朝的南汉主刘晟。他听到南唐败讯,忧虑惶恐,骄气全消,遣使入贡于周,为湖南所阻,遂日夜纵酒酣饮,叹息说:"吾身得免,幸矣,何暇虑后世哉!"[7]忧郁颓

[1]《旧五代史》卷117《周世宗纪四》,第1557页。

[2]《资治通鉴》卷293,后周世宗显德四年三月,第9568页。

[3]《旧五代史》卷117《周世宗纪四》,第1563页。

[4] 陆游:《南唐书》卷14《张彦卿传》,第5572页。

[5] 光州,治今河南潢川县。黄州,治今湖北黄州市。蕲州,治今湖北蕲春县。舒州,治今安徽潜山县。庐州,治今安徽合肥市。滁州,治今安徽滁州市。濠州,治今安徽凤阳县东北临淮关东。泗州,治今江苏盱眙县西北。楚州,治今江苏淮安市。泰州,治今江苏泰州市。海州,治今江苏连云港市西南海州镇。

[6]《旧五代史》卷118《周世宗纪五》,第1570-1571页。

[7]《资治通鉴》卷293,后周世宗显德四年十二月,第9576页。

唐,未及斯年病死。南唐元宗虽经世宗劝谕,解除内禅之念,而忧心忡忡,迁都南昌,以避后周(至962年,即建隆二年,中宗殁,南唐重以金陵为都)。世宗南征,荆南高氏、吴越钱氏、湖南王氏皆趁机出兵,以奉周朝诏命为辞,与南唐争城夺地,吴越、荆南无功而返,王进逵则因内部生变,仓猝退回,身死朗州城下。漳泉留从效遣使伪装商贾,奉表间道至汴京,请置邸内属,时南征已结束,世宗不纳,劝说仍臣事南唐。后蜀虽不奉表称臣,但也不敢有任何行动。总之,南方诸地俛首敛手,世宗已无后顾之忧了。

麒麟

世宗回汴京,就把北伐提到行动日程上来。原来,周朝鉴于沿边民心可用,太祖即招抚北边抗辽起义武装头领,委为刺史,以御辽兵,曾任西北"山贼"之魁聂遇、王继勋为刺史,招收"贼寇",以御辽兵;[1]任"太原东山贼帅"秦珣为忻州刺史,游击于北汉东境以困扰之。[2]北汉主刘崇死后,子刘承钧继位,唯求安集境内,不敢妄动;北汉麟州刺史杨重训举州降,刘承钧也不敢制。世宗南征,辽遣偏师入河东,欲与之联兵南犯,刘承钧遣其将李存怀与辽将崔勋配合,兵临潞州而还。刘承钧见辽不足恃,又不敢开罪,厚赂崔勋,使之返师。北汉又犯隰州,被挫,死千余人,解围退走。显德五年(958),辽趁周南征大举进犯,世宗回京,即命殿前都点检张永德率兵抵御。周将郭崇攻克辽属束城,李筠攻克北汉石会关,拔六寨,李谦击破北汉孝义。这些战果虽然不大,却显示了士气的高昂。世宗北伐前,对后蜀放心不下,佯作西征姿态,慑服后蜀,然后于显德六年(959)春,诏亲赴沧州,命义武节度使孙行友捍定州西山路,切断北汉与辽的联系,又命侍卫亲军都虞候韩通等率水陆军先发。农历四月,世宗发自大梁,韩通从沧州修水道入辽境,栅于乾宁军南,"补坏防,开游口三十六,遂通瀛、莫"[3]。世宗抵沧州,当天便率步骑数万直入辽境,进军如此神速,河北州县民间都不知道。兵至乾宁军,辽宁州刺史王洪举城降。世宗遂大治舟师,命诸将分路水陆俱下,以韩通为陆路都部署、赵匡胤为水路都部署。世宗至独流口,溯流西抵益津关,守将终廷辉以城降。至此,水路渐狭,不能通大船,便舍舟登陆,宿于野外,侍卫甚少,从官皆惧,辽骑不知虚实,不敢进逼。周师至瓦桥关,辽将

[1]《册府元龟》卷124《帝王部·修武备》,第1493页。

[2]《册府元龟》卷128《帝王部·明赏二》,第1547页。

[3]《资治通鉴》卷294,后周世宗显德六年四月,第9596页。

姚内斌举城降。于是，辽莫州刺史刘楚信、瀛州刺史高彦晖皆以城降，关南悉平。世宗北伐时，"契丹闻其亲征，君臣恐惧，沿边城垒皆望风而下，凡蕃部之在幽州者，亦连宵遁去"。世宗至瓦桥关，"有父老百余辈持牛酒以献"[1]。军威之盛，民心之所向，由此可以想见。

辽促北汉出兵扰周军，被李重进击破于井口。李筠也攻克辽州，俘北汉刺史张丕旦。周将杨廷璋入北汉境，招降堡砦十三所。[2]世宗大会诸将，议取幽州。诸将以辽主力皆聚于幽州之北不敢深入，纷纷劝阻。世宗十分不满，但因身染重病，只得班师。这次北伐，兵不血刃而下益津、瓦桥、淤口三关，遂以瓦桥关为雄州，割容城、归义两县隶之，以益津关为霸州，割文安、大城两县隶之。总计所取莫、瀛、易等州，共17县，18 360户。

显德六年（959）夏，后周世宗病逝于汴京，享年仅39岁。

宋代史家对周世宗评价都很高，司马光说：

> 上在藩，多务韬晦，及即位，破高平之寇，人始服其英武。其御军，号令严明，人莫敢犯，攻城对敌，矢石落其左右，人皆失色而上略不动容；应机决策，出人意表。又勤于为治，百司簿籍，过目无所忘，发奸擿伏，聪察如神。闲暇则召儒者读前史，商榷大义。性不好丝竹珍玩之物……群臣有过则面质责之，服则赦之，有功则厚赏。文武参用，各尽其能，人无不畏其明而怀其惠，故能破敌广地，所向无前。然用法太严，群臣职事小有不举，往往真之极刑，虽素有才干声名，无所开宥，寻亦悔之，末年寝宽。登遐之日，远迩哀慕焉。[3]

欧阳修说：

> 其为人明达英果，议论伟然。……其英武之材可谓雄杰，及其虚心听纳，用人不疑，岂非所谓贤主哉！其北取三关，兵不血刃，而史家犹讥其轻社稷之重，而侥幸一胜于仓卒，殊不知其料强弱、较彼我而乘述律之殆，得不可失之机，此非明于决胜者，孰能至哉？诚非史氏之所及也！[4]

君实、永叔是宋代史学家中的佼佼者，他们的评议，

毗沙门天王像

1《五代史补》卷5《世宗上病龙台》，第2529—2530页。
2《旧五代史》卷119《周世宗纪六》，第1582页。
3《资治通鉴》卷294，后周世宗显德六年六月，第9602页。
4《新五代史》卷12《周本纪》，第125—126页。

非但其他宋人不能及，就是后世封建史家也很少有人能超过。两家评议都是据史实而发议论，不是出于臆说；他们又多少从宋朝之失来看周世宗之得，其意甚深。作为传统史家来说，都无愧良史之称。

然而，他们毕竟还是传统史家，评论历史人物，根本不可能达到历史唯物主义的要求，尽管他们的议论有许多合理之处。往往有这样的情况：一个杰出的历史人物，既为传统史家和资产阶级史家所肯定，又为马克思主义史家所肯定，一个反面人物，既为传统史家和资产阶级史家所否定，也为马克思主义史家所否定，这批人物都是帝王将相。那么，这中间究竟有什么根本的区别呢？当然是立场、观点、方法不同，而其肯定或否定的实质亦迥异。

五代白衣观音像

传统史家（即使是其中杰出的）褒贬周世宗，不但是从地主阶级利益出发，而且也为本朝利益出发，也就是从维护封建国家的纲纪伦常、长治久安出发。故其于世宗"弭盗"之术，从无人非议。我们则肯定他对统一的、多民族的国家作出的历史贡献，肯定他对社会经济、民族文化的发展作出的重大成就，批判地吸收他的政治、军事思想的优秀部分，揭示其阶级本质和时代局限。既不苛求古人，也绝不放弃原则。

我们认为历史是人民群众创造的，也承认杰出人物的历史作用；既要考察历史的必然性，又要承认其偶然性。周世宗才识过人，气魄出众，五代诸帝无与伦匹。同样出身微贱、知民间疾苦，礼遇贤才，勤政不缀的钱镠、福建二王、后唐明宗、后周太祖都瞠乎其后，即使礼贤好学、眼光远大的南唐烈祖也仅可望其项背。他的才识，尤其是战略思想，也远非宋太祖兄弟能及。自唐太宗之后，迄于两宋，帝王中无出周世宗之右者。尽管大业未就而赍志以殁，传统史家尚不以成败论英雄，何况我们？自安史之乱以来200年的纷乱局面的扭转，世宗确有拨乱反正的巨大历史功勋，这是不可磨灭的。如果他的寿命延长，则"十年开拓天下，十年养百姓，十年致太平"的宏图是可能实现的，统一的局面也许会比北宋的局面好些。五代后期历史总趋势是统一，这是必然性。由谁来统一、怎样统一？这是偶然性。每个时代都要有执行和完成历史任务的代表人

五代菩萨头像

物,世宗壮年而丧,遂有赵氏兄弟踵继完成统一,这是历史必然性的表现。但由于他们的才识、气魄的差异,战略思想和开国政策也有差异,宋统一所积留的弊端、国防形势的被动等等,都远远逊于周世宗。这是偶然性的表现。是不是周世宗北伐胜利,完成统一,就能重现汉唐盛世,乃至此后就不致出现金灭北宋、元并全国的局面,历史会要改观呢?这又过分夸大了杰出人物的历史作用了。五代时期的将相公卿之辈(即地主阶级上层)暮气已深,贪恋富贵,苟且偷安,积重难返,纵有后进锐志之士,也不如汉、唐初年人物,其根本原因在于没有经过一次巨大的、扫除旧朝的农民大起义来荡涤旧风;唐末农民战争虽然扫除了一批旧势力,而它被镇压的过程和此后数十年内,腐朽势力恶性膨胀,涤除它们,不是传统政权本身所能完全胜任的。这就决定了,无论后周或者北宋统一,都无法重现汉、唐盛况。周世宗可能收复幽蓟,改变被动的战略地位,但绝不会有汉武征匈奴、唐宗制突厥那样的威武场面;如果后周统一,也许不致像宋朝那样积贫积弱,却绝无汉、唐那样富强无匹,风行海内、威动殊俗的盛况。试看两次北伐都被诸将抵制而不果,优遇宿臣、礼遇降官而保其富贵;严密地方机构、招抚起义农民为兵以弭除农民起义,与宋代相差无几。这些都是当时形势下的产物,杰出人物是不能脱离历史条件为所欲为的。

即使卓越的传统史家,也不能如实地揭示本阶级代表人物的阶级本质和其局限性,而且往往颠倒了是非。司马光指责周世宗深刻好杀,是对统治阶级内部而言,虽也直书其屠楚州,但他并不是指责而是欣赏世宗"弭盗"的高压、分化等毒辣手段。世宗生父柴在礼以冗官衔致仕居洛阳,世宗待以舅礼,不令入京。柴在礼与当时将相王溥、王彦超、韩令坤等人之父往来,"惟意所为,洛阳人多畏避之,号'十阿父'""尝杀人于市,有司以闻,世宗不问"[1]。欧阳修不以为非,反而说:"失刑轻,不孝重也。刑者所以禁人为非,孝者所以教人为善"。"刑一人未必能使天下无杀人,而杀其父,灭天性而绝人道"[2]。这样,他认为世宗有"知权"之美。这种逻辑岂不荒唐!

世宗临殁,加枢密使魏仁浦为中书侍郎同平章事,臣

[1]《新五代史》卷20《周世宗家人传》,第201页。
[2]《新五代史》卷20《周世宗家人传》,第201页。

下以他出身小吏、未经科举，不宜为相，世宗不听。后周宰相范质、王溥等缺乏当机立断的魄力，不为将帅畏服。世宗子柴宗训继位，年仅7岁。原来世宗南征时，张永德统率禁军，任殿前都点检。再次北伐，民间讹言"点检做天子"，世宗疑张永德，免其帅职，以殿前都指挥使赵匡胤继任都点检。后周显德七年（960），赵匡胤与弟匡义、心腹赵普密谋，谎报辽兵南犯。范质等仓猝命赵匡胤率部抵御，于是演出"陈桥兵变"、"黄袍加身"的历史喜剧，赵匡胤果然"点检做天子"。这是五代兵变立帝的第五次，也是最后一场。五代至此结束。此后，从宋乾德元年（963）平荆南开始，到宋太平兴国四年（979）灭北汉，统一之业，算是完成了。然而，北宋欲复幽蓟，始则寄希望于赎买，继则北伐屡败，旧地不能复，而国防形势每况愈下，终于导致金兵饮马黄河、灭亡北宋的历史悲剧。

李昇陵出土的持剑男俑

王建墓石雕神像

第五章　五代十国典章制度(一)：
职官制度

五代十国的职官制度大体上沿袭唐制，但也有若干不同之处，在中央职官方面，诸如宰相制度的演变、枢密使职权的膨胀、端明殿学士的设立、三司使的定型，都对后世产生了重要影响。其他如军事制度、法律制度、选举制度等方面，既保留有社会动乱时代的特征，较之前代，却又有变革和发展的特点。探寻五代十国时期政治制度的发展轨迹，不仅有助于理解唐宋之际政治制度的转型，更是准确把握和客观评价五代十国历史地位的必要之举。

第一节　宰相制度

五代十国宰相制度大体沿袭唐代旧制，但受社会动荡形势的影响，宰相制度表现出既有因循前代遗制的一面，同时较之前代也有所厘革和不同。其中至为重要的变化无疑是宰相品级的提高、相权的继续被分割和三省制向二省制的深入转化。

五代十国时期，三师三公也极少除授，甚至即使单置也无法实任其职，据《旧五代史·职官志》载：

后唐清泰二年(935)十一月，制："以前同州节度使、检校太尉、同平章事冯道为守司空。"时议者曰："自隋、唐以来，三公无职事，自非亲王不恒置，(原注：自非亲王不恒置，据《职官分纪》云：亲王加三公三师，多兼官使。是单置者，即亲王亦不能得其宠任也。今附识于此。《影库本粘签》)于宰相为加官，无单

置者。"道在相位时带司空,及罢镇,未命官,议者不
练故事,率意行之。及制出,言议纷然,或云便可综中
书门下事,或云须册拜开府,及就列,无故事,乃不就
朝堂叙班,台官两省官入就列,方入,宰臣退,躐后先
退。刘昫又以罢相为仆射,出入就列,一与冯道同,议
者非之。及晋天福中,以李鏻为司徒,周广顺初,以窦
贞固为司徒,苏禹珪为司空,遂以为例,议者不复有
云。

以上史实表明,三师三公地位已更加降低,至此也已
正式宣告三师三公"以高兼低"意义的丧失殆尽。

十国使用三师三公名号大体与中原王朝相同。首
先,异姓大臣可单除师公,且不具备宰相职权。如南唐
保大十四年(957)三月,以孙晟为司空,奉表出使后周;
后蜀广政十一年(948)八月,以赵廷隐为太傅,后位至太
师;南汉以卢膺权摄太尉出使吴越。由最后一例可知卢
膺"太尉"一职系临时设置,仅此亦足可说明三师三公
名实相去甚远的情况。马楚虽有单独除授三公的记载,如
天成二年(927)八月,以李铎为司徒、崔颖为司空,但因
其奉中原王朝为正朔,故即使使用三公名号,也无法具备
原先职高权重意味。南唐也有以三师三公不守本官而治
他事的现象,如开宝六年(973)五月,以"司空殷崇义知左
右内史事"[1],这是三师三公地位降低的又一明证。其次,三
公三师往往用作宰相、亲王、重臣的加官,荣誉性质增强。
这种事例在吴、南唐、前蜀、后蜀、吴越和闽等政权均有出
现[2]。

五代十国,三省长官的除授与唐制相仿,即尚书令
(尚书仆射)、中书令和侍中通常不单授,一般只作为加兼
官,用于笼络藩镇,或作为荣誉称号授予重臣宿将和亲
王,在性质上与三师三公的除授相类似。与唐代极少以尚
书令作为加兼官的现象稍有不同的是,五代时期尚书令
的除授已较常见。如后唐同光初年,楚王马殷曾兼尚书
令;后汉赠桑维翰为尚书令;后周太祖时,加高行周守尚
书令;冯道卒后,周世宗册赠尚书令,但究竟只是有名无
实,充其量不过是帝王所授予的荣宠称号而已。自唐以
来,尚书令为正二品,后梁开平三年(909)三月,太祖朱温

琅琊王德政碑(闽)

[1] 《十国春秋》卷17《南唐三·后主本纪》,第247页。
[2] 参见任爽主编:《十国典制考》第五章《十国宰相制度考》(本章作者温运娟),中华书局2004年版,第212-220页。

菩萨和诸天壁画

"以将授赵州王镕此官","诏升尚书令为一品",尚书令的荣耀性质由此进一步得以强化。相比较尚书省长官权力的没落而言,单置中书令和侍中而以本官为宰相者在五代时期仍偶有所见,如后唐庄宗时,以郭崇韬为侍中兼枢密使;后晋高祖时,冯道守司徒兼侍中,是为上相;少帝时,以桑维翰守中书令再为枢密使。这种事例在整个宰相群体中所占比例虽然的确不是太多,但多少也可反映出侍中和中书令仍然还具有充任真宰相之可能。当然,一般来说,中书令和侍中也只是经常地性用于加兼官,仅据《旧五代史》所载,后梁太祖一朝加中书令者,即有周汭、杜洪、刘守文、韩逊、罗绍威、刘隐、张宗奭等,加侍中者有韩建、刘隐、李茂贞、葛从周、马殷、薛贻矩等。需要指出的是,五代时期以中书令、门下侍中和尚书令作加兼官的现象之所以会相当普遍,主要原因在于当时藩镇作天子、幕僚作宰相的特定社会形势,故此实际上这是五代王朝为笼络雄藩重镇,安抚强臣,以实现政局稳定,不得不采取的一种权宜之计。

　　十国时期也有以侍中和中书令出任宰相的情况。如《十国春秋》卷3《吴三·睿帝本纪》载:"顺义六年(926)三月,以左仆射、同平章事徐知诰为侍中。"《十国春秋》卷35《前蜀一·高祖本纪上》载:天复七年(907)九月,"以前东川节度使兼侍中王宗佶为中书令"。然而此类事例毕竟有限,在宰相群体中并不具备普遍性意义。更重要的是,侍中和中书令实际的政治作用已大打折扣。徐知诰任侍中实则出于徐温安排,而并非睿帝所命,其目的是为常居金陵的徐温遥决国事服务。前蜀王宗佶因"恃功骄恣,多树党友"[1],次年二月即罢,此后前蜀再也无人以中书令或侍中为相。由此不难发现,尽管吴和前蜀以侍中、中书令为相,但其权力已受到极大限制,相较于唐代不以此二职轻授予人的做法,尤为明显地体现出对二者地位和权威的否定。另外,吴国曾以太尉、太保等名号加兼中书令为相,南唐也有以三师三公加中书令或兼中书令实任宰相的情况,但均因人而异,并非定制。最为特别的要数南汉以内太师、女侍中出任宰相,如宝大二年(959)冬十一月,以宦者李托为内太师;乾和八年(950)以宫人卢琼仙、黄琼芝为女侍中,皆得参预国事,秉国政。此外还有内侍中等名号。然而此种措施仅限于南汉而已。

通过以上分析不难看出,五代十国时期的宰相制度尽管依然保留了三师三公、三省长官、同平章事等宰相名号,但以三师三公、三省长官为真宰相的情况已经少之又少,而真宰相最常用的名号仍为"同中书门下平章事"、"同平章事"。宰相制度的这种变化,无疑遵循了汉唐以来相权向下流动的特点,即继续保持相权由高级官员向低级官员流动的趋向。五代十国宰相的除授往往以门下侍郎、中书侍郎加平章事,或各部尚书、侍郎加平章事,或司徒加平章事,最为常见,宰相名称上的这一特点反映出其权力仍主要表现在"议事"决策上。这一特征在五代各朝表现得尤其明显,如后梁时,韩建为司徒、平章事,张文蔚、杨涉以门下侍郎同平章事,薛贻矩、杜晓、赵光逢、敬翔、郑珏等皆拜中书侍郎、同平章事,张策拜刑部尚书、同平章事,李琪拜尚书左丞、同平章事,萧顷以吏部侍郎拜中书门下平章事;后唐时,李愚、赵凤皆拜中书侍郎、同平章事,冯道、刘昫皆拜中书侍郎、刑部尚书、同平章事,范延亮以枢密使加同平章事;后晋时,桑维翰、李崧、和凝等皆拜中书侍郎、同平章事,赵莹以门下侍郎同平章事;后汉时,苏逢吉、苏禹珪皆拜中书侍郎、同平章事,窦贞固为守司空兼门下侍郎、平章事,李涛为中书侍郎兼户部尚书、平章事,杨邠拜中书侍郎兼吏部尚书、同平章事;后周时,王峻兼右仆射、门下侍郎、同平章事。在上述宰相的职任中,以中书侍郎、门下侍郎同平章事为宰相者最为常见。十国情况略与此同,宰相经常以六部尚书或中书、门下侍郎加同平章事充任,但偶尔也出现以使职同平章事的现象,如吴太和二年(930)十月,徐知诰长子李景通为兵部尚书、参政事;闽永和元年(935)十月,以六军判官叶翘为内宣徽使、参政事;南汉乾和二年(944)三月,以户部侍郎陈渥同平章事;南唐保大四年(946)十月,以江州观察使杜昌业为吏部尚书、判省事。然而除此以外,十国宰相制度也呈现出若干特例,如吴武义元年(919)以徐温为大丞相兼中书令,开唐代以来大丞相设置之先例,但其意仅仅在于特别抬高徐温无与匹俦的权位而已,是一种临

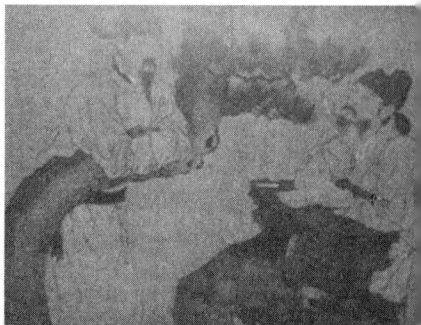

五代周文矩《文苑图》(局部)

五代周文矩《文苑图》(局部)

时措施。

与中晚唐宰相制度颇相一致的是，五代十国宰相也普遍兼带职务，即往往另判、充某职，负责某职的工作，继续体现出宰相朝着具体政务官方向发展的特点，五代中原王朝尤其如此。如后梁宰相薛贻矩任相6年间，曾判户部，还曾判度支，充盐铁转运使；张策、杜晓判户部；赵光逢兼租庸使。后唐豆卢革判租庸使，充诸道盐铁转运等使；刘昫兼判三司；任圜亦判三司；郭崇韬以守侍中而兼枢密使。后晋李崧判三司。五代宰相领判制度显然也是对唐代旧制的沿袭。宰相职权原为辅佐天子，综理军国大政，但宰相领使、另判，实则是将宰相的权力限制在负责某一部门的具体事务中，自然也就侵夺了尚书省的执行权，诚如《旧五代史》卷149《职官志》所云："自天宝末，权置'使'务以后，庶事因循，尚书诸司渐致有名无实，废堕已久。"

五代十国时期使相制度较为完善，为抚御节度使，皇帝往往加之以兼同平章事，或加兼检校官，如检校太师、太傅、太保、太尉、司徒、司空等。检校官之设自隋代即已有之，寓寄衔之意，仅仅显示官品高下，并不亲掌其事。五代十国检校官之设相当普遍，据《五代会要·帝号》载，仅后梁太祖、末帝在位时，使相即分别有27人和32人，其后各朝常置不废。与唐代相同，五代十国检校官的设置，也是表示皇帝对加兼此官的节度使及其他重臣的恩泽与奖酬，凡"检校官各纳尚书省礼钱"[1]，后唐明宗时即规定，太师、太尉纳二万钱，太傅、太保纳一万五，司徒、司空纳一万，仆射、尚书纳七千，郎中纳三千四百，而这已经是减落以后的标准。节度使为使相者，"并列衔于敕牒，侧书'使'字"。因尚书令为南省官资，所以带尚书令则不合署敕尾。[2]使相地位也极为崇重，"(使相)于中书都堂上事，礼绝百僚，等威无异，刊石纪壁以列姓名，事系殊恩，庆垂后裔"[3]。

宰相乃百官之首，礼仪和待遇远高于其他臣僚。五代十国宰相同样享有特殊荣耀，如可常随皇帝巡幸、率百官奏事等。五代宰相品级的固定和提高，更使宰相之职的荣崇地位得以提升。唐制，三师三公为正一品，尚书令为正二品，左右仆射为从二品，六部尚书为正三品，中书令、门

[1]《旧五代史》卷36《唐明宗纪二》，第503页。
[2]《旧五代史》卷40《唐明宗纪六》，第553页。
[3]《五代会要》卷13《中书省》，第220页。

下侍中原为正三品，后升为正二品，唯独宰相没有统一的、固定的品级（唐初三省长官为相例外），故曰"宰相非序进之官"[1]。这是由于以他官入相后，均以本官品级为宰相，而入相者多为品级较低、资历较浅的官员，所以才有同中书门下三品的说法。唐后期，以属正四品官员的中书侍郎和门下侍郎为相者居多，宰相品级也就多为四品，甚至更低。五代承袭唐制，宰相品级较低且不固定，直至后晋时始规定："同中书门下平章事，并同中书门下正三品官。"[2]天福五年（940），升中书门下平章事为正二品[3]，同时以中书门下侍郎为清望正三品。从此，宰相的品级提高和固定至正二品，而中书侍郎和门下侍郎一旦加同平章事为宰相，其官品即由正三品升为正二品。这种制度性的变革，彻底改变了唐以来宰相官品的混乱局面，有利于维护宰相的权威和地位。

　　五代宰相的办事机构为中书门下，仍然是唐制的延续。《五代会要》卷13将"中书门下"单辟一目，列于中书省、门下省、翰林院、尚书省等机构之前，由此亦可表明在五代三省六部制的中央架构中，"中书门下"是中央政府的最高权力机构——宰相衙门。自开元年间，改政事堂为中书门下以来，"中书门下"之名至宋沿而不改，但唐宋时期人们仍习惯称之为"政事堂"或"中书门下政事堂"。五代时期亦然，如《五代会要》卷23《缘举杂录》云：后唐长兴四年（933）二月十六日，礼部贡院奏："兼今年放榜后及第人看毕，便缀行五凤楼前，列行舞蹈谢恩讫，赴国学谢先师。然后与知贡举相识期集，只候敕命，兼过堂及过枢密院。"此处所言"堂"即"政事堂"省称。唐制规定：及第人谢恩谢师后，必须过政事堂拜宰相。[4]

　　五代十国宰相不乏有作为之辈。后梁张文蔚为相，梁初制度裁定，皆出其手。[5]后周宰相王峻为政之初，"夙夜奉事，知无不为，每侍太祖商榷军事，未尝不移时而退，甚有裨益"[6]。吴大丞相徐温制定保境息民政策，为吴国的安定、繁荣作出了贡献。宰相徐知诰"宽刑法、推恩信"[7]，延接名士，讲究节俭，通好邻邦，顺应了历史发展的潮流。南唐宰相张延翰，长于选事，"议论公正，处事有条理，至于簿领无不明析"，"六司综领始遍，时望归重，拜中书侍郎、同平

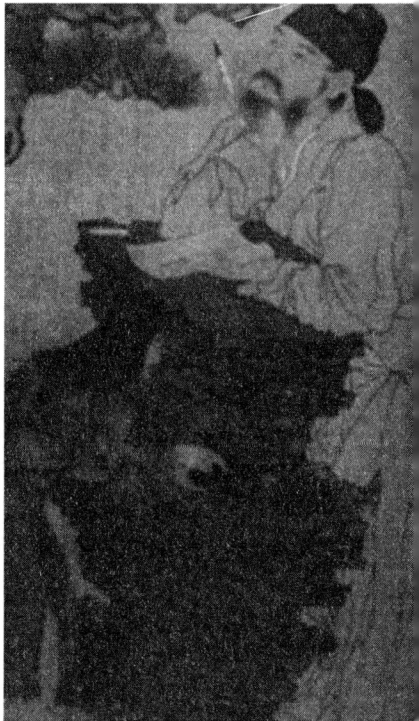

五代周文矩《文苑图》（局部）

[1]《资治通鉴》卷238，唐宪宗元和五年十一月，第7680页。
[2]《五代会要》卷5《朔望朝参》，第87页。
[3]《旧五代史》卷79《晋高祖纪五》，第1039页。
[4]《北梦琐言》卷1《牛僧孺奇士》："唐永贞中，擢进士第，时与同辈过政事堂，宰相谓曰：'扫厅奉候。'僧孺独出曰：'不敢。'众耸异之。"第25页。
[5]《新五代史》卷35《张文蔚传》，第376页。
[6]《旧五代史》卷130《王峻传》，第1712页。
[7]《新五代史》卷62《南唐世家》，第766页。

五代观世音菩萨毗沙门天王像
（局部）

章事,时年裁五十,余人犹以谓柄用晚"[1]。另外,如吴越国的皮光业,南汉赵光裔、杨洞潜,任相时也政绩斐然。然而,五代时期虽"不乏有一些在治国方面颇有作为的宰相,但从整体上看,平庸无行之辈居多"。造成宰相平庸的原因是多方面的,主要有用人政策的失误、相权被分割而造成的制度无序、不思进取者的一味苟全偷安等。[2]平庸宰相中,又以后唐豆卢革、韦说、崔协、李愚、马裔孙,后汉苏逢吉、苏禹珪等为代表。

五代十国时,宰相之权继唐末之后进一步遭到削弱。唐后期中枢体制仍以中书门下为主体,而中书门下体制的一个重要特点,就是宰相通过中书门下对行政事务的干预越来越强,直至处理原先由尚书六部管辖的事务,宰相职权越来越明显地朝着掌管具体政务的方向发展。在此过程中,因制度混乱和皇帝的昏庸,五代十国宰相权力受到枢密使、翰林学士和端明殿学士的侵夺和分割,甚至还受到宦官、伶人、外戚的干扰和牵制,而被极大程度地削弱,这种情况客观上促进了唐末以来宰相政务官化趋势的持续深入。

第二节　枢密使与枢密院

枢密使一职,源于唐代宗永泰中所置的掌枢密之职,当时以宦官充任,无公署,"其职掌惟承受表奏,于内中进呈,若人主有所处分,则宣付中书门下施行而已"。唐宪宗时期始改为枢密使,仍任以宦官,并出现枢密院机构。唐亡前夕,僖、昭二朝,宦官益横,"杨复恭、西门季元欲夺宰相权,乃于堂状后帖黄,指挥公事"[3]。宰相俛首听命,权势无有其匹。朱全忠诛灭宦官,用心腹蒋玄晖为枢密使,监视宫廷,参与朝政。不久,朱全忠急于篡唐,怒蒋玄晖办事不力,诬以与何太后私通,捕杀之,遂罢枢密使。后梁建国,改枢密院为崇政院,"以宣武掌书记、太府卿敬翔知崇政院事,以备顾问,参谋议,于禁中承上旨,宣于宰相而行之。宰相非进对时有所奏请及已受旨应复请者,皆具记事因崇政院以闻,得旨则复宣于宰相"[4]。崇政院初置崇政院

[1]《十国春秋》卷21《南唐七·张延翰传》,第309—310页。

[2] 参见戴显群:《关于五代宰相制度的若干问题》,载《长沙电力学院学报》2001年第3期。

[3]《文献通考》卷58《职官考十二·枢密院》,考523。

[4]《资治通鉴》卷266,后梁太祖开平元年四月,第8674页。

使1员，判官1人，自后，不置判官，另置副使1人。开平二年（908），"置崇政院直学士二员，选有政术、文学者为之"。"其后，又改为直崇政院"[1]。崇政院（枢密院）直学士设立之初，主要职能是"参领文书，参掌庶务"[2]，与判官并无差别。后唐明宗时，枢密直学士的地位和权力逐渐提高，不仅备皇帝顾问，并可于宫中值宿，每月向史馆录送诏书奏对，参预国事谋议等。[3]后唐建国时即复置枢密院，及灭后梁，废崇政院，从此，枢密院之名不再更改，后晋虽曾一度废置，但"勋臣近习不知大体，习于故事，每欲复之"[4]。旋又恢复。后唐明宗以安重诲为枢密使，四方奏事皆令其读之，由于安重诲不晓文义，乃置端明殿学士，以翰林学士冯道、赵凤充其任，"盖枢密院职事官也"，且规定："今后如有改转，仍只于翰林学士内选任。"[5]另据《文献通考》卷58《职官考一二》载：五代时期枢密院还置有参知枢密院事、枢密院都承旨、副承旨等职，后两种职务以诸卫将军担任。又置枢密主事若干员。银台司亦为枢密院所属机构，掌封驳，"下寺监皆行札子，寺监具申状，虽三司，亦言'上'"[6]。至此，枢密院机构日趋完善和固定化。然而，作为枢密院办公机构的枢密厅署始置于何时，因史载阙如，尚难确定。据《旧五代史·王峻传》所载，后周立国不久，枢密使"（王）峻于枢密院直厅事，极其华侈"，太祖郭威问道："枢密院屋不少，卿亦何必有作？"照此来看，枢密院至迟在后周初期就已设有厅署，而且规模不小。伴随枢密院机构的定型，枢密院在应对和处理军国大事的活动中，逐渐发展成为当时国家权力机构中的最高机关。

对于枢密使权力在五代及后世的演变情况，宋人欧阳修曾经有如下概括和评价：

> 梁之崇政使，乃唐枢密之职，盖出纳之任也，唐常以宦官为之。至梁戒其祸，始更用士人，其备顾问、参谋议于中则有之，未始专行事于外也。至崇韬、重诲为之，始复唐枢密之名，然权侔于宰相矣。后世因之，遂分为二，文事任宰相，武事任枢密。枢密之任既重，而宰相自此失其职也。[7]

结合其他史料，上述说法可从两方面加以理解。首先，后梁时的崇政院尚未成为最高决策机关，直至后唐的

五代观世菩萨毗沙门天王像

[1]《五代会要》卷24《枢密使》，第377页。

[2]《新五代史》卷56《史圭传》，第649页。

[3] 樊文礼：《五代的枢密直学士》，载《烟台师范学院学报》2003年第4期。

[4]《资治通鉴》卷282，后晋高祖天福四年四月，第9201页。

[5]《旧五代史》卷149《职官志》，第1997页。

[6] [宋]沈括著，胡道静校注：《梦溪笔谈校证》卷1《故事一》，古典文学出版社1957年版，第70页。

[7]《新五代史》卷24《郭崇韬、安重诲传赞》，第257页。

枢密院方才具备这种特征。后梁崇政使的职能是"备顾问、参谋议于中则有之，未始专行事于外也"[1]。可见，崇政院在后梁初期仍为内朝机构，尚不具备直接对外行事的权力，实际上起着衔接内朝与外朝的桥梁作用。但由于崇政使多系皇帝潜龙时的元从，深得皇帝信赖，较之其他臣僚更加接近皇帝，故而在国家政治活动中有着特殊的地位。后梁时的敬翔和李振均为宣武军幕僚，他们在后梁太祖和末帝时的政治作为，即为明证。后唐时期，随着枢密使权力的膨胀，枢密院最终走向外朝，并成为决策军政大事的最高机关。史载："至后唐而复枢密院，郭崇韬、安重诲相继领其事，皆腹心大臣，则是宰相之外复有宰相，三省之外复有一省矣。"[2]而且枢密使"分领政事，不关由中书直行下者谓之'宣'，如中书之'敕'。小事则发头子、拟堂帖也"[3]。枢密院由此完成从内职至外职的蜕变，并一举跃升为中央决策机关。

其次，枢密使权力在后唐时期发展至顶峰，大肆侵蚀宰相之权，最终超迈宰相，成为首屈一指的权臣。后唐庄宗时，以幕僚中门使郭崇韬、宦官监军使张居翰并为枢密使，兼用幕僚宦官。宦官张居翰畏惮郭崇韬，不敢干预政事，当时"邦家之务皆出于郭崇韬。居翰自以羁旅乘时，擢居重地，每于宣授，不敢有所是非，承颜免过而已"[4]。明宗即位，张居翰乞归田里，诏许之。自此，枢密使再无阉寺充职情况出现。而明宗所任枢密使，又是他的中门使安重诲。后唐时期以武臣为枢密使，直接后果是导致枢密使"权重将相"[5]现象的出现。而"后唐枢密使比较后梁崇政使，最不同之处在于不单作帝王元从之咨询顾问，而是在其职责范围内具有实质之政治力量，能够专行于外，任重于宰相"[6]。郭崇韬任枢密使，敢于任事，是甚有识见的人物，中书门下平章事豆卢革、韦说俛首听命，恭谨备至。而枢密使自郭崇韬以后，往往都位极人臣，权倾中外，故而才有"枢密使任事，丞相充位而已"[7]的说法。此后，任枢密使的安重诲虽然不学无术，目不识书，而平章事赵凤、冯道却都要仰其鼻息，听其颐指气使。他可以凭一时怒气任意处斩"误冲其前导"的殿直马延，矫诏冤杀平章事判三司任圜，甚至指使河中镇将杨彦温发动兵变，逐走明宗养

徐铉、徐锴像

[1]《文献通考》卷58《职官考十二·枢密院》，考523。
[2]《文献通考》卷58《职官考十二·枢密院》，考523。
[3]《梦溪笔谈校证》卷1《故事一》，第62页。
[4]《旧五代史》卷72《张居翰传》，第954页。
[5]《新五代史》卷47《刘处让传》，第526页。
[6]赵雨乐：《唐宋变革期之军政制度》，台北文史哲出版社1995年版，第130页。
[7]《资治通鉴》卷289，后汉隐帝乾祐三年十二月胡三省注，第9449页。

子、节度使李从珂,然后杀杨彦温灭口。[1]至于后晋,桑维翰为枢密使,中书门下拱手而已。后汉郭威任枢密使兼平章事,出师平叛,旋师经洛阳,同平章事、西京留守王守恩兼节度使职,贪暴昏庸,"自恃位兼将相,肩舆出迎"郭威,甚为倨傲,郭威怒其无礼,"辞以浴,不见","即以头子(批示)命保义节度使、同平章事白文珂代守恩为留守"[2],并将王守恩家属逐出官署。这时,王守恩还在郭威行辕等候接见,闻报狼狈而归。郭威此举,虽然除了贪暴,但行动确实专横跋扈,后汉朝廷不敢非议,只能予以认可。随后,郭威带枢密使衔出镇邺都,手握强兵,以外制内,遥控朝廷,权势无匹,及至起兵邺都,四方响应,灭亡后汉,不过挥手之劳。其权势岂止是宰相所能比拟?

五代枢密使权力之重和地位之高远远超过宰相,清人赵翼在《廿二史札记》卷22《五代枢密使之权最重》中即云:"敬翔、李振为(崇政)使,凡承上之言,皆宣之宰相,宰相有非见时而事当上决者,则因崇政使以闻。得旨则复宣而出之,然是时,止参谋于中,尚未专行事于外。至后唐,复枢密使之名。郭崇韬、安重海等为使,枢密之任,重于宰相。宰相自此失职。"这种局面的出现与枢密使对宰相之权的侵蚀密不可分。枢密使权力高度集中,具体表现于对军权的独擅、人事权的掌控、财权的过问和台谏的影响等方面。[3]从军权看,凡军事事务,枢密使都有权过问,而且有权调动中央禁军和方镇之兵。唐僖、昭时,枢密院职权就已体现在兵防边备、内外卫戍等军务方面,嗣后兵革不休,其职掌范围也日益以军务为主。五代时期,枢密使军权之重更见突出,因而时人称之为"执政"或"将"。从人事权看,枢密使独揽人事大权,荐引人物,随意创设机构,甚至易相置将都已成为常事;从财权看,枢密使不但有权过问财政,而且直接掌管钱谷,凡领取库物必须关由枢密院及三司。[4]从对台谏的控制看,三省及御史台乃至司法权尽在枢密使掌握之中,谏官的任免也往往服从于枢密使的意志,被誉为天子耳目的谏官已沦落为枢密使御用的工具。

十国之中的吴、南唐、前后蜀、闽和北汉等国都设有枢密院与枢密使。十国枢密院名称与五代不尽相同。南唐

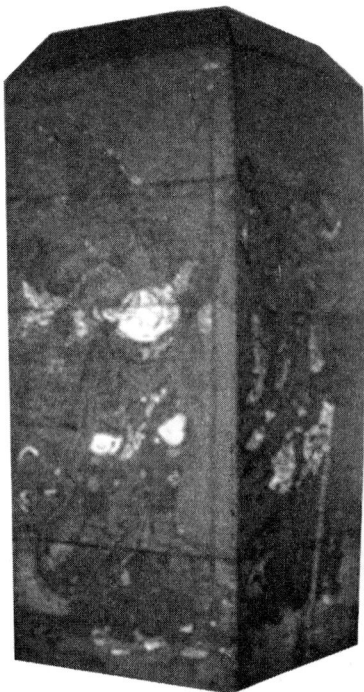

四天王木函彩画

[1] 《新五代史》卷24《安重诲传》,第251–257页。

[2] 《资治通鉴》卷288,后汉隐帝乾祐二年八月,第9412页。

[3] 参见张其凡:《宋初中书事权初探》,载《华南师范大学学报》1986年第2期;杜文玉:《五代十国制度研究》,人民出版社2006年版,第122–127页。

[4] 《资治通鉴》卷277,后唐明宗长兴二年五月,第9059页。

开宝贬制后称之为"光政院",楚则称为"左右机要司"。各国枢密使的编制常设1至2人,若枢密使缺员,则仅任命副使。枢密使名号也略有差异,如吴因避杨行密讳而改称内枢使[1];南唐建国初,以避吴武忠王讳,亦称内枢使,不久径以"枢密使"为名。元宗时有枢密副使、知枢密院名号,后主贬制后则有光政院使、光政副使之号。前蜀一般称内枢密使或判内枢密院事,后蜀以枢密使、枢密副使和知枢密院事为主要称谓。楚称"判左右机要司"。南汉谓"签点检司事"。

十国所任枢密使,多为君主亲信。南唐首任内枢使周宗,原系烈祖李昇宾客,更以力促禅代尤其受到烈祖异常宠遇。元宗时任枢密使、副使的陈觉、查文徽、魏岑、李征古等,也都是元宗的亲近之臣。后主李煜时期,枢密使陈乔、张洎,本为东宫故僚,以是颇见亲狎。前蜀首任枢密使唐道袭以舞童见幸于高祖王建,潘峭、郑顼、潘炕以及宦官宋光嗣,均曾担任过宣徽使,全部都是君主的亲信内侍。后蜀历任枢密使,几乎也都与皇帝有着极为亲密的关系,如王处回为高祖孟知祥潜跃时得力下属,王昭远为后主幼时学友和玩伴,伊审征实际上是后主的亲戚兼朋友。十国君主以亲信为枢密使,其目的仍然在于通过枢密使以直接控制军国事务,分取宰相权力。

十国枢密使的职掌大致也与中原王朝相同,权力也呈现出急剧上升的态势。南唐杜业,"昇元时,以兵部尚书兼枢密使。……兵籍、民赋,指之掌中"[2]。元宗时,"以军兴,百司政事往往归枢密院"[3]。宰相严续言论多不见用。中枢事权向枢密院的转移,标志着枢密院成为中央决策机关。后主贬损仪制,改枢密院为光政院,大小政事一出其中。后又在内廷设置临时机构澄心堂,"密画中旨,多出其间,中书、密院皆同散地"[4]。南唐中枢决策权又有转移,但历时未久,澄心堂即告废置。枢密使握有兵权和行政决策权,即所谓"在外者握兵,居中者当国"是也;枢密使也有财产调拨权,魏岑秉政,"帑藏取与,系(魏)岑一言"[5],前述杜业对赋调之事的掌管也是一例。而在枢密使所掌握的各种权力中,军事权力仍居第一位。兵籍在唐朝本为兵部尚书所掌,杜业以兵部尚书兼枢密使的身份掌管兵籍,或可表

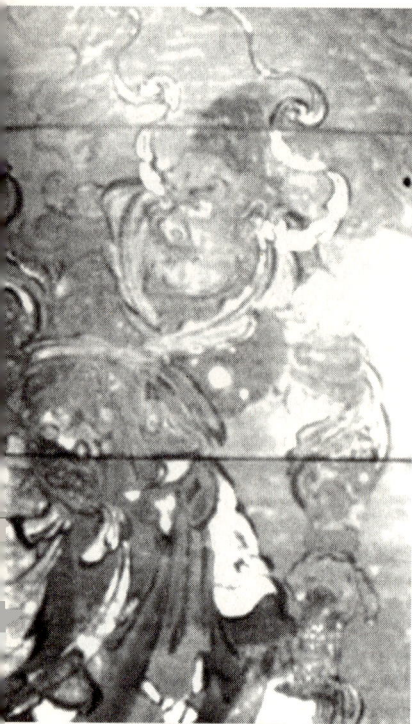

四天王木函彩画(局部)

[1]《资治通鉴》卷270,后梁均王贞明五年四月,第8844页。
[2]《十国春秋》卷21《南唐七·杜业传》,第308页。
[3] 陆游:《南唐书》卷13《严续传》,第5568页。
[4][宋]郑文宝:《江表志》卷下,见傅璇琮、徐海荣、徐吉军主编:《五代史书汇编》(九),杭州出版社点校本2004年版,第5093页。
[5]《资治通鉴》卷286,后汉高祖天福十二年四月,第9355页。

明兵部权力已向枢密使转移。尔后,枢密使对军务的管理逐渐增多。如提供兵备,南唐元宗末年,淮南交兵,吴越乘机侵扰常州,元宗命柴克宏为"右卫将军"出征,由枢密使负责配给装备,"枢密副使李征古给戈甲皆朽钝"[1]。再如干预边将的任用,保大末年,朱元率兵抵御后周入侵,屡立军功,引起监军、枢密副使陈觉嫉妒,终致临阵换将。[2]又如参决军事,出师征讨,南唐保大二年(944)十二月,枢密副使查文徽请求出兵伐殷,元宗遂下诏以查文徽为江西安抚使,督战建州。

前、后蜀的枢密院沿用唐制,以枢密使典掌机密,如潘炕与潘峭兄弟先后任内枢密使,"同掌机衡,号大枢、小枢"[3]。枢密使在前、后蜀时期也是大权在握。如前蜀庚凝绩任枢密使时,职掌"中外财赋、中书除授及诸司刑狱之事"[4]。而这一系列政务本应属于宰相职掌。前蜀郑顼受命为内枢密使,"即欲按(唐)道袭昆弟盗用内库金帛"[5],可见枢密使也管理内库钱财。后蜀王昭远知枢密院事,"事无大小,一以委之,府库金帛,恣其所取不问"[6]。可见,王昭远包揽了政治、经济、军事诸方面事务。而枢密使参与军政自是分内之职使然,如前蜀高祖永平二年(912),"皇太子元膺作乱,枢密使唐道袭等率兵败之,至翌日擒获,戮之于摩诃池畔"[7]。但由于在前蜀政权中,军权分别掌握于中央和地方,军政中最为重要的职务"判六军诸卫事",往往由皇太子或皇帝亲信的宦官掌握,前蜀以枢密使兼判六军诸卫事者,仅见宋光嗣一例,但历时四月即被罢免[8]。因而枢密使尚未把持最重要军权。后蜀时期枢密使对军政大权的掌控明显增强,主要表现在下述三个方面[9]：其一是枢密院至少在名义上是国家最高军政机构。后蜀明德元年(934),李仁罕"自恃宿将有功,复受顾托,求判六军,令进奏使宋从会以意谕枢密院,又至学士院侦草麻"[10]。枢密院已然成为最高军政机构,并有权任命军职。其二是枢密使掌有调兵遣将之权,在对外用兵等重大问题上,皇帝也须与枢密使商量。其三是枢密使掌有视察边防、领导出征之职。如广政十八年(955),蜀主"命知枢密院王昭远按行北边城塞及甲兵以备周"[11]。又如广政二十七年(964),宋师两路伐蜀,知枢密院事王昭远亲率大军迎击。总而言

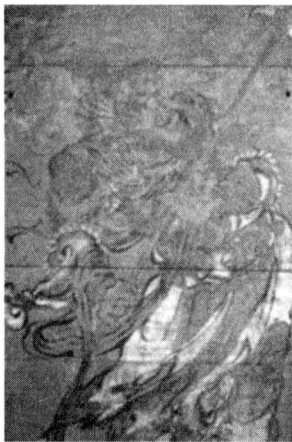

四天王木函彩画(局部)

[1]《十国春秋》卷22《南唐八·柴克宏传》,第314页。
[2] 陆游:《南唐书》卷12《朱元传》,第5560页。
[3]《蜀梼杌校笺》卷1《前蜀先主》,第129页。
[4]《十国春秋》卷41《前蜀七·庚凝绩传》,第611页。
[5]《十国春秋》卷36《前蜀二·高祖本纪下》,第511页。
[6]《新五代史》卷64《后蜀世家》,第806页。
[7]《锦里耆旧传》卷6,第6037页。
[8]《十国春秋》卷32《前蜀三·后主本纪》,第532页。
[9] 贾大泉、周原孙:《前后蜀的枢密使》,载《社会科学研究》1990年第1期;收入《前后蜀的历史与文化》,巴蜀书社1993年版。
[10]《资治通鉴》卷279,后唐潞王清泰元年九月,第9124页。
[11]《十国春秋》卷49《后蜀二·后主本纪》,第724页。

四天王木函彩画(局部)

之,前后蜀时期的枢密使享有较大权力,并作为国家正式官员出现,业已完成从内廷至外朝的过渡。尽管其地位仍稍次于宰相,但较之唐时期显然更为尊崇,且被时人称之为"执政"或"使相"。另外需要提及的是,前蜀置枢密使之初,惩唐之弊,"专用士人","及(唐)文扆得罪,帝以诸将多许州故人,恐不为幼主所用,故以光嗣代之,自是宦者始用事"[1]。改用宦官为枢密使,原因也在于枢密使权重难制。

闽和北汉也有枢密使之设。闽于惠宗龙启元年(933)"以亲吏吴勖为枢密使"[2]。枢密使的职能除掌典机密外,仍然掌典军政,史载:"勖常主军政,得士卒心。"[3]北汉建国之始就设置枢密使,见于记载担任此职的有王延嗣、段常、郭无为等。枢密使仍掌机要,参与国家大政。

五代十国枢密使的基本情况大体如上所述,从总体上来看,枢密院与枢密使之设,是当时极为普遍的现象,而且均有分割宰相权力的目的和事实,相较于唐朝,权力明显有所扩大。虽然十国枢密院与枢密使的地位,总体上稍逊于中原王朝,但在军国大政中已然成为举足轻重的一极,影响不容小视。

值得探讨的是,伴随着枢密使权力的急剧扩张,起初为钳制宰相以便加强皇权的这种制度设计,在五代十国时期对于君主专制意志的实现究竟起到了什么作用? 又对后世的中央权力结构及其运作带来了何种变化? 毋庸讳言,枢密使设置的初衷是为了加强专制皇权。汉代以来,皇权与相权的斗争,总是皇帝以其近侍之臣排除公府大臣,攫其实权,取而代之,昔日的宰相变为徒有虚名的尊贵元老,冗食而已。尚书令、中书令和侍中陆续掌握实权,变成真宰相,而三公变成养尊处优的冗官,正是如此。唐行三省制,权归中书门下。而安史之乱后,宦官专权,奴视朝臣,宰相受制阉寺,殒身赤族者踵继,可是,内枢密使毕竟没有在法制上取代宰相。后梁崇政使均能秉承皇帝意志行事,仍可视为是一种内职诸司使。后唐以来枢密院开始成为决策机构,枢密使成为超级宰相,对军国大政的干预和控制也越来越强。尽管五代各朝有一些枢密使被杀、被贬,但枢密使之权并未因此而削弱,反而日渐加重,

[1]《十国春秋》卷36《前蜀二·高祖本纪下》,第528页。
[2]《十国春秋》卷91《闽二·嗣王世家》,第1326页。
[3]《十国春秋》卷98《闽九·薛文杰传》,第1402页。

其权力不仅凌驾于宰相之上,甚至凌蔑皇权,觊觎帝位。枢密使安重诲更易磁州刺史康福为朔方、河西节度使,康福不愿前往,明宗即令安重诲为其改置,重诲认为,"成命以行,难以复改",明宗不得已,只好对康福说:"重海不肯,非朕意也。"[1]后唐枢密使朱弘昭、冯赟,乘明宗患病之机,"杀秦王而立愍帝"[2],明宗亦无可奈何。至于后汉枢密使杨邠、郭威,后周枢密使王峻,也都屡有欺凌皇权的表现,而郭威终至篡汉以自立。因此,五代枢密使并未成为皇权专制的有力工具,甚而走向了其反面。

　　另一方面,枢密使权重难制危及皇权的现状,迫使最高统治者不得不对原先的制度安排重作调整,这一过程始于后周时期。郭威立国初期,枢密使承后汉之威势,仍然保持重要地位。《新五代史》卷50《王峻传》载:王峻"自谓其佐命之功,以天下为己任。凡所论请,事无大小,期于必得"。枢密使不唯总揽机政,也参与出师征伐活动。"国初……会刘崇与契丹入寇,攻围州城月余,是时本州无帅","及朝廷遣枢密使王峻总兵柄,寇戎有遁"[3]。而为防止枢密使易主事件的重演,周太祖开始有意限制王峻专兵。史载:慕容彦超在兖州发动叛乱,王峻"遣步军都指挥使曹英、客省使向训率兵攻之。峻意欲自将兵讨贼,累言于太祖曰:'慕容剧贼,曹英不易与之敌耳。'太祖默默,未几亲征,命峻为随驾一行都部署"[4]。这种安排已显示出周太祖对王峻专权的忧虑。其后王峻愈"益狂躁",以至周太祖无法忍受,并说:"王峻陵朕太甚,欲尽逐大臣,翦朕羽翼。……岂有身典枢机,复兼宰相,又求重镇! 观其志趣,殊未盈厌。无君如此,谁则堪之!"[5]王峻被贬为商州司马,未几而卒。此后,枢密使在军政方面的权力不断缩小,连军事谋议也鲜有插手。《新五代史》卷31《郑仁诲传》载:枢密使"(郑)仁诲自其微时,常为太祖谋画,及居大位,未尝有所闻"。枢密使魏仁浦、吴廷祚在军政方面同样缺少作为和建树。与此同时,重大军事活动的参决和主持权都逐渐转移到能征惯战的亲军将领手中。例如侍卫亲军都指挥使王殷,所到之处无不以侍卫司局从,且能自行处理河北军务。随着侍卫司势力的增长、殿前司的崛起,"国家之军政大权,几由殿前与侍卫长官操掌。而全国南征北讨之统一

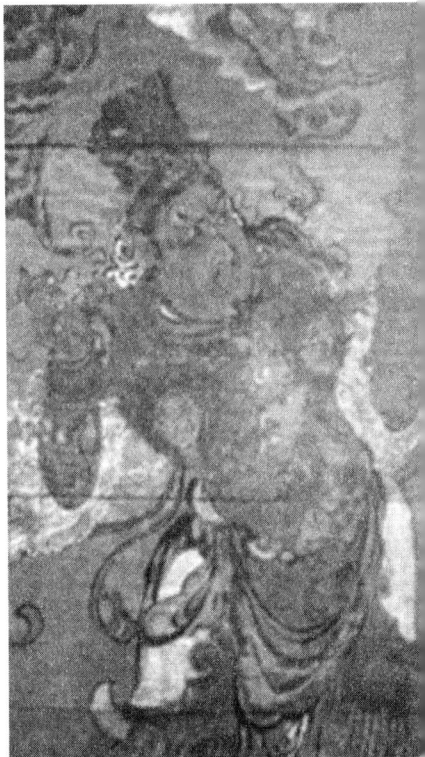

四天王木函彩画(局部)

1 《资治通鉴》卷276,后唐明宗天成四年十月,第9034页。
2 《新五代史》卷27《刘延朗传》,第292页。
3 《旧五代史》卷124《史彦超传》,第1630页。
4 《册府元龟》卷451《将帅部·矜伐》,第5350页
5 《资治通鉴》卷291,后周太祖广顺三年二月,第9493页。

五代赵岩《八达春游图》(局部)

工作,亦专委亲军将领执行。亲军长官拥兵自重,成为军事权力所在"[1]。正是在此基础上,枢密使"后世因之,遂分为二,文事任宰相,武事任枢密"[2]。也就是说,宋代枢密使之权已远非昔日可比,枢密院名义上虽为全国军事的最高权力机构,并与中书门下对持文武二柄,号为两府;但在军事方面仅有调兵之权,而无握兵之重,即使调兵权也要受到皇帝的制约。有握兵之重的三衙(即殿前司、侍卫马军司和侍卫步军司)却无调兵之权。宋代枢密院——三衙统兵体制已将兵权一分为三,枢密使对军权的控制更为减弱。然而以枢密使分割相权的意义依然有所体现,史载:"元丰五年(1082),将改官制,议者欲废密院归兵部。帝曰:'祖宗不以兵柄归有司,故专命官以统之,互相维制,何可废也?'于是得不废。"[3]上下相维,即让枢密院与中书门下相互牵制,目的仍在于加强专制皇权。

第三节　翰林学士与翰林学士院

唐置翰林院,本内供奉艺能技术杂居之所,"文词经学之士,下至卜医技术之流,皆直于别院"[4],并不一定有官品,大诗人李白便是以白衣供职。开元以后,始置学士院,"专掌内命","其后选用益重而礼遇益亲,至号为内相,又以为天子私人"[5]。唐后期,弘文、集贤两院分隶中书、门下,而翰林学士则无所属。

五代时期的翰林学士院,简称为学士院,翰林学士供职其中,扮演着皇帝高级秘书的角色。五代各朝都设有翰林学士,翰林学士大多具有较高的文学、文化修养。据统计,五代政权下的翰林学士共计59人,后梁时期翰林学士19人,进士出身者占11人。后唐时期翰林学士14人,其中5人是科举出身。后晋、后汉翰林学士17人,有科举出身者8人。后周翰林学士9人,全为进士出身。通过分析,可以发现,翰林学士中有科举出身者的比例达到了59.3%,而且主要为进士。这个比例比唐代的71%要低得多[6],与宋代相比差距更大,两宋翰林学士由科举出身者至少88%,其他科名4%[7],这种情况的出现,与五代动荡不平的社会形势

[1]《唐宋变革期之军政制度》,第138页。

[2]《新五代史》卷24《安重海传》,第257页。

[3]《宋史》卷162《职官志二·枢密院》,第3800页。

[4]《文献通考》卷54《职官考八·学士院》,考489。

[5]《文献通考》卷54《职官考八·学士院》,考489。

[6]毛蕾:《唐代翰林学士》,社会科学文献出版社2000年版,第14页。

[7]杨果:《中国翰林制度研究》,武汉大学出版社1996年版,第61页。

相符合。其实,导致翰林学士中科举出身比例下降的还另有原因:一方面,由于荐举和征辟无常,进入幕府往往成为文人入仕的要途。[1]另一方面,翰林学士的任用多以亲信为重,后梁太祖时倚重的张策、李琪,都是潜邸时的幕职僚佐。再如后唐庄宗首先擢用的冯道、卢佐,分别为河东掌书记和节度判官。其他如赵莹、桑维翰、窦贞固、刘昫、赵凤、马裔孙、吴承范、张允、张沆、陶谷、和凝等人,也都有供职幕府的经历,并由此得到历练,终受宠遇,达至显位。所以,尽管五代翰林学士以科举出身的比例低于唐代和宋代,但在当时"重武轻文"观念普遍流行的时代,能保持如此比例实为难得,这也反映出统治者并未因乱世而降低对翰林学士的要求。此外,与门阀士族观念式微的总体形势相一致,翰林学士的选授不以家庭出身为参考标准,家庭出身对任官的影响不大。

　　五代翰林学士一般要经过选拔,如再具备一定的仕宦经历,如曾任地方判官、掌书记、拾遗、补阙、员外郎、郎中、中书舍人和侍郎等,充任翰林学士就更为合适。翰林学士的选拔往往须考试,史载:开平年间,封舜卿与郑致雍一同受命入翰林,封舜卿"才思拙涩,及试五题,不胜困弊,因托致雍秉笔"[2]。考试固为必要步骤,但其时考试制度的执行尚不严格。五题考试制度形成于唐代,考试内容却迭有变化,后唐时刘昫尝言:"本院旧例,学士入院,除中书舍人即不试。余官皆先试麻制、答蕃、批答各一道,诗、赋各一道,号曰五题。所试并于当日内了,便具呈纳。"五题考试法虽能全面考察考生能力,但因不宜于时,且私门请托严重,为纠"召试"之弊,刘昫又提出三题考试法,即只试麻、制、答,不考诗、赋[3],更为务实。考试之外,大臣引荐也是士人入院的途径之一,如张昭远由桑维翰推荐入院,王仁裕由范延光荐入。翰林学士的选拔依然存在避嫌制度。梁末帝欲以窦专为翰林学士,让李振问于宰相:"专是宰臣萧顷女婿,令中书商量可否?"中书奏曰:"宰相亲情,不居清显,避嫌之道,虽著旧规,若蒙特恩,亦有近例,固不妨事。"[4]结果窦专被任为翰林学士。这也说明,在某些情况下皇帝可以特旨征召,并不完全以避嫌为准则。

　　翰林学士的员额,自唐代开始就已形成六员制度,

五代周文矩《文苑图》

[1] 程遂营:《五代幕府文职僚佐》,载《南都学刊》2001年第5期。

[2]《旧五代史》卷68《封舜卿传》,第903页。

[3]《五代会要》卷13《翰林院》,第227页。

[4]《旧五代史》卷9《梁末帝纪中》,第134页。

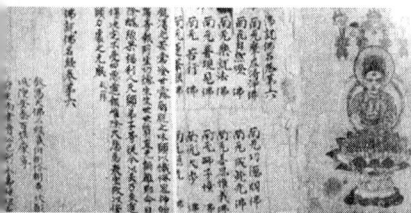

五代曹公已《大佛名经并图卷第六》

《册府元龟》卷550《词臣部·总序》说："其翰林学士、中书舍人分为两制，各置六员，梁因之。"五代时期沿而不改。乾化二年（912）四月，"赐宴宰臣、文武官及六学士"[1]。从后唐灭梁不久就罢梁朝六翰林，也可证明梁末翰林学士有六位。[2]同光元年（923）四月，后唐召冯道、卢质入翰林，十一月又命于峤、赵凤、冯锡嘉为翰林学士，而此时刘昫已经是学士，这是后唐翰林学士员额为六员的例证。后晋开运元年（944）六月，敕书中也明确指出，翰林学士原有六员，复置翰林学士院，一如旧贯。[3]

翰林学士的主要职责，是代表皇帝草写白麻制诏，并充当顾问侍从。在草写制诏方面，翰林学士仍然与中书舍人、他官知制诰分掌内、外制，主要还是专承内命，代表皇帝书诏。如后唐清泰二年（935）三月，末帝尝对学士马裔孙说："卿为朕作诏书，宜朕意。"[4]学士同样有对邻国草制诏的权力。开运三年（946）十二月，翰林学士范质受命草制向契丹投降。[5]五代翰林学士草写白麻制诏，除了前代已有的内容外，也有所扩展。《五代会要》卷13《翰林院》记载，"凡赦书、德音、立后、建储、行大诛讨、拜免三公宰相、命将制书，并使白麻书，不使印"。以上事项均由翰林学士负责。天福二年（937）四月，又规定以后立妃、封亲王等项事宜由学士草白麻制书。据《旧五代史》卷110《周太祖纪一》载：郭威在后汉拜枢密使，"旧制，枢密使未加使相者，不宣麻制"。但自此开始用麻，翰林学士的职权进一步增长。由于翰林学士所草诏、制是代王者立言，故而也有固定式样。《五代会要》卷13《翰林院》载："高丽国未曾有人使到阙，院中并无彼国诏书式样，未审呼卿呼汝，兼使何色纸书写及封裹事例"，可知学士草制诏的工作具有严格规范。另外，唐朝翰林学士所具有的职责，如撰文（辅政）、撰碑（表彰）、选拔人才等方面，五代翰林学士都有所延续。特别在选用人才上，翰林学士不仅能够发表自己的意见，还拥有提名荐举甚至直接选拔人才的权力。同光三年（925）四月，卢质覆试新及第进士；显德五年（958）三月，李昉覆试新及第进士等等，都属此类。五代翰林学士不仅能够主持科考复试，而且可带"权知贡举"之名，如和凝"翰林充学士，转主客郎中充职，兼权知贡举"[6]。崔梲为翰

[1]《旧五代史》卷7《梁太祖纪七》，第106页。

[2]《资治通鉴》卷272，后唐庄宗同光元年十月，第8900页。

[3]《五代会要》卷13《翰林院》，第228页。

[4]《资治通鉴》卷279，后唐末帝清泰二年三月，第9129页。

[5]《资治通鉴》卷285，后晋齐王开运三年十二月，第9321页。

[6]《旧五代史》卷127《和凝传》，第1672页。

林学士承旨,同时还"权知贡举"[1],这是唐代所没有的现象。而到了宋代,翰林学士知贡举,更不足为奇,甚至连"权"字都去掉。在五代本来不太受重视的整个文官群体中,翰林学士作为知识型的人才,由于更为熟悉典章礼法,其文化功能客观上也有提高,如后周窦仪任翰林学士时为礼仪使,还多次撰歌词、定舞乐。

翰林学士院院长称之为翰林学士承旨,设立于唐德宗时,由学士中德高望重的一人充任,地位比众学士要高。内外密奏,皇帝所关心的事情,都由他"专受专对"。后梁为避讳一度改称"奉旨"。天成三年(928)八月,敕:"今后翰林学士入院,并以先后为定,惟承旨一员出自朕意,不计官资先后,在学士之上。"[2]这就不仅确定了承旨学士班位最高,还改变了学士班位混乱的局面,使学士院的制度更为完备。承旨学士特别受到皇帝的垂青,却不一定是由众翰林学士中选任,如赵莹、张允入院直接就充承旨,并非由常规的途径升迁。这正是由于承旨的特殊,同时说明五代时制度执行不够严谨。天福五年(940)四月,敕:"承旨者承时君之旨,非近侍重臣,无以禀命,是以大朝会则以宰臣承旨,草诏书则以学士承旨。若无区别,何表等威。除翰林学士承旨外,殿前承旨改为殿直,枢密院承旨改为承宣,御史台、三司、阁门、客省承旨,并令别定其名。"[3]此后,各部门的承旨开始区分开来。

翰林学士的工作方式很特别,首先是宿值,文献中就有翰林学士夜间工作的事实。《资治通鉴》卷279"后唐末帝清泰二年六月"记载,翰林学士、端明殿学士、枢密直学士等更值于中兴殿,学士当夜草制为薛文遇除目等等,俱为例证。翰林学士的本官越高,宿值任务越轻。这一原则,在唐、五代、宋均相一致。后晋时,经杨昭俭修定,更成为范式。学士宿值,无需每人每晚守候。另有"僝值"即连值制度,据《续翰林志》卷8载:"其内制僝值,及吉凶疾病诸假,则例自具《翰林旧规》。"但宿值人员的搭配、轮替并非一成不变,具体如何安排已不易得知。苏耆《次续翰林志》卷9言:"僝值之制,自五代以还,颇亦湮废,虽有旧规,而罕能遵守。"以此可见一斑。由于翰林学士的草词工作往往涉及军国机密,锁院制度遂有存在的必要。关于唐、宋的

李昪陵出土的大型拱立女俑

1 《旧五代史》卷148《选举志》,第1978页。
2 《五代会要》卷13《翰林院》,第226页。
3 《五代会要》卷24《诸使杂录》,第392页。

锁院制度多有人论及，而作为制度在五代的实际执行情况到底如何，目前尚难确知。

关于翰林学士的工作环境，史载不多，但作为皇帝的高级秘书，其办事机构自当设施完备，条件优越，犹如唐宋时期的学士院，有藏书、寝膳设施等。翰林学士李浣曾有"玉堂旧阁多珍玩，可作西斋润笔不"[1]之句，从侧面反映了翰林院的景象。翰林学士酬资优厚，李浣所提"润笔"，是固定俸禄以外的报酬。"草麻润笔自隋唐以来皆有之"，至宋代越发"无敢有阙"[2]。此外还有不时赏赐。翰林学士常常奉命在皇帝身边扈从、宴饮，待遇和地位比一般文臣高。

既有所掌，自当有一定的考课方法。翰林学士院的工作，各方面都有一定之规。《册府元龟》卷553《词臣部·谬误》记载，开平三年（909）四月，"翰林学士郑珏、卢文度以书诏漏略王言，罚两月俸"。说明五代翰林学士的工作也需要考核。漏汇、稽缓、忘误、违失，这"四禁"早已有之，至宋也相沿不废。五代翰林学士入院后同样有一段试用期，一般是入院满一年，考课合格后才加"知制诰"衔，如刘温叟、范质都是如此。但实际上，由于他们的工作经验、能力、资历以及受宠程度的不同，试用期并不完全固定，如冯锡嘉、赵凤等，入院之时就加制诰。

五代翰林学士所带外官的迁转，基本上与唐朝时一样，还是按照员外郎——郎中——中书舍人——侍郎——尚书的方向迁转，如和凝、范质、李愚、窦贞固的经历大体如此。翰林学士迁枢密院之职，是五代的新现象，联系到五代的时代特征和枢密院的作用，出现这种情形并不令人费解，范质即是一例。但是，李崧、边光范、王溥等人入学士院之前，都有在枢密院担任枢密直学士的履历，这种中枢系统内人员的相互流动，反映出其时文官制度的不成熟性。值得注意的是，学士带外官的情况在五代时期较之前代已有所变化。唐代的翰林学士基本不带礼部侍郎、吏部侍郎、御史中丞[3]。时至五代，则有很多学士官带礼部侍郎。宋代时御史与翰林学士互迁，甚至兼任的现象，五代尚未出现。在翰林学士不带太常卿这点上，唐、五代、宋前后一致。由翰林学士入相，在五代时期也时有发

李昇陵出土的大型拱立女俑

[1]《玉壶清话》卷2，第19页。
[2] [宋]孙逢吉：《职官分纪》卷15，中华书局影印文渊阁四库全书本1988年版，第19页。
[3]《唐代翰林学士》，第50页。

生。五代翰林学士大约有三分之一位至宰辅，但自后唐设置端明殿学士以来，翰林学士入端明殿，几乎成为入相的保障性前提。五代翰林学士迁为端明殿学士者计7人，其中6人后来拜相（窦仪虽未至相位，入宋也不失为高官）。虽然他们并非都是在本朝任翰林学士时入主中书门下，甚至有在政权更替时受贬谪之人（如姚顗），但这也多少反映出五代君主用人不一定特别忌讳旧朝之臣，强调的仍然是以才为先。

唐朝时，翰林学士还有差遣的性质，一般不带外司职务。五代时职能的固定，大大有利于其制度的完善。到宋代，学士院制度发展完备，翰林学士成了正式职官，有时则作为文官贴职使用。五代翰林学士同端明殿学士、枢密直学士都称为"职"，翰林学士一般都负有学士的实际职务，与宋代的文官贴职不同。后唐时规定，端明殿学士的班位在翰林学士之上，并给予他们独立的班位，此非"加衔"所能解释。而学士兼学士的现象到宋代才见多，这与宋代复杂的官制有关。但是，五代的翰林学士同时兼领其他职事的现象，也已有所出现，如赵莹知太原府事，桑维翰知枢密院事等，这也反映出五代翰林学士作为学士的临时差遣性在不断减弱，而向外朝官发展的趋势却日益明显。

韩熙载像

十国之中，仰重文士的政权也较多。如南唐后主时，"更置澄心堂于内苑，引能文士及徐元楂、元机、元榆、元枢兄弟居其间，中旨由之而出，中书、密院乃同散地。兵兴之际，降御札移易将帅，大臣无知者"[1]。根据《十国春秋》卷114《十国百官表》的记载，翰林学士的官称、职能与唐代相似的，如吴，翰林学士；南唐，翰林院学士；前蜀，翰林学士、承旨；后蜀，翰林院承旨、待诏、学士院；南汉，翰林学士；闽，翰林学士；楚，文苑学士、文馆学士。《十国春秋》视上述官称与翰林学士为一类。司马光在《涑水纪闻》卷2中则把吴越所置通儒院学士也看做是"如翰林学士"。北汉也设有翰林学士和翰林承旨。十国翰林学士的职能与中原王朝似无区别，仍以草词和顾问为主。

由上可知，五代十国时期的学士虽无权势，而其地位较高。至于北宋，观文、资政两殿大学士多以卸任宰相充

[1]《十国春秋》卷17《南唐三·后主本纪》，第257页。

香积菩萨及侍者壁画

任,而直学士、学士往往平步登相。明太祖废中书省,不置宰相,其后世有以殿阁大学士组成内阁,实际上成为宰相,溯其渊源,似当与此有关。

学士是皇帝私人,能够参与机要,备顾问,草诏令,握有实权。这批人与阉宦、近习佞嬖都不同,因为他们的文化知识和教养毕竟较高,其中虽不乏谄媚、贪浊、奸邪之辈,而以天下为己任的有志有识之士却代有其人。入宋以后,与五代也不同,学士都是科举成名之士,而不是旧日藩府的掌书记之类。尽管宋朝出了蔡京、秦桧之类人物,也尽管明代内阁受制于阉宦,但文学之士代替了阉宦、嬖佞之流,总是个进步现象,其中杰出人物或者较开明的人物总是比较多的,宋代的范仲淹、王安石、欧阳修,明代的"三杨"、张居正等,都足以为其代表。

第四节 三司与三司使

所谓三司,即度支、盐铁转运、户部三个财政部门的合称。三司使则是各王朝中央财计的最高负责人。三司和三司使的设立并非一蹴而就,而是经历了一个较为漫长的演变过程。自秦汉至于唐代,理财官属变化多端;唐开元、天宝以降,变革尤多。大致有三端:一是旧有的司农、太府等官府地位下降,职权旁落,成了有名无实的冗散官。而后设置的户部、度支、转运、盐铁之权日重。唐中叶以降,开始以台省领其事,尔后用尚书、侍郎充使,又变为宰相兼判其事。二是税目增多,而检括户口却不如以往抓得那么紧。唐玄宗置使,户口使最重,肃、代以后不置户口使,而以盐、铁、茶、酒之类税目增多,管理此项事务的专使不但倍增,而且地位也逐步提高。三是理财之官倍增于前代,盐铁、转运、度支诸使,前代虽曾设置,而其任既轻,员额亦少,中唐以后大不相同,不但中央理财机构增多,事权加重,而且于各地遍设分支机构。这些变化表明,社会经济的发展,盐、铁、酒、茶之类税收或营利成为国家财赋的大宗收入;农民人身依附关系相对减轻,两税法颁行,唯以贫富为差,除役增赋,增加了经济剥削;此又表明，国家的经济职能又进一步有所加强。

唐末五代，战争频繁，赡军费用骤增，国家和各地藩镇搜刮财物，不遗余力，理财机构相应随之增多，事权也不断加重。具体来看，唐初，作为中央财政机关的尚书省户部，下设户部、度支、金部、仓部四司，"掌天下土地、人民、钱谷之政、贡赋之差"[1]。自玄宗朝始，使职官大量涌现，财政使职的设置对原有财政体制带来了不小的冲击，专理赋税征调的户部使、专理钱谷收支的度支使、专理盐铁之利的盐铁使等使职的地位日见突出，以这三个部门为核心的新财政体制渐具雏形。

关于三司之名的出现，《唐会要》卷89《泉货》载：元和七年(812)五月，臣僚奏称："伏请许令商人于户部、度支、盐铁三司，任便换见钱，一切依旧禁约。"此或为史籍中关于"三司"一词的最早记载。"天宝中，杨慎矜、王珙、杨国忠继以聚货之术，媚上受宠，然皆守户部、度支判官，别带使额，亦无所改作。下及刘晏、第五琦亦如旧制。自后亦以宰臣各判一司，不置使额"[2]。盐铁、度支、户部三司已各有所领，分属不同的人专管，相互间却又有一定关联。唐末农民战争之后，"所在征镇，自擅兵赋，皆不上供，岁时但贡奉而已。由是江淮转运路绝，国命所能判者，唯河西、山南、剑南、岭南西道"，"三司转运，无调发之所"[3]。财政机构陷入瘫痪，三司一体化的进程则开始启动。唐僖宗光启二年(886)四月，"以郑昌图同平章事、判度支、盐铁、户部，各置副使，三司之事一以委焉"[4]。判(领)三司的职事名就此得以固定。唐亡前夕，昭宣帝任朱全忠为盐铁、度支、户部三司都制置使。朱全忠只想篡位，并不稀罕这个，拒而不受。三司使一职的最终确定，是在五代后唐明宗时期。在此之前，五代各朝曾相继设立建昌宫使、国计使、租庸使、内勾使等财政主管官员，这种演进过程实际上是三司使最终得以确立的前奏。

后梁设立建昌宫作为最高财政机关。后梁建国，置建昌院，以养子朱友文判院事，"太祖在藩时，四镇所管兵车、赋税、诸色课利，按旧部籍而主之"[5]。"太祖即位，以故所领宣武、宣义、天平、护国四镇征赋，置建昌宫总之，以友文为使，封博王"[6]。建昌院改名建昌宫。随后又以判建昌

舍利弗壁画

[1]《新唐书》卷46《百官志一》，第1192页。

[2]《旧五代史》卷149《职官志》，第1996页。

[3]《册府元龟》卷481《邦计部·总序》，第5772页。

[4]《资治通鉴》卷256，唐僖宗光启二年四月，第8334页。

[5]《册府元龟》卷481《邦计部·总序》，第5772页。

[6]《新五代史》卷13《梁家人传》，第136页。

菩萨与弟子壁画

1《资治通鉴》卷268,后梁太祖乾化二年七月,第8760页。

2《册府元龟》卷483《邦计部·总序》,第5773页。

3《五代会要》卷24《建昌宫使》,第378页。

4《文献通考》卷61《职官考十五·租庸使》,考556。

5《五代会要》卷24《建昌宫使》,第378-379页。

6《五代会要》卷24《建昌宫使》,第379页。

7分见《旧五代史》卷30《唐庄宗纪四》,第411、420页。

8《资治通鉴》卷273,后唐庄宗同光二年正月胡三省注,第8913页。

院事为建昌宫使。建昌宫这一机构的设置,并非沿袭唐制,而是在原藩镇财政系统基础上发展而致。建昌宫"掌凡国之金谷",担任建昌宫使的在后梁时期仅有朱友文1人,实际主持建昌宫事的是判建昌宫事和建昌宫副使。乾化二年(912),朱友珪弑父自立,七月,杀朱友文,并"废建昌宫使,以河南尹张宗奭为国计使,凡天下金谷旧隶建昌宫者悉主之"1。建昌宫使被国计使所取代,掌天下金谷的职能也为后者所继承,国计使成为财政首脑。后唐建立后,也设置有国计使,后唐同光四年(926),"以吏部尚书李琪为国计使,自后废其名额,不置"2。国计使自此废而不置。但是,国计使掌管全国财政的权力却早已丧失,同光二年(924)正月,敕曰:"盐铁、度支、户部三司,凡关钱物,委租庸使管辖。"3租庸使代替国计使,成为中央财政的最高负责人。

租庸使之设,可远溯至唐玄宗朝,"开元十一年(723),宇文融除殿中侍御史,勾当租庸、地税使"4。故而《新五代史》卷26《张延朗传》所谓"乾符已后,天下丧乱,国用愈空,始置租庸使"的说法有失确切。后唐谏议大夫窦专认为,"自唐天宝中,安史作乱,民户流亡,征赋不时,经费多阙。惟江淮、岭表郡县完全,总三司财货,发一使征赋,在处勘覆,目曰租庸"。"广明中,黄巢充斥,僖宗省方,依前以江淮征赋又置租庸使催征,及至车辂还京,旋亦停废"5。此说虽对租庸使最早设立时间的判断也有偏差,但正确指出租庸使设立之初属临时差遣性质,主要任务则是催征一时一地的赋税,事停则罢。后梁时期,"既废(建昌)宫后,改置租庸(使)"6,职责为"总天下征赋",即掌管全国的赋税征收。不过,这时租庸使已由临时差遣变为天下征赋的使职,所以《五代会要》卷24《建昌宫使》注文称:"伪梁不闲典故,乃置租庸使总天下征赋。"就是批评后梁将临时差遣性质的税务官,改为全国最高税务官的这种转变。后唐在立国之初,即委任张宪为租庸使,同光元年(923)十一月,以宰相豆卢革"判租庸使,兼诸道盐铁、转运等使"7。次年正月,"敕盐铁、度支、户部三司并隶租庸使"。胡三省注云:"租庸使之权愈重矣。"8至此,租庸使将征收全国赋税和把持中央财政的大权集于一身。是年八月，孔谦由租庸副使升为正使，"以租庸帖调发诸州"，分割地方节度使和观察使权益;"又请减百官俸钱，省罢节度观察判官、推官等员数"[1]。引起朝廷内外不满，后唐明宗即位后，迫于情势，诛杀孔谦，并于天成元年(926)四月，敕令废除租庸院与租庸使，"依旧为盐铁、户部、度支三司，委宰臣一人专判"[2]。三司统辖状况重新恢复到唐后期情形。

内勾使创置、存于后唐庄宗朝。同光年间，宦官马绍宏以权归郭崇韬，郁郁失望，庄宗改任为宣徽使，"崇韬知其慊也，乃置内勾之目，令天下钱谷簿书，悉委裁遣"[3]。《新五代史》卷24《郭崇韬传》曰:"凡天下钱谷出入于租庸者，皆经内勾。"据此可知，内勾使的职掌为审计中央财务。《旧五代史》卷57《郭崇韬传》亦云:"置内勾使，应三司财赋，皆令勾覆。"内勾使所在机构为内勾司，诸道设置的分支机构，仍称内勾司，《旧五代史》卷35《唐明宗纪一》即载，中书门下上言:"请停废诸道监军使、内勾司、租庸院大程官，出放猪羊柴炭户。"但是，内勾使创设后，致使"州县供帐烦费，议者非之"。"又内勾之名，人以为不祥之言"。故而，为缓解权力之争而临时设置的内勾使，不久即被罢省。天成元年(926)四月，后唐明宗"因废租庸使及内勾司，依旧为盐铁、户部、度支三司"[4]。

经过上述演变后，三司最终被确立为掌管财赋的专门机构。实际上后梁时期，依然沿袭唐代后期制度，仍设户部、度支、盐铁之官，以宰相分判三司之事。如后梁太祖时，韩建曾兼任诸道盐铁转运使，宰臣薛贻矩、张策等尝兼判户部;后梁末帝时，敬翔先后兼判度支、户部，赵光逢判度支，郑珏前后判户部、度支。三司专官仍可分别理事。史载:后梁末帝龙德元年(921)二月，"盐铁转运使敬翔奏:'请于雍州、河阳、徐州三处重置场院税茶。'从之"[5]。后唐明宗时，正式罢废租庸使、内勾司，恢复旧制，分立盐铁、户部、度支三司，以宰臣一人兼判三司事务，号为"判三司"，并且废止租庸使用"直帖"向诸州发号施令的制度。长兴元年(930)八月，"诏以(张)延朗充三司使，班在宣徽使下。三司置使自此始"[6]。至此，三司职事由一人担任，并负责总理全国财计，诚如其时诏令所言:"会计之

五代王齐翰《勘书图》(局部)

[1] 《新五代史》卷26《孔谦传》，第281页。

[2] 《旧五代史》卷149《职官志》，第1996页。

[3] 《旧五代史》卷72《马绍宏传》，第955页。

[4] 《资治通鉴》卷275，后唐明宗天成元年四月，第8980页。

[5] 《旧五代史》卷10《梁末帝纪下》，第146页。

[6] 《新五代史》卷26《张延朗传》，第282页。

五代董源《潇湘图》(局部)

司,国朝重事,将总成其事额,俾专委于近臣,贵便一时,何循往例,兼移内职,可示新规。"[1]具体而言,三司使的职权主要包括征收与减免赋税,管理盐曲;负责供给军队粮饷军需;参与马政事务的管理;参与营田事务的管理;管理府库及官员俸禄;掌供祭祀所用一干钱物等等。[2]但三司使班位在宣徽使之下,地位还不算很高。北宋承袭此制,以三司为计省,长官为三司使。三司使班位虽未发生改变,但权任之重远在宣徽使之上,"位亚执政,目为计相。其恩数廪禄,与参、枢同"[3]。三司使的待遇与参知政事、枢密使相同,地位仅次于执政。

三司使的设置,后晋时期还曾出现反复。后晋高祖在太原时,朝廷恐其坐大难制,"不欲令有积聚,系官财货留使之外,延朗悉遣取之,晋高祖深衔其事"。立国之后,便处死张延朗。"其后以选求计使,难得其人,甚追悔焉"[4]。既无合适人选充任三司使,晋高祖不得已分户部、度支、盐铁为三使,但事隔未久,由于"三司益烦弊","乃复合为一,拜(刘)审交三司使"[5]。经此之变,一直到北宋元丰改制前,三司始终为常设的中央最高理财机构,三司在中央政府中的地位愈益重要。北宋前期,三司与中书门下、枢密分掌财、政、军三权,鼎足而三,互相颉颃。

三司长官为三司使,副长官称三司副使,其员属还有户部判官、度支判官、盐铁判官、三司都勾官、三司通引官等。除此之外,据史籍所载,长兴四年(933)正月以前,三司属员还包括正押衙、同押衙、衙前兵马使、讨击副使、衙前虞候、衙前子弟等。鉴于三司职员过多,后唐明宗敕令:"衙前兵马使已下名目,皆是军职,不合系于省司,其正押衙、同押衙、衙前虞候、衙前子弟宜依。"[6]将衙前兵马使、讨击副使裁汰于三司员属之外。但在后汉、后周时期,三司僚属中仍有"三司军将",其所指并非正式职衔,而是三司军职属员的统称,或许包括衙前兵马使、讨击副使等职。这种设置可能与三司拥有一定军事力量有关。

十国财政系统大体上可区分为两类,即奉中原王朝为正朔者和称帝改元者,前者如吴越、楚和荆南,后者如吴、南唐、前蜀、后蜀、闽、南汉和北汉。前一类割据政权依然袭用唐代藩镇体制,由其最高统治者兼任度支、盐铁、

[1]《旧五代史》卷41《唐明宗纪七》,第567页。
[2] 详见李军:《五代三司使考述》,载《人文杂志》2003年第5期。
[3]《宋史》卷115《职官志二·三司使》,第3807页。
[4]《旧五代史》卷69《张延朗传》,第921页。
[5]《新五代史》卷48《刘审交传》,第545页。
[6]《五代会要》卷24《建昌宫使》,第380页。

营田、制置发运等使，下置副使、判官、巡官以辅助管理财权，如罗隐在吴越曾出任镇海军掌书记、节度判官、盐铁发运副使[1]。另外，唐末及五代设于诸道、负责军需供应的供军粮料使，也见于尚未称帝建国的政权中，如南汉称帝前即置有供军巡官，史载陈用拙尝任其职[2]。

　　至于称帝建元的各政权，财政体制颇有不一。吴建国前，以六部中的户部掌管全国财政，与此相同的还有南汉、北汉政权。南唐财政机构的设置照搬中原王朝模式，以三司使主管全国财赋。闽以国计院与国计使总理财政，先后任国计使者有薛文杰、陈匡范、黄绍颇，在闽国财政官员中也有盐铁使之设，《十国春秋》卷92《闽三·景宗本纪》载："以盐铁使、右仆射李仁。"前、后蜀则承继唐制，由户部、度支、盐铁三司分掌财政，三司各以1人领其事，这与唐代后期情况完全一致。

五代董源《萧湘图》(局部)

---

[1] 《十国春秋》卷84《吴越八·罗隐传》，第1219页。
[2] 《吴越备史》卷2《武肃王》，第6208页。

五代伎乐图

第六章　五代十国典章制度(二)：
　　　　法律制度

清代学者赵翼曾说："五代乱世,本无刑章,视人命如草芥,动以族诛为事。"[1]这种看法在很长时间内,一直是人们对五代立法、司法状况的总体评判。与此相联系,五代十国时期的法律制度长期游离于研究者的视野之外。实际情况则是,这一时期的法典编纂活动较为活跃,法书的制定在承袭唐代律令格式体系的基础上,着重突出格令在整个法典体系中的中心地位。同时,五代十国时期的司法制度,虽然总体上呈现出强烈的军事化色彩,但在死刑复核、狱政管理上,较之前代都已有较大发展或突破,值得加以重视与研究。

第一节　法典之编纂

唐代的法典体系由律、令、格、式四个部分组成。"令者,尊卑贵贱之等数,国家之制度也;格者,百官有司之所常行之事也;式者,其所常守之法也。凡邦国之政,必从事于此三者。其有所违及人之为恶而入于罪戾者,一断以律"[2]。五代十国时期的法典,基本沿用唐代律、令、格、式体系,特别是唐代的《大中刑法总要格后敕》、《大中刑法统类》和《开成格》等仍在法典的编纂中具有重要地位。但为适应时代和社会的需要,各朝又结合自身的实际情况,对前代法典的内容和形式有所改造,从而体现出独特的面貌。

后梁立国之初,并未立即着手法律的制订,直至开平三年(909)十月,才诏令太常卿李燕、御史萧顷、中书舍人

[1]《廿二史札记校证》卷22《五代滥刑》,第478页。
[2]《新唐书》卷56《刑法志》,第1407页。

张衮、户部侍郎崔沂、大理寺卿王都、刑部郎中崔诰等6人共同删定律、令、格、式。次年十二月,此项工作完成,"新删定令三十卷、式二十卷、格一十卷、律并目录一十三卷、律疏三十卷,共一百三卷",这就是《大梁新定格式律令》,且由朝廷颁布施行。[1]与此同时,大理卿李保殷上表进献所撰《刑律总要》12卷。是年十二月,所修律、令、格、式也予颁行。另据《宋史》卷204《艺文志三》载:后梁时期撰修的法书还有《梁令》30卷、《梁式》20卷、《梁格》10卷。巧合的是,这些法书与《大梁新定格式律令》中的令、式、格卷数完全相同,或许两者本来就是同一内容,至宋代只不过从原帙中分离出来单行罢了。从上述后梁法书的编修形式来看,仍未脱离唐代律、令、格、式的框架,立法的根本依据来自于唐代法典。据后唐天成元年(926)大臣奏称:"以大理寺所奏见管四部法内有《开元格》一卷、《开成格》一十一卷,故大理卿杨遘所奏行伪梁格并目录一十一卷,与《开成格》微有舛误。"[2]梁格与唐《开成格》只是"微有舛误",已清晰地说明二者之间一脉相承的传承关系。

　　后唐以李唐王朝后裔自诩,对唐代法典自然格外推崇,朱梁王朝所制定的《大梁新定格式律令》则被视为伪廷法书。后唐同光元年(923)十二月,御史台奏:"当司刑部、大理寺本朝法书,自朱温僭逆,删改事条,或重货财,轻入人命,或自徇枉过,滥加刑罚。今见在三司收贮刑书,并是伪廷删改者,兼伪廷先下诸道追取本朝法书焚毁,或经兵火所遗,皆无旧本节目。只定州敕库有本朝法书具在,诸敕定州节度使速写副本进纳,庶刑法令式,并合本朝旧制。"[3]庄宗采纳其议。时隔未久,定州进纳唐朝格、式、律、令,共计286卷。同光三年(925)二月,刑部尚书卢质又将其所纂集的《同光刑律统类》13卷献于朝廷,[4]此书系删削唐后期《大中刑律统类》而成,对五季宋初法典的编修影响甚深。《玉海》卷66《诏令·律令下》称:"国初用唐律令格式外,有后唐《同光刑律统类》。"伴随着法典编修工作的逐步推进和本朝法书的增多,天成元年(926)十月,后唐宣布"废伪梁格,施行本朝格令"[5]。即废除后梁法书,重新行用唐朝法典。其时行用的唐朝法书,除《开元格》与《开成格》外,还有《大和格》52卷、《刑法要录》10卷、《格式

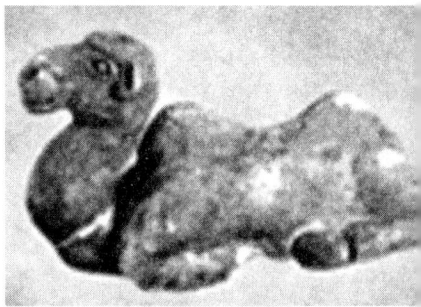

李昇陵出土的陶骆驼

[1] 《五代会要》卷9《定格令》,第146页。

[2] 《五代会要》卷9《定格令》,第147页。

[3] 《旧五代史》卷147《刑法志》,第1962页。

[4] 《五代会要》卷9《定格令》,第147页。按,《旧五代史》卷147《刑法志》(第1962页)作"同光二年",未审孰是,待考。兹从《五代会要》。

[5] 《五代会要》卷9《定格令》,第147页。

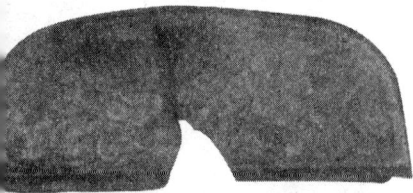

白玉花卉纹梳背

律令》40卷、《大中刑法格后敕》60卷等。然而,法典数目的激增却带来了新问题,那就是庞杂法书中的若干条文颇多重叠、乖张之处,不便检举,有碍司法工作的顺利进行。有鉴于此,当年十月,明宗下令由御史台、刑部、大理寺详定。集众商量的结果是,"《开元格》多定条流公事,《开成格》关于刑狱"。于是,规定废止《开元格》,只使用《开成格》。[1]在尊奉唐代法典的前提下,后唐也注意本朝法令的汇集与编辑。末帝清泰二年(935)四月,"御史中丞卢损等进清泰元年以前十一年制敕,堪悠久施行者三百九十四道,编为三十卷"[2]。未编入的敕不得行用。这次所编制敕即为《清泰编敕》。编敕,实际上就是格和格后敕的衍生,这也是唐末以改格和修敕作为立法主要手段的延续,宋代的编敕即由此而来。此外,据《宋史》卷204《艺文志三》所载,后唐还编修有《天成长定格》1卷和《天成杂敕》3卷。

后晋初立,晋高祖就于天福元年(936)十一月降制,着意强调务须沿用后唐法书:"应明宗朝所行敕命法制,仰所在遵行,不得改易。"[3]次年三月,据大理寺所奏:"见管统类一十三卷、编敕三卷、散敕七十六道。"这些都应是后唐法制的遗存。其时去后唐未远,前朝所用法典基本上能发挥原有作用,因此,高祖下令:"大理寺其合改正国号、庙讳等文字,如是不动格条,不碍理义,便可集本寺官员检寻、改正。如或显系重轻,须要商议,别具奏闻。其御史台、刑部所有法书合改正文字者,亦宜准此。"[4]只要简单地改正后唐法书中的国号、庙讳等文字,就可行用,的确方便至极。由是也进一步巩固了后唐法典在当时整个法律体系中的重要地位。及至天福三年(938)六月,中书门下奏:"今诸司每有公事,见执清泰元年十月十四日编敕施行,称明宗朝敕,除编集外,并已封锁不行。臣等商量,望差官将编集及封锁前后敕文,并再详定。其经久可行条件,别录奏闻。"[5]这次奏请,意在重新详定《清泰编敕》与当时被封存的明宗朝前后的其他敕文,希望从中检出仍可适用的法令条文,编集成书。同年七月,应中书门下的请求,命左谏议大夫薛融等5人,"同共详定唐明宗朝编敕"[6]。这次详定的应是《清泰编敕》,只不过因为该编敕所收集的主要是明宗朝制敕,是故才有明宗朝编敕的说法,虽然

[1]《五代会要》卷9《定格令》,第147页。

[2]《旧五代史》卷47《唐末帝纪中》,第647页。

[3]《册府元龟》卷93《帝王部·赦宥十二》,第1115页。

[4]《册府元龟》卷613《刑法部·定律令五》,第7361页。

[5]《五代会要》卷9《定格令》,第148页。

[6]《旧五代史》卷77《晋高祖纪三》,第1016页。

这一说法明显不确,但毕竟道出了《清泰编敕》内容的实质。时隔一年,"御史中丞薛融等上详定编敕三百六十八道,分为三十一卷"[1]。此次所修称为《天福编敕》。据考证,在《天福编敕》的31卷当中,后唐制敕竟占30卷之多。[2]由此至少可以说明,后唐法典在后晋时期一直是立法的主要来源。尤其具有深远意义的是,编敕的修撰已不再拘泥于朝代的隔阂,更多采取的是为我所用的实用主义态度,异于前朝。

后汉享国仅有4年,且"汉隐帝末,因兵乱法书亡失"[3],编集法书的详情已难以确知。但据后周时期仍然采用"后唐以来至汉末编敕三十二卷"[4]的事实来看,后汉应该编集过法书,至少有若干敕条存于后周时期,且得行用。后汉一朝,立法严酷,从当时皇帝颁发的敕命中可以得到体现。如后汉高祖登基不久,即敕:"应天下凡关贼盗捕获,不计赃物多少,按验不虚,并宜处死。俾其重法,斯为爱民。"[5]以制定严酷苛重之法来体现爱民之意,其结果可想而知。在这样的立法原则下,冤狱泛滥自然不可避免,诚如宋人朱黼在《永嘉朱先生三国六朝五代纪年总辨》卷27所述:"汉法既严,而史弘肇掌邦禁,尤为残忍,凡入军狱者,无不自诬;京城罪人不问情轻重,于法何如,皆刑诛之,专杀不辜,曾无虚月,冤死甚众。"

后周时期的立法成就,在五代各朝中最为突出。建国初期,后周太祖仍然重视前朝法典的借鉴和指导意义。广顺元年(951)的诏令中就明确强调:"并依晋天福元年已前条制施行。"[6]同年六月,又命侍御史卢亿等共同议定重写法书148卷。后晋以前的法书经重新校勘、整理后,又"以晋、汉及国初事关刑法敕条一十六件,编为二卷,目为《大周续编敕》"[7]。实际上就是将后晋、后汉时期的编敕另行编集,成书后称之为《大周续编敕》。袭用前代旧法的情况持续至显德四年(957),间或也用本朝敕文。是年五月,中书门下总结道:"今朝廷之所行用者律一十二卷、律疏三十卷、式二十卷、令三十卷、《开成格》一十卷、《大中统类》一十二卷、后唐以来至汉末编敕三十二卷及皇朝制敕等。折狱定刑,无出于此。"[8]但法书在传流过程中,又会产生不少弊端,所谓"法书行用多时,文意古质,条目繁细,

五代黄筌《写生珍禽图》(局部)

[1]《旧五代史》卷78《晋高祖纪四》,第1018页。

[2]《通志》卷65《艺文略三》,志777。

[3]《旧五代史》卷147《刑法志》,第1962页。

[4]《五代会要》卷9《定格令》,第149页。

[5]《册府元龟》卷613《刑法部·定律令五》,第7363页。

[6]《册府元龟》卷613《刑法部·定律令五》,第7363页。

[7]《五代会要》卷9《定格令》,第148页。另,《旧五代史》卷147《刑法志》(第1962页)则称其敕条为"一十六件",不同于《五代会要》所云"二十六件",尚难稽考。兹从《五代会要》。

[8]《旧五代史》卷147《刑法志》,第1964页。

李昇陵出土的戴风帽男俑

使人难会。兼前后敕格,互相重叠,亦难详定……律令则文辞古质,看览者难以详明;格敕则条目繁多,检阅者或有疑误。加之边远之地,贪猾之徒,缘此为奸,浸以成弊。"因此,编集符合本朝特点、简明易懂、便于翻检法书的任务,再度被提上议事日程。世宗派遣侍御史知杂事张湜等10人依据上述行用的法书拟订本朝法典。此次法典编纂力求"纲目无遗,究本讨源,刑政咸在"[1]。次年七月,兵部尚书张昭远等对张湜等人所编集的法书"参详旨要,更加损益"并奏上,又由宰相范质、王溥据文评议,备见精审,然后将最终形成的《大周刑统》(也称《显德刑统》)21卷颁行天下,且与律、疏、令、式通行。在纂修的过程中,《刑法统类》、《开成编敕》采掇既尽,已丧失实际使用价值,故"不在法司行使之限"[2]。但是,《大周刑统》并不包括"宣令指挥公事,三司临时条法,州县见今施行"[3]等内容,还未真正做到"刑政之要,尽统于兹"的地步。

　　十国政权中的杨吴、南唐、前蜀等也有立法活动。杨吴时期,杨行密于天复二年(902)下令建"制敕院",顺应唐末之后以改格、修敕作为立法主要任务的趋势,设置这一机构的目的显然也是整理编修其时所颁行的大量敕条,并将之作为法典。据《续唐书》卷19《经籍志》载,同年,又诏修《删定格令》50卷。杨隆演时,徐温柄政,"立法度,禁强暴,政举大纲,军民安之"[4]。至于此时所立法度的结果如何,囿于史料,已无法备知。

　　吴唐禅代,烈祖徐知诰即位,继续沿袭杨吴"尚法律"的传统,并在立法方面取得新的进展和突破。昇元三年(937)七月,烈祖"命有司作《昇元格》,与吴令并行"[5]。格,本刑法之故事,是对律和令的补充与修改,具有临时变通的性质,至唐后期,因政局动荡不安,完整法典的纂集已几无可能,代之而起的是频繁使用已融入皇帝临时敕命的格,与之相适应的是破律而用趋势的出现,南唐以唐后裔自居,在法律的制定上仍然承唐余绪,即以律为主而以格辅之,《昇元格》的制定与颁布就是这一特征的典型反映。昇元六年(940)九月,基于已发生变化的现实条件,又颁布《昇元删定条》30卷[6]。从《昇元格》到《昇元删定条》,南唐的立法也完成了从烦碎到简易的变化。其后,还编修

[1]《旧五代史》卷147《刑法志》,第1964–1965页。

[2]《五代会要》卷9《定格令》,第150页。

[3]《五代会要》卷9《定格令》,第150页。

[4]《十国春秋》卷2《吴二·高祖世家》,第38页。

[5] 陆游:《南唐书》卷1《烈祖本纪》,第5468页。

[6]《十国春秋》卷15《南唐一·烈祖本纪》,第199页。

《江南刑律统类》10卷、《江南格令条》80卷。[1]

前蜀以颁布敕令的形式来体现法律效力,《宋史》卷204《艺文志三》所载前蜀有《蜀杂制敕》3卷,此书尽管未能流传至今,但仅就其书名判断,这应是前蜀法书,属于编敕性质。

至于十国中的其他政权,目前在史籍中仍未见到有关法典传承的记载。

总观五代十国时期法典的纂集情况,可以明显看出,除后周一朝曾编纂过完整系统的法书外,其他编修法书的政权均无一例外地采取汇编敕令的形式。虽然编敕并不严密完备,但由于唐朝法典仍在当时的整个法律体系中居于主导地位,故而其时的司法实践大体还是有法可依、有章可循的。这一时期所编撰的若干法书,对宋初的法制建设也产生了一定影响,这其中首推《大周刑统》,特别是其所开创的法典纂集的新体例,更成为《宋刑统》效仿的蓝本。这种体例以刑律为中心,按律为标准,将有关的敕、令、格、式附于其下,汇编成册,以便检索、稽查;对其中文意难解的条文,又加以训释,以朱字抄录于后。后世史家对于《大周刑统》在刑律法典编纂体例方面的贡献有较高评价,所谓"《刑统》一书,终宋行之"[2]。

第二节　司法制度

五代十国时期的司法制度,与唐后期制度如出一辙,但毕竟世易时移,社会局势变幻莫测,适当加以变化,也就成为司法制度改革的必然,由此而最终形成五代十国时期司法制度的新特点。

五代时期,中央司法机构为刑部、大理寺、御史台,也称作"三法司",在此之外,另有一些军事机构逐渐侵蚀司法权力,形成新的司法机关。侍卫司即侍卫亲军司,原为统帅侍卫马军与侍卫步军的军事机关,本应与司法无关,然而由于五代时期军事纷争的时代特点,使侍卫司一类的军事机关在国家机器的运转中扮演着越来越重要的角色,权力范围也日益突破单一的军事领域,并大肆掠夺其

李昇陵出土的男伶人俑

[1] 《宋史》卷204《艺文志三》,第5138页。

[2] 《资治通鉴》卷293,后周世宗显德四年五月胡三省注,第9569页。

他国家机构的权力，司法机关也无可避免地成为其侵吞权力的对象之一。后晋时期已有下辖于侍卫司的侍卫狱，其权限已远远超越军队违纪事件的处置，如"有军吏于马前揖维翰赴侍卫司"。胡三省注："揖赴侍卫司，示将囚系之也。"[1]能够羁押时任中书令的桑维翰，可见侍卫狱权力之大。后汉时期，侍卫狱权力更加膨胀，"凡朝廷大事皆决侍卫狱"[2]。侍卫狱的大权完全操持于侍卫司首脑侍卫都指挥使一人之手，可任情专杀，无所顾忌。下述记载可以清晰地说明此点："汉法既严，而侍卫都指挥使史弘肇尤残忍，宠任孔目官解晖，凡入军狱者，使之随意锻炼，无不自诬。……得罪人，不问轻重，于法何如，皆专杀不请，或决口、斫筋、折胫无虚日。虽奸盗屏迹，而冤死者甚众，莫敢辩诉。"[3]侍卫狱也经常插手民事案件，后汉乾祐年间，"贡院尝录一学科于省叫噪，申中书门下，宰相苏逢吉令送侍卫司，请痛笞刺面"[4]。照理此类事件应由三法司或开封府处理，苏逢吉却直接交给侍卫狱，由此可知，侍卫狱受理案件已包括民事方面。

军事机构中，设置于京师、陪都的左右军巡院也具有一定的司法权力。左右军巡院是侍卫亲军的下属机构，供职于其中的左、右巡使以负责京城内外的巡警为职责。胡三省曾说："侍卫亲军分左右军，各有巡院，以鞫系囚。"[5]这里所说的"左右军"其实指的是侍卫马军和侍卫步军，沿用的是唐代神策左、右军的习惯说法。能"鞫系囚"，显然表明左右军巡院设置有监狱，即军巡狱。如后唐天成二年（927），"前安州节度使范延荣并男皆斩于军巡狱，为高行珪诬奏故也"[6]。又如"河阳主藏吏盗所监物，下军巡狱"[7]。所讲的都是军巡院设置有军巡狱的事实。军巡院也有审判权，如后唐同光二年（924）六月敕："应御史台、河南府行台、马步司、左右军巡院，见禁囚徒，据罪轻重，限十日内并须决遣申奏。"[8]其审判对象除军人外，还有违法官员及普通百姓，军巡院司法管辖范围呈现出明显的扩张迹象。

五代时期的州署、县署设置有地方司法机构，地方基层组织的乡官、里正、村正等也承担相应的司法职责。这与前代并无不同，有所区别的是，这一时期还出现了一些

黄筌落款印谱

[1]《资治通鉴》卷285，后晋出帝开运三年十二月胡三省注，第9321页。
[2]《新五代史》卷27《康义诚传》，第298页。
[3]《资治通览》卷288，后汉隐帝乾祐元年十月，第9402页。
[4]《旧五代史》卷107《史弘肇传》，第1407页。
[5]《资治通鉴》卷293，后周世宗显德三年十一月胡三省注，第9561页。
[6]《旧五代史》卷39《唐明宗纪五》，第544页。
[7]《新五代史》卷56《吕琦传》，第645页。
[8]《旧五代史》卷147《刑法志》，第1965页。

行使地方司法权的新机构,如诸州之马步院、子城司、巡检司等,这些机构最初的主要任务大都与军事有关,但由于军人集团力量的恶性膨胀,致使上述机构的职权范围也进一步扩大,染指经济、民事的司法权力也相应增长,从而成为新的地方司法机构。

南汉德陵墓道器物箱中的青瓷罐与釉陶罐

五代时期的诉讼制度,可从起诉制度与诉讼程序两个方面进行说明。起诉制度仍然继承了唐代的告诉、告发、举劾三种,但纠举非违的机构较之前代明显有所增多,如军巡院、巡检司都担负着这方面的职能,后周时期还出现了以耆长纠举地方基层违法事件的做法。与起诉密切相关的诉讼程序在这一时期大大得以简化,通常情况下所经历的官署只有三级。如后唐天成三年（928）四月,敕:"今后凡有词状,并须各于所司部据理陈论。如未尽情或有阿曲,即许经御史台,台司不理,则诣匦投状。"[1]据此,诉讼程序为:先达于本司(县、州或观察使),再达于御史台(或者尚书省),最后可诣匦投状。诣匦投状是指在朝堂设置投诉状的匦函,诉讼者可直接投状于皇帝,以求昭雪冤屈。长兴二年(931),又对上诉于御史台或诣匦投状的案件作出如下规定:"如勘问不虚,其元推官典并当责罚,其逐处观察使、刺史,别议朝典。"[2]后周太祖广顺二年(952)所颁发的诏令,提到了诉讼程序中越级申诉问题:今后百姓诉讼,须依县、州、观察使次序逐级投诉,或断遣不当,即可诣台省申诉。"如或越次诉论,所司不得承接。如有抵犯,准律科惩"[3]。越诉无疑有利于加强司法审判的公正性。

十国之中,南唐的诉讼程序在史籍中有明确揭示。宋人郑文宝《南唐近事》卷2载有这样一则案例:庐陵偏远村落间有一富豪,晾晒衣物时,价值数十千的衾服为人所盗,当地人迹罕至,"唯一贫人邻垣而已。周访纵状,必为邻人盗之。乃诉于邑,邑白郡,郡命吏按验,归罪于贫人,诈服为盗。诘其赃,即言散鬻于市,盖不胜捶掠也。赴法之日,冤声动人。长吏察其词色似非盗者,未即刑戮,遂具案闻于朝廷。烈祖命员外郎萧俨覆之"。据此可了解南唐的诉讼程式为:先经邑、郡,有疑则闻于朝廷,朝廷派遣专员审理。并且仍然执行逐级上诉的方式。与五代相比较,南

[1] 《册府元龟》卷65《帝王部·发号令四》,第732页。
[2] 《旧五代史》卷147《刑法志》,第1967页。
[3] 《五代会要》卷17《御史台》,第286页。

唐已减省了中央官署的复审环节,诉讼程序相对简化。

诣匦投状的申诉方式在十国政权中也很普遍。杨吴时期,清淮军节度使王稔设"鼓簏待问者,四境鳞萃"[1],有利于减少冤屈案件的发生。南唐陈省躬任庐陵永新令时,曾"两造甘惬,其讼自弭"[2]。但直接向皇帝申诉必须具备一定条件,即"狱讼未经本处论决者,毋得诣阙诉"[3]。另外,前蜀时期出现了挝登闻鼓的直诉方式。乾德五年(923)冬十月,以"韩昭为吏部侍郎,判三铨。昭受赂徇私,选人诣鼓院挝鼓上诉"[4]。这里的鼓院与宋代的登闻鼓院应有一定的渊源关系。

在证据制度方面,五代时期更加重视对作案现场与实物证据的勘验。后唐天成元年(926)的一道诏令,针对勘验工作提出了具体要求:凡百姓及军人之家有人口非正常死亡者,由府县和两军军巡差人检勘。在天气炎热、尸体难于保存的季节,人口系正常死亡,允许"四邻看验";"若有枉有伤害致死,邻人妄有保明,本户并保人勘责不虚,各量罪科断"[5]。据载,五代时期已出现将医工鉴定的结论作为证据的做法。[6]一些民事案件所反映出的通过询问当事人以调查取证的方式,也与现代颇为相似。后晋开运二年(945),寡妇阿龙地产诉讼案中的证据不仅有书证(租佃契约),并且有当事人的陈述,这些陈述形诸文字后,都须签字画押,由此构成为完整的证据体系。[7]

在五代时期的审判制度中,因为按验案情的需要,司法机关被允许在法律规定的范围内采取刑讯逼供的方式获得口供。后唐长兴二年(931)四月,根据中书门下的奏请,规定:在审讯犯人的过程中,如故意将人犯刑讯致死,审讯者以故意杀人罪论处;若无过失,则比照故意杀人罪减一等处罚。如因刑讯而加重患病程度,必须查勘清楚。若因过失而导致人犯死亡,同样以故意杀人罪减一等处罚。[8]后晋时期对刑讯逼供又有新的规定:"若违法考掠,即非托故以致其死而无情故者,依故杀论。若虽不依法拷掠,即非托故以致其死而无情故者,请减故杀一等。若本无情故,又依法拷掠,或诘问未诘问,及不抑压因他故致死,并属邂逅勿论之义。"[9]既然违法刑讯致人死命者需要追究罪责,反过来说,合法刑讯就是为法令所允许的。合

《韩熙载文宴图》中的乐队演奏图

[1]《九国志》卷1《吴·王稔传》,第3236页。

[2]《江南野史》卷7《陈省躬》,第5202页。

[3]《十国春秋》卷15《南唐一·烈祖本纪》,第188页。

[4]《十国春秋》卷37《前蜀三·后主本纪》,第539页。

[5]《五代会要》卷8《丧葬上》,第134-135页。

[6][宋]郑克:《折狱龟鉴》卷4《议罪·高防》,景印文渊阁四库全书本(第729册),第901页。

[7]参见陈永胜:《"后晋开运二年寡妇阿龙地产诉讼案"若干法律问题析论》,载《兰州大学学报》2003年第2期。

[8]《五代会要》卷9《议刑轻重》,第152页。

[9]《五代会要》卷9《议刑轻重》,第152页。

法刑讯中当然存在拷掠程度的问题,对此,上引两段材料对拷掠致死者都提出了处罚措施。再如后唐天成三年(928),要求司法人员在审讯案件时,"如不明事理,不得行责情杖"[1]。案情查验完毕后的判案,在这一时期已逐渐形成长官亲审制度,五代各朝都十分强调长官亲决刑狱的重要性,即使是以刑法残酷著称的后汉时期也不例外。[2]这一制度至宋代发展为地方长官坐堂审案的固定制度。

对于审判中的死刑案件,唐代一般实行三覆奏,即各州判后,先由中央有关部门复查,再由皇帝裁决。后唐天成二年(927),将唐代的三覆制改为两覆制,即死刑执行"前一日令各一覆奏"[3],并且要求司法官员严守死刑复核制度,否则,将予惩戒,"诸死罪因不待覆奏报下而决者,流二千里;即奏执应决者,听三日仍行刑,若限未满而行刑者,徒一年"[4]。后晋时期对此又有所补充:"即过限,违一日杖一百,二日加一等。"[5]此外,后晋时期,还制定了死刑案断讫后再由刑部复核案件的制度,"州府凡断大辟罪人讫,逐季具有无申报刑部,仍俱录案款事件,并本判官、马步都虞候、司法参军、法直官、马步司判官名衔申闻,所贵或有案内情曲不圆,刑部可以覆勘"[6]。这种制度在后周时期被再次重申:各地死刑案了断之后,必须录原案并审判官姓名上达朝廷,并且"其检用法条朱书,不得漏落"[7]。当然,五代各朝中也有不执行死刑复核的,如后汉规定犯赃不计多少,立决杀。死刑的执行,除后汉采取立即处决的极端做法外,大都遵循秋冬季节执行的惯例。不过,这一定制也并非一成不变,如后唐同光三年(925),规定:"其诸司囚徒,罪无轻重,并宜各委本司据罪详断。轻者即时疏理,重者候过立春,至秋分然后行法。如系军机,须行严令,或谋为逆恶,或蕴蓄奸邪,或行劫杀人,难于留滞,并不在此限。"[8]也就是说,对于重大案件中的人犯,不必受旧制的约束,可以立即执行死刑。

十国政权中的南唐,也曾实行死刑覆奏制度,所谓"诸郡有断死狱者,当先奏牍,既详覆无疑,乃于佛前炷香爇灯,以达旦为验。若火灭则从之,如燃则贷死"[9]。佛前燃灯等等,固属荒谬,但覆奏死刑案件则确凿无疑。《玉壶清话》卷9也谈到南唐的覆奏制度,"时天下罹乱,刑狱无典,

《韩熙载夜宴图》(局部)

[1]《五代会要》卷10《刑法杂录》,第160页。

[2]《全唐文》卷121,汉隐帝:《委长吏亲虑囚敕》,第1219页。

[3]《旧五代史》卷147《刑法志》,第1966页。

[4]《五代会要》卷10《刑法杂录》,第160页。

[5]《宋刑统》卷30《断狱律》,第495页。

[6]《旧五代史》卷147《刑法志》,第1969页。

[7]《五代会要》卷10《刑法杂录》,第164页。

[8]《五代会要》卷10《刑法杂录》,第159页。

[9]《江南野史》卷3《后主》,第5176页。

因是凡决死刑,方用三覆五奏之法,民始知有邦宪,物情归之"。但具体操作方式如何,根据现有史料,难于详加叙述。

监狱制度也是司法制度的内容之一。与唐、宋时期相一致,五代时期的监狱,也是审而未结的人犯(犯罪嫌疑人)和等待执行死刑的死囚的羁押场所,并非服徒刑的地点。因其如此,狱政之中有两项内容是颇为重要的,即决遣的从速与病囚的疗养。关于从速决遣、免至淹留的规定见诸五代各朝。如后晋开运二年(945)五月,"令所在刑狱,委长吏亲自录问,量罪疾速断遣,务绝冤滥,勿得淹留"[1]。后汉乾祐二年(949)四月,敕:"三京、邺都、诸道州府在狱见系罪人,宜令所司疾速断遣,无致淹致枉滥。"[2]同样是要求司法机构尽量及早审理、判决案件。监狱既为系囚之所,如何安置病囚也是狱政面临的问题之一。后唐时期开始设置病囚院,妥善处理病囚问题。长兴二年(931)四月,敕:"诸道州府各置病囚院,仍委随处长吏,专切经心。或有病囚,当时差人诊候,疗理后据所犯轻重决断。如敢故违,致本囚负屈身死,本官吏并加严断。"[3]而且要求狱卒务须做到夏季每五日洗刷枷匣一次。除在医疗方面给予病囚适当的照顾外,如果病囚罪行轻微,后晋时甚至"仍许家人看候"[4]。病囚院的设置,无疑是狱政管理进程中的一大进步,五代时期所开创的这种狱政管理的新举措,也为其后历代王朝所承袭,影响极其深远。后周时期在此方面的规定更加具体细致,尤可称道。广顺三年(953)四月,敕:"应诸道州府见系罪人……仍令狱吏,洒扫牢狱,当令虚歇;洗涤枷械,无令蚤虱;供给水浆,无令饥渴。如有疾患,令其家人看承,囚人无主,官差医工诊候,勿致病亡。"[5]对普通囚犯的管理较之前代也有进步。如显德二年(955)十月规定:关押囚犯的饮食如无家人提供,由官府按每日2升米的标准供给,严禁狱卒、节级克扣。[6]对于不幸死于狱中的无亲戚囚犯,则由官府提供棺木,并"置砖铭于圹内,立碑于冢上,书其姓名"[7]。这样一些做法,体现出狱政管理中人性化色彩的增强,于后世多有启发意义。

五代十国时期的司法制度就其总体特征而言,仍然具有军事化的意味,其与武人政治、武人专权的时代特点

《韩熙载夜宴图》(局部)

[1]《册府元龟》卷151《帝王部·慎罚》,第1832页。

[2]《册府元龟》卷151《帝王部·慎罚》,第1833页。

[3]《五代会要》卷10《刑法杂录》,第161页。

[4]《旧五代史》卷147《刑法志》,第1968页。

[5]《旧五代史》卷147《刑法志》,第1972–1973页。

[6]《五代会要》卷10《刑法杂录》,第164页。

[7]《五代会要》卷10《刑法杂录》,第162页。

高度吻合，至为突出之处表现在军事机构对司法权力的侵夺。由此又造成司法权的分割，司法人员的增多。在此情形之下，司法人员的素质必然呈现出良莠不齐的状况，司法领域出现冤假错案的情形自然会随之大量增加，并且武夫悍卒擅用其权、任情专杀、法外用刑的事例屡见不鲜，从而又进一步刺激了司法不公现象的蔓延。造成这种现象的根本原因并不在于无法可依，而在于掌握权柄者的有法不依，这才是五代时期司法制度难以得到贯彻执行的症结所在。

五代董源《夏山图》(局部)

五代阮郜《阆苑女仙图》

第七章　五代十国典章制度(三)：
选举制度

　　五代十国的选举制度,包括贡举制度与铨选制度,两者基本沿袭唐代旧制,但又因时代的不同稍有损益。从总体上看, 五代各朝及十国中的部分政权在两者的政策制定与具体实施上又往往呈现出不同之处, 从而构成中国科举史及选官史上的一个独特的历史时段。

第一节　贡举制度

　　五代十国时期的贡举制度并未因频繁的战乱而中止不行,五代各朝尤其如此。五代54年间,因后梁太祖朱温于唐天祐四年(907)四月甲子即位,改元开平,是年进士二月放榜,故此榜应计入唐王朝。除此以外,后梁乾化四年(914)、贞明七年即龙德元年(921)、龙德三年即后唐同光元年(923),后晋天福四年(939)、天福五年(940),累计停举5次,开科则达47次之多。十国政权中设有贡举制度的国家也不在少数。这一时期的贡举大体因循唐制,分为常举和制举。在具体科目的设置上,由于政局动荡,易代频仍, 有些科目往往存在多年无人应举或应举人数极少的状况,故而贡举科目兴废无常,总体上则呈现出逐渐减少的趋势。五代的常举科目,以进士、五经、九经、明经、五科、童子等科最为常见,另有明法、明算、道举等科。其中进士科地位最为重要, 除在未曾开科的少数几个年份停举外,再未废举,属于常设科目。其他科目则或兴或废。[1]

　　五代常举仍每年举行一次,关于举子取解的时间,如今所能见到的只有后唐一朝的若干材料, 从中似可推断

[1] 详见《五代十国制度研究》,第3—8页。

举子下纳文解到省的时间一般都在十月份，与唐代举子于当年十月汇集京师的做法大致相同。如《五代会要》卷23《缘举杂录》所录长兴元年(930)六月中书门下的一份奏章说:"将来举人，并依选人例，据地里远近，于十月中纳文解。如违，不在受纳之限。"清泰二年(935)九月礼部贡院上奏，再次重申各地举子务须于"十月十五日到省毕，违限不收"[1]。尽管目前尚未见到五代其他各朝有关举人到省时间的规定，但应与后唐相近。与此相应的是，这时各地府、州、县投牒取解的时间也当与唐后期取解的时间无多大差别，即每年的七、八月份。

贡举人之中的生徒直接由国子监选送，地方乡贡却先要将记载本人籍贯和三代名讳等内容的名牒投递于州、县。依唐旧制，举人投牒后，必须参加州、县组织的解试，合格者方能取得解状，具备参加省试的资格。唐末以降，地方坐大，往往将未参加解试者解送入京，谓为"拔解"。后梁开平元年(907)，梁太祖下诏指出:"近年举人，当秋荐之时，不亲试者号为'拔解'"，明令各地予以禁绝[2]。为避免府州滥举，其后各朝都对解试极为重视。如后唐天成三年(928)七月，明宗敕:"宜令今后诸色举人，委逐道观察使慎择有词艺及通经官员，各据所业考试。及格者即予给解。仍具所试诗赋、帖经通精数，一一申省。未及格者，不得徇私发解。"[3]此次诏令还规定，举人必须于本人籍贯所在地申请取解，详细说明所在州的某县、某乡、某里。这是鉴于唐代后期举子取解不受籍贯限制，假冒京兆、同、华为乡贯以求中第的情形而采取的针对性措施。因为自唐以来，京兆府解送举人称作等第，中第者的比例至低也有七八成;同、华两州解送的举人，与京兆府录取情况相当。故而其他州举子往往至京兆、同、华取解，甚而形成以洪固乡、胄贵里为户的传统。对此，明宗诏书特别提到:"(举子)如或寄应，须具本贯入状，不得效洪固、贵胄之例。"[4]有效遏止了举人取解"因地投奔"的弊端。后周太祖时也有相关要求:"今后举人，须取本乡贯文解。若乡贯阻隔，只许两京给解。"[5]

解试仿照省试形式，同样分进士、明经及诸科。后唐、后汉、后周三朝曾就解试的组织、内容反复颁发诏敕，取

贯休《罗汉图》之三

[1] 《五代会要》卷23《缘举杂录》，第369页。

[2] 《旧五代史》卷148《选举志》，第1977页。

[3] 《册府元龟》卷641《贡举部·条制三》，第7691页。

[4] 《五代会要》卷23《缘举杂录》，第366页。

[5] 《册府元龟》卷642《贡举部·条制四》，第7701页。

解愈趋严格，乡贡取解的要求也越来越高，一些不能得解的，到国子监以图由生徒途径参加贡举，称作"附监举人"，这类人员的增多势必影响及于人才的选拔质量。对此，后唐、后周也曾颁诏予以限制。如后周显德元年（954）十一月，敕："国子监所解送广顺三年（953）已前监生人数，宜令礼部贡院收纳文解。其今年内新收补监生，只仰落下。今后须是监中受业，方得准令式收补解送。"[1]

五代时各地举人于十月份到省后，尚需办理相关手续，即"疏名列到、结款通保及所居"[2]。在进行这种资格审查时，解状中必须具备"所试诗赋、义目、帖"，否则"所司不在引试之限"[3]；另还须有"据所称贯属州府，户籍内如无名，本人并给解处官吏，必行重责"[4]。至于朝见礼的举行，五代时期并不严格，表现为朝见时间的不固定和朝见地点的随意更改。如后周显德六年（959）正月，诸道贡举人石熙载等300余人于万春殿朝见，但依照"旧例，每岁举人皆见于阁门外。上以优待儒者，故允其入见"[5]。

省试用纸由举人自备，始于后唐时期，天成四年（929），敕曰："应诸色举人，至入试之时前，照日内据所纳到试纸，本司印署讫，送中书门下，取中书省省印印过，却会所司给散，逐人就试贡院。"但由于贡院考试场数颇多，"旋印纸锁宿内，中书往来不便"[6]，故于清泰二年（935）九月，礼部贡院奏请于试纸上加盖贡院之印，建议得到后唐末帝采纳。

常举时间一般在正月或二月，以一日为限，即所谓"卯时付问头，酉时收策试"，倘若答题未尽，许以3条烛为限。后唐时期，改行昼试。《册府元龟》卷642《贡举部·条制四》载：

（长兴二年二月），敕旨："秋来赴举，备有常程；夜后为文，曾无旧制。王道以明规是设，公事须白昼显行，冀盛观光，尤敦劝善。每取翰林学士，往例皆试五题，共观笔下摘词，不俟烛前构思。其进士并令排门齐入就试，至门开时试毕。内有先了者上历，昼时旋令先出。其入策亦须昼试。应诸科对策，并依此例。余准前后敕格处分，夜试进士非前例也。"

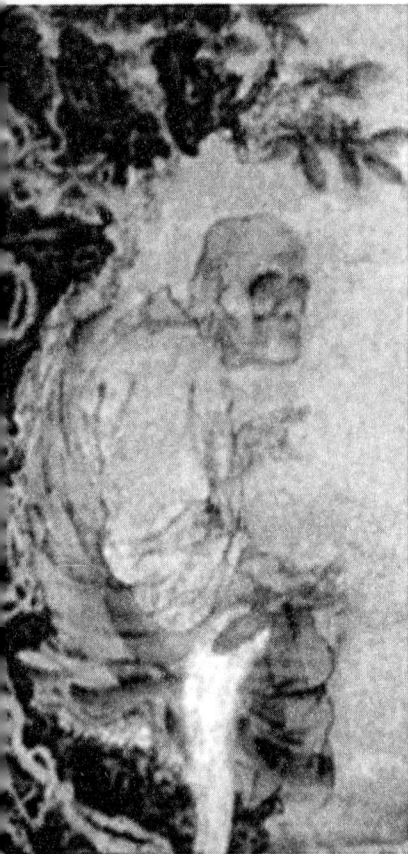

贯休《罗汉图》之四

[1]《册府元龟》卷642《贡举部·条制四》，第7701页。

[2]《新唐书》卷44《选举志上》，第1161页。

[3]《五代会要》卷23《缘举杂录》，第367页。

[4]《五代会要》卷23《缘举杂录》，第366页。

[5]《册府元龟》卷642《贡举部·条制四》，第7704页。

[6]《五代会要》卷23《缘举杂录》，第370页。

《旧五代史》卷42《唐明宗纪八》也有相同记述:"(长兴二年二月)癸巳,诏贡院旧例夜试进士,今后昼试,排门齐入,即日试毕。"其后,昼试、夜试,迭经反复。其间变化至为明显的,当是后晋开运元年(944)恢复夜试与后周显德二年(955)的重新改为昼试。

常举地点定于贡院,即都堂(尚书省厅堂),并且依然沿用唐制,实行锁院制度,即知贡举官和考试官等相关人员于开考之前入住贡院,至放榜后方可出院的制度。其目的旨在隔绝考试相关官员与外界的联系,以防止考官与举子串通一气,扰乱正常录取程序。尽管如此,仍无法杜绝考前的书题请托现象,故而明令禁止此种现象的诏敕前后相继。后梁开平三年(909),梁太祖以避嫌为名,黜落左司侍郎薛延珪之子薛均落第。后唐庄宗同光二年(924)三月,敕:"选举二门,仕进根本。当抡择于多士,全委仗于有司。苟请托是从,则逾滥斯极,况方行公事,已集群才。须行戒励之文,俾绝侥求之路。宜令吏部、礼部、翰林考艺,必尽于精详,灭私徇公,无从于请托。仍委三铨、贡院榜式省门,晓告中外。"[1]后唐明宗天成四年(929)十月,中书门下上奏曰:"今后主司不得受内外官僚书题荐托举人,及安排考官。如或实在知有才学精博者,任具奏闻。若受书题嘱托,致有屈人,其主司与发书人并加黜责,其所举人别行朝典。三铨南曹亦不得受诸色官员荐托选人。如违,并准前指挥。"[2]后周时期也有相关规定:"起今后主司不得受荐托书题,如有书题,密具姓名闻奏,其举人不得就试。"[3]但社会上普遍蔓延的请托之风依然故我。后晋高祖天福三年(938),崔棁权知贡举,锁院前拜会桑维翰,当时"有进士孔英者,行丑而才薄"。桑维翰素知其为人,深为厌恶,但其平常"性语简",仅问崔棁:"孔英来也。""盖虑棁误放英,故言其姓名以扼之也。棁性纯直,不复禀覆,因默记之。时英又自称是宣尼之后,每凌轹于方场。棁不得已遂放英登第。榜出,人皆喧笑。维翰闻之,举手自抑其口者数四,盖悔言也"[4]。因为高官荐托而得以登科的士人见诸史籍的事例亦不少见,如秦王从荣之于何仲举[5],裴皞之于高顿[6],齐王张全义之于桑维翰[7],刘熙之于贾少瑜[8]等等。举子直接行贿于贡举官而至中第的情况也有出现,如

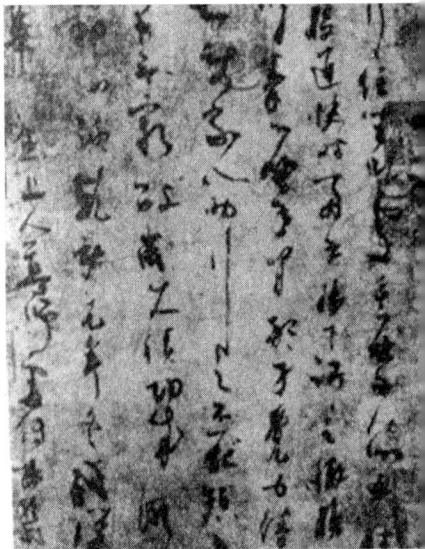

五代杨凝式《神仙起居法》

[1]《册府元龟》卷641《贡举部·条制三》,第7688页。

[2]《五代会要》卷23《缘举杂录》,第367页。

[3]《全唐文》卷124,周太祖:《严究落第举人腾谤并不得受荐托敕》,第1244页。

[4]《册府元龟》卷651《贡举部·谬滥》,第7803页。

[5]《十国春秋》卷73《楚七·何仲举传》,第1014页。

[6]《宋史》卷440《文苑二·高顿传》,第13019页。

[7]《洛阳缙绅旧闻记》卷2《齐王张令公外传》,第2401页。

[8]《册府元龟》卷865《总录部·报恩》,第10277页。

后梁乾化年间，翰林学士郑珏长期知贡举，"邺中人聂屿与乡人赵都俱随乡荐。都纳贿于珏。人报翌日登第，屿闻不捷，诟来人以吓之。珏惧，亦俾成名"[1]。

糊名之制也在后周省试进士科中得以施行。广顺初，赵上交拜礼部侍郎知贡举，奏请实行糊名之制，"会将试贡士，上交申明条制，颇为精密，始复糊名考校。擢扈载甲科，及取梁周翰、董淳之流，时称得士"[2]。

由于五代科场弊端极为严重，为整顿考场秩序，五代时期也采取了种种针对性措施。挟带书策进入贡院的举子，一经发现，即予严惩。如后唐长兴四年（933）二月，即规定："怀挟书策，旧例禁止，请自今后入省门搜得文书者，不计多少，准例扶出，殿将来两举。"[3]后晋开运元年（944）十一月亦有类似要求："其进士并诸色举贡人等，有怀藏书策入院者，旧例扶出，不令就试。近年以来，虽见怀藏，多是容纵。今欲振举弛紊，明辨臧否，冀在必行，庶为定式。"[4]大概处罚措施一如后唐时期。如果考场当中，"遥口受人回换试处及钞义题帖书时，诸般相救，准例扶出，请殿将来三举"[5]。胆敢请人代考者，若被查实，所受处罚更为严厉，"如有倩人述作文字应举者，许人言告，送本处色役，永不进仕。同保人知者殿四举，不知者殿两举。受倩者如见任官停任，选人殿三选，举人殿五举，诸色人量事科罪"[6]。

贡举之时，各科所考科目有所侧重。唐代进士科大抵试帖经、杂文及策三场，杂文渐至演变为专试诗赋，策即时务策。在这种框架内，诗赋与策的好坏就成为录取与否的主要依据，经义所起作用不大。唐代后期，进士科以诗赋取士的流弊逐渐突现，诟病文辞浮薄的批评之声一浪高过一浪，诚如欧阳修所论："进士科当唐之晚节，尤为浮薄，世所共患也。"[7]为力戒应进士科者不通经史的倾向，五代进士科科目中相继加入了经义的内容。后唐天成三年（928），"因救进士帖经，通三即可。"[8]天成五年（930）正月礼部奏章言："今年凡应进士举，所试文策及格，帖经或不及通三，与放及第。来年秋赋，词人所习一大经，许令对义，义目多少次第，仍委所司件奏者。其今年逐处所解送到进士，当司引试杂文、帖经后，欲令别于所习一大经内

李昪陵出土的持物男俑之一

[1]《册府元龟》卷651《贡举部·谬滥》，第7803页。

[2]《宋史》卷262《赵上交传》，第9067页。

[3]《五代会要》卷23《科目杂录》，第374页。

[4]《册府元龟》卷642《贡举部·条制四》，第7700页。

[5]《五代会要》卷23《科目杂录》，第374页。

[6]《五代会要》卷22《进士》，第361—362页。

[7]《新唐书》卷44《选举志上》，第1169页。

[8]《册府元龟》卷641《贡举部·条制三》，第7691页。

对义目五道考试,通二通三,准帖经例於[放]其入策。"¹由是可知,进士科相继增加了帖经和对义等课目。虽然此时对帖经与对义的要求都不算太高,但较之唐末,则明显具有加重经义份量的趋向。进士科目也由原先的三场试转变为四场试,即含杂文、帖经、对义与对策。但这种情况并未持续太长时间。后周广顺三年(953)正月,户部侍郎、权知贡举赵上交奏:"进士元试诗、赋各一首,帖经二十帖,对义五道。今欲罢帖经、对义,别试杂文二首,试策一道。"此奏得到朝廷许可。其时的杂文已与诗、赋对举,自是两种不同的科目。同年八月,刑部侍郎、权知贡举徐台符又奏:"请别试杂文二首外,其帖经、对义,亦依元格。"²此议同样被采纳。由此可见,后周广顺三年(953)前进士科所试为诗赋、帖经、对义三场,已无后唐天成年间四场试中的对策科目了。赵上交罢帖经与对义,别试杂文二首、试策一道的办法也仅施行一次,从周显德元年(954)始,进士科考试科目被调整为诗赋各一首、杂文二首(不含诗赋)、帖经二十帖、对义五道,终后周之世再无改变。对经义的要求也逐渐有所提高,显德二年(955)五月,窦仪上书言事:"其帖经、对义,并须实考,通三已上为合格。"³诗赋科目虽在五代时期有所保留,但在进士录取中所发挥的作用已经大大降低。

　　五代九经科的考试科目包括《礼记》、《诗》、《周礼》、《仪礼》、《尚书》、《易》及《春秋》三传。五经科的考试科目也本于唐制,唐五代的五经应是指作为大经的《左传》、《礼记》,作为中经的《诗》和作为小经的《周易》、《尚书》。关于明经科的考试科目,史籍所载语焉不详,五代时期仍可能秉承于唐制。三礼与三传科的考试课目相对固定,前者指《周礼》、《礼记》与《仪礼》,后者指《春秋》三传。学究一经的科目,可以是九经中的任何一经,博通其一,即可中第,难度较之其他诸科显然要低。三礼、三传及学究诸科除考上述本业外,尚需加试策论。此外,还有明法、童子、开元礼、三史以及明算等科的应考科目,大致均与唐代旧制相去不远。⁴

　　五代初期,只在进士、明经、五经、九经等科实行逐场淘汰制度,后唐明宗长兴元年(930)二月的敕令,作出统

李昪陵出土的持物男俑之二

1 《册府元龟》卷641《贡举部·条制三》,第7693页。

2 《五代会要》卷22《进士》,第360页。

3 《册府元龟》卷642《贡举部·条制四》,第7703页。

4 参见《五代十国制度研究》,第22-26页。

一规定："自此后，贡院应试三传、三礼，宜令准进士、九经、五经、明经例，逐场皆须去留，不得候终场方定，仍具所通否粗，一一旋于榜内告示。其学究不在念书，可特示墨义三十道，亦准上指挥。"[1]其目的在于清除伪滥之徒。

放榜之日，于礼部贡院依"旧例侵星张榜"，且"设棘于门及闭院门，以防下第不逞者"[2]。但因常有落第举子于榜下喧哗，以至妨碍知贡举官及考试官顺利出院，故而长兴四年(933)二月，知贡举和凝奏请：今年请放榜后，贡举官"至晚出院"，其奏获准，"此后永为定制"[3]。放榜时，贡举官往往以自己登第的名次加于属意举子，寄寓继承衣钵之意，此风源起于唐末。史载："唐末，礼部知贡举，有得程文优者，即以已登第时名次处之，不以甲乙为高下也，谓之'传衣钵'。和凝登第，名在十三，后得范鲁公质，遂处以十三。其后范登相位，官至太子太傅，封国于鲁，与凝皆同，世以为异也。"[4]为避免座主、门生间形成亲党胶固的现象，五代时又特别规定放榜时"须据才艺高低，从上依次第安排，不得以隽科取鼎、岛、岳、斗之名为贵"[5]。

五代时期的进士科于放榜之后，还要实行中书详覆之制。唐代中书详覆一般在礼部试毕、放榜之前进行，其后才确定及第举子的名单予以放榜，五代与此有所不同。同光三年(925)夏四月，敕："今后新及第人，候过堂日委中书门下精加详覆。"[6]所谓"过堂日"，即指及第举子拜谒宰相之日，是以中书门下详覆乃在放榜之后。详覆的具体要求为："或有犯韵及诸杂违格，不得放及第。"[7]如后唐长兴元年(930)，进士及第15人，详覆后将其中9人落下，仅放6人及第。知贡举张文宝因为试士不当而罚一季俸。后周广顺三年(953)，进士及第10人，审查后落下2人。知贡举赵上交移官为太子詹事。显德二年(955)，拟录取进士16人中，经详覆，仅放4人进士及第，其余12人均被黜落。知贡举"刘温叟放罪"[8]。为使详覆结果令人信服，皇帝往往命翰林院另撰诗、赋，作为标准样式，一一晓示。如后唐长兴元年(930)，于覆试之后，"仍请诏翰林学士院作一诗一赋，下礼部，为举人格样"[9]。

除详覆之制外，另有覆试之制，又称为"重试"，即对及第者重新命题进行复核的制度。覆试一般也是在放榜

李昪陵出土的男舞蹈俑之一

[1]《册府元龟》卷642《贡举部·条制四》，第7694页。

[2]《旧五代史》卷127《和凝传》，第1672页。

[3]《册府元龟》卷642《贡举部·条制四》，第7697页。

[4][宋]叶梦得：《石林燕语》卷8，中华书局点校本1984年版，第114页。

[5]《册府元龟》卷642《贡举部·条制四》，第7695页。

[6]《旧五代史》卷32《唐庄宗纪六》，第448页。

[7]《册府元龟》卷642《贡举部·条制四》，第7694页。

[8]《旧五代史》卷115《周世宗纪二》，第1528页。

[9]《旧五代史》卷92《李怿传》，第1224页。

之后,多在进士科和制科中使用。其对象有时为全部及第士人,有时则针对部分及第者。如后唐天成四年(929)中书门下奏章中提到:"其中有依托朝臣者,于解内具言在某官姓名门馆,考试及第后,并据姓名覆试。"[1]覆试的地点在翰林院,由翰林学士主持。五代时期见于史籍记载的复试共有3次,分别为同光三年(925)、显德四年(957)和显德五年(958)。采取覆试的根本原因在于科场风气的污浊。进士覆试的内容以诗赋为主,由主考官命题;制举覆试则以"策论"为主。无论是详覆还是覆试,一般都有及第者落下,惟有同光三年(925)覆试的4人仅仅在等第上稍做调整。

及第举子被正式确定下来后,仍旧遵循唐代制度,需要参与一系列的礼仪活动,这类活动在五代时主要有谢恩、赴国学谢先师、与知贡举官相识期集、过堂等。随后进行的宴集相对于唐代则逊色不少,后唐长兴元年(930)六月,规定:"除赐宴外,不得辄有率敛,别谋欢会。"[2]这里的赐宴是指闻喜宴和关宴,其他大小宴集,逐渐废止。五代时的宴集费用最初由及第举人自筹,后唐天成二年(927),改为由皇帝每年赐钱,尽管其后国用屡有不充,但此制仍未废除。后周显德六年(959),发展为由宣徽院以公费承担闻喜宴开销,用于彰显皇帝"优待贤隽"[3]之意。唐代闻喜宴,地点在长安城边的曲江之上,因此又称为"曲江宴",五代各朝建都于洛阳或汴梁,并无可能再在曲江宴集,开宴地点经常选择"佛舍名园","(后)周显德中,官为主。上命中使典领,供帐甚盛"[4]。闻喜宴经常在放榜及关试之前进行,而关宴则在关试之后。顾名思义,关宴即与关试有关的宴会。五代关宴与唐代一样,是新及第举子的最后一次活动,关宴结束,新及第举子就可以离京回家守选了,所以关宴又有"离会"、"离宴"的称呼。

新及第举子离京之前尚需参加关试,合格者领取春关。五代时期的取士和选官分为两途,关试实际上就是礼部举人到吏部选人间转换的环节,这是举人取得参选入仕资格的必要步骤。关试之前,礼部需将及第举子的解状和中举情况整理为关牒,也称作"春关状",并移交吏部,及第者才能参加关试。关试地点在都堂(即尚书省厅堂),

李昪陵出土的男舞蹈俑之二

[1]《五代会要》卷23《缘举杂录》,第368页。

[2]《五代会要》卷23《缘举杂录》,第368页。

[3]《册府元龟》卷642《贡举部·条制四》,第7704页。

[4]《续资治通鉴长编》卷18,太宗太平兴国二年正月,第393页。

主持者为掌管选院的吏部员外郎，应试者包括当年及第的所有各科举人。试题采取统一形式，"试判两节"，即假拟诉讼狱案件撰写判词两道。关试并无成绩，凡参加者均可通过，所以唐代人称之为"过关试"。惟其如此，新及第举子往往都不太在意关试，甚而考场抄袭、找人代考或不应试，五代时期此风不息。有鉴于此，后唐明宗于天成三年（928）十月，下诏："访闻每年及第举人，牒送吏部关试，判题虽有，判语全无，祇见各书未详，仍或正身不至，如斯乖谬，须议去除。"并作出如下规定："如是进士并经学及第人，曾亲笔砚，其判语即须辑构文章，辨明治道。如是无文章，许直书其事，不得祇书未详。如关试时正身不到，又无请假字，即牒贡院申奏停落。"[1]这些规定多少起到扭转上述不良风气的作用。针对长兴元年（930）关试中及第举子刘莹等5人"所试判语皆同"的情况，明宗敕："载究情由，实为忝冒"，"宜令所司落下，其所给春关，仍各追纳，兼放罪，许再赴举。兼自此南曹凡有及第人试判之时，切在精专点简，如更有效此者，准例处分"[2]。这对及第举人关试中的考场舞弊行为，应有一定震慑效果。关试结束，及第举子接受吏部发放春关，正式成为吏部选人。春关为及第举子的出身证明，是参加铨选的重要文件。如不慎遗失春关，及第者可遵照有关规定向礼部贡院申请补发。

　　五代时期的制举也颇值得一提。制举是由皇帝亲临观看或主持的考试，主要意图在于拔擢非常之才。开平三年（909），后梁太祖下诏访求贤才，敕曰："其有卓荦不羁，沉潜用晦，负王霸之业，蕴经济之谋，究古今刑政之源，达礼乐质文之奥，机筹可以制度，经术可以辩疑，旋具奏闻。然后试其所长，待以不次。"[3]关于此次制举是否施行，因史载有阙，难于详考。后唐、后晋、后汉三朝，制举详情也未能尽知。明确见于史籍记载的开设制举之例在后周世宗时期。显德四年（957）十月，世宗准许臣僚奏请，正式下诏曰："爰从近代，久废此科，怀才抱器者郁而不伸，隐耀韬光者晦而不出。""应天下诸色人中，有贤良方正能直言极谏，经学优深可为师法，详闲吏理达于教化者，不限前资、见任职官、布衣草泽，并许应诏。其逐处州府依每年贡举人式例，差官考试，解送尚书吏部，仍量试策论三道，共三

李昪陵出土的女舞蹈俑之一

1《五代会要》卷23《缘举杂录》，第366页。
2《册府元龟》卷633《铨选部·条制五》，第7588页。
3《册府元龟》卷645《贡举部·科目》，第7732–7733页。

千字已上。当日内取文理具优，人物爽秀，方得解送。取来年十月集上都，其登朝官亦许上表自举"[1]。根据这道诏令可以清晰地发现，此前各朝"久废此科"，制举切实得以施行应是显德五年（958）的事，这或许是五代时期唯一的一次制举。然而，传承至今的历史文献中，迄今仍未发现关于此次制举的详细情况。尽管五代各朝都曾经颁发过大量的求贤诏书，但与制举并不能等量齐观。制举为贡举科目之一，与常举的不同之处集中表现为两点，即赴试者身份的不受限制和主考机构的不同。

五代主持常举和制举的机构分别为礼部和吏部，与唐代并无不同，但在贡举官的选用上却小有变化。就主持常举官员的情况来看，唐代自开元二十五年（737）起，主持贡举的机构由吏部转归礼部，并且由礼部侍郎1人专门主持贡举，称为知贡举。实际上，自此以后直至唐亡的171年间，开科取士共计165次，有161次知贡举官可考，以宣宗大中元年（847）为界，此前可考的108次贡举中，77次是以礼部侍郎知贡举，占71.3%；此后的53次贡举中，有25次以礼部侍郎知贡举，占47.2%。[2]五代各朝可考的知贡举官共44人次，其中礼部官员主持17次，占38.6%；中书舍人知贡举8次，占18.2%；翰林学士主持4次，占9.1%；其他官员主持5次，占11.4%。在礼部官员中，又以礼部侍郎知贡举者为多，占31.8%。[3]两相对比，不难发现，自唐后期直至五代，礼部侍郎专职贡举的色彩愈益淡化，代之而起的则是以他官权知、一次性知举，这种情况在五代各朝累计21人，接近于知贡举官总数的一半，知贡举者的差遣性质体现得至为明显。另外，唐代中后期以降，知贡举者虽以"礼部侍郎专焉，其间或以他官领者，多用中书舍人及诸司四品清资官"[4]。五代时期以他官权知贡举却并非"多用中书舍人"，而是由皇帝视具体情况而定。后唐长兴四年（933），和凝以主客郎中（从五品上）权知贡举的事例，则突破了唐代诸司官员知贡举者须是四品以上清资官的陈例。再联系十国知贡举情况进行考察，可知知举官的身份也多是差遣性质，而由礼部侍郎知举的记载还未见诸史籍，贡举往往由吏部侍郎、翰林学士、中书舍人、给事中等清要官主持。[5]这种变化的总体发展趋势与中原王朝相一

李昇陵出土的女舞蹈俑之二

[1]《旧五代史》卷117《周世宗纪四》，第1561页。

[2] 任爽主编：《五代典制考》，中华书局2007年版，第513页。

[3]《五代十国制度研究》，第10页。

[4]《册府元龟》卷641《贡举部·条制三》，第7688页。

[5]《十国典制考》，第207页。

致,而十国知举官员的变化幅度显然比中原王朝还要大。

十国政权中的吴、南唐、前后蜀、闽和南汉六国都曾设立贡举。十国贡举有关情况大体如下。

杨吴较早设立贡举。史载:"淮南初置选举,以骆知祥掌之。"[1]时间为后梁开平三年,即吴天祐六年(909)。胡三省注云:"丧乱以来,选举之法废,杨氏能复置之,故书。"但这里所说的"选举"可能还不同于"贡举"。从骆知祥因掌选举而有"任用得人,世多服其精核"[2]的说法来看,当时的"选举"极有可能是"随才而使"的选官方式。杨吴置贡举的时间及有关情况可通过下述材料得以反映。马令《南唐书》卷22《归明传上》载:"萧俨,庐陵人也。甫十岁,诣广陵,以童子擢第。及长,志量稳正,交不苟合。授秘书省正字。烈祖受禅,迁大理司直……归皇朝,以老病居乡里。……卒年七十。"萧俨擢第在烈祖受禅之前,也就是杨吴时期,从文中有关信息推断,具体时间大约在920年前后。其时贡举科目显然已有诸科,至于进士科是否设置,还无法断定。此外,杨吴时期还有"射策中第"的临时性取士措施,如"(吴)高祖时,徐知诰辅国政,(张)翊入广陵,以射策中第,授武骑尉"[3]。

继杨吴而起的南唐政权,自烈祖李昇时期起即已设置贡举,而且基本上没有间断。[4]所谓"时金陵初拟唐风,场屋悬进士科以罗英造"[5]。"昇元中,(陈)起第进士,授黄梅令"[6]。昇元为烈祖践祚后的首个年号,共行用六年(937—942),可证南唐昇元年间即已开科取士。同类记载还有:"昇元末,(李征古)第进士。"[7]歙州人江焕"开国时第进士"[8]。南唐贡举科目除上述进士科之外,还有明经、三礼、三传、九经、明法、童子等六科。进士科考试仍以诗赋为主,这是十国政权的共同点。南唐也曾施行覆试制度。如乾德二年(964)三月,韩熙载知贡举,放进士及第者9人,后主命覆试其中的5人,因5人均不赴试,后主于是亲自拟定诗赋题目,并"以中书官莅其事,五人皆见黜"[9]。

前蜀时期不设常举,但曾举办过制举。武成元年(908)正月,高祖王建的即位赦文中说:"诸州府或有贤良方正,能直言极谏,达于教化,明于吏才,政术精详,军谋宏远,韬光待用,藏器俟时,或智辨过人,或辞华出格,或

李昇陵出土的捧兽男俑

1 《资治通鉴》卷267,后梁太祖开平三年四月,第8709页。

2 《十国春秋》卷10《吴十·骆知祥传》,第139页。

3 《十国春秋》卷11《吴十一·张翊传》,第155页。

4 任爽:《南唐史》,东北师范大学出版社1995年版,第78-79页。

5 《江南野史》卷8《江为传》,第5215页。

6 马令:《南唐书》卷26《妖贼传·诸佑》,第5427页。

7 马令:《南唐书》卷21《党与传下·李征古》,第5393页。

8 《十国春秋》卷25《南唐十一·汪焕传》,第357页。

9 陆游:《南唐书》卷3《后主本纪》,第5488页。

隐山林之迹，或闻乡里之称，仰所在州府奏闻，当与量材叙用。"[1]这次制举的具体实行情况如何，文献中缺乏详细记载。乾德三年(921)九月，后主王衍"诏置贤良方正、博通经史、明达吏理、识洞兵机、沈滞丘园五科。令黄衣选人、白衣举人投策就试，吏部考较"；次年二月，于"文明殿试制科"[2]。

后蜀后主孟昶于广政十二年(949)始置"礼部贡举"，由欧阳回"除翰林学士。明年，知贡举"[3]之语可知，后蜀正式开科取士当在广政十三年(950)。后蜀贡举科目现在可知的有明经、进士二科。如王著，"为伪蜀明经"[6]，句中正，"明德中，授崇文馆校书郎，复举进士及第"[7]。

王闽政权奉中朝为正朔，常常贡士北方，闽士在中原王朝及第者也能见诸史籍。如后梁贞明年间，陈逖进士及第；后唐同光年间，黄仁颖及第。改元龙启以后，不复贡士中朝。之后直到该政权灭亡，其贡举情况如何，因史乘阙载，仍然不得而知。南唐灭闽之后，原为泉州军将的留从效割据漳、泉自立，留从效尽管名义上为南唐清源军节度使，但南唐实际无力驾驭漳、泉2州之地，此地已然就是一个独立王国。该政权竟也"每岁取进士、明经，谓之秋堂"[8]。

南汉是十国中开设贡举的又一政权。南汉高祖刘龑于乾亨四年(920)三月，"从兵部侍郎杨洞潜之请，始立学校，置选部，贡举，放进士、明经十余人，如唐故事，岁以为常"[9]。这应该是南汉设置贡举的起始年份。从上述引文中，可以看出，南汉贡举科目有进士和明经。据考证，南汉历届进士及第者只有8人。而南汉士人远赴中朝应举并及第者也并不罕见，现能考知的就有黄损、何泽、樊华、孟宪于、邓恂美、骆仲舒等人。[10]

吴越、楚和荆南都奉五代王朝为正朔。吴越国祚最长，但未见有自设贡举的记载，而是采取贡士中原的办法以选拔人才。《云麓漫钞》卷2即言："吴郡太平兴国中钱氏纳土，士始试于京师。"楚和荆南也没有设置贡举。

南汉德陵墓道器物箱局部

[1]《十国春秋》卷36《前蜀二·高祖本纪下》，第507页。

[2]《蜀梼杌校笺》卷2《前蜀后主》，第175页。

[3]《十国春秋》卷52《后蜀五·欧阳回传》，第777页。

[6]《玉壶清话》卷5，第45页。

[7]《十国春秋》卷56《后蜀九·句中正传》，第814页。

[8]《十国春秋》卷93《闽四·留从效传》，第1350页。

[9]《十国春秋》卷58《南汉一·高祖本纪》，第842页。

[10] 参见蓝武：《五代十国时期岭南科举考试研究》，载《社会科学家》2004年第5期。

李昪陵出土的青白玉飞天纹佩

第二节　铨选制度

　　五代十国铨选制度,基本上沿袭唐代三铨制度,唐代旧制为:"凡吏部、兵部文武选事,各分为三铨,尚书典其一,侍郎分其二。文选,旧制尚书掌六品、七品选,侍郎掌八品、九品选。"[1]铨即铨试,铨选即为选士授官。三铨的主要职责是铨试、注拟。"三铨"的老办法本来是指分选人为三组进行铨选,唐睿宗以后,尚书和侍郎可通试六品以下至九品以上官员,但三铨始终是分开的。五代时期的三铨经历了分合过程。后唐同光元年(923),宰相豆卢革权判吏部上铨,御史中丞李德休权判东西铨。[2]上铨即尚书铨,东西铨即侍郎铨。此时与唐代并无不同。后唐明宗天成四年(929)十月,"并吏部三铨为一铨"。原因在于:"诸色选人每年动及数千,分在三铨,沿属繁重。近代选人每年不过数百,何必以一司公事,作三处官方。"[3]此次罢省的是东西铨,尚书铨仍然保留。[4]至后唐末帝清泰元年(934),三铨又重新分置,但是这次调整的效果并不理想,"选人多不便之,往往邀遮宰相,喧诉不逊,(姚)顗等无如之何"[5]。即便如此,三铨选官仍未变更。后周太祖广顺元年(951)十月,三铨又并为一处,当年诏书说:"选部公事,比置三铨,所有员阙选人,分在三处,每至注拟之际,资叙难得相当。况今年选人不多,宜令三铨公事,并为一处,委本司长官通判,同商量可否施行。"[6]此后直到后周灭亡,再无改易。需要指出的是,由于五品以上官员的选授不经过吏部,而直接取决于皇帝和宰相商议的结果,而且在京诸司某些六品以下官员的任命,如御史、拾遗、补阙、员外郎等,也往往由皇帝和中书门下决定,所以铨选的对象主要是六品以下的地方官员,其中包括当年新及第举子。囿于材料的限制,以下所述仅就文官铨选而言。

　　唐代铨选的时间一般是每年十月起至次年三月三十日止,五代时期通常也是每年十月至次年春末。后周显德五年(958)正月,颁发诏令,将铨选时限改为每年十月一日至十二月上旬,并且要求所注授的官员"限二月终以前

1 《通典》卷15《选举三·历代制下》,第359页。

2 《旧五代史》卷30《唐庄宗纪四》,第416页。

3 《旧五代史》卷40《唐明宗纪六》,第554页。

4 《五代会要》卷22《杂处置》,第353页。

5 《新五代史》卷55《姚顗传》,第631页。

6 《旧五代史》卷148《选举志》,第1986页。

到任"，"若违程，仰本处不得放上"。"其有故违程者，须分明出给得所在凭由，许至前冬赴集"[1]。按照规定，每年十月所有合格选人应赴京参加铨选，谓之"冬集"。唐代曾制定选人三旬会集的规定，即按道里远近，各地选人在十月份内分三旬将州府所给选解交于吏部南曹。至后唐长兴三年（932）正月，明宗下诏：举子与选人"下纳文解之时，不在拘以三旬，但十月内到者并与收受"[2]。不再执行三旬会集的做法。冬集之前，吏部须在五月向各州府下达选格，即选人参加铨选的各项规定和要求。对照选格，符合选人资格和范围者才可赴冬集。修订选格的依据是官位员缺数。按照惯例，选格每年修订一次，颁发一次。唐文宗开成二年（837），为避免每年修订、颁发之烦，中书门下奏请修订"长定格"，但是这个长定格"或乖往制，颇不便人，不可久施"[3]，次年即停罢。五代各朝由于地域、员缺、选人相对减少，无必要每年颁发一次选格，也就为长定格的再度出现提供了可能。后唐同光二年（924）八月，中书门下奏请，由权判尚书省左丞崔沂、吏部侍郎崔贻孙、给事中郑韬光、李光序、吏部员外郎卢损等，"同详定旧《长定格》《循资格》《十道图》"[4]。此后各朝所依据的选格主要就是这次的长定格，其间偶尔有一些修改，但一直予以沿用。

　　长定格在实际行用的过程中，产生了诸多问题。既然是长定格，当然就无须每年颁布，而各地州府官员未必熟悉选格程式，这就使得各地上报的选人文书档案，即解状，屡屡出现不合格式的情况。所以，后唐长兴二年（931）正月，敕："仍令吏部南曹，各写一本解由、历子、考牒、解状式样，遍下诸处。"[5]要求各地官府根据规范样式呈报选人档案。后晋开运三年（946）四月，吏部侍郎王易简奏："臣欲请选人文解条例，各下诸州知。委南曹详定解样，兼备录《长定格》取解条例，各下诸州，如礼部贡院板样书写，立在州院门。每遇选人取解之时，各准条件遵行，仍依板样取解。"[6]其奏得以执行。

　　合格选人收到州府按标准式样书写的选解后，即可赴京参加冬集。自十月一日起进入选限，主持铨选的吏部官员在限选内有一段时间准假不朝参。五代各朝关于不朝参的时间未尽一致。后唐天成元年（926）之前，可能袭

李璟陵出土的青白玉佩

[1]《册府元龟》卷634《铨选部·条制六》，第7609页。

[2]《册府元龟》卷633《铨选部·条制五》，第7591页。

[3]《册府元龟》卷631《铨选部·条制三》，第7573页。

[4]《五代会要》卷20《选事上》，第334页。

[5]《五代会要》卷21《选事下》，第341页。

[6]《五代会要》卷21《选事下》，第345页。

用唐宪宗至和元年（806）的规定，不朝参时间为一两个月。后唐天成元年（926）十二月，根据御史台所奏，出台了新的条格：南曹郎官"自锁曹前五日免曹；三日（'日'字衍）铨，自锁铨前五日免曹"。至三月三十日为止。"将来人数渐多，须容点检，既许开曹后免朝，永以为例"[1]。不仅不朝参的时间达五个月之久，而且负责铨选的官员在锁曹、锁铨之前五日还可免朝参。但这一做法或者仅仅限于后唐一朝，《五代会要》卷22《吏曹裁制》载："周显德五年（958）闰七月，吏部南曹状申所行事件画一如后：一、每年十月一日入选限，判曹员外郎准例免常朝。"已经没有南曹官员锁曹、锁铨免予朝参的特例了。

　　主持铨选的机构为铨司。唐代尚书省在大内之南，故尚书省又称南省。铨试在吏部南院进行，所以铨司又名南院、选院或南曹。南曹又常指负责磨勘工作的吏部南曹。五代时期铨司的称呼并无不同。五代时吏部南曹由吏部员外郎2人主持工作，称之为判南曹。南曹的主要职责是，举行新及第举子的关试，散发春关，收纳、保管、审查选人档案。由于这一时期战争连年，社会局势动荡，选人档案散失、假冒的情形相对突出，致使南曹对于选人文状档案的审查更趋严格。这种审查方式，五代十国时称作"磨勘"，已经成为一种经常性、制度化的办法。[2]这是任官资格制度发展至五代十国时出现的一项新内容，当然，其时的磨勘与宋代全面的磨勘还无法相提并论，主要针对的是选人文状的审核。具体而言，就是南曹将选人送纳的各类文书与甲库中的档案材料，一一对检勘照用于审查、核实选人是否符合铨选条件，有无弄虚作假，以决定其留放。磨勘的主要内容包括[3]：

　　其一，所通文书是否粟错。如解状式样稍有细微差错，即所谓粟错，选人将被驳放。后晋天福二年（937）五月，前汴州浚仪县主簿何光就曾感慨："窃见诸道选人合格下解，不出十月，立定三旬，此则常程，向来旧制。却是或有因解样所误，式例稍亏，字内点画多差，印处高下讹舛，便乃驳放。"[4]式样要求之严，由此可窥一斑。

　　其二，所纳文书是否齐全。五代时期选人档案文书种类较为繁多，主要有解由、历子、考牒、解状、告身、告赤、

于阗国王供养像

[1]《五代会要》卷6《杂录》，第98页。
[2] 参见曾小华：《中国古代任官资格制度与官僚政治》，杭州大学出版社1997年版，第70页。
[3] 参见王勋成：《唐代铨选与文学》，中华书局2001年版，第153–161页。
[4]《册府元龟》卷633《铨选部·条制五》，第7598页。

公凭等，而各种文书又分别具有不同的作用。解由，是官员罢任时所发给的文书，包括罢任年月等内容。历子，指官员赴任时，由吏部签发并加盖印章的文书，主要详细记载官员上任月日和累任月日，以及在任的任期等事项。考牒，专指官员的考课记录。解状，即官员的个人履历档案，内容包括本人出身、历任告赤、三代家状、乡贯、骨肉、在朝亲情、年齿形貌、考核资序、优劣课最、罢职年月等。告身，是吏部发给官员的任命书，详细记载"据本官所通三代，并出身、无出身、历任告赤，逐任考数"[1]等事项。告赤，主要是指正官的历任任命书。至于公凭，则是五代十国时期出现的一种新的官员档案形式，因受战乱影响，选人档案多有遗失，不便吏部注拟授官，为保证铨选的顺利进行，故要求遗失档案的选人"须于失处州县投状，具三代名讳及出身、历任，请公凭赴京勘会，甲库同，即重与出给"[2]。总之，选人交纳至南曹的文书，除解状外，前资官有解由、历子（或告身）、考牒；有出身人是出身文凭。倘若遗失，则需公凭或取保证明。选人文书不全，即遭驳放。

榆林窟壁画五代女供养人像

其三，检勘有无身名逾滥者。五代时期选人冒名顶替、身名不符的情况较为严重。如后唐同光二年（924）九月，侍中郭崇韬的奏文云："臣伏见今年三铨选人并行事官等，内有冒名入仕、假荫发身，或卜祝之徒、工商之类。……应见注授官员等内，有自无出身入仕，买觅鬼名告赤，及将骨肉文书楷改名姓，或历任不足，妄称失坠，押彼公凭；或假人荫绪，托形势论嘱，安排参选，所司随例注官者。……见任官及诸道选人身死，多有不肖子孙将出身、历任告赤货卖与人。"[3]上述类似情形，在后唐时期确有出现，如"前河南府长水县主簿赵知远，使兄为父荫行事者"[4]。为防止选人凭借伪造、货卖文书而得官，其时也采取了一些防范性措施。如在历子上批有上任月日，并须有观察使、刺史的签名画押。倘若将历任文书、告身假借于人，则"不计与人不与人，将来求事，并令焚毁，其人当行极典"[5]。尽管如此，身名逾滥的现象仍然存在，所谓"秩高者以荫绪假人，广求财货；吏狡者以贪婪得志，不顾宪章。遂致传授身名，分张告敕。勘初任则多称失坠，论资考则只有公凭。前后相蒙，真伪莫辨"[6]。这也给磨勘设置了不小的难

[1]《五代会要》卷21《选事下》，第338页。

[2]《五代会要》卷21《选事下》，第339页。

[3]《册府元龟》卷632《铨选部·条制四》，第7579页。

[4]《册府元龟》卷638《铨选部·谬滥》，第7656-7657页。

[5]《册府元龟》卷633《铨选部·条制五》，第7586页。

[6]《册府元龟》卷633《铨选部·条制五》，第7586页。

度。

其四，检勘有无过格年深及欠考欠选人。过格选人是指符合往年某一届选格条件而未能及时参选者。五代时期，战无宁日，因兵火阻隔而无缘参选者屡见不鲜，甚至有过格长达二三十年而依然未注官者，这类便是过格年深者。关于过格年限，五代初期似为7年，后唐时期重新恢复为唐代所限的10年。天成二年（927）三月，铨司的一份奏章对此说得甚为明白："据南曹驳放选人，累经铨及，经中书门下论诉，准堂判具新旧过格年限，分析申上者。伏以选人或有出身，或因除授，各拘常例，方赴调集，多因远地兵戈，兼以私门事故，遂致过格，固非愿为。新条标在七年，旧格容于十载。臣等参详，其选人过格年限，伏请且依旧格，不问破忧停集本数，过格十年外，不在赴选之限。"[1]时值社会形势特殊，适当放宽过格年限的要求无疑有其合理性，而且对过格年深选人也并非固守10年期限。天成二年（927）十月，明宗下诏："应选人内，有过格年深，无门参选，纵有材器，难逐进趋。宜令三铨磨勘行止，实曾兵戈阻隔，即与今年冬集判成选人例，量材注官。如或诈称，不在此限。"[2]优容过格选人的政策在后晋时期也有执行，并进一步放宽了尺度。后晋天福五年（940）十月的诏书专门针对过格选人的情况作出指示："既碍旧条，永为废物，适当开创，宜悯湮沈。可赴吏部南曹，准格召保，是正身者，与降资注官。"[3]虽说还需经过取保降资才能注拟，但其选限已不再恪守"旧格"所规定的10年的底线了。至于欠选欠考，说的是守选年限不足，任职期间考数不足。按照选格规定，此类人是不能参选的，但现实中总会有些选人想方设法企图蒙混过关，南曹磨勘对此也是格外留意。

将磨勘作为注拟的重要一环，在后唐天成四年（929）十月的诏书中有极为明确的规定："其诸道选人，宜令三铨官员，都在省署仔细磨勘，无违碍后，即注格同商量注拟，连署申奏。"[4]随后，关于磨勘的规定更加具体细致。长兴元年（930）五月，敕："应除授州县官，引见磨勘，须召命官三员为保，然后奏拟。仍于告身内书保官名衔。"[5]后周显德五年（958）闰七月，吏部南曹的奏状所申述的内容与此大体相同："磨勘三旬选人及非时投状人等，并准例引验

榆林窟曹议金供养像

[1]《五代会要》卷20《选事上》，第334页。

[2]《册府元龟》卷632《铨选部·条制四》，第7581页。

[3]《册府元龟》卷633《铨选部·条制五》，第7599页。

[4]《旧五代史》卷148《选举志》，第1983页。

[5]《五代会要》卷21《选事下》，第338页。

正身,及取有官三人保明,识官司使印文状。"[1]可知,磨勘必须有3名官员作保。而且,磨勘与否还有年限的规定。如后唐长兴二年(931)二月的诏书称:"诸色选新格下后,批历子后时及五年者,不在磨勘之限。今有格前罢任,及新格下后罢任者,格下经六年七年,方批入仕历子,或有全不批历子,只给到公凭,今日已前有如此者,特与磨勘施行。"[2]

南曹在收齐选人文书后,进入锁曹磨勘阶段。在此期间,南曹官员住宿在南曹内,与外界隔绝,故称为锁曹,或锁宿、入宿。锁曹的开始时间为每年十一月一日。《五代会要》卷21《选限》记载:"其每年常调选人及诸色求任人,取十一月一日已前到京下纳文解及陈乞文状,委所司依旧例磨勘注授。"锁曹期间的主要工作就是磨勘选人文书,围绕上文所述内容仔细校验覆核,并将驳放选人交废置司审查定夺。也就是说,南曹的磨勘与废置司的详断工作是同步进行的,二司反复审核选人资格,一定程度上可以减少冤屈事件。从这个意义上说,磨勘实际上就是针对选人所实施的资格审查。磨勘大约持约一个月左右,"南曹十一月末开宿,判成选人后,先具都数申铨"[3]。即开宿后,南曹应将磨勘合格选人(判成选人)向三铨、门下省申报,交由铨司铨选。后周显德五年(958)闰七月,吏部南曹状申所行事件云:"至开曹日,使具判成名衔榜示,及申中书门下,申铨兼牒门下省。"[4]至于驳放选人,也须出长名榜公布,并分别要向中书门下、铨司、御史台和都省申报,即"锁宿内有违碍选人,准久例,至开曹日晓示驳放,及申堂、申铨、牒台、刺省"[5]。据此来看,后周时期在南曹开宿后,出榜公布的包括判成选人和驳放选人,而唐代似乎只有长名驳放榜,而无"判成名衔榜",前后小有不同。

吏部南曹完成上述任务,其所承担的铨选工作告一段落,剩下的就是组织和主持新及第举子的关试了。铨选工作则由三铨即铨司接手。结合《册府元龟》卷634《铨选部·条制六》和《五代会要》卷21《选限》的相关记载,铨司锁铨引验之前的工作大致如下:铨司根据南曹申报材料,张榜通知判成选人交纳家状、保状和试判纸。家状、保状和试判纸各为一榜,名曰"三度榜"。大约到十二月上旬,

贯休《罗汉图》之五

[1]《五代会要》卷22《吏曹裁制》,第353页。

[2]《五代会要》卷21《选事下》,第340页。

[3]《五代会要》卷21《选限》,第347页。

[4]《五代会要》卷22《吏曹裁制》,第351页。

[5]《五代会要》卷22《吏曹裁制》,第352页。

贯休《罗汉图》之六

三度榜交齐，于是进入锁铨引验阶段。鉴于南曹十一月末开宿，此时引纳三度榜或许会因时间太迟而致贻误工作，所以允许铨司在南曹锁宿期间榜示选人呈递家状。保状必须加盖京城识官所在司印鉴，限南曹开宿后两日内纳毕。三度榜在指定期限内交齐，倘若违限，铨司有权驳落选人，三度榜不得补交。一切就绪，铨司就可以在十二月十二日以前锁铨了[1]。锁铨与锁曹相类似，即铨司具体办事人员宿于铨内，以防与选人交通。家状，就是记录选人郡县乡里名籍、父祖官名、内外族姻、年齿形式的家庭证明。五代时期假冒家状之风盛行，以至后唐明宗于天成三年（928）十二月下敕，将家状也归入选人档案，"先于曹印署，纳吏部、中书、门下三库各一本"[2]。家状之中乡里籍贯的填写，居然也有选人作伪，后唐长兴年间中书专门对此提出意见，并建议据实而书。所谓"诸色选人，或有元通家状，不实乡里名号，将来赴选者，并令改正，一一竖本贯属乡县"[3]。保状，是认识、熟悉选人的京官所出具的作保文书。文书上须有保、识官所属官署的印章。五代时保官为3人，当与磨勘、引验所需保官人数相同。至于试判纸，就是选人铨试时书、判所用的纸张，可能有颜色、质地方面的特定要求，具体如何，不得而知。

　　铨司按照既定时间收纳家状、保状、试判纸之后，开始进入锁铨引验程序。引验，是指铨司依据选人文状中的"年齿形貌"以验明正身，防止假冒者滥竽充数。引验通常持续9天，每3天点名1次，共3次，故又称作"三引"。如3次点名，选人不到，即予驳落。后周显德五年（958），将三引的时限改为3天："（铨司）今后锁铨日，便牒示选人，至次日引验正身及告赤文书，限三日内三引毕，如不到者便落下。每年南曹判成，选人中多有托故不赴铨引，铨司准格例伺候，须及三引，计九日不至者，方始落下。今后有此色人，逐引不到，便据姓名落下。"[4]引验也是铨选注官的重要步骤。后唐天成二年（927）十二月，中书门下"条流"称："选人之内，族类甚多，历任之中，资考备在。应南曹判成人等，仰三铨各据逐人出身、入仕文书，一一比验年貌，灼然不谬，方与注官。"[5]引验结束，铨司就可将合格选人申报中书门下请求铨选了。

[1]《唐代铨选与文学》，第164页。

[2]《册府元龟》卷632《铨选部·条制四》，第7583—7584页。

[3]《册府元龟》卷633《铨选部·条制五》，第7588页。

[4]《五代会要》卷21《选限》，第347—348页。

[5]《五代会要》卷20《选事上》，第335页。

唐代铨选的程序大致如下:"凡选,始集而试,观其书判;已试而铨,察其身、言;已铨而注,询其便利,而拟其官。"[1]铨选的初步结果须由门下侍中审核,倘无变动,铨司受旨,颁发告身,选人才能赴任新职。五代时期,沿而不改。铨选自铨试开其端,吏部侍郎主其事。铨试地点即考场,与贡举试、关试相同,都设在都堂。铨试的内容为身、言、书、判四项,身则取其体貌丰伟,言则取其言词辩正,书则取其楷法遒美,判则取其文理优长。四项又小有分别,察其身、言,谓之铨;观其书、判,谓之试。四项当中,至为重要的是书、判两项考试。由于书法的好坏很难设置具体标准予以评判,评定依据在很大程度上取决于主考官的个人好恶与审美倾向,故而判实际上成为铨试中的核心内容。但试书题一场,仍为五代时期的惯例,如后周显德五年(958)闰七月的吏部公文中,就有"试判三场"的说法,其中一场当为书题。五代铨选试判,仍然是两道,如后唐长兴元年(930)十月,中书奏:"吏部流内铨诸色选人,先条流试判两节,并委本官优劣等第申奏。"[2]后晋天福二年(937)十月的诏书中也明令"选人试判两道"[3]。五代时期对试判内容的具体要求并不十分苛刻,后唐长兴元年(930)三月,规定:"业文者任征引古今,不业文者但据公理判断可否。"考试成绩分为四等,"文优者宜超一资注拟,其次者宜依资,更次者以同类官注拟,所以励援毫之作,亦不掩历任之劳。其或于道理全疏者,以人户少处州县同类官中比拟"[4]。铨试内容有时也试杂文,后唐时期明确规定守选期满的前进士要试以诗、赋、判,天成五年(930)二月,敕:"其进士科已及第者,计选数年满日,许令就中书陈状,于都堂前各试本业诗赋判文。其中才艺灼然可取者,便与除官,如或事业不甚精者,自许准添选。"[5]

铨试结束,留放人选随之确定。留者便可注拟授官,放者听任参加来年冬集。所谓注拟,就是根据员阙先将某选人拟定为某官,并注录在簿。注拟的依据包括选人的书、判成绩,选人的资级和出身。"循资格"是唐代的老办法,五代时期仍然袭用,但各朝内容不尽相同。如后唐明宗天成二年(927),规定:经学出身人,"一任三考,许入下县令、下州录事参军,亦入中下州录事参军;两任四考,许

贯休《罗汉图》之七

[1]《通典》卷15《选举三·历代制下》,第360页。

[2]《旧五代史》卷148《选举志》,第1983–1984页。

[3]《旧五代史》卷76《晋高祖纪二》,第1008页。

[4]《旧五代史》卷148《选举志》,第1984页。

[5]《旧五代史》卷148《选举志》,第1978页。

入中下县令、中州录事参军;两任六考,许入上县令及紧州录事参军"。闵帝应顺元年(934),改为:"其经学出身,一任两考……起今后更许入中下县令、中州下州录事参军;一任三考者,于人户多处州县注拟,如于近敕条内,资叙无相当者,即准格循资考入官;其两任四考者,准二任五考例入官,余准格条处分。"[1]出身和资历显然成为注拟的重要依据。年龄也是影响注官好坏与否的因素之一,后唐长兴二年(931),前温县令杜同文献时务策,建议年满70岁以上的选人,以授予优资散官代替职事官,为明宗采纳。[2]后汉隐帝时,有人认为如果年龄不足30岁的选人出任县令,将会"鲜有廉勤,不执公方,惟贪娱乐"。于是朝廷下令:选人"年少未历资考者,不得注授令录"[3]。此外,官吏政绩有时也成为注官的条件,后梁太祖乾化二年(912)就规定:吏部注拟时,"验为政之否臧,必有可观,方可任用"[4]。然而,就注官的总体情形而论,循资注官仍是注拟的主要方式。五代时也有超资授官的情况,主要对象为宠臣、贵戚,也有政绩显著、能雪冤屈者。

三铨注拟,同样也实行三注三唱制度,即吏部注拟官职要征求选人的意愿,将拟授官职当面向选人唱名注示,如不满意,选人可以在3日内写出退官报告,要求重新注拟。经过3次注拟唱名,选人仍不同意注拟结果,就只能参加次年的注官,且不必再由南曹磨勘、吏部试判,而以上一年旧判为准直接参加注拟。三注三唱时,如选人3次都无故不到,则视为自动弃权,不得要求重新注官。后周显德五年(958)闰七月以前,采取的是"每一注内,有不伏官者,限三日具状通退,三注共九日者"的注拟方式,当月便改为"铨司自今后第一、第二注榜出后,各限次日内具通官文状,便具姓名落下,第三注毕日开铨,不在开通官之限,三注共五日者"[5]。即将原来的9日改为5日,时间限定更加严格。开铨时间也由原来的第三注的3天后变为第三注的次日。

开铨后,三铨分别将各自注拟名册分类整理成"甲历",即"团甲",经吏部尚书过目、批准、签名盖章,再报呈尚书都省审查,是为"送省"。都省复审完毕,须报门下省审查,称为"过官",这是选人授官的最后一个步骤。在送

贯休《罗汉图》之八

[1] 《旧五代史》卷148《选举志》,第1984页。

[2] 《册府元龟》卷633《铨选部·条制五》,第7591页。

[3] 《旧五代史》卷148《选举志》,第1985页。

[4] 《册府元龟》卷632《铨选部·条制四》,第7577页。

[5] 《五代会要》卷21《选限》,第348页。

省、过官的过程中，若都省、门下认为三铨注官不妥，即驳回，三铨须重新注拟更正。后周广顺三年（953），"吏部选人过门下，（王）峻当其事，颇疑选部不公，其拟官选人落下者三十余人"[1]。送省、过官也有时间限制，显德五年（958）以前规定为：过官须在次年二月二十五日前，门下省须于三月十五日完成过官，在三月三十日"进黄"。当年闰七月制定新规："（铨司）三拟毕后，省甲案便于格式司逐旋覆阙入官，过院修写省历，至十一月十四日已前，牒送门下省毕，铨司门下省押定，牒到取两日祗候，取判过堂。次日乞降可否堂帖。其黄甲限四日内修写，句勘印署，至十二月六日牒送门下省。至十二月九日进黄毕。"[2]所谓"进黄"，就是有司将选人注官情况誊录于黄麻纸上，形成"黄甲"、"甲历"，一式三份，分别保存于门下省、中书省和吏部甲库。吏部授官所给告身，即任官状，由中书舍人或翰林学士起草。新注拟官员领取告身，向皇帝谢恩，才可赴任。

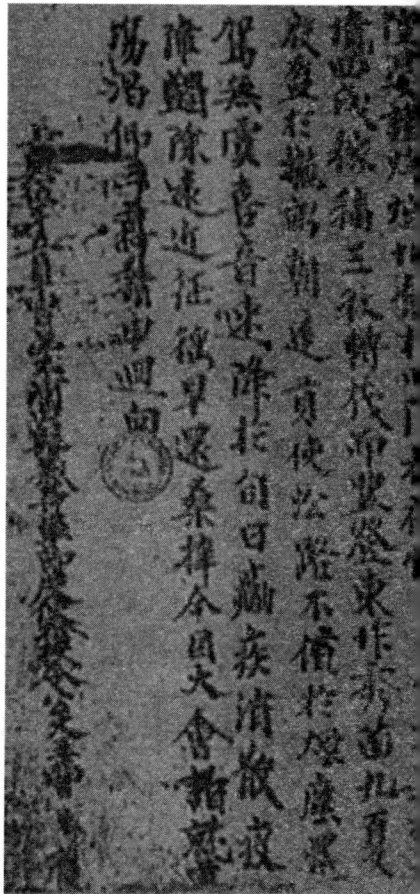

曹议金道场四疏

[1]《旧五代史》卷130《王峻传》，第1715页。

[2]《五代会要》卷21《选事下》，第348–349页。原文为"至十月四日已前，牒送门下省毕"，另据《册府元龟》卷634《铨选部·条制六》（第7610页）作"至十一月四日以前牒送门下省毕"，因后周铨选时限为每年十月一日至十二月上旬，十月份为冬集时间，可知原文"十月四日"当为"十一月四日"，当以《册府元龟》所记为准。

五代步射武士图

第八章　五代十国典章制度(四)：
军事制度

五代十国时期,兵戈不息,各政权统治者都极为重视军队,但战乱的形势却无法为兵制的大规模整饬与深入改革提供安定的环境,加之十国政权的兵制又各有不同,因此,这一时期的军事制度总体上呈现出杂乱、缓慢变革的态势。后周建立之后,兵制改革的步伐才大大加快,并为其后宋代军事制度的形成与完善作了必要的铺垫。

第一节　中央禁军

五代十国各政权普遍设置禁军,是为皇帝直属部队,也是军事力量的中坚和骨干。禁军之得名渊源于唐,但五代十国的禁军系统与唐代已有较大差别。总括而言,五代禁军先后包括六军、侍卫亲军和殿前军等部分,其名号、组织迭经演变,而从其发展过程来看,六军虽在一定时期有所恢复和保留,但随着侍卫亲军的逐步壮大,六军日趋式微,并最终从禁军体系中消亡。在此前后,殿前军迅速崛起,至后周世宗时期,统辖侍卫马军、步军的侍卫司与掌控殿前军的殿前司并称"两司",五代禁军的演变至此结束。宋代的两司三衙即肇始于此。

一　六军

禁军的前身是唐朝的南衙十二卫和北衙六军,但是自府兵制废弛后,十二卫渐成虚名,南衙中的左右卫、左右骁卫、左右武卫、左右威卫、左右领军卫、左右金吾卫等诸卫上将军、大将军仅用以酬赏功臣,作为武臣的官阶,而非实职,这种情形至唐末五代沿而不改。禁军中的北衙军,则一直被视为皇帝的侍卫军和王朝武装力量的核心,禁军遂成为北衙军的专称。唐肃宗时,北衙军已形成左右龙武、羽林、神武的六军建制。其后,左右神策军、神威军相继兴起,与六军合称十军。并且,后者逐渐取代六军而构成中央禁军的主力。唐后期禁军的领导权长期为宦官把持,宦官借此更易帝王、干预朝政,是影响唐后期政局的重要政治力量之一。唐末,朱温诛杀宦官,给予神策军毁灭性打击,至此,唐代六军名存实亡。六军名号仍然不废,为加强对六军的控制,朱温以所辖宣武军补充六军员额,并命心腹统领,六军的实际指挥权则委属左、右统军。

　　开平元年(907),朱温篡唐建立后梁。当年四月,即对六军进行整改,"改左右长直为左右龙虎军,左右内卫为左右羽林军,左右坚锐、夹马、突将为左右神武军"[1]。此时,后梁六军实际上有龙虎、羽林、神武等3个军号,每军各有左右共计6支部队。开平二年(908)十二月,梁太祖对六军重加改造。《五代会要》卷12《京城诸军》载:"改左右天武为左右龙虎军,左右龙虎为左右天武军,左右天威为左右羽林军,左右羽林为左右天威军,左右英武为左右神武军,左右神武为左右英武军。"六军名称再变而为龙虎、天武、羽林、天威、神武、英武等,每军仍然分为左右两支。此次变易军号,固然有彻底改造六军的意图,其直接目的更在于将中央直属部队的统兵权授给勋旧和功臣,从而收到严密控制六军的效果。上段引文小注即说:"前朝(唐)置龙虎六军,谓之卫士。至是以天武、天威、英武等六军,易其军号而任勋旧焉。"此次禁军改革后,梁太祖以元从亲随、宠信武将分任禁军将领,如赵犨之子赵霖,因其父竭力追随朱温,"数年之间,悉力委输,凡所征调,无不率先"。开平二年(908)十二月,被"授羽林统军","其后累历近职,连典禁军"[2]。再如梁太祖外甥袁象先,随军多年,是以被"授左英武军使,再迁左神武、右羽林统军"[3]。又如勋将霍彦威,被"授左天武军使"[4]。

　　后梁对六军的两次整顿所形成的六军制度,与唐中后期以来的六军、十军的编制有所不同。尽管如此,后梁六军的名号与唐代六军制度仍然具有明显的继承关系。

五代的武将

[1] 《五代会要》卷12《京城诸军》,第205页。按:"内卫",《旧五代史》卷3《梁太祖纪三》记为"内衙",第50页。当据此。

[2] 《旧五代史》卷14《赵犨传》,第194—195页。

[3] 《旧五代史》卷59《袁象先传》,第797页。

[4] 《旧五代史》卷64《霍彦威传》,第851页。

上述羽林、龙虎、神武3个军号，直接沿用唐制，其中的龙虎军，也就是唐代的龙武军，因朱梁一朝不避唐祖李虎讳，故径称龙虎军。而开平二年（908）整顿六军后的天威、天武、英武3个军号，也来源于唐朝禁军的名号，只不过这些军号在唐代不属于六军系统，后梁则将其引入到禁军体制，这是后梁王朝对唐代六军制度的改造。虽然后梁的六军制度是在唐制基础上发展而来，但也仅仅限于制度形式的移植而已，至于六军兵员的构成，则与唐朝禁军毫不相干，而是来源于宣武军所属各部，换言之，后梁六军实际上是以藩镇军为基础组建而成的，形式上则以六军名号冠之。不过，朱温建国前藩镇军下辖各支军队的实力并不一致，经过改造后的六军同样存在着战斗力强弱不等的差别。

后梁六军之中，以龙虎军实力最为强大。龙虎军的前身是天武军，天武军原为宣武军的一支，颇有战斗力。开平二年（908）十月，为赏赐天武军援救晋州的解围之功，"以左天武军夹马指挥使尹皓为辉州刺史，以右天武都头韩瑭为神捷指挥使，左天武第三都头胡赏为右神捷指挥使"[1]更名为左右龙虎军后，这支军队屡立战功。开平三年（909）六月，右龙虎军十将张温以上22人于潼关擒获叛将刘知浣，送至行在，太祖敕曰："刘知浣，逆党之中最为头角；龙虎军，亲兵之内实冠爪牙。昨者攻取潼关，率先用命；寻则擒获知浣，最上立功。颇壮军威，将除国难。"[2]龙虎军被誉为亲兵之内的爪牙，足见其在禁军中的突出地位。末帝贞明二年（916），庆州叛附于岐，"诏以左龙虎统军贺瓖为西面行营马步都指挥使，将兵讨之"[3]，大破岐兵。

后梁六军中的天武军则由龙虎军改编而成，龙虎军又来自于左右长直军。长直军是宣武镇较早组建的军队之一，也是朱温较为倚重的武装力量。开平四年（910）梁晋柏乡之战时，"梁将韩勍等将步骑三万，分三道追之，铠胄皆被缯绮，缕金银，光彩炫耀，晋人望之夺气。周德威谓李存璋曰：'梁人志不在战，徒欲曜兵耳。不挫其锐，则吾军不振。'乃徇于军曰：'彼皆汴州天武军，屠酤佣贩之徒耳，衣铠虽鲜，十不能当汝一。擒获一夫，足以自富，此乃奇货，不可失也。'德威自引千余精骑击其两端，左右驰

李昇陵出土的持圆形盾武士像

[1] 《旧五代史》卷4《梁太祖纪四》，第65页。
[2] 《旧五代史》卷4《梁太祖纪四》，第69页。
[3] 《资治通鉴》卷269，后梁均王贞明二年十二月，第8808页。

突,出入数四,俘获百余人,且战且却,距野河而止"。胡三省注曰："中军坚厚,不可冲击;击其两端,以其薄也。"[1]可见,天武军作战装备精良,仍具有一定的战斗力,周德威所语意在激励士气,而在作战时,自率精骑攻击天武军的两端,也表明天武军并非等闲之辈。

后梁六军中的羽林军脱胎于天威军,天威军也是宣武镇的旧部,《旧五代史》卷64《朱汉宾传》云："入梁,历天威军使、左羽林统军。"羽林军较少出外征伐,战斗力有限。

后梁六军中的天威军,其前身是羽林军,而羽林军则由内衙军改编而来,内衙军原本也是宣武军的一支。《旧五代史》卷22《牛存节传》载:开平二年(908)二月,自右监门卫上将军转右龙虎统军,驻留洛下,以本军及右龙虎、羽林等军前往上党接应,经数日击战,"晋军死伤者甚众,焚营而退,郡以获全,太祖屡叹赏之。五月,迁左龙虎统军"。这次战役显然有羽林军参与其中。史籍又载:梁将徐怀玉"迁右羽林统军,屯于泽州,晋人攻之,为隧以入,怀玉击之隧中,晋人乃却"[2]。故而,此次参战的实际上是羽林军的右军。羽林军被改编为天威军后,外出作战的记录不可复睹。

后梁六军中的神武军来自于对英武军的改编,英武军同样是宣武镇旧军,《旧五代史·袁象先传》即说:"梁开平二年(908),授左英武军使,再迁左神武、右羽林统军。"由其履任经历判断,英武军确为宣武军旧部。在英武改为神武后,才改为左神武统军。神武军兵力不强,很少参与重大战役,在六军中的地位较低。贞明三年(917)八月,"以左神武统军周武为宁州刺史"[3]。而龙虎统军外任时多为节度使,两者地位之高下,判然有别。

后梁六军中的英武军由神武军改编而来,神武军则由坚锐、夹马、突将3支军队整合而成,而坚锐、夹马、突将依然是宣武镇的旧有部队,因其人少,故在后梁第一次整编六军时,便将其合并为一个军号。由于突将往往由敢死之士所组成,具有较强战斗力,似可表明神武军战斗力不弱。而在神武军易名为英武军后,坚锐、夹马、突将之军名不废,仍然作为部队番号保留下来,如潘环,"梁末帝用为

李昇陵中室北壁东侧的浮雕武士像

[1] 《资治通鉴》卷276,后梁太祖开平四年十二月胡三省注,第8731-8732页。
[2] 《新五代史》卷22《徐怀玉传》,第234页。
[3] 《旧五代史》卷9《梁末帝纪中》,第131页。

李昇陵中室北壁西侧的浮雕武士像

[1]《旧五代史》卷94《潘环传》，第1243页。

[2]《新五代史》卷33《王思同传》，第359页。

[3]《资治通鉴》卷271，后梁均王龙德元年十月，第8870页。

[4]《册府元龟》卷360《帝王部·立功十三》，第4276页。

[5]《册府元龟》卷915《总录部·废滞》，第10834页。

[6]《旧五代史》卷129《张彦超传》，第1706页。

[7]《旧五代史》卷43《唐明宗纪九》，第590页。按：《五代会要》卷12《京城诸军》记"雄武"作"雄威"，第205页。未审孰是，兹从《五代会要》。

[8]《册府元龟》卷81《帝王部·庆赐三》，第948页。

左坚锐、夹马都虞候，累迁左雄威指挥使"[1]。但在攻城拔寨的重大攻坚战役中，却很少见到英武军身与其中，或许即是缘于其自身战斗力疲软所致。

因此，后梁六军实际上仅仅保留了唐代六军的名号，至于其六军的兵员则均来源于宣武镇所辖各支旧军，而宣武军下属各部间的战斗力强弱不一，后梁整顿六军后，宣武军旧部实力不均的局面，在六军系统中依然有所体现。在经过整编后的六军中，唯龙虎军、天武军有较强战斗力，其余各军渐被湮没，故可视为应名之军，充数而已。

后唐王朝自诩为唐朝继承者，在六军制度上也照搬唐制。后唐六军中的个别名号早在灭亡后梁之前即已存在。史载："梁、晋相距于莘，遣（王）思同筑垒杨刘，以功迁神武十军都指挥使，累迁郑州防御使。"[2]后梁末帝龙德元年（921），"晋王自镇州将亲军五千救之，遣神武都指挥使王思同将兵成狼山之南以拒之"[3]。所以，后唐六军制度并非是在后梁六军基础上组建而成，而与其所辖原有旧部联系至为紧密。逮至后唐立国，六军制度正式建立。如张廷蕴，同光中，因平定潞州李继俦叛乱有功，"军还，改左右羽林都指挥使"[4]。再如刘建崇，后唐同光中，"为龙武捧玺都指挥使"[5]。又如张彦超，"庄宗入汴，授神武指挥使"[6]。上述记载分别提到羽林、龙武、神武等军号，这是后唐健全六军制度的明证。

长兴三年（932）三月，明宗大规模整治六军中的羽林军，"以神捷、神威、雄威、广捷已下指挥改为左右羽林军，置四十指挥，每十指挥立为一军，军置都指挥使一人"。"以右领军上将军翟璋为右羽林统军，以前安州留后周知裕为左神武统军"[7]。经此整顿，羽林军的兵力显然大大增强。长兴三年（932）八月，群臣上尊号，明宗遂向群臣与禁军将士颁赐钱物，"龙武、神武、羽林六军马步兵士，人各二千"[8]。据此可知，后唐六军为左右龙武、左右神武、左右羽林，其军号仅3个，即龙武、神武和羽林，与唐六军名号及编制完全相同。而后梁六军中的天武、天威、英武等军号，后唐已经罢废不用。

后晋立国，高祖石敬瑭仍以左右羽林、龙武、神武为六军军号，这是后唐六军兵制的延续，六军地位则继续下降,除左右羽林军尚有一定兵力外,其余诸军衰弱无力,不堪重任。天福二年(937)正月,"以前镇国军节度使皇甫立为神武统军"。二月,以"左羽林统军罗周敬为右金吾卫上将军"[1]。三月,"以右龙武统军杨思权为左卫上将军"[2]。上述3人除皇甫立曾经出任节度使外,后两者均兼任诸卫将军,由此表明,后晋初期六军地位已经很低,以至于六军统军(除羽林军外)如不兼任节帅,则已演变为安置勋臣宿将的闲散之职。六军将领的授受,犹如昔时的南衙十二卫,正在朝着有名无实的方向转化。《旧五代史》卷129《常思传》载:"晋初,迁六军都虞候。(天福六年)汉高祖出镇并门,奏以思从行,寻表为河东牢城都指挥使。"常思担任5年多的六军都虞候,却因节度使奏取从行,又表为牢城都指挥使,六军都虞候的低下地位,由此可见。这也是六军名存实虚的真实体现。

后汉六军体制效仿前代,以羽林、龙武、神武为军号。史籍有云:隐帝乾祐元年(948)十月,"右羽林将军张播停任"[3];次年五月,"以前邠州节度使安审约为左神武统军,以前洛京副留守袁巘为右神武统军"[4]。可见,羽林、神武军名仍然存在。惟独龙武军,史籍缺载。

后周时期,六军仅存虚名,其军事作用被侍卫亲军和迅速兴起的殿前军所取代,各军统率军职日益虚化。《旧五代史》卷111《周太祖纪二》载有广顺元年(950)春对六军诸卫将领的任命,其时六军仍为左右龙武、羽林、神武。至周世宗正式在禁军中确立殿前军体制,遂宣告六军完全退出禁军行列,禁军也就成为侍卫亲军和殿前军的代名词。此后,六军将领主要用于安置功臣勋将,不再具有实际职掌,仅用于表示武臣官阶。逮至宋代,六军仍以羽林、龙武、神武为名,各分左右,掌郊祀、朝会、仪仗等事务,全然不再具备宿卫和征战的职能。

十国之中,也有部分政权设立六军制度。杨吴在建国之前,并无禁军,仍然沿用藩镇兵制中的牙军制度,并扩展为左、右牙军,以左、右牙都指挥使为其统帅,徐温与张颢曾分任其职。张颢被诛后,"(杨)隆演以温为左、右牙都指挥使,军府事咸取决焉"[5]。军政大权集中于左、右牙都指挥使,而这正是徐温专权的关键因素。武义元年(919),杨

王建墓出土执斧仪卫像

[1]《旧五代史》卷76《晋高祖纪二》,第997页。
[2]《旧五代史》卷76《晋高祖纪二》,第999页。
[3]《旧五代史》卷101《汉隐帝纪上》,第1351页。
[4]《旧五代史》卷102《汉隐帝纪下》,第1358页。
[5]《资治通鉴》卷266,后梁太祖开平二年四月,第8700页。

吴立国，牙军改为禁军，禁军中的侍卫诸军与诸卫制度开始萌现，如徐知诰禅吴之前，吴宗室杨濛因心怀不满而出逃和州，"侍卫军使郭悰杀濛妻子于和州"[1]。顺义四年（924），吴"遣右威卫将军雷岷献新茶于唐"；六年，又"遣右骁卫将军苏虔献金花、银器、锦绮于唐"[2]。其中的"侍卫军使"、"威卫将军"与"右骁卫将军"等名称，应当就是侍卫诸军与诸卫制度存在的反映，但吴国六军的具体情况在现存史籍中并无记载，其六军制度是否真正建立，仍然难以判断。

南唐建立后，六军制度随即明确固定下来。烈祖时，曾以齐王李璟"判六军诸卫、守太尉、录尚书事、昇扬二州牧"[3]。其后，六军常置不废，史载：元宗迁都洪州时，"旌麾、仗卫、六军、百司，凡千余里不绝"[4]。与杨吴政权相似的是，南唐也有诸卫制度，但诸卫并不管辖部伍，实系空名，其官员都无统兵职责，而是作为安置勋臣或用以表示武臣迁转的官阶。六军以统军为最高官职，大将军、将军则较少见。但是，南唐六军和唐代六军制度有所不同，却和中原的后梁相似。南唐六军的军号分别为神武、龙武、天威、雄武、神卫和龙卫，并分为左右十二军。[5]军号中的神武、龙武、天威系沿用唐朝旧有军名，而神武、龙武更是唐六军中的既有名号。雄武军名始见于吴国，《新五代史》卷61《吴世家》有载：武义元年（919）四月，以"李宗、陈章为左、右雄武统军"。即是明证。雄武军的军名被南唐纳入六军，马令《南唐书》卷9《李章传》称：烈祖时，李章曾担任雄武军都虞候之职。另外，神卫、龙卫两军名号则系南唐首创。南唐六军主要任务是宿卫京师和外出征战，由于战斗力较强的缘故，对外作战的主力部队通常都是六军，如神武、天威、雄武等军，特别是神武军，更是屡屡现身于重大战役中，为抵御后周、北宋的军事攻击，神武军每次都作为精锐之师被派驻战争前沿。与之形成鲜明对比的是，禁军中侍卫诸军的实力明显不及六军，很少参与对外征战。这一点也与中原王朝大多以侍卫亲军为禁军的骨干、六军兵力寡弱的情形，大异其趣。

前蜀以判内外六军诸卫事作为禁军统帅，如永平四年（914）二月，"以太子衍判内外六军事"[6]。判内外六军诸

赵弘殷像

[1]《资治通鉴》卷281，后晋高祖天福二年八月，第9181页。

[2]《十国春秋》卷3《吴三·睿帝本纪》，第60-61页。

[3]《资治通鉴》卷282，后晋高祖天福四年四月，第9202-9203页。

[4]陆游：《南唐书》卷2《元宗本纪》，第5483页。

[5]杜文玉：《南唐六军与侍卫诸军考略》，载《学术界》1997年第4期。

[6]《蜀梼杌校笺》卷1《前蜀先主》，第127页。

卫事又省称为判六军诸卫事，如乾德二年（964）八月，后主王衍"以宰相王锴判六军诸卫事"[1]。据此，前蜀应设立六军制度。《册府元龟》卷224《僭伪部·宗族》明确指出，前蜀设有六军，还有六军使的官职。但六军的军号以及具体建置，根据现存史料很难作出准确说明。

后蜀六军制度相对明晰。孟知祥割据两川后，先后建立卫圣、匡圣、捧圣控鹤、奉銮肃卫、骁锐、亲卫等6支军队，形成六军系统。[2]六军屯驻京城和外地，兼具宿卫和野战双重任务。其最高统帅为判六军事，六军副使为其副贰。[3]史载：明德元年（934）七月，孟昶"于枢前即位。加季良司徒，仁罕兼中书令、判六军事，廷隐兼侍中、六军副使"[4]。《九国志》卷7《后蜀·赵庭隐传》也记载："昶袭位，李仁罕求总六军，将图非望。以庭隐为六军副使以制之。"这就说明，判六军事掌控六军，拥有军政大权，为防止判六军事李仁罕图谋不轨，所以不得不另外设置六军副使予以牵制。鉴于六军中的"诸将多高祖故人，事后主益骄蹇不法"[5]，广政十三年（950），后主有意收归六军指挥权，而以"子元喆为秦王，判六军诸卫事"[6]。

王闽政权自王延钧称帝后，禁军制度开始确立，并设立判六军诸卫事的官职。闽国六军极有可能是继承唐制，其军号以羽林、龙武和神武为名。闽国六军军号只有上述3个，各分为左右两军。如左右羽林军，朱文进弑主自立，"以羽林统军使黄绍颇为泉州刺史"[7]。再如左右龙虎军和左右神武军，根据《闽中金石略》卷2《坚牢塔题名八段》的记载，黄绍颇曾任左龙虎统军，连重遇曾任右龙虎统军，朱文进、许宏钦曾任左龙武统军，尚保殷曾任左神武统军，林守谅曾任右神武统军。此处龙虎、龙武当为一军，或许是因时期不同，前后称呼有所差别而致。

南汉偏霸岭表，兵制并不健全，禁军中不设侍卫亲军，却有"判六军"的官职见诸史籍。如大有七年（934）十二月，"汉主命判六军秦王洪度募宿卫兵千人，皆市井无赖子弟。洪度昵之"[8]。南汉后期，还设有六军观军容使一职，李托深即曾充任此职。[9]但是，南汉六军设置似不完整，据现有史料能确知属于六军系列中的军队，只有左右龙虎军。大宝二年（959），后主"以龚澄枢为左龙虎观军容

[1]《蜀梼杌校笺》卷2《前蜀后主》，第164页。

[2] 参见《五代十国制度研究》，第478–485页。

[3]《十国春秋》卷49《后蜀二·后主本纪》，第723页。

[4]《蜀梼杌校笺》卷4，第329页。

[5]《十国春秋》卷51《后蜀四·李仁罕传》，第759页。

[6]《蜀梼杌校笺》卷4，第379页。

[7]《资治通鉴》卷284，后晋齐王开运元年三月，第9269页。

[8] ［清］吴兰修：《南汉纪》卷2《高祖纪》，见傅璇琮、徐海荣、徐吉军主编：《五代史书汇编》（十），杭州出版社点校本2004年版，第6625页。

[9]《南汉纪》卷5《后主纪》，第6671页。

王建墓浮雕和鼓伎

使、内太师,军国之事,皆取决焉"[1]。《容县志》卷24《金石志上·乾和十三年经幢》的题名中,也有"大汉国子弟、左龙虎军将……"的称呼。龙虎军原本为唐代的龙武军,为六军之一,南汉应是沿袭了唐代旧制。

北汉、楚和荆南的兵制与藩镇兵制相类似,禁军制度并不是很齐备,没有设立六军制度。

二 侍卫亲军

侍卫亲军成为禁军,并一跃而为禁军中的绝对主力,是五代十国时期兵制发展中的重要内容。在后周殿前军进入禁军行列之前,侍卫亲军在中原王朝的禁军中,素以骁勇、强悍、善战著称,其战斗力远在六军之上,不仅在京城中随侍宿卫、拱护宫阙,而且在野战中冲锋陷阵、浴血厮杀,对五代政局的演变产生了重大影响。在五代政权递嬗中,侍卫亲军扮演着重要角色,以至有五代"各朝兴亡,多视禁军向背"[2]的说法。揆诸史实,五代帝王中依靠禁军拥戴而上台者,相继有后唐明宗李嗣源、末帝李从珂,以及后周太祖郭威。[3]五代所开创的侍卫亲军制度,也为宋代禁军制度的完善与发展奠定了基础,欧阳修曾指出:"(五代)军制,后世无足称焉。惟侍卫亲军之号,今犹因之而甚重,此五代之遗制也。然原其始起微矣,及其至也,可谓盛哉!"[4]这一时期,各政权侍卫亲军的名号极其繁多,其间又颇多厘革,体系至为庞杂、芜乱,但其渊源流变并非无从稽考,在看似"乱"的表象之下,五代十国时期侍卫亲军的发展线索、脉络仍然有迹可寻。

"亲军"的称呼,至迟在唐末时已经出现。《新唐书》卷50《兵志》载:乾宁元年(894),又诏诸军阅亲军,收拾亡散,得数万。即为明证。唐末,藩镇割据愈演愈烈,各方镇节帅普遍设置亲军,以至节帅驱使亲军征讨、守御的记载比比皆是,如《旧五代史》卷1《梁太祖纪一》载:大顺元年(890)四月,朱温"率亲军讨之";乾宁二年(895)二月,"领亲军屯于单父";八月,"领亲军伐郓"。这些都说明朱温灭唐之前就已有亲军的称呼。其他方镇也莫不自置亲军,如河东李克用在天复三年(903)"有亲军万众皆边部人"[5];晋王李存勖于贞明四年(918)六月,"引亲军"[6]涉水击梁。可

[1]《南汉纪》卷5《后主纪》,第6650页。
[2] 聂崇岐:《论宋太祖收兵权》,载《燕京学报》1948年第34期,收入氏著《宋史丛考》(上),中华书局1980年版,第274页。
[3] 详见张其凡:《五代政权递嬗之考察——兼评周世宗整军》,载《华南师范大学学报》1985年第1期,收入氏著《五代禁军初探》,暨南大学出版社1993年版,第77-97页。
[4]《新五代史》卷27《康义诚传》,第297页。
[5]《旧五代史》卷26《唐武皇纪下》,第359页。
[6]《资治通鉴》卷270,后梁末帝贞明四年六月,第8803页。

见，方镇节帅均设有亲军。而节帅一旦入主中朝，其原来所指挥的方镇亲军顺理成章地转变为"侍卫亲军"。诚如欧阳修所说："而侍卫亲军者，天子自将之私兵也，推其名号可知矣。"又说："然是时，方镇各自有兵，天子亲军不过京师之兵而已。"[1]也就是说，天子和节帅都拥有各自的亲军队伍，这些亲军即为"私兵"。天子"亲军"或称"亲兵"，两者通常又被用以指称禁军。禁军被称作"亲军"的例子较为常见。如后唐同光三年(925)九月，枢密使郭崇韬"率亲军六万，进讨蜀川"[2]。为阻止后唐军队进攻，前蜀后主王衍"率亲军五万"[3]屯驻利州。后唐末年，石敬瑭举兵反唐，末帝"率亲军步骑三万出次河桥"[3]，以遏其势。上述引文中的"亲军"显然都是指的禁军。而以"亲兵"指代禁军的说法，在史籍中也不乏其例。所谓"龙虎军，亲兵之内实冠爪牙"[4]。"控鹤，亲兵也"[5]。即是以"亲兵"作为禁军六军中的龙虎军和侍卫亲军中控鹤军称呼的例子。后晋天福九年(944)春，契丹入寇，时任侍卫亲军都指挥使的景延广跟随出帝北征，"握亲兵，恃功恣横"[6]。这里的"亲兵"无疑就是侍卫亲军。后周显德三年(956)四月，为抵御南唐对泰州的进攻，周世宗遣"殿前都指挥使张永德帅亲兵往援之"[7]。这是以"亲兵"指代殿前军。因此，天子"亲军"或"亲兵"实际上都是禁军的别称。至于藩镇亲军的有关问题，留待下节藩镇兵制中再展开分析。

　　关于侍卫亲军名称的起源时间，欧阳修称："亲军之号，始于明宗。"[8]《石林燕语》卷6也说："都指挥使本方镇军校之名，自梁起宣武军，乃以其镇兵，因仍旧号，置在京马步军都指挥使而自将之。盖于唐六军诸卫之外，别为私兵。至后唐明宗，遂改为侍卫亲军，以康义诚为马步军都指挥使。秦王从荣以河南尹为大元帅，典六军，此侍卫司所从始也。"《文献通考》卷58《职官考一二》重复了上述观点。根据以上记载，"侍卫亲军"得名于后唐明宗时期。但是，据《旧五代史》卷20《刘捍传》载："太祖受禅……授捍侍卫亲军都指挥使。"这是说后梁太祖登基不久就已设置侍卫亲军都指挥使。而侍卫亲军都指挥使是侍卫亲军的统帅，其时侍卫亲军的名称是否也已使用呢？乾化二年(913)六月，为取代篡父自立的朱友珪，朱友贞进行积极

王建墓浮雕靴牢、鸡娄鼓伎

[1] 《新五代史》卷27《康义诚传》，第298页。

[2] 《旧五代史》卷57《郭崇韬传》，第769页。

[3] 《旧五代史》卷51《魏王继岌传》，第691页。

[3] 《旧五代史》卷75《晋高祖纪一》，第985页。

[4] 《旧五代史》卷4《梁太祖纪四》，第69页。

[5] 《新五代史》卷16《唐废帝家人传》，第172页。

[6] 《新五代史》卷29《景延广传》，第323页。

[7] 《旧五代史》卷116《周世宗纪三》，第1546页。

[8] 《新五代史》卷27《康义诚传》，第298页。

王建墓浮雕拍板伎

1《旧五代史》卷8《梁末帝纪上》,第114页。

2《旧五代史》卷23《刘鄩传》,第309页。

3《资治通鉴》卷267,后梁太祖开平三年六月,第8711页。

4 按:《旧五代史》卷76《晋高祖纪二》载:天福二年(937)四月,侍卫亲军使为杨光远。第1000页。同书卷77《晋高祖纪三》载:天福三年(938)四月,侍卫亲军马步军都指挥使杨光远。第1015页。此可证实,侍卫亲军使与侍卫亲军都指挥使实际为同一官职。

5《新五代史》卷45《袁象先传》,第494-495页。

6《资治通鉴》卷268,后梁均王乾化三年二月,第8766页。

7《旧五代史》卷103《汉隐帝纪下》,第1376页。

8《资治通鉴》卷276,后唐明宗天成二年十月胡三省注,第9009页。

9《资治通鉴》卷289,后汉隐帝乾祐三年十一月胡三省注,第9428页。

谋划,向赵岩请教对策,赵岩回答:"此事易如反掌,成败在招讨杨令公(杨师厚)之手,但得一言谕禁军,其事立办。"赵岩"时典禁军,洎还洛,以谋告侍卫亲军袁象先"1。不难看出,后梁时期"侍卫亲军"之名已然出现,并非始于后唐明宗兵制改革后。这也就证明上引欧阳修、叶梦得、马端临等人的说法,明显与史实不合。

侍卫亲军都指挥使也称为侍卫马步军都指挥使,全称为侍卫亲军马步军都指挥使。开平三年(909)五月,刘鄩"改左龙武统军,充侍卫亲军马步军都指挥使"2。六月,后梁忠武军节度使刘知俊举镇依附岐王李茂贞,太祖命杨师厚"帅侍卫马步军都指挥使刘鄩等讨之"3。可证其是。这些称呼又可省称为侍卫亲军使。4史籍又载:袁象先在后梁太祖时期,"累迁左龙武统军、在京马步军都指挥使"。而"象先为梁将,未尝有战功,徒以甥故掌亲军"5。引文中的"在京马步军都指挥使",职掌亲军,是否即为侍卫亲军都指挥使呢?末帝乾化三年(915)二月,"左龙虎统军、侍卫亲军都指挥使袁象先,太祖之甥也"6。据此可知,在京马步军都指挥使与侍卫亲军都指挥使,二者并无不同,实际上是同职异称。这种情形在后汉时期仍然存在,隐帝乾祐三年(950)十一月,"在京马步士,委王殷都大提举"7。此处所说的在京马步兵士,只可能是在京马步军,即侍卫马步军,其统帅就是时任侍卫马步军都指挥使的王殷。

侍卫亲军由侍卫马军和侍卫步军组成,通常合称侍卫马步军。后梁时期既已出现"侍卫亲军"名称,是否意味着侍卫马步军就必然包括侍卫马军和侍卫步军呢?宋末元初的著名学者胡三省曾说:"自梁以来,有侍卫亲军、侍卫马军、侍卫步军。"8又说:"侍卫亲军都指挥使之下,又有侍卫马军、步军二都指挥,此皆梁、唐所置。"9据此而言,后梁时期,侍卫马步军制度已趋完备。《景定建康志》卷26《官守志三·侍卫马军司》也称:"侍卫马军司盖创于后梁,至后唐为侍卫亲军,后周改为龙捷左右军。"然而,现存史籍中,迄今很难找到关于后梁侍卫(亲军)马军、侍卫(亲军)步军的任何一则材料,故无从稽考上述说法依据何在。既然史籍缺载,上引胡三省和《景定建康志》的有关追述,当然值得怀疑。再者,"侍卫亲军"的提法在后梁时期也是极其少见。就此而论,后梁时期的侍卫亲军制度或可作如下理解,即侍卫亲军制度仍处于草创之中,而制度的完善毕竟非一朝一夕之事,大体都需要经历一个较长的演变过程,侍卫亲军制度的演变概莫能外。具体来说,其时的侍卫亲军,虽常常以"在京马步军"、"侍卫马步军"或"侍卫亲军马步军"的名称出现,并且也分马军和步军两个兵种(详后),但侍卫马军和侍卫步军极有可能尚未形成单独建制,而是将马军、步军笼统归属于侍卫马步军都指挥使麾下,也正因为如此,侍卫马军都指挥使与侍卫步军都指挥使也不见设置。如若不然,史籍中必定能找到相关记载。因此,后梁时期的侍卫亲军制度,与后唐明宗时期所形成的较为成熟的侍卫亲军制度,尚有不小差距,而这也正体现了制度从创设到逐步完善的发展规律。

王建浮雕篴伎

后梁太祖朱温篡唐而立后,有感于唐末藩镇割据形成的内轻外重局面及其所造成的恶果,注重培植私人武将以捍御京师、巩固帝位。具体做法是,在其原直辖的宣武、宣义、天平、护国等4镇军队基础上,除以一部分军队,如长直、夹马、突将、坚锐、内卫等,充实六军外,其余大部分直辖军队,则隶名于龙骧、天兴、广胜、神捷四军,是为五代侍卫亲军创设的开端。《五代会要》卷12《京城诸军》载:开平元年(907)四月,以左右亲随军将马军为左右龙骧军;九月,置左右天兴、左右广胜军,仍以亲王为军使;开平二年(908)十月,置神捷军,亦分左右。

左右龙骧军,由马军改编而来,此后一直是侍卫亲军中的骑军部队。龙骧军装备非常精良,梁、晋柏乡之战时,"梁龙骧军以赤、白马为两阵,旗帜铠仗皆如马色,晋人望之皆畏惧"[1]。史籍中还说:"梁有龙骧、神威、拱宸等军,皆武勇之士也,每一人铠仗,费数十万,装以组绣,人望而畏之。"[2]由武勇之士组成的龙骧、神威、拱宸等军,战斗力极其强大,龙骧军更是屡立战功。贞明元年(915)三月,后梁末帝为削弱魏博镇实力,下令将魏博6州分割为相、卫两镇,因担心魏博镇军不服而叛乱,命"刘鄩屯南乐,先遣澶州刺史王彦章将龙骧五百骑入魏州,屯金波亭"[3]。《旧五代史》卷21《王彦章传》载此事为:"遣王彦章率精骑五百屯鄴城,驻于金波亭,以备非常。"直接将龙骧500骑称为"精

---

[1] 《新五代史》卷6《唐明宗纪》,第53页。

[2] 《旧五代史》卷27《唐庄宗纪一》,第372–373页。

[3] 《资治通鉴》卷269,后梁均王贞明元年三月,第8787页。

王建墓前门（1956 年重修）

骑"，可知龙骧军确为精锐之师，实力不可小觑。魏博兵叛乱后，龙骧军成为叛军首先攻击的对象，但龙骧军仍然是镇压此次兵变的主力。史载："三月二十九日夜，魏军乃作乱，放火大掠，首攻龙骧军，王彦章斩关而遁。迟明，杀（贺）德伦亲军五百余人于牙城，执德伦置之楼上。"[1]贞明二年(916)四月，梁末帝见龙骧四军都指挥使杜晏球率骑兵迎击叛军，遂呼之曰："非吾龙骧之士乎，谁为乱首？"[2]这也表明左右龙骧军下辖4军。除宿卫京师、外出征战外，龙骧军还有守御地方之责，"朱友珪之篡位也，怀州龙骧守御军作乱"[3]，即为其证。

左右天兴军，系开平元年(907)九月改编原有部伍而成，并深得梁太祖信赖。史载："太祖初置天兴军，最为亲卫，以帝(指朱友贞，时封均王)为左天兴军使。开平四年(910)夏，进位检校司空，依前天兴军使，充东京马步军都指挥使。"[4]此即前引《五代会要·京城诸军》中所说的"以亲王为军使"。天兴军"最为亲卫"，担负拱卫宫阙的重任。乾化元年(911)八月，后梁太祖"幸保宁殿，阅天兴、控鹤兵事，军使将校各有赐"[5]。反映出天兴军的主要职责就是宿卫京师。天兴军不参与野战征伐，战斗力日益衰退，其地位也不断下降，以亲王充任军使的陈规逐渐打破，如孔知浚"仕梁为天兴军使"[6]。后梁灭亡后，天兴军随即废罢。

左右广胜军，与左右天兴军同时创置，均以亲王为军使。但据史籍所载：贞明四年(918)，"以右广胜军使刘君铎为虢州刺史"[7]。而刘君铎并非亲王，也就是说，广胜军使以亲王充任的规定，可能只是在后梁前期有所执行，至迟至贞明四年(918)已不再照此办理。史籍中关于广胜军的记载甚少，此后是否改易为其他军队，也不得而知。后梁之后，广胜军的军号不再保留。

左右神捷军，设立于开平二年(908)。据载：这年十月，梁太祖"以左天武军夹马指挥使尹皓为辉州刺史，以右天武都头韩瑭为神捷指挥使，左天武第三都头胡赏为右神捷指挥使，仍赐帛有差，以解晋州围之功也。以尹皓部下五百人为神捷军"[8]。可见，左右神捷军最初设置时，只有从左天武军辖下的夹马军中所抽调的500人。其后规模有所扩大，以至发展为投入野战的大型部队。乾化元年

[1]《旧五代史》卷8《梁末帝纪上》，第121页。

[2]《资治通鉴》卷269，后梁均王贞明二年四月，第8803页。

[3]《旧五代史》卷64《王晏球传》，第853页。

[4]《旧五代史》卷8《梁末帝纪上》，第113页。

[5]《旧五代史》卷6《梁太祖纪六》，第97页。

[6]《旧五代史》卷125《孔知浚传》，第1642页。

[7]《旧五代史》卷9《梁末帝纪中》，第139页。

[8]《旧五代史》卷4《梁太祖纪四》，第65页。

(911)，梁、晋间爆发柏乡大战，神捷军是后梁投入战斗的10余万精锐之师的重要组成部分，是役以梁军大败而告终，所谓"梁之龙骧、神捷精兵殆尽，自野河至柏乡，僵尸蔽地"[1]。战后，"副招讨使韩勍、诸军都虞候许从实，左右神捷、怀顺、神威、夹马等十指挥，自尹皓而下诸将三十人，免冠素服待罪于阁外。帝责以违诏失律，既而并令释放"[2]。神捷军军号却并未因为遭此重创而废除，后唐明宗改革兵制前，此军号仍然保留。

除上述左右龙骧、左右天兴、左右广胜、左右神捷等军外，还有一些部队也仍应属于后梁侍卫亲军系统，如控鹤、拱宸、神威、捉生、亲骑、雄威、保銮、保胜、长剑、飞龙、匡卫、神勇、飞胜等等，难以尽述。

后唐侍卫亲军制度，在后梁基础上有较大发展和改进。然而，后唐立国仅及10余年，前后竟历四帝三姓，军政的整顿前后相续，代有不同，故侍卫亲军军号迭有变更，颇为混乱，但也并非毫无头绪。

后唐庄宗时，侍卫亲军来源极为复杂，既有原河东、魏博两镇之兵，又有收编的后梁部队，以至侍卫亲军不得不分驻河东、魏博和开封三处。即此一点，便可想见庄宗时期侍卫亲军制度的紊乱。也正是由于分驻三处，侍卫亲军最基本的宿卫任务职责，也不一定在其所属的每支队伍中都有所体现，如河东、魏博亲军就很难担当宿卫之职。将三处亲军整编为侍卫亲军，也导致队伍林立，军号众多，见于史籍的侍卫亲军的军号，主要有银枪效节、从马直、突骑、奉圣、前直、长直、铁林、奉德、匡霸、匡卫、保卫、威卫、怀顺、雄捷、雄威、捧日、效义、孝义、万胜、金枪、广捷、捉生、胜节、黄甲、云捷等等，不一而足。其中银枪效节、从马直、突骑、捧圣等军属于精锐部队，在侍卫亲军中的地位不同寻常。

银枪效节军，脱胎于后梁魏博节度使杨师厚所置亲军。史载：杨师厚"末年矜功恃众，骤萌不轨之意，于是专割财赋，置银枪效节军凡数千人，皆选摘骁锐，纵恣豢养，复故时牙军之态，时人病之"[3]。银枪效节军起初仅有士卒2 000人，后来竟多达8 000余人，兵员"皆天下雄勇之士"[4]。天祐十二年(911)三月，平定魏博军乱后，晋王李存勖将

王建墓墓道

[1] 《资治通鉴》卷267，后梁太祖乾化元年正月，第8736页。
[2] 《册府元龟》卷443《将帅部·败衄三》，第5264页。
[3] 《旧五代史》卷22《杨师厚传》，第298页。
[4] 《旧五代史》卷38《唐明宗纪四》，第522页。

李昇陵出土的盛装女俑之一

其收编麾下,称为"帐前银枪",并尝以"(王)建及都总内外衙银枪效节帐前亲军"[1]。该部队从此成为李存勖牙军中的骨干,并在灭梁进程中发挥了重要作用,诚如史家所言:"初庄宗之克梁也,以魏州牙兵之力。"[2]此处魏州牙兵所指,即是银枪效节军。同光年间,刘词、赵在礼曾先后担任效节军使、效节指挥使。[3]后来该军改名为奉节都,仍驻扎于魏州,但骄横难制的牙兵积习依然顽固,天成二年(927),效节军将发动兵变,后唐明宗予以严厉镇压,大肆诛杀乱军兵士及家属,银枪效节军动辄变乱的嚣张气焰才被彻底扑灭。

从马直创建于梁、晋争衡之际,有很强的战斗力。史载:"帝(指后唐庄宗)与梁相拒于得胜,募勇士挑战,(郭)从谦应募,俘斩而还,由是益有宠。帝选诸军骁勇者为亲军,分置四指挥,号从马直。"[4]庄宗灭梁之后,"(李)继韬诛死,其麾下兵悉隶从马直"[5]。从马直亦被纳入侍卫亲军系统,所谓"从马直,盖亲军也"[6]。同光末年,李嗣源邺都兵变,庄宗在洛阳宫中被杀,从马直是此次变故的主要参与者,骄兵悍将的特点显露无遗。

突骑军号始见于李克用时,史载:"袁建丰,武皇破巢时得于华阴……补铁林都虞候。从破邠州王行瑜,以功迁左亲骑军使,转突骑指挥使。"[7]其后直至后唐灭亡,突骑军常置不废。如张虔钊,以武勇闻于流辈,"武皇、庄宗之世,累补左右突骑军使"[8]。庄宗平定魏博后,索自通"改突骑指挥使"[9]。康义诚"补突骑使,累迁本军都指挥使"。明宗入立,"总突骑如故"[10]。梁汉璋,"少以勇力事唐明宗,历突骑、奉德指挥使"[11]。突骑又称突阵。《旧五代史》卷66《康义诚传》称:"总突骑如故。"《资治通鉴》卷274"后唐明宗天成元年二月"则载:"突骑指挥使康义诚";《旧五代史》卷36《唐明宗纪二》记作:天成元年(926)五月,"左右厢突阵指挥使康义诚"。可见,突骑与突阵所指实则为同一支军队。《新五代史》卷25《袁建丰传》也称:"从击王行瑜、李匡威,以功迁突阵指挥使。"其中的"突阵指挥使",与上述"突骑指挥使",当为同一军职。突骑为马军,为指挥使者后来多供职侍卫马军,如袁建丰、索自通、康义诚等人,无不如是。

捧圣军在庄宗朝开始设立。《旧五代史》卷123《李从

[1]《旧五代史》卷65《王建及传》,第864页。
[2]《资治通鉴》卷275,后唐明宗天成二年三月,第9003页。
[3] 分见《旧五代史》卷124《刘词传》,第1628页;《资治通鉴》卷274,后唐明宗天成元年二月,第8958页。
[4]《资治通鉴》卷274,后唐明宗天成元年二月,第8962页。
[5]《新五代史》卷11《周太祖纪》,第109页。
[6]《新五代史》卷37《伶官传》,第401页。
[7]《旧五代史》卷61《袁建丰传》,第822页。
[8]《旧五代史》卷74《张虔钊传》,第973页。
[9]《旧五代史》卷65《索自通传》,第871页。
[10]《旧五代史》卷66《康义诚传》,第879页。
[11]《旧五代史》卷95《梁汉璋传》,第1262页。

敏传》载:李从敏长于骑射,"初,庄宗召见,试弓马,用为
衙内马军指挥使,从平汴、洛,补帐前都指挥使,迁捧圣都
将"。即为明证。虽然史籍中关于庄宗朝捧圣军的记载极
为少见,但从捧圣军在明宗朝上升为侍卫亲军的骨干来
看,可知其并未停废。《旧五代史》卷129《常思传》载:"唐
庄宗之为晋王也,广募胜兵,时思以矫悍应募,累从戎役,
后为长直都校,历捧圣军使。"这段材料虽然未能揭示常
思出任军使的准确时间,但却能说明捧圣军初置时,主要
以豪杰为招收对象。基于此,其战斗力自然非常强悍,其
在明宗朝能成为侍卫亲军的主力,当与此不无干系。

后唐明宗对侍卫亲军的整顿,卓有成效,侍卫亲军的
制度化设置至此初步完成。天成三年(928)二月,明宗将
庄宗时期分驻三处的禁军家属,全部迁移至大梁开封。[1]明
宗又以捧圣与严卫为马军与步军的主要军号,两军分别
统辖原来侍卫亲军各部。这样,侍卫亲军之下,正式有了
侍卫马军与侍卫步军的区分,侍卫亲军的完整建制得以
形成。与之相应,侍卫亲军的军事指挥指挥系统也有所发
展,即在侍卫亲军都指挥使之下,分设侍卫马军都指挥
使、侍卫步军都指挥使,作为侍卫马军和侍卫步军的统
帅。

明宗重新整编侍卫亲军的记载,现存史籍中并未明
示。但通过梳理捧圣、严卫两军设置、演变的有关情况,可
对明宗完善侍卫亲军制度的相关史实做出说明。

如前所述,捧圣军始见于庄宗朝。明宗即位后,捧圣
军依然保留。如何福进因同光末年出死力拒战于内,被明
宗褒奖,擢为捧圣军校。[2]明宗即位后,以爱将朱弘实总领
捧圣军;[3]安元信也有充任捧圣军使的履历。[4]天成元年
(926)五月,李从璋领捧圣左厢都指挥使。[5]明宗时,刘在明
也曾担任捧圣左厢都指挥使。[6]与侍卫亲军中的其他各部
相比,捧圣军在明宗朝发展壮大的势头极为突出,组织也
愈趋严密。从以上数人在捧圣军中充职的情况来看,至迟
至天成元年(926),捧圣左右厢的建置已经齐全。捧圣军由
马军队伍改编而来。《旧五代史》卷66《康义诚传》载:明宗
即位,总突骑如故,寻转捧圣都指挥使。突骑是马军,由突
骑而至捧圣,则捧圣亦为马军。长兴四年(933)十一月,秦

李昇陵出土的盛装女俑之二(正面)

[1]《资治通鉴》276,后唐明宗
天成三年二月,第9013页。
[2]《旧五代史》卷124《何福进
传》,第1627页。
[3]《宋史》卷252《李洪信传》,
第8853页。
[4]《旧五代史》卷90《安元信
传》,第1189页。
[5]《旧五代史》卷88《李从璋
传》,第1154页。
[6]《旧五代史》卷106《刘在明
传》,第1396页。

李昇陵出土的盛装女俑之二（侧面）

王从荣趁明宗病重发动政变，"马军指挥使朱弘实以兵击从荣，从荣败走，见杀"[1]。《新五代史》卷15《秦王从荣传》记作"捧圣指挥使朱弘实"。显而易见，捧圣军为马军，即骑兵部队，也就是侍卫马军。

　　严卫军未见于庄宗朝，当为明宗即位后创置。从现存史籍记载看，捧圣与严卫并称，最早见于天成元年（926）七月，"辛巳，以捧圣严卫左厢马步军都指挥使李从璋领饶州刺史，充大内皇城使"[2]。此段记载中的"捧圣严卫左厢马步军都指挥使"之职，于官制不合，当从《旧五代史》卷88《李从璋传》所载，作"捧圣左厢都指挥使"。因此，上引材料尚不能作为捧圣、严卫并称的最早记载。据《旧五代史》卷95《王清传》载："明宗即位，自天成至清泰末，历严卫、宁卫指挥使。"同书卷88《尹晖传》称："天成、长兴中，领数郡刺史、累迁严卫都指挥使。"虽然上述两处记载中的时间概念相对模糊、宽泛，但严卫军号出现于天成、长兴间，当为不争的事实。应顺元年（934）正月，闵帝"以捧圣左右厢都指挥使、钦州刺史朱弘实为宁国军节度使、加检校太保、充侍卫马军都指挥使；以严卫左右厢都指挥使、岩州刺史皇甫遇为忠正军节度使、检校太保，充侍卫步军都指挥使"[3]。其时，闵帝刚刚继承皇位，不太可能对军政实施大刀阔斧的改革，其对侍卫亲军的调整只能是对明宗时期军政的些微变动，尚不足以改变业已形成的侍卫亲军制度的基本格局，材料所反映的应该就是明宗时期侍卫亲军制度的情况。从上述记载还可得知，皇甫遇以严卫左右厢都指挥使而至侍卫步军都指挥使，则严卫为步军，且是侍卫步军的主力。

　　捧圣、严卫两军的情况既已明了，还是再回到明宗整编侍卫亲军的问题上。《五代会要》卷12《京城诸军》曾记载明宗长兴三年（932）三月的整军敕令，但就其内容来看，仅仅限于对禁军六军的整顿，并未涉及侍卫亲军的改编与重组。其下又载：应顺元年（934）三月，"改左右羽林四十指挥为严卫左右军，龙武、神武四十指挥为捧圣左右军"。胡三省对这次整军的时间提出质疑，在《资治通鉴》卷278"后唐明宗长兴四年九月"引述以上《五代会要》的记载后，认为："按是年帝（明宗）殂，明年正月闵帝改元应

---

[1]《新五代史》卷27《康义诚传》，第296页。

[2]《旧五代史》卷36《唐明宗纪二》，第503页。

[3]《旧五代史》卷45《唐闵帝纪》，第615-616页。按："朱弘实"原书记为"朱洪实"，因避宋太祖父弘殷讳而改，现改回。

顺，四月潞王入立，改元清泰。数月之间，乃宋、潞二王兵争之际，何暇改屯卫诸军号乎！是必改于天成、长兴之间，《会要》误也。"[1]结合相关史料来看，胡三省的这一说法应能成立。前文已就捧圣、严卫两军的设置及沿革情况有所交代，大量事实表明，严卫军、捧圣军在天成、长兴之间已经存在，故《五代会要》所记应顺元年（934）整军之事有误，这次对侍卫亲军的改革应当归于明宗名下。其实，明宗对庄宗时期侍卫亲军军号撤销和归并的时间，在史籍中也有相关材料可资佐证。史载：长兴三年（932）七月，范延光上奏："昨并省军都，自捧圣、严卫相（按，'相'为衍字）、羽林已下逐厢都指挥使新定名，管禁兵五千人，欲为等第，每月添支料钱各三十千，粮十五石，衙官粮十分。"[2]即此奏以前，"并省军都"已告完成，并确立了以捧圣、严卫为主体的侍卫亲军体制。又由于左右羽林军系以神捷、神威、雄武、广捷整编而来[3]，严卫左右军的形成则基于对左右羽林四十指挥的整编，那么，神捷诸军整编为左右羽林，无疑当在此奏之前。前引《五代会要》卷12《京城诸军》、《旧五代史》卷43《唐明宗纪九》均记其时为长兴三年（932）三月；《资治通鉴》卷279"后唐末帝清泰元年二月"胡三省注引宋白语，说是长兴二年（931）二月。两种说法虽有不同，但都在长兴三年（932）七月之前。因此，明宗对侍卫亲军的整顿当在长兴三年（932）前后，至于具体时间，似已无可查考。

这次裁撤禁军，使庄宗朝行用的诸多军号，如从马直、马前直、长直、铁林等等，不再使用。取而代之的是捧圣与严卫两军，在此基础上形成侍卫马军与侍卫步军的建制。上述明宗以六军充实侍卫亲军的做法，恰可印证六军在禁军中的地位日渐降低的事实，将六军兵员纳入到战斗力强劲的侍卫亲军麾下，又进一步削弱六军实力，此后，侍卫亲军力量进一步壮大，并成为禁军中的主力，而六军实力则持续衰退，终致徒有空名。

明宗时期，侍卫亲军中的侍卫马军、侍卫步军名称开始出现。《旧五代史》卷66《康义诚传》载："明宗幸汴，平朱守殷，改侍卫马军都指挥使，领江西节度使。"其时为天成三年（928）正月。而据《旧五代史》卷39《唐明宗纪五》载：

李昪陵出土的女舞蹈俑之三

[1]《资治通鉴》卷278，后唐明宗长兴四年九月胡三省注，第9088页。

[2]《册府元龟》卷508《邦计部·俸禄四》，第6099页。

[3]《旧五代史》卷43《唐明宗纪九》，第590页。

以随驾马军都指挥使、富州刺史康义诚兼领镇南军节度使,以随驾步军都指挥使、潮州刺史杨汉章遥领宁国军节度使。此时,因明宗将去邺都,故有"随驾"之说。比照两处记载,可知随驾马军都指挥使又称侍卫马军都指挥使,两者实为同职异称。质而言之,随驾马军都指挥使实际相当于后来的侍卫马军都指挥使;同理,随驾步军都指挥使也应等同于后来的侍卫步军都指挥使。《旧五代史》卷41《唐明宗纪七》载:长兴元年(930)六月,"以护驾马军都指挥使、贵州刺史安从进为宣州节度使,充护驾马军都指挥使;以护驾马军都指挥使、澄州刺史药彦稠为寿州节度使,兼护驾步军都指挥使"。而《资治通鉴》卷277则记作:"侍卫都指挥使安从进、药彦稠。"[1]此处侍卫都指挥使,显系侍卫马、步军都指挥使的省称。这就说明,长兴元年(930)时,侍卫马军、侍卫步军之称与护驾马军、护驾步军仍然可以交替使用,其职责却并无区别。类似的记载还很多,无需一一列举。总而言之,侍卫马、步军与护驾马军、步军及随驾马、步军,尽管名称不一,所指却并无不同。因此,将侍卫马军与侍卫步军名称的出现,确定为天成三年(928),当不致误。

在侍卫亲军明确分为侍卫马、步军的同时,将帅指挥系统也趋于健全。长兴三年(932)十二月,康义诚为河阳节度使,充侍卫亲军马步军都指挥使。[2]应顺元年(934)正月,以康义诚为侍卫亲军马步军都指挥使、河阳节度使,安彦威为侍卫马军都指挥使、河中节度使,张从宾为侍卫步军都指挥使、泾州节度使。[3]以上3人担任上述侍卫亲军军职的时间,康义诚在长兴三年(932)十二月,张从宾在长兴二年(931)七月[4],唯安彦威任职时间不明,估计应该是在长兴三年(932)十二月,康义诚自侍卫马军都指挥使升任侍卫亲军马步军都指挥使之时。由此而论,完整设置侍卫亲军都指挥使、侍卫马军都指挥使、侍卫步军都指挥使,当在长兴三年(932)年底。此时,侍卫亲军都指挥使之上、总管禁军的正副统帅——判六军诸卫事和六军诸卫副使,已无人担任。至此,侍卫亲军整编遂得完成,将帅指挥系统已然定型,由此也奠定了侍卫亲军制度的基本框架。

李璟陵出土的持物女俑之一(正面)

[1]《资治通鉴》卷277,后唐明宗长兴元年八月,第9043页。
[2]《旧五代史》卷43《唐明宗纪九》,第597页。
[3]《旧五代史》卷45《唐闵帝纪》,第615页。
[4]《旧五代史》卷42《唐明宗纪八》,第580—581页。

侍卫马军与侍卫步军,能在明宗时期并立,原因在于马军的迅速壮大。在此基础上,马军逐步取得与步军分庭抗礼的地位。长兴四年(933)二月,明宗向枢密使范延光询问内外见管马数,对曰:"三万五千匹。"明宗叹曰:"太祖(李克用)在太原,骑军不过七千,先皇(李存勖)自始至终马才及万。今有铁马如是,而不能使九州混一,是吾养士练将之不至也。"[1]由此不难看出,庄宗时马军与步军相隔悬殊,其时侍卫亲军数在10万以上,马军才及万,步军则有10万以上,两者差距如此之大,当然难以并立。再以后唐庄宗时期的情况为参照系予以推测,后梁时期的马军,为数必定不是太多,这从其侍卫亲军四军之中,仅龙骧一军为马军,可以得到初步的证实。到明宗时期,随着马匹数量的急剧增多,将马军单独立为一军的条件日臻成熟,在此情形下,侍卫马军与侍卫步军的并置,才有可能。

侍卫亲军中的马、步军与捧圣、严卫两军,存在对应关系。具体说来,捧圣左右厢与严卫左右厢都是由禁军整编而来,分别为马军、步军的军号。如《旧五代史》卷51《秦王从荣传》载:"从荣乃请以严卫、捧圣步骑为秦府衙兵。"直接表明严卫为步军、捧圣为马军,故而才连称为步骑。侍卫马军以捧圣军为其主体,故而捧圣都指挥使又称作侍卫马军都指挥使;侍卫步军以严卫军为其主体,所以严卫都指挥使又称为侍卫马军都指挥使。等到侍卫马军与侍卫步军并立,捧圣军与严卫军顺理成章地分别成为侍卫马军与侍卫步军的核心,也正因为如此,侍卫马军都指挥使常由捧圣都指挥使升任,侍卫步军都指挥使常由严卫都指挥使升任。

捧圣军与严卫军上升为侍卫亲军中的精锐,并不意味着侍卫亲军中再无其他骁勇之师。如长兴四年(933)八月,秦王从荣加封天下兵马大元帅,犒赏军中将校:"控鹤、奉圣、严卫指挥使,人马一匹,绢十匹;其诸军指挥使,人绢十匹;都头已下,七匹至三匹。又请严卫、捧圣千人为牙兵。"[2]借此可知,是时,控鹤、捧圣、严卫是禁军的三大主力部队,地位远远高于其他诸军。控鹤又名列捧圣、严卫之前,其战斗力之强劲也应在捧圣、严卫之上。翌年十一

李璟陵出土的持物女俑之一(侧面)

[1]《旧五代史》卷44《唐明宗纪十》,第601—602页。

[2]《新五代史》卷15《唐明宗家人传》,第164页。

李璟陵出土的持物女俑之二

月,秦王从荣作乱,控鹤指挥使李重吉侍帝侧,且帅控鹤兵守宫门,则控鹤军的职责为拱卫宫阙。后晋、后汉、后周时期,控鹤军名一直存在,大抵以宿卫为主要任务,也不乏出屯外地者,如后汉高祖天福十二年(947)七月,恒州有"控鹤指挥使李荣"[1]。不过,其地位逐渐逊于侍卫马、步军。

在以捧圣、严卫两军为主力的侍卫亲军体系中,除控鹤之外,还有突阵(突骑)、夹马、散指挥、内直、内殿直、奉德等军。伴随侍卫亲军改编力度的不断加大,上述军号或被省并到其他军队中,至后唐末年不复存在;或者在其他王朝统治时期被省并;或者进入殿前司系统。就此来说,明宗确立以捧圣军、严卫军为侍卫亲军主要军号的做法,开启了侍卫亲军军号整齐划一的先河,此前军号繁杂、名目众多的混乱状况开始得以扭转。

后唐末帝李从珂在位3年,在侍卫亲军制度方面少有厘革,只是改变了侍卫马、步军的军号而已。清泰元年(934)六月,"改捧圣马军为彰圣左右军,严卫步军为宁卫左右军"[2]。彰圣与宁卫遂取代捧圣与严卫,成为侍卫马、步军的主要军号。

后晋建立后,晋高祖石敬瑭对后唐的侍卫亲军制度重加调整,即以原后唐不甚显赫的护圣、奉国军号为名,将其所辖原河东镇的元从部队作为基础,补充其他力量,组建本朝侍卫亲军,侍卫亲军中的马、步军则分别改称为护圣与奉国,正式取代后唐末帝时的彰圣与宁卫两军。

护圣军成为侍卫亲军的主力,始于晋高祖初年。《旧五代史》卷80《晋高祖纪六》载:天福六年(941)八月,改奉德马军为护圣。据此,护圣军似乎是奉德军的改称。其实不然,奉德军,至迟在后唐明宗时已见设置。如梁汉璋"少以勇力事唐明宗,历突骑、奉德指挥使"[3]。即为明证。此时奉德马军改为护圣左右军,只不过是将奉德马军并入护圣军,充实后者的力量而已。奉德既为马军,其被并入护圣军,则护圣军必是马军无疑。实际上,护圣军在后唐时期已经出现。如天成元年(926),安彦威为护圣指挥使,寻迁捧圣指挥使[4]。长兴三年(932),郭金海改护圣都虞候;天福二年(937),以功转本军都指挥使[5]。杜重威少事明宗,自

[1]《资治通鉴》卷287,后汉高祖天福十二年七月,第9371页。

[2]《五代会要》卷12《京城诸军》,第205页。

[3]《旧五代史》卷95《梁汉璋传》,第1262页。

[4]《新五代史》卷47《安彦威传》,第534页。

[5]《旧五代史》卷94《郭金海传》,第1248页。

护圣军校领防州刺史。[1]清泰元年(934),护圣军使王彦瑭因罪被诛。[2]因此,后晋护圣军实际上是袭用了后唐时期该军军号。不过,护圣军力量的迅速壮大,乃至成为侍卫亲军中的重要一极,则是晋高祖初年的事。《旧五代史》卷76《晋高祖纪二》载:天福二年(937)六月,为防备张从宾反叛,派遣奉国都指挥使侯益、护圣都指挥使杜重威,统领步骑5000前往汜水关屯驻;七月,为平定范延光叛乱,"以护圣左右厢都指挥使杜重威为昭义军节度使兼侍卫马军都指挥使,充西面行营副部署。以奉国都指挥使侯益为河阳节度使"。杜重威以护圣(左右厢)都指挥使兼侍卫马军都指挥使的事实,清楚地表明了护圣军在侍卫马军中的重要地位。也就是说,后晋侍卫马军逐渐确立了以护圣军为主体的构建模式。

通常与护圣军并提的奉国军,是侍卫亲军中的又一支骨干力量。奉国军,最早见于后唐时期。如王晏,"后唐同光中,应募隶禁军,累迁奉国小校"[3]。即为一例。但奉国军成为侍卫亲军的主力,也始于晋高祖即位不久,在镇压范延光的叛乱中,奉国军已然与护圣军并立。又如武汉球"天福初,授赵州刺史,入为奉国军都指挥使"[4]。刘词在后晋初年,累迁奉国第一军都虞候、奉国都校。[5]孔知浚"仕梁为天兴军使","晋高祖即位,用为奉国右厢都指挥使"[6]。这些关于奉国军记载的频繁出现,一定程度上反映了奉国军受重视的事实。又《宋史》卷250《张令铎传》载:"后唐清泰中,补宁卫小校。晋初,改隶奉国军。"以原属宁卫军而改隶奉国军,也应当是将宁卫军并入奉国军,充实后者力量的措施。其后,宁卫军也不见于史籍,当已被改称为奉国军。《旧五代史》卷76《晋高祖纪二》载:天福二年(937)七月有"奉国都指挥使马万";而同书卷95《白奉进传》则称作"步军都校马万"。是以,奉国军乃步军。奉国军的都指挥使往往充任侍卫亲军步军都指挥使,如天福四年(939)四月,"以奉国左右厢都指挥使郭谨为侍卫亲军步军都指挥使,襄州宁江军节度使"[7]。奉国遂成为侍卫步军的军号。

后晋的侍卫亲军中,另有兴顺、弩手、宗顺、广锐、威顺、忠卫、控鹤、归捷等军,这些部队的战斗力自然不能与

李璟陵出土的持物女俑之三

[1] 《旧五代史》卷109《杜重威传》,第1433页。

[2] 《册府元龟》卷66《帝王部·发号令五》,第738页。

[3] 《宋史》卷252《王晏传》,第8848页。

[4] 《旧五代史》卷106《武汉球传》,第1394页。

[5] 《旧五代史》卷124《刘词传》,第1628页。

[6] 《旧五代史》卷125《孔知浚传》,第1642页。

[7] 《旧五代史》卷78《晋高祖纪四》,第1028页。

护圣、奉国两军相提并论。

后晋时期的侍卫亲军制度,还创设了侍卫司,这是侍卫亲军制度进一步完善的表现。关于侍卫司的源起,宋人黄履翁在《古今源流至论·别集》卷8《将权》中曾说:"侍卫司始于梁,其名易世而后定。"照此来看,侍卫司在后梁时期即已出现,但其名称却出现于易代之后。宋人叶梦得也说:"至后唐明宗,遂改为侍卫亲军,以康义诚为马步军都指挥使,秦王从荣以河南尹为大元帅,典六军,此侍卫司所从始也。"[1]又将侍卫司的出现定于长兴三年(932)年底。如将侍卫司理解为侍卫亲军的军政机构,上述两种说法均有不妥。侍卫司出现于后晋初年,这在史籍中有明确反映。史载:天福二年(937),高祖敕:"诸军小节级、长行已下,没于王事者,具给本家三年粮赐;有男成长者,委侍司卫典诸军内酌量安排。"[2]此处"侍司卫"当为"侍卫司"。这是迄今为止所能见到的关于侍卫司设置的最早记载。在天福五年(940)七月的一份敕令中,又将侍卫司与御史台、宣徽院、三司等机构并列。[3]据此可知,侍卫司已成为常设机构。侍卫司是管理与统率侍卫亲军的机构,负责处理有关侍卫亲军军政的一切事宜。除此之外,还必须接受皇帝临时委派的各项任务。如"天福六年(941)十一月,襄州投来将士三百余人到阙,宣付侍卫司安排,其首领赐衣帛有差"[4]。这是皇帝临时将处置降军的任务交由侍卫司处理的例子。侍卫司通常由侍卫亲军都指挥使掌管,但有时也有例外,如后晋开运三年(946)十月,"以侍卫马军都指挥使李彦韬权知侍卫司事"[5],便是证明。侍卫司亦有官署,如后晋末年,张彦泽奉末帝之命诛杀桑维翰,"维翰至天街,遇李崧,驻马语未毕,有军吏于马前揖维翰赴侍卫司"。胡三省注曰:"揖赴侍卫司,示将囚系之也。一曰:张彦泽处侍卫司署舍。"《新五代史》卷29《桑维翰传》记作:"军吏前白维翰,请赴侍卫司狱。"其实,不论是作"侍卫司"或"侍卫司狱",都表明侍卫司有专门的办公地点,也就是官署,不然就无法理解"赴侍卫司"与"赴侍卫司狱"。至于其规模、设置如何,史籍中并无明文,仍难知晓。侍卫司机构的设置,是侍卫亲军制度发展历程中的重要环节,此举大大抬高了侍卫亲军在禁军中

吴越铜塔(浙江临海出土)

[1]《石林燕语》卷6,第80-81页。

[2]《全唐文》卷114,晋高祖:《平张从宾赦制》,第263页。

[3]《五代会要》卷24《诸使杂录》,第392页。

[4]《册府元龟》卷166《帝王部·招怀四》,第2009页。

[5]《旧五代史》卷85《晋少帝纪五》,第1121-1122页。

[6]《资治通鉴》卷285,后晋齐王开运三年十二月,第9321页。

的地位,以至使其终于完全取代六军,成为禁军中的绝对主力。

后汉立国,为时不过4年,其侍卫亲军制度基本沿袭后晋制度,没有多少变化。后汉侍卫马军,仍然以护圣为军号,所谓"护圣,汉侍卫马军也"[1]。侍卫步军,依然称作奉国。《旧五代史》卷12《刘词传》载:"及汉有天下,复为奉国左厢都校。"即是一例。不过,护圣左右厢都指挥使与奉国左右厢都指挥使的军职,已不再设置,这也是后晋少帝时期不授此二职做法的延续。

后汉国祚短促,任侍卫亲军都指挥使一职者,仅有史弘肇、李洪建、王殷3人,其中李洪建为"权判侍卫司事"[2]。自天福十二年(947)十一月至乾祐三年(950)十一月,由史弘肇充职;其后直至后汉灭亡,除以李洪建临时代理一段时间之外,均由王殷充任,而其时已距后汉灭亡为时不远。值得注意的是,在后汉统治的绝大部分时间内,史弘肇身为侍卫亲军统帅,凭借所把持的军政大权,总领朝政,权势无匹。也正是基于侍卫亲军统帅权力的急剧膨胀,史弘肇在任期内,又进一步健全了侍卫司机构,以加强侍卫司职权。如侍卫司下设侍卫司狱,不仅处罚军中违禁者,而且通常染指普通民事、刑事案件的审理,直接侵蚀司法机关的司法权,甚至干预国政。所谓"汉有侍卫司狱,凡朝廷大事皆决侍卫狱。是时,史弘肇为都指挥使,与宰相、枢密使并执国政,而弘肇尤专任"[3]。但由于史弘肇长期留驻京城,而侍卫亲军又经常有外出征战的任务,其指挥权实际上已被以枢密副使或枢密使身份领兵出征的郭威所掌握。

后周于广顺元年(951)正月立国,其时,侍卫马军与侍卫步军仍称护圣与奉国。当年四月,太祖郭威将侍卫马、步军分别改为龙捷、虎捷。此后,终后周之世,军号一直未变。另外,在沿袭后汉部分军号的基础上,后周侍卫亲军中还新置了一些军号,其中较为重要的有效顺、怀恩、怀德等等。太祖时期,侍卫司依然权重难制。广顺初年,王殷任侍卫亲军都指挥使,为抵御契丹,太祖授其"天雄军节度使,加同平章事,典军如故。殷赴镇,以侍卫司局从,凡河北征镇有戍兵处,咸禀殷节制。又于民间多方聚

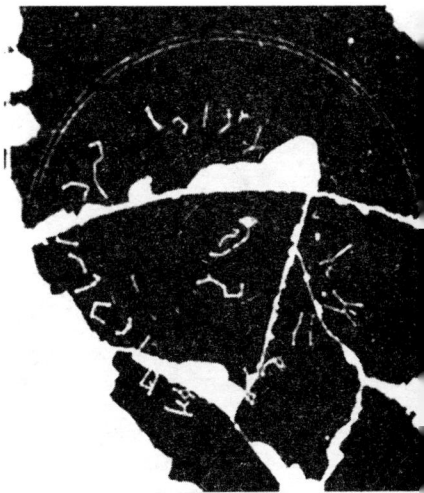

石刻星图(拓片)

[1]《资治通鉴》卷289,后汉隐帝乾祐三年十二月胡三省注,第9448页。

[2]《旧五代史》卷107《李洪建传》,第1411页。

[3]《新五代史》卷27《康义诚传》,第298页。

敛,太祖闻而恶之"。太祖末年,王殷入觐,"震主之势"越发显露,太祖下令诛杀王殷,"众情乃安"。[1]侍卫亲军统帅骄横跋扈、仗势欺凌王权的情形,暂时得到抑制。至世宗即位初年,此职再未授人。世宗时期,设置殿前司,形成与侍卫司相互牵制的格局,侍卫司桀骜不驯、难以驾驭的局面,才告终结。

十国政权中,只有北汉依照中原王朝设置了侍卫亲军。后周广顺元年(951)正月,原后汉太原节度使刘崇称帝,建立北汉。立国之初,刘崇"以次子承钧为侍卫亲军都指挥使……裨将武安张元徽为马步军都指挥使"[2]。据《九国志》卷8《东汉·张元徽传》载:"及崇建号,领侍卫亲军,迁武宁军节度使。"可见,张元徽所任之职实为侍卫亲军马步军都指挥使。按照中原王朝的惯例,侍卫亲军都指挥使即侍卫亲军马步军都指挥使,北汉同时分别将其授予上述2人,则两者定是两种军官职级无疑。从所引文字来看,侍卫亲军都指挥使似在侍卫亲军马步军都指挥使之上,这应当是刘崇汲取郭威倾覆后汉政权的教训,而采取的措施,即任命嫡子为最高军事统帅,以便对异姓握兵权者实施钳制,防止侍卫亲军祸起肘腋。但由张元徽"领侍卫亲军"进行分析,军队的统领大权仍操持其手,刘承钧只是名义上的军事首脑。张元徽之后,郑进出任侍卫亲军马步军都指挥使之职。[3]北汉侍卫亲军之下,照样分设侍卫马军与侍卫步军,各以都指挥使为其首长。其军号主要有拱卫、散指挥、殿直、捉生等。

三　殿前军

殿前军,是五代中后期崛起的又一支禁军力量。在探寻殿前军的源起时,欧阳修尝言:"不见其更置之始。"[4]叶梦得则认为:"殿前军起于周世宗,是时(宋)太祖为殿前司都虞候。"[5]《群书考索·后集》卷47《兵门·三衙》也称:"殿前始于周世宗显德元年。"事实上,殿前军在后晋时期已经出现,后汉时期则呈现发展壮大势头,至后周时终于完成向殿前司的转化,成为与侍卫亲军并立的禁军骨干之一。

后晋初年,即已出现"殿前"之称。史载:"天福初,累

灵隐寺大雄宝殿

[1] 《旧五代史》卷124《王殷传》,第1626-1627页。
[2] 《资治通鉴》卷290,后周太祖广顺元年正月,第9453页。
[3] 《九国志》卷8《东汉·郑进传》,第86页。
[4] 《新五代史》卷27《康义诚传》,第298页。
[5] 《石林燕语》卷6,第81页。

迁奉德军校,再转殿前散指挥都虞候,领蒙州刺史。"[1]少帝时期,殿前军仍然存在。如李琼"入为殿前散员都指挥使"[2];袁彦进"转授殿前散员、散指挥使"[3]。上述记载又可表明,散员、散指挥均隶属于殿前军,故殿前军下辖若干军号,俨然已经自成体系。除此之外,殿前军麾下是否还有其他军队,因缺少相关材料,仍然难以判断。尽管如此,殿前军系统在后晋时期的设置,却是无可置疑的事实。

后汉时期,殿前军力量明显有所提升,这从"殿前都部署"军职的设置中可以得到证明。乾祐二年(949)十月,以殿前都部署、江州防御使李洪建为遂州节度使,充侍卫马军都指挥使。[4]此时,殿前都部署的地位与护圣左厢都指挥使的地位相当,两者都可以直接升迁至侍卫马军都指挥使,这反映出殿前军已有相当数量,而且实力与地位有了极大提高。

后周太祖时期,在殿前军中设立都指挥使一职。广顺二年(952),李重进充任殿前都指挥使。[5]次年正月,故李守贞骑士马全义从柴荣入朝,周太祖补为殿前指挥使。[6]说明殿前都指挥使之下,设有殿前指挥使,殿前军的指挥系统正处于构建之中,这也是殿前军组织日趋完善、规模扩大的必然反映。同年三月,以殿前都指挥使李重进领泗州防御使。[7]其时,虎捷左厢都指挥使韩通领永州防御使,龙捷左厢都指挥使田景咸领阆州防御使;李重进与此2人地位相当,可知殿前军已取得与虎捷、龙捷相抗衡的地位。

显德元年(954)正月,周太祖临终前,又提升李重进为武信军节度使、检校太保,仍担任殿前都指挥使;以龙捷左厢都指挥使、睦州防御使樊爱能为侍卫马军都指挥使、洋州武定军节度使,加检校太保;以虎捷左厢都指挥使、果州防御使何徽为侍卫步军都指挥使、利州昭武军节度使。[8]至此,殿前都指挥使与侍卫马军都指挥使、侍卫步军都指挥使平起平坐,地位已有大幅度提高。值此时,侍卫亲军都指挥使王殷刚被诛杀,侍卫亲军都指挥使一职缺任,殿前军遂得与侍卫马军、侍卫步军鼎足而峙,互相钳制;原侍卫马军都指挥使郭崇、侍卫步军都指挥使曹英,皆是拥戴郭威上台的功臣宿将,出为节度使,而代之以资历较浅的樊爱能、何徽;又使李重进先拜柴荣,以定

灵隐寺大雄宝殿前吴越国石塔

[1]《宋史》卷255《王彦超传》,第8911页。

[2]《旧五代史》卷94《李琼传》,第1252页。

[3]《袁彦进墓志铭》,载《隋唐五代墓志汇编》(洛阳卷)第15册,天津古籍出版社1991年版,第181页。

[4]《旧五代史》卷102《汉隐帝纪中》,第1362页。按:"李洪建"原书作"李建",疑省"洪",故改。同书卷103《汉隐帝纪下》即有:"侍卫马军都指挥使李洪建判侍卫司事。"第1370页。同书卷107亦有《李洪建传》。第1411页。

[5]《宋史》卷484《李重进传》,第13975页。

[6]《资治通鉴》卷291,后周太祖广顺三年正月,第9489页。

[7]《旧五代史》卷113《周太祖纪四》,第1495页。

[8]《旧五代史》卷113《周太祖纪四》,第1503页。

君臣之分；再以柴荣判内外兵马事，总管军政。如此周密的安排，充分体现出周太祖为维持其继位人柴荣地位的良苦用心。关于殿前军进入禁军系统后，对于禁军格局所产生的影响，胡三省有此总结："殿前都指挥使总殿前诸班，马军都指挥使总侍卫司马军，步军都指挥使总侍卫司步军，宋朝三衙之职昉于此。"[1]即殿前军自此已取得与侍卫亲军相抗衡的地位。而周太祖临终前着力提高殿前军的地位，不仅因其都指挥使李重进是自己的外甥，更为亲近，更是鉴于殿前军的日益壮大，希望借此能有力地支持即将继位的世宗柴荣。其后的历史发展，证明这一举措对新朝的稳定，确实起到了至关重要的作用。

后周世宗显德元年(954)三月，后周与北汉军队在高平展开激战。殿前军将校在是役中奋勇搏杀，一举击溃北汉与契丹联军，为巩固刚继位的周世宗政权，立下大功。也正因如此，世宗对殿前军器重有加，殿前军的地位更加突出。《旧五代史》卷114《周世宗纪一》载：高平之战胜利后，世宗诛杀临阵脱逃的侍卫马军都指挥使樊爱能、侍卫步军都指挥使何徽及其将校数十人，同时大量启用殿前军将校补充侍卫马、步军；以殿前都虞候韩令坤为龙捷左厢都指挥使，以铁骑第一军都指挥使赵弘殷为龙捷右厢都指挥使，以散员都指挥使慕容延钊为虎捷左厢都指挥使，以控鹤第一军都指挥使赵晁[2]为虎捷右厢都指挥使，并遥授团练使。这样一来，侍卫马、步军的高级将校全部都由殿前军军校升任，殿前军地位大大提高。当年十月，重新任命侍卫亲军的高级将领，以李重进为侍卫亲军都指挥使，韩令坤为侍卫马军都指挥使，李继勋为侍卫步军都指挥使。而此3人全部都出身于殿前军，殿前军的地位可想而知。是时，世宗又对禁军进行整顿，侍卫亲军裁汰老弱，而重点是加强殿前军，使其更为精锐强大，殿前军遂开始与侍卫亲军并峙。

显德元年(954)十月整军后，殿前军辖下诸班，名号繁多。据《五代会要》卷12《京城诸军》与《旧五代史》卷114《周纪宗纪一》载，有"散员、散指挥使、内殿直、散都头、铁骑、控鹤之号"。这些军号早在世宗整军之前即已存在，并非世宗时期所创置。上述军号有些原本就隶属于殿前军，

保俶塔

[1]《资治通鉴》卷291，后周太祖显德元年正月胡三省注，第9501页。

[2] 按："晁"原作"鼎"，《新五代史》、《旧五代史》中仅此一见，疑误，故改。

有些原来并非殿前军所辖，至此则一并隶属于殿前军，遂称之为殿前诸班。换言之，世宗整编殿前军的措施，就是将控鹤、散员、散指挥、铁骑、内殿直等军均划归殿前军统辖，以扩大殿前军的规模，充实与壮大殿前军的实力。

殿前诸班确立之后，为确保殿前军的战斗力，在兵员的组成上，也采取了相应的措施，即"又以骁勇之士，多为外诸侯所占，于是召募天下豪杰，不以草泽为阻，进于阙下，躬亲试阅，选武艺超绝及有身手者，分署为殿前诸班"[1]。广泛吸纳武勇之士，作为殿前军的兵员，无疑大大提高了殿前军的实力。殿前军与侍卫亲军并驾齐驱的格局，就此形成。此时，殿前军虽与侍卫亲军并立，但殿前都指挥使之地位，则仅与侍卫马、步军都指挥使相当。因殿前军之精锐与亲任，殿前都指挥使之地位，又稍稍位居侍卫马军都指挥使之上，但在侍卫亲军都虞候之下。

伴随世宗对殿前军的整顿，作为管理与统率殿前军机构的殿前司，也应在此时设立。宋人吕中的《宋大事记讲义》卷1《制度论》曾说："殿前司起于周，而我朝因之。"或可认为，殿前司即在此时设置。其后，显德三年(956)十二月，"以滑州节度使兼殿前都指挥使、驸马都尉张永德为殿前都点检"[2]。设置此职的目的，无非是为了更进一步抬高殿前司的地位。这是因为，殿前都指挥使创置之初，与侍卫亲军中的马、步军都指挥使地位不相上下，而殿前都点检地位在殿前都指挥使之上，照此推理，则殿前都点检地位亦应高于侍卫马、步军都指挥使，实际应居于侍卫亲军都虞候之上。如此安排，便使殿前军的地位卓然而凌驾于侍卫亲军之上。此时，殿前军兵员数虽不及侍卫亲军，但精锐程度却是有过之而无不及，并且深得皇帝信赖和亲任。赵匡胤终以殿前都点检而跃登九五之尊，篡周立宋，这恐怕是周世宗生前始料未及的。

临安吴越国钱王陵

第二节　藩镇兵

五代各朝的军事力量，除有作为中央王朝核心武装力量的禁军之外，在遍布各地的藩镇中，还有大量地方武

[1]《五代会要》卷12《京城诸军》，第206页。
[2]《旧五代史》卷116《周世宗纪三》，第1551页。

苏州云岩寺塔(后周显德六年建)

装的存在,是为藩镇兵。

藩镇兵,是唐中后期设置藩镇的产物,藩镇的出现与节度使制度的形成、发展密切相关。节度使制度肇始于唐高宗永徽年间(650–655),形成于唐睿宗景云年间(710–711),广施于唐玄宗开元、天宝时期(712–755)。节度使之名源于大总管或大都督加"使持节"衔。节度使起初系临时差遣,事毕即罢。后因边境多事,出于御边需要,节度使之职常设不废,并有固定辖区与治所。安史之乱爆发后,边疆节度使与内地采访使(后改为观察处置使)相结合,内地相继设置节度使,节度使体制遂遍及于全国。初置时仅为地方军政首脑的节度使,相继掌管一方军事、行政与财政等大权。在此基础上,唐前期监察意义上的道和单纯军事上的道,二者渐趋合流,从而形成了一种凌驾于州县之上的地方行政实体,这就是唐后期的道,也叫方镇或藩镇。原来的州级行政机构,则从属于道,被称为"支州"、"支郡"。每道皆有支州,"大者连州十余,小者犹兼三四"[1]。藩镇割据的局面自此出现,唐前期内重外轻的军事格局遂被颠覆,外重内轻、尾大不掉之势,一直延续至唐亡。五代十国,系由唐末藩镇割据发展而来,唐代设置藩镇和节度使的遗制,也被继承下来。节度使所辖之地,往往赐以军号,系于节度使之上。据统计,五代军额共计44个,因王朝更迭频繁,军号则多达67个。[2]置军之处,均有节度使、副使之设,节度使阙,则由留后代理。五代十国藩镇辖区内直属于节帅之兵,即为藩镇兵,此点与唐代中后期并无不同。史称:"夫所谓方镇者,节度使之兵也。"[3]

藩镇兵对五代十国政治、军事格局的形成影响巨大,所谓"五季之乱,内则权臣擅命,外则藩镇握兵"[4]。五代十国时期的藩镇兵,主要由亲兵、牙兵、外牙兵、外镇兵、州兵与乡兵等组成,其职责各有不同。

一 亲兵

亲兵,通常称为亲军,驻扎于军州之内,是藩镇兵中的精锐,也是构成节帅私人武装的骨干力量,直接听命于节帅。在藩镇兵体系中,亲兵的地位类似于中央政权的禁军。

[1]《新唐书》卷50《兵志》,第1329页。
[2] 郑学檬:《五代十国史研究》,上海人民出版社1993年版,第37–39页。
[3]《新唐书》卷50《兵志》,第1328页。
[4]《宋史》卷251《符彦卿子昭寿传》,第8842页。

如前所述,亲军的称呼至迟出现于唐末,节帅麾下普遍设置亲军。五代时期,依然如此。藩镇军中亲军的创设,源于牙军的桀骜不驯。唐末以降,向为藩帅所倚重的牙军,愈益骄横难制,废置主帅,如同儿戏。有鉴于此,节帅为巩固其地位,有必要在牙军之外,另外设立一支精干的武装力量,是为亲军。唐僖宗光启三年(887),周宝任镇海节度使时,"润州衙军以军额号镇海军,宝复置亲信号决胜军,处之后楼,使其子玙总之。众号为'后楼军',其衣食粮赐数倍于镇海,士卒颇有怨望,因恣横于外"。周宝严令镇压,后激起镇海军反叛,"宝闻乱,率家属袜拓芙蓉门,召后楼军曰:'后楼军儿即能救我乎?'后楼闻之,亦同叛,宝遂奔"[1]。是时,周宝别置亲军,明显具有遏制牙军的意图。将亲军与牙军并立于麾下,并利用亲军抗衡牙军,以此确保节帅权力的正常行使,甚至身家性命无虞,无疑是节帅设置亲军的初衷。殊不料,关键时刻具有警卫队性质的精锐亲军竟然倒戈一击,终致周宝无奈出逃。由此看来,虽然节帅视亲兵为腹心,寄望凭此挫抑牙军的骄横跋扈,庇护身家性命,但有时却事与愿违。

杭州六和塔

利用亲军抑制牙军的安排,也见诸其他藩镇。唐僖宗文德元年(888)二月,魏博"(乐)从训聚亡命五百余人为亲兵,谓之子将,牙兵疑之,籍籍不安"[2]。胡三省注曰:"魏博牙兵始于田承嗣,废置主帅率由之。今乐从训复置亲兵,牙疑其见图,故不安。"颇类似于节帅贴身保镖性质的亲军一经设立,即引起牙兵的不安,足见亲军对牙军的牵制与震慑。亲军在这里也被称作"子将"。

前引周宝的例子,已经说明亲军有时也有可能背叛主帅,而后梁时期更曾发生过亲军诛杀节帅的事例。"天平节度使兼中书令琅邪忠毅王王檀,多募群盗,置帐下为亲兵。己卯,盗乘檀无备,突入府杀檀"[3]。王檀召募群盗设立亲兵,本意在于保卫自身安全,最终却引来杀身之祸。可见,亲军同样具有骄兵习气,倘若统驭不当,节帅地位、性命依旧无法依靠亲军而得以保全。被寄予捍卫节帅之责的亲军,无法对抗牙军、履行使命的情形,也有所见。如后梁王班出任襄州留后时,"(杨)师厚屡为班言牙兵王求等凶悍,宜备之,班自恃左右有壮士,不以为意,每众辱

[1]《吴越备史》卷1《武肃王》,第6178页。

[2]《资治通鉴》卷257,唐僖宗文德元年二月,第8374页。

[3]《资治通鉴》卷269,后梁均王贞明二年九月,第8806-8807页。

钱俶款铜金涂塔

之”[1]。不久，牙兵作乱，劫杀王班。王班身边“壮士”当为亲军，但并未能在牙军作乱时，拯救王班于危难之中。不过，类似这样的事例毕竟较为少见，总体来看，亲军对于节帅的尽忠与绝对服从，仍然是主流。

上述周宝所置亲军名为决胜军，又由于驻扎于牙院后楼，故又被称为“后楼军”。这从周宝闻乱后能迅速从芙蓉门直接召集后楼军的过程中，也能得到说明。亲军除称作“后楼军”外，还有“后院兵”的称呼。史称：“唐中世以来，方镇多置后院兵。”[2]五代时期，节镇依旧“皆广置帐下亲兵”[3]。后院军与后楼军同样具有保卫节帅内宅的职责，其名称也是缘于驻军于节帅使院及内宅后面而来。由于节度使所居之宅位于牙城牙院，亲军作为节帅的护卫近从部队，也被节帅安置于牙城之内，形成与牙军共同驻守牙城、相互牵制的局面。史载：“(杨)渥父行密之世，有亲军数千营于牙城之内，渥迁出于牙外，以其地为射场，(张)颢、(徐)温由是无所惮。”[4]杨渥将亲军迁出牙城之外，无异自去爪牙，此举也为其后来的下台埋下了伏笔。后梁均王贞明元年(915)三月，魏博军队哗变，“乱兵入牙城，杀贺德伦之亲兵五百人”[5]。可见，贺德伦所统亲兵，也盘踞于牙城。当然，随着亲军规模、数量的扩大，以及亲军对外作战的需要，也并非所有亲军都一律驻扎于牙城之内。

亲军设立后，始终保持对牙军的压力，其精锐程度当不亚于牙军，节帅遂能借助亲军以打击骄纵的牙军，最典型的还是魏博的亲军与牙军之争。《旧五代史》卷2《梁太祖纪二》载：天祐三年(906)正月，朱温与魏博节度使罗绍威合谋，欲铲除魏博牙军。是月十六日夜，宣武客将马嗣勋率长直军，“与罗绍威亲军数百人同攻牙军，迟明尽杀之，死者七千余人，洎于婴孺，亦无留者”。同书卷20《马嗣勋传》亦载：“与绍威亲军同攻牙军，至曙，尽殪之。”两则材料都以“亲军”与“牙军”对举，而且依靠亲军铲除牙军势力，可知亲军之强悍及其在节帅心目中的地位。

有关罗绍威诛牙军之事，《新五代史》卷39《罗绍威传》记载：“绍威夜以奴兵数百，会嗣勋兵击牙军，并其家属尽杀之。”其中的“奴兵”即“亲军”，这又使亲军的私人武装性质显露无遗，说明亲军其实就是节度使个人的私

[1]《资治通鉴》卷267，后梁太祖开平三年七月，第8714页。

[2]《资治通鉴》卷262，唐昭宗光化三年十月胡三省注，第8536页。

[3]《宋史》卷252《李洪信传》，第8854页。

[4]《资治通鉴》卷266，后梁太祖开平元年正月，第8667页。

[5]《资治通鉴》卷269，后梁均王贞明元年三月，第8787页。

兵,这些私兵又"是由家内奴隶和客(主要是投靠武将个人的亡命徒)构成的"[1]。亲军的私兵化色彩,表明亲军与节帅业已形成亲密的私人与个人关系,而这种关系实际上是纯粹个人之间的雇佣关系、主仆关系,此点与通过召募而来的正规军中的官健,大不相同。前述周宝呼后楼兵为"后楼兵儿"、罗绍威之亲兵称为"奴兵",都体现出亲兵的私人性质。也正是由于亲军为节帅的私人武装,所以史籍中屡屡出现"家臣"[2]、"策名委质"[3]、"委质"[4]、"录为亲从"[5]、"籍其名于帐下"[6]等说法,所谓"策名"、"籍名"都是说将其名字登录在特殊名册上,而与一般的士兵簿册有异。而这些提法,显然都是节帅与亲兵构成主从关系的有力证据。

亲兵既为节帅私兵,节帅迁移之时,亲兵照例应当追随节帅。"杨渥之去宣州也,欲取其幄幕及亲兵以行,观察使王茂章不与,渥怒。既袭位,遣马步都指挥使李简等将兵袭之"[7]。杨渥身为宣州节度使,去镇时以亲兵随从,这是遵循惯例,但王茂章有意阻挠,故而触怒杨渥,乃至引来兵戎之争。后唐天成四年(929)八月,吴武昌节度使李简以疾还江都,卒于采石,其婿徐知询"擅留简亲兵二千人于金陵"[8]。据此可知,李简亲兵在其赴江都时,一直扈从左右,并驻足金陵,李简卒后,徐知询将其据为己有。

亲军的兵员组成极为复杂,大多以流亡客户、盗匪、无赖不逞之徒为主体。如董昌镇浙东时,"集无赖子,断腕截耳,号曰'感恩都',以备腹心"[9]。而勇猛强悍、武艺超绝者,更是节帅亲军的首选对象。如李载义,"以武力称","有勇力,善挽强、角觚",幽州节度使刘济,"见而伟之,置于亲军,每从征伐"[10]。张颢,"(杨)行密爱其勇,更置于亲军"[11]。贾令威"骁果有勇名",杨行密以其"隶戏下,为亲军"[12]。王宗阮"善舞剑器,时号为文大剑","执戎州刺史谢承恩来降",时任西川节度使的王建擢其为"决胜都知兵马使"[13]。王重师"材力兼人","剑矛之妙,冠绝于一时"。"(梁)太祖异其状貌,乃隶于拔山都,每于军前效用,颇出侪类。文德中,令董左右长剑军"[14]。张归厚"少骁勇,有机略,尤长于弓槊之用"[15],被朱温署为军校。康思立"少善骑射,事武皇(李克用)为爪牙,署河东亲骑军使"[16]。梁、晋交战时,晋王李存勖"选诸军骁勇者为亲军,分置四指挥,号

[1] (日)崛敏一:《藩镇亲卫军的权力结构》,载刘俊文主编:《日本学者研究中国史论著选译》(四),中华书局1992年版,第604页。

[2] 《旧五代史》卷90《李承福传》,第1192页;同书卷96《房暠传》,第1277页。

[3] 《旧五代史》卷106《皇甫立传》,第1398页。

[4] 《九国志》卷1《吴·陈璋传》,第3231页。

[5] 《九国志》卷7《后蜀·张公铎传》,第3307页。

[6] 《旧五代史》卷96《刘继勋传》,第1378页。

[7] 《资治通鉴》卷265,唐昭宣帝天祐二年十二月,第8655页。

[8] 《资治通鉴》卷276,后唐明宗天成四年八月,第9030页。

[9] 《十国春秋》卷77《吴越一·武肃王世家上》,第1055页。

[10] 《册府元龟》卷845《总录部·膂力》,第10029页。

[11] 《新唐书》卷188《杨行密传》,第5454页。

[12] 《十国春秋》卷6《吴六·贾令威传》,第102页。

[13] 《十国春秋》卷39《前蜀五·王宗阮传》,第577页。

[14] 《旧五代史》卷19《王重师传》,第257—258页。

[15] 《旧五代史》卷16《张归厚传》,第226页。

[16] 《旧五代史》卷70《康思立传》,第932页。

从马直"[1]。吴越钱塘人薛温，"以武勇为亲军都头"[2]。勇敢强壮、胆略超群之人，得以隶入亲军部队，使得亲军成为藩镇兵中的精锐之师。河东节度使李克用的亲军以沙陀杂虏为主体，"最为骁劲"[3]。杨行密之所以能割据江淮，也得益于其所拥有的精干亲军。史载："初，行密有锐士五千，衣以黑缯黑甲，号'黑云都'。又并盱眙、曲溪三屯，籍其士为'黄头军'，以李神福为左右黄头都尉，兵锐甚。"[4]

节帅是藩镇亲军的最高军事统帅，为便于部伍的具体管理和指挥，每支亲军部队中又设都指挥使、指挥使、都知兵马使、都虞候、军使、都头等军官职级，担任者均为节帅宗室子弟和心腹。如朱温镇汴时，张归厚领厅子马[5]、邓季筠主厅子都[6]；河东李克用以李嗣源统横冲都[7]等等，都是极好的例证。而一旦节帅建立政权，这批节帅藩邸时的元从军将，随即被任命为新朝的节度使或军队中的高级将领，成为实权派人物。如后梁开国后，张归厚曾任镇国军节度使，邓季筠曾领后梁侍卫亲军中的龙骧军；后唐时，李嗣源初为天平军节度使，后任蕃汉总管，总领军政。

起初以庇护节帅为主要任务的亲军，逐渐演变为藩镇兵中的主要野战部队。如刘康乂，"唐末，从太祖镇宣武军，累典亲军，袭巢破蔡，斩获尤多，累以战功迁元从都将"[8]。天祐十三年（916）九月，契丹犯塞，威胁河东，晋王李存勖"领亲军北征，至代州北，闻蔚州陷，乃班师"[9]。梁、晋麻口渡之役，李存勖"率亲军成列而出"[10]。后梁末帝龙德元年（921）十二月，契丹进攻定州，"王都告急于晋，晋王（李存勖）自镇州将亲军五千救之"[11]。而将亲军作为攻坚、主力部队进行使用的情况，也极为常见。如杨行密所置黑云都，属亲军中的精华，行密常常"使之先登陷阵，四邻畏之"[12]。朱温镇汴时，"选富家子有材力者，置之帐下，号曰'厅子都'"[13]。"宣武厅子都，尤勇悍，其弩张一大机，则十二小机皆发，用连珠大箭，无远不及，晋人极畏此。文士戏呼为急龙车"[14]。"初，帝（后唐庄宗）得魏州银枪效节都近八千人，以为亲军，皆勇悍无敌。夹河之战，实赖其用，屡立殊功"[15]。亲军的强劲战斗力，及其对战争胜负所带来的影响，由此不难窥见。

藩镇亲军中的部伍，也常常冠以名目各异的种种军

[1]《资治通鉴》卷274，后唐明宗天成元年二月，第8962页。

[2]《十国春秋》卷86《吴越十·薛温传》，第1252页。

[3]《资治通鉴》卷263，唐昭宗天复二年三月胡三省注，第8569页。

[4]《新唐书》卷188《杨行密传》，第5453页。

[5]《旧五代史》卷16《张归厚传》，第225页。

[6]《旧五代史》卷19《邓季筠传》，第263页。

[7]《旧五代史》卷35《唐明宗纪一》，第483页。

[8]《册府元龟》卷360《将帅部·立功十三》，第4269页。

[9]《旧五代史》卷27《唐庄宗纪二》，第389页。

[10]《旧五代史》卷56《周德威传》，第754页。

[11]《资治通鉴》卷271，后梁均王龙德元年十二月，第8870页。

[12]《十国春秋》卷1《吴一·太祖世家》，第10页。

[13]《旧五代史》卷64《王晏球传》，第853页。

[14]《清异录》卷下《武器门·十二机弩》，第93页。

[15]《资治通鉴》卷274，后唐庄宗同光三年十二月，第8949页。

号。这一时期的军号又大多以"都"、"军"为名。唐末，兖州节度使朱瑾，"募骁勇数百人，点双雁于其颊，立为'雁子都'"[1]。其后，各地节帅群起效尤。"梁祖闻之，亦选数百人，别为一军，号为'落雁都'，署(朱)汉宾为军使，当时目为'朱落雁'"[2]。朱温又"置厅子都，最为亲军"[3]；这些军队包括前面提到的长直军、拔山都、长剑军，都是朱温的藩镇亲军部队。河东李克用、李存勖先后设立的亲军主要有横冲都、铁林都、亲骑军、帐前效节都、金枪军等。后唐幽州节度使赵德钧置银鞍契丹直。镇幽州的刘仁恭有银胡䩮军、定霸都。镇海节度使周宝置决胜军。立足江淮的杨行密置黑云都、黑云长剑、银枪都；杨吴宁国军节度使田頵置爪牙都。前蜀建立前，王建所置亲骑军、威信都、决胜都、决云都。后蜀建立前，后唐西川节度使孟知祥置义胜、定远、骁锐、义宁、飞棹等军。凡此种种，不一而足。

　　五代十国时期的亲军与牙军，难以截然划分清楚。亲军与牙军是节帅藩镇兵中的两支不同队伍，两者间有一定差别，亲军在某种程度上是作为牙军的对立物而存在的。但事实上，亲军与牙军两者名称上的混用，自唐末以来已经时有所见。如天复二年(902)，汴、晋爆发蒲县之役，李克用得知兵败消息后，"遣李存信率牙兵至清源应接"[4]《资治通鉴》卷263"唐昭宗天复二年三月"载其事为："遣李存信以亲兵逆之。"五代时期，牙军与亲军同样难以区分。如王镕镇成德时，长期远游，不亲镇事，"(李)弘规乃教内牙都将苏汉衡帅亲军"规谏，王镕不听，"牙兵遂大噪，斩(石)希蒙首，诉于前"。王镕返回军府之后，族诛李弘规、李蔼，"又杀苏汉衡，收其党与，穷治反状，亲军大恐"[5]。此则材料中，苏汉衡以内牙都将领亲军，帅亲军劝谏，接下来又称"牙兵遂大噪"，待至王镕追究罪责，"亲军大恐"。引文中"牙兵"与"亲军"交互使用，名称虽有不同，但所指其实是同一支军队。这就说明亲军与牙军之间的界限确实较为模糊，根据目前所掌握的材料，准确界定两者的不同，严格将其区别开来，着实有些不易。

　　尽管如此，藩镇亲军与牙军毕竟有所不同，两者仍然不宜混为一谈。实际上，在现有文献材料的相关记述中，有些军号已明言其为亲军，如朱温所置厅子都，即是如此

南汉康陵墓室

[1]《册府元龟》卷413《将帅部·召募》，第4918页。

[2]《旧五代史》卷64《朱汉宾传》，第856页。

[3]《旧五代史》卷19《邓季筠传》，第263页。

[4]《旧五代史》卷52《李嗣昭传》，第703页。

[5]《资治通鉴》卷271，后梁均王贞明六年十二月，第8860页。

南汉康陵墓壁

此。将其作为藩镇亲军名号,应无疑义。由于史籍中明确表示牙军军号的例证并不多见,就目前所知,有如下数例。唐穆宗长庆年间,王智兴镇徐州,"召募凶豪之卒二千人,号曰银刀、雕旗、门枪、挟马军等,番宿衙城"[1]。此处银刀等四军以"番宿衙城"为职责,显然就是牙军。另有,周宝任镇海节度使时以军额为军号的镇海军,割据福建的威武军节度使王审知所置威武军[2],和后梁末年天雄节度使杨师厚所置的银枪效节都[3]。至于这一时期藩镇军中的其他军号,是否属于牙军番号,史无明文,似难断定。在上述几例中,因王智兴设置牙军时,藩镇亲军尚未兴起;并且,牙军下辖众多军号的情况,似仅此一见,故在探讨牙军与亲军关系时,此例并不具备代表性,权且置之不论。以镇海军、威武军和银枪效节都为例,或可表明,同一方镇所置牙军通常只有一个军号。最典型的魏博牙军,起田承嗣初立,迄罗绍威诛灭,中经银枪效节都的设立,再抵后唐明宗天成二年(927)的铲除,前后历时近200年,却始终不曾出现同时有两个军号的情况。即便是后梁杨师厚的银枪效节都兵力一度达8 000人[4],仍然仅仅以"银枪效节都"为唯一名称。可是,作为宣武四镇节度使的朱全忠,就有落雁都、厅子都、长直军、拔山都、长剑军等多支精锐军队;李克用、李存勖的河东军人集团,也有横冲都、铁林都、亲骑军、帐前效节都、金枪军等数支勇武之师。这与牙军的情形大有不同。之所以如此,恐怕与亲军实力的膨胀、地位的提升有密切关系。如前所述,节帅设置亲军以掣肘牙军,已经是唐末以来藩镇体制内部的一种普遍现象,节帅对亲军的倚重和扶植,明显超过牙军。并且,亲军频繁地投入对外作战,在重大战役中屡立奇功,对五代初期政局的影响极为显著,其作用也远在牙军之上。于是,亲军与牙军由起初的两强并峙,逐渐演变为亲军独占鳌头的局面,亲军在藩镇亲卫军权力结构中遂居于核心地位。在这种背景之下,节帅将其麾下的骁勇劲卒,组建为不同的亲军队伍,并授以各式美名,从而形成包括众多军号在内的亲军集团,即藩镇亲军体系。也正是基于这种认识,故在上文中将这一时期出现于藩镇兵中的众多军号,视作亲军,而不作牙军看待。

[1]《旧唐书》卷19上《懿宗纪》,第653页。
[2]《五国故事》卷下:"衙兵先号威武军者,亦弃不用。威武军,忠懿王之亲兵也,以军额而名之。"第3196页。
[3]《资治通鉴》卷269,后梁均王贞明元年三月,第8786页。
[4]《旧五代史》卷38《唐明宗纪四》,第522页。

隶属于节帅的亲军,在节帅入主中朝之后,相应的被擢升为禁军,亲军也就被常常用以指称禁军。关于此点,前面在讨论侍卫亲军源起时已有交待,此处不赘。或者正是由于亲军渐成禁军习惯性称呼的缘故,藩镇兵中亲军的提法,在河东代北集团入主中原王朝之后,似乎已经绝迹。但在一些割据政权中,藩镇麾下亲军仍然称作"亲军"。如梁、岐交兵,岐彰义节度使刘知俊战事不利,"闻秦州降蜀,妻子皆迁成都",返回凤翔,"终惧及祸,夜帅亲兵七十人,斩关而出"[1],投奔前蜀。可见,刘知俊军队中仍有称作亲军的部伍。就中原王朝的情况来看,藩镇亲军名称的不再行用,却并不意味着节帅麾下不再设置亲军。如后唐明宗即位后,西川节度使孟知祥,"乃训练兵甲,阴有王蜀之志。益置义胜、定远、骁锐、义宁、飞棹等军七万余人,命李仁罕、赵廷隐、张业等分将之"[2]。孟知祥所设立的义胜、定远诸军,当是亲军无疑。由此大致可作出如下推测,以后唐的建立为界限,其后的藩镇亲军或许就只以各种军号来进行称呼了。或者,牙军与亲军两者渐至合而为一,亦未可知。

由于在唐末至五代之初的这段时期内,藩镇亲军是藩镇军事力量的中坚,也是节帅得以割据一方,甚至竞逐帝位的基本保证。所以,节帅一旦贵为人主,又无不对藩镇势力疑忌重重。为避免藩镇恶性发展私人武装,拥兵自重,威胁中央王朝,五代各朝在限制藩镇军事力量方面,都不同程度地采取过一些措施,其中至为重要的莫过于对藩镇亲军和牙军的打压。而将藩镇的精锐部队编入禁军系统,或将藩镇兵中的骁勇士卒选入禁军,强化禁军在整个军队系统中独一无二的地位,竭力构建内重外轻的军事格局,无疑又是五代王朝削藩的终极目标。逮至宋初,随着削藩力度的加大和深入,地方的军权、财权、行政权力逐渐收归中央,节度使演变为武将虚衔,亲军与牙军的设立已被明确禁止,至此,自唐末以来困扰中央政府的藩镇割据问题最终消除。

二　牙兵

牙兵,往往又称作牙中军、牙内军、牙内亲军、内牙

南汉康陵出土的哀册文碑

[1]《资治通鉴》卷269,后梁均王贞明元年十一月,第8798页。

[2]《新五代史》卷64《后蜀世家》,第798页。

南汉康陵出土的哀册文拓片（局部）

军、内衙亲军。所谓牙军，就是守卫使牙的军队。节度使所在军州治所的州城，一般分为三重，"凡大城谓之罗城，小城谓之子城。又有第三重城以卫节度使居宅，谓之牙城"[1]。《蜀注》也说："古者军行有牙，尊者所在。后人因以所治为衙，曰牙城，即衙城也。"[2]牙军驻于牙城之内，起初的职责为"番宿牙城"[3]，即宿卫牙城与保卫节帅。

牙兵的出现，与养子制度的遗留和部曲的复活有关，是少数民族风俗和汉民族风俗互相同化的结果。[4]唐末以降，始终盛行于少数民族的收养子风俗，在民族融合的过程中，逐渐向内地渗透，致使大小官吏收养子的情形日趋普遍。五代十国时期，养子之风犹炽，节帅豢养义子的现象尤其突出。这种节帅与部下间所形成的义子与义父间的关系，对义子来说，便于与主将保持更为亲密的关系，取得更为优越的地位和优厚的赏赐，甚至实现"帅强则叛上"的野心；从义父方面来说，则可使成为义子的部属更加忠顺和效力，使自身在割据混战中取得竞争称雄的资本。[5]节帅正是利用养子制度与义子之间媾合成血缘关系，并以此为纽带羁縻义子，使其为自己效忠卖命。李克用的义儿军，则是其中的典型。史称："唐自号沙陀，起代北，其所与俱皆一时雄杰魁武之士，往往养以为儿，号'义儿军'，至其有天下，多用以成功业，及其亡也亦由焉。"[6]义儿军由所收养的义儿统率，但没有单个义儿出身于义儿军的证据，单个义儿也不能被认为就是义儿军的成员。主将和附从者依靠这种义父子关系构建为紧密联系的结合体，是唐末五代时期的普遍倾向，这自然是和这一时期国家权力的衰落与官僚制度的解体相应的现象。[7]

牙兵的形成，还与武装部曲的复活有牵连。部曲发端于东汉之际，其时大凡豪强地主的田庄都有一些既耕且战的私兵，时人谓之"部曲"。部曲与豪强地主的利益有一定联系和一致性，战时能护主避乱，或筑坞自守，成为一支强大的私人武装。三国时，部曲成为单一的武装力量，在豪强地主转变为朝廷将帅时，部曲也演变成将帅的亲兵。其后，部曲之称，历代相延。至唐代，作为部下之意的军中武装部曲，其政治、经济待遇高于普通行伍。这种强烈的具有私兵性质的武装形式，在五代时期的节帅中仍

[1]《资治通鉴》卷241，唐宪宗元和十四年二月胡三省注，第7764页。

[2]《资治通鉴》卷266，后梁太祖开平元年正月，第8667页。

[3]《旧唐书》卷19上《僖宗纪》，第653页。

[4] 王育民：《论唐末五代的牙兵》，载《北京师范学院学报》1987年第2期。

[5] 参见谷霁光：《泛论唐末五代的私兵和亲军、义儿军》，载《历史研究》1984年第2期。

[6]《新五代史》卷36《义儿传·序》，第385页。

[7] 参见〔日〕崛敏一：《藩镇亲卫军的权力结构》，见《日本学者研究中国史论著选译》（四），第619页。

然广泛存在。如后晋时，成德节度使安重荣的军队中就有"部曲数千人"[1]；天雄节度使杨光远"私养部曲千余人"[2]；彰武节度使丁审琦"养部曲千人"[3]。而这些军中部曲又都是主帅依凭的核心武装。

除养子制与部曲制的影响外，促成牙兵兴起的直接原因，则来自于唐代中期以来政治、军事形势的变化，以及实行募兵制的职业雇佣兵制度而带来的将帅专兵局面的出现。安史之乱以降，大唐王朝境内藩镇林立，各地节度使自擅兵赋，自署官吏，逐渐演变为独霸一方、不遵朝命的地方割据势力。在军事制度上，府兵制瓦解，募佣兵制应运而生，职业雇佣兵制度取代义务兵役制，府兵制时代将不专兵的传统遂被打破，将帅与士卒间形成亲党胶固的私人关系，得以成为可能。就此而论，牙兵的出现，又是安史之乱与藩镇割据的产物。[4]

藩镇牙兵的设置，渊源于唐魏博镇田承嗣。所谓"魏之牙中军者，自至德中田承嗣盗据相、魏、澶、博、卫、贝等六州，召募军中子弟置之部下，遂以为号"[5]。自此之后，节度使在其麾下设置牙军，殆为常事。五代时期，其风不息，藩镇将帅所置牙军数量也多寡不一，少则几百，多则数千，甚至上万。如后梁太祖时，匡国镇节度使冯行袭"有牙兵二千"[6]。末帝时，天雄节度使杨师厚所置名为银枪效节都的牙军，达8 000之众。后唐庄宗初年，宣武军节度使李彦超牙兵达8 700人。[7]后唐西川节度使孟知祥在上奏中曾称："臣自统领衙内亲军二万余人。"[8]除节度使之外，刺史、节度副使麾下也常常设有牙军。如后唐枢密使安重诲为防止两川割据，"用己所亲信分守两川管内诸州，每除守将，则以精兵为其牙队，多者二三千，少者不下五百人，以备缓急"[9]。《旧五代史》卷62《董璋传》也说："时两川刺史尝以兵为牙军，小郡不下五百人。"后周太祖时，王逵趁乱占据潭州后，其所任命的静江节度副使何敬真、武安节度副使朱全琇，"各置牙兵，与逵分厅视事，吏民莫知所从"[10]。后晋末年，契丹入主中原，辽太宗耶律德光曾下令："自今节度使、刺史，毋得置牙兵，市战马。"胡三省注曰："其心固虞诸镇有与之作敌者。"[11]显然，这是针对节度使、刺史广泛设置牙兵的情况而言的，之所以下此命令，目的则在

南汉德陵挖掘前外观(北南向)

[1]《旧五代史》卷75《晋高祖纪一》，第984页。

[2]《旧五代史》卷97《杨光远传》，第1291页。

[3]《资治通鉴》卷283，后晋高祖天福七年正月，第9234页。

[4]参见王育民：《论唐末五代的牙兵》，载《北京师范学院学报》1987年第2期。

[5]《旧唐书》卷181《罗弘信附子罗威传》，第4692页。

[6]《旧五代史》卷24《李珽传》，第322页。

[7]《旧五代史》卷32《唐庄宗纪六》，第438页。

[8]《鉴诫录》卷1《知机对》，第5872页。

[9]《新五代史》卷64《后蜀世家》，第800页。

[10]《资治通鉴》卷291，后周太祖广顺三年正月，第9490页。

[11]《资治通鉴》卷286，后汉高祖天福十二年二月及胡三省注，第9339页。

于减弱诸镇反抗契丹的实力。这也反映出藩镇内部从刺史至节度使各有牙军，确为不争事实。实际上，牙军的设立还不仅仅限于藩镇。如后梁太祖时，左龙虎统军韩勍拥有牙兵[1]；后唐明宗之子秦王从荣"请严卫、捧圣千人为牙兵"[2]。后汉乾祐二年（949）八月，枢密使郭威，"以出征时厅子都七十三人，具籍献之"[3]。说的都是藩镇以外的统军将领设立牙军的例证。

牙军队伍的兵员，主要来自强征或召募。风行一时的收养义子与豢养部曲的习俗，无疑也为牙军队伍的组成提供了途径。除此之外，还有其他一些方式。如在节度使军士中选拔，或国家派遣军士作为节度使、刺史牙队等等，都为牙兵部队吸纳了士卒。[4]牙兵的社会成分也较为复杂，无赖子弟、散兵游勇、盗匪游侠、罪犯囚徒、地主土豪等，应有尽有。牙军的凶残贪婪、桀骜难驯，与此不无瓜葛。从另一方面来看，牙军的骁勇善战，也得益于此。

作为节帅卫队的牙军，随着藩镇兼并战争的日益激烈，越来越多地被投入到野战之中，成为节帅攻城掠地、对外征讨的主力部队之一。牙军在征战中，往往能起到决定战局的作用。最为突出的例子，还是梁末杨师厚在魏博所置的银枪效节都。这支由骁勇之士组成、多达8 000人的牙军队伍，被晋王李存勖收编后，在天祐十五年（918）的胡柳陂之战中浴血奋战、尽力厮杀，使得晋军反败为胜。再者，如天福十二年（947）三月，南唐、吴越爆发福州之役，南唐大败于白虾浦，吴越乘胜追击，南唐将王崇文"以牙兵三百拒之，诸军陈于崇文之后，追者乃还"[5]。正是基于牙军的奋勇作战，南唐的这支军队才转危为安。

与唐末牙军总与藩帅对立的情况有所不同的是，五代十国时期，牙军与节帅间的关系较为密切，牙兵作乱、诛杀节帅的事例已相对较少。牙军名义上是官健，但实际上却均被视为节帅所豢养的私兵，其与节帅间的主从关系，与亲军相仿。其所宣誓效忠的对象为节帅，直接听从节帅指挥、调遣。就此而言，藩镇牙军究其实只是节帅的私人武装，而独立于中央王朝武装力量之外。牙军既忠实于节帅，一旦节帅易位，或藩镇内部的权力结构发生变动，牙军扰乱地方、违背朝廷意旨、对抗中央王朝的举动，

南汉德陵鸟瞰图

[1]《新五代史》卷13《梁家人传》载：朱友珪阴谋篡弑之际，左龙虎统军韩勍"夜以牙兵五百随友珪，杂控鹤卫士而入"。第137页。

[2]《旧五代史》卷15《后唐明宗家人传》，第164页。

[3]《旧五代史》卷110《周太祖纪一》，第1452页。

[4] 参见来可泓：《五代十国牙兵制度初探》，载《学术月刊》1995年第11期。

[5]《资治通鉴》卷286，后汉高祖天福十二年三月，第9349页。

难免会有所发生。如后梁太祖时，许州冯行袭有牙军2 000，均为秦宗权余孽，在其生病期间，"会岁饥，盗劫汴、宋间，曹州尤甚"[1]，地方不得安宁。后梁朱友珪及末帝在位期间，"（杨）师厚握河朔兵，威望震主"[2]。《旧五代史》卷8《梁末帝纪上》载：末帝贞明元年（915）三月，杨师厚卒于镇，汴梁君臣计议分化魏博势力，决定分割相、魏为两镇，即以魏、博、贝3州为天雄军，相、澶、卫3州别置昭德军。末帝临时任命贺德伦为天雄军节度使，主持其事。此举激起魏博军哗变，效节军校张彦成为此次叛乱的魏军首领。所谓"效节军校"，也就是杨师厚所置的"银枪效节军校"。张彦在与梁末帝多次谈判不成之后，转而要挟贺德伦依附于晋。"以魏博降晋，梁由是尽失河北"[3]。梁、晋相争形势因此为之一变。后唐同光末年，魏博军士皇甫晖率众作乱，逼迫奉节指挥使赵在礼为帅，占据邺都，公然反叛后唐。后汉高祖乾祐元年（948）三月，下令征晋昌军节度使赵匡赞牙兵诣阙，牙校赵思绾认为："吾属至京师，并死矣"[4]，遂兴兵起事。次年七月，赵思绾在受诏投降后，又"求其牙兵及铠仗"，"收敛财贿，三改行期"。此次变故，以思绾"并常彦卿及其父兄部曲三百人，皆斩于市"[5]而告终。上述事实皆可表明，牙军与节帅间的矛盾，已明显不如唐末时期那样激化，倒是牙军与中央王朝间的对立，表现得更为突出。

因此，节帅所拥有的牙军力量，无疑是威胁中央王朝稳定的潜在隐患。削弱或消除藩镇牙军，也就成为中央政府削藩的重要内容之一。其主要手段有消灭牙兵、离析牙兵和收编牙兵。[6]与这些措施相呼应，将具有节帅私兵性质的牙军，纳入到王朝支配体制之内，并限制节帅所拥有的牙军规模，则不失为一种较为稳妥的办法。后唐明宗时期，即在此方面做过有益的尝试。天成元年（926）八月，枢密院条奏称："节度使、刺史所置牙队，许于军都内抽取，便给省司衣粮。况人数已多，访问尚有招致。诸邑人多有抵罪亡命，便于州府投名为使下元随，邀求职务，凌压平人；及有力户人，于诸处行赂，希求事务。"[7]据此可知，节度使和刺史管辖的牙军均由政府供给衣粮；而且，尽管其时牙兵已经过多，可是仍有许多当地人希望成为元随；土豪也四处行贿，谋求差事。这份条奏系明宗初年所上，故政

南汉德陵墓砖

[1] 《新五代史》卷54《李琪传附兄珽传》，第616页。
[2] 《旧五代史》卷22《杨师厚传》，第297页。
[3] 《新五代史》卷42《赵犨传》，第463页。
[4] 《资治通鉴》卷288，后汉高祖乾祐元年三月，第9388页。
[5] 《资治通鉴》卷288，后汉隐帝乾祐二年七月，第9410页。
[6] 参见易图强：《五代朝廷军事上削藩设置》，载《中国史研究》1994年第3期。
[7] 《旧五代史》卷37《唐明宗纪三》，第508页。

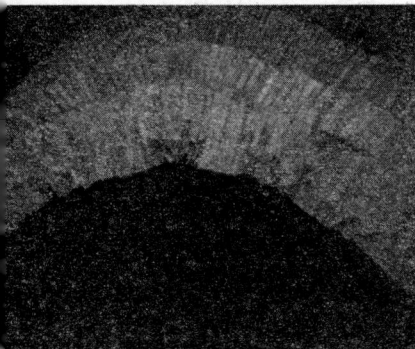

南汉德陵墓室拱顶

府供给牙兵衣粮的做法,早在庄宗或庄宗以前即已存在,其实唐末以来已是如此。这次又重申由来已久的牙军衣粮的供给办法,其意图不外乎是强调牙军的官健性质。至于牙军的恶性膨胀,显然也在政府禁止范围之内。然而,这一规定很难产生实质性的效果,所以,后晋末年契丹暂时占据华北期间,曾下令:"自今节度使、刺史,毋得置牙兵、市战马。"[1]硬性规定取消牙兵的设置。这个命令同样也未能实行,但随着宋初统一事业的进行,乾德四年(966)闰八月,宋太祖下诏:"殿前、侍卫诸军及边防监护使臣,不得选中军骁勇者自为牙队。"[2]次年,殿前都指挥使、义成节度使韩重赟,因"私取亲兵为腹心"[3],几至于死,后被罢免禁军军职。至此,牙军虽然仍有存在,但禁军和地方将帅选募骁勇自设牙军的现象已趋绝迹。

　　五代藩镇的实力,经过各朝的削夺,较之于唐末藩镇已不可同日而语,特别是至五代后期,藩镇军事力量更遭到极大削弱,节帅所拥有的各项权力逐渐收归于中央,藩镇反叛的事例呈现出急剧减少的迹象。这是五代各朝尤其是后周时期采取削藩措施所导致的必然结局。削藩的重点,即是限制藩镇军事力量的过度扩张。首先,将藩镇军队中的牙兵收编或拣选为禁军,形成中央军对地方军的绝对优势。从藩镇中挑选骁勇者编入禁军的方法,在当时较为常见。唐末帝李从珂"诏诸道选骁果以实禁卫",汝州小校刘词由此入典禁军[4]。后周太祖郭威"诏诸州于州兵内选勇壮并家属赴京师"[5]。后周世宗于显德元年(954)二月下诏向地方招募骁勇;在取得高平大捷后,"又以骁勇之士,多为外诸侯所占,于是召募天下豪杰,不以草泽为阻,进于阙下,躬亲试阅,选武艺超绝及有身首者,分署为殿前诸班"[6]。中央王朝正是凭借这种选拣制,将地方精锐士卒吸收进禁军系统,从而有效地遏制了地方军事势力的恶性发展。其次,收回藩镇支郡,削弱外镇权力,减少节帅对地方政务的干预。后梁开平四年(910)四月,太祖下令:"天下镇使,官秩无高卑,位在邑令下。"[7]即削减镇将所把持的地方权力,确立县令在其治内的行政、民政首脑地位。后周广顺三年(953)七月,又将镇将的职责明确限定为"擒奸捕盗,庇护部民"[8]。最后,禁止藩镇私造兵器,罢

[1]《资治通鉴》卷286,后汉高祖天福十二年二月,第9339页。

[2]《续资治通鉴长编》卷7,太祖乾德四年闰八月,第178页。

[3]《续资治通鉴长编》卷8,太祖乾德五年二月,第190页。

[4]《旧五代史》卷124《刘词传》,第1628页。

[5]《册府元龟》卷124《帝王部·修武备》,第1493页。

[6]《五代会要》卷12《京城诸军》,第206页。

[7]《册府元龟》卷191《闰位部·立法制》,第2304页。

[8]《旧五代史》卷113《周太祖纪四》,第1498页。

"诸道作院"，切断藩镇兵器来源。后晋天福二年（937）二月，敕："诸道不得擅造器甲"[1]。后周广顺二年（952）十月，"令罢诸州作院"，诸道作院所辖工匠"赴京作坊，以备役使"[2]。兵器的生产权终于也被收归中央。[3]经过五代各朝前后相继的持续努力，削弱藩镇军事力量的成效愈益明显，至五代末年时，藩镇军力已大打折扣，基本不再具备与中央抗衡的资本。而削藩任务的最终完成，还要迟至北宋初年。

三　牙外兵与外镇兵

牙（衙）外兵与外镇兵都是直属于节度使的藩镇武装，其居地与职责稍有不同。

先来看牙外兵。牙外兵，指布防于藩镇治所州城的子城、罗城，以及州城之外邻近州县的军队，通常也称为府兵。戍守子城与罗城，是牙外兵分内之事。除此之外，牙外兵还有戍卫边镇、参加战斗的任务。唐末，幽州节度使李匡威派遣刘仁恭率兵戍守蔚州，因过期未代，昭宗景福二年（893）四月，"戍军拥（刘）仁恭为帅，欲攻幽州，比至居庸关，为府兵所败，仁恭挈族奔于太原"[4]。"府兵，幽州节度使府之兵也"[5]。这是以府兵镇压叛军的例子，幽州府兵极有可能就驻防于居庸关。天祐三年（906）正月，魏博牙军被诛除后，"魏博牙外兵五万自历亭还，分据（罗）绍威贝、博等州，汴军围攻之"[6]。这里的牙外兵是罗绍威与朱温合谋诛杀牙军之前，借故调离魏州，帮助梁将"李思安等攻沧州"[7]的魏博军队。可见，牙外兵也肩负执行野战的任务。府兵也有遏制、打击亲军的作用。如后梁末帝贞明二年（916）九月，天平节度使王檀麾下亲兵诛杀主帅，"节度副使裴彦帅府兵讨诛之，军府由是获安"[8]。府兵的存在，多少能起到一些震慑骄兵悍将的作用。

再来看外镇兵。外镇兵，指屯驻于藩镇会府之外巡属诸州县的军队，其指挥权归属于镇将。镇将，又称为镇遏使、镇使等。关于五代的镇将问题，日本学者日野开三郎已有详尽论述[9]，其将镇将的职权归纳为巡察捕盗权、狱讼权、征科税役权等三个方面，但未涉及镇将所蕴含的军事意义，故仍有稍作补充的必要。

南汉德陵墓室（局部）

[1]《五代会要》卷12《军杂录》，第207页。

[2]《册府元龟》卷160《帝王部·革弊二》，第1937页。

[3] 参见齐勇锋：《中晚唐五代兵制探索》，载《文献》1988年第3辑；易图强：《五代朝廷军事上削藩设置》，载《中国史研究》1994年第3期。

[4]《旧五代史》卷135《刘守光传》，第1799页。

[5]《资治通鉴》卷259，唐昭宗景福二年四月胡三省注，第8444页。

[6]《旧唐书》卷20下《哀帝纪》，第806页。

[7]《新五代史》卷39《罗绍威传》，第417页。

[8]《资治通鉴》卷269，后梁均王贞明二年九月，第8807页。

[9] 参见（日）日野开三郎：《五代镇将考》，载刘俊文主编：《日本学者研究中国史论著选译》（五），中华书局1993年版。

南汉德陵墓道器物箱中的青瓷罐

　　镇的设置可上溯至魏晋南北朝时期的边州镇戍,唐代前期沿边仍置镇戍,镇戍实即边州的防御据点。《新唐书》卷49下《百官志》称:镇戍长官"镇将、镇副、戍主、戍副,掌捍防守御"。以安史之乱的爆发为契机,原先仅设置于边境的藩镇在内地纷纷涌现,并逐渐演变为割据一方的地方势力。而军事力量无疑是藩镇割据称雄的支柱,为加强对辖区的控制与支配,藩镇将其直属军队分派至各州县的都邑、关津、险要等政治、经济中心地带长期驻守,并以心腹将校担任各军统帅,各军即称为外镇或巡镇,统帅即称镇将。在此背景之下,起初仅仅作为边疆军事与边防单位的镇,在内地藩镇辖区之下也日益增多。唐末持续的战乱又致使各地自卫团的大量普及和发展,并向乡村延伸,镇的数量急剧增加,以至州内的镇鳞次栉比,镇的地域则明显缩小。根据日野开三郎的研究,五代时期的镇,一般比县小,其中也不乏大到拥有数乡数村并小都市者,幅员范围从十数华里至数十华里不等。镇的治所大都设置在都市,即镇郭。五代的镇将就是以这种小都市为治所,并把与它邻接的乡村包括在所管地域之内。镇将所统帅的外镇兵,即以镇为其屯驻之地。

　　五代时期,镇与藩镇的隶属关系,遵行的是唐宪宗元和十四年(819)四月的规定:"诸道节度、都团练、(都)防御、经略等使所管支郡,除本州军使('使'字衍)外,别置镇遏、守捉兵马者,并令属刺史。如刺史带本州团练、防御、镇遏等使,其兵马名额,便隶此使。如无别使,即属军事。"[1]即将此前直属藩镇的巡属诸州之镇将改属于刺史,只有会府内的诸镇仍然保持与藩镇的直属关系。这种关系一直延续到五代时期。后周广顺三年(953)四月,陇州防御使石公霸上言:

　　　　元管三县五镇,自秦州阻隔,废定戎、新关两镇,唯汧、源,皆称直属本府。及官吏批书历子,考较课最,贼盗寇攘,户民减损,又责州司职分,何以检校?昨汧阳令李玉上府,主簿林莩下乡,州司不曾指挥,本县亦无申报,每有提举,皆称本府追呼,无以指纵,何能致理?其间户口,多有逃亡。预虞大比之时,恐速小臣之罪。伏睹近敕,凡有诉讼,尚委逐处区分,不得

蕞越,岂可本属县镇,每事直诣凤翔?望降新规,以涤
旧弊。[1]

由此可知,县级和镇级越过州级直接听从会府指挥,
使得州级政区政出多门,多有不便,这种现象显然不合规
矩、有违敕令。这就说明,五代支郡管下的镇也不允许直
属于会府。五代镇与县的关系,也是沿袭宪宗的改革,外
镇不受县的支配而直属于州。史载:"五代以来,节度使补
署亲随为镇将,与县令抗礼,凡公事专达于州,县吏失
职。"[2]镇将不受县令的支配而直属于州,表明镇将与县令
之间没有隶属关系,镇实际上已经演变为州级行政区之
下与县同级的一级行政组织。由于镇与藩镇、县之间存在
上述关系,所以说,镇将一般属于州并受州指挥,直属于
藩镇的仅有会府内的镇将,而镇将与县令各有其支配地
域,镇将掌握其管区内的统治全权,与县令一样直接接受
藩镇或州的领导。

南汉德陵墓道器物箱全貌

直属于藩镇的镇将是藩镇对整个管区实施自治的有
力工具,其所依凭的正是藩镇派驻各镇的外镇兵,包括镇
将对县政的侵逼,根源也仍然在于镇将所统率的外镇兵。
镇将在其管内操持的治民之权,究其实是以其军政权力
为后盾而派生出来的附属物。镇将的军政权力,即是藩镇
所赋予的统辖外镇兵的权力。镇将所掌握的外镇兵的数
量,多寡并无定数,一般在数百人上下,但也有多至数千、
数万者。如唐末高骈部将海陵镇遏使高霸,"有民五万户,
兵三万人"[3]。刘汉宏部下登高镇将王镇兵力竟多达7万。[4]
当然,类似上述两例多达数万外镇兵的例子,终归还只是
少数。

外镇兵以治安防卫为其本职,但也常常承担外出作
战等军事任务,是藩镇军的重要组成部分。如唐景福元年
(892)三月,为镇压寿州刺史江儒反叛,朱温以"下蔡镇使
李立率兵攻濠梁"[5]。后唐明宗初年,义武节度使王都勾结
契丹,阴谋反叛,明宗"遣指挥使郑季璘、龙泉镇将杜弘寿
以二千人迎契丹,为(王)晏球所败"[6]。清泰二年(935)七
月,"螯屋镇将刘赟引军入川界,为蜀将全师郁所败"[7]。说
的都是镇将执行军事征伐的事例。

藩镇以心腹将校和地方土豪为镇将,是唐末以来的

[1]《册府元龟》卷66《帝王部·发号令五》,第743页。

[2]《续资治通鉴长编》卷3,太祖建隆三年十二月,第76页。

[3]《资治通鉴》卷256,唐僖宗光启二年六月,第8338页。

[4]《十国春秋》卷77《吴越一·武肃王世家上》,第1048页。

[5]陈尚君:《旧五代史新辑会证》卷20《马嗣勋传》,复旦大学出版社2005年版,第525页。

[6]《新五代史》卷39《王处直传》,第421页。

[7]《旧五代史》卷47《唐末帝纪中》,第650页。

南汉德陵墓砖石上的纹饰

惯常现象,这也是藩镇得以自擅一方的强有力支柱。镇将也因此而备受节帅器重,并常常因军功或忠诚而被节帅或朝廷提拔。从唐末至五代,出身镇将而至高位者不乏其人。由镇将而至节度使者,如董昌,从于潜镇将升至浙东节度使。[1]再如刘仁恭降晋之初,为寿阳镇将,后出任卢龙军节度使。[2]又如温韬,"少为盗,后事李茂贞,为华原镇将","茂贞以华原县为耀州,以韬为刺史"[3]。不久又被任命为义胜静度使,后梁时改任静胜军节度使。由镇将而至刺史者,如后梁大将氏叔琮,因在讨伐襄阳的战斗中失利,被"降为阳翟镇遏使,寻又捍御晋军于洧水有功,迁曹州刺史"[4]。镇将擢升至节度使或刺史的事实,表明镇将在整个藩镇体系中确有其独特地位,镇将实际上已经成为藩镇专擅自雄必不可少的帮手。

镇将的得势,主要源于外镇兵对藩镇辖区的有效控制,故外镇兵的拱卫与藩屏也是藩镇势力壮大的一大因素。出于遏制藩镇、巩固中央王朝的目的,五代各朝对外镇兵也予以打压,其措施主要表现为对镇将职权的限制。限制镇将职权的一大举措即是调整镇将与县令的班次。史载:开平四年(910)四月,"帝过朝邑,见镇将位在县令上,问左右,或对曰:'宿官秩高。'帝曰:'令长字人也,镇使捕盗耳。且镇将多是邑民,奈何得居父母上,是无礼也。'至是,敕天下镇使,官秩无高卑,位在邑令下"[5]。此次班次的调整,旨在抑制镇将对地方的干预,以保证和落实县令能切实行使地方行政权力。明确镇将职守,严禁镇将越职行事,是限制镇将职权的又一手段。以上引文中已提到镇使的本职即为捕盗,但镇将染指地方狱讼、赋役早已习以为常。针对这种有悖常规的现象,后周广顺三年(953)七月,强调:"其婚田争讼,赋税丁徭,合是令佐之职。其擒奸捕盗,庇护部民,合是军镇警察之职。今后各守职分,专切提撕,如所职疏遣,各行按责,其州府不得差征军将下县。"[6]这就将镇将与县令的职守明确划分开来,镇将的职责被严格限定为捉捕盗贼,至于"婚田争讼,赋税丁徭"等事务,则不允许镇将插手。并且,州府派遣军将下县的行为也在禁止之列。如此一来,藩镇依赖镇将掌控地方的统治方式,显然难以继续推行。北宋初年,"又申禁藩

[1]《旧五代史》卷133《钱镠传》,第1766—1767页。
[2]《新五代史》卷39《刘守光传》,第423页。
[3]《新五代史》卷40《温韬传》,第441页。
[4]《旧五代史》卷19《氏叔琮传》,第255页。
[5]《旧五代史》卷5《梁太祖纪五》,第83页。
[6]《旧五代史》卷113《周太祖纪四》,第1498页。

镇补亲吏为镇将。自此,但以牙校为之,亦有宣补者。"[1]剥夺藩镇以亲信随从为镇将的权利,其意图在于削弱藩镇对地方控制的力度,消除地方势力的离心倾向。由此不难推测,随着镇将职权的单一化,镇将任命的非亲信化,镇将干预地方治理的途径逐渐被斩断,藩镇外镇兵的总体实力也不可避免地呈现出下滑的趋势。至北宋初期,伴随着藩镇专兵体制的瓦解,节度使统兵之权被剥夺殆尽,藩镇辖区内的地方军队名曰"厢军",而厢军的主要任务是服役,基本不再承担征战的军事任务,其实力与禁军相比有天壤之别,已无法构成对中央王朝的威胁,至此,长期困扰中央政府的外镇兵问题终于一去不复返。

泉州三王庙

四　州兵

州兵,指藩镇下辖各州由刺史统领的军队。州兵由唐代团结兵发展而来。其特点是在役为兵、放役为民,具有地著化与民兵化色彩。正如《唐六典》卷5《兵部郎中》所称:"免其征赋,仍许在家常习弓矢,每年差使依时就试。"至代宗大历十二年(777)五月定诸州兵时,团结兵被明确规定为诸州军队的一个组成部分,其数额由中央控制。这一时期的团结兵系"差遣土人,春夏归农,秋冬追集,给身粮、酱菜者",与召募而来、给家口粮和春冬衣且长期服役的官健,并不相同。胡三省即指出:"府兵废,行一切之法团结民兵,谓之'团兵'。"[2]唐代后期,政府根据需要在地方临时召集军队,地方军队中又有"土团"的出现。"团结土人为兵,故谓之土团"[3]。可见,土团军的兵员来自当地,原则上是地方军,其地方色彩较之团结兵更加浓厚。土团之中,为地方豪强所掌握者不在少数。在特定条件下,土团也可脱离乡土外出作战。[4]

在团结兵兴起的过程中,出于主持团结兵组建、训练工作的需要,团结兵所在之地,出现团练使一职。安史之乱后,仅有组建与押领团结兵名号的团练使,逐渐演变为地方军事长官。按照唐代后期制度,团练使多由刺史、观察使兼领。也就是说,以团结兵为主体的地方州兵的实际指挥权,为刺史所掌握。五代十国时期,各地节度使不仅自兼刺史,也往往以其麾下得力干将、心腹元从为管内各

[1] 《续资治通鉴长编》卷18,太宗太平兴国二年正月,第393页。

[2] 《资治通鉴》卷213,唐玄宗开元十五年十二月胡三省注,第6781页。

[3] 《资治通鉴》卷246,唐宣宗会昌元年十月胡三省注,第7956页。

[4] 以上参见张泽咸:《唐五代赋役史草》,中华书局1986年版,第425-429页;张国刚:《唐代团结兵问题辨析》,载《历史研究》1996年第4期。

福州华林寺大殿

州刺史。各州普遍设置的刺史往往由武将担任，如后梁冯行袭、张慎思、李思安、邓季筠、黄文靖、范居实、贺德伦、杨师厚、牛存节等人，均系行伍出身的骁将，又都曾有出任刺史的经历。其后，"刺史皆以军功拜"、"以刺史任武夫"[1]的现象，贯穿于五代各朝。十国之中，升任刺史的将领也大多缘于军功。而藩镇以武将充任刺史，无非是出于统御州兵的需要，并以此确保州兵能遵从藩镇意愿，成为控制各州的有力武器。五代时期的州兵制度尽管沿袭的是唐代后期的团结兵制度，但其时的州兵已与官健并无分别，仍是召募而来，这与初期的团结兵明显不同。

州兵通常驻守于刺史所在之州，有时亦有例外。如西方邺，"同光中为曹州刺史，以州兵屯汴州"[2]。州兵以维护管辖内治安为主要职责，规模有限。如大顺二年（891），青州王师范袭击齐州，"州兵既寡，民意颇摇"[3]。天祐二年（905），牛存节任邢州团练使，"时州兵才及二百人"[4]。可知，州兵数量不是很多。以如此有限的兵力来维护一方安宁，承平之时，或许尚可，一旦地方发生变故，州兵则未必能平息事端。后梁末帝时，"陈州里俗之人，喜习左道，依浮图氏之教，自立一宗，号曰'上乘'"。毋乙、董乙借机蛊惑民众，"揉杂淫秽，宵聚昼散。州县因循，遂致滋蔓"。贞明六年（920）秋，又"南通淮夷"，"朝廷累发州兵讨贼，反为贼所败"[5]。当年十月，末帝令禁军与数郡兵共同围剿，才将这次变乱平息。以此来看，州兵兵力确乎不多。

州兵以保土安民为本职，在州境遭遇外来武装侵略时，肩负抵御外侮的重责。如后晋开运元年（944）二月，"杨光远率兵围冀州，刺史李琼以州兵击之，弃营而遁"[6]。郭璘在开运年间任易州刺史，"契丹攻其郡，璘率厉士众，同其甘苦，敌不能克。复以州兵击贼，数获其利"[7]。正是依赖州兵的捍卫，其境才免遭沦陷。原则上，州兵不离开本乡本土，但在特殊情况下，州兵也奉命外出征讨，配合中央政府的军事行动。后梁开平四年（910）十二月，鉴于湘西辰州蛮、溆州蛮屡次骚扰马楚边境，楚王马殷派昭州刺史吕师周"将衡山兵五千讨之"[8]。此处衡山兵当是昭州州军。天祐十五年（918），杨吴权臣徐温"遣王祺会洪、袁、信三州兵攻虔、韶，久之不克"[9]。南唐保大四年（946），陈觉

1 《新五代史》卷46《郭延鲁传》，第516页。
2 《新五代史》卷25《西方邺传》，第275页。
3 《旧五代史》卷16《张归弁传》，第227页。
4 《旧五代史》卷22《牛存节传》，第300页。
5 《旧五代史》卷10《梁末帝纪下》，第144页。
6 《旧五代史》卷82《晋少帝纪二》，第1087页。
7 《旧五代史》卷95《郭璘传》，第1269页。
8 《资治通鉴》卷267，后梁太祖开平四年十二月，第8733页。
9 《新五代史》卷61《吴世家》，第756页。

"矫命发汀、建、信、抚州兵攻(王)仁达"[1]。不过,州兵也并非绝对俯首帖耳,州兵滋衅、萌乱的事情也时有发生。《新五代史》卷2《梁本纪二》载:开平三年(909)六月,丹州州军哗变,驱逐刺史宋知诲;七月,商州州军叛乱,逐其刺史李稠。可见,"兵骄则逐帅"的习气在州军身上亦有体现。

福州庆城闽王寺

　　尽管州军的组成以土著为主,兵力也不是太多,但其毕竟是藩镇军队的构成部分之一,倘若任其发展,势必有益于藩镇势力的壮大, 州兵自然也就成为中央王朝打击的对象。约束、限制州兵的主要措施,就是将州郡兵中的强壮兵员选送至京师。后唐清泰二年(935)正月,末帝敕令:"选伟壮、长于武艺者,据人数差节级,部送京师。"[2]后周广顺元年(951)五月,"诏诸州于州兵内选勇壮并家属赴京师"[3]。上述诏令都要求各州务必挑选州兵中的骁勇劲卒进入京师。后周世宗在高平之战后,又大规模从藩镇兵中选取壮悍士卒,将其编入中央禁军,其中有一部分兵员即应来自于遍布各地的州兵。抽掉州兵中的壮士,州兵的实力自然大大减弱。至宋初,上述措施相应制度化,所谓"宋惩五代之弊,收天下甲兵数十万,悉萃京师"[4]。

五　乡兵

　　乡兵,顾名思义,即地方乡里的武装。乡兵并非国家正规部队, 是临时强征乡里百姓或募集群盗悍匪而组成的军队,属于民间组织的民兵性质。乡兵,自西魏、北周乃至于隋唐,历代皆有,原为地主统领的地方武装,周、隋之际,开始上番宿卫,成为府兵的组成部分,这一时期的府兵原则上来自于均田制下的受田民众。至唐代后期,乡兵仍以贫苦大众为主体,依靠强征的方式而召集,实际上已经演变为一项沉重的兵役负担。五代十国时期,乡兵仍然极其常见。

　　乡兵,一般由中央政府下令征召。清泰三年(936)十月, 针对石敬瑭在太原起兵,而后唐兵力有所不足的情况,末帝"诏天下括马,又诏民十户出兵一人,器甲自备"[5]。《资治通鉴》卷280记其事为七户出兵一人。[6]这里由征集的"民"而组成的军队,实际上就是乡军。同年,石敬瑭建立后晋,并于次年即天福二年(937)四月下诏:

1 《新五代史》卷62《南唐世家》,第771页。

2 《册府元龟》卷124《帝王部·修武备》,第1493页。

3 《册府元龟》卷124《帝王部·修武备》,第1493页。

4 《宋史》卷194《兵志八·廪禄之制》,第4840页。

5 《旧五代史》卷48《唐末帝纪下》,第665页。

6 《资治通鉴》卷280,后晋高祖天福元年十月,第9152页。

应诸道州府管界,有自伪命抽点乡兵之时,多是集劫结盗,因此畏惧刑章,藏隐山谷,宜令逐处晓谕招携,各令复业。自今年四月五日已前为非者,一切不问,如两月不归业者,复罪如初。[1]

后唐末年因权宜之计所抽点的乡兵之中,盗匪为数甚多,因其畏惧被追究罪责,故啸聚山林,有扰地方,遂有晋高祖令其复业的规定。后晋王朝也有征召乡兵的举动。开运元年(944)三月,"命诸道州府县点集乡兵,率以税户七家共出一卒,兵仗器械共力营之。至五月,敕诸道新点乡兵,宜以武定为名。至三年正月,改武定为天威军"[2]。中央政府召集乡兵的命令下达后,两个月内各地乡兵人数总计竟达7万余人之多。

十国之中,杨吴武义元年(919),"吴禁民间私畜兵器,盗贼益繁。御史台主簿京兆卢枢上言:'今四方分争,宜教民战。且善人畏法禁而奸民弄干戈,是欲偃武,而反招盗也。宜团结民兵,使之习战,自卫乡里。'从之"[3]。由中央政府下令,团结训练百姓,组成地方武装,既可减少盗贼为害地方的现象,又能保卫乡里,确实能收一举两得之效。南唐立国后,政府关于乡兵的组成有较为详细的规定。史载:

初,烈祖有国,凡民产二千以上出一卒,号义军。分籍者又出一卒,号生军;新置产亦出一卒,号新拟军;客户有三丁者出一卒,号拔山军。元宗时,许郡县村社竞渡,每岁重午日,官阅试之,胜者给采帛、银椀,皆藉姓名,至是尽取为卒,号凌波军。募民奴及赘婿,号义勇军。募豪民以私财招聚亡赖亡命,号自在军。[4]

所征发的乡军,"使物力户为之,将校董之"[5]。即乡军由有一定财力的乡村民户担当,并任命将校,负责统率训练。在南唐灭亡之前,为抵御北宋军队的进攻,补充兵源的不足,南唐曾经大规模征召乡兵。史载:"又大蒐境内,自老弱外皆募为卒,号都门军。"[6]南唐乡军中的有些部队后来发展为地方军队,被编入正规军队参加作战。如凌波军,在北宋大军南下时,后主"以(卢)绛为凌波都虞候、沿江都部署,守秦淮水栅,战屡胜"[7]。宋太祖开宝八年(975)

东伎浮雕

[1]《旧五代史》卷76《晋高祖纪二》,第1000页。

[2]《五代会要》卷12《军杂录》,第207页。

[3]《资治通鉴》卷271,后梁均王贞明五年十二月,第8853页。

[4]陆游:《南唐书》卷3《后主纪》,第5491页。

[5]《江南野史》卷3《后主》,第5173页。

[6]陆游:《南唐书》卷3《后主本纪》,第5491页。

[7]陆游:《南唐书》卷14《卢绛传》,第5574页。

九月,"国主寻命凌波都虞候卢绛,自金陵引所部舟师八千,突长围来救"[1]。

割据河东的北汉政权,也曾下令征集乡兵,并将其纳入到抵御后周的军队之中。关于此点,从有关记载中可以得到印证。后周广顺二年(952)二月,"诏先获河东乡军一百余人,各给鞋钱放归乡里"[2]。显德元年(954)三月,世宗在御札中又说:"而河东刘崇幸灾乐祸,安忍阻兵,乘我大丧,犯予边境,勾引蕃寇,抽率乡兵,杀害生灵,觊觎州郡。"[3]可见,北汉乡兵也是以政府名义而召集的。

除中央政府有权征召乡兵之外,地方官府也可自行组织乡兵,唐代后期已然如此。如唐代宗大历年间,张镒为濠州刺史,"得李灵曜反于汴州,镒训练乡兵,严守御之备"[4]。五代时期,藩镇自设乡兵的事情也有出现。幽州节度使刘仁恭"调其境内凡男子年十五已上、七十已下,皆黥其面,文曰'定霸都',得二十万,兵粮自具"[5]。既然自备兵器、粮草,可知刘仁恭组织起来的这支队伍,也是乡兵。隶属于刘仁恭的"定霸都",后被晋王李存勖收编,并且将其纳入河东集团的正规部队之中,升格为正规军。后唐长兴元年(930)五月,"董璋阅集民兵,皆剪发黥面,复于剑门北置永定关,布列烽火"[6]。董璋大肆征集民兵,是为了增加兵力抵抗后唐进攻。后周太祖广顺初年,兖州慕容彦超反叛,"发乡兵入城"[7]。此处所言乡兵,当为慕容彦超私自召集而来。

由乡民自发组织的乡兵,自安史之乱以来,就已极为普遍。五代十国时期,战乱依然连年不绝,出于保卫乡里、免受战祸侵袭的目的,各地大量出现民间所组织的乡兵。如唐末,绵竹土豪何义阳、安仁土豪费师勳,"所在拥兵自保,众或万人,少者千人"[8]。这些土豪所拥有的乡兵,自然是保卫乡土的地方武装,后来都被王建网罗至麾下。后晋末年,契丹大军南下,中原内地民众团结自卫,组成乡社兵。所谓"乡社兵,民兵也。时契丹寇掠,缘河之民,自备兵械,各随其乡,团结为社,以自保卫"[9]。这种乡社兵在反抗契丹的进攻中,曾发挥一定的作用。后晋开运元年(944)四月,"缘河巡检使梁进以乡社兵复取德州"[10],即是一例。后周军队大举进攻南唐时,"专事俘掠,视民如土芥;民皆

福州乌塔

[1]《续资治通鉴长编》卷16,宋太祖开宝八年九月,第345页。

[2]《旧五代史》卷112《周太祖纪三》,第1480页。

[3]《册府元龟》卷118《帝王部·亲征三》,第1413页。

[4]《册府元龟》卷696《牧守部·修武备》,第8302页。

[5]《新五代史》卷39《刘守光传》,第424页。

[6]《资治通鉴》卷277,后唐明宗长兴元年五月,第9042页。

[7]《资治通鉴》卷290,后周太祖广顺二年正月,第9472页。

[8]《资治通鉴》卷257,唐僖宗文德元年六月,第8380页。

[9]《资治通鉴》卷284,后晋齐王开运元年四月胡三省注,第9270页。

[10]《资治通鉴》卷284,后晋齐王开运元年四月,第9270页。

失望，相聚山泽，立堡壁自固，操农器为兵，积纸为甲，时人谓之'白甲军'。周兵讨之，屡为所败，先得唐诸州，多复为唐有"[1]。至北宋进攻时，白甲军仍然存在。所谓"民间又有自相率拒敌，以纸为甲，农器为兵者，号白甲军"[2]。另据《十国春秋》卷27《南唐十三·张雄传》载："周师侵淮南，民自相结为部伍以拒周师，谓之义军，而雄所将最有功，元宗命为义军首领。"以上白甲军和义军都是民间自发组织的乡兵，均以抵抗周军对其乡里的破坏为主要任务。所以，后周显德五年（958）春，南唐献江北14州60县地于后周，世宗"诏淮南诸州乡军，并放归农"[3]。即将乡军遣散，以便于后周对南唐旧境的统治。

综上所述可知，乡兵的主要职责是自卫乡里。后周显德四年（957），中书舍人窦俨在上疏中说道："郑州新郑一县，团结乡社之人，名为'义营'。分立将佐，一户为贼则累其一村，一户被劫则罪其一将。大举鼓声之所，壮丁云集，贼徒至多不过一二十数，义营所聚动及百人，贼人奔逃，无有免者。"[4]这里所说的"义营"，其实也就是以保卫乡里为职责的乡兵，其所主要针对的是为害地方的盗贼。但是，由于战事需要，兵员不足，乡兵被列为作战部队的情况也极为常见，有些乡兵甚至因此而被编入正规部队。而将乡兵作为战斗部队的例子，除前面提到的一些外，还可再补充数例。如唐末，"曹师雄寇二浙，杭州募诸县乡兵各千人以讨之，（董）昌与钱塘刘孟安、阮结、富阳闻人宇、盐官徐及、新城杜陵、余杭凌文举、临平曹信各为之都将，号杭州八都，昌为之长"[5]。八都兵的组建实际是缘于抵抗外来侵略的需要，其性质仍然是乡军，不过是以召募为名罢了。前蜀灭亡之后，东川节度使董璋与西川节度使孟知祥联合"点聚乡兵"[6]，攻逼利、阆、遂诸州，对抗后唐。后汉隐帝乾祐二年（949）八月，湖南马希萼"悉调朗州丁壮为乡兵，造号静江军，作战舰七百艘，将攻潭州"[7]。名为静江军的乡兵，应当是马希萼进攻潭州较为倚重的队伍之一。后周世宗进攻淮南时，南唐将领郭廷谓"籍乡兵万余，泊卒五千，日夕训练"[8]。郭廷谓麾下的乡兵数量竟然超过正卒，而训练乡兵的目的，显然是有意将其作为抵御后周军队的一股力量。宋太祖乾德元年（964），宋师入湖南，节度使

闽刘华墓中亚孔雀蓝瓶

[1]《资治通鉴》卷293，后周世宗显德三年七月，第9558页。
[2] 陆游：《南唐书》卷3《后主本纪》，第5491页。
[3]《旧五代史》卷118《周世宗纪五》，第1576页。
[4]《册府元龟》卷476《台省部·奏议七》，第5689页。
[5]《资治通鉴》卷253，唐僖宗乾符五年十二月，第8210页。
[6]《册府元龟》卷123《帝王部·征讨三》，第1476页。
[7]《资治通鉴》卷288，后汉隐帝乾祐二年八月，第9413页。
[8]《十国春秋》卷30《南唐十六·郭廷谓传》，第428页。

周保权准备迎降,潭州判官江礼"独率乡兵三千人拒慕容延钊于湘阴,力战而死"[1]。江礼抗击北宋军队的部队也是乡兵。在收复湖南之后,太祖下诏:"放潭、邵州乡兵数千人归农。"[2]其中应该就有江礼所统率的乡军。

闽刘华墓陶俑群

　　然而,乡兵毕竟是依靠团结民众的方式而组成的军队,其兵源主要来自于不娴战事、缺乏训练的普通民众,故作战能力一般不是太强。如前引后晋开运元年(944)所征集的乡兵,"教习岁余,村民不闲军旅,竟不可用。悉罢之,但令七户输钱十千,其铠仗悉输官"[3]。胡三省也说:"异时契丹入汴,武定军曷能向北发一矢乎!"[4]再如南唐所置用于抵御宋朝军队的都门军、白甲军,"皆使捍御,然实皆不可用,奔溃相踵"[5]。可见,乡兵难于达到正规战争的要求,不大可能取代正规军在战场中的地位。不过,乡兵也并非完全不堪一击,如前面所提到的后晋开运年间的乡社兵、南唐抵抗后周时的白甲兵,都体现出了一定的战斗力,故而能"复取德州"、屡败周师。

　　乡兵是依托乡里民众而组成的地方性武装,一般不离开乡土。由地方官府和民众自发组织起来的乡兵,统率权归属于本地区军政长官。即便是中央政府下令征集百姓而组编的乡军,通常也是隶属于诸道藩镇州府,成为地方军的构成部分之一,而不是直属于中央政府。因此,乡兵实际上仍是藩镇兵的组成部分,只不过这种军队是民兵,而并非藩镇麾下的正规军。

　　关于乡兵的性质,《宋史》卷190《兵志四》云:"乡兵者,选自户籍,或土民应募,在所团给训练,以为防守之兵也。"五代十国时期的乡兵基本如此。从前述后晋征召乡兵的情况来看,其兵员来自于两税户,实行七户出一卒的征点办法,兵仗器械均系自备,这与通过召募而来、作为国家正规部队的官健,有着很大差别,故而乡军其实就是民兵,是正规军的后备兵源。

　　乡兵与团结兵也有区别。关于团结兵的问题,《唐六典》卷5《兵部郎中》有如下记载:

　　　凡关内团结兵,京兆府六千三百二十七人,同州六千七百三十六人,华州五千二百二十三人,蒲州二千七百三十五人。选户殷丁赡,身材强壮者充之,免

[1] 《十国春秋》卷75《楚九·江礼传》,第1033页。
[2] 《续资治通鉴长编》卷4,太祖乾德元年十月,第107页。
[3] 《资治通鉴》卷286,后汉高祖天福十二年十二月,第9342页。
[4] 《资治通鉴》卷284,后晋齐王开运元年四月,第9272页。
[5] 陆游:《南唐书》卷3《后主纪》,第5491页。

其征赋,仍许在家常习弓矢,每年差使依时就试。

可见唐朝团结兵有一定兵员,充任者为殷户壮丁,豁免征赋。至唐代后期,团结兵与团练兵已趋同一,往往被计算至州兵定额之内,也有为应付非常事件而临时组建者。团结兵在服役期间可以获得身粮酱菜,属于地方军队中的常设部队之一。而乡兵的主要职责是自卫乡里,多寡并无定数,衣粮器械均需自备,属于民间武装性质的民兵。曾有论者指出:"团结具有国家征兵(长期的、临时和预备役的)的特点,乡兵则具有民间组织的民间性质。"[1]五代十国时期的乡兵与团结兵,同样存在这种区别。

第三节　军事编制及指挥系统

五代十国时期,战争频繁,军队众多,其军事编制及指挥系统带有明显的时代特点,不同于此前各朝,有些内容则直接为宋代兵制所继承,是唐宋兵制转轨中值得重视的问题之一。

一　军事编制

五代十国时期的军事编制,无论是禁军还是地方军,都分为较多层级。但由于其时政权林立,各政权之间军事编制不尽相同,加之史籍中缺乏详细明确的记载,难以一一厘清其头绪。相比较而言,五代禁军的编制经过各朝的发展,至后周时期已经相对明晰,故下面仅以五代禁军为核心,对其时的军事编制稍加介绍。

《宋史》卷195《兵志九·阵法》载:"百人为都,五都为营,五营为军,十军为厢。"营又称为指挥,"凡五百人为一指挥,其别有五都,都一百人,统以一营居之"[2]。以上尽管说的是宋代禁军的编制情况,但宋代禁军与后周时期的禁军有着一脉相承的关系,所以,大体就是后周禁军编制的真实写照。据此来看,禁军自上而下有厢、军、营、都等基本层级。而在都之下,实际上还存在"队"、"伍"的基础编制单位。也就是说,五代时期的禁军,包括六军、侍卫亲军和殿前军,虽然都是由若干军队所组成,每军兵员多少

闽刘华墓陶俑

[1] 张国刚:《唐代团结兵问题辨析》,载《历史研究》1996年第4期。
[2] [宋]曾公亮等:《武经总要·前集》卷2《制度二·日阅法》,景印文渊阁四库全书本(第726册),第259页。

不等,规模大小不一,但是都分为左、右厢,每厢管辖若干军,每军下辖若干指挥(营),指挥(营)之下设有都,都下有队(将),队下有伍。这是禁军组织系统的基本形式。

　　厢,是禁军中的一级编制,其长官为都指挥使、都虞候。厢用于军事编制,意为左、右翼。唐初李靖兵法说:"诸大将出征,且约授兵二万人,即分为七军","中军四千人","左、右虞候各一军,每军各二千八百人","左右厢各二军,军各二千六百人"[1]。由此可以说明,至迟在唐初,作为军事编制的厢就已出现。其后,左、右厢逐渐成为军队中固定的编制,仍然具有左、右翼的含意。如唐至德二年(757),肃宗"择便骑射者置衙前射生手千人,亦曰:'供奉射生官',又曰:'殿前射生',分左、右厢"[2]。这是将厢的编制用于禁军的记载。五代禁军承袭了唐代的这一传统,各朝均以厢为禁军的一级编制。如后梁时,陆思铎"累官至检校司徒、拱辰[宸]左厢都指挥使"[3]。后唐天成元年(926)五月,明宗"以左右厢突阵指挥使康义诚为汾州刺史,以左右厢马军都指挥使索自通为忻州刺史"[4]。后晋天福三年(938)十一月,昭义军节度使侯益兼任奉国左右厢都指挥使[5]。后汉隐帝乾祐年间,郭崇曾任护圣左厢都指挥使,曹英曾任奉国左厢都指挥使。[6]后周太祖时,史彦超"以功迁龙捷右厢都指挥使"[7]。周世宗在取得高平大捷后,嘉奖有功将领,任命韩令坤、赵弘殷分别为龙捷左、右厢都指挥使,慕容延钊、赵晁分别为虎捷左、右厢都指挥使。北宋开国大将石守信,在后周时也曾担任铁骑、控鹤四厢都指挥使。

　　诸军之中,左、右两厢虽然并立,且均以都指挥使一员为统兵之官,即"厢主",但左厢都指挥使地位一般高于右厢都指挥使。

　　每厢之下,通常辖有十军,即"十军为厢"。如果按照500人为一指挥,五指挥为一军,十军为一厢的编制原则,则每厢所统兵员应为25 000人。然而,由于各支军队的兵力往往众寡不一,上述标准很难落到实处。如后梁组建神捷军之初,仅有500人,明显未达到额定的2 500人的规模,那么,其所隶属的厢统帅的实际兵员也就不可能有

闽刘华墓陶俑

[1]《通典》卷148《兵一·立军》引《卫公李靖兵法》,第3792-3793页。

[2]《新唐书》卷50《兵志》,第1331页。

[3]《旧五代史》卷90《陆思铎传》,第1189页。

[4]《旧五代史》卷36《唐明宗纪二》,第498页。

[5]《旧五代史》卷77《晋高祖纪三》,第1022页。

[6]《旧五代史》卷103《汉隐帝纪下》,第1375页。

[7]《新五代史》卷33《史彦超传》,第364页。

25 000人的规模。厢级编制所辖兵员不足的情况,在后唐时期仍然可以看到。据《册府元龟》卷508《邦计部·俸禄四》载:长兴二年(931)七月,捧圣、严卫、羽林以下各厢都指挥使,"管禁兵五千人"。即厢下仅有5 000名士卒,而这应当就是隶属各军人数太少所导致的必然结果。因此,兵力强弱不同的客观事实,往往会导致厢级编制单位所统兵员的不足。当然,这是五代初期的情况,随着其后各朝对军队整顿力度的加大和深入,各军兵力逐渐以固定标准而组建,军事编制中人数上的差别渐致消失。

军,是禁军中的二级编制,隶属于厢,其统兵官为都指挥使和都虞候,军的都指挥使又称为"军主"。五代各朝禁军中的军级编制,极其常见。如后梁时,王思同"以功迁神武十军都指挥使"[1];王晏球曾为"龙骧四军都指挥使"[2]。后唐明宗整编羽林军时,置四十指挥,每十指挥立为一军,共计四军。这都表明禁军中军级编制的存在。

军的兵员以2 500人为定额,下设五营。如同厢的兵力很难以确定标准而组建一样,军的兵员也往往存在难于整齐划一的现象。如上文所引长兴二年(931)七月的记载中,显示每厢只有5 000名士兵,以下辖十军的规模推算,则每军平均拥有500名士兵,仅仅相当于一营(指挥)的额定人数。可见,军的兵员在很长一段时间内,也无法遵照统一尺度来确定。加之,这一时期的各支军队往往以"都"、"军"为其名号,禁军与地方军中都是如此,而地方以"军"为名的军队,其军级编制所统领的具体人数更是千差万别,致使军下兵员的具体数字极为混乱。如后梁神捷军开始时仅有500兵员,依旧立为一军。天雄军节度使杨师厚所置银枪效节军,由起初的2 000人发展至后来的8 000余人,其兵员数目前后相差如此悬殊,却仍然还是以一军为建制。再如后周显德四年(957),世宗将南唐降军改编为怀德军,置三十指挥,"分为六军"[3]。这次改编降军,以六军分统三十指挥。由此可见,军的建制及其所辖兵员的具体数目具有很大的随意性,并非严格恪守既定编制标准。

指挥,是禁军中的三级编制,至宋代普遍称为营。指挥是最为常见和最基本的编制单位,长官称为指挥使。营

闽刘华墓男俑

[1]《新五代史》卷33《王思同传》,第359页。
[2]《旧五代史》卷64《王晏球传》,第853页。
[3]《五代会要》卷12《京城诸军》,第206页。

的编制在五代十国时期已经出现。如"郭崇韬以蜀骑兵分左、右骁卫等六营,凡三千人;步兵分左右宁远等二十营,凡二万四千人"[1],就是例证。前者骑兵六营共计有3 000名士兵,则每营有兵500人,恰好与"百人为都,五都为营"的记载相合;后者步兵二十营有24 000人,每营兵士1 200人,大大超过前者每营所管辖的人数。据此可知,营的具体人数,会因兵种的不同而有所差异。一般说来,五代时期的指挥以500人为建制,这在史料中有明确反映。如后梁开平二年(908)十月,"以左天武军夹马指挥使尹皓为辉州刺史……以尹皓部下五百人为神捷军"。不久,梁太祖"御球场殿,宣夹马都指挥使尹皓、韩璘以下将士五百人,赐酒食"[2]。韩璘时任神捷军指挥使,这批被赐以酒食的将士刚好也是500人, 可能也就是原来隶属于尹皓的部下。又如后梁贞明元年(915),魏博银枪效节军萌乱,效节军校张彦囚节度使贺德伦,在面谒晋王李存勖时,"以银枪效节五百人从,皆被甲持兵以自卫"[3]。跟随张彦的兵士整整就是500人,如果这批军士来自于同一个编制单位,那么这级编制就只能是指挥。后唐清泰三年(936)七月,"彰圣指挥使张万迪以部下五百骑叛入太原"[4]。任彰圣指挥使的张万迪麾下兵员正好也是500人。这就表明,指挥(营)的标准编制为500人。不过,指挥(营)的编制人数也并非整齐一致,一指挥的兵员不足500人的情况,在史籍中也有反映。如后唐天成二年(927),明宗下令诛杀"卢台乱军龙晊所部邺都奉节等九指挥三千五百人"[5]。则九指挥下辖3 500人, 每指挥的兵力显然未能达到500人的标准建制。

在军事编制中,指挥的规模相对适中,各朝通常以"指挥"为用兵单位执行各种任务。后梁乾化二年(912)二月,梁太祖出巡北境,"内衙十将使以十指挥兵士至于行在"[6]。十指挥兵士的职责应当就是护驾。汴、晋争衡之际,张廷蕴因作战勇敢,屡立军功,被晋王李存勖授以"帐前黄甲十二指挥步军都虞候、魏博三城巡检使"。所谓"帐前黄甲十二指挥",即指挥一级的军事编制,也就是帐前黄甲军的第十二指挥。后晋天福六年(941)十二月,高祖出兵讨伐安重荣,"遣(护)圣、奉国、宗顺、兴国、威顺等马步

诸菩萨众壁画

[1]《资治通鉴》卷275,后唐明宗天成元年八月,第8991页。

[2]《旧五代史》卷4《梁太祖纪四》,第65页。

[3]《旧五代史》卷28《唐庄宗纪二》,第385页。

[4]《旧五代史》卷48《唐末帝纪下》,第663页。

[5]《旧五代史》卷38《唐明宗纪四》,第522页。

[6]《旧五代史》卷7《梁太祖纪七》,第105页。

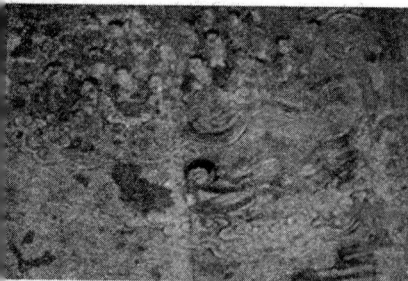

须弥山化菩萨众壁画

军三十九指挥击之"[1]。开运二年（945），契丹围攻祁州，末帝"宣差皇甫遇领马步军兵士二十九指挥、天威兵士二千一百八十人进发"[2]。以上记载说明，"指挥"是用兵时最为常见的一种军事编制单位。另外，以500兵士作为战斗集体的记载，在五代时也有所见，这仍可视为是以一指挥参战的事例。如后梁贞明元年（915），魏博哗变，末帝遣大将王彦章"领龙骧五百骑先入于魏州"[3]。此处龙骧五百骑应该就是龙骧一指挥所统辖的全部兵员。

都，是禁军中的四级编制，一都统兵100人，即"百人为都"。实际上，自唐末以迄五代，一些特种专业部队和藩镇亲军往往以"都"为军号。前者如南汉刘铢，"于海门镇募兵能采珠者二千人，号'媚川都'"[4]。吴越在苏州置"营田军四都，共七八千人，专为田事，导河筑堤以减水患"[5]。后者如汴帅朱温有落雁都、厅子都、拔山都等，河东李克用父子有铁林都、横冲都、帐前银枪都等。除作为军号使用外，"都"也普遍被用作军事编制单位。如唐末昭宗讨伐李茂贞时，"覃王率扈驾军五十四都战于盩厔，唐军败溃，茂贞遂犯京师，屯于三桥"[6]。五代时期，依然如此。

都的长官称为都头、都将。后唐清泰三年（936）七月，范延光奏："获张令昭同恶捧圣指挥使米全以下诸指挥使都头凡十三人，并磔于府门。"[7]都头即为都级编制的统帅，其地位也较军级编制的指挥使、副指挥使低。

在都之下，还有队、伍的设置。其中，伍是军队中最基层的编制单位，每伍有兵5人，伍设伍长。如张廷蕴，"始隶宣武军为伍长"[8]。氏叔琮，"为梁骑兵伍长"[9]。这都是唐末的例子，至后梁建国后，禁军中设置伍长的记录，已不复可见，大概是使用较少的缘故。

相对而言，队的设置要普遍得多。队有队长，如刘鄩，"少负壮节，梁祖镇汴州，鄩求自试，补队长。从梁祖征伐，所至有功，迁为牙将"[10]。五代各朝，仍然有队一级编制。如后梁时，康延孝"自队长积劳至部校"[11]。队一级的编制约为20人。[12]相关材料可以证明此点。后梁开平三年（909）五月，同州节度使刘知俊弃梁奔岐；六月，其弟刘知浣在潼关战役中被擒。后梁太祖为表彰立功的龙虎军十将张温等人，敕曰："但昨捉获刘知浣是张温等二十二人，一时向

[1]《册府元龟》卷123《帝王部·征讨三》，第1478页。

[2]《册府元龟》卷118《帝王部·亲征三》，第1410页。

[3]《旧五代史》卷8《梁末帝纪上》，第121页。

[4]《续资治通鉴长编》卷13，太祖开宝五年五月，第283页。

[5]《范文正公政府奏议》卷上《治体·答手诏条陈十事》，见《范文正公集》，页10-1。

[6]《新五代史》卷40《李茂贞传》，第430页。

[7]《旧五代史》卷48《唐末帝纪下》，第663页。

[8]《旧五代史》卷94《张廷蕴传》，第1246页。

[9]《新五代史》卷43《氏叔琮传》，第467页。

[10]《旧五代史》卷64《刘鄩传》，第858页。

[11]《旧五代史》卷74《康延孝传》，第967页。

[12]参见《五代十国制度研究》，第450页。

前,共立功效。其赏钱一千贯文数内,一百贯文与最先打倒刘知浣衙官李调,四十三贯文与十将张温,二十人各与钱四十二贯八百五十文。"[1]实际上,十将张温所统领的为21人,应该就是一队兵士。照此推算,则五队为一都,这也正好符合中国古代军事编制以五进位的特点。

二　军事指挥系统

五代十国的军事指挥系统,因军种的不同而有若干差异;各政权分立状况的客观存在,又导致彼此间的军事指挥系统有着明显的不一致。这里仅就中原王朝禁军的有关情况稍作说明,至于十国的有关内容,可参见相关成果的介绍[2]。

五代各朝的禁军指挥系统,分为六军、侍卫亲军和殿前军三个系统。在整个军事系统中,五代帝王都是王朝军队、包括整个禁军的最高军事统帅,有权指挥、调遣王国之内的任何一支军队,也有权任命、罢免各级统军将领。一些帝王,如后唐庄宗、后周世宗,更是常常御驾亲征,身临战阵指挥作战,最高统帅的地位无人可比。而在禁军制度不断完善的过程中,五代皇帝往往通过枢密院商定军事策略,以六军、侍卫亲军、殿前军的各级将帅逐级管理禁军各部,其军事大权仍总于皇帝一人之手。而上述禁军中的三个系统,在王朝军队中有着举足轻重的地位,其军事指挥系统也相对严密。

首先来看六军指挥系统。六军的战斗力在五代时期经历了持续下滑的过程,其地位渐被后来崛起的侍卫亲军所取代,将职也逐步转化为武官的荣誉称号,至后期,六军可谓名存实亡。但六军在五代时期常设不废,仍然是不争事实。六军之中的各军都设统军作为军职,这种设置始见于唐德宗兴元元年(784)正月,史称:"六军各置统军,秩从三品,以宠勋臣。"[3]五代时期的六军系统,仍以每军各置统军一人为领兵将领。

六军设立统军一职的措施与五代相始终。所谓"当是时,天子自有六军诸卫之职,六军有统军,诸卫有将军,而以大臣宗室一人判六军诸卫事,此朝廷大将天子国兵之旧制也"[4]。且在六军统军之上,尚有"判六军诸卫事"一职,

吴越七子青瓷盒

1《旧五代史》卷4《梁太祖纪四》,第69页。

2 《五代十国制度研究》,第439–505页。

3《资治通鉴》卷229,唐德宗兴元元年正月,第7299页。

4《新五代史》卷27《康义诚传》,第298页。

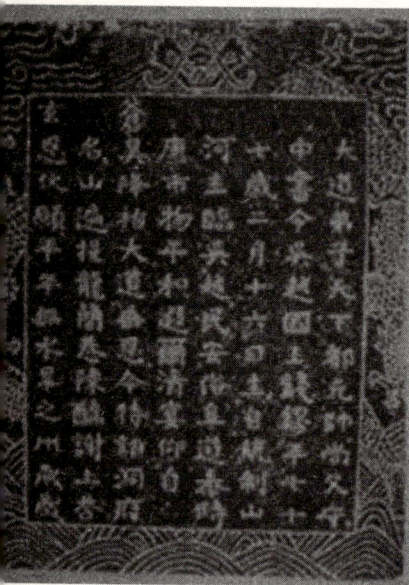

钱镠玉版愿文之一

此为总管六军的最高统帅，其下又设六军诸卫副使为其副贰。此外，在判六军诸卫事之下，还曾设立六军马步都指挥使和六军马步都虞候的职位。后晋高祖时期，自杨光远之后，判六军诸卫事一职不再授人，其后也不见有获此封赠者。之所以如此，恐怕仍然与六军实力的减弱有关，六军除遭受侍卫亲军的冲击外，日渐崛起的殿前军也一定程度上加速了六军地位降低的趋势。

再来看侍卫亲军指挥系统。五代时期的侍卫亲军脱胎于藩镇亲军，并迅速成为禁军中的骨干，是五代各朝至为倚重的核心军事力量之一，这是禁军制度发展至五代时的一大变化。至后晋，作为侍卫亲军统领机构的侍卫司开始设立，侍卫亲军制度已臻完善。侍卫司下设侍卫亲军都指挥使、副都指挥使、都虞候各一人，是为侍卫亲军的三个最高军职。在此之下，又有指挥使、都头、军使、十将、副将、队长、长行等若干军职。

侍卫亲军都指挥使，即侍卫亲军马步军都指挥使。都指挥使一职泛见于中央禁军和地方武装。而侍卫亲军都指挥使则是侍卫亲军的最高统帅，其副贰称为侍卫亲军副都指挥使、侍卫亲军都虞候。通过刘知远的任职履历，可以清晰地看出三者之间的关系。史载："天福元年，晋国建，授侍卫马军都指挥使、权点检随驾六军诸卫使，寻改陕州节度使，充侍卫马步军都虞候。二年八月，改许州节度使。三年十月，授侍卫马步军都指挥使。"[1]在不到两年的时间内，刘知远自侍卫马军都指挥使，升至侍卫马步军都虞候，再迁至侍卫马步军都指挥使，成为侍卫亲军的最高军事长官。

侍卫亲军中都指挥使的设置共分为五个层次，侍卫亲军都指挥使是最高一个层次，其下还有侍卫亲军马、步军都指挥使，侍卫亲军下辖诸军之都指挥使与都虞候、诸厢之都指挥使与都虞候、军都指挥使与都虞候等四个层次。[2]

指挥使之下，常见的军职是都头、军使。除此之外，还有十将、副将、队长、长行等武官。后晋天福二年（937）二月敕："在京及诸道马步诸军，若长行违犯，便委副将据罪处理。如副将、十将违犯，即委本指挥使科断。指挥有罪，

---

[1] 《册府元龟》卷8《帝王部·创业四》，第91页。
[2] 《五代十国制度研究》，第435-438页。

若不出军,即委都指挥使具录申奏;若行营在外,即委行营统领依军法施行。"[1]这是就军法的执行程序作出的规定,但也反映出所提到的军将间的职级关系。不难看出,长行、副将、十将都是低级武官,在整个军事指挥系统中居于下级。这里就不再一一介绍了。

最后来看殿前军指挥系统。后周世宗的整军,使殿前司系统得以成立,并最终促成了禁军中侍卫司与殿前司并立的格局。殿前军指挥系统中的最高两个军职为殿前都点检、副都点检,其下又有殿前都指挥使、副都指挥使、都虞候等职;再往下,其军职的设置与侍卫亲军相仿,无须多论。史籍中所能见到的担任殿前副都点检、殿前副都指挥使者只有慕容延钊。后周世宗平定淮南,慕容延钊"迁殿前副都指挥使、领淮南节度"[2]。恭帝显德六年(959)七月,"以淮南节度使兼殿前副都点检、检校太保慕容延钊为澶州节度使、检校太傅,依前殿前副都点检"[3]。殿前司系统中的都指挥使设置同样也分为四个层次,即殿前都指挥使、诸军都指挥使、左右厢都指挥使、厢所辖军一级编制的都指挥使。

禁军军事指挥系统中若干军职,在藩镇军队指挥系统中也有设置,其职级构成大体与禁军类似。如都指挥使与指挥使,均是藩镇军队指挥系统中的常设军职。其中,都指挥使更是藩镇军队的最高军职,直接听命于节帅。依据藩镇军队的组建体系,节度使往往以马步军都指挥使和牙内都指挥使总管各军,而尤以前者权任为最重,仅次于节帅。如贞明三年(917)正月,"以前天平军马步军都指挥使、检校太保朱劼为怀州刺史"。次年七月,"以镇国军节度押衙、充本道马步军都指挥使江可复为衍州刺史"。[4]这就是说马步军都指挥使的地位与刺史相当。牙内都指挥使权任较马步军都指挥稍轻,但由于手握牙兵,其地位亦不容小视。如"天雄节度使罗周翰幼弱,军府事皆决于牙内都指挥使潘晏"[5],即是一例。指挥使也是藩镇军中的常见军职之一。如后晋天福元年(936)十二月,"曹州指挥使石重立杀其刺史郑玩"[6]。

在五代军事指挥系统中,还曾设立天下兵马大元帅和蕃汉总管两个高级军职。天下兵马大元帅始设于后唐

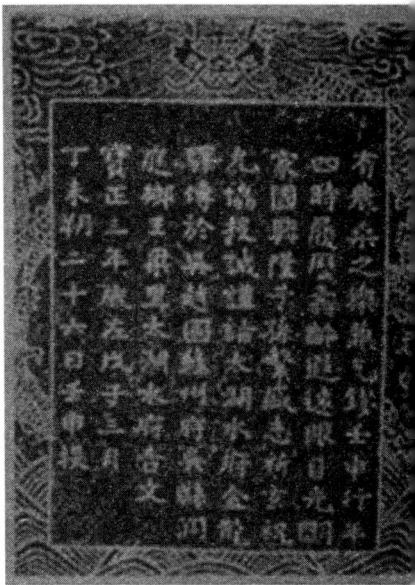

钱镠玉版愿文之二

[1]《五代会要》卷12《军杂录》,第207页。

[2]《宋史》卷251《慕容延钊传》,第8834页。

[3]《旧五代史》卷120《周恭帝纪》,第1593页。

[4]《旧五代史》卷9《梁末帝纪中》,第129、133页。

[5]《资治通鉴》卷268,后梁太祖乾化二年七月,第8760页。

[6]《新五代史》卷8《晋高祖本纪》,第80页。

明宗时，首任此职者为嗣源爱子李从荣。长兴四年（933）八月，"秦王从荣以本官充天下兵马大元帅"[1]。次月，又"诏天下兵马大元帅、秦王从荣班宜在宰臣之上"[2]。明宗之所以设立此职，并将国家最高武官的职务授予亲子，其目的不外乎是借此以牢固掌握兵权。但李从荣最终兵败被杀，明宗的初衷和苦心亦付诸东流。自此之后一直至五代灭亡，天下兵马大元帅一职不复设置。蕃汉总管的职务在后唐建国前即已出现，其时有蕃汉总管和蕃汉总管副使等职，担任此职者有李存审和李嗣源。后唐立国后，此职仍然保留；明宗时期，除以石敬瑭为北面蕃汉总管统率太原一带的蕃汉诸军外，便不再以此职授人。其实，蕃汉总管一职的设立，缘于河东军人集团军队的地著化色彩，即在河东军队中，既有由少数族人所组成的蕃军，亦有汉人军队，两者杂糅在一起，就形成蕃军和汉军的结合体。在代北集团入主中原前，河东军队仍以蕃军为主体；消灭后梁后，因收编大量前朝军队，汉军在军队中的比重大大增加。尤为重要的是，后梁的侍卫亲军也被整合进来，在此基础上，以原有河东军队中的蕃汉军与整编后的后梁侍卫亲军为骨干，构成后唐初期的侍卫亲军。而为统驭这支由蕃军和汉军组合而成的侍卫亲军，军队的最高统帅相应被称为蕃汉总管，这是后唐立国初期侍卫亲军的一大特色。

李璟陵出土的持棒男俑

第四节　兵员的征集

唐代中叶以降，以义务兵役制为特色的府兵制难以为继，取而代之的是以职业雇佣兵制为特点的募兵制，依靠召募的方式筹集兵员，是召集士伍的主要手段，但强制征兵的措施并未就此止步。从理论上来说，募兵制是在自愿的原则下，由国家雇募人手充当士兵，并提供衣粮、作战所需武器装备等。士兵一经入籍，即长年为兵，直至年老复员，成为职业雇佣兵。但是，募兵制的自愿投募原则往往很难付诸实施，采取强制手段驱民为兵、抓夫入伍，又是募兵制时代补充兵员最为常见的辅助方式，所以，兵

[1]《旧五代史》卷44《唐明宗纪十》，第606页。
[2]《旧五代史》卷44《唐明宗纪十》，第607页。

役并未因募兵制的兴起而绝迹。五代十国时期，干戈不休，战无宁日，对兵员的补充和搜集极为频繁，故南北各政权除以募兵征集兵员之外，还都留下了大量强行征兵的记录，兵役仍旧是民户无法逃脱的沉重负担之一。五代十国兵员的征集方式，主要有募兵制和征兵制两种，这与唐末以来的情况并无不同。不过，五代十国的募兵制也有所发展，呈现出新的内容，如重视禁军入选者的体格、招刺法等，这在宋代兵制中均有所保留和发展。

王建墓浮雕舞伎

一　募兵制

五代十国的募兵制，上承李唐中后期募兵制。唐代募兵制的特点主要表现为募须资财、募有条件、募系自愿、募无地区限制等方面；[1]其制度设置框架则是自愿应募、兵士家属随军、身粮酱菜、诸种赏赐、拣放与优恤等。[2]募兵制的上述内容，在五代十国时期仍然有所体现。

募兵制采用召募的方式集结兵员，所谓召募，即政府号召人们自愿从军。以召募的方式而补充兵员的记载，在史籍中随处可见。如马殷，"少为木工，及蔡贼秦宗权作乱，始应募从军"[3]。唐僖宗中和末年，氏叔琮"应募为骑军，初隶于庞师古为伍长。叔琮壮勇沈毅，胆力过人"[4]。后梁时，华温琪"闻濮州刺史朱裕募士为兵，乃往依之"[5]。

在募兵制下入营为兵者，尚须具备一定的条件，材力超群、勇敢善斗之人往往成为募主的首选。如杨行密，"为人长大有力，能手举百斤"。"后应募为州兵，戍朔方，迁队长"[6]。孙彦韬，"少以勇力应募从军。梁祖之兼领四镇，擢彦韬于行间，历诸军偏校"[7]。常思，在晋王李存勖"广募胜兵"之时，"以矫悍应募，累从戎役，后为长直都校，历捧圣军使"[8]。王清，"少以勇力端厚称于乡里。后唐明宗领行台，置步直军，清预其募，渐升为小校"[9]。郭威，在梁、晋易代之际，恰逢"潞州留后李继韬募勇敢士为军卒，威年十八，以勇力应募"[10]。赵凤，"凶豪多力，以杀人暴掠为事，吏不能禁。安重荣镇常山，招取叛亡，凤乃应募"[11]。上述诸人，能在召募时顺利进入军营，与自身身体素质的出众、身手的矫捷有着必然的联系。至后周世宗时期，为加强禁军的战斗力，形成禁军对地方军的绝对优势，勇猛、强悍被确定

[1] 参见杨鸿年：《唐募兵制度》，载《中国史研究》1985年第3期。

[2] 参见方积六：《关于唐代募兵制度的探讨》，载《中国史研究》1988年第3期。

[3] 《旧五代史》卷133《马殷传》，第1756页。

[4] 《旧五代史》卷19《氏叔琮传》，第255页。

[5] 《新五代史》卷47《华温琪传》，第519页。

[6] 《新五代史》卷61《吴世家》，第747页。

[7] 《旧五代史》卷94《孙彦韬传》，第1254页。

[8] 《旧五代史》卷129《常思传》，第1697页。

[9] 《旧五代史》卷95《王清传》，第1261页。

[10] 《新五代史》卷11《周本纪》，第109页。

[11] 《旧五代史》卷129《赵凤传》，第1704页。

为应募者入选禁卫必须具备的前提条件。显德元年(954)二月,"诏诸道募山林亡命之徒有勇力者,送于阙下,仍目之为强人。帝以矫捷勇猛之士,多出群盗中,故令所在招纳,有应命者,即贷其罪,以禁卫处之"。此举虽然确实有利于充实、壮大禁军的实力,但问题也随之而至,所谓"至有朝行杀夺,暮升军籍,仇人遇之,不敢仰视"[1]。对此,世宗采取了一定的惩罚措施,一定程度上扭转了新入选禁军者挟仇报复他人的风气。值得注意的是,世宗强调禁军入选者必须具备强壮体格的做法,被赵宋王朝所承袭,要求也更加严格。测试合格,应募者方能入选禁卫。应募者正式隶入军籍前,刺字也是必经环节。

招刺之法始于唐末五代时期。唐末,兖州节度使朱瑾,"募骁勇数百人,点双雁于其颊,立为'雁子都'"[2]。此风一开,踵者相继,各地节帅纷纷效仿。"梁祖闻之,亦选数百人,别为一军,号为'落雁都'。署(朱)汉宾为军使,当时目为'朱落雁'"[3]。据此可知,落雁都的军士亦被文面。关于健儿文面的源起,也有不同说法。史载:"(梁)太祖之用兵也,法令严峻。每战,逐队主帅或有没而不返者,其余皆斩之,谓之拔队斩。自是战无不胜,然健儿且多窜匿州郡,疲于追捕,因下令文面。健儿文面,自此始也。"[4]《资治通鉴》卷266也有类似记载:"初,帝在藩镇,用法严,将校有战没者,所部兵悉斩之,谓之跋队斩,士卒失主将者,多亡逸不敢归。帝乃命凡军士皆文其面以记军号。军士或思乡里逃去,关津辄执之送所属,无不死者,其乡里亦不敢容。"[5]据此,文面之举似应始于朱温。但前引记载中提到的朱瑾文面之举明显早于朱温,后者只不过是对前者的效法而已,所以,朱瑾实为招刺之法的始作俑者。但朱瑾文面究竟出于什么目的,史料中并未明确揭示,而朱温部队中的健儿文面之举,则是出于从严治军的需要,其目的在于防止军士擅自脱离军籍,以此确保军队的稳定。健儿文面的措施也见诸其他藩镇,如幽州节度使刘仁恭援救沧州,屡吃败仗,遂于境内大规模征兵,军士"文其面曰'定霸都',士人则文其腕或臂曰'一心事主',于是境内士民,稚孺之外无不文者"[6]。刘仁恭文面的范围已不单单是士兵,已经扩大到境内普通百姓和士人,惟小孩除外。其后,健儿文面渐

王建墓浮雕舞伎

[1]《旧五代史》卷114《周世宗纪一》,第1511页。

[2]《册府元龟》卷413《将帅部·召募》,第4918页。

[3]《旧五代史》卷64《朱汉宾传》,第856页。

[4]《五代史补》卷1《梁·太祖文健儿面》,第2475页。

[5]《资治通鉴》卷266,后梁太祖开平元年十一月,第8687页。

[6]《资治通鉴》卷265,唐昭宣帝天祐三年九月,第8662页。

成制度,五代至宋初相沿不改,所谓"初梁太祖令诸军悉黥面为细字,各识军号,五代至本朝因之"[1]。关于招刺法,后人曾有下述评论:"颡受墨涅若肤肌……籍民为兵,无罪而刺之,使终身不能去,以自别于平人,非至不仁者,终莫忍为也。"[2]也就是说,黥面将士兵和普通人区别开来,其行为不合仁义之道。客观上来看,黥面实际上已经演变为一种身份标识,此举降低了军人的社会地位。因为黥面本为刑罚之一种,将其移植到召募士兵的制度中,无形中会影响到时人对军士的价值判断,"健儿"也就成为极具贬斥意义的语汇,以至将士都不愿被称为健儿。如荆南大将梁延嗣,"起家行伍,居恒讳健儿士卒之语"[3],即为其证。

王建墓浮雕乐舞伎

　　募兵制所筹集的兵员,也无地域上的限制。如宣武节度使朱全忠为抵御秦宗权进攻,于唐僖宗光启三年(887)二月,"以朱珍为淄州刺史,俾募兵于东道","珍既至淄、棣,旬日之内,应募者万余人"[4]。而"淄州本平卢巡属,全忠欲募兵于东方,辄以刺史授珍"[5]。淄州、棣州系平卢王敬武管区,而非宣武镇地盘,朱全忠任命朱珍为淄州刺史赴辖区之外召集兵员,可见募兵不受地域的限制。同年四月,"全忠又使牙将新野郭言募兵于河阳、陕、虢,得万余人而还"[6]。这次募兵的地区依然不是宣武镇辖境。五代十国时期,类似的事例尽管并不多见,但募兵时不再顾及兵员所在地的做法,应该不会被摒弃。

　　募兵权为中央政府所掌握,地方军政长官仅能在州兵数额不足定数时,有权召募士卒,补足兵员;如若需要在常数之外增置士兵,则须报请中央政府同意。如后唐清泰元年(934),郑州巡检使安重荣奏请"召募骑军五千人,自出铠马"[7]。此奏获准。后晋开运末年,河东节度使刘知远"知延广必致寇,而畏其方用事,不敢言,但益募兵,奏置兴捷、武节等十余军以备契丹"[8]。刘知远以抵御契丹为名,大肆募兵,组建十余支部队,也是经过后晋政府批准后才采取的行动。鉴于灵武形势不宁,边患严重,冯晖请求出镇灵武,上奏:"今朝廷多事,必不能以兵援臣,愿得自募兵以为卫。"[9]于是,募兵千余人。再如后汉乾祐元年(948)八月,刘崇"表募兵四指挥,自是选募勇士,招纳亡命,缮甲兵,实府库,罢上供财赋,皆以备契丹为名"[10]。后周世宗

[1]《嘉泰会稽志》卷4《军营》,第6775页。

[2]《文献通考》卷152《兵考四·兵制》引"致堂胡氏曰",考1325。

[3]《十国春秋》卷103《荆南四·梁延嗣传》,第1469页。

[4]《旧五代史》卷1《梁太祖纪一》,第7页。

[5]《资治通鉴》卷256,唐僖宗光启三年二月胡三省注,第8344页。

[6]《资治通鉴》卷257,唐僖宗光启三年四月,第8351页。

[7]《册府元龟》卷413《将帅部·召募》,第4918页。

[8]《资治通鉴》卷283,后晋齐王天福八年九月,第9254页。

[9]《新五代史》卷49《冯晖传》,第555页。

[10]《资治通鉴》卷288,后汉高祖乾祐元年八月,第9395-9396页。

王建墓浮雕乐舞伎

时，张藏英"请于深州李晏口置砦，及诱境上亡命者以隶军，愿为主将，得便宜讨击。世宗悉从之。以为缘边招收都指挥使，赐名马、金带。藏英遂筑城李晏口，累月，募得劲兵数千人"[1]。这些事例均表明，募兵的大权通常被中央政府所控制，地方将帅的募兵权极为有限。

地方将帅出于种种不同动机，常常私自募兵。唐末，刘仁恭任景城令，"属瀛州军乱，杀郡守，仁恭募白丁千人讨平之"[2]。这是出于平乱的需要临时召募的军队。刘仁恭，"既绝于晋，恒惧讨伐，募兵练众，常无虚月"[3]。天祐九年（912），晋将周德威攻围幽州，"守光困蹙，令（元）行钦于山北募兵，以应契丹"[4]。刘守光大举募兵于山北，以接应契丹，其目的则在于抵御河东的军事进攻。梁、唐易代之际，潞州昭义军留后李继韬被诛，其子李继达举兵为乱，"节度副使李继珂募市人千余攻继达"[5]。这也是基于平定乱军的需要而临时召募军队之举。后晋高祖天福年间，"（温）延沼与其弟延浚、延袞募不逞之徒千人，期以攻许"[6]。温氏兄弟召募不逞之徒组成军队，进攻许州，以呼应范延光的反叛，这又是一例私自募兵的记载。楚国马希崇萌乱篡位，计划擒杀马希萼，衡山县豪族廖匡图子仁勇心甚不平，在马希萼途经衡山县时，"乃率数百人劫而立之，号衡山王，以衡山为府。且使人募兵，数日之间，众及一万，郡县多起兵应之"[7]。说的仍然是地方将帅擅自募兵的情况。实际上，五代十国时期各地藩镇隐瞒中央政府，率意募兵的事例绝不止于史籍所载，相关文献可以印证此点。如李洪信"无他才术，徒以外戚致位将相。敛财累巨万，而吝啬尤甚。时节镇皆广置帐下亲兵，惟洪信最寡少"[8]。由此可知，地方将帅往往绕开中央政府的禁令，以个人蓄积的私财罗织直接听命于自己的党羽，组成私人武装。这种情形直到后周末年亦无改观，诚如史者所言："然当时藩镇亦皆募兵，倚以跋扈，虽世宗不能尽制也。"[9]藩镇私自募兵问题的最终解决，仍然要等到北宋初年。

通过募兵制召集而来的兵员，是职业雇佣兵，兵械器仗、衣粮酱菜均仰赖于政府提供，故而军队一旦组建完毕，接踵而至的就是如何解决军士的装备、赡养问题。史载："庄宗与刘鄩对垒于莘县，命（李）存矩于山后召募劲

[1]《宋史》卷271《张藏英传》，第9291页。

[2]《旧五代史》卷135《刘守光传》，第1799页。

[3]《旧五代史》卷135《刘守光传》，第1800页。

[4]《旧五代史》卷70《元行钦传》，第925页。

[5]《新五代史》卷36《李嗣昭传》，第389页。

[6]《新五代史》卷51《娄继英传》，第582页。

[7]［宋］周羽翀：《三楚新录》卷1，见傅璇琮、徐海荣、徐吉军主编：《五代史书汇编》（十），杭州出版社点校本2004年版，第6319页。

[8]《宋史》卷252《李洪信传》，第8854页。

[9]《嘉泰会稽志》卷4《军营》，第6775页。

兵,又令山北居民出战马器仗,每鬻牛十头易马一匹,人心怨咨。"[1]强令山北百姓缴纳战马器械,就是为了武装所召募的劲兵。当然,这只是临时性的举措,而由政府供给官健衣粮,是唐中后期以来的惯例,五代十国时期,依然如故。如后汉定州节度使孙方谏,以"所部屯兵数少,欲召募牙兵千人,乞度支给衣粮"[2]。即要求中央政府能供给拟新添置的牙军衣粮。后周德州刺史张藏英,"请列置戍兵,募边人骁勇者,厚其禀给",世宗"以藏英为沿边巡检招收都指挥使。藏英到官数月,募得千余人"[3]。张藏英所召集的以骁勇边人组成的部伍,因担负成边重任,故政府给予优厚待遇。十国之中,也实行国家养兵的制度。如后蜀,"宣徽北院使王承休请择诸军骁勇者万二千人,置驾下左、右龙武步骑四十军,兵械给赐皆优异于他军"[4]。这就说明,各军都有"兵械给赐",只不过王承休新组建的部队显然优越于其他部队。北宋初年,宋军伐蜀,"蜀主闻王昭远等败,甚惧,乃多出金帛,益募兵收剑门"[5]。所反映的也是由政府赡养军士的事实。再如吴越王钱弘佐拟出兵以援福州,"先是募兵,久无应募,弘佐命纠之,曰:'纠而为兵者,粮赐减半。'明日,应募者云集"[6]。这就清晰地表明,通过召募而成为士兵者,一律由政府供给粮赐,已经成为一项长期的制度。

募兵与养兵,互相关联,故而推行召募兵制的前提是募方必须拥有一定数量的资财。依靠掌握的财富,以优厚的待遇、高额的赏金作为诱饵,吸纳民众为兵,是唐末五代以来藩镇经常采取的措施。如王建,"秦宗权据蔡州,悬重赏以募之,建始自行间得补军候"[7]。唐昭宗天复年间,河东李克用在致宣武朱全忠的信中也说:"今仆散积财而募勇辈,辇宝货以诱义戎,征其密亲,啗以美利,控弦跨马,宁有数乎。"[8]梁、晋易代之际,潞州留后李继韬"南结梁朝,据城阻命,乃散金以募豪杰"。时年18的郭威"遂往应募"[9]。后汉末年,北京留守刘崇"招募亡命,缮完兵甲,为自全之计,朝廷命令,多不禀行,征敛一方,略无虚日,人甚苦之"[10]。这些都是藩镇以资财作为后盾筹集兵员的例子。南方割据政权中,也有以财募兵的情况。如福州朱文进"闻黄绍颇死,大惧,以重赏募兵二万"[11]。

王建谥宝

[1]《旧五代史》卷97《卢文进传》,第1294页。

[2]《册府元龟》卷413《将帅部·召募》,第4918页。

[3]《资治通鉴》卷292,后周世宗显德二年正月,第9523页。

[4]《资治通鉴》卷273,后唐庄宗同光二年十月,第8926页。

[5]《续资治通鉴长编》卷6,太祖乾德三年正月,第143页。

[6]《资治通鉴》卷285,后晋齐王开运三年十月,第9313页。

[7]《旧五代史》卷136《王建传》,第1815页。

[8]《旧五代史》卷60《李袭吉传》,第803页。

[9]《旧五代史》卷110《周太祖纪一》,第1448页。

[10]《旧五代史》卷135《刘崇传》,第1811页。

[11]《资治通鉴》卷284,后晋齐王开运元年十二月,第9278页。

募兵制下的兵员，不仅以当兵的方式解决个人生计问题，还将此作为养家糊口的职业，由此形成一人当兵而家属随营的状况。天祐三年(906)正月，朱温、罗绍威合谋铲除魏博牙兵，"绍威以奴兵数百，会(马)嗣勋兵击牙军，并其家属尽杀之"[1]。正是由于魏博牙军的家属，也与牙军一样共同驻扎于魏州城内，为防止牙军家属报复，故而罗绍威能在诛杀牙军的同时，一并杀尽其家属。五代十国时期，家属随军也是常制。后唐同光元年(923)九月，为与后梁放手一搏，直接进攻大梁，庄宗"下令军中将士家属并令归邺"[2]。将家属送归邺都，乃因战事所需，据此也可看出，将士家属平时随军已是事实。天成二年(927)，明宗下令诛杀卢台叛乱的奉节军，特别强调："在营家口骨肉，并可全家处斩。"[3]这就说明，奉节军的家口骨肉也居住在军营。同年十月，"明宗幸汴州，六军家属自洛迁汴，而明宗又欲幸邺都，军士愁怨"[4]。家属随御驾往来道路，饱受风尘之苦、奔波之劳，军士当然愁苦不堪。闵帝应顺元年(934)四月，潞王李从珂叛于凤翔，时任陕州节度使的康思立有捧圣、羽林屯兵1 500人，派遣王思同率羽林军千人平叛，不料这支部队阵前倒戈，康思立闻讯，"欲尽诛羽林千人家属"[5]。可知，这支羽林军的家属也住在军营内。类似这样的例子，不胜枚举，但都反映出家属随军的确已成为平常之事。而造成这种情形的原因则在于兵农的分离，当兵已经成为一种职业。兵士的主体来自于破产的农民，入伍为兵者大多是小农家庭内部的壮劳动力，这部分人一旦成为士卒，其家属在乡里也很难生存，于是，背井离乡、随军居住往往就是军士家属的不二选择。所以，史籍中有关随军家属的记载才会比比皆是。

　　一般而言，政府按统一标准发放的常额衣粮，往往只能维持兵士本人的生活，而兵士又承担着养活家口的义务，为满足家人生计所需，寻求额外收入自然也就成为兵士的强烈愿望，获得赏赐又是取得额外收入的最有效途径。另一方面，藩镇和中央政府，为争取官健的支持和卖命，也常常不得不借助赏赐来博取士兵的欢心。唐末依然如此，五代十国时期，赏赐兵士的现象仍是有增无减。赏赐的形式和花样较多，常见的有庆典常赐、召募赏赐、战

前蜀通正元宝

[1] 《新五代史》卷39《罗绍威传》，第417页。
[2] 《旧五代史》卷29《唐庄宗纪三》，第408页。
[3] 《旧五代史》卷38《唐明宗纪四》，第522页。
[4] 《新五代史》卷54《郑珏传》，第620页。
[5] 《新五代史》卷27《康思立传》，第295页。

争赏赐等等。如前蜀武成元年(908)九月，王建即位赦云：
"应都知兵马使已下至节级官健，今有优给，各有等第处
分。"[1]后唐末帝清泰元年(934)四月即位赦云："诸军军使、
副兵马使至长行契丹直钱三万，军头十将至军人各十贯。
其元在京城守营及新招军都人厢军十将至官健各钱十
贯。"[2]这是帝王即位时为稳定军心而经常采取的措施。后
唐庄宗同光末年，"赵在礼举兵于邺，濒河诸州多构乱，
(张)锡权知州事，即出省钱赏军，皆大悦，一郡独全，棣人
赖之"[3]。张锡时任棣州军事判官，其"出省钱赏军"的举措，
起到了稳定军心、增强军队凝聚力的作用，棣州也因此而
得以保全。还是同光末年，李嗣源被诬反叛，欲赴京申辩，
"乃趋白皋渡，驻军于河上，会山东上供纲载绢数船适至，
乃取以赏军，军士以之增气"[4]。李嗣源赏军的目的，显然在
于激励士气，使军士乐于为自己效命。清泰元年(934)四
月，潞王李从珂起兵于凤翔，"许军士以入洛人赏钱百缗"[5]。
此举也是意在收买军心。如若赏赐不多或不及时，则极易
导致士伍的离心或哗变。最为典型的例子，莫过于后唐庄
宗同光末年的军心涣散。为镇压李嗣源的起兵，庄宗下令
"出钱帛给赐诸军"，然而，"是时，军士之家乏食，妇女掇
蔬于野，及优给军人，皆负物而诟曰：'吾妻子已殍矣，用
此奚为！'"[6]迫于形势紧急，庄宗御驾亲征，在前线被打败
后，"还过罂子谷，道狭，每遇卫士执兵仗者，辄以善言抚
之曰：'适报魏王又进西川金银五十万，到京当尽给尔
曹。'对曰：'陛下赐已晚矣，人亦不感圣恩！'帝流涕而
已"[7]。军心如此，庄宗的覆亡已成指日可待之势。其实，这
正是庄宗朝长期赏军不足种下的恶果。

　　赡军养士，是五代各朝财政支出的大宗。军士衣粮的
正常供给，是中央财政的常规性支出。如"灵武自唐明宗
已后，市马籴粟，招来部族，给赐军士，岁用度支钱六千
万，自关以西，转输供给，民不堪役，而流亡甚众"[8]。仅仅灵
武一地，每年就耗费度支钱达6 000万，照此推算，合全国
之兵每年需支出的钱粮数目必定大得惊人。再加上经常
性的赏军费用，不难想见五代各朝所面临的巨大财政压
力。因此，史籍中屡屡出现关于国库储蓄不足而难以赏
军、供军的记载。如后唐庄宗同光初年，"公府赏军不足。

前蜀天汉元宝

[1]《锦里耆旧传》卷5，第6029
页。
[2]《册府元龟》卷81《帝王部·
庆赐三》，第949页。
[3]《宋史》卷262《张锡传》，第
9068页。
[4]《旧五代史》卷35《唐明宗纪
一》，第489页。
[5]《资治通鉴》卷279，后唐潞
王清泰元年四月，第9116页。
[6]《旧五代史》卷34《唐庄宗纪
八》，第475页。
[7]《资治通鉴》卷274，后唐明
宗天成元年三月，第8972-
8973页。
[8]《新五代史》卷49《冯晖传》，
第554页。

前蜀光天元宝

1 《旧五代史》卷57《郭崇韬传》,第766页。

2 《资治通鉴》卷274,后唐明宗天成元年三月,第8968页。

3 《旧五代史》卷89《刘昫传》,第1172页。

4 《旧五代史》卷3《梁太祖纪三》,第55页。

5 《旧五代史》卷15《冯行袭传》,第211页。

6 《旧五代史》卷46《唐末帝纪上》,第632页。

7 《宋史》卷264《卢多逊传附父亿传》,第9116页。

8 《十国春秋》卷49《后蜀二·后主本纪》,第725页。

9 《旧五代史》卷4《梁太祖纪四》,第71页。

10 《新五代史》卷30《史弘肇传》,第330页。

11 《新五代史》卷20《王彦章传》,第349页。

(郭)崇韬奏请出内库之财以助,庄宗沉吟有靳惜之意"[1]。同光末年,"租庸使以仓储不足,颇朘刻军粮,军士流言益甚"[2]。清泰初年,末帝即位不久,"切于军用,时王玫判三司,诏问钱谷,玫具奏其数,及命赏军,甚愆于素"[3]。反映的都是国库蓄积难以满足军事开支的事实。为应付不堪重负的军事支出,中央政府开始巧立名目征敛财富,以弥补财政亏空。其中,以助军钱最为常见。如后梁开平元年(907)十月,"广州进献助军钱二十万"[4]。匡国军节度使冯行袭,"在许三年,上供外,别进助军羡粮二十万石"[5]。这是各地藩镇进献助军钱的例子,其意图无非是以此邀功固宠。更有甚者,就是直接重敛百姓,用以赡军。如清泰元年(934)三月,后唐末帝"以府藏空竭","诏河南府率京城居民之财以助赏军"。不久,"又诏预借居民五个月房课,不问士庶,一概施行"[6]。后晋少帝开运年间,"时国用窘乏,取民财以助军"[7]。还有其他一些敛财措施,如后蜀广政十八年(955)十月,后主孟昶为抵御后周军队的进攻,"遂聚刍粟于剑门、白帝,为守御之备。募兵既多,用度不足,始铸铁钱,榷境内铁器,以专其利"[8]。这些措施无疑大大加重了百姓的负担,置民于水火之中。

二 征兵制

五代十国时期,中央政府还通过强制手段征发百姓以充兵役,由此而形成直属中央的兵役。后梁开平三年(909)八月,制曰:"诸郡如有阵殁将士,仰逐都安存家属,如有弟兄儿侄,便给与衣粮充役。"[9]硬性规定诸郡阵亡将士的弟兄儿侄服兵役,与募兵制的自愿原则明显有所抵触,故兵员的征集采用的仍旧是强行差发的方式。但是从"与衣粮"的角度来看,服兵役的士兵无疑又具有雇佣性质。募兵制在此呈现出自愿投募与雇佣的分离,造成这种情形的根本原因在于战争的频繁,以及由此而来的兵源萎缩。既然如此,为弥补兵员的损耗,扩大军队规模,强制征兵的办法必然大行其道。后梁末,采取"调民七户出一兵"[10]的措施征发兵夫;"唐兵攻兖州,末帝召彦章使守捉东路。是时,梁之胜兵皆属段凝,京师只有保銮五百骑,皆新捉募之兵,不可用,乃以属彦章,而以张汉杰监之"[11]。所谓

"调"、"捉募",均是强行纠民为兵。后唐尚未建立之时,就有征召百姓为兵的事例。李克用为与后梁抗衡,一次差"发魏博白丁三万从军,以供营栅之役"[1]。庄宗同光元年(923)十月制曰:"民年过八十者,免一子从征。"[2]这则材料说明,民户中如有年满80岁的老者,其家有一子因侍丁的缘故,免于兵役。反过来看,不具备上述条件的民户,其家中丁壮则都在征发兵役之列。由此不难看出,此时兵役的征发实施的是强行按户差充的做法。后唐末年,石敬瑭起兵反叛,末帝"发民为兵,每七户出征夫一人,自备铠仗"[3]。这种做法在后梁后期即已出现,不同的是,服兵役者尚需"自备铠仗",这是出于镇压石敬瑭反叛的需要而组建的乡兵。针对这支征召的乡兵,后晋高祖天福二年(937)二月,敕:"闻访诸道州府等,昨以朝廷近有指挥搜罗官健,震惊户口,搔动乡原,致彼编甿,不思乐业,结集徒伴,藏避山林,其间亦有接便为非,率意行劫,事不获已,想非故心。今既国步晏宁,春事兴作,宜行告谕,各便归还,但务耕农。"[4]即勒令乡兵归农。然而,强行征兵的事在后晋时期还是有所出现,诚如史载:"兵士不足,则取人之中丁;战骑不足,则假人之乘马。……军旅有征战之苦,人民有飞挽之劳。"[5]可见,强行征兵的现象,极为平常。

十国中的南方诸国同样存在兵役。南唐"括百姓自老弱外,能被坚执税者"组成"排门军"[6]。福建的王闽政权,"发民为兵,羁旅愁怨"[7]。吴越王钱俶,"括境内民丁,益师旅也"[8]。其中提到的"发"、"括"等字眼,无一不是表示强征的意思。

这一时期的地方性兵役也较为普遍。后梁立国之前,朱温与刘仁恭争夺幽、燕,刘仁恭为挽回颓势,"乃酷法尽发部内男子十五已上、七十已下,各自备兵粮以从军,闾里为之一空。部内男子无贵贱,并黥其面,文曰'定霸都',士人黥其臂,文曰'一心事主'。由是燕、蓟人士例多黥涅,或伏窜而免。仁恭阅众,得二十万"[9]。不仅士兵需自备兵粮,从军者还得黥面、黥臂,这次征兵显然是强制征发。梁、晋交兵之际,义武军节度使王处直麾下行营司马李应之,"籍管内丁壮,别立新军"[10]。采用的也是强行征发丁壮服兵役的办法。后晋天福年间,山南东道节度使安从进,

前蜀乾德元宝

[1]《资治通鉴》卷270,后梁末帝贞明四年十二月,第8838页。

[2]《旧五代史》卷30《唐庄宗纪四》,第416页。

[3]《资治通鉴》卷280,后晋高祖天福元年十月,第9152页。

[4]《册府元龟》卷166《帝王部·招怀四》,第2007页。

[5]《册府元龟》卷145《帝王部·弭灾三》,第1765页。

[6]马令:《南唐书》卷5《后主纪》,第5295页。

[7]《资治通鉴》卷283,后晋高祖天福八年五月,第9250页。

[8]《吴越备史》卷4《大元帅吴越国王》,第6253页。

[9]《旧五代史》卷135《刘守光传》,第1801页。

[10]《新五代史》卷39《王处直传》,第420页。

后蜀广政通宝

在襄阳"邀遮商旅,皆黥以充军"[1]。十国中的马楚政权为抵御湘西辰州、溆州蛮的频繁侵袭,楚王马殷派昭州(今广西乐平)刺史吕师周率衡山兵5 000讨之[2]。衡山兵并非马楚国的中央军,其兵员应来自于地方征发。

由地方政权征发的丁壮而组成的部队,通常称为"乡兵"。后晋天福二年(937)四月,高祖下诏:"应诸道州府管界,有自伪命抽点乡兵之时,多是结集劫盗,因此畏惧刑章,藏隐山谷,宜令逐处晓谕招携,各令复业。"[3]开运元年(944)三月,少帝"诏天下抽点乡兵,凡七户出一士,六户资之,仍自具兵仗,以'武(定)'为号"[4]。楚王马希萼时,"悉调朗州丁壮为乡兵,造号静江军"[5]。以上引文中的"抽点"、"调"等字眼,实际上已清晰地显示出征召乡兵时的强制性色彩,所以,"乡兵"明显属于地方性的兵役。

[1]《新五代史》卷51《安从进传》,第586页。

[2]《资治通鉴》卷267,后梁太祖开平四年十二月,第8733页。

[3]《旧五代史》卷76《晋高祖纪二》,第1000页。

[4]《旧五代史》卷82《晋少帝纪二》,第1089页。

[5]《资治通鉴》卷288,后汉隐帝乾祐二年八月,第9413页。

五代《闸口盘车图》

第九章　五代十国典章制度(五)：经济制度

五代十国时期的经济制度,在土地政策、赋役制度、禁榷制度、货币政策上,既有沿袭唐末余绪的一面,又在此基础上有所深化和厘革,并直接推动和促成了宋初经济制度的形成。

第一节　土地政策

中唐以来,均田制渐趋瓦解,建中元年(780)两税法的颁布,不仅是赋役制度的重大调整,也是国家土地政策取向发生改变的转折点。自此,均田制寿终正寝,中古田制框架宣告终结。其后的宋、元、明、清各朝,再未制定过全国统一的土地法规,取而代之的是"田制不立"、"不抑兼并"的政策,在此政策导向下,一直潜沉于中古田制模式中的土地私有化潮流,终于冲决了阻遏其发展的诸多法令壁垒,使大土地所有制一举确立了合法的主导地位。就此而言,五代十国时期土地所有制结构的变化,顺应了这一历史发展的大势,具体表现为国有土地的大幅锐减,大土地所有制的急剧膨胀和小土地所有制的艰难维系。五代十国时期土地政策的推行,无疑对上述局面的形成有着至关重要的作用。

一　荒闲无主田土的劝民垦荒政策

五代十国时期荒闲无主田土数量的扩大,是战祸频繁、赋役征发严重所导致的逃户、绝户现象增多而产生的必然结果。为提供赡军养国费用,五代十国各政权无不提

五代《闸口盘车图》(局部)

倡募民耕荒政策。后梁立国前后，即劝民耕垦，所谓“梁祖之开国也，属黄巢大乱之余，以夷门一镇，外严烽候，内辟汙莱，厉以耕桑，薄其租赋，士虽苦战，民则乐输，二纪之间，俄成霸业。及末帝与庄宗对垒于河上，河南之民，虽困于辇运，亦未至流亡。其义无他，盖赋敛轻而丘园可恋故也”[1]。解决小农耕地问题，维系其再生产条件，是小农产生“田园可恋”情结至为关键的因素。后唐明宗改革庄宗朝弊政，关心民间疾苦，招辑流移，成效斐然，“故天成、长兴间，比岁丰登，中原无事，言于五代，粗为小康”[2]。后晋天福二年(937)，高祖敕令：“辟彼汙莱，期于富庶。方当开创，正切施行。往日虽曾指挥，渐恐废堕，当再申于劝诱，期共乐于丰穰。宜令逐处长吏遍下管内，应是荒田有主者，一任本主开耕。无主者，一任百姓请射佃莳，三年内并不在收税之限。”[3]则此次劝耕实际上是重申既往政策，具体做法是鼓励百姓垦辟有主或无主荒田，且免收三年租税。其后，招引流民开垦荒土的奖励性措施屡有所见。如天福三年(938)六月，规定：“应所在无主空闲荒地，一任百姓开耕，候及五顷以上，三年外，即许县司量户科徭。如未及五顷以上者，不在骚扰之限。”[4]天福七年(942)二月，诏令又称：“邓、唐、随、郢诸州管界，多有旷土，宜令逐处晓喻人户，一任开垦佃莳。仍自开耕后，与免五年差徭。兼仰指挥其荒闲田土本主，如是无力耕佃，即不得虚自占吝，仍且与招携到人户，分析以闻。”[5]将3年免科徭延长为5年免差徭，对流民开耕旷地当然具有更大的吸引力。

后汉、后周两朝依然执行募民垦荒政策。后汉时期所施行的奖励地方官员招携户口的措施，实质上就是招抚流移开垦荒地的政策。乾祐三年(950)七月，三司使奏：“州县令录佐官，请据户籍多少，量定俸户。”此奏为朝廷采纳。后周广顺三年(953)正月，太祖即颁发诏令：“宜令三京及诸道州府，委长吏指挥管内人户，勉勤耕稼，广辟田畴，勿使蒿菜[莱]。有废膏腴之地，务添桑枣，用资种养之方。仍令常切抚绥，不得辄加科役。所贵野无旷土，庐有环桑，致谷帛以丰盈，遂蒸黎之苏息。”[6]其目的在于推动荒地的开发和利用。广顺元年(951)，幽州饥荒，流民大量进入沧州，周太祖诏：“流人至者，口给斗粟，仍给无主土田，令

[1]《容斋三笔》卷10《朱梁轻赋》，见《容斋随笔》，第541页。

[2]《五代史阙文》，《后唐史·明宗》，第2454—2455页。

[3]《全唐文》卷115，晋高祖：《答杜簹请开种荒田敕》，第1174页。

[4]《册府元龟》卷495《邦计部·田制》，第5933页。

[5]《全唐文》卷117，晋高祖：《令开垦旷土敕》，第1183页。

[6]《册府元龟》卷70《帝王部·务农》，第794页。

取便种莳，放免差税。"[1]其中提到的由政府给授流民田土的做法，已明显有别于任由流民开垦荒地的陈规，这应是针对当时荒地旷土数量较少而不得不作出的政策性变更。后周太祖时期，解决流民土地问题的政策逐渐扩展到沿边地区，诏云："其边界流移人户，差使臣与所在官吏抚恤安泊。其沧、景、德管内，甚有河淤退滩之土，蒿莱无主之田，颇是膏腴，少人耕种，可令新来百姓量力佃莳，只不得虚占土田，有防别户居止。"[2]在这种政策导向下，荒闲土地的垦辟深度和力度明显超越前代，由此而使农业经济处于稳步恢复与发展之中。

五代《闸口盘车图》（局部）

南方诸国同样实行招辑流民开荒垦地的政策。杨吴顺义二年（922），时任左仆射、同平章事的徐知诰采纳宋齐丘改革税制的建议，税物之征由现钱改为纟由绵绢本色，并虚抬时价。这种税制的转变大大加速了江淮地区荒闲土地的开发进程，"自是不十年间，野无闲田，桑无隙地"[3]。吴国地方官员也较为重视荒土的开垦，如宁国节度使、司空田頵在宣州地区采取"薄其赋而省其徭，给其乏而赈其饥"的措施，结果是"不期岁，荷耰秉犁，撬蟠于泥，如云之稼，穰穰在畦"，"仓廪实矣，田野辟矣"[4]。

南唐立国之后，烈祖李昪于昇元三年（939）正月下诏："民有向风来归者，授之土田，仍给复三岁。"[5]同年四月又规定：凡境内农民"三年艺桑及三千本者，赐帛五十匹，每丁垦田及八十亩者，赐钱二万，皆五年勿收租税"[6]。在此政策的激励下，百姓垦荒的积极性自然有所提高。正因为土地垦辟数量的激增，致使江淮地区的人口迅猛增长，从唐天宝年间至宋初，南唐境内人口增长的轨迹可以明显体现出这一人口变动的趋势。唐天宝年间，全国总户数为897万，南方约近370万，占总数40%；其中南唐境内户数为138万，占总数15%，占南方户数37%。及至宋初，全国总户数为650万，其中南方为370万，占总数57%；而南唐境内户数即达170万，约占全国户数四分之一，约占南方户数二分之一。[7]

前、后蜀在两川地区也奉行劝民耕垦政策。前蜀王建即位赦书云："兼军人百姓，先因公事关连，逃避诸州县镇不敢归还者，亦任却归本贯，所在不得勘问扰搅。"[8]意在劝

[1]《旧五代史》卷111《周太祖纪二》，第1474页。

[2]《全唐文》卷123，周太祖：《抚恤沿边流民敕》，第1237页。

[3]《容斋续笔》卷16《宋齐丘》，见《容斋随笔》，第418页。

[4]《十国春秋》卷11《吴十一·沈颜传》，第152页。

[5]《十国春秋》卷15《南唐一·烈祖本纪》，第191–192页。

[6]《十国春秋》卷15《南唐一·烈祖本纪》，第194页。

[7]《南唐史》，第62页。

[8]《十国春秋》卷36《前蜀二·高祖本纪下》，第506页。

1 《十国春秋》卷36《前蜀二·高祖本纪下》,第511页。

2 《九国志》卷6《前蜀·晋晖传》,第3294页。

3 《九国志》卷6《前蜀·王宗寿传》,第3283页。

4 《十国春秋》卷40《前蜀六·张琳传》,第597页。

5 《资治通鉴》卷274,后唐明宗天成元年三月,第8966页。

6 《全唐文》卷129,孟昶:《劝农桑诏》,第1296页。

7 《十国春秋》卷90《闽一·司空世家》,第1310页。

8 《十国春秋》卷94《闽五·武肃王审邦传》,第1363页。

9 《十国春秋》卷95《闽六·邹勇夫传》,第1382页。

10 [宋] 梁克家:《淳熙三山志》卷15《版籍类六·水利》,见《宋元方志丛刊》(第8册),中华书局影印本1990年版,第7905页。

11 [清] 李调元编:《全五代诗》卷87,詹敦仁:《留侯受南唐节度使知郡事避予为属以诗谢之》,丛书集成初编本(第1780册),上海商务印书馆1939年版,第1321页。

12 《淳熙三山志》卷10《版籍类一·垦田》,第7878页。

13 《淳熙三山志》卷11《版籍类二·官庄田》,第7881页。

14 《吴越备史》卷2《文穆王》,第6224页。

15 《吴越备史》卷2《文穆王》,第6226页。

16 《吴越备史》卷4《大元帅吴越国王》,第6246—6247页。

诱流民复业。武成三年(910)六月,王建又颁布劝农桑诏,要求"郡守县令务在惠绥,无侵无扰,使我赤子乐于南亩,而有《豳风》、《七月》之泳[咏]焉"[1]。上行下效,地方也涌现出不少因劝农成效显著而见诸史籍的记载。如晋晖在武泰军节度使任上,"招徕逋审,刬除蠹弊"[2];王宗寿知果州时,"安辑流散,得郡牧之体"[3];邛南招安使张琳在邛州"抚安彝僚,经营蜀、雅"[4]。后蜀高祖孟知祥占据四川后,"择廉吏使治州县,蠲除横赋,安集流散,下宽大之令,与民更始"[5]。后主孟昶于明德元年(934)下劝农桑诏,说:"刺守[史]、县令,其务出入阡陌,劳来三农,望杏敦耕,瞻蒲劝穑。春庚始啭,便具笼筐;蟋蟀载吟,即鸣机杼。"[6]上述政策的执行无疑有利于小农经济的恢复与巩固,也为后蜀经济的繁荣奠定了基础。

割据福建的王闽政权也长期坚持劝课农桑政策。王审知时期,"宽刑薄赋,公私富实,境内以安"[7]。一些地方官吏也曾采取抚绥流移、劝民垦辟荒土的举措。如王审知仲兄审珪治泉州期间,"流民还者,假以牛犁,兴完庐舍"[8]。积极为流民垦荒提供便利。邹勇夫治理归化镇时,"招集流亡,完葺宅舍,民稍稍越境来归"[9]。而闽国荒闲田土主要集中于山区,史称:"闽山多于田,人率危耕侧种,塍(田埂)级满山,宛若缪篆。"[10]山区的农业开发以梯田的开垦最为引人注目,时人曾有诗句咏及梯田:"晋江江畔趁春风,耕破云山几万重。"[11]闽国山区梯田的规模之大,由此可见一斑。劝农垦荒政策的实施,使福建耕地的数量大幅增加。以福州为例,王闽时"垦田一万四千一百四十三顷一十六亩有奇"[12],其中"官庄地一千一百一十顷八十二亩"[13],昔时地广人稀的状况至此已有较大改观。

吴越政权也不遗余力实施募民垦荒政策。后唐长兴三年(932)三月,钱元瓘即位之初,即宣布"赦境内,一应荒绝田产尚隶租籍者悉免之"[14]。后晋天福二年(937)四月,"仍赦境内租税之半"[15]。后汉乾祐二年(949),钱弘俶诏令:"以境内田亩荒废者纵民耕之,公不加赋",因为"募民垦荒田,勿取租税,由是境内并无弃田"[16],成效十分显著。

割据湖南的马楚政权,奖励百姓种茶,促使茶树种植面积不断扩大,山区荒田的开发力度自然有所加大。以帛代钱的输税制度的出台,又使本地蚕桑业逐渐兴盛起来,从而使土地垦辟的范围进一步扩大。但由于赋税苛重,百姓弃田园逃亡的现象也屡有发生,楚王马希范时,"每遣使者行田,专以增顷亩为功,民不胜租赋而逃"[1]。遂使劝农垦荒的成效大打折扣。

荆南"自唐乾符之后,兵火互集,井邑不完",高季兴至荆州后,"招葺离散,流民归复"[2],力求实现流民与荒闲田土的结合。

以上史实表明,五代十国各政权对于各自地域范围内存在的大量荒闲无主田土,几乎无一例外地采取了招抚流移、募民垦荒、奖励耕植的政策,或者允许复业流民任意开垦,或者由国家授予土地,其根本目的在于实现无地和少地农民与国有荒闲无主土地的结合。这一政策的广泛实施,当然有利于医治战争创伤,尽快恢复农业经济,增加国家赋税收入。从所取得的实际效果来看,五代各朝较之南方各国稍有逊色。

韩熙载高顶四方纱帽

二　对逃户田土的处理政策

五代时期,针对各地存在的大量逃户土地,政府也有制度性的安排,主要有招引逃户复业、由民户请射承佃和招民营田三种方式。这里先叙述前两种方式。为吸引逃户返回本土归业,一般都辅之以适当的优惠与奖励办法。后唐天成三年(928)规定:"每逃户归业后,委州司各与公凭,二年内放免两税差科。"[3]即是利用蠲免两年赋税的做法鼓励逃户归业。长兴三年(932)七月的敕令,对招引逃户复业、归还土地的方式作出了进一步的说明:

> 应诸处凡有今年为经水涝逃户,庄园屋舍桑枣,一物已上,并可指挥州县,散下乡村,委逐村节级、邻保人,分明文簿,各管见在,不得辄令毁拆房舍,斩伐树木,及散失动使什物等,候本户归业日,却依元数,责令交付讫,具无欠少罪结状,申本州县。如元数内称有事欠少,许归业户陈状诉论。所犯节级并乡邻保人等,并科违敕之罪,仍敕备偿。[4]

[1]《资治通鉴》卷277,后晋齐王天福八年十二月,第9259页。
[2]《旧五代史》卷133《高季兴传》,第1751页。
[3]《五代会要》卷25《逃户》,第405页。
[4]《五代会要》卷25《逃户》,第406页。

《韩熙载夜宴图》(局部)

对于逃户土地及其财产,在未归业之前,采取由乡村节级和邻保代管的办法。逃户归业,则如数交付。如有欠少,归业逃户可"陈状诉论",代管之人科罪。这就为逃户返乡归业提供了保障,有利于逃户与原有土地的再度结合。为激励地方官员招引逃户复业,后唐政府还对在此方面取得突出成绩的地方官员实行奖赏,凡"州县官招得五百户已上",即按"等第奖酬"[1]。

后晋时期,对于逃户的复业政策未见有明文记载,但通过对吸引逃户复业有成效官员的奖酬,与依不同年限放免归业逃户租税差徭的规定,依然可以推知其时曾推行招引逃户归业的举措。天福八年(943)三月,敕云:

> 诸道州府令、佐,在任招携户口,比初到任交领数目外,如出得百户以上,量添得租税者,县令加一阶,主簿减一选;出二百户以上,及添得租税者,县令加两阶,主簿减两选;出三百户以上,及添得租税者,县令加两阶,减两选,别与转官。主簿加两阶,减一选。出四百户至五百户以上,及添得租税者,县令加朝散大夫阶,超转官资,罢任后许非时参选,仍录名送中书。如已授朝散大夫,及已出选门者,即别议奖酬。主簿加三阶。其出剩不及一百户者,据户口及添租税数,县令加一阶,参选日超一资注官。主簿加一阶。[2]

敕文主要针对招引逃户复业的县令、主簿予以不同奖励,其依据是招携户口数。同时,这份敕令还提到放免复业逃户租税和杂差遣的规定:"其归业户,天福五年(940)已前逃移者,放一年夏秋租税,并二年诸杂差遣。天福七年(942)已前逃移者,放一年夏秋一半租税,并放一年杂差遣。"[3]意图显然仍是为了吸引逃户归业。

后周时期效仿后唐、后晋之法,对招引逃户归业取得成效的地方官员也予以奖励,但较之前代已有不同。周太祖敕命云:

> 起今后,应罢县令、主簿招添到户口,共一千户已下县,每增添满二百户者减一选;三千户已下县,每三百户减一选;五千户已下县,每四百户减一选;万户已下县,每五百户减一选。并所有增添户及租

[1] 《五代会要》卷25《逃户》,第405页。
[2] 《五代会要》卷20《县令下》,第320页。
[3] 《五代会要》卷20《县令下》,第320页。

税,并须分明于历子解由内录都数。若是减及三选已上,更有增添及户数者,县令与改服色。已赐绯者与转官,其主簿与加阶转官。[1]

在对待逃户原有田土的处理上,五代时期还实施许民请射承佃的办法。后唐时期规定:逃户遗弃田土,"许邻保人请佃,供输租税。种后本主归来,亦准上指挥,至秋收后还之"。后周显德二年(955)正月的敕令,对请射承佃者归还归业逃户原有土地的规定更加详尽细致,敕文云:

> 应自前及今后有逃户庄田,许人请射承佃,供纳租税。如三周年内,本户来归业者,其桑土不以荒熟,并庄田交还一半。五周年内归业者,三分交还一分。应已上承佃户,如是自出力别盖造到屋舍,及栽种到树木园圃,并不在交还之限。如五周年外归业者,庄田除本户坟茔外,不在交付。如有荒废桑土,承佃户自来无力佃莳,只仰交割与归业人户佃莳。[2]

其中特别强调依据在逃年限,以确定逃户归业后原有田土的产权归属。这种规定充分考虑到承佃人和原业主的权益,既有利于刺激逃户尽早归业,又能保证代佃人的劳动收益。此次敕令还涉及"近北诸州"被"打虏向北"人户庄田的处理,即五周年内归来认领者,承佃者不论桑土荒熟与否,连同庄园,交还三分之二;十周年内归来者,交还一半;十五周年内归来者,交还三分之一;十五周年外归来者,只交还坟地。另外,敕令还重申逃户庄田的请射佃耕,应经本处州县认可。

三　营田与屯田政策

五代十国时期的南、北政权曾普遍设置营田,营田事务归属营田务(或称稻田务)管理,营田务下设营田使和营田副使,主管营田业务。营田土地主要为荒闲无主土地、籍没官田与绝户田,营田的劳动者为浮客即无地流民。对此,后唐明宗长兴二年(931)九月的敕令说得非常明白透彻:"凡置营田,比召浮客,若取编户,实紊常规。如有系税之人,宜令却还本县。应诸州府营田务,只许耕无主荒田,及召浮客。此后若敢违越,官吏并投名税户,重加

《韩熙载夜宴图》(局部)

[1]《全唐文》卷123,周太祖:《更定招安户口赏便敕》,第1241页。

[2]《五代会要》卷25《逃户》,第406页。

《韩熙载夜宴图》（局部）

1《全唐文》卷111，唐明宗：《禁营田听税户越境耕占敕》，第233页。

2《全唐文》卷112，唐明宗：《南郊改元敕文》，第245页。

3《全唐文》卷113，唐明宗：《委三司重议税法诏》，第253页。

4《全唐文》卷117，晋高祖：《平范延光大赦文》，第292页。

5《旧五代史》卷90《张筠附张筏传》，第1183页。

6《册府元龟》卷503《邦计部·屯田》，第6038页。

7《册府元龟》卷503《邦计部·屯田》，第6038页。

惩断。"[1]营田务采取租佃方式经营营田，收取租课。五代时期的敕令中多次提到营田租课。后唐明宗时的敕文称："诸州府营田户部院，应欠租课……并与蠲除。"[2]后唐末年的诏书说："自长兴元年（930）至四年十二月已前，诸道及户部营田逋租"共计388 672端匹束贯斤量。[3]后晋高祖时的敕文讲道："诸道州府营田户部院务省庄等，天福元年（936）秋夏租课钱帛斛斗诸杂物色等，除已纳外，应有逋欠，并与蠲放。"[4]依照上述诏敕的内容来看，可知营田租课不仅包括地租，还应包含各种赋税，也就是说，营田租课所纳不限于作为地租交纳物的斛斗一色。

以上所引诏敕极为明确地指出，营田务的营田租课，统一由户部统辖，军事系统与州府系统对营田并无管辖权。就此而论，营田与屯田稍有区别。屯田原指边地军事性质的耕垦，地块通常相对集中，以士卒（包括士兵家属）为主要劳动者，所收获的劳动成果用于供应军需。但由于其后在内地也广泛设置屯田，劳动人手也不再仅仅局限于卒伍，故而屯田逐渐纳入具有耕垦农田之意的广义营田之中，屯田一般也可称作营田。

后梁时期的营田情况，由于史籍阙载，其详情不得而知。后唐时期，于各州县普遍设立营田务和营田使，专掌营田事务，营田务直辖于户部，是管理营田的派出机构。而各地主持营田组织管理的营田使，通常由节度使、刺史或其他军职兼任。如后唐庄宗时，张筏"自衙内指挥使授检校司空、右千牛卫将军同正，领饶州刺史、西京管内三白渠营田制置使"[5]。三白渠，即太白渠、中白渠和南白渠，位于泾水之北。这一带的营田在后唐时期具有一定的规模，同光三年（925）三月的一份奏章曾说："制置三白渠起置营田务一十一。"[6]后唐在沿边地区广置营田，天成二年（927），户部员外郎、知制诰于峤奏："请边上兵士起置营田，学赵充国、诸葛亮之术，庶令且战且耕，望致轻徭。"左司郎中卢桢也上言："以今岁南征运粮糜费，唐、邓、复、郢地利膏腴，请以下军官健兴置营田，庶减民役，以备军行。"[7]为巩固边防、保证军队的顺利南征，这些建议当为明宗采纳，而沿边地区的营田势必带有军事性质。长兴元年（930）七月，"前洋州节度副使程义徽，陈利见请于瀛、莫两州界起置营田,以备边,因授义徽莫州刺史,充两州营田使。"[1]瀛、莫两州开置营田,同样缘于军事需要。这一时期,边境地区也有设置屯田的记载见于史籍。明宗时,张希崇迁灵州两使留后,"先是,灵州戍兵岁运粮经五百里,有剽攘之患。希崇乃告谕边士,广务屯田,岁余,军食大济"[2]。

后晋时期的营田情况,目前了解得并不多。高祖时,吴承范曾任尚书屯田员外郎。[3]屯田员外郎职掌屯田事宜,可见后晋也有开置屯田的举措,但具体状况如何,史书中缺乏明确的记载,难于稽考。

后周立国初期,全国范围内仍有大量营田。广顺三年(953)春正月,太祖下诏罢营田务,并将营田上的土地、房舍、耕牛和农器赐给佃户,这些佃户被编入所隶属州县的户籍,实际上已转变为自耕农。关于这次下诏的缘起、内容与结果,史籍所载甚详:

> 前世屯田皆在边地,使戍兵佃之。唐末,中原宿兵,所在皆置营田以耕旷土;其后又募高赀户使输课佃之,户部别置官司总领,不隶州县,或丁多无役,或容庇奸盗,州县不能诘。……会阁门使、知青州张凝上便宜,请罢营田务,李谷亦以为言,乙丑,敕:"悉罢户部营田务,以其民隶州县;其田、庐、牛、农器,并赐现佃者为永业,悉除租牛课。"是岁,户部增三万余户。民既得为永业,始敢葺屋植木,获地利数倍。[4]

但罢废营田务、分赐营田的措施进行得并不十分顺利。广顺三年(953)十一月的敕令称:"废卫州共城县稻田务,并归州县,任人佃莳。宜令户部郎中赵延休往彼相度利害,及所定租赋闻奏。先时,三司奏,年课无几,官牛疫死,因废营田。故有是命。"[5]此处所提到的稻田务,管理的也是营田土地,性质与营田务相同。而由户部郎中主持共城县营田之事,可知营田的废置并未实行一刀切的做法。废除此地营田的主要原因是营田的经营不善与官牛的病死。

后周世宗时,营田开始在一些地区复置。显德五年(958)八月,"命殿中侍御史张蔼于京城四面按行稻田之

《韩熙载夜宴图》(局部)

[1]《册府元龟》卷503《邦计部·屯田》,第6038—6039页。

[2]《旧五代史》卷88《张希崇传》,第1148页。

[3]《旧五代史》卷76《晋高祖纪二》,第1009页。

[4]《资治通鉴》卷291,后周太祖广顺三年正月,第9488页。

[5]《册府元龟》卷495《邦计部·田制》,第5933页。

吴越捍海塘护基本桩和横木捆
绑情况

1《册府元龟》卷495《邦计部·
田制》，第5934页。

2《十国春秋》卷2《吴二·高祖
世家》，第51页。

3《十国春秋》卷28《南唐十
四·高越传》，第405页。

4《全唐文》卷879，徐铉：《宣
州营田副使兼马步都指挥使
李尊可节度副使罢军职制》，
第9193页。

5《资治通鉴》卷293，后周世
宗显德三年七月，第9558页。

6《资治通鉴》卷291，后周太
祖广顺三年十二月，第9498
页。

7《续资治通鉴长编》卷2，太
祖建隆二年七月，第48页。

8《宋史》卷441《文苑三·徐铉
传》，第13045页。

9 马令：《南唐书》卷4《嗣主
书》，第5282页。

10《十国春秋》卷31《南唐十
七·康仁杰传》，第448页。

地"；同年十月，又"命殿中侍御史张蔼于郑州界制置稻
田"[1]。所谓"按行稻田"与"制置稻田"，实际上也就是按行
营田和制置营田。

十国政权中的南方各国大都曾开置营田和屯田。吴
国曾设营田使、营田副使，如严可求曾任营田副使[2]。由此
来看，吴国在开国之初就已经设置有营田。继杨吴而起的
南唐政权，所置营田与屯田主要集中于淮南地区。南唐营
田的管理官员为营田使、营田副使和营田判官等。如烈祖李
昪时，高越曾任浙西营田判官[3]，李尊曾任宣州营田副使[4]。
但淮南地区营田的效果却不尽如人意，史载："初，(南)唐
人以茶盐强民而征其粟帛，谓之博征，又兴营田于淮南，
民甚苦之；及周师至，争奉牛酒迎劳。"[5]

南唐屯田由屯田郎、屯田员外郎、屯田郎中和屯田使
专职负责管理。南唐的楚州较早兴置屯田，"先是，楚州刺
史田敬洙请修白水塘溉田以实边"[6]，这里的"田敬洙"即何
敬洙，其于保大三年(945)任职楚州，楚州屯田开始于此
时。因楚州为南唐北疆重镇，为解决驻屯重兵的粮食供给
问题，故有在楚州设置屯田之举。由于元宗时期伐闽攻
楚，致使府库虚竭，加以来自北方后周王朝的威胁日益严
重，淮南地区又频频遭遇自然灾害侵袭，军食供给困难。
至是，采用李德明建议，大规模推行屯田，以解决兵食问
题。史籍对此有较为详细的记述：

先是，唐主用尚书员外郎李德明议，兴复旷土，
为屯田以广兵食，水部员外郎贾彬嗣成之。所使典掌
者皆非其人，侵扰州县，豪夺民利，大为时患。及用兵
淮南，罢其尤剧者，尚处处有之。至是，悉罢使职，委
所属县令佐与常赋俱征。随所租入，十分赐一以为禄
廪，民稍休息焉。[7]

此次屯田的具体时间为南唐保大十年(952)。除楚州
之外，南唐在其他一些地区也设有屯田。如常州，元宗李
璟在位时，"命内臣车延归、傅宏营屯田于常、楚州"[8]。如江
州，保大十四年(956)三月，"江州柴克宏卒。诸郡屯田相
率起义"[9]。如吉州，后主李煜时，康仁杰"已而出吉州，括量
屯田，视肥硗以为高下，人多允服"[10]。"括量屯田"是此处
设置屯田的明证。

　　尽管南唐营田和屯田的设置较为普遍,但由于吏缘为奸、经营不善,不仅未能收到预期的效果,反而激化了社会矛盾,致使百姓"仰天诉冤,道路以目"[1],故此,政府不得不下令废止营田和屯田。保大十四年(956),元宗"诏淮南营田害民尤甚者罢之";建隆二年(961),后主下令罢诸路屯田使,将营田和屯田土地分赐百姓佃耕。至此,诸路屯田使皆罢,南唐屯田也随之消亡,史称:南唐"初屯田,置使专掌,至此罢其官,而屯田佃民绝公吏之扰"[2]。

　　后蜀设置有屯田务机构主管屯田。后蜀广政九年(946),"析导江县立灌州,置石氏屯田务于梁山县。自六年至于今岁,岁大有"[3]。这一时期还存在具有军事性质的营田。如山南节度使武璋,"以褒中用武之地,营田为急务,乃凿大氵蔔以导泉源,溉田数千顷,人受其利"[4]。

　　吴越名义上由营田使、营田副使主持营田事务。由于吴越长期奉中原为正朔,营田使照例由历任吴越王兼职,钱镠晋封吴越王时,即兼充营田安抚使[5]。其后继位的钱元瓘、钱弘佐、钱弘俶也莫不如此。因此,吴越营田的实际组织管理者为营田副使。吴越时期的苏州一带设置有较大规模的营田,并取得较好的效果。范仲淹曾说:"曩时两浙未归朝廷,苏州有营田军四都,共七八千人,专为田事,导河筑堤以减水患,于时民间钱五十文籴米一石。"[6]宋人郑侠也说:"浙西昔有营田司,自唐至钱氏时,其来源去委,悉有堤防堰闸之制,旁分其支脉之流,不使溢聚以为腹内畎亩之患,是以钱氏百年间,岁多丰稔,惟长兴中一遭水耳。"[7]此外,钱弘俶在位时,又在淞江一带开置营田,"又置营田卒数千人,以淞江辟土而耕"[8]。

　　楚国虽然也奉中原为正朔,但却另外任命营田使专掌营田事务。后晋天福八年(943),马希范"命营田使邓懿文籍逃田,募民耕艺出租。民舍故从新,仅能自存,自西徂东,各失其业"[9]。这次营田的成绩显然不佳。

四　优宠亲贵的赐田政策

　　五代十国时,赐田对象多为贵族、官僚、近侍和亲信。将田土作为一种奖赏物以表示对效忠者的肯定,是五代十国时期的帝王经常采用的手段。开平三年(909),后梁

闽陈棨堤坝

[1] 《十国春秋》卷16《南唐二·元宗本纪》,第220页。

[2] 《十国春秋》卷17《南唐三·后主本纪》,第241页。

[3] 《十国春秋》卷49《后蜀二·后主本纪》,第714页。

[4] 《九国志》卷7《后蜀·武璋传》,第3305页。

[5] 《十国春秋》卷78《吴越二·武肃王世家下》,第1084页。

[6] 《范文正公政府奏议》卷上《治体·答手诏条陈十事》,见《范文正公集》,页10-1~2。

[7] [清]顾炎武:《天下郡国利病书》第4册《苏上·历代水利》转引郑侠语,四部丛刊三编本(第20册),商务印书馆影印本1935年版,页13-2。

[8] 《十国春秋》卷81《吴越五·忠懿王世家上》,第1150页。

[9] 《资治通鉴》卷283,后晋齐王天福八年十二月,第9259页。

福州闽安镇古桥

同州节度使刘知俊起兵反叛，梁太祖下令："活捉得刘知俊者，赏钱一万贯文，便授忠武军节度使，并赐庄宅各一所。"[1]这里包含土地的庄宅已成为悬赏捉拿刘知俊的奖品之一。刘知俊之侄刘嗣彬在后梁贞明末年叛投晋王李存勖，晋王"厚给田宅"[2]，优遇有加。

后唐同光元年（923），后梁将领康延孝"率百骑来奔。庄宗得之喜，解御衣金带以赐之。翌日，赐田宅于邺，以为捧日军使兼南面招讨指挥使、检校司空、守博州刺史"[3]。明宗时，郑珏致仕，"赐郑州庄一区"[4]。

后周太祖在位，宠臣王峻为赵岩之侄赵崇勋"为求官田宅赐之"[5]，原来王峻曾事赵岩，颇承宠爱，为感昔日知遇之恩，故有此请，郭威因宠信王峻而同意了请求。显德四年（957），后周进攻南唐寿州，南唐清淮军节度使刘仁赡临危不惧，坚持抵抗，副使孙羽趁其重病之际，举城出降，刘仁赡不久死去，为嘉其忠勇，世宗"以其子崇赞为怀州刺史，赐庄宅各一区"[6]。

十国政权中的赐田现象也十分普遍。吴越宰相鲍君福，"有赐田在钱塘，今所谓'鲍家田'是也"[7]。南唐为褒奖大臣徐铉，"特降宣旨，为置庄田"[8]。楚将萧处钧叛降南唐，获"赐田百顷袁州之新喻"[9]。

以上所述是五代十国时期土地政策的主要内容，其实质是各政权对国有土地的配置政策。这些国有土地主要包括荒闲无主田土、营田与屯田。而土地作为一种经济资源，只有与劳动力相结合，才能体现出经济效益。五代十国时期，各政权为实现土地的经济效益，攫取支撑国家机器运转的赋税收入，不再实行统一的以国家授田为形式的土地政策，而是采取劝民垦荒、招引逃户复业、租佃或分赐营田地块等政策。在此背景下，倘若从土地所有制的角度予以探讨，不难发现，随着名义上为国家所有的大量田地流于无地或少地的农民手中，土地的所有权也随之发生转移，土地的国有性质也由此而丧失，农民垦辟的荒土事实上已转化为私有财产，自耕农所有制亦即小土地所有制相应有所恢复与成长。这只是问题的一个方面，意义更为深远的是，由于限制土地买卖禁令的取消与不抑兼并政策的推行，各级官僚、地主、豪强通过占取、请射

[1]《旧五代史》卷4《梁太祖纪四》，第69页。
[2]《旧五代史》卷13《刘知俊附嗣彬传》，第181页。
[3]《旧五代史》卷74《康延孝传》，第967页。
[4]《旧五代史》卷58《郑珏传》，第779页。
[5]《旧五代史》卷130《王峻传》，第1714页。
[6]《十国春秋》卷27《南唐十三·刘仁赡传》，第386页。
[7]《十国春秋》卷84《吴越八·鲍君福传》，第1230页。
[8]《全唐文》卷881，徐铉：《谢赐庄田表》，第9206页。
[9]［宋］王安石：《临川文集》卷94《集贤殿修撰萧君墓志铭》，景印文渊阁四库全书本（第1105册），第783页。

荒闲无主土地，获取赐田，强夺或购买田地，大肆兼并，致使地主大土地所有制迅猛发展，在土地所有制结构中的比重迅速增大，并进而确立了自身的主导地位。惟其如此，在大土地所有制的挤压下，渐渐有所恢复与发展的小土地所有制不得不再度面临生存困境，显现出日趋萎缩的态势。

第二节　赋役制度

五代十国时期的赋役制度，在承袭唐末制度的基础上有所变更和发展，这一时期所形成的赋役制度的新格局对后世影响甚深。

敦煌 61 窟壁画：五台山（五代·局部）

一　两税征收

两税本应包括农税和商税两部分，由于五代时期向商贾征收的商税不再恪守夏、秋两征的陈规，改为随时可征，因此商税逐渐从两税中独立出来，到宋代已演变为国家税收中的单独税种。又由于户税的交纳依据的是资产多寡，而田亩无疑在资产中所占比例最大，作为不动产的田地既已按亩征收谷物税，如再根据田亩多少征收钱币，当然就有重复征取之嫌；加之频繁战争所导致的户口流移极为普遍，征收户税显然不易操作，于是户税逐渐与田亩税合并。五代两税的征纳，主要是指田亩税，宋代的两税则只有田亩税。

确定两税税种和税额，是征收两税的前提。后梁"两税之法，咸因唐制"[1]。所谓"唐制"，即《唐会要》卷84《租税下》记载的唐武宗会昌元年（841）正月敕令中的规定，其中特别提到："内外诸州府百姓，所种田亩，率税斛斗，素有定额。"确立按照田亩多少缴纳斛斗的原则，显示出田亩税在两税中的重要地位。至于"州县每县所征科斛斗，一切依额为定，不得随年检责"的话头，则清晰地表明田亩税的确定以州县为单位，税额相对固定，并不得随意增加，额外滥征。这种制度设置在后梁时期的敕令中有所体现，后梁开平三年（909）八月，敕："今岁秋田，皆期大稔，仰

[1] 《册府元龟》卷488《邦计部·赋税二》，第5839页。

南汉德陵墓室拱顶与夹墙

1《旧五代史》卷4《梁太祖纪四》，第72页。

2《旧五代史》卷31《唐庄宗纪五》，第428页。

3《资治通鉴》卷273，后唐庄宗同光二年二月，第8913页。

4《旧五代史》卷36《唐明宗纪一》，第492页。

5《册府元龟》卷488《邦计部·赋税二》，第5840页。

6《旧五代史》卷46《唐末帝纪上》，第637页。

7《册府元龟》卷553《词臣部·献替二》，第6635页。

8《旧五代史》卷42《唐明宗纪八》，第580页。

9《册府元龟》卷488《邦计部·赋税二》，第5841页。

10《新五代史》卷48《刘审交传》，第545页。

所在切如条流本分纳税及加耗外，勿令更有科索。"1是年十月一月又重申："刺史、县令不得因缘赋敛，分外扰人。"2

后唐同光二年（924）二月，开始着手定税工作："见简天下桑田正税，除三司上供既能无漏，则四方杂税必可尽除。仰所司速简勘天下州府户口正额、垦田实数，待凭条理，以息烦苛。"2诏令仍然强调田亩数为纳税的主要凭据，此次定税的目的是希望借此以避免税额不均、杂税扰民的现象，但由于"孔谦欲聚敛以求媚，凡赦文所蠲者，谦复征之"3。具体实施效果并不理想。天成元年（926）四月，后唐明宗下敕："今年夏苗，委人户自供，通顷亩五家为保，本州具帐送省，州县不得差人检括。如人户隐欺，许人陈告，其田倍征。"4根据民户自报田亩数额以征税，再度明确了以田亩为征税依据的原则，并且规定民户必须据实申报，违者则要加倍重征。这次定税的内容中只涉及夏苗。天成三年（928）的一道诏令，又将田亩税扩大到秋苗："诸道秋夏苗，只取天成二年旧额征理。"5后唐末帝清泰元年（934）六月，三司使刘昫奏："天下户民，自天成二年（927）括定秋夏田税，迨今八年。近者相次有百姓诣阙诉田不均，累行蠲放，渐失税额，望差朝臣一概检视。"6据此可知，天成二年（927）又有重新定税之举，且其行用时间较长，其间屡有蠲免之举，加之"天成已来，久不括田，自水旱累年，民户疾苦不均"7。这些都足以说明，田亩的确已经成为征税的主要对象。田亩税既已成为两税的主要组成部分，随之而来的则是税额的确定。长兴二年（930）六月，后唐曾采取整顿税额的措施："诏诸道观察使均补苗税，将有力人户出剩田苗，补贫下不迨顷亩，有嗣者排改检括，自今年起为定额。"8

后晋对定税也较为重视，天福四年（939）二月的诏书说："应郡守藩侯，不得擅加赋役及县役别立监征，所纳田租，委人户自量自概。"9人户据实申报田亩及税额为定税的方式。针对部分臣僚要求重新检田以增加税收的提议，三司使刘审交并不赞成，他认为："租有定额，而天下比年无闲田，民之苦乐，不可等也。"10检田之举并未实行。其中所说的"定额"，或许就是后唐天成二年（927）所定的税额。另外，通过蠲免地方税额的记载，也可了解两税定额的若干情况。天福二年(937)五月,诏"洛京、魏府管内所征今年夏苗税麦等,宜放五分之一,以微旱故也"[1]。夏税当有定额。地方定税在个别州县也有进行,天福中,"(濮州)税籍不均,命乘使车,按察定计"[2]。后汉也有检田之举。乾祐元年(948)九月,"右羽林将军张播停任,坐检田受请托也"[3]。

南汉康陵出土的瓦脊饰

后周世宗均定田租的措施,是五代时期影响最大的定税之举。显德五年(958)七月诏云:"近览元稹《长庆集》,见在同州时所上《均田表》,较当时之利病,曲尽其情。俾一境之生灵,咸受其赐。传于方册,可得披寻。因令制素成图,直书其事。庶公王亲览,触目警心。利国便民,无乱条制。背经合道,尽系变通。但要适宜,所冀济务。"当年十月又将《均田图》颁赐诸道,并下令:"须议并行均定,所冀永适重轻。卿受任方隅,深穷治本。必能副寡昧平分之意,察乡间致弊之源。明示条章,用分寄任,伫令集事,允属推公。今差使臣往彼检括,余从别敕。"[4]这次均定田租的目的,在于试图减少累朝以来税额不均的现象,改变两税负担不合理的状况。具体实施办法,就是依照元稹《均田图》提出的原则,核实土地顷亩与税额,务使两者相一致。这次大规模的定税工作取得了一定的实效。史载,显德五年(958)十月,"遣左散骑常侍艾颖等均定河南六十州税赋"[5]。此后,相继有使臣被派往各地推广定税工作,如殿中丞上官瓒"使河中还,言河中民多匿田租。遂遣按视均定"[6]。给事中刘载"使许州定田租"[7]。地方官吏也卷入定税工作之中,如颍州刺史王祚"均部内租税,补实流徙,以出旧籍"[8]。显德六年(959)春,"诸道使臣回。总计简到户二百三十万九千八百一十二,定垦田一百八万五千八百三十四顷,淮南郡县不在此数"[9]。但在检田过程中,由于主持者推行措施失当,也产生了一些不良的社会后果。所谓"五代以来,常检视见垦田以定岁租,吏缘为奸,税不均适。由是百姓失业,田多荒莱"[10],其中所说的检田之弊大概也包括显德年间的检田,也正是有鉴于此,宋太祖立国之初,才会"命官分诣诸道均田,苟暴失实者辄遣黜"[11]。

五代定税的主要任务,是查实田亩的占有量,这是执行据田出税措施的依据。十国田税大多按亩征收,而推行

[1]《旧五代史》卷76《晋高祖纪二》,第1000页。

[2]《旧五代史》卷96《王瑜传》,第1273页。

[3]《旧五代史》卷101《汉隐帝纪上》,第1351页。

[4]《五代会要》卷25《租税》,第402页。

[5]《旧五代史》卷118《周世宗纪五》,第1576页。

[6]《宋史》卷261《王仁镐传》,第9037页。

[7]《宋史》卷262《刘载传》,第9081页。

[8]《宋史》卷249《王溥传》,第8799页。

[9]《册府元龟》卷488《邦计部·赋税二》,第5844页。

[10]《续资治通鉴长编》卷7,太祖乾德四年闰八月,第177页。

[11]《宋史》卷173《食货志上一·农田》,第4157页。

履亩纳税的做法,也必须事先核查顷亩。十国中,吴和南唐的定税工作较为引人注目。吴顺义二年(922),"命官兴版簿,定租税"[1]。汪台符也屡屡要求均定田赋。南唐昇元年间,形成定制:"限民田物畜高下为三等,科其均输"[2]。这或许就是昇元五年(941)"定民田税"遵奉的基本原则。同年十一月,"分遣使者按行民田,以肥瘠定其税,民间称其平允"[3]。这次定税不同于以往,即在据亩出税的规则下,又将土地按其肥瘠高下划分为三等,从而使征税的标准更趋合理。其他小国如前蜀、闽、南汉、吴越,也莫不奉行履亩而税的准则。

五代十国时期的两税,大致由田亩税、税钱和附加税组成。

先来看税钱。两税中的税钱部分应由户税钱演化而来,资产的多寡、户等的高下为其缴纳标准。而关于户税的材料,在五代文献中极为少见,《五代会要》卷19《县令上》所载天成三年(928)八月及十月的敕令中说到了"户税":

> 宜令随处州府长吏,逐县每年考课,如增添得户税最多者,具名申奏,与加章服酬奖。如稍酷虐,辄恣诛求,减落税额者,并具奏闻,当行朝典。其县令仍勒州司批给解由历子之时,具初到任所交得户口,至得替增减数额,分时批凿。将来除官及参选,委中书、门下并铨曹磨勘。宜令三京及诸道州府准此。

文献材料缺乏"户税"记载,应是"户税"在两税中日渐衰微趋势的反映,但上述引文表明,至少在这一时期,户税的单独征收并未绝迹。综合两税发展的轨迹来判断,户税钱正在经历融入田亩税税钱的转化进程中,并最终与田亩税合并。

再来看田亩税。田亩税所纳粮食称为斛斗,这是两税的主要构成部分,其前身是租庸调制中的租和地税。斛斗的征收,依田亩数而确定,至于五代各朝斛斗的征收额度究竟为多少,史籍文献中缺乏明确的记载,但税收的额度终归还是存在的,前述有关记载对此已有说明。后周显德五年(958),周世宗在对使臣的讲话中提到"州县以旧额为规"[1],"旧额"显然指的就是两税的征收税额。

虎丘塔

[1]《容斋续笔》卷18《宋齐丘》引《吴唐拾遗录·劝农桑》,见《容斋随笔》,第418页。
[2]《十国春秋》卷10《吴十·汪台符传》,第142页。
[3]《资治通鉴》卷282,后晋高祖天福六年十一月,第9230页。

与之相适应，田亩税的征收额度也应有其标准。十国吴和南唐的田税额在相关文献中有较为清晰的说明。根据《演繁露·续集》卷2《徽州苗绢》的记载，徽州自五代杨行密起，秋税征米，税额占收获量的六成。南唐时宋齐丘的食邑池州青阳县，每亩田税（常指秋税）为三斗，比一般县份高出七八倍，那么一般县份的田税约为每亩四五升。南唐秋税亩征数额大致如此。虽然五代十国时期各地税额或有不同，但据亩而征斛斗已经成为惯例，正如史籍所言："累朝已来，屡下诏书，听民多种广耕，止输旧税，及其既种，则有司履亩而增之，故民皆疑惧而田不加辟。"[2]"履亩"而征，将据亩收取斛斗的成例说得再明白不过了。

十国之中吴和南唐的两税征收制度颇具代表性。杨行密割据江淮时，已推行计亩输钱制度。曾敏行《独醒杂志》卷1载："余里中有寺僧曰南华，藏杨、李二氏税帖，今尚无恙。予观行密时所征产钱，较之李氏轻数倍。""产钱"就是计亩所征之钱，"户帖"的存在，说明计亩征钱已成制度。《吴唐拾遗录·劝农桑》中有一则材料，专门谈到吴田亩税钱的具体数额，吴顺义二年(922)，规定："厥田上上者，每一顷税钱二贯一百文，中田一顷税钱一贯八百，下田一顷千（应作贯）五百，皆足陌见钱。如见钱不足，许依市价折以金银。"[3]在据田出税、分田亩为三等的基础上，田亩税纳钱的税额按上田、中田、下田三个等差依次缴纳21文、18文、15文不等。吴在推行据亩税钱制度的过程中，也曾出现变更。宋齐丘认为："钱非耕桑所得，今使民输钱，是教民弃本逐末也。"[4]提出"请蠲丁口钱"之议，并被采纳。两税征收的物品，短期内重归谷帛，不久之后，计亩税钱的做法复活。

杨吴统治时期的部分地区，还曾出现钱米并征的税制。景福二年(893)，陶雅进入歙州后，在据田出税原则下，实行并征钱、米的制度。《宋会要辑稿·食货》70之35载：

　　（绍兴元年十月）七日，江南东西路宣谕刘大中言，徽州山多地瘠，所产微薄。自为唐陶雅将歙县、绩溪、休宁、祁门、黟县田园分作三等，增起税额，上等

临安钱武肃王陵墓道

[1] 《册府元龟》卷158《帝王部·诫励三》，第1916页。

[2] 《资治通鉴》卷293，后周世宗显德四年九月，第9572页。

[3] 《容斋续笔》卷18《宋齐丘》引《吴唐拾遗录·劝农桑》，见《容斋随笔》，第418页。

[4] 《资治通鉴》卷270，后梁末帝贞明四年七月，第8832页。

田亩每亩至税钱二百文，苗米二斗二升。为输纳不前，却将绌、绢、绵、布虚增高价，纽征税钱，谓之元估八折。惟婺源一县不曾增添，每亩不过四十文。

陶雅所推行的这种征税方式，与宋代的夏钱秋米制度极为相似，但是税钱与税米，还未从夏、秋两征的时间概念上加以仔细区分。南唐时期，夏税纳钱的规定得以明确，马令《南唐书》卷22《李元清传》中即有"先是，夏赋准贡见缗"之语。尽管宋齐丘、李元清反对计亩输钱，但是终究无法改弦更张。田亩税的夏钱秋米的征收制度自此形成，夏钱其实就是户税钱与田亩税钱的综合，原来两税中的户税和地税因此而完成向田亩税的转化，这是两税法颁行后征税体制的一大转变，单一的田亩税逐渐取代了原先两税的内容，宋代的两税即田亩税。

南方其他割据政权，田亩税输纳物品主要为斛斗和钱两色。前蜀武成元年（908）的诏书中称："畿内诸州及诸州府应征今年夏税，每贯量放二百文。""太仓及诸州县受纳斛斗，并仰太府寺准旧例校勘，逐年给付所司，除本分耗剩外，不得加一升一合。"[1]"斛斗"当为田税所纳之物，而其中又显然提到了夏税纳钱的做法，王建时期的夏税钱，应该也是据亩而征。后蜀时期的两税征收中，出现了钱粮并征的记载。张公铎在保宁军节度使任上，鉴于豪民猾胥干没赋税，逃欠租税严重，专门采取催征措施，"由是不数月，征钱粮数万贯斛"[2]。南汉和楚的田税征科，均以斛斗为主。南汉征收斛斗，官府往往使用较大升斗，百姓负担沉重。马楚国文昭王时，"每遣使者行田，以增顷亩为功，民不胜租赋而逃。王曰：但令田在，何忧无谷"[3]！

五代十国时期的两税物品，还有绢帛一色，其前身是作为户调、庸的匹段。从唐后期开始，由于钱重物轻，流通领域缺少现钱，折钱纳绢的手段已有使用。对于统治者而言，将税钱折纳为绢帛，既有助于增加税额，又能满足消费绢帛的需求。后梁开平元年（907）五月，河南尹张全义进献羡余钱物，"仍请每年上供定额每岁贡绢三万匹，以为常式"[4]。后唐李嗣源起兵邺都，进军洛阳途中，"驻军于河上，会山东上供纲载绢数船适至，乃取以赏军"[5]。其中的

杭州钱王祠正门

[1]《锦里耆旧传》卷5，第6029页，第6031页。

[2]《九国志》卷7《后蜀·张公铎传》，第3307页。

[3]《十国春秋》卷68《楚二·文昭王世家》，第956页。

[4]《旧五代史》卷3《梁太祖纪三》，第52页。

[5]《旧五代史》卷35《唐明宗纪一》，第489页。

"绢"都属于两税匹段,现已无法确知它们是两税斛斗还是两税钱的折纳。根据下述材料来看,极有可能是两者兼而有之。长兴三年(932)三月,"三司使奏诸道上供税物,充兵士衣赐不足,其天下两税所纳斛斗及钱,除支赡外,请依时估折绫、罗、绵、绢"。明宗从之[1]。上供绢来自田亩税的斛斗和钱所折纳的绢帛等物。后晋高祖天福元年(936)闰十一月的诏令指出,正税物品主要有斛斗、钱、帛三色:"应诸道州府,所征百姓正税斛斗、钱、帛等,除关系省司文帐外,所在州府,并不得裹私增添纽配租物。"[2]正税所征出自田亩,由此可见钱和绢帛已并入田亩税中,这是两税征收对象向田亩集中趋势的体现。但五代两税绢是田亩税的折纳之物,并非独立征收的名目。十国之中,吴和南唐绢帛的征收也与田亩税相联系。杨吴时,宋齐丘曾建议改计亩税钱为"悉输谷帛"[4],此时所征之帛当是两税本色,不是折纳之物。宋人程大昌《演繁露·续集》卷2《徽州苗绢》载:南唐徽州在征纳秋米时,因运输不便,"许于本色外,余尽计米价准绢价,令输以代纳苗"。这里的绢则还有折纳的痕迹。后蜀和楚的两税纳绢仍具有折纳性质,且成为正常的两税征收形式。后蜀时期,"民所输两税,皆以匹帛充折,其后市价愈高,而官所收止依旧例"[5]。楚国马殷在位时,"湖南民不事蚕桑,(高)郁命民输税者皆以帛代钱,未几,民间机杼大盛"[6]。综合五代十国时期绢帛征收的总体情形,可以看出,两税的钱和斛斗屡屡表现为折征绢帛的形式,进而使两税绢成为继钱、斛斗之外的又一两税色目,其交纳照样分夏秋两季进行,以钱折绢者称为夏绢,以斛斗折绢者称为秋绢(秋苗绢)。其后,征帛制度一直通过各种方式存在于两税征收体系之中。

两税的缴纳,有明确的时间限制。两税法颁布时,规定"夏税无过六月,秋税无过十一月",但由于各地自然环境的差异,执行统一的纳税期限难于实现,因此,各地往往针对本地实际情形限定纳税时间。后唐长兴元年(930),根据纳税地区节气早晚的具体情况,将两税纳税时限划分为三种,《册府元龟》卷448《邦计部·赋税二》对此有详细记载。以大小麦为例,节候稍早的河南府等地,五月十五日起征,八月一日纳足;节候稍晚的幽州等地,

钱俶钱镠批牍合卷

[1]《册府元龟》卷488《邦计部·赋税二》,第5841页。

[2]《册府元龟》卷488《邦计部·赋税二》,第5841页。

[4]《资治通鉴》卷270,后梁末帝贞明四年七月,第8832页。

[5]《续资治通鉴长编》卷14,太祖开宝六年六月,第302页。

[6]《资治通鉴》卷274,后唐庄宗同光三年十二月,第8953页。

六月一日起征，八月十五日纳毕；节候更晚的潞州等地，六月十日起征，九月纳尽。上述三大区域间的纳税时间前后相差十至十五日，这种纳税期限的规定，在一定程度上反映了各地农作物的生长规律。分地分时的纳税做法，更加有利于农民的输纳和政府的收纳。后周征税期限，恢复到整齐划一的老路，显德三年（956）十月，明令"今后夏税以六月一日起征，秋税至十月一日起征，永为定制"[1]。材料中只讲到夏秋税的起征时间，而无末限的说明，很可能截止时间有所推迟。这种纳税期限的变化，目的在于革除唐时两税征收中的弊病，但在实施过程中，"先限量征"的现象时有发生。如后唐长兴元年（930）七月的敕文，要求各地官府在纳税期限内征税，倘若逾期不能完成纳税任务，则"准条流责罚"[2]。为免受责罚，地方官吏无疑会提前征纳，限内征税的措施自然无法得到保证。又如后周太祖即位诏书中称："秋夏征科，旧有规制。如闻诸道州府别立近限催驱，或逼蹙过深，转致供输不易，至使蚕欲老而求丝债，禾未熟而取谷钱，但无逋悬，何须急暴？应天下百姓纳税租，并取省限内纳毕，不在促限征督。如是军期急速，即不拘此例。"[3]制止提前督征，终究要让位于军事急征，五代时期战事频仍，既然认可因军事所需可提前征纳，限前催纳自然无法避免。在正常的纳税时限外，预借之事也较为常见。后唐同光四年（926）三月，"诏河南府预借今年秋夏租税"[4]。后晋天福八年（943）正月，鉴于河南府逃户众多，饿毙者触目，诏："诸道以廪粟赈饥民，民有积粟者，均分借便，以济贫民。"[5]是年六月，又"遣内外臣僚二十八人，分往诸道州府率借粟麦"[6]。十国的预借也偶有所见，如"五季时，江南李氏暴敛害民，江西一路税苗数外，倍借三分，以应军须"[7]。

　　十国时期，也有征税期限的规定。吴越衣锦乡百姓程仁绍，曾在呈递官府的文书中称："户内盐税米等，先次送纳，不敢逋欠正限。"[8]显然，吴越征税期限有一定要求，十国其他政权也应有这方面的规定。而对于纳税违限者，十国各政权同样予以严厉处罚。如楚国营道人何仲举，少时"家贫，输税不及限，李宏皋为营道令，怒之，命荷校颂系狱中"[9]。下层胥吏如无法在既定期限内完成征税任务，同

吴越国石塔上的浮雕

[1]《五代会要》卷25《租税》，第402页。

[2]《册府元龟》卷160《帝王部·革弊二》，第1935页。

[3]《册府元龟》卷96《帝王部·赦宥十五》，第1141页。

[4]《旧五代史》卷34《唐庄宗纪八》，第474页。

[5]《旧五代史》卷81《晋少帝纪一》，第1074页。

[6]《旧五代史》卷81《晋少帝纪一》，第1078页。

[7]《文献通考》卷5《田赋考五·历代田赋之制》，考64。

[8]《全唐文》卷898，程仁绍：《请蠲免夫役状》，第9379页。

[9]《十国春秋》卷73《楚七·何仲举传》，第1014页。

样难逃责罚。楚周行逢之妻邓氏曾对周行逢说："税,官物也。公为节度使,不先输税,何以率下! 且独不记为里正代人输税以免楚挞时邪？"[1]

五代十国的两税,除正税外,各种附加税名目繁多,致使税率不断攀升。以下仅就几种主要的附加税稍作介绍。

加耗。加耗之征的名义,是补贴粮食贮运过程中的损耗,其目的,表面上看是为确保税收量的足额,但实际上是税外加赋,加重了纳税户的负担。后梁时期即有加耗之名,开平三年(909)八月,敕文言："所在纳税,切如条流本分纳税及加耗外,勿令更有科索。"[2]后唐称之为省耗,在省耗的征纳上,天成元年(926)四月之前的数额为斛斗的10%,其时发布诏令予以取消。长兴二年(931),恢复省耗之征,并将其数额调整为斛斗的2%,较之天成之前有所减轻。后汉王章抬高省耗之征,竟高达两税税额的20%,以致"百姓苦之"[3]。后周广顺元年(951),曾诏令禁止征收省耗;至显德二年(955),省耗再度起征,每斗征一升。五代加耗之征,几乎遍及国家所征之物,由此而造成的弊端,引起官员和政府的注意,并对多收加耗者采取了一定的处罚措施。后唐天成四年(929),符习"移汴州节度使。安重诲素不悦习,会汴人言习厚赋民钱,以代纳藁,及纳军租,多收加耗,由是罢归京师"[4]。后周显德元年(954)十月,左羽林大将军孟汉卿因"监纳厚取耗余"而被赐死。[5]

布袋钱。后唐明宗天成二年(927),户部奏请人户送纳两税斛斗时,如果使用官府提供的布袋,每一条布袋交钱8文,其中5文交给"擎布袋人",即作为交纳布袋人的报酬;另外3文用作"仓司"吃食、铺衬、纸笔、盘缠各项开支。[6]如此一来,即便民户纳税时不用官府布袋,每袋粮食仍然必须交纳3文布袋钱。布袋钱的收取,记在明细分类簿上,上呈主管机构,以避免滥征、滥用布袋钱。后晋天福年间,将征收额为每石二升的"雀鼠耗"中的一升折钱2文,与原8文"布袋钱"合为10文,用于仓司开支。到宋代,五代的布袋钱统称"头子钱"。

随税盐钱。这种附加税,主要包括随丝盐钱和蚕盐钱两种,后唐以后较为普遍。随丝盐钱属于盐税的一种,是

吴越国石塔门上的浮雕

[1]《资治通鉴》卷293,后周世宗显德三年七月,第9557页。
[2]《旧五代史》卷4《梁太祖纪四》,第72页。
[3]《旧五代史》卷107《王章传》,第1410页。
[4]《旧五代史》卷59《符习传》,第793页。
[5]《旧五代史》卷114《周世宗纪一》,第1521页。
[6]《五代会要》卷27《仓》,第432页。

吴越国王钱弘俶居住过的广福院

交纳两税丝时所附盐钱,民户交纳此钱即可得到官盐的供应。蚕盐钱是盐价钱,系官盐的一种赊售制度,具体做法是,官府于二月向民户俵散官盐,农历五月夏收时民户随夏税交纳蚕盐钱。由于赊售期限与育蚕期一致,故称蚕盐。然而蚕盐并非食盐,乃是腌制蚕茧的手工业用盐。因为随丝盐钱和蚕盐钱后来都随两税交纳,遂成为两税的附加税,其中包含榷盐的性质。

折纳与纽配。折纳,又称"折征"、"科折"、"折色",是政府将赋税中原征财物,变相改征其他财物的措施。纽配,又称"科配"、"科买"、"配买"等,指政府按一定价格征购民间供纳的产品和劳务。附加税的这两种形式在五代时期大量存在。后唐长兴三年(932)三月,为补给军衣,明宗采纳了三司使臣将两税斛斗折纳为绫、罗、绵、绢的建议。后汉乾祐二年(949)二月,敕:"先以兵甲至多,粮储不给,权于苗亩之上,遂有纽配之烦。……应三京、邺都、诸道州府所征乾祐元年夏秋苗税及纽征白米、秆草,据今年二月一日已前已纳外,见系欠数,并宜特放。"[1]后周广顺年间,李元懿任北海令时,"夏秋苗上每亩麻、农具等钱,省司元定钱十六。及刘铢到任,每亩上加四十五,每顷配柴五围、炭三秤"[2]。折纳和纽配,一定程度上加大了对百姓的赋敛与掠夺,为缓和社会矛盾,统治者屡屡诏令禁止折纳和纽配。后梁太祖下令"两税外不得妄有科配"[3]。后唐同光三年(925)敕:"应逐税合纳钱物、斛斗、盐钱等,宜令租庸使指挥,并准元征本色输纳,不得改更。"[4]后唐明宗时期对此也有限定,"夏税限纳钱,夏秋苗亩税子,除元征石斗及地头钱,余外不得纽"[5]。后晋高祖天福元年(936),也有类似规定:"应诸道州府,所征百姓正税斛斗、钱、帛等,除关系省司文帐外,所在州府,并不得裹私增添纽配租物。"[6]这些规定,一方面反映出折纳和纽配现象的普遍,另一方面当在一定程度上对其有所抑制。

十国政权中的折纳现象也很普遍。前面已经提到杨吴、前后蜀、马楚时期都曾实行以钱折绢的办法,此处不再重复。另据史载,宋初福州规定"以钱二贯五百折纳绢一匹"[7],可以推知福州也有以钱折绢的形式。以米折绢的制度则见于南唐的徽州。

[1]《册府元龟》卷492《邦计部·蠲复四》,第5888页。

[2]《全唐文》卷856,李元懿:《上六事疏》,第8983页。

[3]《全唐文》卷102,梁太祖:《禁科配州县敕》,第1040页。

[4]《五代会要》卷25《租税》,第400页。

[5]《册府元龟》卷488《邦计部·赋税二》,第5840页。

[6]《册府元龟》卷488《邦计部·赋税二》,第5841页。

[7]《梦溪笔谈校证》卷11《官政一》,第411页。

屋税。这是唐代间架税在五代时期的变种。据后唐同光三年(925)二月的敕文，"城内店宅园圃，比来无税，顷因伪命，遂有配征"[1]，则后梁已有屋税之征。后唐明宗时有诏："应汴州城内百姓，既经劫掠，宜放二年屋税。"由此可见，这一时期至少城区居民是有缴纳屋税义务的。应顺元年(934)四月，后唐闵帝"诏预借居民五个月房课，不问士庶，一概施行"[2]。可见后唐屋税按月征收，且有预征现象。后晋天福六年(941)十一月，"诏免襄州城内人户今年夏秋来屋税，其城外下营处与放二年租税"[3]。此时的屋税分为夏秋两季征收。后周时期屋税之征，又从州县扩及镇郭，广顺二年(951)九月敕："州县城镇郭下人户，系屋税合请盐者，若是州府，并于城内请给；若是外县镇郭下人户，亦许将盐归家供食。"[4]

除上述各种附加税之外，五代时期还存在小绿豆税、随税曲钱、农具钱、牛皮钱、桥道钱等多个税种，这些税种均与两税相结合，其目的显然在于确保政府的财政收入。至此，两税结构从唐代土地税和人头税结合这一形式，演化为五代十国时期以土地税为主要内容的综合税，后者又增添了消费税和生产资料税的征收。[5]这种两税结构的调整，是中国传统社会赋税制度的一大转变。

两税征收中的横征暴敛，在五代十国时期极为常见，其有别于受法令保护的两税和附加税，于法理而言，毫无根据。这种横征往往以预借、增溢概量、任意敛取的形式出现。预借之征前已述及，这里仅就后二者略举数例予以说明。所谓增溢概量，是指在受纳斛斗时，尽量使容器装得更满，或者改用大斗，以行多收之效。大斗重敛，以后蜀和南汉至为典型，如后蜀"官仓给纳用斗有二等，受纳斗盛十升，出给斗盛八升七合"[6]。可谓是"大斗进，小斗出"。南汉刘钺时，"私制大量，重敛于民。凡输一石，乃为一石八斗"[7]。税率竟抬高80%。任意敛取的事例，更是比比皆是。如后唐租庸使孔谦制括田竿尺，虚增民户田亩面积，以求取更多两税斛斗。后晋赵在礼"拔钉钱"之征，尤其令人咋舌。南唐宋齐丘食邑池州青阳县，秋苗稅每亩高达三斗。徽州两税额，占田亩收入的六成。南汉刘钺，要求民户缴纳税米时，"每石白配百六十钱"[8]。吴越时期的两税，也

吴越文穆王钱元瓘画像

[1]《旧五代史》卷146《食货志》，第1946页。
[2]《旧五代史》卷46《唐末帝纪上》，第632页。
[3]《旧五代史》卷81《晋少帝纪一》，第1071页。
[4]《五代会要》卷27《盐铁杂条下》，第428页。
[5]《五代十国史研究》，第166页。
[6]《续资治通鉴长编》卷6，太祖乾德三年五月，第154页。
[7]《续资治通鉴长编》卷12，太祖开宝四年七月，第268页。
[8]《续资治通鉴长编》卷14，太祖开宝六年七月，第305页。

高达每亩三斗。楚马希范时，在常税之外，规定："大县贡米二千斛，中（县）千斛，小（县）七百斛；无米者输布帛。"[1]

二　商税之征

商税即对商贾所征之税。商税包括过税（通过税）、住税（交易税）和专卖税。这里只涉及过税和住税，也就是关税和市税，专卖税则容后另辟一节予以探讨。至迟至后晋高祖时，过税和住税的名目就已出现，其时规定：盐货"过税每斤七文，住税每斤一十文"[2]。唐代商税包含在两税之内，五代十国时期，商税逐渐从两税中独立出来，成为单独税种，这是商品经济发展的制度性表征。

唐末地方藩镇跋扈，擅自征收关市之征，但唐政府对于地方政府擅征商税则明令予以禁止，直至天复元年（901），昭宗的诏书中还说："自今以后，畿内军镇，不得擅于要路及市井津渡、妄置率税杂物及牛马猪羊之类。其有违犯者，有人纠告，以枉法赃论之。诸镇县节级及诸津渡，访闻每年兴贩百姓，广有邀求，致令滞停，切念两军、京兆府差人觉察，显行痛断。"[3]但由此也可看出，唐末地方擅征商税的现象已经极为普遍，关畿之地、军镇、诸镇县节级、诸津渡、要路市井，无不有关市之征，此时的唐王朝已朝不保夕，一纸诏令显然无法禁止地方私设场店、滥征商税。五代十国时期，关市之征渐趋合法，称为"商税"或"杂税"。如后唐同光二年（924）二月，租庸使孔谦奏称："诸道纲运商旅，多于私路苟免商税，不由官路往来。"[4]天成元年（926）四月，明宗诏令："诸州杂税，宜定合税物色名目，不得邀难商旅。"[5]可见，"商税"与"杂税"之征，已为后唐中央政府承认。为将地方商税之利纳于中央财政，长兴二年（931）八月，敕曰："应三京、诸道州府商税等，多不系属州府，皆是省司差置场官。……自今已后，诸商税并委逐处州府扑断，依省司常年定额勾当办集，冀除生事之端，不爽丰财之理。"[6]即在各地设立专门收税机构"商税务"、"商税院"等，由政府派人监管，按朝廷确定年额征缴。后周广顺年间，郓州官员的上奏中，也曾出现"商税院"字眼，其职能当与"商税务"相同，都是设置于各地的收税机构。

十国之中，也纷纷设立商税征收机关，任命商税征收

吴越忠献王钱弘佐画像

---

[1] 《资治通鉴》卷283，后晋齐王天福八年十二月，第9259页。

[2] 《旧五代史》卷146《食货志》，第1951页。

[3] ［宋］宋敏求：《唐大诏令集》卷5《改元天复敕》，商务印书馆排印本1959年版，第33页。

[4] 《册府元龟》卷504《邦计部·关市》，第6052页。

[5] 《旧五代史》卷36《唐明宗纪二》，第496页。

[6] 《册府元龟》卷504《邦计部·关市》，第6053页。

官员。吴天祚二年（936）春正月，"徐知诰始建大元帅府，以幕职分判吏、户、礼、兵、刑、工部及盐铁"[1]，将盐铁由使职转变为固定机构，正说明盐铁所职掌的禁榷和商税，对于国家财政所具有的重要意义。南唐商税主管机构为盐铁院，承袭的是唐后期以盐铁院及下属场监负责征收江淮商税的传统，而其直接渊源则来自于杨吴时期的做法。后蜀时期，商税的管理隶属于度支，张业由于判度支虐征商税而被杀。[2]闽通过榷货务掌管商税的收取，王审知时，张睦尝领此职，以"招来蛮裔商贾"[3]。景宗时，又有国计使陈匡范涉足商税征收的记录。[4]与五代中原王朝相类似，十国也在地方设立收税机关。如南汉在邕州设有"制置务"，"不隶州县，占却税户，自立营田，复抽收商税，及将收到课利博场，人户甚受其弊"[5]。制置务应为中央商税主管机关的派出机构，南汉中央政府由此而控制邕州商税征收之权。再如孟知祥与董璋争夺盐利，董璋引诱商旅贩卖东川盐进入西川，孟知祥"乃于汉州置三场重征之，岁得钱七万缗，商旅不复之东川"[6]。汉州三场完全为孟知祥所控制，收入自然归其掌握。此外，后蜀时期还保留有征管税收的检税官"栏头"之职，这也是唐代制度的遗存。史载："伪蜀末，利州路有二客，负贩杂货，往葭萌市鬻之"，途中遇虎，即爬树藏身，以拄杖刺伤虎目，其后"赴葭萌市征之所，有一妇报云，任栏头夜来醉归，刺损双眼，不来检税"[7]。其事虽不免怪诞虚妄，但"栏头"的职责是检税则为不争事实。

　　五代商税征收力度较之以前有所加大，主要反映在商税征收的繁难、关津税的严密以及商税征收范围的扩大等方面。同光二年（924）二月，鉴于商旅不走官道而多走小路逃税的情况，租庸使孔谦奏请："所在关防严加捉搦，山谷私由道路仍须郛塞，以戢行人。"[8]商税之繁显然是商人不走官路而另辟山谷小路以逃税的原因。后唐长兴三年（932）正月，敕："比置关防津铺，为要禁察奸凶，如或纵舍贼徒，透漏商税，既亏职分，难逭刑章。若敢阻滞行人，侥求润己，但有发觉，并以枉法赃论，宜令诸道常切指挥，无使违犯。"[9]各地关津一律征收关税，旨在杜绝漏税。后晋时，为使各地民众知晓商税的征收种类，命令各地官

吴越忠逊王钱弘倧画像

[1]《十国春秋》卷3《吴三·睿帝本纪》，第73页。

[2]《锦里耆旧传》卷7，第6049页。

[3]《十国春秋》卷95《闽六·张睦传》，第1377页。

[4]《十国春秋》卷92《闽三·景宗本纪》，第1338页。

[5]《宋会要辑稿·食货》17之11，第5089页。

[6]《资治通鉴》卷276，后唐明宗天成三年三月，第9015页。

[7]［宋］黄休复：《茅亭客话》卷8《葭萌二客》，景印文渊阁四库全书本（第1042册），第954页。

[8]《册府元龟》卷504《邦计部·关市》，第6052页。

[9]《册府元龟》卷66《帝王部·发号令五》，第737页。

吴越忠懿王钱弘俶画像

1《旧五代史》卷76《晋高祖纪二》,第993页。

2《文献通考》卷14《征榷考一·征商》,考145。

3《册府元龟》卷92《帝王部·赦宥十一》,第1103页。

4《册府元龟》卷488《邦计部·赋税二》,第5839页。

5《册府元龟》卷547《谏诤部·直谏十四》,第6575页。

6《旧五代史》卷33《唐庄宗纪七》,第461页。

7《册府元龟》卷92《帝王部·赦宥十一》,第1107页。

8《册府元龟》卷92《帝王部·赦宥十一》,第1107页。

9《五代会要》卷27《闭籴》,第433页。

10《十国春秋》卷67《楚一·武穆王世家》,第936页。

11《宋会要辑稿·食货》17之10,第5088页。

12《宋会要辑稿·食货》17之12,第5089页。

13《宋会要辑稿·食货》17之11,第5089页。

14《宋会要辑稿·食货》17之10,第5088页。

府将商税征收条例张榜公布,史载其事为:"应诸道商税,仰逐处将省司合收税条例,榜于本院前。榜内该设名目者,即得收税。"[1]至于商税的征收对象,基本上囊括了商人贩易的所有货色,史称:"关市之税,凡布帛、什器、香药、宝货、羊彘,民间典买庄田、店宅、马牛、驴骡、橐驼及商人贩茶、盐皆算。……贩鬻而不由官路者罪之。有官须者十取其一,谓之抽税。自唐室藩镇多便宜从事,擅其征利。其后诸国割据,掊聚财货以自赡。故征算尤繁。"[2]据此可以推测,五代商税征收种类,必定有众多名目,这与其时"军需尚重,国力未充"的总体形势相一致。尽管后唐庄宗认为:"只有茶、盐、铜、铁出山泽之利,有商税之名,其余诸司,并无税额"[3],但缘于军事所需,收税对象根本不可能仅仅局限于上述内容,商税征收范围,也势必陷入"有形之类,无税不加"[4]的境地,所以商税征收的事实必然是:"诸处商税,有越常规。乃至草、木、虫、鱼,无不取税。"[5]以至在确定商税物色时,庄宗认为"关市之征,抽纳繁碎,宜令宰臣商量条奏"[6]。明宗也说:"州使置杂税交下烦碎。"[7]尤为恶劣的是,对同一商品重复征税,如天成元年(926)的一道诏令称:"省司及诸府置税茶场院,自湖南至京六七处纳税,以致商旅不通。"[8]对于粮食等商品,也同样存在"逐道皆有税钱"[9]的反复计征现象。关卡林立,不利于人民正常生产和生活秩序的进行,对商品经济的繁荣也有阻碍作用。

十国商税,同样也是无物不征。上文所述诸多大宗商品自然被列为商税征收对象。如盐,后蜀孟知祥即曾在汉州置三场以向盐商征税。如茶,楚有茶税之征,所谓"听民售茶北客,收其征以赡军"[10]。除此之外,十国商税征收对象的种类还有许多,如米面、竹木、柴等生活必需品,史载:剑南道"伪蜀日有以米面收算者"[11]。南唐统治时期的鄂州,"旧例,盐米出门皆收税钱"[12]。南汉所辖的邕州、琼州,"每遇市集,居人妇女货卖柴米者,邕州人收一钱以为地铺之直;琼州粳米计税四钱,糯米五钱"[13]。猪、羊、鹅等农畜产品也在征税之列,宋太祖开宝四年(971)四月,广南转运使王明言:"广州承前止于河步收税,猪、羊、鹅、鹿、鱼、果并外场镇课利,岁收铜钱一千七十贯。"[14]其中,鱼税的征收则是遍及南方诸国,诚如史籍所言:"先是,淮南、江浙、荆湖、广南、福建路,当僭据之时,应江湖及池潭陂塘聚鱼之处皆纳官钱,或令人户占买输课,或官遣吏主持。"[1]吴越的"婺州金华、东阳二县陂湖,岁取鱼税"[2]。后蜀也不例外,"忠州等处伪蜀日以鱼为膏输其算"[3]。南唐的个别地区竟因征收鱼税,附带连缯网也须纳钱,宋太宗淳化元年(990)十月的诏令中就提到:"兴国军大冶县鱼池谭步地伪国日纳鱼税外,复于缯网每夫岁收十钱。"[4]舟船也需缴纳商税,南唐"舟行有力胜"[5],所谓力胜钱,就是根据舟船载重的多少以确定税额,这是征于商人的载货舟船之税。后蜀"峡路州军于江置撞岸司,贾人舟船至者每一舟纳百钱已上至一千二百"[6]。其他纳入征税对象的物品仍然不少,如芦苇、簟席、纸扇、芒鞋等等,不一而足。由此可见,十国商税所征对象并无严格限制,新的商税名目随时都有出现的可能,乃至百姓嫁娶也得交纳资装税,据载:"先是,伪蜀时,部民凡嫁娶皆籍其帏帐、妆奁之数,佑("估"字之误)价抽税。"[7]直至宋太宗开宝六年(973)八月,成都地区的嫁娶资装税才被废除。商税名目既多,百姓负担无疑更重。在南方各国中,吴越重敛商税虐民的事例尤其具有代表性,史载:

> 钱氏兼有两浙几百年,其人比诸国号为怯弱,而俗喜淫侈,偷生工巧,自镠世常重敛其民以事奢僭,下至鸡鱼卵鷇,必家至而日取。每笞一人以责其负,则诸案史各持其簿列于廷,凡一簿所负,唱其多少,量为笞数,以次唱而笞之,少者犹积数十,多者至笞百余,人尤不胜其苦。[8]

唐代两税法中关于商税额的规定是:"不居处而行商者在所州县税三十之一,度所取与居者均,使无侥利。"[9]迨至宋代,过税和住院之征,一般分别为每千钱算二十和每千钱算三十。五代商税额大致应与唐、宋时期相当。后晋天福七年(942),高祖诏三司对往来兴贩盐货征收"过税每斤七文,住税每斤一十文"[10]。后周时期,对商税额度有所调整,特别是加征了曲(酿酒与醋的原料)的商税。广顺三年(953),澶州地方官员奏请:"于商税旧额上添长钱二千八百贯,曲务添七千贯,从今年三月一日纳起。"太祖诏褒之[11]。而对贩牛的商税则有所减免。显德五年(958),世

《韩熙载夜宴图》(局部)

[1] 《宋会要辑稿·食货》17之11,第5089页。

[2] 《宋会要辑稿·食货》17之12,第5089页。

[3] 《宋会要辑稿·食货》17之10,第5088页。

[4] 《宋会要辑稿·食货》17之12,第5089页。

[5] 马令:《南唐书》卷14《儒者传下·汪台符传》,第5354页。

[6] 《宋会要辑稿·食货》17之11,第5089页。

[7] 《宋会要辑稿·食货》17之11,第5089页。

[8] 《新五代史》卷67《吴越世家》,第843页。

[9] 《文献通考》卷3《田赋考三·历代田赋之制》,考45。

[10] 《册府元龟》卷504《邦计部·关市》,第6053页。

[11] 《册府元龟》卷504《邦计部·关市》,第6053页。

宗敕:"诸道州府,应有商贾兴贩牛畜者,不计黄牛、水牛,凡经过处并不得抽税;如是货卖处,只仰据卖价每一千抽税钱三十,不得别有邀难。"[1]

十国商税额与五代中原王朝颇有不同。在南方各政权中,除楚不征关市外,其他政权的商税税额都较重。南唐烈祖李昪在位时,有段时期天久无雨,烈祖说:"四郊之外皆言雨足,惟都城百里之地亢旱,何也?"渐高回答:"雨怕抽税,不敢入城。"[2]次日,商税之征即得蠲除。可见当初南唐都城地区的税额之苛重。上文曾提及闽国计使陈匡范"增算商贾数倍"与后蜀判度支张业虐征商旅的事例,都足以说明各国商税税额的沉重。

十国商税税率因地而异,计税单位并非整齐划一。前引十国商税征收对象的诸多事实,已经对此有所反映。后蜀峡路商人以舟船装载米麦,计斗以征税,而不是按价抽税。南唐力胜钱以所载重量的多少征收舟船税,后蜀峡路撞岸司计税是每一舟纳百钱以上至一千二百,所纳商税数额的不同,应该也是依据舟船不同的载重量。南汉的邕州与琼州,征收商税也有不同标准。本地妇女货卖柴米,邕州人收取一钱作为地铺之值,这是按人头计税;而琼州粳米计税四钱,糯米五钱,虽然是按米色纳税,但显然并未考虑米的价格,这是笼统计税。十国商税税率不一的问题,直至宋太宗时仍在个别地区有所体现,太平兴国九年(984),盐铁使王明奏称:"西川峡路诸州商税,自来杂用铜钱,其价不等,请自今比市价每一贯收住税三十,过税二十。"[3]

三　徭役的征发

五代十国时期,徭役的名称形形色色,常见的有正役、杂徭、夫役、匠役、番役、色役、职役、差役、差徭等等。这一时期的徭役既有唐代旧制的遗存,又体现出强烈的时代特点,徭役征发在总体上与军事斗争的需要相适应。结合五代十国役法变化的实际情况,以下从力役、色役两方面展开叙述。

先看力役。力役,在唐代是指作为正役的丁役。两税法颁布后,"丁租庸调,并入两税"[4],据此,应不再有力役的征发,但实际情况是,力役的征发直至五代十国时期仍然

《韩熙载夜宴图》(局部)

[1]《文献通考》卷14《征榷考一·征商》,考144。
[2]《江表志》卷上,第5081页。
[3]《宋会要辑稿·食货》17之11,第5089页。
[4][宋]王溥:《唐会要》卷83《租税上》,上海古籍出版社点校本1991年版,第1818页。

存在，如后周广顺二年(952)五月，在收复兖州后，下诏放免此役死难者"户下三年徭役"[1]。仅此一例，即已可知力役之征并未绝迹。不仅如此，南北各政权都普遍重役，就连土瘠民贫的北汉，也是"内供军国，外奉契丹，赋繁役重，民不聊生，逃入周境者甚众"[2]。五代十国时期征发的力役，主要用于土木营建和运输。

征用民力或士卒以承担土木营建任务，在五代十国时期较为常见。土木营建的各项工役又以修筑城池战壕、建造宫殿、修建寺庙以及开浚河道、修堤筑坝等水利工程用力最多。修筑城池战壕几乎遍及南北各政权，如后晋时，征发丁夫修建洛京大内。[3]后汉隐帝时，郭威率兵出征河中李守贞，至则"调五县丁二万人筑连垒以护三栅"[4]，最终取胜。后周广顺二年(952)，诏："开封府修补京师罗城，率畿内丁夫五万五千，版筑旬日而罢。"[5]显德三年(956)正月，又"发畿内及滑、曹、郑之丁夫十余万，筑新罗城"[6]。次年四月，"重修永福殿"[7]。同年十二月，再"发陈、蔡、宋、亳、颍、曹、单等州丁夫城下蔡"[8]。显德五年(958)正月，更"发扬州部内丁夫万余人城扬州"[9]。

十国之中，修筑城池之役也比比皆是。唐天祐四年(907)，吴将陶雅镇歙州时，新城为暴雨所冲，"将征役以完旧，则民勚之可惮也"，然而又虑及"强敌未殄，方励镃铏伺间，岂可惜费重力，慢蓄轻守，以速冠心乎"[10]，最后还是决定重筑新城。吕师造在饶州也修城掘壕，以备战守。[11]后来成为南唐首都的金陵，自天祐十一年(913)开始修筑，徐知诰任昇州刺史时，以其为治所，大肆营缮，"府舍甚盛"[12]。以至于徐温视察之后，大为动心，竟将镇海军治所移徙至此。建隆四年(963)，南唐筑宣州新城，长4里余，壕堑计894丈，"造成大楼八所，其诸敌楼桥道等，不可殚书"[13]。前蜀后主王衍为满足游乐需要，"筑子城西北夹寨堤，引水入大内御沟，东流出仁政楼"[14]。后蜀孟知祥割据两川后，于天成二年(931)十二月，"发民丁二十万修成都城"[15]，"其版筑采造军民，共役三百九十八万工"[16]。福州"王氏自忠懿在位既久，遭五季兵革，为其国深虑，重壁累堑，至于三四周回，缭绕外城，西北遂与罗夹楼堞相属，益完固矣"[17]。割据两浙的钱镠，早在唐昭宗大顺元年(890)

[1] 《旧五代史》卷112《周太祖纪三》，第1482页。

[2] 《资治通鉴》卷290，后周太祖广顺元年十月，第9470-9471页。

[3] 《册府元龟》卷547《谏诤部·直谏十四》，第6573页。

[4] 《新五代史》卷11《周本纪》，第110页。

[5] 《五代会要》卷26《城郭》，第417页。

[6] 《五代会要》卷26《城郭》，第418页。

[7] 《旧五代史》卷117《周世宗纪四》，第1558页。

[8] 《旧五代史》卷116《周纪宗纪三》，第1551页。

[9] 《旧五代史》卷118《周世宗纪五》，第1568页。

[10] 《全唐文》卷867，杨夔：《歙州重修新城记》，第9082页。

[11] 《十国春秋》卷12《吴十二·柳翁传》，第159页。

[12] 《资治通鉴》卷269，后梁均王贞明三年四月，第8815页。

[13] 《全唐文》卷877，韩熙载：《宣州筑新城记》，第9172页。

[14] 《十国春秋》卷37《前蜀三·后主本纪》，第534页。

[15] 《资治通鉴》卷276，后唐明宗天成二年十二月，第9011页。

[16] 《全唐文》卷891，李昊：《创筑羊马城记》，第9313页。

[17] 《淳熙三山志》卷4《外城》，第7818页。

五代周文矩《重屏会棋图》

1《吴越备史》卷1《武肃王》，第6180页。

2《十国春秋》卷78《吴越二·武肃王世家下》，第1087页。

3《五代史补》卷1《钱镠乖谤》，第1479页。

4《十国春秋》卷100《荆南一·武信王世家》，第1429页。

5 陆游：《南唐书》卷18《浮屠传》，第5604页。

6《续资治通鉴长编》卷2，太祖建隆二年三月，第40页。

7 [宋]黄休复：《益州名画录》卷中《黄居寀》，见傅璇琮、徐海荣、徐吉军主编：《五代史书汇编》（十），杭州出版社点校本2004年版，第8139页。

8《蜀梼杌校笺》卷2《前蜀后主》，第168页。

9《十国春秋》卷91《闽二·惠宗本纪》，第1326页。

10《资治通鉴》卷281，后晋高祖天福二年四月，第9172页。

11《新五代史》卷65《南汉世家》，第816页。

就开始修筑杭州新夹城，"凡五十余里，皆穿林架险而版筑焉"[1]。景福二年（893）即有"发民夫二十万及十三都军士筑杭州罗城"之举。吴越天宝三年（910），又"广杭州城，大修台馆，筑子城，南曰通越门，北曰隻门。钱塘富庶由是盛于东南"[2]。对于钱镠被封为吴越国王的力役之兴，史书中还有一则这样的记载："大兴府署，版筑斤斧之声，昼夜不绝。士卒嗟怨，或有中夜潜用白土大书门曰：'没了期，侵早起，抵暮归。'"[3]由此可知其时徭役之沉重。处于四战之地的荆南，在武信王高季昌时，"治城堑，设楼橹，奏筑江陵外城，增广□□丈，复建雄楚楼、望江楼为捍蔽。执畚锸者十数万人，将校宾友皆负土相助"[4]。

建筑宫殿的力役之征，南方明显超过北方。北方中原王朝都城在开封或洛阳，均为古都、古城，无须进行大规模的宫殿建造。南方则不然，历史上遗留下来的离宫、别馆数量既少，规模也极为有限。南方又前后相继涌现出九个割据政权，各政权的统治者为显示帝王之尊，大兴力役，广造宫殿。徐知诰把持杨吴大权后，定都广陵，"大筑其居，穷极土木之工"[5]。南唐建国后，金陵殿堂鳞次栉比，壮丽无比。元宗李璟时曾一度迁都洪州，也大力营建宫府，结果却是"力役虽繁，无所施巧"[6]。前后蜀的宫殿、苑囿建造也极有规模，史称："蜀之四王崇奢，宫殿、苑囿、池亭，世罕其匹。"[7]前蜀乾德三年（921）五月，"宣华苑成，延袤十里。有重光、太清、延昌、会真之殿，清和、迎仙之宫，降真、蓬莱、丹霞之亭。土木之功，穷极奢巧"[8]。闽自王延翰以后，营造宫殿愈来愈多，王延翰于城西西湖筑水晶宫。惠宗王鏻作宝皇宫于城中，又造"东华宫，穷工极丽，宫中供匠作者万人"[9]。康宗王昶"作紫微宫，饰以水晶，土木之盛倍于宝皇宫"[10]。《淳熙三山志》卷7《公廨类·府治》也说：通文、永隆之间，闽"宫有宝皇、大明、长春、紫薇、东华、跃龙，殿有文明、文德、九龙、大黼、明威"，都极为壮丽辉煌。南汉兴建宫殿的数量也很多，史载："故时刘氏有南宫、大明、昌华、甘泉、玩华、秀华、玉清、太微诸宫，凡数百，不可悉纪。"[11]楚文昭王马希范于天福七年（942）十月，"大兴土木功，建天策府于长沙城西北，作天策、光政等一十六楼，天策、勤政等五堂，极栋宇之盛，栏槛皆饰以金玉，涂壁率用丹砂，凡数十万斤；地衣，春夏以角簟，秋冬以木绵为之"。其后，再"作九龙殿，刻沉香为八龙，饰以金宝，各长百尺，抱柱相向，作趋捧之势"。"又建会春园、嘉宴堂、金华殿，其费巨万"[1]。荆南高保勖也"好营造台榭，极土木之巧，军民咸怨"[2]。

　　修建寺庙禅院，在十国中较为盛行，力役的征发自然无可避免。杨吴天祐十三年（916），兴元军观察推官、检校尚书礼部员外郎兼侍御史刘瑞称：乘农闲修建北岳庙，"未既十旬，其庸一旅，劳而不怨，告厥成功"[3]。南唐后主时，佞佛成风，"都下赡僧逾万人，造塔建寺，目不暇给"[4]。前后蜀的修寺建塔之举，在史籍中也有记载："韦承皋者，伪蜀时将校也。有待诏僧名行真，居蜀州长平山，尝于本州龙兴寺构木塔，凡十三级，费钱银数万计，寻为天火所焚，第三次营构，方能就。"[5]闽国佛教盛行，寺庙修建众多。自王氏入闽，"又增寺二百六十七，费耗过之，自属吴越首尾才三十二年，建寺亦二百二十一"[6]。楚马希范在位时，衡山指挥使王赟在任"十五余年，境内无事，但以所部营饰宫市、创修佛庙而已"[7]。对于十国的建寺情况，后人曾有如下总结："五代以来，寺院特盛，江南、吴越、闽、楚建寺度僧，不可胜计。今以会稽一郡考之，凡梁开平以后称造某寺赐某额，皆钱氏割据时为之，非真中国之命也，故其多如此。"[8]由此既可窥见南方诸国寺庙修建的概况，也能对吴越大兴土木、广造寺院的情形有大致了解。

　　水利工程中的力役征发也很突出。五代时期，黄河水患频仍，治河成为各朝力役征发的原因之一。后梁末帝时，为抵御后唐军事进攻，"决河堤引水东注至郓濮"。后唐同光三年（925）正月，庄宗"命青州节度使符习修酸枣河堤"；二月，"修堤役夫遇雪寒逃散"[9]。长兴元年（930），滑州节度使张敬询"以河水连年溢堤，乃自酸枣界至濮州，广堤防一丈五尺，东西二百里"[10]。长兴四年（933）二月，濮州绘制出重修河堤图，"沿河地名，历历可数"[11]。后晋时期，黄河频繁决堤，水患严重，滑州地段首当其冲。天福六年（941）九月，"滑州河决，一溉东流，乡村户民携老幼登丘冢，为水所隔，饿死者甚众"。次年闰三月，"修滑州黄河功毕"。[12]开运元年（944）六月，黄河滑州地段再次决溢，

五代周文矩《重屏会棋图》（局部）

1 《十国春秋》卷68《楚二·文昭王世家》，第955—956页。

2 《续资治通鉴长编》卷2，太祖建隆二年九月，第53页。

3 《全唐文》卷869，刘瑞：《重修北岳庙碑》，第9097页。

4 《十国春秋》卷20《南唐六·徐游传》，第291页。

5 《太平广记》卷124《报应二十三·韦处士》，第879页。

6 《淳熙三山志》卷33《僧寺》，第8147页。

7 《九国志》卷11《楚·王赟传》，第3352页。

8 《嘉泰会稽志》卷7《宫观寺院》，第6818页。

9 《旧五代史》卷32《唐庄宗纪六》，第445页。

10 《旧五代史》卷61《张敬询传》，第821页。

11 《旧五代史》卷44《唐明宗纪十》，第602页。

12 《旧五代史》卷80《晋高祖纪六》，第1053、1058页。

"漂注曹、单、濮、郓等州之境,环梁山合于汶、济"[1]。乃"大发丁夫"[4]修塞之。后汉时,黄河原武县地段堤防决口,至后周才征发郑州丁夫1 500人重修河堤。后周较为重视河患的治理,广顺三年(953),先后派遣枢密使王峻、齐藏珍等人巡察河堤。又抢修原武、河阴等地段堤防,减轻了水患带来的危害。显德初年,黄河东平县杨刘段决口,宰相李谷受命监修堤防,"自阳谷抵张秋口以遏之,水患少息。然决河不复故道,离而为赤河"[5]。不久,汴河决堤,吴廷祚奉命"督丁壮数万塞之。因增筑堤防,自京城至临淮,数旬讫工"。显德六年(959)夏,郑州原武县河堤再次溃决,世宗"命(吴)廷祚发近县丁壮二万余塞之"。[6]在治理河患的同时,后周的水利役中还包括河道的疏浚,如显德五年(958)正月,"发楚州管内丁壮,开鹳河,以通运路"[7]。次年二月,"发徐、宿、宋、单等州丁夫数万浚汴河"。"发滑、亳二州丁夫浚五丈河,东流于定陶,入于济,以通青、郓水运之路"。"又疏导蔡河,以通陈、颍水运之路"[8]。

十国中,南方各国的水利兴修也是屡见不鲜,征调力役成为常事。十国兴修的水利工程,大多为满足农业生产需要的灌溉工程,也不乏为防水患而修建的水利设施。关于十国的水利兴修,在前面的有关章节中已经有所交代,这里不再一一赘述。不过,应该看到的是,这一时期所涌现出的大量水利工程,都有赖于力役的征调。如南唐元宗保大十一年(953)冬十月,"筑楚州白水塘以溉屯田,遂诏州县陂塘湮废者,皆修复之。于是力役暴兴,楚州、常州为甚,帝使亲吏车延规董其役,发洪、饶、吉、筠州民牛以往"[9]。其后,由于官吏趁机强夺民田为屯田,所兴调的力役不久即终止。元宗时,曾有人建议"浚溢浦,以屯舟师,诏从之"。赵宣辅认为此举"无益戒备,而劳民力,乃指陈利害,抗疏极论",事遂不行。[10]这些事例都提到水利工程兴建中的力役问题,是兴修水利工程需征用力役的缩影,其他水利设施的修建自然概莫能外。由此也不难想象,南方各国兴修的众多水利工程所征发力役的次数何其之多,规模何等之大。

五代十国时期的力役中,还有运役一项,由于战争的频繁,运役中的军粮运送显得尤为繁重。后梁开平初年,

李成《暗峦萧寺图》

[1]《旧五代史》卷82《晋少帝纪二》,第1090–1091页。

[4]《宋史》卷269《杨昭俭传》,第9246页。

[5]《宋史》卷92《河渠志一·黄河上》,第2256–2257页。

[6]《宋史》卷257《吴廷祚传》,第8947页。

[7]《旧五代史》卷118《周世宗纪五》,第1567页。

[8]《旧五代史》卷119《周世宗纪六》,第1580页。

[9]陆游:《南唐书》卷2《元宗本纪》,第5478页。

[10]《全唐文》卷886,徐铉:《唐故奉化节度判官赵君墓志铭》,第9258页。

梁将李思安守潞州，"调山东民馈军粮"[1]。而军粮的运送照例由民户承担，所谓"攻战之势，难缓于寇围；飞挽之勤，实劳于人力"[2]。"官中抽差徭役"[3]。"甲兵须议于馈粮，飞挽频劳于编户"[4]。运役的繁重往往与战事的争夺密切相关，梁太祖朱温曾在诏书中说道："戎切方机，国用未殷。养兵须藉于赋租，税粟尚烦于力役。"[5]后梁末帝时的敕令，也提到过运输军粮与战争间的关系："将士久于战征，黎庶疲于力役。木牛暂息，则师人有乏爨之忧；流马尽行，则丁壮有无聊之苦。"[6]梁、唐易代之际，两军交争于河上，"汴之馈粮千计，沿河而下"，李存勖率骑兵溯河而上，"俘获馈役数千"[7]。后唐明宗时，董璋在东川发动叛乱，石敬瑭率师讨伐，"峡路艰阻，粮运不继，明宗忧之，而（安）重诲请行。翌日，领数骑而出，日驰数百里，西诸侯闻之，莫不惶骇。所在钱帛粮料，星夜辇运，人乘弊蹄于山路者不可胜纪，百姓苦之"[8]。延州刺史、彰武军节度使李彝超不遵朝命，后唐出师征讨，"自陕以西，民运斗粟束刍，其费数千，人不堪命，道路愁苦"[9]。末帝时，契丹入寇，北面转运副使刘福强征镇州百姓车子1 500乘，运粮至代州。"时水旱民饥，河北诸州困于飞挽，逃溃者甚众，军前使者继至，督促粮运，由是生灵咨怨"[10]。后晋时期，运输军粮的力役之征仍然为数不少。为抵御契丹对北部边境的骚扰，运粮实边成为战守之策的重要组成部分。"初，国家以甘陵水陆要冲之地，虑契丹南侵，乃飞挽刍粟，以实其郡，为大军累年之备"[11]。天福年间，冯晖出镇灵武，"自关以西，转输供给，民不堪役，而流亡甚众"[12]。后晋出师攻打青州杨光远，民户"或则负畚锸以从军，或则征辇运而赴役，疲于供命，不暇息肩"[13]。张彦泽领军北屯恒、定之时，鉴于"易州地孤，漕运不继，制令邢、魏、相、卫飞挽以输之，百姓荷担累累于路"[14]。后汉乾祐二年（949）正月的制书也称："重念征讨已来，劳役滋甚，兵犹在野，民未息肩，急赋繁征，财殚力匮。"[15]后周显德元年（954）六月，后周出征北汉时，"大集兵赋，及征山东、怀、孟、蒲、陕丁夫数万"[16]；其后，出征淮南时，又征调宋、亳、颍、徐、宿、许、蔡等州数十万丁夫，以攻寿州[17]。十国之中，军粮的运输也需征用民力，如南唐伐闽时，即有"父征子饷"的事例[18]。

[1]《资治通鉴》卷266，后梁太祖开平元年七月，第8684页。

[2]《旧五代史》卷3《梁太祖纪三》，第55页。

[3]《册府元龟》卷191《闰位部·政令》，第2314页。

[4]《旧五代史》卷5《梁太祖纪五》，第80页。

[5]《旧五代史》卷6《梁太祖纪六》，第93页。

[6]《旧五代史》卷10《梁末帝纪下》，第142页。

[7]《旧五代史》卷59《王瓒传》，第794页。

[8]《旧五代史》卷66《安重诲传》，第875页。

[9]《新五代史》卷40《李仁福传》，第437页。

[10]《旧五代史》卷47《唐末帝纪中》，第649页。

[11]《旧五代史》卷95《吴峦传》，第1267页。

[12]《新五代史》卷49《冯晖传》，第554页。

[13]《册府元龟》卷94《帝王部·赦宥十三》，第1129页。

[14]《旧五代史》卷98《张彦泽传》，第1306页。

[15]《旧五代史》卷102《汉隐帝纪中》，第1356页。

[16]《旧五代史》卷114《周世宗纪一》，第1517页。

[17]《十国春秋》卷16《南唐二·元宗本纪》，第223页。

[18]马令：《南唐书》卷3《嗣主书》，第5275页。

农耕图

1《新五代史》卷28《卢程传》，第304页。

2《册府元龟》卷547《谏诤部·直谏十四》，第6575页。

3 马令：《南唐书》卷20《宋齐丘传》，第5390页。

4 陆游：《南唐书》卷10《江文蔚传》，第5546页。

5《九国志》卷7《后蜀·赵庭隐传》，第3303页。

6《续资治通鉴长编》卷24，太宗太平兴国八年四月，第542页。

7《册府元龟》卷547《谏诤部·直谏十四》，第6573页。

8《十国春秋》卷96《闽七·潘承佑传》，第1386页。

9《全唐文》卷843，薛昭文：《陈十事疏》，第8866页。

10《新五代史》卷24《安重海传》，第255页。

11《旧五代史》卷3《梁太祖纪三》，第56页。

12《册府元龟》卷95《帝王部·赦宥十四》，第1135页。

13《旧五代史》卷3《梁太祖纪三》，第55页。

14《唐五代赋役史草》，第298页。

五代十国时期，除各王朝中央政府指派的各种役事外，还存在地方官府自行征发的力役。后唐时，卢程衔命出使河北、山西各地，"所至州县，驱役丁夫"[1]。后周广顺二年（952），曾担任过北海令的李元懿在上疏中也指出：刘铢"借役户民，多造店宅、碾硙、典库"[2]。十国之中，地方性的力役之征也时有所见。南唐宋齐丘任洪州节度使时，"大启第宅，穷极宏壮，居坊中人，皆使修饰墙屋门巷，极备华洁。民不堪命，相率逃去，坊中为之空"[3]。魏岑也"营建大第，广役丁夫"[4]。后蜀赵庭隐"营构台榭，役徒日数千计"[5]。割据福建的陈洪进，"发漳、泉丁男为馆夫，给负担之役"[6]。类似上述滥征徭役的事例不一而足，难以尽述。然而，目前尚不明确这些地方性力役的具体征发原则如何，有无限制。

总之，五代十国时期的力役之征极为常见，并且颇为繁重。所谓"天下州县，靡不凋残，加以率敛频仍，徭役重叠"[7]，"力役无节"[8]。而民户因不堪忍受应役之苦以致逃亡的记载，屡屡见诸史籍。时人尝言：中原自后梁以后，"徭役频仍，租赋繁重，馈挽不已，疲敝益深，既不聊生，率多逋窜"[9]。反映的就是应役之人无以为生、相率逃亡的情况。再如后唐明宗出师两川时，"川路险阻，粮运甚艰，每费一石，而致一斗。自关以西，民苦输送，往往亡聚山林为盗贼"。将帅又严于督促，以致运粮夫"毙踣道路者，不可胜数"[10]。说的也是沉重的力役所带来的恶果。为规避繁重的力役，有些地方甚至出现"自残肌肤，欲以庇身"[11]的情况。力役过重的危害，连统治者也不得不承认，所谓"差配频仍，言念疲羸"[12]，并对此采取过相关措施，如后梁开平元年（907）十一月，下令"尽赦逃亡背役"之人，"各许归本乡"[13]。但在当时特定的社会形势下，如此诏令无异于一纸具文，显然不可能产生实际效果。

在谈及五代十国时期的徭役问题，特别是力役问题时，无法绕开差役的话题。"唐代史籍中有关差役的记载基本上是直接差派人民服劳役，差役是相对于出资雇人雇役而言"[14]。也就是说差役的征发，实际上就是现役的征发。虽然雇役大抵自唐玄宗时期已开始萌现，但两税法之后，差役才日渐盛行。并且，差役与徭役往往都是指的现役,两者往往混同,实则是名异而实同。但却与职役有显著不同,职役在唐末五代专指官府差遣役使中的某些役色,与色役中的一些役使极为相似。这种情况一直延续到五代十国时期。宋代则不然,徭役往往是指夫役,也就是现役中的力役,而差役与职役之间的界限已经泯灭。宋人所说的差役其实就是职役,马端临即曾言:"乡有长,里有正,则非役也"[1],所指往往是由主户轮流当差。五代十国时期的差役主要是指由贫下户所承担的力役,沿袭的依然是唐玄宗以来的旧制。后唐时,马胜在奏章中就说,各地州县"如有差役,只配贫下户"[2]。后周太祖时也有"凡差役者是贫下户"[3]的话头。可见,这一时期的差役与宋代的差役的确是名同而实异,在具体内涵上,两者之间显然有所区别。

力役的征发也须遵守一定之规。徭役往往按年征发,即以一岁为时间区划。如后周太祖讨平兖州慕容延彦的反叛后,下令"诸处差到人夫内,有遭矢石死者,各给绢三匹,仍放户下三年徭役"[4]。是役中的死难差夫,被给绢三匹,并免其家三年徭役,这是徭役实行按年征发的证明。显德二年(955),世宗取得对后蜀用兵的胜利,乃下诏曰:"应秦、凤、阶等州管内,自显德二年十一月已前……城下攻殁百姓为矢石所害致死者,本户除二税外,放免三年差徭。……访闻管内州县,连岁饥荒,百姓军人,倍加劳役,科敛频并,法令滋章。既为吾民,宜革前弊,今后除秋、夏两税征科外,应伪蜀所立诸般科率名目及非理徭役,一切停罢。"[5]诏书中说到的"功役"、"差役"、"徭役",也有将"夫役"称为"差徭"[6],或将上述各种名目统称为"诸色科徭"[7]的,其实都是指的劳役。

徭役的服役期限也有时间上的限制。唐前期徭役的征发执行的是每丁岁20天的规定,至其后期则这方面的规定已不再看到。但这并不等于说力役就可以无节制地任意役使。后唐时,修筑伊水石堰曾征调丁夫服役,有司奏:"丁夫役限十五日已满,工未毕,请更役五日。"明宗认为"不可失信于小民"[8],遂寝其奏。后周时,派遣民夫5万余人修筑大梁城,"两旬而罢"[9],又征发丁夫6万人筑黄河堤,"三十日而罢"[10]。修筑汴河堤防时,丁壮数万,"数旬

李煜像

[1]《文献通考》卷13《职役考二·历代乡党版籍职役》,考139。
[2]《册府元龟》卷533《谏诤部·规谏十》,第6379页。
[3]《册府元龟》卷160《帝王部·革弊二》,第1937页。
[4]《旧五代史》卷112《周太祖纪三》,第1482页。
[5]《册府元龟》卷96《帝王部·赦宥十五》,第1148页。
[6]《册府元龟》卷492《邦计部·蠲复四》,第5889页。
[7]《资治通鉴》卷292,后周世宗显德二年十一月,第9533页。
[8]《旧五代史》卷43《唐明宗纪九》,第597页。
[9]《旧五代史》卷112《周太祖纪三》,第1479页。按:《五代会要》卷26《城郭》(第417页),《资治通鉴》卷290(第9472页)均记为"旬日而罢"。
[10]《旧五代史》卷114《周世宗纪一》,第1522页。

讫工"[1]。十国中的南唐，出于用兵的需要，"欲凿楚州西北鹳水以通其道"，乃"发楚州民夫浚之，旬日而成"[2]。上述事例中所反映的劳役期限不尽相同，但大多都在10天至30天之间，这也足以证明服役期限并非可以任意延长，多多少少总还是要受到时限的约束。如果说这些记载中或多或少还有些唐代前期每丁岁20日规定的余味的话，那么十国各政权所驱使的力役，则显然属于逾时之徭。杨吴大将陈彦谦修筑金陵外城府署，耗时三年[3]。陶雅重筑歙州新城，"自八月庚子兴役，暨十月之壬寅而役罢"[4]，合计用时62天。南唐筑宣州新城，"自壬戌岁二月兴役，至癸亥年三月毕工"[5]，通计一年零一月。后蜀孟知祥修羊马城，"四旬而毕"[6]。吴越于唐景福二年（893）新筑杭州罗城，工期"爰自秋七月丁巳，讫于冬十有一月某日"[7]，历时近四个月。杜陵修东安城，"越十年而讫事"[8]。

　　按照唐代赋役制度的规定，徭役因征发对象的差别，存在着正役和夫役的不同。这就不能不牵涉到唐五代时期的杂徭问题。正役即力役，服役者为丁男。杂徭，意为名目繁杂的劳役。唐代杂徭的称呼是相对正役而言的，往往被称之为"杂徭役"、"杂役"、"夫役"、"轻徭"和"小徭"等。《唐律疏议》卷28《丁夫杂匠亡》称："夫谓杂徭及杂色工匠。"故而，杂徭常见的称呼就是"夫役"，唐代前期，杂徭的承担者为丁男和中男。杂徭的劳动强度一般较正役为轻，每年的服役时间为10天，其突出特点是具有临时性与役使的繁杂性。两税法实施时，虽然明确规定"租庸杂徭并省"，但在现实中杂徭并未就此销声匿迹。由于统治者日常生活中，总是无可避免地需要各种杂役提供的服务，于是，杂徭就和各种附加税一样，以改头换面的方式存在于赋役征收体制之中。不惟唐代中后期是这样，五代十国时期也依然如此。后梁朱温曾下令："所在长吏放杂差役，两税外不得妄有科配。"[9]后晋天福三年（938）十月诏：逃户归来复业者，"仍放一年秋、夏税，二年诸杂差徭"，对于那些在平定魏州叛乱中伤亡的差夫，则"特放户下三年诸杂差徭"[10]。两道诏令放免杂役的对象都是一般民户。后唐庄宗即位赦云："民年八十已上，与免一子役。……民有三世已上不分居者，与免杂徭。"[11]赦令中仍以役与杂徭对举，

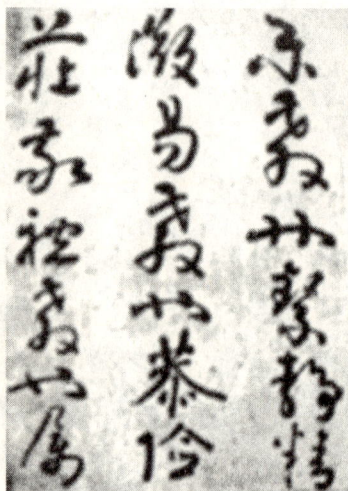

李后主诗卷

[1]《宋史》卷257《吴廷祚传》，第8947页。

[2]《资治通鉴》卷293，后周世宗显德五年正月，第9577–9578页。

[3]《九国志》卷2《吴·陈彦谦传》，第3257页。

[4]《全唐文》卷867，杨夔：《歙州重筑新城记》，第9082页。

[5]《全唐文》卷877，韩熙载：《宣州重筑新城记》，第9172页。

[6]《全唐文》卷891，李昊：《创筑羊马城记》，第9313页。

[7]《全唐文》卷895，罗隐：《杭州罗城记》，第9347页。

[8]《十国春秋》卷84《吴越八·杜陵传》，第1223页。

[9]《旧五代史》卷4《梁太祖纪四》，第72页。

[10]《册府元龟》卷492《邦计部·蠲复四》，第5885页。

[11]《旧五代史》卷29《唐庄宗纪三》，第403页。

但是,倘若有80岁以上老人的民户并非多子,所免侍丁之役自然也包括杂徭在内。后周太祖郭威临终前,嘱其子柴荣务必在其身死后速葬,"葬毕,募近陵民三十户,蠲其杂徭,使之守视"[1]。可见,杂徭也是劳动人民承担的力役之一。

五代时期的杂徭与正役一样,朝廷与地方都有权征发,又以朝廷的征发为主。前面已列举的大量事例,足可表明朝廷握有征发杂徭的大权。此处还可补充一例,以资进一步的说明。后晋天福三年(938),下令免除蒲、同、晋、绛、滑、濮、魏府、镇、定等州二年"诸杂差徭",其中魏府是因为讨伐反叛,"爰自攻围,每多徭役,或因兵死,尚有户存⋯⋯特放户下三年诸杂差徭"[2]。以上各州的杂徭征发显然仍在政府掌控之中。另一方面,赋役的征调一如两税的征纳,往往需要依靠地方上的州、县、乡、里的有关人员来办理,其中县级政权更是征调赋役的地方实权机构,这在五代末年仍然如此。如后周广顺三年(953)七月的诏书称:"其婚田争讼,赋税丁徭,合是(县)令佐之职。"[3]此处提到的"丁徭"是包括杂徭在内的各种徭役,县令无疑被赋予了征发杂徭的权限。由此可见,地方州、县也具有征发杂徭的权力。至宋代,夫役成为一切劳役的总称,唐末五代的杂徭则已转化为差役或职役,两者的征发大权原则上均由朝廷掌管,而差役的承担者则是主户,这与宋代社会分层更为显著的历史事实颇相一致。

值得注意的是,杂徭的征发对象,在唐代前期为丁、中,两税法后以户计征。这种改变也只是形式上的不同,因为即使依据丁、中征召的制度,在具体落实时也无不是计户出役,而且计户课役,无疑也更简便易行,这与两税征收体制中的"户无土客,以见居为簿;人无丁中,以贫富为差"的收税原则也更加吻合。两税法出台迄至五代十国,虽然从表面上看,杂徭的名称并无改变,但在实质上却与唐前期已有所差异。这就是力役征发自两税法后已不再固守"丁"与"夫"的差别,史料中"丁夫"、"民夫"混用的情况已经极其普遍,若据此而将其理解为正役与差徭,无疑与历史事实不相符合。并且,两税法之后的"杂徭"、"杂役"名称,又常常与"杂差役"、"杂差遣"、"杂色差役"、

李后主文稿(局部)

[1] 《资治通鉴》卷291,后周世宗显德元年正月,第9500页。
[2] 《册府元龟》卷492《邦计部·蠲复四》,第5885页。
[3] 《旧五代史》卷113《周太祖纪四》,第1498页。

南唐徐氏墓志(十二生肖)

"差役"并行不悖,这是诸色名目间的差异日渐缩小乃至消除的具体表现。如前所述,差役是相对于雇役而言的现役,也即贫苦民户承担的力役。两税法时代,力役的征发中已很少见到长时期执行统一、通行的准则与规定,而杂徭本身又是不定期地役使民夫,在如此社会背景之下,杂徭与一般力役的征发确实已经很难区分开来。"因此,有关徭役名称使用上的混淆,实际上代表着杂徭与力役逐渐走向合流的表现"[1]。唐末五代两税法时期杂徭与力役合流的趋势,在进入宋代后,又呈现出分道扬镳之势,"杂徭"之名已不多见,其时的力役均称为夫役,杂徭则逐渐完成向差役的转化,元代的"杂泛"与"杂徭"相仿。唐末五代时期的杂徭与后面所要说的色役渐趋混同,这或许可以视为是杂徭与力役先分后合、合而又分的先兆,转变的最终完成则要到宋代。

再看五代十国时期的色役。"色"意谓种类和色别,顾名思义,色役就是指诸色之役,即各种各样的徭役。虽然有关唐朝的史籍中一再提到"色役",但其含义并未被明确揭示,倒是宋代史籍中对此有所诠释。《庆元条法事类》卷48《赋役门·支移折变》说:"缘当来'色役'二字,不曾实说,致奉行之吏得以出入。绍兴二十九年(1159)正月奏札:窃详色役止为诸色差役……访闻州县所行不同,有将色役析作两事,色为诸般物色,役为免差役……户部勘会,色役止为诸色差役。"尽管这已经是南宋时期的情况,但从中亦不难发现,官府始终是将色役视为差役的,只是各地州府在具体执行的过程中,不详其情,未得其实,是以仍将色役与差役对举。此段规定即在于纠正上述弊病。五代十国时期也有色役。那么,唐末五代时期的色役是否也能被理解为差役呢?实际上,二者之间尚不能简单划等号。审视色役的类别,即可清晰地发现色役与差役既有交叉,又有区别。其实,色役大致包括两大类:其一是居于吏与役之间,如掌闲、幕士、门仆、防阁、白直等,律令称之为杂任或职掌,也就是杂有职掌的人,其渊源于汉代的少吏和小人吏;其二是单纯的徭役,包括从杂徭或正役中转化而来的力役,以及专业性的特殊人户所承担的劳役两大部分,这类人不在杂任和职掌之列[2]。显然,色役的前一类

[1]《唐五代赋役史草》,第329页。

[2] 唐长孺:《唐代色役管见》,载《山居存稿》,中华书局1987年版。

与差役的确是判然有别的,而后一类与差役实可等同。色
役与差役时或混同的情况,在史籍中也有所反映。后汉乾
祐三年(950)七月敕:"诸道州府令录、判官、主簿,宜令第
等支与俸户,逐户每月纳钱五百,与除二税外,免放诸杂
差遣,不得更种职田。所定俸户,于中等无色役人户内置,
不得差令当值及赴衙参。"[1]同一件事,《旧五代史》卷103
《汉隐帝纪下》记作:"俸户与免县司差役。"由此不难作出
这样的推断,即"色役"、"差役"、"杂差遣"意思大致相同。
这一点在后面讲到职役时还会有所论列。

　　按照唐制规定,承担色役的人免征力役。故而,自唐
高宗、武后以来,就已出现"色役伪滥"的局面,其后虽屡
经整治,但收效甚微。富人逃脱色役之征,或者假藉色役
以规避其他重役的情况,在中唐以后仍然长期延续,安史
之乱后,情形更是愈演愈烈,其手段也是花样百出,不断
翻新,所谓"其丁狡猾者,即多规避,或假名入仕,或托迹
为僧,或占募军伍,或依倍豪族,兼诸色役,万端蠲除"[2]。
《旧唐书》卷118《杨炎传》中也说:"凡富人多丁,率为官为
僧,以色役免。"色役之中,也有轻重之分,有些色役更是
入仕的门径,于是有人伪冒功勋以充特殊色役而求得步
入官场,也有人假藉轻色役以免其他重役,也有人设法以
逃避重色役。五代十国时期,色役伪滥的形势并无改观。
后汉政府一再下令:"合充色役人户,不许官吏州县影
占。"[3]"合充色役者,并须定夺允当,其力及大户,并不得诸
处投名影占。稍违科条,当举宪典"[4]。"影占"意谓虚占人户
或田产,使逃避赋役或税收。"投名"则是指入籍,为官为
僧,或挂名军府,均可免征色役。既然有人以种种手段规
避色役,显见色役害人匪浅,尤其是重色役。后唐天成二
年(927),下令各地州府县镇寺院,未经批准,禁止私自度
人,否则,"所犯僧及本师等各徒二年,配于重处色役"[5]。长
兴四年(933),礼部开科取士,规定凡违犯六条原则而情
节严重者,"牒送本道,重处色役,仍永不得入举场"[6]。后周
广顺元年(951)三月,太祖敕:"诸道州府牛皮,今后犯一
张,本犯人徒三年,刺配重处色役";"两张以上,本人处
死;本管节级所由,徒二年半,刺配重处色役"[7]。虽然重色
役的具体内容仍不得而知,但仅从其常常被作为惩罚犯

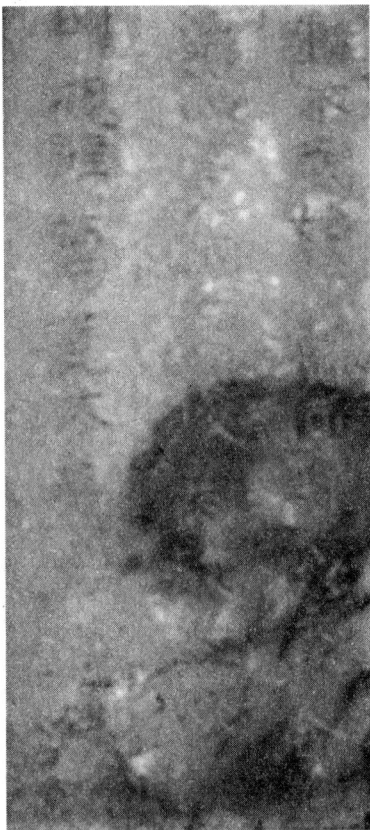

李昇陵出土青玉哀册

[1]《五代会要》卷28《诸色料钱
下》,第445页。

[2]《通典》卷7《食货七·丁中》,
第157-158页。

[3]《全唐文》卷120,汉高祖:
《改元乾祐大赦文》,第1216
页。

[4]《全唐文》卷121,汉隐帝:
《即位大赦文》,第1223页。

[5]《五代会要》卷12《杂录》,第
198页。

[6]《册府元龟》卷642《贡举部·
条制四》,第7697页。

[7]《五代会要》卷25《杂录》,第
403页。

海船模型

人的方式来看,已不难想见其役使之苦,这也就难怪人们会避之唯恐不及了。不仅重色役让人难以承受,就是一般的乡村色役也常使民户苦不堪言,后晋天福年间就有乡村浮寄人户,"被县司系名定作乡村色役,惧其重敛,畏以严刑,遂舍所居,却思他适"[1]的事情发生。

色役的差充以户为对象。南唐诸佑就是"按户籍"[2]而被取为里正的。其他色役也是如此。承担色役者,富裕户、中等户和一般民户兼而有之。关于富裕户充色役的情况,上引后汉政府令文中已经有所说明,在应充色役者当中,财力达到大户标准的,也就是富裕户,严禁投名影占。令文特别指出严禁富裕户投名影占,显然表明其有服色役的义务。此外,服色役者中不乏读书人,如后周显德二年(955)三月,礼部侍郎窦仪奏:科场举人中"如有情人述作文字应举者,许人言告,送本处色役,永不进仕"[3]。将服色役作为惩罚科场中违禁士子的措施,正说明色役中的有些役色,需要由具有一定文化水平的读书人充役。次年,又规定诸司寺监在收补职役人员时,除具备"身言可采,书札堪中,自前行止委无讹滥"等条件外,还有一项就是"本州府不系色役"[4]。这也恰好可从侧面反映出部分色役必须由读书人承担的事实。而传统社会的读书人,通常出自富裕户,贫下户基本没有能力供养读书人。因此,富裕户承担色役的情况显然存在,这类人所充色役应当是轻役,且处于吏与役之间,有些人甚至借此可以进入仕途。长兴四年(933)五月,御史中丞龙敏等人的奏章中就说到,御史台所驱使的色役,"近年以来,人数极少,及月限者授官出外"[5]。中等民户也承担色役,后唐同光二年(924)则指定陵户"自本州县于中等人户内差遣"[6]。后汉时就规定俸户这一项色役即由"中等无色役人户内置"[7]。色役的役使对象还有一般民户。一些乡村浮居人户,"似成产业,微有生涯,便被县司系名定作乡村色役"[8]。后周显德二年(955)正月,敕:"显德二年正月二十五日已前,应有逃户抛下庄田,自来全段无人承佃,曾经省司指挥,开辟租税者,宜令本州县招诱人户归业,及许别户请射为主,与免一年差科色役。至第二年已后,据见在桑土及租莳到见苗,诣实供通,输纳租税。"[9]归业逃户和请射逃户土地的别

---

[1]《册府元龟》卷495《邦计部·田制》,第5933页。

[2]《十国春秋》卷23《南唐九·陈起传》,第328页。

[3]《旧五代史》卷148《选举志》,第1982页。

[4]《册府元龟》卷634《铨选部·条制六》,第7609页。

[5]《五代会要》卷17《御史台》,第285页。

[6]《五代会要》卷4《杂录》,第60页。

[7]《五代会要》卷28《诸色料钱下》,第445页。

[8]《册府元龟》卷495《邦计部·田制》,第5933页。

[9]《五代会要》卷25《杂录》,第407页。

户,仅免一年色役,也就意味着从第二年起即有服色役的负担。这类人中的多数也应该是一般民户。所以,色役征发对象包括富裕户、中等户和一般民户,也就是通常意义上的两税户。对于此点,广顺元年(951)三月的一道诏令说得较为清楚明白,诏书的大致内容是:各地州府先前差征散从亲事官的做法,"一则碍州县之色役,一则妨春夏之耕耘",致使"贫乏者困于供须,豪富者幸于影庇","既为烦扰,须至改更"[1]。结合《五代会要》卷24《诸使杂录》的记载:"先是,汉隐帝命诸州于百姓内差散从、亲事官。"可知,散从亲事官的差发对象是百姓,也就是包括各个户等的两税户,并无贫富之分。虽然散从亲事官属于职役之列,但从所引诏令中不难获悉,这类职役的差发有碍色役和耕作,不论是对贫户和富户,都产生了影响,那么,贫户和富户自然也就在色役的驱使之列。至于重色役,大抵都由刑徒承担,也有一般民户应役的役色。有时也作为对犯禁者的一种处罚措施,前面已有涉及,这里不再赘述。

　　五代十国时期的色役,仍以现役为主。唐代前期一度没有"色役"一词,但色役的役种名称已经出现,采取的是现役。自唐玄宗始,色役纳资日渐流行。色役所纳之资,即为资课。资课起初由不愿服役的色役户缴纳,政府以和雇方式雇人服役。后来,政府统一在青亩钱中征收资课钱,并将其作为支付服役人的费用。五代十国时期也有和雇,如后周太祖临终前,嘱托周世宗柴荣:"应缘山陵役力人匠,并须和雇,不计近远,不得差配百姓。"[2]周世宗秉命而行,"大行皇帝山陵有期,准遗命不得劳扰百姓者,宜令所司奉承先旨,无至隳违。应缘山陵公事合使工人役夫,并须先给钱物雇觅。诸杂费用一切取官物供给,不得差遣人户科配"[3]。不过,需要指出的是,五代十国时期,和雇的事例并不多见,惟其如此,后周太祖才专门强调征发营墓夫必须出钱雇役。这也表明,色役中的现役仍为主流。后汉隐帝乾祐三年(950),敕:"若是令录、判司、主簿,除本分人数外,剩占俸户及令当直手力,更纳料钱,并许百姓陈告。"[4]这是各县役使手力色役服现役的明证。

　　色役的使用遍及中央和地方。后晋时,有人就说过:"御史台事总朝纲,职司天宪,所管人吏色役最多。"[5]那么,

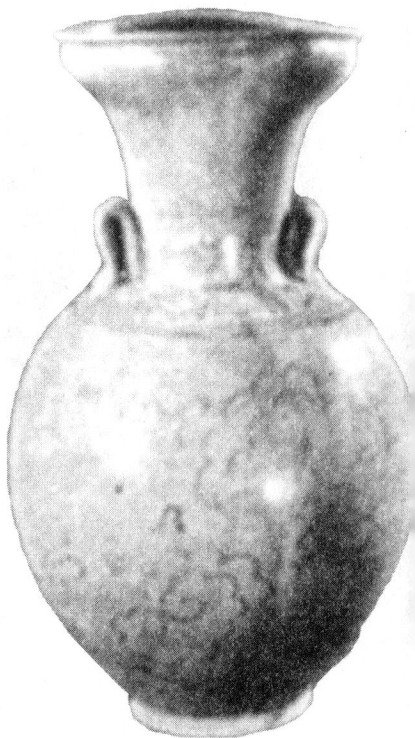

越窑云纹壶

[1]《旧五代史》卷111《周太祖纪二》,第1470页。

[2]《旧五代史》卷113《周太祖纪四》,第1503页。

[3]《册府元龟》卷96《帝王部·赦宥十五》,第1146页。

[4]《五代会要》卷28《诸色料钱下》,第445页。

[5]《五代会要》卷17《御史台》,第285页。

福州西禅寺和尚藏骨塔

1《五代会要》卷16《殿中省》，第266页。

2《册府元龟》卷95《帝王部·赦宥十四》，第1135页。

3《旧五代史》卷111《周太祖纪二》，第1470页。

4《册府元龟》卷643《铨选部·条制六》，第7609页。

5《十国春秋》卷62《南汉五·黄损传》，第894页。

6《九国志》卷9《南汉·吴怀恩传》，第3331页。

7《旧五代史》卷32《唐庄宗纪六》，第449页。

8《旧五代史》卷110《周太祖纪一》，第1460页。

9《全唐文》卷898，程仁绍：《请蠲免夫役状》，第9379页。

10《续资治通鉴长编》卷12，太祖开宝四年二月，第261页。

11《五代会要》卷19《县令上》，第316页。

12《五代会要》卷25《团貌》，第405页。

其他中央机构中显然也会有供驱使的色役。如后汉乾祐三年(950)八月，殿中省奏："当司仪仗、车驾，都洛京时所差，至今管系，逐年分番只候，执擎仪仗。"[1]所说的"执擎仪仗"这类色役即为殿中省掌管。地方州县也差发色役，如乾祐元年(948)正月制曰："其合充色役人户，不许官吏州县影占。"[2]广顺元年(951)三月的诏令有"州县之色役"[3]的提法。显德三年(956)十月的诏令中出现"本州府不系色役"[4]的字眼。还有乡村色役，上段所引史料中已有显现，无需重复。由此可知，色役范围的宽泛。

色役的种类极其繁多，难于一一列举，下面仅就常见的几种色役略加介绍。

工匠。五代十国时期的众多土木营建工程中，就有大量的色役匠人参加。如南汉高祖刘岩，"建南薰殿，雕沉香为龙柱，务极工巧，少不如意，辄诛工匠，前后十余人"[5]。南汉大将吴怀恩为桂州团练使时，治战舰，"每舟成，必自临视。材有良窳不等，及制度疏略不如法者，必榜役工，役者多怨之"[6]。

陵户。后唐同光年间修缮关中诸陵，"每陵仰差近陵百姓二十户充陵户"，"其寿陵等一十陵，亦一例修掩。量置陵户"[7]。后周广顺元年(951)，敕文称："唐庄宗、明宗、晋高祖，各置守陵十户，以近陵人户充。"[8]吴越时，衣锦兴国军百姓程仁绍一家世代为陵户，任务是"巡看大邱陵，并及四面山林"，如果"年前后并无阙失，户内所杂色差配夫役"[9]放免。宋初，曾"纵遣刘铢父祖守坟宫人"[10]，这些宫人应该也是陵户。

里正。里正属乡村色役，其主要职责是催征赋役。后唐时曾规定：两税、盐、曲等税，如果限期内未征足，十分中悬欠三分以上者，"里正、孔目、书手各徒二年，仍配重役"；悬欠十分之一以下者，里正、孔目、书手等杖七十[11]，处罚颇严。乡村色役中还有村长，也称为耆长。后周显德五年(958)，诏："诸道州府，令团并乡村，大率以百户为一团，选三大户为耆长。凡民家之有奸盗者，三大户察之；民田之有耗登者，三大户均之，仍每及三载，即一如是。"[12]里正、村长一般在有力人户内差点。后唐长兴二年(931)，敕："委诸道观察使属县，于每村定有力人户充村长与村人议，有力人户出剩田亩，补贫下不迨顷亩者。"[1]南唐时，陈起"以进士起家为黄梅令。时县境独木村有妖人诸佑"，"起乃按户籍，取佑为里正，不服，嫚言曰：'吾断令头！'起告巡检使周邺出兵捕佑等"[2]诸佑被取为里正，也是"按户籍"的结果，应该也顾及到财产的因素。不过，诸佑对此却不买账。原因可能就在于，倘若充役后征税一旦不足就会受罚。这样的例子确实在十国之中出现过。湖南周行逢为武军节度使时，其妻邓氏常常自帅僮仆缴纳两税，并对周行逢说："税，官物也。公为节度使，不先输税，何以率下！且独不记为里正代人输税以免楚挞时邪？"[3]由此还可看出，里正、村长催税不齐，尚有代为欠税户输纳两税的责任。如此说来，里正、村长也必须由乡村富户充役，否则就难以尽责。迄至宋代，里正、村长均由主户中的一、二等户（上户）差充，其职责并无多少改变，且最终完成向乡村职役演化的制度性转轨，这种过渡和转变的脉络，在五季宋初的历史行程中体现得较为清晰。

手力。手力是专供官员驱使的人手。后汉乾祐三年（950）在确定俸户的纳钱原则和差充标准时，说："若是令录、判司、主簿，除本分人数外，剩占俸户及令当直手力，更纳料钱，并许百姓陈告。"[4]手力为现役，当值者不再纳钱。《五代会要》卷28《诸使杂录》在广顺元年（951）三月敕文下注云："先是，汉隐帝命诸州于百姓内差散从、亲事官，又差力及人户充递铺。"所谓"差力"即"差手力"。吴杨行密早年曾为县手力[5]。洪州高安人刘鳘也有被差为县手力的经历[6]。类似手力的还有院子。后唐康义诚常于"军中差人于私宅充院子"[7]。

以上是色役的大致情况。

如前所述，色役与差役时有重叠，而差役与色役混同时，大多是指的现役。其不同之处则在于色役中还有许多是官府所驱使的役色，介于吏与役之间，如财炭纸笔户、递铺户、驿丁、白直等等，也即官衙役使。有些官衙差役颇为特别，这就是职役。职役在唐代意为杂职掌人。是以唐人往往将为官作宰也称作职役，白居易有诗曰："仕有职役劳，农有畎畮勤。"[8]"仕者拘职役，农者务田畴"[9]。至唐末五代时，职役的词义明显发生变化。《太平广记》卷149《柳

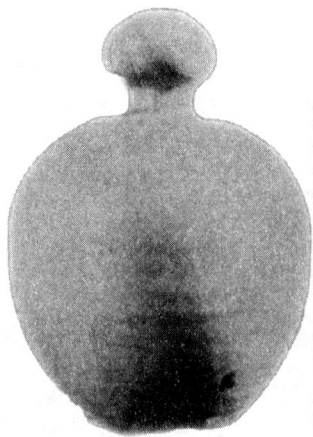

唐代青瓷葫芦尊

[1]《五代会要》卷25《租税》，第401页。

[2]《十国春秋》卷23《南唐九·陈起传》，第327-328页。

[3]《资治通鉴》卷293，后周世宗显德三年七月，第9557页。

[4]《五代会要》卷28《诸色料钱下》，第445页。

[5]《五代史补》卷1《杨行密诈首》，第2478页。

[6]《太平广记》卷355《鬼四十·刘鳘》，第2815页。

[7]《玉堂闲话》卷4《康义诚》，第1919页。

[8]［清］彭定求等编：《全唐诗》卷445，白居易：《书绅》，中华书局点校本1950年版，第4996页。

[9]《全唐诗》卷452，白居易：《老热》，第5118页。

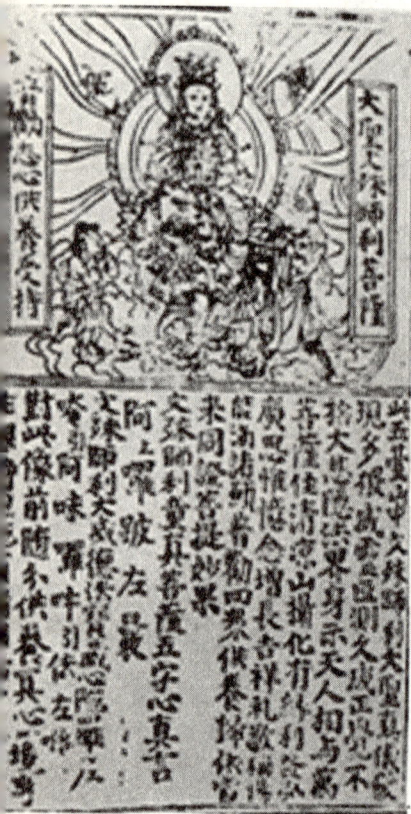

文殊师利菩萨像

及》载：其子死后，"使当职役，但送文书来往地府耳"。剥离其中的鬼神迷信成分，其子所充"职役"必然就是现实生活的反映，职责为传递往来文书。这就与宋人所说的职役，也即差役，颇为贴近了。职役渐与差役接轨，这是唐末五代的大势所趋。但是，也正是由于"职役"的词义仍然处于演化的过程中，故而即使到五代末年，也还存在着将职役作为仕宦的说法。如广顺元年（951），后周太祖制曰："其先于在京诸司差军将充诸州郡元从都押衙、孔目官、内知客等，并可停废，仍勒却还旧处职役。"因为都押衙、孔目官、内知客均为官名，将其与职役并举，似可表明，将诸司军将勒归旧处，仍应担当一定官职，与纯粹意义上的服役显然不能等量齐观。当然，这种事例并不多见，毕竟无法扭转职役词义发生流变的总体趋势。

职役的役色有时并不明确，如乾祐三年（950）九月，规定："诸道州府自行军副使已下至令、录、佐椽，不得于本部内影庇人户，名为伏事。自是，州县旧舍职役人，除籍放之。"[1]后周广顺二年（952）五月，讨平慕容彦超，下诏："其衙前州使、两院职役人、本城军都，并敕仍旧。"[2]这些材料仅有职役之名，具体役色一概无法确知。然而，散从、承符之类的职役，自后晋以前就已存在[3]。因为这类役色在宋代就是用以供官府奔走驱使的职役，两者之间并非绝无干系。后汉、后周时期关于散从、亲事官这类职役的记载逐渐增多。后汉时，对散从官的编制人数和任务作出一定的限制和要求："诸道州府差置散从官，大府五百人，上州三百人，下州二百人，勒本处团集管系，立节级检校教习，以警备州城。"广顺元年（951）三月，敕："其诸道州府所差散从官、亲事官，并放归农。"[4]同年，又下令各地州府，可根据不同情况，"并许差定当直人力"[5]。由于当直人力实际上也是供驱使的职役，所以罢遣散从、亲事官的做法并未真正得到执行，实际上却通过差遣当直人力的方式继承下来，两者也仅仅只是在名称上有所变化而已。弓手也为职役，因其主要从散从、亲事官中选拔[6]，职责与耆长大体相似。职役中还有"参从"一色，汉隐帝时，规定："州府从事、令、录，本处先差职役，并速放散归农，不得差为参从。"这是因为各地州府从事、令、录已有料钱，"自合雇人驱使，

1《册府元龟》卷160《帝王部·革弊二》，第1936页。

2《册府元龟》卷96《帝王部·赦宥十五》，第1143页。

3《唐五代赋役史草》，第374页。

4《五代会要》卷24《诸使杂录》，第393页。

5《册府元龟》卷61《帝王部·立制度二》，第687页。

6《五代会要》卷24《诸使杂录》，第393页。

不合差遣百姓丁户"[1]。可见，所差职役即为参从。至于散从、亲事官、当直人力与参从有何不同，根据现有材料，目前还无法澄清。

职役的差充也有一定的条件限制。后周显德三年（956）十月，诏曰："应诸司寺监，今后收补职役人等，并须人材俊利，身言可采，书札堪中，自前行止委无讹滥，勒本司关送吏部，引验人材，较考笔札。其中者更具引验可否，连所试书迹，并本州府不系色役回文及正身，引送中书后，吏部具夹名闻奏，候敕下，勒本司补收。余从前后格敕处分。"这是因为，"先是，百司奏补官吏，于事言笔札之间多不选择，以至有不能举其条目者"[2]。也就是说，在诸司寺监担任职役者必须具备一定的文化程度，并且还要经过一系列的考核方能予以收补。而这种需要较高的文化素质才能承担的职役，显然是缺少文化的贫下户子弟无法跻身其中的。所以，虽说诏书中没有提到财产上的要求，但事实依然明显，那就是一些特别的职役已经注意从富裕户中差充人员了。

从上述有关对职役的叙述中，可以知道，职役的若干役色其实也是处于吏、役之间，而这正与色役中的第一类相仿，职役与色役相近的事实表明，两者之间的界限已日趋模糊。随着时代的推进，至宋代，色役、职役终致汇为一途，再无分别，常见的称呼都是差役。

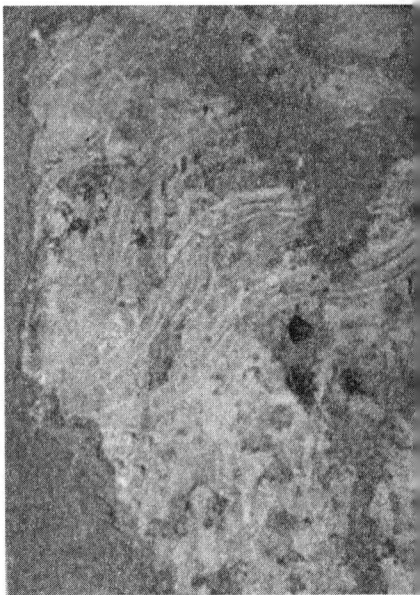

诸菩萨众和伎乐天壁画

第三节　禁榷制度

禁榷就是专卖，禁榷制度的根本目的就是国家垄断某些商品，以专卖的方式获取巨额利润。五代十国时期的禁榷货物，以盐、酒、茶为主，迫于财政压力和稳定社会秩序的需要，禁榷制度总体上呈现出越来越严密的趋势。

一　盐的禁榷

五代十国时期的盐法继承了唐后期的榷盐制度，其总体趋向是愈来愈酷密，民户深受其害。五代产盐之地集中于河北沿海和河东解县、安邑两池。河北产盐区分布在

[1]《册府元龟》卷61《帝王部·立制度二》，第688页。

[2]《册府元龟》卷634《铨选部·条制六》，第7609页。

五代胡瓌《卓歇图》(局部)

滨海地区,史称:"五代之际,置榷盐务于海傍,后为赡国军,周因置(滨)州,割棣州之渤海、蒲台为属县而治渤海。"[1]为攫取盐利以弥补财政亏空,五代各朝都对盐的生产、运输和销售实行垄断经营。

关于后梁时期榷盐的直接记载,史籍中不多见,根据目前所掌握的材料看,后梁一朝没有理由不实施盐禁。史载:梁太祖开平三年(909),"制断曹州煎小盐枭货"[2],反映的是曹州地区禁盐的情况。盐铁使一职的设置,更是后梁实行统一榷盐制度的最好说明。后梁立国伊始,即"用宰臣薛贻矩为盐铁使",薛贻矩又奏请张俊为盐铁判官。[3]贞明四年(918)四月,末帝"诏宰臣敬翔权判诸道盐铁使务"[4]。自唐中后期以来,盐铁使即为中央主要理财官之一,其职责包括主持制定和实施盐铁法,征榷盐课,实行盐禁等。后梁既然设有盐铁使,自然承担上述职责,榷盐制度理应存在无疑。但由于史乘有阙,后梁榷盐的详情难以知悉。

后唐同光元年(923)十一月,梁将朱友谦来朝,"请安邑、解县两池榷盐,每额输省课"。同光二年(924)二月,诏:

> 会计之重,碱鹾居先,矧彼两池,实有丰利。顷自兵戈扰攘,民庶流离,既场务以隳残,至程课之亏失。重兹葺理,须仗规模,将立事以成功,在从长而就便。宜令河中节度使冀王李继麟兼充制置度支安邑、解县两池榷盐使,便可制——条贯。[5]

诏令表明,后唐王朝极为重视榷盐制度,并开始着手整顿盐务,设置榷盐机构,以加强对产盐区的控制和增加盐利收入。榷盐之外,随丝盐钱、蚕盐钱,也是后唐盐利收入的重要构成部分。同光三年(925)二月,敕:"魏府每年所征随丝盐钱,每两与减放五文。逐年俵卖蚕盐、食盐、大盐、甜次冷盐,每斗与减五十;栾盐与减三十。"[6]尽管随丝盐钱与蚕盐钱均随两税交纳,已演变为两税的附加税,但盐的专卖性质并未改变。至于敕文中提到的食盐、大盐、甜次冷盐和栾盐等,则是不同地区的官卖盐。

后唐榷盐的详细规定,在《五代会要》卷26《盐铁杂条上》所载长兴四年(933)五月诸道盐铁转运使的一份奏章中,有着极为全面细致的反映。就其内容而言,主要包括

[1]《新五代史》卷60《职方考三》,第741页。

[2]《册府元龟》卷494《邦计部·山泽二》,第5908页。

[3]《旧五代史》卷24《张俊传》,第325页。

[4]《旧五代史》卷9《梁末帝纪中》,第134页。

[5]《旧五代史》卷146《食货志》,第1949-1950页。

[6]《五代会要》卷26《盐》,第418页。

下述几个方面:

其一,划区供应官盐,使用颗盐与末盐的区域各有盐法。五代中原王朝统治范围内,颗、末、青、白等盐最为常见。颗盐系河东安邑、解县两池所产,属两池盐的上等产品。末盐,通常指海盐,也包括民间煎煮碱土、碱水所得之盐和井盐。青、白盐则为庆州盐池出产之盐。上述盐类各有固定的使用区域,不能越界,违者即予重罚,乃至处以极刑。诚如奏章所说:"颗、末、青、白等盐,元不行界分参杂。其颗盐先许通商之时,指挥不得将带入末盐地界。如有违犯,一斤一两并处极法。所有随行物色,除盐外,一半纳官,一半与捉事人充赏。其余盐色,未有画一条流。其洛京、并、镇、定、邢州管内,多有北京末盐入界,捉获并依洛京条流科断。欲指挥此后但是颗、末、青、白诸色盐侵界参杂,捉获并准洛京条流施行。"也就是说,各色盐类必须在指定的区域内使用,不得进入其他行盐区,尤其是严禁质量较高的颗盐侵入末盐地界,此举旨在确保末盐的专卖收入。

在不同的行盐区,盐法亦有差异。奏章中特别强调了颗盐和末盐使用地区的盐法。食用颗盐州府的盐法是:"应食颗盐州府,省司各置榷粜折博场院,应是乡村,并通私商兴贩。所有折博,并每年人户蚕盐,并不许将带一斤一两入城,侵夺榷粜课利。如违犯者,一两已上至一斤,买卖人各杖六十;一斤已上至三斤,买卖人各杖七十;三斤已上至五斤,买卖人各杖八十;五斤已上至十斤,买卖人各徒二年;十斤已上,不计多少,买卖人各决脊杖二十,处死。所有犯盐人随行钱物、骡畜等,并纳入官。所有元本家业庄田,如是全家逃走者,即行点纳。仍许般载脚户、经过店主并脚下人力等纠告,等第支与优给。如知情不告,与卖盐人同罪。其犯盐人经过处,地分门司、厢界巡检、节级、所由并诸色关连人等,不专觉察,委本州临时断讫报省。如是门司关津口铺捉获私盐,即依下项等第,支给一半赏钱。"这里的"榷粜折博场院",即为榷粜盐的折博机构。所谓"折博",就是商人将钱粮丝帛等官府所需或指定之物纳入折博场院后,领取官盐,运输至指定行盐区出售。上述材料反映出,在颗盐供应区内,州府城内居民的

五代胡瓌《卓歇图》(局部)

食盐由省司设置的榷粜折博场院直接提供，不足部分则由商人折博后再贩易供给。显而易见，颗盐的供应在城乡之间实行的办法并不相同，其目的仍然在于确保盐利收入的最大化。以此为出发点，后唐政府严禁商人将折博之盐、乡村民户将所得蚕盐偷运入城出卖，违者依据程度不同分别给予严惩，知情不告者同罪，告发者则予以不同奖赏；若贩卖私盐经过之处的所在官员失察，则由所在州处理后再上报中央；捉获私盐犯者行赏。

食用末盐州府的盐法是："应食末盐地界，州府县镇并有榷粜场院，久来内外禁法，即未一概条流。应刮碱煎盐，不计多少斤两，并处极法，并许四邻及诸色人等陈告，等第支给赏钱。欲指挥此后犯一两已上至一斤，买卖人等各杖六十；一斤已上至二斤，买卖人等各杖七十；二斤已上至三斤，买卖人各徒一年；三斤已上至五斤，买卖人各徒二年；五斤已上，买卖人各决脊杖处死。如是收到碱土、盐水，即委本处煎炼盐数，准条科断。或有已曾违犯，不至死刑，经断后，公然不惧条流再犯者，不计斤两多少，所犯人并处极法。"可见，在末盐行用区内，州府城市与县镇一律由政府榷粜场院供应，而颗盐行用区内只在州府城市设榷粜场院以供应官盐。两相比较，前者实际上是由政府直接控制盐的销售，排除了商人折博之后的贩易环节对县镇官盐利润的侵削，由此而使榷利和粜利（直销时的加价）高度结合，盐利收入自是有增无减。后者因为在乡村区域内有商人插手官盐的销售，盐利有所遗漏，为弥补粜利损失，故此不得不征收随丝盐税和蚕盐钱。另外，不像颗盐的生产是在政府的严格控制下进行的，末盐生产相对分散，民户可以自行煎煮盐水和碱土而制盐，如果缺乏禁令约束，民户当然就会私卖自制末盐。所以，为严格控制末盐生产环节，断绝私盐来路，以确保末盐之利全部入官，政府严禁私产末盐，私自煎盐一两一斤者，处以死刑，处罚之重远甚于私买私卖者。

其二，庆州和河中盐池之禁。"庆州青、白榷税院，元有透税条流，所有随行驴畜物色，一半支与捉事人充赏，其余一半并盐并纳入官。欲并且依旧，一斗已上至三斗，杖七十；三斗已上至五斗，徒一年；五斗已上，处死。安邑、

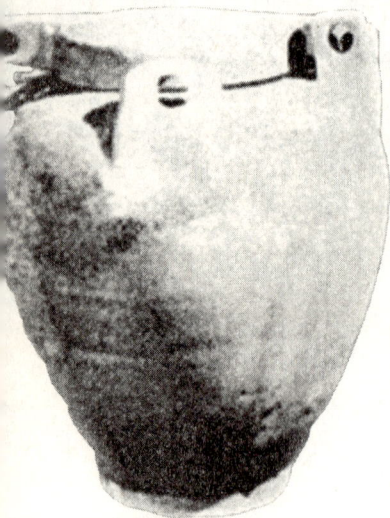

南汉青瓷四系罐

解县两池榷盐院,河中府节度使兼判之时,申到画一事件条流等,准敕牒,两池所出盐,旧日苦无文榜,如擅将一斤一两,准元敕条并处极法。其犯盐人应有钱物,并与捉事人充赏者。窃以两池禁棘峻阻,不通人行,四面各置场门弓射,分劈盐地分居住,并在棘围里面,更不别有差遣,只令巡护盐池。如此后有人盗官盐一斤一两出池,其犯盐人并准元敕条流处分,应有随行钱物,并纳入官。其捉事人依下项定支优给”。这是重点强调对庆州青、白盐池和河中安邑、解县盐池对偷透官盐行为的处理,以及应采取的防范措施。庆州青、白盐池原有“透税条流”,河中安邑、解县盐池也曾画一“事件条流”,即都制定过防止盐池偷透的处理规定,此时再度重申,意在加强盐池之禁,严格掌控生产环节以避免盐利的流失。

其三,对偷盗官盐者和私盐犯的处理。“其榷巣场院员僚、节级人力、煎盐池客、灶户、搬盐船纲、押纲军将、衙官、梢工等,具知盐法,如有公然偷盗官盐,或将货卖,其买卖人及过盐主人知情不告,并依前项刮碱例,五斤已上处死。其诸色关连人等,并合支赏钱,即准洛京、邢、镇条流事例指挥”。这是针对偷盗官盐的规定,即偷盗官盐者,严惩不贷;知情不报者,亦予量刑;告发者,论功行赏。对私盐犯的捕捉与判罪在奏章中也有涉及,“其应属州府捉获抵犯之人,便委本州府检条流科断讫申奏,别报省司。其属省院捉到犯盐之人,干死刑者,即勘情罪由犯申上,候省司指挥;不至极刑者,便委务司准条流决放讫申报”[1]。

后唐盐法涉及内容广泛,较之唐代盐法更加细密、苛酷,尤其是对生产环节的控制更是严密至极。其影响波及后晋、后汉、后周各朝。

后晋盐法先宽后严。天福元年(936)十一月,石敬瑭即位敕称:“盐曲之利,军府所资”,但“倘不便于人户,宜别从于条制,所期济众,无患妨公”。并宣布:“在京盐价元是官场出巣,自今后并不禁断,一任人户取便巣易,仍下秦[太]原府更不得开场巣货。”[2]由此看来,京城开封与太原府曾一度取消官场巣盐,大开盐禁,允许通商,任由人户买卖食盐。同年闰十一月,石敬瑭又将后唐末帝时所规定的太原盐铛户所纳盐利每斗折纳白米一斗五升的做

南汉青瓷六系罐

[1] 以上引文俱见《五代会要》卷26《盐铁杂条上》,第422–425页。
[2] 《册府元龟》卷494《邦计部·山泽二》,第5911页。

李昇陵出土的尊式陶罐之一

法，改为"依时价计定钱数"；"洛京管内逐年所配人户食盐，起从来年每斤特与量减价钱十文"[1]。其后，言事者"请将上件食盐钱（蚕盐钱）于诸道州府计户，每户一贯至二百，为五等配之。然后任人逐便兴贩，即不亏官，又益百姓"。这种举措推行不久，盐价大跌，"去出盐远处州县，每斤不过二十文，近处不过一十文"[2]。百姓消费食盐的支出大大减少，而政府的盐利却锐减。有鉴于此，从天福二年（937）九月起，增加官盐枭价的建议就已出现，左补阙李知损上章曰："近闻众议，云国家将变盐法，有司即欲宣行。窃知以诸道所枭卖盐，令逐处更添一倍，委州司量其屋宇，均配城内户人，每岁勒两限俵盐，随二税纳价。"但由于"州城众户，所在贫乏者多"，"若以逐州场院盐货于合卖数增倍俵之，以税钱均摊，则贫富高低而不等；以屋宇纽配，则盈虚剩少以难齐"[3]，其弊端显而易见。此次加价摊派之议，也因有人反对而不了了之。不过，以盐利增加财政收入的呼声，在经历了一段时间的沉寂后又重新抬头，"掌赋者欲增财利，难于骤改前法，乃重其关市之征，盖欲绝其兴贩，归利于官也"[4]。至此，后晋盐法，由初期的弛禁，开始向中后期的全面禁榷过渡。天福七年（942）十一月，少帝石重贵下诏三司："应有往来盐货悉税之，过税每斤七文，住税每斤七文。其诸道州府，应有属州盐税，并令省司差人勾当。"[5]由省司直接派专人至州府属州，专门负责对往来盐商征收过税和住税，政府控制盐利的力度骤然加大，市场上盐的价格自然会大幅上涨。然而，在重征盐税的政策出台后，政府并未放免立国初期确定下来的人户盐钱，双重盐税重压下的民户苦不堪言。

后汉盐法在五代各朝之中最为苛虐。史载："汉高祖入汴之年，属戎虐猾夏之后，国用尤窘，故盐铁之禁甚峻。"[6]这是就其概况而言，后汉盐法的苛酷在史籍中也有直接记载。乾祐元年（948），河中节度使李守贞叛乱，传檄邻藩，称："碱蹉不通，从铢两者遭刑。"[7]就是说后汉私产、私自买卖盐者，铢两必究。后周太祖改革盐法的诏令中也专门提到："先是，汉法不计斤两多少，并处极刑。"[8]后汉全面禁盐，将私产、私买、私卖的底线定位于一两一斤，违者处死，盐禁之严，可谓中国历史之最。

[1]《册府元龟》卷494《邦计部·山泽二》，第5911页。

[2]《旧五代史》卷146《食货志》，第1951页。

[3]《册府元龟》卷494《邦计部·山泽二》，第5911页。

[4]《旧五代史》卷81《晋少帝纪一》，第1073页。

[5]《旧五代史》卷146《食货志》，第1951页。

[6]《册府元龟》卷494《邦计部·山泽二》，第5913页。

[7]《册府元龟》卷494《邦计部·山泽二》，第5913页。

[8]《旧五代史》卷112《周太祖纪三》，第1484页。

后周建国,为缓和社会矛盾,力行经济改革,减轻盐税、松弛盐禁是这一时期经济政策的重点。据现存史料记载,后周盐法改革发端于广顺元年(951)九月,太祖诏令:"盐曲犯五斤以上者死,煎碱盐者犯一斤以上处死。"[1]虽然对触犯盐禁的减轻程度不是太大,但较之后汉不论斤两一律处死,毕竟有所舒缓,而且对私煎和私自买卖也区别对待。次年,又重新确定青白盐池的征税标准,敕云:"青、白池务,素有定规,只自近年,颇乖循守。比来青盐一石,抽税钱八百,盐一斗;白盐一石,抽税钱五百,盐五升。访闻改法以来,不便商旅,宜令庆州榷盐务,今后每青盐一石,依旧抽税八百、八十五陌,盐一斗;白盐一石,抽税钱五百、八十五陌,盐五升。此外更不得别有邀求。"[2]允许商人粜盐以八十五为陌,意在优待商人以使官粜顺利进行。是年九月,颁行禁私盐曲法条流,全面调整盐禁条例,使得盐法更趋严密。其主要内容,可以归纳为如下两个方面:

李昪陵出土的尊式陶罐之二

其一,关于触犯盐禁、悬赏及断案的规定。盐禁表现为由朝廷严格控制生产和流通两个环节,严禁私人染指其中。对于生产环节触犯盐禁的处理是:"刮碱煎炼私盐,所犯一斤已下,徒三年,配役;一斤已上,并决重杖一顿,处死。犯私盐,若捉到碱水,只煎成盐,秤盘定罪。"相对于后唐盐法所规定的不计多少并处极刑的做法稍有减轻。对于流通渠道犯禁的总体规定是:"诸色犯盐曲,所犯一斤已下至一两,杖八十,配役;五斤已下一斤已上,徒三年,配役;五斤已上,并决重杖一顿,处死。"即再度将犯禁处罚的轻重与贩卖购买盐的数量多寡相联系,对广顺元(951)九月诏令的规定进行了补充。而买盐卖盐也必须遵守一定之规,否则即予追究。"乡村人户所请蚕盐,只得将归裹蚕供食,不得别将博易货卖,投托与人,如违,并同诸色犯盐例科断。若是所请蚕盐,道路津济,经过州府县镇,委三司明行指挥"。"凡买盐曲,并须于官场务内买,若衷私投托兴贩,其买卖人并同诸色犯盐曲例"。"诸官场官务,如有羡余出剩盐曲,并许尽底到官。如衷私货卖者,买卖人并同诸色人犯盐曲科断。若盐铺酒店户及诸色人,与场院衷私货卖者,并同罪科断"。这些内容旨在杜绝盐的

[1] 《旧五代史》卷112《周太祖纪三》,第1484页。
[2] 《五代会要》卷26《盐》,第419页。

越窑青瓷莲花托碗

私买私卖，以确保官盐为盐的唯一合法来源。

告发触犯盐禁者，照例给予奖赏。"所犯私盐，捉事、告事人各赍赏钱，以系省钱充。至死刑者赏五十千，不及死刑者，三十千"。纠察盐禁，也有规定："逐处凡有碱卤之地，所在官吏节级所由，常须巡检，村坊邻保，递相觉察。若有所犯处彰露，并行勘断。"并严禁关津门司、厢巡门保因私枉法，所谓"应所犯盐曲，关津门司、厢巡门保如有透漏，并行勘断"。犯禁情节轻重不同，承担罪责也有差别，"所犯私盐曲，有同情共犯者，若是骨肉卑幼奴婢同犯，只罪家长主首。如家长主首不知情，只罪造意者，余减等科断。若是他人同犯，并同知情科断遣。若与他人同犯，据逐人脚下所犯斤两，依轻重断遣"。断案则须遵守下列原则："应诸道今后若捉获犯私盐曲人，罪犯分明，正该条法，使仰断遣讫奏。若稍涉疑误，只须申奏取裁。"

其二，关于划区供应与随屋税盐的规定。"颗、末盐各有界分，若将本地分盐侵越疆界，同诸色犯盐例科断"。奉行颗、末盐分区供应的制度，严禁越界，这一点依然沿用了唐以来的传统做法，并无改变。随屋税盐的配给制度却在此时得以确立。"州县城镇郭下人户，系屋税合请盐者，若是州府，并于城内请给。若是外县镇郭下人户，亦许将盐归家供食。仰本县预取逐户合请盐数目，攒定文帐，部领人户请给，勒本处官吏及所在场务，同点检入城。若县镇郭下人户城外别有庄田，亦仰本县预前分劈开坐，勿令一处分给供使"[1]。其实，随屋税盐之议起自后晋，前文所引李知损奏章已有明确叙述，不过当时并未实施。随屋税盐因居民所住区域不同，实行不同的配给制度。

广顺二年（952）的盐法，对私买私卖的处理规定更为细致具体，进一步明确了官盐的唯一合法地位，所增置的随屋税盐制度，则是官权力度加大的又一反映。此次盐法颁布之后，同年十月，解州刺史兼两池榷盐使张崇训奏章中竟说："未审依旧法，用新条。"[2]多少有些抵制新条例的意思，太祖明确表示遵用新条。这种新旧之争的结局，反映出的是当事者"但欲严酷以集事，不顺治道之可否"的事实。广顺三年（953）十二月，后周又废除了随屋税盐的制度，并再次重申禁止蚕盐入城的规定，"诸州府及外县

[1] 上述引文俱见《五代会要》卷27《盐铁杂条下》，第427—429页。
[2]《册府元龟》卷494《邦计部·山泽二》，第5914页。

镇城内,其居人屋税盐,今后不俵,其盐钱亦不征纳。所有乡村人户合请蚕盐,所在州县城镇严加检校,不得放入城门"[1]。取消随屋税盐的做法,极有可能是执行操作上的繁琐,因而易于导致城乡间盐的私自买卖,有紊条章。

后周世宗在位期间,也屡次重申盐禁。显德元年(954)十二月,因"食末盐州郡,犯私盐多于颗盐界分",既有违榷法,影响颗盐课利,又虚增搬运费用,遂诏令曹、宋以西10余州改食颗盐,以减少犯禁[2]。显德二年(955)八月,再改盐法。下令:"赡国军堂场务,邢、洺州盐务,应有见垛贮盐货处,并煎盐场灶,及应是碱地,并须四面修置墙堑。如是地里遥远,难为修置墙堑,即作壕篱为规隔。内偷盗夹带官盐,兼于壕篱外煎造盐货,便仰收捉,及许诸色人陈告。所犯不计多少斤两,并决重杖一顿,处死。其经历地分及门司节级人员,并当量罪酌断。所有捉事、告事人赏钱,一两已上至一斤,赏钱二十千;一斤已上至十斤,赏钱三十千;一十斤已上,赏钱五十千。"即要求赡国军堂场务、邢洺州盐务采取修筑墙堑的防范措施,防止官盐被盗窃和盗煮,违者课以重罚,管理人员据罪量刑;捉事、告事人论赏。为防止盗煮盗煎盐,对不系官中煎盐的碱地,各地政府一一标识清楚,要求"本州府差公干职员与巡盐节级、村保、地主、邻人,同共巡检。如果有人"偷刮碱地,便仰收捉,及许人陈告。若勘逐不虚,捉事人每获一人,赏绢一十匹;获二人,赏绢二十匹;获三人已上,不计人数,赏绢五十匹。刮碱煎盐人并知情人,所犯不计多少斤两,并决重杖一顿,处死。其刮碱处地分,并刮碱人住处巡检、节级、所由、村保等,各徒二年半,令众一月,依旧勾当。刮碱处地主,不切检校,徒二年,令众一月"。颗盐行用地区内,若"有人刮碱煎炼盐货,所犯并依前法"。各种盐类仍必须在其指定区域内行用,不得越界。北汉所属河东地区所产盐,严禁进入后周境内,"如有人于河东界将盐过来,及自家界内有人往彼兴贩盐货,所犯者并处斩。其犯盐人随行驴畜资财,并与捉事人充赏"。"将盐入城"诸色犯盐人,"随行物色,给与本家,其盐没纳入官。所经历地分节级人员,并行勘断。一两至一斤,决臀杖五十,令众半月,捉事、告事人赏钱五千;一斤已上至一十斤,徒一年半,令众一

越窑双耳釜形器

五代范宽《溪山行旅图》

月,捉事、告事人赏钱七千;十斤已上,不计多少,徒二年,配发运务役一年,捉事、告事人赏钱十千"。蚕盐也仍然在禁止私自买卖之列,"诸州府人户所请蚕盐,不得于乡村衷私货卖,及信团头、脚户、县司请盐节级所由等克折桑卖。如有犯者,依诸色犯盐例科断"[1]。就以上内容总体来看,这次盐法的重点是防止和打击私自煎盐。

显德三年(956)十月,柴荣再次下诏:"漳河已北州府管界,元是官场桑盐,今后除城郭草市内,仍旧禁法,其乡村并不有盐货通商。逐处有碱卤之地,一任人户煎炼,兴贩则不得逾越漳河,入不通商界。"[2]相对放松漳河以北乡村盐禁,允许通商和任人户煎盐,或当与用兵淮南的战争形势有关。漳河以南临近南唐旧地,自然不在通商之限。其意图应在于控制南唐淮南地区的食盐供给。

同年十月,又敕曰:"齐州管内元于秋苗上,俵配蚕盐,谓之察头盐,每一石征钱三千文,苗亩虽减于旧时,盐数不侈于往日。且闻黎庶颇亦艰辛,其沧、棣、滨、淄、青五州管内所请增盐,每一石征绢一匹。地里相接,苦乐顿殊,输轻者量与增添,赋重者时宜蠲减,庶无偏党,用示均平。其齐州所纳盐价钱,特与减放一半,只征一千五百文。其沧、棣、滨、淄、青等州,每盐一石旧征绢一匹,起来年后加一匹。"[3]依敕文分析,齐州原先蚕盐征纳标准高于沧、棣、滨、淄、青5州的4倍,诸州地里相接,差距如此之大,显见盐法不妥,故而这道敕令旨在拉平齐州和其他5州的蚕盐征纳标准。

综上所述,五代盐法发展的总体特点是趋向严密,即随着时代的推移,为堵塞私产、私买、私卖的任何渠道,以确保政府对盐利的垄断,政府对盐的生产、流通环节的控制越来越具体、细致。对违禁者的处罚规定,也是三令五申。尽管一定时期内盐法呈现出松弛或和缓的迹象,但频繁战争所需的军国费用迫切需要盐利的支撑,加大盐禁也就成为大势所趋,盐禁愈来愈严终究在所难免。

十国之中,吴、南唐、闽、南汉和吴越都产海盐,前、后蜀则产井盐。为夺取盐利,十国政权中的南方各国大多实行榷盐之制,但在具体措施上又不尽相同。吴在杨行密时期,即已萌生官榷盐制度。"时军兴事繁,用度不足,太祖

[1] 上述引文俱见《五代会要》卷27《盐铁杂条下》,第429–430页。
[2] 《五代会要》卷26《盐》,第420页。
[3] 《册府元龟》卷488《邦计部·赋税二》,第5843页。

欲以茶盐易民布帛"[1]，高勖力劝而止。以此来看，这时尚未施行"以茶盐易布帛"的做法。对此，《新安志》卷2《夏税物帛》却记述："又有军衫布三千一百五十匹，亦杨氏时，岁于民间以盐博之，每匹给盐七斤半，其后亦以无盐，直令输纳。"可见，杨行密还是采取了以盐易布的措施。具体做法是，政府配给官盐，强令民户以七斤半盐纳布一匹的标准缴纳军衫布，作为田税指定所纳物品。由此可以看出，政府已插手盐的流通领域，多少有些官榷盐的性质。但是，这种措施并未延续下去，杨吴政权不久即取消了以盐强征布的办法，尽管如此，布匹之征却仍然保留，这是布匹向单纯田亩税物色转化的反映。然而，榷盐制度的设立并未就此止步，吴太和末年，"(徐)知诰使民入米请盐"[2]，盐米制度粗具雏形，而这正是南唐榷盐之制的前身。南唐"昇元初，括定民赋，每正苗一斛，别输三斗于官廪，授盐二斤，谓之盐米"[3]。民户入米请盐，三斗盐米之中就已包含盐税。至此，南唐强制配盐之法显然已经具有完全的官榷意义，官榷盐制度遂得以定型。不过，对于此时官授盐数字的多少，却另有不同说法。《十国春秋》卷10《吴十·汪台符传》记作："官授盐一斤。"两说不一，究竟以何者为准，则难以判断。除推行盐米制度外，南唐境内还有计口配盐制度。史载："江东诸郡丁口盐钱者，李氏有国日所创也。盖以泰州及静海军盐货，计口俵散，收钱入官。"[4]计口配盐制度将榷盐的对象推及于丁口，相对于盐米制度仅落实于户，无疑使榷盐的范围更加宽泛，官榷程度进一步加深，政府的盐利也必然有所增加。

前蜀重视盐利，对盐利强烈依赖：天复七年(907)，高祖"遣官祭盐井玉女之神，其神出半面享之。初，帝见裸体妇人于盐井，告曰：'若当为吾国土地主，富贵至矣。'故有是命"[5]。《资治通鉴考异》引《庄宗实录》说："云安监有榷盐之利，(王)建升为安州。"古老的产盐地云安，正是因为有榷盐之利，其行政建置才得以由监上升为州，反映出前蜀对榷盐之利的重视。武成元年(908)，王建大赦境内，但犯盐者不在赦免之列[6]，足见其时已实行官榷盐之制。为加强对盐产地生产环节的控制，使所产之盐全部纳入官府，前蜀还设立监、务等机构，如武成三年(910)，"橄清井土刺

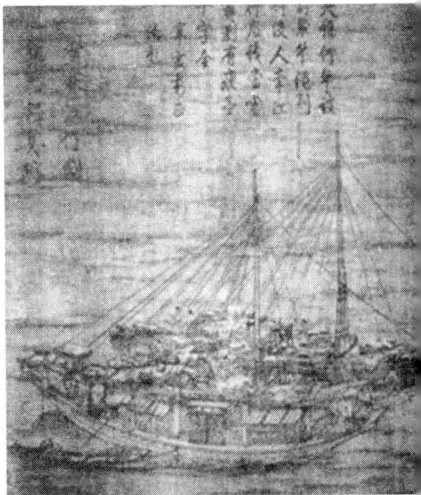

五代郭忠恕《雪霁江行图》

1 《十国春秋》卷5《吴五·高勖传》，第86—87页。

2 《十国春秋》卷10《吴十·汪台符传》，第142页。

3 《十国春秋》卷16《南唐二·元宗本纪》，第231页。

4 [宋]李心传：《建炎以来朝野杂记》甲集卷15《身丁钱》，中华书局点校本2000年版，第326—327页。

5 《十国春秋》卷35《前蜀一·高祖本纪上》，第502页。

6 《十国春秋》卷36《前蜀二·高祖本纪下》，第506页。

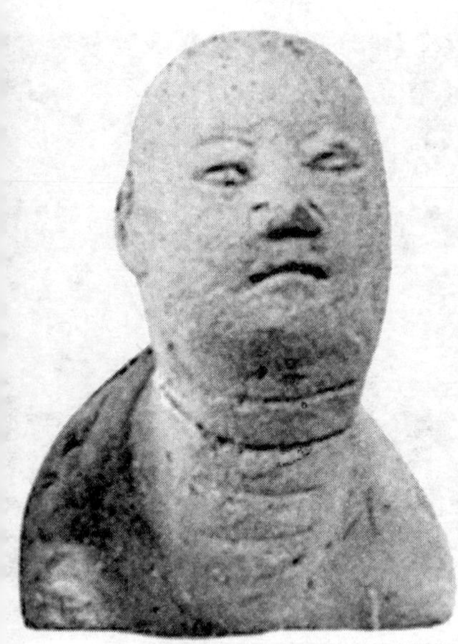
李璟陵出土的陶人首龙身俑(正面)

史罗元楚申饬监务”[1];“陵州有陵井,伪蜀置监,岁炼盐八十万斤”[2]。不过,囿于史料缺乏,前蜀榷盐的具体措施已无法知悉。从下述后蜀实行通商榷盐法的情况来看,前蜀榷盐制度极有可能是沿承了唐中后期以来的民产、官收、商销的旧有做法。

后蜀榷盐以通商法为主。史载:天成三年(928),“(孟)知祥屡与董璋争盐利,璋诱商旅贩东川盐入西川,知祥患之,乃于汉州置三场重征之,岁得钱七万缗,商旅自是不复之东川”[3]。三川的主要产盐区在东川,东川盐若流向西川,西川官榷盐利势必有所减少,因此,遂有孟知祥置场重税之举。这也表明,此时的榷盐之制采取的是官收、商销的办法,即官府全部收购各盐井所产之盐,加价(含盐税)后转卖给商人,以此谋取盐利。鉴于云安监是重要的产盐基地,长兴元年(930)五月,孟知祥奏请后唐“割云安等十三盐监隶西川,以盐直赡宁江屯兵”[4]。可见,后蜀时期照旧设盐监以管理盐井生产,目的仍旧在于尽收盐利,以作军国之资。盐监的榷盐事务由榷盐使掌管,广政十四年(951)四月,后主“以前云安榷盐使伊审征为通奏使,知枢密院事”[5]。后蜀后期,盐法有所厘革,直接官销的方式成为主导。史载:“川峡盐,承伪制官鬻之。”[6]但官府所定盐价极高,“西川城内民户食盐,伪蜀估定每斤百六十,足陌”[7]。

闽也设有盐铁使、副使,“至于鱼盐蔬果,无不倍征”[8]。在榷盐制度上,则实行随产配盐的办法以收盐利。史载:“异时建州尝计民产赋钱买盐,而民惮求有司,徒出钱或不得盐。”即根据民户缴纳赋税的多少来确定买盐的数额,但因吏缘为奸,结果往往是民户照例出钱而盐不可复得。又云:“福州缘王氏之旧,每产钱一当余州之十,其科纳以此为率,余随均定,盐额亦当五倍,而实减半焉。”[9]说的也是随产配盐的办法,由此也可以看出,闽国官榷盐已达到较高程度。

南汉未曾榷盐。据《宋会要辑稿·食货》23之18载:开宝四年(971)四月,广南转运使王明言:“本道无盐禁,许商人贩鬻,兼广州盐价甚贱,虑私贩至荆湖诸州侵夺课利,望行条约。”是年二月,南汉灭亡于北宋,故这里所说

[1]《十国春秋》卷36《前蜀二·高祖本纪下》,第512页。
[2]《续资治通鉴长编》卷8,太祖乾德五年四月,第194页。
[3]《十国春秋》卷48《后蜀一·高祖本纪》,第684页。
[4]《十国春秋》卷48《后蜀一·高祖本纪》,第686页。
[5]《十国春秋》卷49《后蜀二·后主本纪》,第720页。
[6]《续资治通鉴长编》卷15,太祖开宝七年七月,第321页。
[7]《宋会要辑稿·食货》23之18,第5183页。
[8]《十国春秋》卷98《闽九·杨思恭传》,第1405页。
[9]《宋史》卷183《食货志下五·盐下》,第4463页。

的必是南汉时期的盐法。其盐法采用的是自由通商之法,政府少有干预,故而盐价甚贱。

吴越榷盐可能依然沿用唐朝旧制,这从钱镠及其子都兼任两浙盐铁使的史实中可以得到证明,另外,又将盐铁副使之职任于他人,如罗隐曾任镇海军盐铁发运副使,孙承祐曾任浙江东道盐铁副使。盐铁使之得名即因行榷盐法而得名,其后承担榷盐的职责并无变更。吴越既然设有盐铁使、盐铁副使之职,理当采用榷盐之制。吴越衣锦军百姓程仁绍曾上状称:"且仁绍户内盐税米等,先次送纳,不敢逋欠正限。"[1]从程仁绍将盐税米视为税收的缴纳物来看,则吴越所推行的这种制度与南唐的盐米、计口配盐制度极为类似,仍应是官榷盐制度的体现。

楚与荆南也曾实行榷盐制度,宋人郑獬在《郧溪集》卷12《论免丁身钱状》中说:"臣任荆南府日,江陵、枝江县人户正税外有丁身盐曲钱,此钱自高氏以前增出无名横赋,真宗时虽曾除放,而二邑余数尚有存者。……兼闻湖南北及诸路亦有似此丁钱米及除减。"可见,楚与荆南将榷盐、榷曲与人头税相结合,民户在缴纳丁身钱后,由官府配给一定数量的盐曲。至于其征纳的具体标准,则史无明文,无由叙述。

李璟陵出土的陶人首龙身俑(侧面)

二　酒曲的禁榷

五代十国时期的酒、曲之禁,也是专卖制度的主体构成部分,较之于同时期的苛酷盐法而言,略显宽松,这与酒、曲的生产更为普遍有关。

后梁酒禁从无到有。开平三年(909)十一月,太祖敕:"听诸道州府百姓自造曲,官中不禁。"[2]曲为酿造酒和醋的原料,既然允许百姓自造曲,百姓自酿酒当然也就不受禁令之限。这是后梁前期的酒曲法。史载:"梁末,刘君锡任棣州刺史,辟(锡)为军事判官。棣为郓之属郡,郡有曲务,郓以牙兵主之,颇横恣,民有犯曲三斤,牙将欲置于死,君锡力不能救。"[3]可见,至迟到后梁末年,曲禁已在地方出现,节度使为独占酒曲之利,始置曲务禁民造曲。

后唐榷曲之制愈益全面,并曾一度严令禁止民间造

[1]《全唐文》卷898,程仁绍:《请蠲免夫役状》,第9379页。
[2]《五代会要》卷26《曲》,第420页。
[3]《宋史》卷262《张锡传》,第9068页。

新疆吐鲁番柏孜克里克千佛洞壁画

曲,这自然也是对酿酒的严密控制。天成三年(928),触犯曲法的一家竟被东都留守孔循施以灭门之诛,由是,"明宗知其冤,因诏天下除曲禁,许民得造曲"[1]。后唐明宗变革曲法的敕令,现存史籍中有详细记载:

> 应三京、邺都、诸道州府乡村人户,自今年七月后,于是秋田亩上,每亩纳曲钱五文、足陌,一任百姓造曲,酝酒供家,其钱随夏秋征纳,并不折色。其京都及诸道州府县镇坊界及关城草市内,应逐年买官曲酒户,便许自造曲,酝酒货卖,仍取天成二年正月至年终,一年逐户计算,都买曲钱数内十分只纳二分,以充榷酒钱,便从今年七月后,管数征纳。榷酒户外,其余诸色人亦许私造酒曲供家,即不得衷私卖酒。如有故违,便仰纠察,勒依中等酒户纳榷。其坊村一任沽卖,不在纳榷之限。其曲敕命到后,任便踏造。如卖曲酒户中,有去年曾买官曲,今年因事不便买曲任开店者,则与出落。如睹新敕,有情愿开店投榷者,则不计旧户、新户,便令依见纳钱等户例出榷。此后酒户中有无力开店卖酒者,亦许随处陈状,其旧纳钱并宜停废。应诸处曲务,亦仰十分减八分价钱出卖,不得更请官本踏造。[2]

这条敕令关于曲法的规定,主要集中于四个方面:其一,征收乡村人户曲钱,且随两税田亩税交纳,然后允许百姓造曲。由是,曲钱遂成为两税的附加税,官府曲钱收入得到更有效的保障。然而,曲钱的征收不计民户财产丰俭、家赀多寡,也不考虑民户有无造曲和酿酒能力,一概执行统一标准,这样势必加重贫户人家负担,受益者只能是中等以上人户,有失均平之意。其二,原来买官曲酿酒而经营酒生意的酒户,自此只需交纳天成二年(927)一年所买官曲钱的十分之二,作为榷酒钱,即可造曲酿酒并出卖。其余人则允许自造酒曲供家用而不得卖酒,违者处以交纳中等户榷酒钱的惩罚。坊村酿造、买卖酒曲可以自由进行,无需纳榷。其三,酒户开店须守一定之规。敕令颁发后,如原有买官曲酒户,当年不便买曲,官府依从酒户意愿,酒户资格则予注销;如有情愿开店卖酒的,不计旧户、新户,只需缴纳榷酒钱即可;如注册酒户无力开店,向官

[1]《新五代史》卷43《孔循传》,第474页。
[2]《五代会要》卷26《曲》,第420—421页。

府申明情况,其所纳榷酒钱不再上交。其四,各地曲务以八折价格出售已有酒曲,不得再次申请官本造曲。

长兴二年(931)二月,明宗下令:"诸道州府人户,每秋苗一亩上,元征曲钱五文,今后特放二文,只征三文。"[1]同年五月,又敕令自当年夏季起不再征收曲钱,而是重新恢复官府造曲的老办法,官曲出售价格降至旧价一半;城中曲务出卖官曲时,可与商人以扑卖的方式进行,扑卖即官府将曲的经营权卖给商人,由商人销售曲。另外,还严禁城居百姓造曲,但"乡村人户,或要供家,一任自造"。此令下达后,"人甚便之"。[2]

长兴二年(931)五月的敕令,取消了曲钱的征收,曲法又因城乡而异,乡村不行曲禁必然导致官府曲利的减少。为保证酒税收入,是年七月,三司奏请:"先有敕命,许百姓造曲,不来官场收买。伏虑课额不逮,请准前曲法,乡村百姓与在城条法,一例指挥。"于是,城乡一律禁止私造曲,曲禁再度趋严。并且规定:"百姓已造到曲,务令送纳入官,量支还麦本。"[3]

后晋曲法较之前代变化不大,"晋汉以来,诸道州府皆权计曲额,置都务以沽酒,民间酒醋例皆醨薄"[4]。就是说,后晋在各地设置都务以垄断酒曲的销售。天福元年(936),"曲每斤与减价钱三十文"。在此曲法下,酒户必须向官府买曲,发生拖欠曲钱的现象也就在所难免。天福二年(937)的诏书就称:"河阳管内酒户百姓,应欠天福元年闰十一月二十五日已前,不敷年额曲钱,并放。"[5]后晋政府对官曲控制极严,严禁官吏私自盗卖。开运三年(946)八月,慕容彦超因在濮州刺史任内私卖官曲及擅出省仓麦而被处以极刑。[6]后因刘知远恳请,方才免予死刑,改流房州。

后汉曲法虽绍承前代,但严厉程度却前所未有。史载:三司使王章"峻于刑法,民有犯盐、矾、酒曲之令,虽丝毫滴沥,尽处极刑。吏缘为奸,民不堪命"[7]。即犯曲禁者不计斤两多少,都处以死刑。曲法之严,由此可窥其一斑。

后周曲法有章可循,其重点是针对后晋、后汉以来曲法过严的弊病,适当松弛酒曲之禁。广顺二年(952)八月,"诏改盐法,盐曲犯五斤以上处死"[8],较之后汉已有缓和。

南唐卫贤《高士图》(局部)

[1]《五代会要》卷26《曲》,第421页。

[2]《五代会要》卷26《曲》,第421页。

[3]《五代会要》卷26《曲》,第421页。

[4]《文献通考》卷17《征榷考四·榷酤》,考168。

[5]《旧五代史》卷76《晋高祖纪二》,第1000页。

[6]《旧五代史》卷84《晋少帝纪》,第1117页。

[7]《旧五代史》卷107《王章传》,第1410页。

[8]《旧五代史》卷112《周太祖纪三》,第1484页。

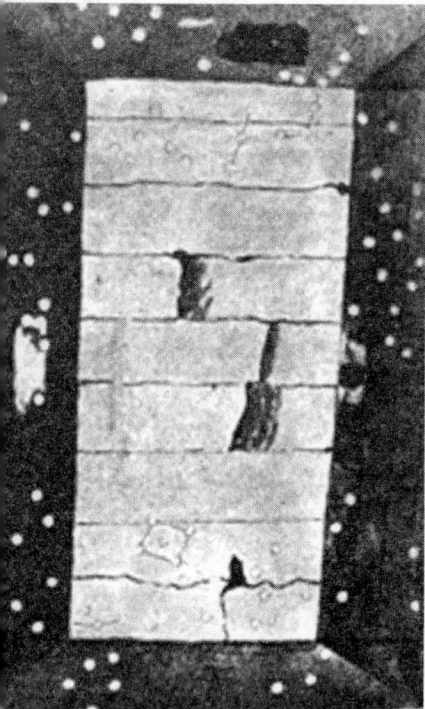
李昇陵出土的天象图

显德四年（957）七月，世宗又下诏修改曲法：

> 诸道州府曲务，今后一依往例，官中禁法卖曲，逐处先置都务处，候敕到日，并仰停罢。据见在曲数，准备货卖，兼据年计合使曲数，依时踏造，候人户将到价钱，据数给曲，不得赊卖抑配与人。其外酒场务，一切仍旧。应乡村人户，今后并许自造米醋，及买糟造醋供食。仍许于本州县界，就精美处酤买，其酒曲条法依旧施行。[1]

这道诏令的实质在于全面榷曲，即曲只能由曲务提供，严禁民户自造。具体施行办法是，废置设立隶于州府曲务之下的各地都务，将官曲的经销收归州府曲务。曲务根据每年所需曲数，以确定官曲的生产数量，民户用现钱向曲务购买官曲，政府禁止赊卖、强制摊派官曲。允许乡村人户自造米醋及买糟造醋供食，并能在本州县界内的指定地点买曲造醋。

十国的酒曲之禁，主要采取榷曲、纳榷酒钱和特许专卖三种形式，酒税也是国家财政收入的重要来源。吴和南唐的酒禁，通过征收曲钱或曲引钱的方式而体现。唐后期，淮南地区就曾实行榷曲，其后逐渐向吴、南唐境内其他地区推广。如歙州"称曲钱者，给民曲使得酿酒而归其曲之直于官"[2]。又如"江东西酿酒则有曲引钱"[3]。

前、后蜀所在的三川地区，酿酒业向来相当发达，为获致酒利，前、后蜀势必也实行酒禁。因史籍无征，前蜀榷酒的具体情况已不得而知，或许仍然沿用唐后期以来的纳榷酒钱制度，究竟如何，尚需史料论证。后蜀榷酒制度相对清晰，采取的是纳曲钱的方式。广政十一年（948）十二月，"命民间纳曲钱"[4]。《宋史》卷185《食货志下七·酒》中也说："川峡承旧制，卖曲价重。"可见，曲钱的征纳还比较沉重。

闽在宋初之时，也还不曾严格榷酒，采取的是征收酒税的办法，即如《锦绣万花谷·前集》卷15《榷酤》所载："取其税，不禁其私"，或许就是对闽国旧有制度的沿用。南汉无酒禁之法。《宋会要辑稿·食货》20之3即载：开宝四年（971）四月，"广南转运使王明言：'广州酒曲，元无禁法，军民取便酤卖。'诏依旧不禁""十月，知邕州范旻言：'本

[1]《五代会要》卷26《曲》，第421页。
[2][宋]赵不悔修，罗愿撰：《新安志》卷2《杂钱》，见《宋元方志丛刊》（第8册），中华书局影印本1990年版，第7626页。
[3]《文献通考》卷4《田赋考四·历代田赋之制》，考53。
[4]《十国春秋》卷49《后蜀二·后主本纪》，第718页。

州元无曲法。'诏如广州例"。对于闽、广之地无榷酒之制的原因，南宋学者真德秀在《西山文集》卷9《潭州奏复税酒状》中曾有下述看法："窃惟酒之有榷，本朝家所籍以佐经费，其来尚矣。然可行于江浙而不可行于广南、福建者，盖瘴乡灾峤，疾疠易乘，非酒不可以御岚雾，而民贫俗犷，其势不能使之必沽于官，故特弛其禁，以从民俗之所便。"这种从民俗入手而得出的认识，多少有些道理。

　　吴越的榷酒制，在史籍中有明确记载。后周广顺二年(952)九月，"是时，国内禁酒"。宋人陈傅良认为："国初诸路未尽禁酒，吴越之禁，自钱氏始。"[1]因为国用繁广，忠懿王任命丞相吴程"兼掌屯田榷酤事"[2]。榷酤即酒的专卖，也就是政府对酒的生产、销售、分配环节进行干预的政策。此次禁酒，显然是指禁止私人酿酒。榷酒的形式则应是官产、官销的完全专卖。在此基础上，仍然可能沿袭唐后期的征收榷酒钱制度，惟史料阙如，难于勾勒。其后，榷酒之制逐渐发展为特许专卖，即将专卖权赋与特定酒户，由酒户制造和销售酒。正是由于吴越榷酒制度前后有所变化，所以，宋太祖建隆元年(960)九月，"吴越始榷酒酤"[3]。这一时期榷酒制度的内容在下引材料中有较为明确的反映。宋太宗淳化二年(991)八月，诏："两浙诸州，先是钱俶日，募民掌榷酤，酒醨坏，吏犹督其课，民无以偿，湖州万三千三百四十九瓶，衢州万七千二百八十三瓶，台州千一百四十四石，越州二千九百四石七斗，并毁弃之，勿复责其直。"[4]这里已清晰点出，吴越的榷酤之制，采取的是官办商销的形式，不同于此前的官产官销。因其危害甚烈，宋太宗时终被废弃。

　　楚和荆南榷酒的具体情形如何，皆不得而知。

三　茶的禁榷

　　五代诸国所需茶叶，基本上来自南方政权，北方虽不产茶，但日常生活中人们又有饮茶习惯，因此各王朝均经营茶叶贸易。中原王朝的官茶有两大来源：其一是吴越、闽、楚等国的进贡。吴越自天宝元年(908)至北宋初，所贡茶叶数量惊人，如928年贡茶27 000斤，936年贡茶24 000斤，942年贡茶25 000斤[5]。楚进贡后梁的茶叶每年即达25

闽永隆通宝(铁质)

[1]《十国春秋》卷81《吴越五·忠懿王世家上》，第1153页。

[2]《十国春秋》卷87《吴越十一·吴程传》，第1257页。

[3]《续资治通鉴长编》卷1，太祖建隆元年九月，第25页。

[4]《续资治通鉴长编》卷32，太宗淳化二年八月，第718页。

[5]《十国春秋》卷78《吴越二·武肃王世家下》，第1101页；同书卷79《吴越三·文穆王世家》，第1124页；同书卷80《吴越四·忠献王世家》，第1135页。

五色塔模型舍利盒

万斤之多[1]。数量如此巨大的茶叶,在供统治者消费之余,官府极有可能将其销售以牟利。其二是派遣三司或回图官吏南下买茶。后汉时,三司军将路昌祚奉命至楚国买茶,适逢南唐灭楚,昌祚被俘送至金陵,元宗李璟释之,并"给茗荈万八千斤"[2]。连契丹也至南唐买茶。这些茶同样也有可能进入市场。所以说,五代中原王朝也有利用官茶获取茶利的举措。而对商人贩易至北方贸易的茶叶,五代各朝大都实施设场征收茶税的办法,沿用的是唐后期以来重税茶商的通商之法,尚未有榷茶之举。后梁龙德元年(921),曾"于雍州、河阳、徐州三处重置场院税茶"[3]。后唐时,"省司及诸府置税茶场院,自湖南至京六七处纳税,以致商旅不通"[4]。后汉乾祐二年(949),因"收税买茶,足以赡国"[5],臣僚建议三司差清强官于襄州自立茶务。可见,置场税茶是五代时期通行的方式,茶并不是禁榷商品。直至宋太祖乾德二年(964)七月,才能见到中原地区置场榷茶的记载,"初令京师、建安、汉阳、蕲口并置场榷茶"。"于是令民茶折税外悉官卖,民敢藏匿而不送官及私贩鬻者,没入之"[6]。

十国中的南方诸国都出产茶叶,为获取茶利,各国不再遵循唐后期的通商之法,而以禁榷方式垄断茶叶贸易。南唐的榷茶在十国之中较为典型,史载:"初,江南诸州官市茶十分之八,余二分复税其什一,然后给府,听其货鬻,商人旁缘为奸,逾江涉淮,颇紊国法。"[7]当然,南唐的榷茶之法并不完全,尽管民产、官收、商销为茶叶经营的主要方式,但民产自销仍然占有一定比例。而宋初的榷茶之法,极有可能是受到南唐的影响而形成的,有关记载似可印证此点:"乾德初,国用未丰,苏晓为淮漕,议尽榷舒、庐、蕲、黄、寿五州茶货,置十四场,一萌一蘖,尽搜其利,岁衍百余万缗,淮俗苦之。后晓舟败溺,淮民比屋相贺。"[8]苏晓榷5州茶货与上文所引宋乾德二年(964)置场榷茶的记载,所反映的榷茶场院大多设置于南唐的江北诸州,而江北诸州自后周世宗末年即被中原王朝占领,继后周而起的北宋政权,立国之初,为增加国家财政收入,沿袭南唐旧制在这些地区设场榷茶,可谓便利之极,南唐旧制或许就是宋代榷茶的前身。然而宋初的榷茶之法较之南唐更

[1]《资治通鉴》卷266,后梁太祖开平二年七月,第8702页。

[2]《旧五代史》卷112《周太祖纪三》,第1480页。

[3]《旧五代史》卷10《梁末帝纪下》,第146页。

[4]《册府元龟》卷92《帝王部·赦宥十一》,第1107页。

[5]《册府元龟》卷476《台省部·奏议七》,第5685页。

[6]《续资治通鉴长编》卷5,太祖乾德二年七月,第131页。

[7]《续资治通鉴长编》卷18,太宗太平兴国二年正月,第396页。

[8]《玉壶清话》卷2,第19-20页。

为彻底,即从南唐的"官市茶十之八"转变为"一萌一蘖,尽搜其利",不完全的茶禁遂为完全的榷茶之制所取代。

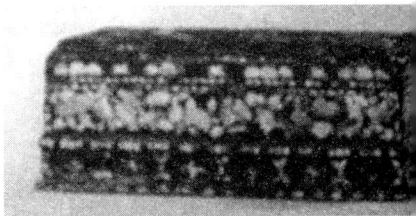

花鸟纹嵌螺钿黑漆经函

前、后蜀时期,茶叶的种植与制造都有较大提高,榷茶之法应运而生。前蜀武成元年(908),太祖王建赦文称:"私盐茶面,不在赦限"[1]。已对茶叶丰厚的利润表示出高度重视,榷茶亦应开始于此时。至后蜀,关于榷茶的制度在史籍中有明确记载。苏辙曾说:"臣闻五代之际,孟氏窃据蜀土,国用偏狭,始有榷茶之法。及艺祖平蜀之后,放罢一切横敛,茶遂无禁,民间便之。"[2]这段记载说明,王建立榷茶法,一直行用于前、后蜀时期,到宋朝统治蜀川后,榷茶之制才被废止。

湖南马楚政权的茶法,大致经历了由征收茶税向官榷发展的进程。后梁开平二年(908),"湖南判官高郁请听民自采茶卖于北客,收其征以赡军,楚王殷从之"[3]。这时的茶税相当于唐宋时期商税中的住税。不过,马楚的税茶政策也不是铁板一块,毫无变动,史载:马殷"既封楚王……自署官吏,征赋不供,民间采茶,并抑而买之"[4]。所谓"抑而买之"就是政府强行压价收购民间茶叶,这种行为客观上具有限制民间卖茶的作用,税茶显现出向官榷发展的迹象。

第四节 货币制度

自唐中后期开始,货币流通领域已经是"钱帛不兼于卖鬻,积钱不出于墙垣,欺滥遍行于市井"[5]。五代十国时期,战事频仍,政权林立,区域性货币增多,多头币制的情形至为鲜明,货币制度的混乱状况更趋严重。为适应商业发展的需要,满足商业贸易对货币的需求,各政权都自铸以铜、铁、铅、锡等为材质的钱币,确立各自的货币体系。在货币流通领域,恶钱明显增多,私销、私铸现象屡禁不止,货币的地域色彩格外突出。除铸币外,白银和绢帛也在一定程度上继续体现出货币的职能,但仅仅是辅币,用于贮藏、远程大宗交易或弥补铸币的不足。因此,铸币仍然是其时货币体系的主体,也是货币制度内容的重点所

[1]《十国春秋》卷36《前蜀二·高祖本纪下》,第506页。
[2][宋]苏辙:《栾城集》卷36《论蜀茶五害状》,见《苏辙集》,中华书局点校本1990年版,第627–628页。
[3]《资治通鉴》卷266,后梁太祖开平二年六月,第8702页。
[4]《旧五代史》卷133《马殷传》,第1757页。
[5]《元稹集》卷34《钱货议状》,第397页。

前蜀咸康元宝

在,这也是本节叙述的中心。至于白银、绢币的货币作用,此处不作探讨。

一 货币的铸造

在中国古代,自秦统一全国以后,即开始确立以金、铜为本位的法币体系,但随着货币经济的日趋衰退,实物货币(绢帛为主)渐次取代金属货币,在流通领域中大行其道。进入唐代,由于货币经济的复苏,铜钱再度被确立为主币。五代十国时期,铸币种类激增,币材也由铜扩展至铁、铅、锡等原料,五代各朝均以铜钱为法币,十国则以铁、铅、锡钱为主要货币。

后梁铸币的情况在史籍中并无明确记载。从流传至今、存数不多的实物进行判断,后梁曾铸造过开平元宝当十钱和开平通宝当五钱两种。因为这两种钱币"年号相合,形制亦符,书体尤具当时风格",将其作为后梁铸币当不致有误,然而,其"留世绝少,殆所铸无多。其行用若何,一当开元钱若干,史载阙如,无从稽考"[1]。

后唐庄宗朝仍行用唐代钱币,明宗时期始铸行天成元宝。关于天成元宝的形制,宋人洪遵《泉志》卷3《正用品下》有载:"此钱径九分,重三铢六参,文曰'天成元宝',计当时所铸。"天成系后唐明宗即位后的第一个年号,所以后人据此推断:"后唐用旧钱,明宗天成中铸钱曰'天成元宝'。"[2]史籍又载:长兴三年(932)三月,"河府奏重开废铜冶"[3]。则此次所铸之钱也应是天成元宝。此钱现在亦有实物存世。

后晋官铸钱为天福元宝、天福镇宝。高祖时期,曾一度允许私人铸造钱币。天福三年(938)十一月,诏曰:"宜令三京、邺都、诸道州府,无问公私,应有铜者,并许铸钱。仍以'天福元宝'为文。"并明令以官铸钱样式、重量为标准。但私铸钱很难达到官钱的重量规格、成色标准,次月即取消了私铸钱重量方面的限制,所谓"切虑逐处缺铜,难依先定铢两,宜令天下无问公私,应有铜处,有铸钱者,一任取便酌量轻重铸造。因兹不得入铅并铁,及缺漏不堪久远流行"[4]。然而,私铸闸门一经打开,由于缺乏有效的监督机制,带来的却是私铸钱币质量的急剧下降,

[1] 丁福保:《古钱大辞典·总论·五代》引张綗伯《五代十国货币考》,中华书局影印本1982年版,第198页。

[2] 撰人不详:《钱币考》卷上,丛书集成初编本(第771册),上海商务印书馆1939年版,第23页。

[3] 《册府元龟》卷501《邦计部·钱币三》,第6007页。

[4] 以上引文均见《五代会要》卷27《钱货》,第436页。

以致严重干扰了货币流通的正常秩序,故而,又不得不再次恢复到禁止私人铸钱的老路上。天福四年(939)七月敕:"先令天下州府公私铸钱,近闻以铅锡相参,缺薄小弱,有违条制,不可久行。今后只官铸钱,私铸钱下禁依旧法。"[1]仅凭一纸法令,很难遏止人们通过私铸追逐巨额利润的行为。这从流传至今的、滥恶不堪的后晋钱币中,可以得到证实。在收回铸币权后,地方官铸钱的现象也有出现。天福四年(939)十一月,"建钱炉于栾川,为石豹之冶"[2]。

后蜀大蜀通宝

后汉铸行汉元通宝钱,又称汉通元宝。后汉铸钱的记载不见于正史,汉隐帝乾祐年间,膳部郎中罗周胤曾有铸钱之议,结果却是"疏奏不报"[3]。但从传世的汉元通宝、汉通元宝钱来看,后汉铸钱乃是不争事实。《泉志》卷3引苏耆《开谭录》曾说:"汉乾祐中,以晋室鼓铸,钱币伪滥非一,乃禁铜货,悉归公帑。"也就是说,为力戒后晋时期钱币伪滥状况的出现,后汉政府一直牢牢掌握铸币权,严禁私铸。

后周铸行周通元宝钱(或称周元通宝)。官铸钱始于世宗时期,这在史料中有明确反映,《泉志》卷3曾将世宗一朝铸钱的有关记录鸠集在一起,兹移录如下:

《(新)五代史·周纪》论曰:世宗即位之明年,废天下佛寺三千三百三十六,是时国中之(疑为"乏"误)钱,乃诏毁天下铜佛以铸钱。《(新)五代史·四夷附录》曰:周世宗遣尚书水部员外郎韩彦卿以帛数千匹市铜于高丽以铸钱。郑向《五代开皇纪》曰:显德二年九月诏禁天下铜器始议铸钱。《五代会要》曰:显德二年九月丙寅敕云:今采铜兴冶,立监铸钱,冀便公私,宜行条制。今后除朝廷法物、军器、官物及镜并寺观内钟、磬、钹、相轮、火珠、铃铎外,其余铜器一切禁断。苏耆《开谭录》曰:世宗朝铸周通元宝钱,于后殿设巨炉数十,亲观鼓铸。李孝美曰:径寸重五铢,文曰周通元宝,形制精妙,与唐开元钱同。

世宗毁佛禁铜,官铸大兴,铸钱规模为五代各朝之最,其数量与质量也为一时之冠。

十国所占地域分散、辽阔,经济发展水平高下不一,

[1]《五代会要》卷27《泉货》,第436页。
[2]《册府元龟》卷501《邦计部·钱币三》,第6008页。
[3]《册府元龟》卷501《邦计部·钱币三》,第6008页。

南唐唐国通宝

铸币情况也各有不同,总体上呈现出极为复杂的面貌,所铸钱币中以铅铁钱最为常见和盛行。十国之中,只有吴与荆南不曾铸造新钱,而是继续使用唐开元通宝钱,所谓"诸国割据者多用唐旧钱,亦有自铸钱者……惟吴及南平高氏未闻"[1]。除此之外,各国都曾铸造钱币。

南唐初建时,秉承杨吴旧制,仍以开元通宝作为法币,似未铸行新币。烈祖以保境安民为国策,商业贸易较为发达,官府蓄积货币数量较多,足以应付军国开支。史载:"初,烈祖将殂,谓元宗曰:'德昌宫泉布亿万缗,以给军用。吾死,善修邻好。北方有事,不可失也。'"[2]李璟在位期间,迭兴战事,国库渐空,钱货不敷使用。逮至后周用兵淮上,南唐尽失江北之地,不得已称臣于周,并岁贡方物,由此进一步加剧了钱币的短缺。史称:"唐自淮上用兵及割江北,臣事于周,岁时贡献,府藏空竭,钱益少,物价腾贵。"遂于显德六年(959)七月,听从礼部侍郎钟谟所请,"始铸当十大钱,文曰'永通泉货',又铸当二钱,文曰'唐国通宝',与开元钱并行"[3]。此时所铸"永通泉货"与"唐国通宝"均为铜钱,由"当十"、"当二"又可推知此两种钱都是大钱。新钱颁行之后,"至数年而弊,百姓盗铸几至一斤余,以一文置水上不沉,虽严禁不止"[4]。钟谟得罪被诛,遂废大钱。在韩熙载的主持下,南唐又铸以一当二铁钱。北宋乾德二年(964)正月,南唐开始行用铁钱,"每十钱,以铁钱六,杂铜钱四。既而不用铜钱,民间但以铁钱贸易。物价增涌,民复盗铸,颇多芒刺,不及官场圆净"。"至末年,铜钱一当铁钱十"[5]。南唐所铸铁钱主要有两种,分别为"唐国通宝"铁钱和"开元通宝"铁钱。此后,直至南唐灭亡,铁钱始终是货币流通领域中的主要货币之一。

前蜀先主王建、后主王衍,每逢改元,则铸新钱,且以年号为钱文。王建在位,铸永平元宝、通正元宝、天汉元宝和光天元宝钱,王衍嗣位,又先后铸乾德元宝和咸康元宝钱。前蜀所铸钱币,大多质地粗恶,以致有"恶钱"之称。史称:"(王)建在伪位十有二年,凡五改元,曰武成,曰永平,曰通正,曰天汉,曰光天,仍以其伪号易钱文而铸之(今恶钱中尚有)。"[6]据此,又有武成元宝,惜他书不载,无复可

[1] 《钱币考》卷上,第24页。
[2] 马令:《南唐书》卷5《后主纪》,第5290页。
[3] 《资治通鉴》卷294,后周世宗显德六年七月,第9603页。
[4] 《江南野史》卷3《后主》,第5171页。
[5] 马令:《南唐书》卷5《后主纪》,第5290页。
[6] 《五国故事》卷上《前蜀王氏》,第3186页。

知。这一时期的铸币，多为赤铜而呈褐色，铸工不及唐开元通宝钱。[1]

后蜀先主孟知祥时期，可能已铸行大蜀通宝钱。明确见于史籍记载的是后主于广政元年（938）铸行的广政通宝钱。所谓"是岁，铸'广政通宝'钱"[2]。除铸行铜钱外，广政末年，"募兵既多，用度不足，始铸铁钱，榷境内铁器，以专其利"[3]。起初，铁钱只在沿边地区行用，至广政二十五年（962），铁钱开始在后蜀全境通行。[4]关于广政年间颁发的铁钱，史籍有如下记载：

> 伪蜀广政中，始铸铁钱。每铁钱一千兼以铜钱四百，凡银一两直[值]钱千七百，绢一匹直钱千二百，而铸工精好殆与铜钱等。益买金银装发，颇失裁制，物价增长。寻又禁铜钱入川界，铁钱十乃直[值]铜钱一。[5]

可见后蜀所铸铁钱较为精整，堪比铜钱。

王闽政权至王审知时始铸铅钱，贞明二年（916），"闽铸铅钱，与铜钱并行"[6]。名为开元通宝。龙德二年（922），"铸大铁钱，以'开元通宝'为文，仍以五百文为贯"。其下又注引陶岳《货泉录》曰："王审知铸大铁钱，阔寸余，甚粗重，亦以'开元通宝'为文，以五百文为贯，俗谓之鉶劻，与铜钱并行。"[7]有研究者指出，王审知在上述两个年头，还曾分别铸开元通宝铜钱和开元通宝当十钱（亦为铜钱）。[8]据此，则开元通宝包括铜、铅、铁钱等几种，币值上也有一定区别，但大钱所占比重较大。王延曦即位后，于永隆四年（942）"铸'永隆通宝'大铁钱，一当铅钱百"[9]。永隆通宝实际上也分为铜、铁两种。王延政在位时，于天德二年（944）铸行"天德通宝"、"天德重宝"大铁钱。

南汉割据岭表，贞明三年（917）八月，刘龑称帝，国号大越，改元乾亨，并于同年"铸钱，文曰'乾亨重宝'"[10]。次年，改国号为汉，"铸'乾亨重宝'铅钱，十当铜钱一"[11]。此钱有大、小之分。南汉铜钱与铅钱的并行，持续至乾和年间开始发生变化，所谓"乾和后多聚铜钱，城内用铅，城外用铜，禁其出入，犯者抵死。俸禄非特恩，不给铜钱"。即铜、铅钱并行，已被以铅钱为主的货币流通体制所取代。直至大宝五年（962），上述情形亦无改观，仍然是"城以内行乾亨铅钱，城以外行乾亨铜钱，犯禁者罪至死。凡百官

南唐大唐通宝

[1] 参见刘敏：《五代时期的前后蜀铸币》，载《四川文物》1994年第1期。

[2]《十国春秋》卷49《后蜀二·后主本纪》，第710页。

[3]《十国春秋》卷49《后蜀二·后主本纪》，第725页。

[4]《锦里耆旧传》卷7，第6050页。

[5]《续资治通鉴长编》卷23，太宗太平兴国七年八月，第525页。

[6]《资治通鉴》卷269，后梁末帝贞明二年十二月，第8808页。

[7]《十国春秋》卷90《闽一·司空世家》，第1313页。

[8] 参见蒋九如、林兆育、李琼霖：《五代十国闽钱》，载《中国钱币》1987年第4期。

[9]《十国春秋》卷92《闽三·景宗本纪》，第1340页。

[10]《南汉书》卷2《高祖纪一》，第6362页。

[11]《南汉书》卷2《高祖纪一》，第6362页。

俸禄给铜钱者,多出自上恩焉"[1]。

马楚割据之初,仍然行用唐钱,至乾化元年(911)才有铸钱之举,"是时开冶铸天策钱,文曰'天策府宝',铜质浑厚"[2]。这种铜钱在使用10余年后,又于同光三年(925)铸造铅、铁钱。史载:"初,楚王殷既得湖南,不征商旅,由是四方商旅辐凑。湖南地多铅铁,殷用军都判官高郁策,铸铅铁为钱,商旅出境,无所用之,皆易他货而去,故能以境内所余之物易天下百货,国以富饶。"[3]除上述铜、铁、铅钱外,马楚境内还行用锡钱。如天成四年(929)四月,马殷下令"国内铜钱一直[值]锡钱百"[4]。史籍又载:"时湖南专用锡钱,铜钱一直[值]锡钱百,流入中国,法不能禁。"[5]原来行用于湖南境内的锡钱,流入中原王朝辖区,有紊币制,故而后唐政府下令"禁铁锡钱"。

吴越自铸铜钱,其形制如开元通宝。《钱币考》卷上引《十国纪年》记载称:"吴越至忠懿王时铸钱。"在此之前,沿用的当是唐开元通宝钱。吴越铸钱始于显德四年(957)正月之后,此时"始议铸钱"[6]。忠献王钱弘佐在位,为增加将士的俸禄、给赐,曾有意冶铸铁钱,后因其弟弘亿规劝而止。[7]

割据河东的北汉政权,也曾自铸钱。《文献通考》卷9《钱币考二·历代钱币之制》称:"两浙、河东自铸铜钱,亦如唐制。"据此,北汉所铸铜钱,也以开元通宝为样板。

十国之外,盘踞幽州的刘仁恭父子,也曾铸行铁钱,大致有顺天元宝、庆圣元宝、应开元宝和永安一百等。刘仁恭甚至将铜钱埋藏在山洞之中,"令民间用堇泥为钱"[8],在境内行用。

上述诸国所铸钱币,以年号钱为多,如中原王朝的后梁开平元宝、开平通宝,后唐天成元宝、后晋天福元宝,十国政权中的前蜀之永平元宝、通正元宝、天汉元宝、光天元宝、乾德元宝、咸康元宝,后蜀广政通宝,王闽永隆通宝、天德通宝、天德重宝,南汉乾亨重宝等,皆以年号为钱文。其余钱币,诸如后汉汉通元宝、后周周通元宝等等,则未将年号引入钱文之中。也就是说自唐乾封之后,以年号为钱文的固定方法,在五代十国时期有所变化。至宋代,钱文记以年号的方法趋于稳定,宋太宗淳化以后,年号钱

南唐大唐镇库

[1]《十国春秋》卷60《南汉三·后主本纪》及注引《十国纪年·汉史》,第863—864页。

[2]《十国春秋》卷67《楚一·武穆王世家》,第938页。

[3]《资治通鉴》卷274,后唐庄宗同光三年十二月,第8953页。

[4]《十国春秋》卷67《楚一·武穆王世家》,第945页。

[5]《资治通鉴》卷276,后唐明宗天成四年四月,第9028页。

[6]《吴越备史》卷4《大元帅吴越国王》,第6253页。

[7]《资治通鉴》卷285,后晋齐王开运三年十月,第9313页。

[8]《资治通鉴》卷266,后梁太祖开平元年三月,第8671页。

相沿成例,铜、铁钱一般都称为年号钱,故有"近世钱文皆著年号"[1]的说法。此外,对钱也在五代十国时期有所出现。所谓对钱,又称为对子钱,即指两枚钱除钱文的书体有所差别外,钱文内容、币材质地、钱的大小厚薄轻重、穿孔、轮廓宽狭、文字大小及位置等都彼此相同或十分接近。南唐所铸行的"开元通宝"钱,形制大体相同的钱有篆书、隶书和楷书三种,任意选取其中不同书体的钱文两枚,即组成对钱。至宋代,对钱的铸行更加普遍。

南唐开元通宝

二　控制私销、私铸的禁令

所谓私销、私铸,即民间私自销毁官钱为铜,再将销钱所得铜重铸为器具、佛像或短小薄缺钱币的行为。唐代已然存在"销千钱为铜六斤,铸器则斤得钱六百"[2]的现象,则销钱1 000文铸造铜器可获3 600文的利润,增殖2 600文。造成这一现象的根本原因在于铜的匮乏,作为稀缺资源的铜,一无例外地总是被政府全面垄断,用以确保钱币的铸造,铜钱的币面价格依赖政府法令而维系,这也直接导致生活用铜数量的稀少。当贵重金属的铜出现需求与供给的巨大反差时,铜钱的币面价格与铜材价值之间的悬殊就会暴露无遗。于是,将低于实际价值的铜钱销铸为铜器,再度进入商品流通领域,就能使铜的实际价值在商品交换中真实地得以体现,这是市场规律作用的结果。至于将官钱熔铸后,私自生产成色不足、缺薄短小的钱币,以劣充优,自然也能获得高于原铜钱币面价格的收益。正是因为私销、私铸能带来巨额的利润,所以尽管政府三令五申强调铜禁,冒法犯禁、蹈死不顾者仍然大有人在。

由于十国之中的铸币多以铁、铅、锡钱为主,其币材来源相对充足,币材的价值与价格间的矛盾并不是很突出,私销、私铸的现象基本看不到。在南方九国中,只有南唐和吴越实行铜禁。五代中原王朝,则始终以铜为币材,铜荒的问题也是愈演愈烈,以至于"销钱为器,其利十倍"[3]。在如此高额利润的引诱下,销铸之风自是有增无减,屡禁不息。政府也接二连三地就此颁发诏令,以确保铸币所需铜资源。围绕铜资源的争夺,官府和民间展开了长期的销

---

[1] [宋]欧阳修:《归田录》卷1,中华书局点校本1981年版,第5页。

[2]《新唐书》卷54《食货志》,第1388页。

[3]《文献通考》卷9《钱币考二·历代钱币之制》引"致堂胡氏曰",考93。

铸和反销铸的拉锯战。

后梁时期禁止私销、私铸的法令，史籍缺载，不得而知。后唐时期，关于销铸和禁止销铸的记载明显增多。庄宗同光二年（924）二月的一份诏令中提到："又工人销铸为铜器。"[1]可见，销铸现象依然有所延续。明宗天成元年（926）八月，中书门下奏章又说："访闻近日诸道州府所卖铜器价贵，多是销熔见钱，以邀厚利。"[2]销铸的情形并无改变。对此，明宗下令："宜遍行晓告，如原旧破损铜器及碎铜，即许铸造器物；如生铜器物，每斤价定二百；熟铜器物，每斤四百。如违省价，买卖之人，依盗铸钱律文科断。"[3]政府明令铜器的交易价格，寄望籍此减少私销利润，违反者买卖双方均科以处罚。然而，既然允许铜器仍可私自买卖，市场规律的杠杆作用显然不是政府意志所能左右，铜器的价格也势必居高不下。因此，一纸诏令无异具文而已，很难产生实质性的效果。此次铜禁政策的失效，可从其后臣僚的一系列建言中得到反映。如天成二年（927）十月，有人指出："先以铜器贵，市人多销钱以为器，下令禁之，令不行；又降之，乃再行前敕，亦不能禁。"[4]天成四年（929）八月，大臣建议："准律，泻钱作铜，最为大罪，望加禁绝。"[5]长兴末年，又有臣僚提出："市人销钱，贵卖铜器，累经止绝，尚未知禁"，并倡导政府从严处理："其铜除镜、鞍辔、腰带外，不许市卖铜器，犯者以赃论。"[6]禁铜言论的反复出现，正是现实生活中销铸之风甚嚣尘上的极好写照，另一方面也是政府禁铜政策难以遏止销铸风头的真实体现。

后晋反销铸措施一度极为严厉。天福二年（937），诏："禁一切铜器，其铜镜今后官铸造，于东京置场货卖，许人收买，于诸处兴贩去。"[7]也就是说，政府实施全面禁铜，连铜镜的铸造权也由政府掌管，其目的在于彻底禁绝民间销铸行为。可是，此次禁令的作用依然有限，次年的诏令中就说道："近来趋利之人违法甚众，销熔不已，毁蠹日滋。"[8]加之唐代铜冶自"丧乱以来，皆废绝，钱日益耗"[9]，故政府不得已只得再次重申铜禁，天福三年（938）三月，"诏禁止私下打造铸泻铜器"[10]。但屡次的铜禁并未能达到预期的效果，后晋政府遂出台允许私人铸钱的新

楚天策府宝

1 《旧五代史》卷146《食货志》，第1948页。

2 《旧五代史》卷146《食货志》，第1948页。

3 《五代会要》卷27《泉货》，第434页。

4 《册府元龟》卷501《邦计部·钱币三》，第6006–6007页。

5 《册府元龟》卷501《邦计部·钱币三》，第6007页。

6 《册府元龟》卷553《词臣部·献替二》，第6635页。

7 《旧五代史》卷146《食货志》，第1949页。

8 《五代会要》卷27《泉货》，第435页。

9 《资治通鉴》卷281，后晋高祖天福二年三月，第9186页。

10 《旧五代史》卷77《晋高祖纪三》，第1014页。

举措，"令三京、邺都、诸道州府，无问公私，应有铜者，并许铸钱"。私人以铜铸钱成为受法律保护的行为。不过，虽说政府敞开了私自铸钱的合法大门，却并不意味着铸铜为器也在政府默许之列，诚如史载："除铸钱外，不得接便铸铜器。"[1]当然，私人铸钱未必会严守官钱形制，粗制滥造、钱币薄小短缺的情形肯定无法避免，传承下来的后晋钱币多是此类，这本身就足以说明上述问题的存在。天福四年(939)，政府重新收回铸币权，私自铸钱的做法再度被严行禁止，但销铸现象显然不可能因此而消失。

后汉隐帝乾祐年间，针对当时货币量不足，钱陌制度中甚至出现以77文为足陌的情形，后汉膳部郎中罗周胤建议加大铜禁力度，提出：

> 请敕三京、邺都、诸道州府，凡器物、服玩、鞍辔、门户民间百物，旧用铜者，今后禁断，不得用铜。诸郡邑、州府廛市已成铜器及腰带、幞头线及门户饰，许敕出后一月，并令纳官，官中约定铜价支给。候诸处纳毕，请在京置铸钱尽[监]，俾铜尽为钱，以济军用。除钱外，只令铸镜，镜亦官铸，量尺寸定价，其余并不得用铜。如敢固违，请行条法，以杜奸源。[2]

此番言论并未被隐帝采纳。然而，后汉还是采取过铜禁政策，如《泉志》卷3引苏耆《开谭录》即称："汉乾祐中，以晋室鼓铸，钱币伪滥非一，乃禁铜货，悉归公帑。"据此可知，后汉铜禁的打击矛头主要为伪劣钱币，其目的则是扩大官府的铸钱量，垄断铸币收益。

后周太祖郭威时期，铜禁政策的内容不同以往，即政府放任铜的兴贩买卖，而严厉禁止销铸行为。广顺元年(951)三月，敕："铜法，今后官中更不禁断，一任兴贩，所在一色即不得泻破为铜器货卖，如有犯者，有人纠告提获，所犯人不计多少斤两，并处死。其地分所由节级，决脊杖十七放，邻保人决臀杖十七放，其告事人给与赏线一百贯文。"[3]即允许铜的自由买卖，严禁销钱铸造铜器，如有犯者，不问多少，一律处死。执行这种政策后，私自销铸的做法也不可能绝迹，流通领域中货币量不足的问题却日益突出，到世宗即位后，情形更加严重。史载：显德二年

楚乾封泉宝(铅铁质)

---

[1] 以上引文俱见《五代会要》卷27《泉货》，第436页。

[2]《册府元龟》卷501《邦计部·钱币三》，第6008页。

[3]《旧五代史》卷146《食货志》，第1949页。

楚乾元重宝

（955）八月，周世宗"以县官久不铸钱，而民间多销钱为器皿及佛像，钱益少"[1]。遂于次月立监采铜铸钱。世宗一朝制定了更为严密的铜禁法令，显德二年（955）的敕令云：

> 国家之利，泉货为先，近朝已来，久绝铸造，至于私下，不禁销熔，岁月渐深，奸弊尤甚。今采铜兴冶，立监铸钱，冀便公私，宜行条制。起今后，除朝廷法物、军器、官物及镜，并寺观内钟、磬、钹、相轮、火珠、铃铎外，其余铜器，一切禁断。应两京、诸道州府铜像器物，诸色装铰所用铜，限敕到五十日内，并须毁废送官，其私下所纳到铜，据斤两给付价钱。如出限及有隐藏及埋窖使用者，一两至一斤，所犯人及知情人徒二年，所由节级、四邻杖七十，捉事、告事人赏钱十贯；一斤至五斤，所犯及知情人各徒三年，所由节级、四邻杖九十，捉事、告事人赏钱二十贯；五斤已上，不计多少，所犯人处死，知情人徒三年，配役一年，所由节级、四邻杖一百，捉事、告事人赏钱三十贯。其人户若纳到熟铜，每斤官中给钱一百五十，生铜每斤一百。其铜镜令官中铸造，于东京置场货卖，许人收买，于诸处兴贩。其朝廷及诸州见管法物、军器、官物，旧用铜制造并装饰者，候经使用破坏，即时改造，仍今后不得更使铜。内有合使铜者，奏取进止。[2]

这一敕令的内容涉及民间、朝廷及各级官府所用铜，其中又特别提到寺院铜的使用问题，这是此前各朝铜禁政策未曾关注的一个领域，而限制寺院用铜数量，无疑有益于扩大铜材的来源。敕令严禁私人占有铜材，拥有者须在规定时间内将铜上交官府，官府根据所纳铜的斤两支付现钱。还应注意的是，此次铜禁的底线为一两，以此为基准，官府根据所犯斤两的多少，给予犯禁者不同制裁，至5斤者则以死罪论处，处罚措施极其明确，力度显然有所加大。就此来看，这次禁铜可谓是五代各朝中最为彻底、严密、全面的一次。此次铜禁令颁行后，后周政府未再就销铸问题重申法条，可见销铸浪潮一定程度上得到了抑制。但是，销铸之风并未就此绝迹，一直到宋代，关于销铸的记录仍然屡屡见之于史籍。

[1]《资治通鉴》卷292，后周世宗显德二年八月，第9529页。
[2]《五代会要》卷27《泉货》，第437页。

三　严禁恶钱

恶钱，主要是指民间的私铸钱，其形制非但不如官钱工整，且重量、成色均逊于官钱。唐开元年间，官铸钱用料的比例为："每炉岁铸钱三千三百缗……费铜二万一千二百斤，镴三千七百斤，锡五百斤。"[1]官钱即以此为标准冶铸而成。而私铸者出于逐利的目的，在铸钱时经常性地偷工减料，即尽量减少价格高昂的铜的含量，加大贱金属镴、锡的比重，自然就能以有限的铜材铸造更多的钱币，从而实现收益的最大化。与之相应的是，由于私铸币中铜含量的降低，加之民间冶铸技术的无法保障，致使私铸钱币的质量一般不及官铸钱，缺薄弱小、形制粗劣往往成为私铸币的通病，恶钱即由此而来。恶钱与官钱相对，也就形成劣币与良币的对立。伴随着私铸活动的涌现，劣币大量介入流通领域，劣币驱逐良币的现象殆无可避免，官铸钱的信用势必因此而遭到削弱，其直接后果则是导致政府铸钱收入的减少。为垄断铸钱收益，维护官钱的法币地位，政府必然会采取严厉措施禁绝恶钱。唐末以来，即是如此，五代十国时期，严禁恶钱的政策也是前后相继。

五代各朝恶钱的一大来源是辖境内的民间私铸钱。前面已就销铸中的销钱铸铜问题进行过叙述，实际上，销铜铸钱或毁官钱而铸私钱的现象，也是困扰五代各朝的棘手问题之一。反映后梁时期恶钱的材料，史载阙如，但从后唐时期恶钱之弊已较为严重的情况来看，流通领域中恶钱的混乱局面在后梁时期应该有所存在。明宗天成元年(926)十二月的敕令云："行使铜钱之内，访闻夹带铁镴，若不严设条流，转恐私家铸造。"[2]天成三年(928)十二月，"青州上言，北海掘得铁钱二百万"[3]。长兴二年(931)三月的敕令中提到："近日依前有无良之辈，所使钱内夹带铁镴钱。"[4]末帝清泰二年(936)十二月，"诏御史台晓告中外，禁用铅钱"[5]。以上所提到的铁镴钱、铁钱、铅钱等，应该是后唐境内民间所铸的恶钱。由此亦可看出，铁镴钱、铅钱之类的恶钱已呈泛滥之势，对货币流通的正常秩序冲击不小，故而在政府的诏令中才一再被提及。后晋高祖天

南汉乾亨重宝(铜铅质)

[1]《新唐书》卷54《食货志四》，第1386页。

[2]《五代会要》卷27《泉货》，第434页。

[3]《册府元龟》卷501《邦计部·钱币三》，第6007页。

[4]《册府元龟》卷501《邦计部·钱币三》，第6007页。

[5]《册府元龟》卷501《邦计部·钱币三》，第6007页。

闽开元通宝（铅质）

福初年，曾一度采取放任私铸的特殊政策，私铸钱币得以名正言顺地进入流通领域，但私铸钱币"铅锡相参，缺薄小弱"，质量滥恶不堪，不可久行。史称："许民私铸，已非可久之法，况又听其轻重从便，则民必铸轻，安有铸重者乎，惟思铸之不轻薄耳。轻薄之甚，必至缺漏，此钱安可久行邪！"[1]以至次年政府就不得不改弦更张，敕令即说："先令天下公私铸钱，今私钱多用铅锡，小弱缺薄，宜皆禁之，专令官司自铸。"[2]铸币又重新回到官铸钱的老路上。然而，私铸之风却很难因此而被平息，恶钱的问题还是很突出。

恶钱的另一大来源则是周边邻国所铸钱币的流入。五代十国虽各有其疆域范围，但彼此间的经济交流和商品交换，并未因政权分立的状况而隔绝。尽管中原王朝一直以铜钱为法币，并一再抵制和严禁南方政权的铅、锡、铁钱流向辖境，却绝无可能彻底杜绝邻国恶钱的入境。于是，史籍中屡屡出现各朝关于严禁邻国恶钱的法令。同光二年（924）三月，知唐州晏骈安奏："市肆间点检钱帛，内有锡镴小钱，拣得不少，皆是江南纲商携带而来。"庄宗在诏书中也说："帛布之币，杂以铅锡，惟是江湖之外，盗铸尤多，市肆之间，公行无畏，因是纲商挟带，舟楫往来，换易好钱，藏贮富室。"[3]并强调："沿江州县，每有舟船到岸，严加觉察，不许将杂铅锡恶钱往来换易好钱，如有私载，并行收纳。"[4]引文中所提到的恶钱系"江南纲商携带而来"，或从沿江州县通过"换易"而流入。结合南唐钱币铸造情况，可知流进后唐境内的江南钱币应是南唐民间私铸的开元通宝。除南唐之外，湖南也是五代恶钱的输出地之一。据史料记载，天成四年（929）四月，"禁铁镴钱。时湖南纯使镴钱，青铜一钱折当一百，商估易换，法不能止"[5]。这是湖南铁镴钱进入南唐境内的明证。

恶钱的流布带来的是官铸钱的信用危机，为整顿紊乱的货币流通秩序，维护官钱的合法地位，五代各朝自后唐开始，即颁布一系列禁绝恶钱的法令，希望借此杜绝恶钱。恶钱之中，尤以铁镴钱、铁锡钱、铅钱、铅锡钱为害最烈，这也是禁令重点打击的对象。后唐明宗天成元年（926）十二月，敕："应中外所使铜钱内，钱镴钱即宜毁弃，不得辄更有行使。如违，其所使钱，不计多少，并纳入官，

[1]《资治通鉴》卷281，后晋高祖天福三年十二月胡三省注，第9195页。

[2]《资治通鉴》卷282，后晋高祖天福四年七月，第9204页。

[3]《旧五代史》卷146《食货志》，第1948页。

[4]《旧五代史》卷146《食货志》，第1948页。

[5]《册府元龟》卷501《邦计部·钱币三》，第6007页。

仍科深罪。"[1]敕令明确禁止铁镴钱在流通领域中出现，一经发现，尽行没收，使用者则科以重罚。天成四年(929)九月又重申："先条流三京、诸道州府，不得于市使钱内夹带铁锡钱，虽自约束，仍闻公然行使。自此有人于钱陌中捉到一文至两文，所使钱不计多少，纳官，所犯人准条流科罪。"[2]使用铁锡钱一文、两文均以违制论处，足见处罚力度的加大，禁令也明显严厉得多。

私铸钱的公行无畏，是盗铸之风猖獗的外在表现，而杜绝私铸钱的关键莫过于从源头上断绝私铸钱的来路，五代时期的诏令中就经常涉及对盗铸行为的处理和打击。后唐同光元年(923)，庄宗即位，大赦天下，"罪无轻重，咸赦除之"，盗铸不在赦宥之列。[3]次年，又大赦天下，"所犯罪无轻重常赦所不原者，咸赦除之"，铸钱不在此限。[4]同光四年(926)，诏令各地囚徒，除"十恶五逆、官典犯赃、屠牛、铸钱、光火劫舍、持刃杀人，准律，常赦不原外，合抵极刑者递减一等"[5]。以上事实表明，同光年间即已将盗铸确定为常赦不原之罪，这也反映出后唐政府对盗铸行为的憎恶，以及急于铲除盗铸现象的决心。可是，盗铸之风并未因此止息。明宗长兴二年(931)三月，政府即下令："诸道州府严切条理，密差人常于街坊察访，如有众私铸泻……捉获勘穷不虚，并准前敕处分。"[6]各地派遣专人察访盗铸行为，一经发现，则严惩盗铸者，其目的也在于取缔盗铸。然而，盗铸之风却依然蔓延如故，至天福三年(938)十月，敕令仍然还在强调：大赦天下，除"犯十恶、光火杀人、伪行印信、官典犯赃、合造毒药、屠牛、铸钱外"，其他罪皆可赦免。[7]盗铸同样是大恶不赦之罪，也显然还是政府头疼不已的痼疾，这就说明私铸积重难返，似已陷于无法根治的境地。

十国之中的南唐，盗铸现象也曾一度达到令人触目惊心的地步。元宗李璟时，为应付庞大的军国开支的需要，铸造唐国通宝钱，"约一千重三斤十二两"，行用之后，"至数年而弊，百姓盗铸几至一斤余，以一文置水上不沉，虽严禁不止"。钱法既坏，又铸铁钱，"行至数年，物价渐增，诸郡之民复盗铸者颇多而轻小，环外芒刺，不及官场圆净。国家虽以法绳之，犯者配远郡，民罹之益众而不

闽天德重宝

[1]《五代会要》卷27《泉货》，第435页。

[2]《册府元龟》卷501《邦计部·钱币三》，第6007页。

[3]《旧五代史》卷29《唐庄宗纪三》，第403页。

[4]《旧五代史》卷31《唐庄宗纪五》，第428页。

[5]《册府元龟》卷92《帝王部·赦宥十一》，第1105页。

[6]《册府元龟》卷501《邦计部·钱币三》，第6007页。

[7]《册府元龟》卷94《帝王部·赦宥十三》，第1122页。

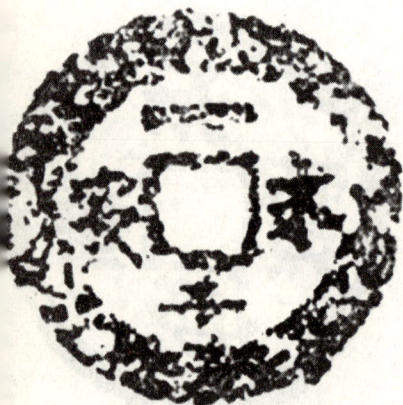

刘仁恭所铸"永安一千"铁钱

止"[1]。盗铸之风同样难以止绝。

　　盗铸行为之所以屡禁不止,究其原因,实则是私铸钱所产生的巨大利润在作祟,盗铸者在利欲的驱使下,为求短时间内一本万利、迅速暴富,甘愿枉法逾禁、践死不惜,实在毫不足怪。其实,在中国古代社会的铜币铸造史上,官铸与私铸的关系犹如一对孪生兄弟,长期形影相伴、须臾不离,私铸的历史也与官铸相始终,不惟五代十国时期无法根治盗铸,就是宋代在以铜钱为法币的历史时期,私铸仍然是长盛不衰。一直要到白银取代铜钱在货币体系中的主导地位,也就是货币的白银化实现之后,盗铸恶钱的现象才会渐致消失。这一过程的最终完成,则是宋朝以后的事了。

[1]《江南野史》卷3《后主》,第5171页。

第十章 五代的周边各族与中外经济文化交流

契丹太祖长子李赞华出猎图

我国自秦汉以来就形成了多民族的、统一的专制主义中央集权国家。尽管周边各族与居于内地的汉族曾经发生过矛盾和战争,但大多数周边民族与内地是友好的,各民族基本上是在共同进步的方向下,用各种渠道和方式进行经济文化的融合。由于内地王朝有盛有衰,有分有合,各族间的交往融合也就有所差别。然而,周边各族与内地的交往是始终不断的,都是以先进的内地为经济文化中心,形成了越来越强的向心力。如果说唐代是中国各民族密切往来、互相融合的一个高潮期,而五代则是处于低潮时期。潮有高低,而水流不断,向心力则始终保存着,表明了我国各民族的血肉联系源远流长。

秦汉以来,中外经济文化交流逐步发展,汉通西域,声威至于中亚,"秦人"、"汉人"成为中国人的代称,丝绸之路沟通了中外经济文化,影响巨大。即使在十六国、南北朝时期,中外经济文化交流也不曾中断。至于隋唐,海陆并行,中外交往频繁,中国的经济文化在世界上产生了前所未有的影响,尤以东晋为最。于是,"唐人"、"唐家子"又成了中国人的代称。五代十国虽处在分裂割据之局,中外交往仍未中断。而且,就全国言,固然处于低潮,就某些地区言,却未必逊于唐代。尤其是沿海的广州、泉州、杭州,或者保持了唐代盛况,或者超过唐时。唯有陆上道路多阻,兼以关陇萧条,所以一蹶不振,非往昔可比。辽兴之后,由陆路前往贩易者仍然不少。

胡瓌《番骑图》(局部)

第一节　周边各族与内地的交往

　　五代是国内各族交往处于低潮的时期，由于各地分裂割据，道路阻绝，造成了人为的障碍，因之，中原王朝的京都不能像唐代长安那样，成为各族交往的中心。然而，各族交往却还在艰苦的环境下进行不辍。例如：云南阻于两蜀，不得通中原，却能另由别道通南汉，乃至结为婚姻。西北的回鹘则虽道路艰困，仍与内地交往。辽兴，控制了东北、西北数量众多的兄弟民族，境内成为各族经济文化交流的另一重要地区。所以"契丹"也成了中国的另一代名词。

一　东北各族

　　东北边疆地域辽阔，民族众多，隋唐两代见于史籍者就有靺鞨、室韦、奚、契丹等。自契丹建国，东北各族咸被征服，这是东北诸族间发生的最大变化。

　　靺鞨是东北历史悠久、部落众多的民族。唐代有黑水、粟末之分。8世纪初，粟末靺鞨建渤海国，称藩于唐，经常遣使贸易，入唐求学者亦甚多，内地文物盛行其境内。唐亡，渤海国向中原王朝称藩纳贡。后梁、后唐两朝，渤海王大諲譔几次遣使来贡，贡物有人参、昆布、白附子等特产，兼有男女生口；所遣使者中，有四次是王子任首席[1]。辽灭渤海，其遗臣仍向往内地，直到后周显德元年(954)还有渤海旧臣崔乌斯等投奔后周。

　　渤海受唐影响很深，官制、刑律多仿唐制。辽天显元年(926)，辽太祖灭渤海国，"徙其名帐千余户于燕，给以田畴，捐其赋入，往来贸易，关市皆不征，有战则用为前驱"[2]。又"改渤海国为东丹，忽汗城为天福。册皇太子倍为人皇王以主之。以皇弟迭剌为左大相，渤海老相为右大相，渤海司徒大素贤为左次相，耶律羽之为右次相"[3]，规定"岁贡布十五万端，马千匹"[4]。这种处置便是将渤海作为辽的组成部分，而维持其原来的政府结构，经济上亦维持旧状。辽保留了渤海王族及其封建贵族的特殊地位，和他们

[1]《五代会要》卷30《渤海》，第473—474页。
[2] [宋]洪皓：《松漠纪闻》卷1，景印文渊阁四库全书本(第407册)，第698页。
[3]《辽史》卷2《太祖纪下》，第22页。
[4]《辽史》卷72《宗室传·义宗倍》，第1210页。

形成联合的封建专制统治，而渤海劳动人民则为这种联合统治的对象，不但仍然遭受奴役和剥削，且甚于往昔。大批渤海民户被强徙于东州、尚州、宁州、归州等地[1]，其中有些人反抗强徙逃亡入女真、新罗，也有些人沦为奴隶。大体说来，渤海居原地的民户，包括农民、手工业者、航海商队等，与汉人待遇基本相同，东京渤海地区的赋役亦轻于幽蓟。

黑水靺鞨为靺鞨部之一支，居于黑龙江流域，唐置黑水都督府，以部落头人为都督，以事羁縻。后唐时期，黑水靺鞨经常遣使至汴洛通商进贡，并至登州卖马。[2]靺鞨族另一支派称女真，《辽史》避讳称女直。在辽朝统治下，其酋长保留在本地，间有强宗大姓被迁徙异地，"阿保机虑女真为患，乃诱其强宗大姓数千户移置辽阳之南以分其势，使不得相通，迁之辽阳著籍者名曰合苏款"[3]。他们"耕凿与渤海人同，无出租赋；或遇北主征伐，各量差下户充兵马。回，各逐使归本处；所产人参、白附子、南星、茯苓、松子、猪苓、白皮等物，并系契丹枢密院所辖。"[4]这支叫做"熟女真"。另一支称"生女真"，"善射，多牛、鹿、野狗。其人无定居，行以牛负物，遇雨则张革为屋"[5]。

奚与契丹居地毗连，言语相通，隋唐称为"二蕃"。唐末居营州之西，幽州之西南，胜兵2万余，分5部。辽建国时灭奚部。《辽史》云：

> （奚）其先曰时瑟，事东遥里十帐部主哲里。后逐哲里，自立为奚王。卒，弟吐勒斯立。遥赞鲜质可汗讨之，俘其拒敌者七百户，撤其降者。以时瑟睦邻之故，止俘部曲之半，余悉留焉。奚势由是衰矣。初为五部……太祖尽降之，号五部奚。天赞二年（929）有东扒里厮胡损者，恃险坚壁于箭笴山以拒命……太祖灭之，以奚府给役户，并括诸部隐丁，收合流散……遂号六部奚。命勃鲁恩主之，仍号奚王。[6]

辽太祖建国前已征服奚、霫等部，常征发其部戍边。由于不肯忍受虐待，奚别部头人去诸率部西徙妫州，依北山射猎，经常以当地出产麝香、人参赂幽州节度使刘守光以为保障。其后增至数千帐，分为东、西二部。其部落"颇

胡瓌《番骑图》（局部）

[1]《辽史》卷38《地理志二》，第473—475页。

[2]《新五代史》卷74《四夷附录三》，第920页。

[3]《北风扬沙录》，转引自陈述：《契丹社会经济史稿》，第66页。

[4][清]厉鹗：《辽史拾遗》卷18《属国表》，景印文渊阁四库全书本（第289册），第1029页。

[5]《新五代史》卷73《四夷附录二》，第906页。

[6]《辽史》卷33《营卫志下》，第387页。

回鹘供养人画像

知耕种,岁借边民荒地种穄,秋熟则来获,窖之山下"[1]。及后晋割幽蓟,东西奚部重被辽统治。

室韦也毗邻契丹,语言相似。室韦有室韦、黄头室韦、兽室韦,"其地多铜、铁、金、银,其人工巧,铜铁诸器皆精好,善织毛锦"[2]。黄头室韦本分大小二部,后改称突吕不室韦,辽太祖"为达马狘沙里,以计降之,乃置为二部"[3]。又有涅剌拏古部,与突吕不室韦同。

综观辽对东北诸部的统治办法,不外两者:一是仍用其部落首领管部落,而置于附庸地位。一是分割旧部,以分弱其势。至于奚、室韦等部劳动人民则依然遭受剥削压迫,他们多半耕半牧,也有官手工业或定居牧放。为了反抗辽的压迫和剥削,东北各族人民往往以逃亡、聚众起义等方式进行斗争。

二　西北各族

辽建国前后,频繁地进行掠夺和扩张的战争,征服了蒙古草原。而后向西推进,势力一度达到天山西麓,征服了西北的众多部族,史籍记载可见者有阻卜、吐谷浑(吐浑)、辖戛斯(即黠戛斯)等等,而语焉不详。与辽统治下的东北诸族相比,西北诸族与辽的关系颇为松弛,辽不过羁縻之而已。但由于辽朝往往征发兵员,索取贡赋,掠夺凌辱,十分歧视,激起了他们的反抗。吐浑部有白承福所率部落投向中原王朝,助后晋抗辽。阻卜诸部则从10世纪末开始武装抗辽,前后历数十年之久。

居于我国西北的党项族,为羌族支派,自汉以来即居于西北。唐末,居夏州的拓跋思恭为唐廷任为节度使,率部参与镇压黄巢起义军,唐赐姓李,其部落亦改姓李氏。传至李彝昌,在夏州兵变中被杀,蕃部指挥使李仁福被拥为节度使,后梁遂任为定难军节度使。李仁福死,后唐朝廷欲移其子彝超于延州,而遣安从进为定难军节度使,直接控制夏州。李彝超拒不受命,据镇抗御,挫败唐兵。后唐明宗无奈,下诏退兵,承认李彝超为定难军节度使。彝超死,其弟彝殷(后避宋讳,改名彝兴)继位,后周封为西平王。党项拓跋部已进入封建社会,而实则为一支割据势力。至北宋,这支割据势力不但保存下来,而且利用宋、辽

[1]《新五代史》卷74《四夷附录三》,第909页。
[2]《旧五代史》卷73《四夷附录二》,第907页。
[3]《辽史》卷33《营卫志下》,第387页。达马狘沙里,《辽史》卷46《国语解》:"达马,人从也,沙里,郎君也,管率众人之官。"第1534页。

之间的矛盾和空隙,扩充势力,建立了割据一方的西夏政权。

党项部落众多,有细封氏、费听氏、析利氏、颇超氏、野辞氏、房当氏、米禽氏、拓跋氏等[1]。唐末,居庆州者为东山部落,居夏州者为平夏部落[2],各部散处邠宁、鄜延、灵武、河西,东至麟府之间。居鄜延的党项贵族折氏,自唐末以还,世为中朝武将。后晋割幽蓟于辽,府州本不属割让范围,而辽欲强徙河西民以实辽东,激起军民怨愤。府州刺史折从远乃率众抗击,挫败辽兵,深入辽境,拔10余寨,后晋因擢为府州团练使,不久又擢为振武军节度使。后周朝,抗击辽兵,袭击辽境,颇立战功。

党项诸部不相统一。诸部常以马与内地贸易。后唐明宗朝,党项部人竞赴洛阳卖马,除所得马价外,每年馆给赏赐,不下五六十万贯,时后唐国用不足,臣下奏请禁党项人入京,只准在沿边置场收购,以纾国用。诏令屡颁,终不能行。天成四年(929),党项头人折遇明等来贡方物,另一头人来有行来进马40匹,明宗亲自召见,阅所进马。枢密使安重海以耗费过多,竭力劝阻。明宗以为"国家常苦马不足,每差纲收市。今番言自来,何费之有? 外番朝贡,中国锡赐,朝廷常事,不可以止"。"自此番部羊马,不绝于路"[3]。

虽然贸易经常进行,但中原王朝和地方官员欺凌、掠夺党项族人,党项部头人劫掠使臣、商旅之事,也曾发生。后唐长兴三年(932),西部党项部族头人"劫掠使臣,及外域进奉",后唐遣将讨伐,殃及党项阿埋三族,党、白、马、虑家六族及客户三族,俘2 000余人,掠马牛羊数千计。[4]后周广顺三年(953),庆州刺史郭彦钦兼掌榷盐,擅加榷钱,边民和党项部民本已怨愤,而郭彦钦嗜利无厌,以庆州北党项野鸡部多羊马,苛法扰之,遭到反抗,便诬奏他们掠夺商旅,请求讨伐。周廷遣使招抚,党项族人恨郭彦钦虐政,不肯听命,周廷遂遣兵讨伐。周将张建武滥行劫掠,党项诸族相聚负险之地,击败周军,周将卒"投崖谷死者甚众"[5]。周太祖"怒彦钦及建武,俱罢其任"[6],另派郑元昭为刺史,招抚诸部,事方平定。

回鹘是西北诸族中地域广阔、部落众多的民族,分布

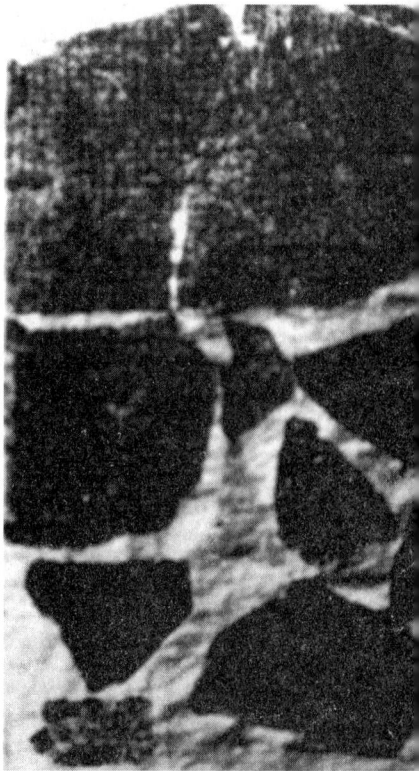

九姓回鹘毗伽可汗碑(拓片)

[1]《五代会要》卷29《党项羌》,第462页。

[2] 庆州,治今甘肃庆阳县,辖区约当今甘肃西峰、庆阳、环县、合水、华池等市县及陕西志丹县西部。

[3]《五代会要》卷29《党项羌》,第463页。

[4]《五代会要》卷29《党项羌》,第463页。

[5]《五代会要》卷29《党项羌》,第464页。

[6]《旧五代史》卷113《周太祖纪四》,第1496页。

之地由河西走廊至天山,再逾葱岭。唐开成五年(840),回鹘部畜牧经济社会陷于崩溃,贵族连年内战,遂为黠戛斯所灭。回鹘汗国既亡,一部分部落降唐,附塞而居,其余则大举西迁,分为3支,居于天山与甘凉之间,由畜牧转为农业。

居于河西甘、凉等州者称为"河西回鹘"。初依吐蕃,及吐蕃衰微,唐咸通七年(866)张义潮收复河湟,唐廷任为河西节度使,河西回鹘居其治下。当时,河西为汉、回鹘、党项杂居之地,甘州回鹘建牙甘州[1],势力寖强,扼通往内地的交通孔道。后梁初,河西节度使张奉自称"金山白衣天子",为甘州回鹘所败,乃尊其可汗为父。尔后,张氏绝嗣,部众拥其将曹义金为帅,后唐任为节度使。曹义金仍尊回鹘可汗为"父大王",并求附随与后唐相通。甘州回鹘所属诸部分布于沙州[2]、贺兰山、秦州、合罗川[3]、肃州[4]、甘州一带,约30万人。五代时,甘州回鹘官号仍用突厥名,兼用唐制。后梁以还,常遣使至中原王朝通商入贡。其仁美可汗、仁裕可汗皆受后唐册封。张奉、曹义金所遣使者皆附随回鹘使者通于内地。迁居高昌者称"西州回鹘",另一支迁居葱岭以西者称"葱岭回鹘",这两支在五代时,势力还不强盛。其中,于阗王室仍用汉姓。由于唐朝屡与回鹘通婚,即使在内地朝代更移之际,回鹘可汗仍自称中原之甥,与内地经常贸易,并至江南通商纳贡。

回鹘西迁后,获得蕴藏丰富的自然生产原料,又利用新的生产工具,经济发展较快。"其地出玉、氎、绿野马、独蜂驼、白貂鼠、羚羊角、硇砂、腽肭脐、金钢钻、红盐、蠲毹、骟騄之革。其地宜白麦、青稞麦、黄麻、葱韭、胡荽,以骆驼耕而种"[5]。又产葡萄、西瓜,西瓜传入辽境,以后逐渐移植于内地。甘州回鹘、西州回鹘地处欧亚与我国内地往来孔道,优越的地理位置,更加促进了本身的经济发展。

回鹘经常与内地贸易往来,主要物品为马匹、香料、药品、衣饰。后晋天福四年(939)、天福五年(940)两次进马,各为400匹。天福四年(939)附有镂刻、琫玉、瑶袪、宝綅,其余则附有骆驼、犛牛尾等。[6]药品、香料有硇砂、星矾、羚羊角、大鹏砂、腽肭脐、大琥珀、梧桐泪、香药等。衣饰有白玉、玉团、波斯宝缲、玉带、白氎布、斜褐、绿野马皮、白

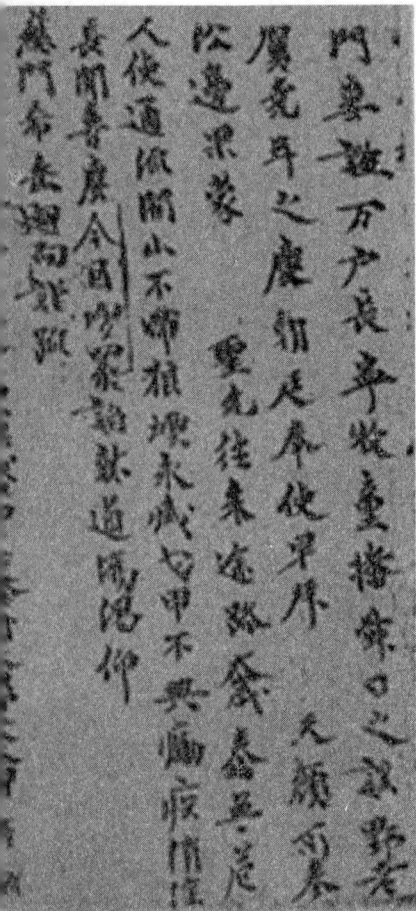

曹元深舍施回向疏

[1] 甘州,治今甘肃张掖市西北。
[2] 沙州,治今甘肃敦煌市西。
[3] 合罗川,在今蒙古国西南部。
[4] 肃州,治今甘肃酒泉市。
[5] 《新五代史》卷74《四夷附录三》,第916页。
[6] 《册府元龟》卷972《外臣部·朝贡书》,第11424页。

貂鼠皮、安息丝、𦺃氈、玉狻猊、骒马之革、豽子、安西白氈、黑貂鼠皮、青貂鼠皮等。其中白氈布最多时为1 328段，白貂鼠皮最多时为2 633张。民间贸易尚不在此列。五代时只准官府收购回鹘宝玉，民间买卖有罪。"周太祖时除其禁，民得与回鹘私市，玉价由此倍贱"[1]。回鹘与辽也经常贸易往来，辽以"回鹘商贩留居上京，置营居之"，称"回鹘营"。[2] 辽太宗曾于端午节宴会上，"命回鹘、敦煌二使作本俗舞，俾诸使观之"[3]。似为甘州回鹘和河西曹氏使者。

10世纪中叶（五代末宋初之际），回鹘撒吐克喀拉汗在中亚细亚建立喀拉汗国，开始崇奉伊斯兰教。其最著名君主号博格拉汗，建都于八剌沙衮，疆土有喀什噶尔（疏勒）、和阗（于阗）、怛逻斯和锡尔河畔的讹打剌城等地。

回鹘西迁后，与西域旧有居民融合，逐渐形成维吾尔族。

瓜沙州大王印

三　西南诸族

西南边疆诸族，在唐代以吐蕃最强，南诏次之。唐末，吐蕃、南诏并衰，不再扰掠内地，经济文化交流也远非昔时可比。

869年，吐蕃爆发了历时9年的奴隶大起义，起义虽告失败，而吐蕃益衰。此后贵族割据，战无宁日，赫赫一时的吐蕃国分崩离析。张义潮收复河湟，甘、肃、瓜[4]、沙等州，吐蕃部落皆降附之。数传至张奉（即张承奉），为甘州回鹘战败，乞降称儿，诸部兼受回鹘可汗节制。吐蕃本部自达磨赞普被杀，国土分裂，出现了4个农奴主政权：居后藏的阿里王系、亚泽王系，居前藏的拉萨王系和居山南的亚陇觉阿王系。史籍称：

> 至五代时，吐蕃已微弱，回鹘、党项诸羌夷分侵其地，而不有其人民。值中国衰乱，不能抚有，惟甘、凉、瓜、沙四州常自通于中国。甘州为回鹘牙帐，而凉、瓜、沙三州将吏犹称唐官，数来请命。[5]

> 然而其国亦自衰弱，族种分散，大者数千家，小者百十家，无复统一矣。自仪、渭、泾、原、环、庆及镇戎、秦州暨于灵、夏皆有之，各有首领，内属者谓之熟

[1] 《新五代史》卷74《四夷附录三》，第916页。

[2] 《辽史》卷37《地理志一》，第441页。

[3] 《辽史》卷4《太宗纪下》，第47页。

[4] 瓜州，治晋昌（今甘肃安西县东南锁阳城）。

[5] 《旧五代史》卷138《吐蕃传》，第1839–1840页。

户,余谓之生户。[1]

内部分裂混乱,当然不能与内地经常往来。后梁以还,每附回鹘使者来内地朝贡贸易。后唐天成二年(927),吐蕃使者偕"番僧四人,持番书二封,人莫识其字"[2]。次年,吐蕃使至,后唐明宗召见于端明殿,"问其牙帐所居,曰:'西去泾州二千里。'明宗赐以虎皮,人一张,皆披以拜,委身宛转,落其毡帽,发乱如蓬,明宗及左右皆大笑"[3]。后汉以降,使者不复至。吐蕃亦与辽贸易往来,每附回鹘使者往辽境。

唐末南诏衰落,为清平官郑氏所灭。郑氏建号大长和,历时26年,至后唐天成三年(928)为清平官杨干真所篡。杨干真立赵善政王,改号大天兴。不及一年,废赵善政自立,改国号大义宁。杨干真贪虐无道,上下怨愤,为其臣段氏所灭。据《滇考》卷上《段氏建大理国始末》载:后晋天福二年(937)段氏建大理国。大理国历时300余年(937—1253),为元所灭。南诏王室本彝族。郑、段二姓本汉人,与当地民族同化。杨、赵二姓则为白族。段氏建大理,以白族为主要力量,统辖彝、瑶、傣等族。南诏内部衰乱,自然无力骚扰南边。前蜀对它严加防备,勒兵守御,除其内应,留俘虏为人质。于是,南诏不能通中原。后唐平剑南,魏王李继岌遣使通南诏,遣还俘虏数千人。天成元年(926),南诏使赵和"于大渡河南起舍一间,留信物十五笼,并杂笺诗一卷",由西川送往洛阳。转牒上表明大长和国宰相姓名,其诗"颇有思本朝姻亲之义"[4]。反映了南诏与内地血肉相连的深厚情谊。南诏通内地王朝的道路阻断,乃转与南方割据政权通好。后唐同光三年(925),大长和王郑仁旻遣使至广州,以朱鬃白马求婚于南汉主刘龑,刘龑以族女妻之。[5]双方经常贸易往来。

牂牁族居今贵州思南县一带。后唐天成三年(928),牂牁清州八郡刺史宋朝化等150人至洛阳朝贡,携来草豆谷2万颗、砾砂500两、黄腊200斤。其部"无城郭,散居村落,多霖雨,稻皆再熟,无徭役。唯征战之时,乃相屯聚,刻木为契。其法:劫盗者三倍还赃;杀人者出牛马三十头乃得赎死"[6]。由此可见,牂牁部已出现了私有财产,而尚未进入阶级社会。又有距黔州西南3 000里的昆明部,"山路险

南诏王雕像

[1]《宋史》卷492《外国八·吐蕃传》,第14151页。

[2]《五代会要》卷30《吐番》,第469页。

[3]《旧五代史》卷138《吐蕃传》,第1841页。

[4]《五代会要》卷30《南诏蛮》,第478页。

[5]《十国春秋》卷58《南汉一·高祖纪》,第844页。

[6]《五代会要》卷30《牂牁蛮》,第478—479页。

阻,住止高栏,亦有羊马。其俗椎髻、跣足,酋长披虎皮,下者披毡"[1]。与牂牁部同往洛阳朝贡。牂牁、昆明与南汉、楚也都有往来。

我国各族间血肉相连的关系是几千年历史所形成的,源远流长,即使内地处于分裂割据之时,各族间交往终未断绝,边疆族总是以内地为经济文化中心,以中原王朝为诸族统一的标志。五代也如此。北宋统一,不能复幽云,又不能在西北、西南复唐时之盛,因而,民族融合也不能像汉唐那样进行。

南诏国应化图记

第二节 五代的中外经济文化交流

五代是中外经济文化交流的低潮期,不能与隋唐同日而语。但是,中外经济文化交流并没有中断,还是在艰难的条件下进行着。

一 高丽、新罗和日本

五代时,高丽的高氏王朝和王氏王朝都与中原王朝继续通商贸易、交流文化。从后唐同光三年(925)至后周显德六年(959),高丽使者经常来洛阳、汴梁。天成四年(929)携来的物品有"银香狮子、银炉、金装钑镂云星刀剑、马匹、金银鹰绦鞲、白纻、白毡、头发、人参、香油、银镂翦刀、钳钑、松子等"[2]。显德六年(959)又送来《别序孝经》1卷、《越王孝经新义》8卷、《皇灵孝经》1卷、《孝经雌图》3卷,另有黄铜5万斤,紫、白水精[晶]各2 000颗。[3]当时,后周世宗铸造钱币,急需用铜,遂用绢帛数千匹易铜。高丽输入黄铜,支援了后周整顿货币,对内地经济的恢复和发展,有一定的积极作用。

与高丽相同,新罗也经常与五代诸朝往来不绝。除两京外,还在登州贸易。他们与南方诸国往来频繁,或由海路,或经中原,前往江淮、两浙。后晋天福三年、南唐昇元二年(938)两国使者先后至金陵,南唐烈祖甚加礼遇,宴高丽使臣于崇英殿,演奏龟兹乐等音乐。[4]高丽高僧灵照居中国多年,先在福建受教于雪峰禅师,后居杭州龙华寺,

[1]《五代会要》卷30《昆明国》,第479页。

[2]《五代会要》卷30《高丽》,第470–472页。

[3]《五代会要》卷30《高丽》,第472页。

[4]《十国春秋》卷15《南唐一·烈祖本纪》,第190页。

鎏金镶珠银金翅鸟

终于大慈山。[1]吴越王钱弘俶曾遣使往高丽求取失传的佛经,高丽遣国僧谛规报聘,送回失传佛经。钱弘俶又求佛经善本于新罗,抄录而还。[2]这些高僧的往来,是中朝友好的历史见证。

高丽、新罗和日本皆与辽贸易往来。据《辽史》记载,日本曾两次遣使入辽,一次为辽太祖天赞四年(925),一次为道宗大安七年(1091)。[3]高丽、新罗与辽毗邻,贸易更为频繁。

二　南海诸国

唐末五代,南海诸国与中国贸易往来仍然相当繁盛,而文献记载不详,仅能从侧面观其大概。

南汉、闽、吴越濒海,有广州、福州、泉州、杭州等贸易港口,南海诸国与三方贸易,比陆路方便得多,虽不免风浪之险,却无道路阻绝之虞。南汉立国,倚南海商利为收入之大宗。刘龑"广聚南海珠矶"[4],穷奢极欲。王审知据福建,"招来海中蛮夷商贾"[5],其弟王延彬善与海外通商,有"招宝侍郎"之称[6],臣下张睦"招徕蛮裔商贾,敛不加暴,而国用日以富饶"[7]。这些记载都反映了南海诸国与闽、粤两地贸易之盛。吴越、南唐也与南海诸国贸易往来。吴越由此得到由大食国(哈利发帝国,据今中亚、北非)输入的猛火油,也就是石油。[8]南唐招徕南海商贾,取得香料、珠宝,数量甚多。南唐中主置"内香宴",以待诸将,"凡中国、外域,名香以至,和合煎饮,佩带粉囊,共九十二种,皆江南所无也"[9]。又从南海输入龙脑浆。[10]吴和南唐从占城转输入猛火油,又转运入契丹。

南海诸国与中国陆路交通较以前困难得多,但仍竭力与中原王朝交往。后周显德五年(958),占城王因德漫遣使甫阿散等来汴梁贡方物,"中有洒衣蔷薇水一十五瓶,言出自西域,凡水之沾衣,香而不歇。又贡猛火油八十四琉璃瓶"[11]后周给以厚赐。大食、波斯又通过西州回鹘、甘州回鹘与内地贸易,甘州回鹘贡物中的波斯锦、波斯宝缕玉带等,显然来自大食、波斯。后梁乾化元年(911),随回鹘使同来的波斯、印度等僧人僧凝卢、宜李思、宜延篯,[12]可说是中外文化交流的使者。

[1]《十国春秋》卷89《吴越十三·僧灵照传》,第1284页。

[2]《十国春秋》卷89《吴越十三·僧义寂传》,第1286页。

[3]《辽史》卷2《太祖纪下》,第21页;同书卷25《道宗纪》,第300页。

[4]《旧五代史》卷115《刘龑传》,第1808页。

[5]《新五代史》卷68《闽世家》,第846页。

[6]《十国春秋》卷94《闽五·王审邽附子延彬传》,第1363页。

[7]《十国春秋》卷95《闽六·张睦传》,第1377页。

[8]《吴越备史》卷2《文穆王》,第6223页。

[9]《十国春秋》卷16《南唐二·元宗纪》,第214页。

[10]《十国春秋》卷16《南唐二·元宗纪》,第219页。

[11]《五代会要》卷30《占城国》,第480页。

[12]《旧五代史》卷138《回鹘传》,第1842页。

在短暂的分裂割据时期，中外经济文化交流虽因道路梗塞而难畅通，处于低潮，但却在创造条件为新的高潮作准备。而南方诸国经营海上通商事业，增辟良港，尤为宋代海上贸易创造有利条件，宋时海上贸易盛于前代，与此大有关系。

五代胡瓌《卓歇图》（局部）

木建筑

第十一章　五代十国的科学文化

　　五代十国是介于唐、宋两个科学文化高潮之间的低潮时期。数十年间没有著名的思想家和哲学著作，而佛教、道教盛于南北；自然科学之中，数历天文和医学都没有显著成就，而建筑、印刷等实用科学技术却有独特的成就，对后世影响巨大；文学艺术有其独到的成就，起了承唐启宋的桥梁作用。把五代十国当作毫无成就的黑暗时期，显然是不符史实的。

　　由于中原经常混乱，局势动荡，经济落后于南方，诸朝既不提倡科学文化，又歧视文人，与南方形成对比，因而南方科学文化胜于中原，此后这种情况更有所发展。可以说，唐中叶以后，我国经济重心南移，五代时期，文化重心始向南移。

第一节　科学技术

　　10世纪，我国的建筑学有较大的成就。出身木工的喻皓著《木经》3卷，为我国古代建筑学的名著，总结了建筑技术的丰富经验。例如，书中关于房屋的设计，按比例分三分：

　　　　凡屋有三分法：自梁以上为"上分"，地以上为"中分"，阶为"下分"。凡梁长几何，则配极几何，以为榱等。如梁长八尺，配极三尺五寸，则厅堂法也，此谓之"上分"。楹若干尺，则配堂基若干尺，以为榱等。若楹一丈一尺，则阶基四尺五寸之类，以至承拱榱桷，皆有定法，谓之"中分"。阶级有峻、平、慢三等。宫中则以御辇为法,凡自下而登,前竿垂尽臂、后竿展尽臂为"峻道";前竿平肘、后竿平肩为"慢道";前竿垂手,后竿平肩为"平道",此之谓"下分"。[1]

喻皓在吴越时已是负有盛名的建筑师。钱氏建梵天寺木塔,有一件趣闻:

> 钱氏据两浙时,于杭州梵天寺建一木塔,方两三级,钱帅登之,患其塔动。匠师云,未布瓦,上轻,故如此。方以瓦布之,而动如初。无可奈何,密使其妻见喻皓之妻,赂以金帛,问塔动之因。皓笑曰:"此易耳!但逐层布板讫,便实钉之,则不动矣。"匠师如其言,塔遂定。盖钉板上下弥束,六幕相联如胠箧,人履其板,六幕相持,自不能动。人皆伏其精练。[2]

这种方法便是建筑学中的刚结构法,包含了深湛的力学原理。入宋,喻皓被征至汴京,建造开宝塔,又一次显示了他的高超技术:

> 开宝寺塔,在京师诸塔中最高,而制度甚精,都料匠预浩(喻皓)所造也。塔初成,望之不正而势倾西北,人怪而问之,浩曰:"京师地平无山,而多西北风,吹之不百年,当正也。"其用心之精盖如此。[3]

喻皓设计塔时,先造模型,然后施工,尤能预计塔身在百年内向西北倾斜,以抵抗当地的主要风向,塔身于百年内可以被风吹正。在10世纪能有如此高超的建筑学水平,不仅举世罕见,更堪为中华民族的骄傲。可惜开宝寺早已毁坏,尤其令人慨叹的是,在古代社会里劳动人民受到歧视,喻皓《木经》终于失传。

科学技术的另一成就是雕版印刷。后唐长兴三年(932),后唐始印经书。中书门下奏,请依石经文字刻九经印板,于是,敕"令国子监集博士儒徒,将西京石经本,各以所业本经句度抄写注出,子[仔]细看读,然后顾[雇]召能雕字匠人,各部随帙刻印板,广颁天下"。并规定,以后"如诸色人要写经书,并须依所印敕本,不得更便[使]杂本交错"。至后汉乾祐元年(948),国子监奏:"见在雕印板《九经》内,有《周礼》、《仪礼》、《公羊》、《谷梁》四经未有印

传李成画《读碑图》

[1] 《梦溪笔谈校证》卷18《技艺》,第570页。

[2] 《梦溪笔谈校证》卷18《技艺》,第613页。

[3] 《归田录》卷1,第1页。

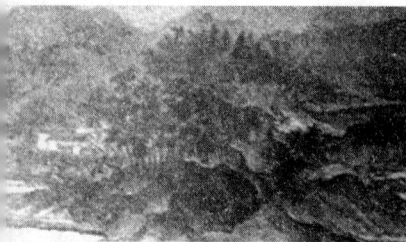

五代惠崇《溪山春晓图》之一

本,今欲集学官校勘四经文字镂板。"[1]经历了28年,至后周广顺三年(953)版成。与此同时,后蜀宰相毋昭裔请刻印九经,"由是蜀中文学复盛"[2]。五代印书比唐代有一个重大进步,宋人沈括说:"板印书籍,唐人尚未盛为之。自冯瀛王(冯道)始印五经,已后典籍,皆为板本。"[3]由唐代的卷轴变为板印成册,保管携带大为方便,确是一个重大变革。而蜀本精确,又为宋版开其先例。宋代文化之盛,与印刷术盛行是有重大关系的。

五代时,猛火油传入我国,我国学会了运用方法,并开始用它来攻城堡。吴遣使入辽,转送猛火油,教以用法:"攻城,以此油然[燃]火焚楼橹,敌以水沃之,火愈炽。"[4]吴越与南唐交战,曾用猛火油为武器。占城使者向周进猛火油,也教以"猛火油以洒物,得水则出火"之理。[5]

五代科学技术成就虽不多,却为宋代科学技术的发展提供了有利条件。喻皓《木经》对南宋建筑家李诫的《营造法式》影响甚大。雕版印刷的盛行,使宋代书籍空前增加,文化遂得发展。

第二节　史学、佛教与道教

从唐代经五季至宋,史学的发展形成了一个马鞍形。五代史学是唐、宋两代史学繁盛期之间的低潮。但为时不及60年的五代,还是撰成了作为正史"廿四史"之一的《旧唐书》,成绩不可泯灭。而野史、稗史,数量甚多。至于哲学,情况要比史学差。五代十国没有哲学代表人物和著作,惟佛教禅宗盛行,五宗盛行于南北,整个思想界陷于沉寂,但禅宗于宋代理学、文学影响巨大,也不可一笔抹杀。道教也在沉寂中有缓慢发展。

一　史学

唐代历朝皆修实录,累积到一定阶段,则据实录修撰国史,成为制度;实录之外,尚有起居注、时政记、日历等,这些记载多为修实录所用。五代诸朝沿唐制,以宰相监修

[1]《五代会要》卷8《经籍》,第128页。
[2]《资治通鉴》卷291,后周太祖广顺三年五月,第9495页。
[3]《梦溪笔谈校证》卷18《技艺》,第597页。
[4]《资治通鉴》卷269,后梁均王贞明三年二月,第8814页。
[5]《新五代史》卷74《四夷附录三》,第922页。

实录、国史，选精通史学之臣任修撰事。五代诸朝实录于北宋时尚存，为修撰史书提供了丰富史料。司马光的巨著《资治通鉴》的五代部分，就大量采用了实录记载。北宋而后，五代实录荡然无存，仅能从《资治通鉴》等书见其片麟只爪。

五代惠崇《溪山春晓图》之二

《旧唐书》完成于后晋，为"廿四史"中之一部。它虽成于后晋，而资料的搜集则历时很久。唐朝实录、国史先后两次散失，至五代，唐代史书存者"百无二三"，自高宗至代宗，国史尚有纪传，德宗尚存实录，武宗以后诸朝仅有《武宗实录》1卷，余皆散佚。[1]后梁朝准备修撰唐史，史馆以资料缺乏，请令天下有记得唐武宗会昌以后公私事者，抄录送官，"皆须直书，不用文藻"[2]。凡内外臣僚奏行公事，关涉制置沿革，有可采者，并送官。[3]后梁未撰唐史，即告灭亡，后唐明宗朝，又准备着手修撰。史馆建议，唐宣宗以下四朝无实录，请下两浙、福建、湖广等处购募四朝野史及逐朝日历、除目、银台事宜、内外制词、百司沿革簿籍，不限奏数，据有者抄录进上；如民间收得，或隐士撰成，即令各列姓名请赏。[4]又闻成都有唐朝实录，乃遣使往求，得九朝实录。[5]这些史料的搜集，为修撰唐史作了资料的准备。

后晋天福六年（941），后晋朝廷敕修唐史，宰相赵莹监修，修撰者为张昭远、贾纬、赵熙等人。赵莹以资料仍缺，请多方征集：请下三京诸道收购史馆所缺唐朝实录，尤需向当时修史大臣子孙、故吏征求，赏以官爵；向中外臣僚征求私人撰述，进纳者给以奖赏；分命司天台、太常寺、大理寺等有关部门将天文、礼乐、刑法等资料汇集，抄送史馆，供修史之用；广求家谱、家牒，以为修撰列传参考。修撰诸臣中，贾纬倡议撰唐史，采访遗文及耆旧传说，著《唐年补遗录》55卷；[6]张昭远也征集唐昭宗朝史料，撰成《昭宗本纪》；[7]赵熙删削订正，颇有成效。[8]后晋开运二年（945）撰成，全书纪、传、志共220卷。此书本名《唐书》，宋仁宗朝欧阳修、宋祁等重撰唐史，后世遂称此书为《旧唐书》，而称欧、宋所撰者为《新唐书》。《旧唐书》成时，适赵莹罢相，刘昫以宰相兼监修之任。刘全未参与修撰，而《旧唐书》却署名撰者为刘昫，主持之功的赵莹和秉笔撰作的贾纬、张昭远、赵熙诸人反而罕为人知。

[1]《五代会要》卷18《前代史》，第298页；《册府元龟》卷557《国史部·采撰三》，第6693页；陶案：韩愈撰《顺宗实录》今存，为唐代实录仅存者，乃从韩愈文集中录出。

[2]《旧五代史》卷10《梁末帝纪下》，第146页。

[3]《旧五代史》卷10《梁末帝纪下》，第146页。

[4]《五代会要》卷18《史馆杂录》，第303页。

[5]《旧五代史》卷37《唐明宗纪三》，第510页。

[6]《册府元龟》卷557《国史部·采撰三》，第6693页。

[7]《五代史阙文》，《梁史·梁太祖》，第2449页。

[8]《五代史阙文》，《梁史·梁太祖》，第2449页。

送子观音图卷

　　《旧唐书》历时不过3年而成，虽经较长时间搜集资料，事先也作了相当的准备，但撰写仍不免仓促。其前半部全用《实录》、《国史》旧本，未作更改，故回护隐讳处颇多，并且往往自相矛盾。而且，纷乱之世，求书不易，虽经几度寻访，资料仍不充分。因而，全书记载多不完备。其诸志优劣不一，《食货志》较好，但关于唐后期的记载不足；《经籍志》用开元、天宝之际的毋煚旧稿，所收书目，断于开元，故李白、杜甫的诗集竟不列于其中。至于史学思想，甚为平庸，不仅没有能承继刘知幾、杜佑的优良传统（例如进化论、无神论等光辉思想），就是与"唐八史"的修撰者魏征诸人相比，也还瞠乎其后。书中创《逆臣传》，将安禄山、史思明、朱泚、李希烈等列入，也将黄巢列入。这表明专制主义的正统观念较前代加强了。尽管如此，此书成于五代纷乱之世，议论每每不能合已完成统一数十年的宋朝的胃口，故宋仁宗在臣下纷纷请求下，设馆重修唐史，历时10余年撰成《新唐书》200卷。南宋以来，《旧唐书》长期废置，明后期始由私家刊印，清乾隆年间修《四库全书》，才列入"廿四史"之列。长期以来，传统史家、文人多誉《新唐书》而贬《旧唐书》，其实两书各有优劣，未可偏废。《新唐书》诸表为《旧唐书》所无，也为《史记》、《汉书》以下诸史所无，是其独到处；《兵志》、《经籍志》、《地理志》颇有可观；《纪》、《传》中亦有补正《旧唐书》缺误处。但就史实之丰富，尤其是保存原始资料方面而言，则《旧唐书》远胜《新唐书》。故司马光撰《资治通鉴》，取材《旧唐书》者多，而取材《新唐书》者少。

　　五代时，衣冠缙绅思念故国，撰写野史杂说甚多，为此后撰写或研究唐史提供了不少资料。但因作者的精神面貌已不可与盛唐以后的陆贽、杜佑等人可比，记载中不但有以讹传讹、荒诞怪异之说，而且表现了颓唐没落，其史料价值固成问题，其思想尤不足取。

二　佛教

　　纷乱之世，宗教易于流行。我国历史上的东晋十六国、南北朝和五代十国，佛教都盛行。史学前辈陈垣说："五季乱而五宗盛。"正说明了当时的实况。

佛教盛行于五代,有其广泛的社会基础。广大劳动人民苦于苛敛暴役,困于兵燹杀掠,痛苦无告,除了一部分人挺身而起,舍生反抗者外,很多人剃度为僧,逃免赋役,以全性命。而佛寺僧侣在战乱之际,收瘗尸骸,又让人们感到佛家确实慈悲,于是崇拜者增多。一批游手亡命和逃军罪犯,如李罕之等人,往往以佛寺为避难所,暂时安身。至于统治阶级中大批没落的衣冠缙绅,消极颓废,寻求精神的解脱,往往交识僧侣,谈玄说性,酬答诗词。由于战争频繁,慓悍武夫幸全于锋刃下者,往往斋僧礼佛;而杀人如麻者,又往往做佛事以求解冤赎罪。荒淫奢靡的诸方割据者乃至"朝中帝王",精神空虚,幻想来世享乐,每乞灵于佛以自保,礼僧拜佛,广建寺院,其狡黠者利用佛教来麻醉人民,以维护统治秩序。湖南马楚始建开福寺祈福,至马希广被困潭州,犹造泥塑佛像,妄想赖以退敌,临死犹诵佛经。周行逢崇佛,"常设大会斋,缁徒毕集。行逢偏拜之,捧撅执帨,亲侍溉洗。声言:'吾杀人多矣,不假佛力,何以解其冤报乎'"[1]!利用佛教,恣行苛虐,无如闽王氏,因而一度出现脱去袈裟穿黄袍的卓俨明。

佛教盛行于五代,又由于当时盛行的禅宗简易,易为人们所接受。禅宗始于初唐,至晚唐而极盛。禅宗不尚经义的研求,而倡"明心见性",凭己意解释佛法,乃至有"呵佛骂祖"之讥,是对佛教繁琐教义的否定。唐武宗会昌年间(841—846)灭佛,废寺院4万余处,勒还俗僧尼26万人(全国僧尼不足30万人),籍良田数十万顷,放免奴婢15万人。于是,寺院经济几被摧毁,佛学章疏著述也散佚殆尽。唯有禅宗散居各处山林,与平民接近,不讲义理,无求于经籍,所受影响较小,虽经会昌灭佛,仍能流行。五代末和北宋初,佛教各派皆衰,独曹溪以下五宗于此时渐次成立。何谓"五宗"?原来自唐初六祖慧能后,禅宗分为两派,即青原行思和南岳怀让。尔后,南岳分为临济、沩仰两派,青原分为曹洞、法眼、云门三派,合称五宗。临济宗盛行于北方,其余四宗皆盛行于南方。如云门宗盛行于南汉,创于文偃。位于广东乳源县的云门匡真大师塔铭,乃南汉大宝元年(958)立,碑铭则建立于大宝七年(964),载于《南汉金石志》[2]。五宗后世亦衰,唯存曹洞、临济二宗,余皆绝

长沙开福寺

[1]《九国志》卷11《楚·周行逢传》,第3364页。
[2] 陈垣:《中国佛教史籍概论》,中华书局1962年版,第41页。

说法图

堵。

五代僧侣有交结王侯,显赫一世者,也有名望崇高而不通权贵者;一批有文学素养的僧人与文人学士酬答唱和,诗篇颇有佳作。虽然不管他们自觉与否,都起着向人们传播精神的鸦片烟的作用,但还是应当对他们区别看待。如棣州开元寺高僧恒超,俗姓冯,范阳人,居开元寺20余年,声望甚高,地方牧守拜访,一概谢绝。棣州刺史李某敬重之,欲表请赐紫衣,恒超作诗云:"虚著褐衣老,浮怀道不成。誓传经论死,不染利名生。"声言:"而其复尔,则吾在卢龙塞外矣。"[1]冯道闻其名,又以同姓,致书问候,恒超不欲作复,弟子力劝,乃答书"具陈出家之人岂得虚名薄利而留心乎"?冯道更加敬重,表请就赐紫衣。恒超"自此忽忽不乐,以乾祐二年(949)微疾,数辰而终于本院"[2]。这还是以佛教为终生事业,不假以猎取富贵的僧人。至于延寿、志嵩、赞宁等人,随俗浮沉,与时俯仰,谄事帝王,交结公卿,号为出家人而富贵显荣乃为当时文臣所不能及。赞宁原为吴越僧录,入宋,至开封相国寺为僧录。宋太祖至寺进香,问当拜佛否,赞宁回答:"见在佛不拜过去佛。"宋太祖点头微笑,"遂以为定制"[3]。可算善于谄媚的典型!贯休、齐己等诗僧也谒请王公,交结显宦,但皆以诗成名,与赞宁之流还不同。

由于五宗争论纷纭,或"不看古教",只凭自己的理解讲佛论道,置经籍于不顾,或者"乱有引证",以己意解释教义,并不符合原来教义,于是,五代后期吴越大僧侣延寿乃着手统一禅宗。延寿(904—975)本姓王,原籍浙江余杭,为本县库吏。出家后,初习天台禅宗,后赴明州从雪窦法师受教。延寿受吴越王钱弘俶礼聘,重建杭州灵隐寺以居之,后又建永明寺(净慈寺),请延寿居此传播禅法。延寿综诸家之说,撰成《宗镜录》100卷,调和诸家,而又以禅宗与净土宗作为共同的实践。原来单纯讲禅比较奥妙,常人难懂,而与净土结合,肯定万善同归,易为人们接受。故对宋代禅师影响甚为巨大。

禅宗之说是主观唯心主义思想,但其思维逻辑却有可取之处;同时,对佛学的繁琐之义的否定,也具有一定的积极意义。禅宗的论心、理、性等,对宋代理学的形成有

[1] [宋]赞宁:《宋高僧传》卷7《五代棣州开元寺恒超传》,中华书局点校本1987年版,第153页。
[2]《宋高僧传》卷7《五代棣州开元寺恒超传》,第153页。
[3]《归田录》卷1,第1页。

重要影响。佛家诗歌颇具文采，往往把禅宗的引喻引申到诗文里去，影响了一代文人。宋代文学家欧阳修、苏轼都讲究境界，就是受这个影响。

　　五代十国的文人学士中没有出现如同南朝范缜那样杰出的无神论思想家和他的《神灭论》那样的名著，但无神论思想的光芒还是有所反映。吴将柴再用与吴越交兵，兵败船复，赖援长稍泛水得免。家人闻讯，施斋饭僧，以谢佛恩。柴再用将施斋所需用来犒赏部卒，说："此辈济我，佛何力之有！"[1]仅此一句，道破了人力可恃、佛力妄为的真理。后周世宗灭佛，毁佛像铸钱，臣下力劝，他说："卿辈勿以毁佛为疑。夫佛以善道化人，苟志于善，斯奉佛矣。彼铜像岂所谓佛邪！且吾闻佛在利人，虽头目犹舍以布施，若朕身可以济民，亦非所惜也。"[2]虽然他称佛，但他不是把佛当作神明，而把佛只当作肯于舍身为人的人；不是把佛法当成超生救世的神圣经典，而认为"志于善"便是奉佛，当然就无需佛经、僧规之类的东西了；借佛舍身布施的故事，行打破偶像之实。思想犀利，见识卓越，当时君主谁能及之？司马光盛赞说："若周世宗，可谓仁矣，不爱其身而爱民；若周世宗，可谓明矣，不以无益废有益。"[3]这话虽为传统史家中罕有的卓论，但还远不能如实地评价周世宗的无神论思想。

三　道教

　　唐代是道教史上的重要发展时期之一，玄宗时更将道教的繁荣推向极致，初、盛唐时期所推行的崇道政策直接导致了道教学者的纷纷涌现和道教理论的深入发展，以茅山宗为首的各道派都呈现出勃勃生机。虽然安史之乱的爆发，一度波及道教的传播，使道教的上升势头有所回落，但中、晚唐的各位帝王仍然沿袭"尊祖"、"崇本"的政策，使道教渐渐有所复苏。五代十国各政权的统治者，承唐末风气之余绪，大多崇奉道教。而这一时期道教的持续缓慢发展，为北宋时期道教的再度兴盛创造了历史条件。[4]

　　后梁太祖朱温开国之初，对道教的尊崇虽然远不及李唐王朝的帝王们，但仍然极尽笼络有名望的道士。开平

各国王子听法图

[1]《九国志》卷1《吴·柴再用传》，第3231页。

[2]《资治通鉴》卷294，后周世宗显德二年九月，第9530页。

[3]《资治通鉴》卷294，后周世宗显德二年九月臣光曰，第9530页。

[4] 参见卿希泰主编：《中国道教史》（第2卷），四川人民出版社1995年版，第377—397页。

五代石恪《二祖调心图》之一

元年（907）九月，"浙西奏，道门威仪郑章，道士夏隐言，焚修精志，妙达希夷，推诸辈流，实有道业。郑章宜赐号贞一大师，仍名玄章；隐言赐紫衣"[1]。在弭灾祈福之时，也往往寄望得到道教神灵的庇护。乾化二年（912）五月，为缓解旱灾，太祖分遣朝臣赴各地道观祈雨，诏书中就说道："其近京灵庙，宜委河南尹，五帝坛、风师雨师、九宫贵神，委中书各差官祈之。"[2]

后唐政权以大唐王朝后裔自居，崇道政策也是一脉相承。庄宗极为信任和重用道士，所任用的宰相豆卢革和卢程也都是道教的虔诚信奉者。如豆卢革任相以后，"唯事修炼，求长生之术，尝服丹砂，呕血数日，垂死而愈"[3]。卢程更是曾"变服为道士"，高居相位，依旧"戴华阳巾，衣鹤氅，据几决事"[4]。明宗即位以后，崇道活动愈加频繁。天成年间，为"复我真宗"、"以弘孝治"[5]，曾大力修葺各地破败毁废的道教宫观，辖境之内凡有玄元皇帝宫殿处，都整修一新。天成四年（929）十二月，又敕："宜令所司依旧造上清宫牌额悬挂。兼京城内金真观仍改名崇道观，亦准上给换牌额。"[6]给宫观悬上牌额的措施，充分体现出明宗对道教的极端崇奉。长兴四年（933）七月，明宗大病初愈，即召道士20人于中兴殿修金箓醮，7日而罢。素著名望的郑遨、陈抟等得道之人，也曾被明宗许以名位、邀请出山，虽然都无疾而终，但明宗对道士的崇敬之情，由此不难想见。

后晋高祖石敬瑭，"慕黄、老之教，乐清静之风"[7]。即位不久，便多次向道士张荐明请教治国之道，并请其宣讲《道德经》，礼其为师。史载：石敬瑭"御极之初，数数召见。帝问曰：'道可以治世乎？'荐明对曰：'道也者，妙万物而为言，抱两仪而称德，得之上者为道，得之中者为仁义，得之外者为礼智信，外而失之非人也……'帝颛是虚心致静，尊道贵德，故每一召见，多所颁赐。"[8]随后，赐张荐明"通玄先生"号，又命令将《道》、《德》二经雕成印版，学士和凝奉命撰写新序冠于卷首，印刷成书，颁行天下。石敬瑭也有意将道士吸纳进官僚队伍，如梁文矩，"喜清静之教，聚道书数千卷，企慕赤松、留侯之事，而尤尽其善，位至太子太保致仕"[9]。

后汉立国仅及4年，同样执行崇道政策。隐帝乾祐三

[1] 《旧五代史》卷3《梁太祖纪三》，第54页。
[2] 《旧五代史》卷7《梁太祖纪七》，第108页。
[3] 《旧五代史》卷67《豆卢革传》，第884页。
[4] 《新五代史》卷28《卢程传》，第303-304页。
[5] 《册府元龟》卷54《帝王部·尚黄老二》，第608页。
[6] 《册府元龟》卷54《帝王部·尚黄老二》，第608页。
[7] 《旧五代史》卷79《晋高祖纪六》，第1063页。
[8] 《册府元龟》卷54《帝王部·尚黄老二》，第608-609页。
[9] 《册府元龟》卷822《总录部·尚黄老》，第9770页。

年(950)因臣僚上言："访闻道士皆有妻孥,栖在道宫居止,不独伤于教法,其实污其清虚",为保持道教"至真为本,自然为宗"的特点,隐帝遂下令"御史台严加告谕,不得更然"[1]。同年八月,"以蒙州城隍神为灵威王,从湖南请也。时海贼攻州城,州人祷于神,城得不陷,故有是请"[2]。祈求道教神灵维护其统治的动机,体现得至为明显。

后周太祖郭威也尊崇道教,据史籍所载,郭威在出征慕容彦超之前,曾白日梦见道士进书,并预言还京之日,后来果然应验[3]。这则怪诞不经的经历,其实只不过是郭威热衷道教的潜意识在作怪罢了。其后继者周世宗柴荣崇道之心也不遑多让。《五代史补》卷5《世宗上病龙台》载:"先是,世宗之在民间,已常梦神人以大伞见遗,色如郁金,加《道经》一卷,其后遂有天下。"据此,则世宗践九五之尊似与道教有一定联系。世宗在位期间,大肆挫抑佛教,极力抬高道教的地位。世宗对道士尤为宠信,特别是对陈抟优礼有加。显德三年(956)十一月,世宗召见陈抟,"问以飞升、黄白之术,对曰:'陛下为天子,当以治天下为务,安用此'"[4]!世宗极为赞赏,并打算以其为谏议大夫,陈抟坚辞不受,因赐号"白云先生"。世宗还极为关心新建道观的设施。显德六年(959)二月,"幸太清观,观所赐钟焉。先是于乾明门外新修太清观,既成,帝闻濮州有一钟,其声甚揪,每击之闻数十里,乃命徙之,以赐是观,至是故往观焉"[5]。

十国政权的帝王,也大多是道教的忠实信徒。杨吴政权的缔造者杨行密,崇信道士聂师道。史载:"太祖闻其名,召至广陵,建紫极宫居之。""居数年,师道奉太祖命,设醮龙虎山"[6]。睿帝杨溥热衷崇道,太和三年(931)九月,"重建灵宝院于茅山"[7]。在逊位于李昪之后,杨溥被迁至润州,居住于丹阳宫内,"自是服羽衣,习辟谷之术,年余以幽死"[8]。

南唐烈祖李昪及元宗李璟,都是道教的信奉者。父子二人均对道士王栖霞优礼备至。王栖霞"从道士聂师道传道法,已又居茅山,从邓启遐受《大洞经传》。烈祖辅吴,召至金陵,馆于元真观"[9]。并赐号"元博大师"。李璟继位后,又加号"贞素先生"。烈祖还崇奉炼丹之术,服食丹药,最

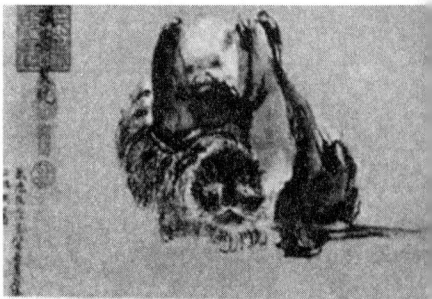

五代石恪《二祖调心图》之二

[1]《册府元龟》卷54《帝王部·尚黄老二》,第609页。

[2]《旧五代史》卷103《汉隐帝纪下》,第1368页。

[3]《旧五代史》卷112《周太祖纪二》,第1482页。

[4]《资治通鉴》卷293,后周世宗显德三年十一月,第9561页。

[5]《册府元龟》卷54《帝王部·尚黄老二》,第609页。

[6]《十国春秋》卷14《吴十四·聂师道传》,第179页。

[7]《十国春秋》卷3《吴三·睿帝本纪》,第68页。

[8]《旧五代史》卷134《杨溥传》,第1784页。

[9]《十国春秋》卷34《南唐十二·王栖霞传》,第473页。

后竟因此而中毒身亡。

前蜀先主王建特别宠遇道士杜光庭,自武成三年(910)至通正元年(916),连续为其加官晋爵,先后拜为金紫光禄大夫、左谏议大夫、户部侍郎,封蔡国公,进号广成先生。杜光庭还曾担任太子元膺之师。后主王衍秉承先主崇道政策,于乾德五年(923)八月,"以杜光庭为传真天师、崇真馆大学士,起上清宫,塑王子晋像,尊为圣祖至道玉宸皇帝,又塑高祖及帝像侍立于左右。又于正殿塑玄元皇帝及唐诸帝,备法驾朝之"[1]。后蜀后主孟昶,贵儒尚道,道号玉霄子,他器重道教文物,追求长生不老,掌握了金丹口诀,召道士问长生法术,对道教极为崇敬。

闽惠宗王鏻(原名延钧)热衷神仙之术,宠信道士陈守元。后唐长兴二年(931)六月,"闽王延钧好神仙之术,道士陈守元、巫者徐彦林与盛韬共诱之作宝皇宫,极土木之盛,以守元为宫主"[2]。当年十二月,"陈守元等称宝皇之命,谓闽王延钧曰:'苟能避位受道,当为天子六十年。'延钧信之……延钧避位受箓,道名玄锡"[3]。其子王昶(原名继鹏)继位后,对陈守元更加信重,拜为天师,赐号"洞真先生","乃至更易将相,刑罚,选举,皆与之议;守元受赂请托,言无不从,其门如市"[4]。后晋天福年间,王昶又采纳陈守元的建议,"作三清殿于禁中,以黄金数千斤铸宝皇大帝、天尊、老君像,昼夜作乐,焚香祷祀,求神丹。政无大小,皆林兴传宝皇命决之"[5]。

南汉帝王崇道之风不衰。南汉高祖于乾亨九年(925)十二月,"有白虹化为白龙,见于南宫三清殿"[6]。于是,改元为白龙元年,更名曰龚。后主刘鋹也极其崇信道教。史载:刘鋹"委政于宦者龚澄枢、陈延寿及才人卢琼仙等,台省官仅充员而已,机密事多不与"。陈延寿"又引女巫樊胡子,自言玉皇降胡子身。帝于内殿设帐幄,陈宝具,胡子冠远游冠,衣紫霞裾,宣祸福,呼帝为'太子皇帝',国事多叩于胡子"[7]。

吴越武肃王钱镠仰慕道士闾丘方远道术,亲赴余杭大涤洞拜晤,并筑室以居之。《天柱观记》中记录了其对闾丘方远的赞誉之词:"妙有大师闾丘君灵芝异禀,皓鹤标奇,诞德星躔,披霓灵洞,朝修虔恳,科戒精严,实紫府之

五代郭忠恕《明皇避暑宫图》

[1]《十国春秋》卷37《前蜀三·后主本纪》,第539页。

[2]《资治通鉴》卷277,后唐明宗长兴二年六月,第9061页。

[3]《资治通鉴》卷277,后唐明宗长兴三年十二月,第9063页。

[4]《资治通鉴》卷279,后唐潞王清泰二年十二月,第9137页。

[5]《资治通鉴》卷282,后晋高祖天福四年四月,第9203页。

[6]《十国春秋》卷58《南汉一·高祖本纪》,第844页。

[7]《十国春秋》卷60《南汉三·后主本纪》,第861—862页。

表仪,乃清都之辅弼。"[1]忠懿王钱弘俶也敬重道士,命张契真"主三篆斋事"[2]。另据《嘉定赤城志》卷30《寺观门四·宫观》记载,后梁开平年间,钱弘俶下令改桐柏崇道观为宫观,赐予金银字经200函及三清铜像,并于后周广顺二年(952)在上清宫西北筑室以藏经。此举无疑有利于道教典籍的保存,积极意义不可小视。

因此,虽说从总体上看,道教在五代十国时期仍处于发展的低潮期,但由于各政权的统治者大多能采取崇道政策,这在一定程度上对道教的恢复和发展起到了积极的促进作用,故而在此期间也出现了一些致力于道教神话、理论、道术研究和建设的道教学者,如杜光庭、闾丘方远、谭紫霄、彭晓等,道教信仰的传承和流布与这批学者的努力密不可分。就道派而言,茅山宗门下弟子较为活跃,不少名显一时、为后世景仰的道士皆出自该宗派,如闾丘方远、聂师道、王栖霞等莫不如是,而杜光庭、谭峭等人又与茅山宗道士过从甚密,茅山宗显然居于道派的主流地位。这一时期,道教的修炼术转向内炼学,外丹黄白之术则呈现衰退之势。

第三节 文学与艺术

五代文学艺术蔚然可观。虽然诗文远逊唐代,而词则过之,并开宋词之先河,在我国文学史上占有重要地位。与词的盛行相关,音乐也有进展,可惜乐曲散佚,难言其详。艺术中成就最显著的是绘画,吴、蜀两地画家辈出,推陈出新,形成不同流派,只是名画多已失传,留存至今者寥若晨星,反而要从瓷器的图案和绘画中见其一斑。

一 文学

五代文人精神面貌远不及盛唐、中唐的文人诗客,这当然是时代条件不同所致。以散文论,韩愈开创古文运动,有"文起八代之衰"之誉,韩、柳文风影响深远,韩文气势雄伟,后世赞为"韩潮",柳文论理、寓言,意味深长,文词犀利。至樊宗师,袭韩愈"诘屈聱牙"的缺陷而又发展成

南唐卫贤《高士图》(局部)

[1]《道藏》第18册,文物出版社、上海书店、天津古籍出版社影印本1988年版,第155页。
[2]《十国春秋》卷89《吴越十三·张契真传》,第1295页。

罗隐像

1 鲁迅：《小品文的危机》，见《鲁迅全集》（第4卷），人民文学出版社1981年版，第575页。

2 ［五代］罗隐：《谗书·序》，见《罗隐集》，中华书局点校本1983年版，第197页。

3 《谗书》卷2《说天鸡》，见《罗隐集》，第209页。

4 《旧五代史》卷126《冯道传》，第1657页。

5 《旧五代史》卷126《冯道传》注引《困学纪闻》，第1657页。

7 《旧五代史》卷60《李袭吉传》，第802页。

8 《旧五代史》卷60《李袭吉传》，第802-803页。

晦涩难解，当时形势又每况愈下，文风逐渐颓坏。鲁迅说："唐末诗风衰落，而小品放了光辉。但罗隐的《谗书》，几乎全都是抗争和愤激之谈；皮日休和陆龟蒙……在《皮子文薮》和《笠泽丛书》中的小品文，并没有忘记天下，正是一塌糊涂的泥塘里的光采和锋芒。"[1]皮、陆都是唐代人，毋庸叙述。罗隐为唐末五代名士，见礼于钱镠、罗弘信。他继承了韩、柳寓言讽世的文风，笔锋犀利，思想深刻。他自序撰《谗书》之意："……取其所为书诋之曰：'他人用是以为荣，而予用是以为辱；他人用是以富贵，而予用是以困穷。苟如是，予之书乃自谗耳！'目曰《谗书》。"[2]这不是仅仅因为科场失意、恃才傲物而发泄郁忿，而是用"愤闷之言"来揭露和讽刺权贵，抨击时政。《说天鸡》这篇寓言里，描写"寇距不举，毛羽不彰"的"天鸡"，"见敌则他鸡之雄也，伺晨则他鸡之先也"；而"非毛羽采错、嘴距铦利者不与其栖"的徒有其表的鸡，"无复向时伺晨之俦，见敌之勇，峨冠俯步，饮啄而已"[3]。不过此类作品，五代罕见。当时，"中朝士子止看文场秀句，便为举业，皆窃取公卿"[4]，应付科举答问的《兔园策》风行一时。《兔园策》本名《兔园策府》，共30卷，唐太宗子蒋王李恽命僚佐杜嗣先"仿应科目策，自设问对，引经史为训注"[5]，因李恽是皇子，故引用汉朝梁王兔园为书名。以诗文交结权势，猎取利禄，不事刻苦，不顾民瘼，这种文风，哪能不坏？况且，唐末以降，文人意气消沉，随世俯仰，寄人篱下，仰其鼻息，充当幕僚者甚多，为人草表作书，力求词藻华丽，语句惊人，以邀声誉，取宠于主。其最为人称道者是李克用掌书记李袭吉，为李克用草上唐廷《违离表》云："穴禽有异，听舜乐以犹来；天路无梯，望尧云而不到。"[7]把唐昭宗捧成尧舜之君，把李克用扮成盖世忠臣，无怪乎要大受赞赏了。著名的《致朱全忠书》，名句有："毒手尊拳，交相于暮夜；金戈铁马，蹂践于明时。""马邑儿童，皆为锐将"；"阴山部落，是仆懿亲"；"控弦跨马，宁有数乎"[8]。朱全忠阅书，既羡又恼，命敬翔复书，气势词句远不及其妙，由是袭吉声名大噪，更受李克用的赏识。这种官场文学，即使其有脍炙人口之作，也不过浮华夸张、哗众取宠而已，其余等而下之者，更不屑言。后周太祖诏群臣进言，不用词藻，只须直书，可算改革颓风之始。而文风的改革,古文运动的重振,还是从宋朝欧阳修始。从他起,唐宋八大家中的宋代六家陆续出现,"韩潮苏海"乃为后世所称誉。

五代诗承唐余绪,为宋代之前奏。唐末五代诗人罗隐、杜荀鹤和诗僧贯休、齐己等人多有歌唱民间疾苦、遣责暴兵苛政之作,不失为杜、白诗风的继续。韦庄《秦妇吟》,虽多有诬蔑黄巢起义军之处,但对唐军暴行的揭露,却为史籍所不及。杜荀鹤《山中寡妇》篇:

> 夫因兵死守蓬茅,麻苎衣衫鬓发焦。桑柘废来犹纳税,田园荒尽尚征苗。时挑野菜和根煮,旋斫生柴带叶烧。任是柴山更深处,也应无计避征徭。

《乱后逢村叟》篇云:

> 八十老翁住破村,村中何事不伤魂;因供寨木无桑柘,为点乡丁绝子孙。还似平宁征赋税,未尝州县略安存。至今鸡犬皆星散,日落西山独倚门。

这难道不能称为《三吏》、《三别》的续篇吗?韦庄诗多怀恋承平繁华的旧日生活,抒发及时行乐的颓废心情,而《秦妇吟》却有可贵的史料价值:

> 华轩乡谷皆销散,甲第朱门无一半;含元殿上狐兔行,花萼楼前荆棘满。昔时繁盛皆埋没,举目凄凉无故物;内库烧为锦绣灰,天街踏尽公卿骨。

> 千间仓兮成斯箱,黄巢过后犹残半。自从洛下驻军旅,日夜巡兵入村坞。匣中秋水拔青蛇,旗上高风吹白虎。入门下马若旋风,罄室倾囊如卷土。家财既灭骨肉离,今日残年一身苦。一身苦兮何足嗟,山中更有十万家,朝饥山草寻蓬子,夜宿霜中卧荻花。

诗僧贯休、齐己、可朋、契盈等人皆有盛名,其中也有能讥讽时政、诉民间疾苦,表现其悲天悯人心情之作。后蜀欧阳炯与同僚纳凉净众寺,在林亭饮酒作乐,寺外农民在烈日中耘田击鼓,疲饥难堪。可朋即席作《耘田鼓》云:

> 农舍田头鼓,王孙筵上鼓。击鼓兮皆为鼓,一何乐兮一何苦?上有烈日,下有焦土。愿我天公降之以雨,令桑麻熟、仓箱富。不饥不寒,上下一般。[1]

欧阳炯听了,立即罢宴。贯休至成都,居龙华禅院。蜀

罗隐《谗书》书影

[1]《十国春秋》卷57《后蜀十·僧可朋传》,第830页。

主王建来游,召见赐茶蕴含采段,令口诵近诗。诸王贵戚多在座,贯休诵《公子行》:

> 锦衣鲜华手擎鹘,闲行气貌多轻忽。艰难稼穑总不知,五帝三王是何物。[1]

这些诗僧又借咏景而言心性。如:"举世只嗟伤逝水,何人微解悟空花。"(贯体句)"风清江上月,霜洒月中砧。得句先呈佛,无人知此心"[2]。影响至于文人,也有以诗而言性理者,号称"杨疯子"的唐相杨涉之子杨凝式,81岁题院云:"院似禅心静,花如觉性园,自然知了义,争肯学神仙。"[3]这种诗风影响宋代以诗言性理,与唐诗余风又有所不同。至于僧侣以诗邀宠,诗句类于图谶,虽然对仗工整,实不足取。

欧阳修说:"唐之晚年,诗人无复李、杜豪放之格,然亦务以精意相高。"[4]五代亦然。五代诗人有承袭杜甫、贾岛苦吟推敲之风者,雕琢细致,咏景新奇,而五绝、七绝颇有工整精美之作;也有仿前人佳句,仔细揣摩,遂成新意者。南唐徐铉《游木兰亭》:"半桡破浪城阴直,玉勒穿花苑树深。"《观习水战》:"千帆日助阴山势,万里风弛下濑声。"[5]对仗工整,写景写势,堪称妙语佳句。其弟徐锴《秋词》:"井梧纷堕砌,塞雁远横空。雨久莓苔紫,霜浓薜荔红。"[6]写景十分自然。这类诗句在南方诸地文人中并非罕见。五代承唐遗风,有以俚语俗字入诗者,一些诗句流传后世,成了妇孺皆知的谚语,人们竟不知它们原是诗句,更不知作者是谁了。如:"世乱奴欺主,时衰鬼弄人"是杜荀鹤句;"今朝有酒今朝醉,明日愁来明日当"是罗隐句;"但知行好事,莫要问前程"是冯道句。[7]诗中对仗之风影响很深,相传后蜀主孟昶撰联句书于新岁桃符:"新年纳余庆,嘉节号长春。"[8]为后世春联之始。

五代词成就最大,影响后世也深。词本是"曲子词"的简称,原是唐代流行的杂曲歌词。中唐以后,文人偶或为之,其后渐盛。朱全忠曾作《杨柳枝词》五首进唐昭宗,可见词已流行。后唐庄宗自撰词,"凡用军,前后队伍皆以所撰词授之,使揭声而唱……至于入阵,不论胜负,马头才转,则众歌齐作,故凡所斗战,人忘其死"[9]。唐末温庭筠创"花间派",风靡一时,处于晚唐之时,他本人又颓废没落,

1《蜀梼杌校笺》卷1《前蜀先主》,第114页。

2《五代诗话》卷8《僧贯休》,第314、318页。

3《五代诗话》卷8《僧贯休》,第314、318页。

4[宋]欧阳修:《欧阳修全集》卷128《诗话》,中华书局点校本2001年版,第1952页。

5《玉壶清话》卷8,第79页。

6《五代诗话》卷3《徐锴》,第170页。

7[清]王士禛:《香祖笔记》卷9,景印文渊阁四库全书本(第870册),第497页。

8《十国春秋》卷49《后蜀二·后主本纪》,第742页。

9《五代史补》卷2《庄宗能训练兵士》,第2487页。

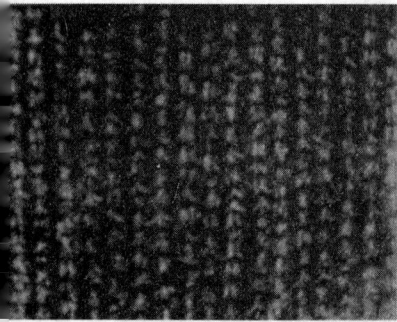

韦庄《秦妇吟》(局部)

所作惟以艳丽为能，罕有伤时感事者，但他精通音律，谙习词调，其词有颇高的艺术价值，影响所及，唐末五代文人多袭其风。如人们熟悉的《菩萨蛮》：

> 人人尽说江南好，游人只合江南老。春水碧于天，画舫听雨眠。炉迷人似月，皓腕凝双雪。未老莫还乡，还乡须断肠。[1]

五代初，衣冠缙绅大批入蜀，蜀地富庶安定，这批文人与时主权贵每日饮宴，昼夜不休，所作的词内容空虚，体裁狭窄，时人以"促碎"病之。后蜀欧阳炯评议说："不无清绝之辞，用助娇娆之态。"而"何止言之不文，所谓秀而不实"[2]。可谓公允之论。与温庭筠齐名的韦庄，其词稍有内容，风格也胜于温词，他的词有一部分直接抒写情怀之作，如《上行杯》：

> 白马玉鞭金辔，少年郎，离别容易，迢递去程千万里。惆怅异乡云水，满酌一杯劝和泪，须愧，珍重意，莫辞醉。[3]

韦庄上承白居易、刘禹锡《忆江南》等作，下启南唐诸家，堪称花间词的别调。五代后期，南唐词独盛，中主李璟、后主李煜父子及冯延巳等都是著名词家。他们处于国势日蹙，亡国无日之际，忧郁之情溢于词间。中主《浣溪沙》词云：

> 手卷珠帘上玉钩，依前春恨锁重楼。风里落花谁是主，思悠悠。青鸟不传云外信，丁香空结雨中愁。回首绿波三楚暮，接天流。菡萏香销翠叶残，西风愁起绿波间。还与容光共憔悴，不堪看。细雨梦回鸡塞远，小楼吹彻玉笙寒。多少泪珠何限恨，倚阑干。[4]

表面上是离愁别恨，实际上是忧虑国命，境界比较阔大，感慨甚为深沉。冯延巳"托儿女之辞写君臣之事"，其《鹊踏枝》词云：

> 谁道闲情抛掷久？每到春来，惆怅还依旧。日日花前常病酒，敢辞镜里朱颜瘦。
>
> 河畔青芜堤上柳。为问新愁，何事年年有？独上小楼风满袖，平林新月人归后。
>
> 几日行云何处去？忘却归来，不道春将暮。百草千花塞食路，香车系在谁家树？

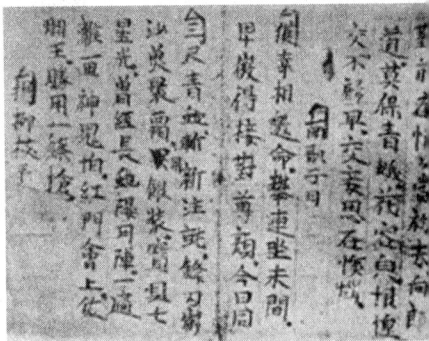

敦煌发现唐五代杂曲

[1] 温庭筠：《浣花词》，见［后蜀］赵崇祚：《花间集》，四部备要本，上海中华书局影印本1936版，第15页。

[2] ［后蜀］欧阳炯：《花间集·序》，见《花间集》。

[3] ［后蜀］韦庄：《上行杯》，见《花间集》，第17页。

[4] 曾昭岷等编：《全唐五代词》正编卷3《李璟》，中华书局1999年版，第725、726页。

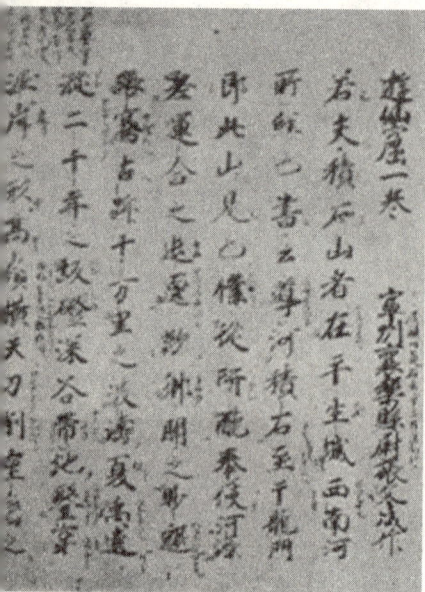

杂曲《游仙窟》

泪眼倚楼频独语。双燕飞来，陌上相逢否？撩乱春愁如柳絮，悠悠梦里无寻处。[1]

这里摆脱了刻画妇女容貌、服饰的旧格，透露出对南唐的关心和忧伤，如果只谴责他腐朽空虚，就未免过分了。

南唐词家，李煜最佳。他当了十几年风雨飘摇的皇帝，无异俎上肉、笼中鸡，惶恐忧郁，纵情声色，侈陈游宴，自我麻醉。最后，求苟安而不可得，国亡身囚，终于不得其死。南唐未亡时，他的词有一部分表现对宫廷豪华生活的迷恋，有一部分则呈现沉重哀愁。国亡身囚，意境大异往昔，词中深哀剧痛，甚为感人。如：

> 春花秋月何时了，往事知多少？小楼昨夜又东风，故国不堪回首月明中！雕栏玉砌应犹在，只是朱颜改。问君能有几多愁？恰似一江春水向东流。（《虞美人》）

> 帘外雨潺潺，春意阑珊，罗衾不耐五更寒。梦里不知身是客，一晌贪欢。独自莫凭栏！无限关山，别时容易见时难。流水落花春去也，天上人间。（《浪淘沙》）[2]

南唐二主词虽无人民性可言，但却一改花间"促碎"之弊，境界风格，影响宋代至深。李煜虽是庸懦之主，却非残暴之君，宋太祖说他只能当翰林学士[3]。

五代十国时期，南方文风之盛，北方莫及。入宋犹然如是。唐宋八大家中，宋六家皆为南人，又分别出于吴、蜀，这不是偶然的。尽管宋代北方不乏知名的文学之士，而思想之活跃，风格之新颖，都远难与南人相比。

二 绘画

唐末五代，文人士子竞相南来，聚于吴、蜀者尤多。南唐和两蜀都在翰林院内安置了一批画家，一时名画家辈出。绘画成为五代艺术中成就最大的部门。

蜀中名画家有善画湖石、花竹、猫兔、鸟雀的刁光胤，善画花鸟、蝉蝶、鹅的滕昌祐，善绘人物、鬼神的房从真，善画佛像的杜龁龟和善绘人物的宋艺、高道兴，还有善绘墨竹的女画家李夫人，而黄筌尤为著名。

[1]《全唐五代词》正编卷3《冯延巳》，第650、655页。

[2]《全唐五代词》正编卷3《李煜》，第741、765页。

[3]《石林燕语》卷4，第60页。

黄筌能兼采诸家之长，融为一体，"花竹师滕昌祐，鸟雀师刁光（即刁光胤，宋人避讳，去'胤'字），山水师李昇，鹤师薛稷，龙师孙遇，然其所学，笔意豪赡，脱去格律，过诸公为多"[1]。前蜀后主王衍召黄筌入内殿观吴道子所绘钟馗，嘱咐他："吴道元之画钟馗者，以右手第二指抉鬼之目，不若以拇指为有力也。"命他改画。黄筌不用原本，自己构思，绘成以拇指抉鬼目之状进献，王衍以不如所嘱责怪，答说："道元之所画者，眼色意思，俱在第二指；今臣所绘，眼色意思俱在拇指。"王衍细看方悟，"乃喜筌不妄下笔"[2]。构思深刻细致，可称绝妙。

江南布衣徐熙绘画别具一格，后人称他"画草木虫鱼，妙夺造化，非世之画工形容所能及也"[3]。他经常在园圃中观察花草虫鸟的形态，仔细琢磨，故能"曲尽真宰转钩之妙"[4]。宋平江南，徐熙至汴京，送翰林图画院品评其画格。黄筌及其子侄绘花，"妙在赋色，用笔极新细，殆不见墨迹，但以轻色染成，谓之写生"。而"徐熙以墨笔画之，殊草草，略施丹粉而已，神气迥出，别有生动之意"。本来两家画各有千秋，如能并存，对绘画的发展将更有益处，而黄筌嫉才伐异，横加指责，以"粗恶不入格"为名，将徐熙排斥于绘画院外。其子被迫效黄家画法，"更不用墨笔，直以彩色图之，谓之'没骨图'，工与诸黄不相下，筌等不复能瑕疵，遂得齿院品。然其气韵皆不及熙远甚矣"[5]。这种独特的画格就这样被扼杀了，"同行相嫉"之害可谓甚矣！

南唐画家首推董源，多作山石水龙。宋朝画家只称赞他的着色山水，唯有《宣和画谱》对他作了很高的评价：

大抵元[源]所画山水，下笔雄伟，有崭绝峥嵘之势，重峦绝壁，使人观而壮之，故于龙亦然。……至其出自胸臆，写山水江湖、风雨溪谷、峰峦晦明，林霏烟云，与夫千岩万壑，重汀绝岸，使鉴者得之，真若寓目于其处也。而足以助骚客词人之吟思，则有不可形容者。[6]

董源又善画人物，宛然如生。传说后主李煜在碧落宫召冯延巳入宫议事，冯延巳至宫门，逡巡不敢进。后主久待不至，遣内侍催促，冯延巳说："有宫娥著青红锦袍，当门而立，未敢竟进。"内侍与他同看，原来是嵌在八尺琉璃

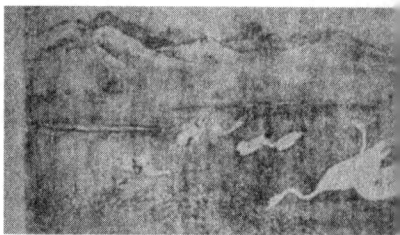

五代黄筌《柳塘集禽图》之一

[1] [宋]不著撰人：《宣和画谱》卷16《花鸟二》，景印文渊阁四库全书本（第813册），第163页。

[2]《宣和画谱》卷16《花鸟二》，第163页。

[3]《宣和画谱》卷17《花鸟三》，第177页。

[4]《梦溪笔谈校证》卷17《书画》，第556页。

[5]《梦溪笔谈校证》卷17《书画》，第555页。

[6]《宣和画谱》卷11《山水二》，第128—129页。

五代黄筌《柳塘集禽图》之二

屏中的董源所绘夷光像。[1]

南唐另一名画家顾闳中，善绘人物。韩熙载避祸江南，仕宦南唐，志不得显，郁郁于怀，好声伎，专为长夜饮，宾客猱杂，不拘礼节。后主爱其才，置之不问，却想看到他家中夜宴的场面，便命顾闳中夜赴其家偷窥，目志心记，绘成画卷。今尚存《韩熙载夜宴图》，场面很大，人物众多，栩栩如生，竟无一雷同之态。饶有趣味的是，宋人沈括判断宋人误将韩熙载像当作韩愈像，以此图与旧藏《圣贤画册》中的韩愈对照，果然如此。

僧巨然也善画山水，"于峰峦岭窦之外，下至林麓之间，犹作卵石、松柏、疏筠、蔓草之类，相与映发，而幽溪细路，屈曲萦带，竹篱茅舍，断桥危栈，真山间景趣也"[2]。

南唐画家还有善画木的朱澄，善画佛道的陶守立，善画鸡的杨行思，善画士女的周文矩。另又有书法家应用驰誉江南。

国家统一、经济繁荣，科学文化就可得到较大的发展；反之，分裂混战、经济凋敝，科学文化必然受到阻碍，难有蓬勃的发展。五代的历史也恰恰证明了这条真理。但五代十国并不是毫无文化艺术可言的黑暗时期。随着唐中叶以后的经济重心南移，五代又出现了文化南移。吴、蜀文艺当时冠于全国，对后世影响深远；而河东夙称文明昌盛之地，北汉时竟无一知名文人，中朝文人学士皆瞠乎吴、蜀之后。北宋史家文人多出南方，北方犹有史学巨公司马光和理学家张载、二程，南宋则南方更远胜北方。所以，五代十国时期南方文化的发展，文化重心的南移，是值得重视的。

[1]《十国春秋》卷31《南唐十七·董源传》，第454页。
[2]《宣和画谱》卷12《山水二》，第143页。

第十二章　五代十国时期的社会风尚与社会思潮

介于唐宋之间的五代十国，是中国古代社会典型的分裂割据时期之一，也是传统价值理念被摧毁和新的价值理念重塑的一个时代，在文化上有其自身特点。在"乱而后治，治中有乱"[1]的这一过渡期内，社会风尚与社会思潮既有异于此前的李唐王朝，又不同于其后的赵宋社会。而在种种差异的背后，两者所显示出的丰富内涵，其实很难用继承、扬弃与再造这类简单的语汇一言以蔽之。因为社会思潮以及受观念所支配的社会风尚，总是特定时代的产物，其所折射出的也必定是特定时代所赋予的合理内核，只有联系五代十国特定的社会环境、人们的生存状况，才能对上述内容作出如实的描述与客观的评判。

五代徐熙《莲花水禽图》

第一节　五代十国时期的社会风尚

任何一个时代，都会形成与这一时代相适应的社会风尚，时代特点即是造成不同时代具有不同社会风尚的根源，而社会风尚因带有时代特点的强烈烙印，反过来又会强化时代特点。五代十国时期的社会风尚与当时特定的社会环境，也存在上述互动关系。由于社会风尚涵盖的范围极其宽泛，内容也至为庞杂，很难在叙述中面面俱到，此处仅以隐逸之风、任侠之风、义儿之风等风尚为重点，加以探讨，以见五代十国时期社会风尚之一斑。

一　隐逸之风

隐逸现象，源于先秦，自此之后，无代不有，而尤以乱

[1] 《五代十国史研究》，第15页。

五代孙位《高逸图》之一

世为多，即如《论语·泰伯》所云："有道则见，无道则隐。"唐末以降，战乱骤增，天下骚动，隐逸之风已经较为普遍。五代十国时期，兵戈不息，寰宇板荡，为避世难而藏身岩穴者，更是屡见不鲜。五代各朝的诏令，于此多有反映。天祐五年（908）四月，晋王李存勖下令："山谷隐沦之士，乡间造秀之人，仰所在长吏荐闻州府即当荐举。"后唐庄宗同光元年（923）十月，诏书中又说："应名德有称才艺可取，或隐朝市，遁迹林泉，并委逐处长吏遍加搜扬，津致赴阙，朕当量才任使。"明宗长兴二年（931）七月，敕："朝臣相次敷陈，请搜沉滞。簪缨之内，甚有美贤；山泽之中，非无俊彦，若令终老，乃是遗才。""宜令诸道藩侯，专切搜访，如有隐逸之士，艺行可称者，当具奏闻，必宜量才任使"。后晋高祖即位之初，赦制曰："应山林草莱，贤良方正隐逸之士，委逐处长吏切加搜访，咸以名闻，当议量才叙用。"天福元年（936）闰十一月，又敕："应有怀才抱器，隐遁山林，方切于旁求，宜遍行于搜访，委所在长吏备达朝旨，具以名闻。"[1]后周显德元年（954）正月，太祖郭威在赦制中称："应山林隐逸，草泽才能，所属长吏搜访，具以名闻。"[2]上述诏书一再要求各处长吏搜访隐逸之士，显然就是现实生活中隐逸之风较为盛行的真实体现。

五代是武夫悍卒横行的时代，其时"藩镇皆武夫，恃权任气，又往往凌蔑文人，或至非理戕害"[3]。许多士子迫于时局多艰，为免遭屠戮，主动放弃居官从政、效忠王朝的政治追求，转而悠游林泉，归隐不仕。所谓"昔者乘五代之乱，天下学者凋丧，而仕者益寡，虽有美才良才，犹溺于耕田养生之乐，不肯弃其乡间而效力于官事"[4]。在五代十国时期的隐逸者中，避世之隐为其主流。如南唐沈彬，"少好学读书，有能诗之誉。属唐末离乱，随计不捷，南游湖湘，隐云阳山十年许。与浮屠辈虚中、齐己以诗名，互相吹嘘，为流辈所慕。寻归乡里，访名山洞府，与学神仙人，慕齐、松虚无之道，往来多之玉梁、阁皂二山，入游息焉"[5]。沈彬之隐，醉心于佛道，不染世事，洁身自好，显然已跳出世俗之外。南唐郑元素也是逍遥尘世之外，其少习《诗》、《礼》，"避乱南奔，隐居青牛谷四十余年，樵苏不爨，弦歌自若"[6]。闽中人陈贶，"少孤贫好学，出游庐山，刻苦修道，诗书至

---

[1] 以上引文俱见《册府元龟》卷68《帝王部·求贤二》，第769页。

[2] 《册府元龟》卷68《帝王部·求贤二》，第770页。

[3] 《廿二史札记校证》卷22《五代幕僚之祸》，第476页。

[4] 《栾城集》卷20《私赋进士策问二十八首》，见《苏辙集》，第356页。

[5] 《江南野史》卷6《沈彬传》，第5198页。

[6] 《十国春秋》卷29《南唐十五·郑元素传》，第420页。

数千卷。有诗名,闻于四方。慵于取仕,隐于山麓,岁时伏腊,庆吊人事,都未暂往",后南唐嗣主授之以官,陈贶苦辞不受,归还旧居。[1]但在归隐者中,也有人能同情民间疾苦,以扶厄济困为乐事。如南唐褚雅,本为钱塘人,"武义时,来隐于茅山。乐施轻财,拯物无厌。营田既获,以与贫者。与人共居,常旦起洒扫,取水以给采薪之人。夏月移瓜,恣人来取,当时暑,行道无喝者,人咸以为难"[2]。虽说其生活方式与普通山民无异,但能以躬耕所得,济人于困窘之时,种种义举所体现出的济世之心,确实难得。又如王昭素,"笃学有至行,乡人有讼,不之官府,而诣昭素为之辨折,无不敬服"[3]。能排解乡曲纷争,并为人所敬服,足见其人格、学识已深为乡民服膺。

除避世之隐外,个别士人因坚守政治理念,不愿与统治者同流合污,或在仕林中难以得志,转而栖身山林的现象,也不乏其例。后晋卢损,因仕途不顺,"乃卜居阳翟,诛茅种药,山衣野服,逍遥于林圃之间,出则柴草鹤氅,自称具茨山人。晚年与同辈五六人,于大隗山中疏泉凿垣为隐所,誓不复出山"[4]。南唐许儒,"义不食梁粟,隐歙州山谷中,终身不出"[5]。可见,许儒因不满后梁的统治,避难南唐,以至宁愿终老岩穴,也不再跻身仕途。史虚白,"隐居嵩少,著书中原,丧乱与韩熙载南渡",因烈祖李昪不能采纳其北伐中原的建议,郁郁不得志,于是归隐九江落星湾,"常乘双犊版辕,挂酒壶车上,山童总角负一琴一酒瓢以从,往来庐山,绝意世事"[6]。政治抱负的无法施展,致使史虚白潜身山林,恬然于山水琴酒之间,无意尘俗与时务。

还有一部分士人则纯粹以隐逸的方式,来寻求精神的放纵和自由的体验。这类人往往寄情山水,潜心老庄,冷漠世事。陈抟,"能为诗,数举不第,慨然有尘外之趣,隐居华山,自是其名大振"。后周世宗慕其名,"且以抟曾践场屋,不得志而隐",于是召至阙下,授左拾遗,"抟不就,坚乞归山"[7]。许寂,"少有山水之好,泛览经史,穷三式,尤明易象,久栖四明山,不干时务"。昭宗时被征召赴阙,感于"君道替矣","寻请还山,寓居于江陵,以茹芝绝粒,自适其世"。"汉南谓之征君"[8]。后晋郑云叟,"少好学,耿介不屈,为文敏速遒丽"。应进士不第之后,不愿"用浮名之攫

五代孙位《高逸图》之二

[1]《江南野史》卷6《陈贶传》,第5197页。

[2]《十国春秋》卷12《吴十二·褚雅传》,第161页。

[3]〔宋〕曾巩:《隆平集》卷2《招隐逸》,台北文海出版社影印本1967年版,第87页。

[4]《旧五代史》卷128《卢损传》,第1689页。

[5]《十国春秋》卷29《南唐十五·许规传》,第424页。

[6]《十国春秋》卷29《南唐十五·史虚白传》,第417页。

[7]《五代史补》卷5《世宗诏陈抟》,第2528页。

[8]《册府元龟》卷810《总录部·隐逸二》,第9637页。

我心"，遂绝意功名，抛妻弃子，"入少室山，著《拟峰诗》三十六卷，以道其趣"，"俄闻西岳有五鬣松，沦脂千年，能去三尸，与李道殷、罗隐之友善，时人目为'三高士'"[1]。苏澄隐，"为道士。五代之际，屡聘之，称疾不出"[2]。滕昌祐，"志趣高洁，不昏不宦。常卜筑幽闲之地，栽花竹杞菊，观植物之荣十年以寓意焉。久而得其形似，因善绘花鸟蝉蝶，后又以画鹅得名。历前、后蜀，年八十余卒"[3]。前蜀杜光庭，"僖宗朝，与华山郑征君(云叟)同应百篇，两战不胜，遂各挂羽服。郑则后唐三诏不起，杜则王蜀九命不从，可谓高尚隐逸之士也"[4]。上述诸人都不以世俗为念，移情于山水之间，或崇尚佛老，精研易象，已明显缺乏传统士人汲汲功名、匡救时弊的精神追求，隐逸的目的不过只在于求得身心的洒脱、意志的自由。

隐与仕，历来是读书人最为常见的两种选择，非隐即仕，非仕则隐。五代十国时期，因社会形势动荡不安，政治秩序也极其紊乱，故而以名节相高的读书人中，沉潜不仕者大有人在，或为避世，或为善道，不一而足。这或许是乱世中，高洁其志、独善其身的一种无奈之举。仕途无望，转而寄情田园，专一于佛道，以求得精神的无羁与心灵的安适，虽然于世无裨，不足称道，但从人格独立的角度予以审视，多少还有一些警世的意义。

二　任侠之风

侠，作为中国传统社会的一种特殊社会群体，自先秦以降，历代皆有。大抵而论，但凡国家机器运转有序，社会承平，法禁严密，侠风就会相对低落岑寂；而一旦国家专制力量削弱，社会动荡，群雄竞逐，侠风即相应兴盛勃发。五代十国时期，侠风的长盛不衰，正是其时分裂割据、战乱不息的一种必然反映。与以力相拼、弱肉强食、优胜劣败的军事斗争相适应，民间尚武之风亦大行其道，游侠之中自以强悍勇武者为主流，故以武犯禁、恣欲横暴者比比皆是，快意恩仇、扶厄济困者亦屡见不鲜。至于游侠重义轻生、不惜其躯的禀性，也在这一时期有所延续。

五代十国是唐末以来藩镇割据局面的延续，支撑藩镇对抗朝廷、反叛中央的后盾无一例外地均是军事实力，

陈抟像

[1]《册府元龟》卷810《总录部·隐逸二》，第9637页。

[2]〔宋〕王称：《东都事略》卷118《苏澄隐传》，台北文海出版社影印本1979年版，第1817页。

[3]《十国春秋》卷44《前蜀十·滕昌祐传》，第651页。

[4]《鉴诫录》卷5《高尚士》，第5905页。

而作为藩镇军政首脑、出身行伍的节帅在发迹前,有不少即属于游侠之辈。如唐末幽州节度使李匡威,"少年好勇,不拘小节,以饮博为事"[1]。荆南节度使成汭,"少年任侠,乘醉杀人,为仇家所捕,因落发为僧,冒姓郭氏,亡匿久之,及贵,方复本姓"[2]。成汭为侠,"亲朋之内,盱睚为人报怨;昆弟之间,点染无处求生"[3]。后唐时,曾任宣武军节度使、诸道蕃汉马步总管的符存审,"少豪侠,多智算,言兵家事"[4]。后晋初年,任许州节度使的史弘肇,本田家子,"少游侠无行,拳勇健步,日行二百里,走及奔马"。因任侠风气使然,极为轻视文人,尝说:"文人难耐,轻我辈,谓我辈为卒,可恨,可恨!"[5]邠州节度使李周,"年十六,为内丘捕贼将,以任侠自负"[6]。成德节度安重荣也是行伍出身,"性粗率,恃勇骄暴",公然宣称:"今世天子,兵强马壮则为之耳。"后世史家即言:"安重荣粗暴一夫耳,使其强梁亦何所至!然其所以强梁者,亦习见当时之事,遂起非望之心耳。"[7]后周彰德军节度使王进,"为人勇悍,走及奔马"[8]。北汉建雄军节度使杨业,"幼倜傥任侠,善骑射,好畋猎,所获倍于人"。后来,"屡立战功,所向克捷,国人号为'无敌'"[9]。

侠风流播,不惟节帅之中不乏从游侠辈崛起者,其他不少将帅也有昔时为侠的行迹。如朱全忠麾下大将李谠,"少时游秦、雍间,为人勇悍多力,甚有气谊"[10]。刘处让本为后梁泰宁军节度使张万进麾下牙将,后随张万进叛附于晋,后梁出师讨伐,刘处让领命求援于晋。时晋人正与梁军对峙于麻口渡,难以出兵应援,处让于军门截耳而诉曰:"万进所以见围者,以附晋故也,奈何不顾其急?苟不出兵,愿请死!"[11]晋王李存勖壮其行而发兵,称其为侠义之士。后周白州刺史杨美(本名光美,后入宋避宋太宗讳改名),"状貌雄伟,武力绝人,以豪侠自任"[12]。杨吴大将吕师周,"勇健豪侠,颇通纬候兵书",叛附楚之后,马殷大喜曰:"吾方南图岭表,而得此人,足矣。"任命为马步军都指挥使,率兵攻岭南,取昭、贺、梧、蒙、龚、富等州,擢升吕师周为昭州刺史。[13]南唐王建封"少从军,以任侠骁勇知名"[14]。陈诲"生而期月,足劲能履,父母异之,小字阿铁。为人勇敢,足膂力长而任侠。仕至郡裨将,军中壮之,呼为

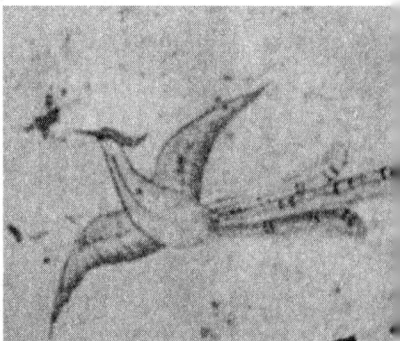

飞鸟

[1]《太平广记》卷138《征应四·李全忠》,第995页。

[2]《旧五代史》卷17《成汭传》,第229页。

[3]《五代史补》卷1《郑准作归姓表》,第2482页。

[4]《旧五代史》卷56《符存审传》,第755页。

[5]《旧五代史》卷107《史弘肇传》,第1403、1405页。

[6]《旧五代史》卷91《李周传》,第1203页。

[7]《资治通鉴》卷282,后晋高祖天福四年七月及胡三省注,第9203页。

[8]《新五代史》卷49《王进传》,第558页。

[9]《宋史》卷272《杨业传》,第9303页。

[10]《旧五代史》卷19《李谠传》,第264页。

[11]《新五代史》卷47《刘处让传》,第526页。

[12]《宋史》卷273《杨美传》,第9325页。

[13] 马令:《南唐书》卷29《楚国》,第5438页。

[14] 陆游:《南唐书》卷8《王建封》,第5525页。

王建哀册拓片（局部）

[1]《江南野史》卷5《陈诲》，第5190页。

[2]《十国春秋》卷93《闽四·陈洪进》，第1351页。

[3]《十国春秋》卷63《南汉六·苏章》，第895页。

[4]《新五代史》卷49《王进传》，第558页。

[5]《旧五代史》卷1《梁太祖纪一》，第2页。

[6]《新五代史》卷1《梁本纪一》，第1页。

[7]《北梦琐言》卷17《梁祖为佣保》，第314页。

[8]《新五代史》卷13《梁家人传》，第128页。

[9]《旧五代史》卷121《后妃列传》，第1599页。

[10]《新五代史》卷18《汉家人传》，第191页。

[11]《旧五代史》卷133《钱镠传》，第1766页。

[12]《资治通鉴》卷280，后晋太祖天福元年十一月，第9153页。

[13]《十国春秋》卷12《吴十二·虔州少年传》，第160–161页。

'陈铁'"[1]。闽陈洪进，"幼有侠节，颇读书，习兵家言，长以材勇隶兵籍，从收汀州，先登，补副兵马使"[2]。南汉苏章"骁勇善战，而行军多合古法，遂为一时名将。子五人俱为中郎将，豪侠任气，当世号'五郎将'云"[3]。

其实，五代十国的帝王中，有不少人本身即有早年恃勇为侠的经历，正如史家所言："五代之君，皆武人崛起，其所与俱勇士悍卒，多裂土地封侯王，何异豺狼之牧斯人也！"[4]后梁太祖朱温，"昆仲三人，俱未冠而孤，母携养寄于萧县人刘崇之家。帝既壮，不事生业，以雄勇自负，里人多厌之"[5]。兄弟三人之中，"存、温有勇力，而温尤凶悍"[6]，"狡猾无行"[7]。后来，朱温与其二哥朱存加入黄巢军队，开始军旅生涯。直至朱温任宣武节度使之后，其母仍斥朱温"落魄无行"[8]。后周太祖郭威，"壮年，喜饮博，好任侠，不拘细行"[9]。后汉高祖刘知远，"少为军卒，牧马晋阳"，劫取民女李氏，此即以后的李皇后。[10]吴越王钱镠，"少拳勇，喜任侠，以解仇报怨为事"[11]。所谓"人以类聚，物以群分"，由游侠出身而至为帝为王者，其所任用的武将之中，自然少不了勇武任侠之徒。而这些孔武有力、重义尚气、轻生重诺的游侠之士，一旦进入军队，自然就会成为节帅或各政权统治者所倚重的军事将领，并在战争中屡立功勋，这是其时武将群体中一个较为引人注目的现象。而此现象的形成，无疑与军事战争的频繁密切相关，将尚武任侠之人吸纳至军队之中，并赋予其一定的军事指挥权，显然有利于提高军队的战斗力，进而在战争或争霸格局中赢得主动，甚至入主中朝或裂土为王。

如上所述，游侠通过加入军籍而发达者，确实为数不少，而这类人身上也更多地体现出恃勇为暴、强力是尚的特点。民间的游侠之士，也往往凭借武力任张声势、擅作威福，或打家劫舍、强取赀财，为害一方。后晋彰武留后刘景岩，"多财而喜侠，交结豪杰，家有丁夫兵仗，人服其强，势倾州县"[12]。吴杨行密时，虔州将钟某"至广陵，有轻侠数人来逆旅"，同行少年指着其中一名身着青衣者曰："此必今夕为盗耳。"深夜，青衣客果然前来盗窃。[13]南唐卢绛，早年"不能治产业，每纵侠与博徒游"，后来进入庐山白鹿洞国学求学，"与诸葛涛、蒯鳌等善，不听读，唯以屠贩为事。

同舍诸生中有箧笥稍丰而吝者，则强取之，弱者侮之。……洞中流辈号为'三害'"[1]。

游侠之中，也不乏赈穷济困、纾人急难、不遗余力者。后晋李周，唐末时为内丘捕贼将，"以任侠自负。时河朔群盗充斥，南北交兵，行旅无援者不敢出郡邑。有士人卢岳，家于太原，携妻子囊橐寓于逆旅，进退无所保，唯与所亲相对流涕，周悯之，请援送以归。行经西山中，有贼夜于林麓间俟之，射卢岳，中其马。周大呼曰：'尔为谁耶？'贼闻其声，相谓曰：'李君至此矣。'即时散走。岳全其行装，至于家"[2]。卢岳一家能安全返回太原，全赖李周护卫，其侠义之心尽显无遗。南唐查文徽，"幼好学，能自刻苦，手写经史数百卷。稍长，任气好侠，闻人困乏，虽不识，必济之。家本富，坐是穷空，不悔也。或遗以金帛，一夕，盗入其家，尽取去，文徽不言，虽邻里莫知者。久之，盗败于旁邑，移文讯验，人始知之，咸推其量"[3]。闽陈寅，"慷慨好施，其亦无愧于义侠矣夫"[4]。荆南王延范，"形貌奇伟，性任侠，家富于财，好施不倦"[5]。

游侠往往身手不凡，甚至身怀绝技，这也是游侠行走江湖、行侠仗义的前提。特别是在五代十国动荡的社会形势之下，尚武任力已然成为时尚，武艺超绝的游侠自然应该有所增多。兹以剑侠为例，可一窥其时游侠尚武之风的盛行。所谓剑侠，大抵专指剑术高超的游侠之辈。南唐张训之妻，"故剑侠也，未详其所由来"。虽为女流，但同样依恃武艺，杀人越货。[6]前蜀许寂在四明山时，偶有一日遇见一对夫妇，"谈剑术，自臂间推出二物，展喝之，即二口剑也，跃起在寂头上盘旋交击"。第二天又有一位头陀前来寻访夫妇二人，并自称与其为同类人。"后再于华阳遇之，始知三人皆剑侠云"[7]。剑术之精妙，显非寻常人可比。荆南僧齐己，"常于沩山林下遇一僧，于指甲下出二剑，凌空跃去，盖剑侠也"[8]。齐己所见的这位僧人，也是一位功夫极其了得的剑侠。这些剑侠可以看做是当时游侠精于武艺的写照，这也正是游侠立身江湖、名之为侠的基本条件。

五代时期，武人掌权，文人失势，在武侠大张其道的同时，文人也有为侠之举，游侠所具有的重气轻生、慕名感义的气质，在这一群体中尤显突出。如后周和凝，善射，

五代间刻劝化文

1 《江南野史》卷10《卢绛》，第5224页。

2 《旧五代史》卷91《李周传》，第1203页。

3 《十国春秋》卷26《南唐十二·查文徽传》，第370页。

4 《十国春秋》卷97《闽八·陈寅传》，第1398页。

5 《十国春秋》卷103《荆南四·王惠范弟延范传》，第1467页。

6 《十国春秋》卷12《吴十二·张训妻某氏传》，第163页。

7 《十国春秋》卷41《前蜀七·许寂传》，第605页。

8 《十国春秋》卷103《荆南四·僧齐己传》，第1472页。

南唐唐国通宝（篆体）

慕侠义之气，早年深得后梁义成军节度使贺瓌赏识，辟为从事。在梁、晋胡柳陂之役中，贺瓌兵败，队伍溃散，唯有和凝一人追随，贺瓌劝曰："子勿相随，当自努力"，和凝泣而对曰："丈夫受人知，有难不报，非素志也，但恨未有死所。"并引弓射杀追者，贺瓌由是获免。[1]宋初名臣张咏早年生活于后周时期，"自少学剑，颇得妙术，无敌于两河间"[2]。依仗剑术的神妙与任侠之气，张咏曾独仗一剑，杀死开黑店劫掠旅客财物的店主父子三人，为民除害。[3]

总体来看，五代十国时期的游侠以武侠为多，这与其时干戈不休、礼崩乐坏的社会形势相适应。游侠不守王道、恃勇为非的事例骤见增多，其中一些人更是因凶悍横暴而得以入伍为兵，升为将帅，乃至为帝为王。与此相应的是，民间侠风的大炽，游侠之辈往往挟勇逞暴、欺凌寡弱，其中也不乏救人急难、扶贫济困的义举。文士因不被重用，也仗义行侠，在力所能及的范围内匡救时弊，除暴安良。而无论侠客行为如何乖张不一，但尚气重义、轻生守诺、纵死骨香的这样一些特性，仍为这一群体所保留。这一时期，帝王、将帅、武夫、平民，乃至士人为侠现象的蔓延与泛滥，正是其时王纲不振、社会动乱的必然结果。迨至宋代，由于中央集权的加强，国家机器运转的正常化，以及法网的严密，任侠之风渐致回落。

三 义儿之风

义儿，又称做义子、假子、养子、义男、螟蛉等。假子现象起源于原始社会，其时各氏族部落为壮大本族力量，以便在生存竞争中取得优势，往往"收养外人入族，并用这个方法吸收他们为整个部落的成员"。而"某些因特殊情形而人丁不旺的氏族，常常由于大批收养别一氏族的人而重新兴旺起来"[4]。然而，在中国古代社会的早期阶段，汉民族居住区域内，较早即确立了以家长制为核心、依靠血缘关系为纽带的宗法制，由于养子现象有悖于传统的伦理道德，故而渐趋式微。虽然一些无嗣家庭出于胤续家族的目的，不得不采用收养子的方式，但收养对象多限于同宗子弟，以异姓为子的行为已为礼教所排斥、世人所鄙夷。又因为各民族社会发展进程不尽一致，义儿现象在周

[1] 《旧五代史》卷127《和凝传》，第1672页。
[2] [宋]钱易：《宋故枢密直学士礼部尚书赠左仆射张公墓志铭》，见《张乖崖集附集》卷1，载[宋]张咏：《张乖崖集》，中华书局点校本2000年版，第151页。
[3] [宋]刘斧：《青琐高议·后集》卷2《汤阴县》，上海古籍出版社点校本1983年版，第124页。
[4] 《马克思恩格斯选集》（第4卷），人民出版社1972年版，第83-84页。

边较落后的少数民族仍然长盛不衰，并在民族融合的大潮中，向汉文化圈渗透。如隋末唐初，定都于河北渔阳的燕主高开道，就有"亲兵数百人，皆勇敢士也，号为'义儿'，常在阁内"[1]。唐代中后期，胡风氤氲，加之藩镇私兵制的普及，藩镇养子、宦官养子现象屡见不鲜。流风所播，延及五代，豢养假子现象更是愈演愈烈。宋代史家欧阳修独具慧眼，敏锐地捕捉到这一历史现象，在所撰《五代史》中单设《义儿传》，以期能反映其时义儿之风的炽烈。据不完全统计，《旧五代史》所载义儿达56人，占所立传人物569人的10%；《新五代史》所记义儿也为56人，占所立传人物374人的15%，这其中还不包括后妃女性。五代13位帝王中，出身义儿者3人，分别为后唐明宗李嗣源、后唐末帝李从珂、后周世宗柴荣，占帝王总数的23%。由义儿而位至将相者，《旧五代史》中有34人，占义儿总数的61%；《新五代史》有33人，占义儿总数的59%。[2]应该看到，五代时期的义儿数量绝不仅仅限于史籍所载，民间养子和各级官吏养子的情况，虽然确已无法蠡测，但想来规模必定更为可观。

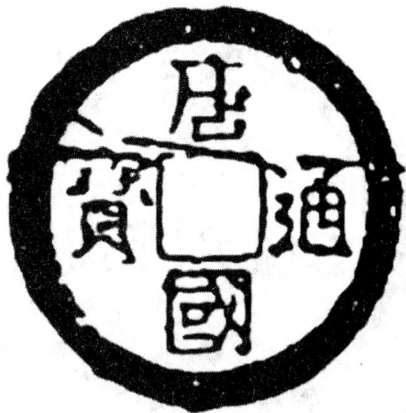

南唐唐国通宝(楷体)

　　义儿与义父之间本身并无血缘关系，通过收养而缔结的义父子关系实际上只不过是一种模拟血亲关系。将并非同一血族的外人，以收养的方式而纳入本族，一般需要换姓改名。如李克用的众多假子中，李嗣昭原姓韩，李嗣本原姓张，李存进原姓孙，李存孝原姓安，李存审原姓符。但也存在义儿在一段时间后恢复本姓的情况，如李存审后来即将姓回改为符。当然，能被义父录为义儿者，往往有其不同凡响之处，且在青少年时代即有所显露。如南唐烈祖李昪，8岁时，淮南节度使杨行密"奇其状貌，养以为子"[3]，后来因才智出众而遭嫡长子杨渥嫉恨，为避免义儿与嫡子构怨，杨行密不得已将其转送徐温，并说："此儿质状性识，颇异与人，吾度渥必不能容，今赐汝为子。"[4]李昪成为徐温义儿，遂改换姓名为徐知诰，在南唐建立之后，遂复姓名李昪。

　　针对五代豢养义儿之风盛行于一时的现象，欧阳修即曾指出：

　　　　世道衰，人伦坏，而亲疏之理反其常，干戈起于

[1] 《旧唐书》卷55《高开道传》，第2257页。

[2] 参见赵荣织：《五代义儿与社会政治》，载《新疆师范大学学报》2004年第6期。

[3] 《新五代史》卷62《李昪传》，第765页。

[4] 《资治通鉴》卷260，唐昭宗乾宁二年三月，第8467页。

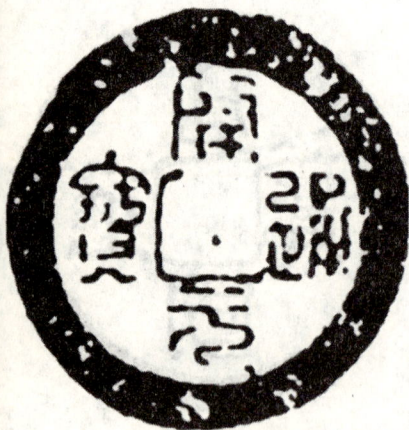

南唐开元通宝（篆体）

1《新五代史》卷36《义儿传序》，第385页。

2《资治通鉴》卷265，唐昭宗天祐元年十月，第8637页。

3《新五代史》卷36《李嗣昭传》，第386、387页。

4《旧五代史》卷52《李嗣本传》，第710页。

5《旧五代史》卷52《李嗣恩传》，第710页。

6《旧五代史》卷53《李存孝传》，第714页。

7《旧五代史》卷53《李存进传》，第719页。

8《旧五代史》卷53《李存贤传》，第722页。

9《旧五代史》卷65《李建及传》，第864-865页。

10《旧五代史》卷56《符存审传》，第758-759页。

11《旧五代史》卷70《元行钦传》，第925页。

骨肉，异类合为父子。开平、显德五十年间，天下五代而实八姓，其三出于丐养。盖其大者取天下，其次立功名、位将相，岂非因时之隙，以利合而相资者邪！[1]

而从目前所掌握的唐末五代豢养义儿的情况来看，通过模拟血缘关系缔结而成的养父子关系，实质上只不过是一种特殊的利益关系。而这种特殊的利益结合体之所以能风靡于一时，原因即在于养父与义儿间媾和的义养关系，有助于双方各自利益的实现。在义养关系的掩盖下，养父与义儿各取所需，养父凭借义儿的效忠和卖命，以巩固和壮大自身实力；义儿们则以此种方式维系与义父的亲密关系，以求取额外赏赐与不次升迁。而一旦义儿违背义父意愿，不再具有利用价值时，义养关系随即中止，依凭伪造的血缘纽带而结成的同盟亦就此瓦解，所谓的父子亲情也不再延续，义儿轻则被罢职，重则腰领不保。如朱温养子朱友恭（原名李彦威）奉义父之命诛杀唐昭宗，事后朱温罗织"放纵士卒、劫掠商肆"的罪名，下令处死友恭，友恭临刑前大呼："卖我以塞天下之谤，如鬼神何！行事如此，望有后乎！"[2]在《旧五代史》所载的56名义儿中，不得善终者有25人，占总数的48%。可见，义儿充其量只不过是养父借以实现政治图谋的工具而已。

对于养父而言，义儿的利用价值体现在其特长方面。战争的客观情势，决定了军阀所收养的义儿，大多都是骁勇刚猛、擅长骑射、战功显赫的武夫悍卒，此点在代北集团所豢养的义儿中表现得尤为突出。如李嗣昭，"胆勇过人"，在战场上舍死忘生，竟然"拔贼矢于脑中"[3]，终至战死疆场、马革裹尸。李嗣本，"性刚烈，有节义，善战多谋"[4]。李嗣恩，"年十五，能骑射"[5]。李存孝，"便骑射，骁勇冠绝，常将骑为先锋，未尝挫败"[6]。李存进，以66岁高龄率兵出征，"血战而殁"[7]。李存贤，"忠谨周慎，昼夜戒严，不遑寝食，以至忧劳成疾"[8]。李建及，"少遇祸乱，矢石所中，肌无完肤"，勇敢善战，"有胆气，慷慨不群，临阵鞠旅，意气横壮"[9]。符存审，"少在军中，识机知变，行军出师，法令严明，决策制胜，从无遗悔，功名与周德威相匹，皆近代之良将也"[10]。元行钦，"临敌擒生，必有所获，名闻军中"[11]。代北集团在长达20余年的汴、晋争衡中,虽迭经危机,而不至覆灭,乃至最后入主中朝,在很大程度上即有赖于上述义儿的奋勇作战。所以说,"李克用父子在山西,北有契丹,东有幽州刘仁恭父子,西有李茂贞,南有朱温,几乎四面受敌,多次陷于被动的困境。经过长期经营,却契丹,平幽州,由小变大,雄视黄河以北。李克用父子以及后唐的崛起,在很大程度上是依靠义儿和'义儿军'的英勇善战"[1]。

除军事特长之外,不少义儿还有其他过人之处,并以此为义父经营的事业提供各种帮助。如朱温假子朱友恭,"性颖利"[2]。博王友文,"征赋聚敛以供军实"[3]。朱友让,"尝以厚贿奉梁祖"[4]。凭借募集赏军之资的本事,上述义儿被朱温倚为心腹。李克用义儿李嗣昭,"精悍有胆略,沈毅不群"[5]。李存信,"能四夷语,通六蕃书"[6]。李存璋,作为顾命大臣,在辅佐晋王李存勖期间,"得行其志,抑强扶弱,诛其豪首,期月之间,纪纲大振,弭群盗,务耕稼,去奸宄,息幸门,当时称其材干"[7]。符存审,"多智算,言兵家事"[8]。这些义儿优长之处的发挥,对河东集团政治的整肃、外交的开展助益颇多。郭威义儿柴荣,"悉心经度,赀用获济"[9],为郭威赡养军士提供经济保障。故而,具备这些特长的义儿,也是养父在壮大自身实力时不可或缺的人物。

五代之中的后唐、后晋、后汉三个朝代,皆是由沙陀军人首领建立的政权,故又称"沙陀三王朝"。沙陀"其先本号朱邪,出于西突厥,至其后世,别自号曰沙陀,而以朱邪为姓"[10],是北方游牧民族的一支,至唐末五代时仍然保留氏族部落的血族亲兵制。沙陀族虽长时间接受汉文化的熏陶,但在其入主中朝之后,体现血族亲兵制的收养子习俗,依旧被移植至中原地区。蔓延至五代时期的收养子之风,至后唐王朝趋于极致。在两《五代史》立传的56名义子中,后唐独占22人之多,比例为39%。为后唐王朝奠定基业的李克用,豢养义儿众多,所谓"太祖养子多矣,其可纪者九人,其一是为明宗,其次曰嗣昭、嗣本、嗣恩、存信、存孝、存进、存璋、存贤"[11]。这批义儿的年齿与李克用相差不过1~11岁,大多又在4~6岁之间,但都比李克用实子李存勖年长20余岁。在汴、晋争衡之际,鉴于实子年幼,李克用不得不借助收养子习俗,拉拢强悍勇毅之徒,以义父子

南唐开元通宝(楷体)

[1] 谷霁光:《泛论唐末五代的私兵和亲军、义儿》,载《历史研究》1984年第2期。

[2] 《旧五代史》卷19《朱友恭传》,第257页。

[3] 《新五代史》卷13《梁家人传》,第136页。

[4] 《旧五代史》卷62《董璋传》,第831页。

[5] 《旧五代史》卷52《李嗣昭传》,第701页。

[6] 《新五代史》卷36《李存信传》,第390页。

[7] 《旧五代史》卷53《李存璋传》,第720页。

[8] 《旧五代史》卷56《符存审传》,第755页。

[9] 《旧五代史》卷114《周世宗纪一》,第1509页。

[10] 《新五代史》卷4《唐本纪》,第31页。

[11] 《新五代史》卷36《义儿传·序》,第385页。

关系羁縻人心，充实力量，从而实现扩充其军事集团的意图。[1]作为"义儿军"首领的上述假子，深得李克用信赖，被委以重任，并在艰巨的军事斗争中屡立功勋。如天祐三年（906），"汴人攻沧、景，刘仁恭遣使求援。十一月，嗣昭合燕军三万进攻潞州，降丁会"[2]。即是一例。李存勖嗣位后，也极为倚重这批义儿。梁、唐易代前夕，李嗣源力劝庄宗突袭汴州，直捣后梁腹心，并亲自率军前往，一举占领后梁都城，在后唐取代后梁的过程中居功至伟。对此，庄宗由衷说道："吾有天下，由公之血战也，当与公共之！"[3]庄宗立国之后，仍然极为倚重这批假子。同光二年（924）十二月，"命宣武节度使李嗣源将宿卫兵三万七千人赴汴州，遂如幽州御契丹"[4]。上述事实表明，李克用所豢养的义儿，的确在后唐王朝开创与巩固过程中发挥了重要作用。史称："初，太祖起于云、朔之间，所得骁勇之士，多养以为子，而与英豪战争，卒就霸业，诸养子之功为多，故尤宠爱之，衣服礼秩如嫡。"[5]以至形成"北狄真子假子，区别不严"[6]的状况。

但是，源于争权逐利的企图，义儿之间毕竟存在竞争，与养父的关系也还有亲疏远近的不同，故而彼此不睦、相互不和的现象注定无可避免，如李存孝与李存信的例子就极为典型，因受存信谮诬，李存孝被迫投降后梁。李克用将其俘获后，下令车裂之，原以为诸将会求情宽恕其死罪，不料无人出头，以至李存孝身首异处，"太祖惜其才，怅然恨诸将之不能容也，为之不视事者十余日"[7]。李克用去世后，其弟李克宁在义子李存颢和其妻孟氏的撺掇下，密谋策划以河东9州投降后梁，事情败露之后，李存勖依靠另一部分养子的拥戴，将异己力量铲除殆尽，才使河东局势转危为安。这种现象的出现，无疑有损于代北集团的军事实力，消极作用显而易见。同光末年，李嗣源竟取代庄宗，是为明宗。所以，对于李克用豢养假子的客观效果，欧阳修评论道："至其有天下，多用以成功业，及其亡也亦由焉。"[8]尽管庄宗的败亡，主要缘于政治的昏聩、腐朽，但多少与义儿的得势有一定的关联。

后唐以降，由于人主在位时间短促，基本不再具备将收养的幼儿或少年培养为成人所需的时间周期；加之义

李璟陵出土的陶人首鱼身俑之一（正面）

1 参见毛汉光：《中国中古政治史论》，第457页。

2 《旧五代史》卷52《李嗣昭传》，第704页。

3 《旧五代史》卷35《唐明宗纪一》，第487页。

4 《资治通鉴》卷273，后唐庄宗同光二年十二月，第8928页。

5 《新五代史》卷14《李克宁传》，第150页。

6 吕思勉：《隋唐五代史》，上海古籍出版社2005年版，第475页。

7 《新五代史》卷36《李存孝传》，第393页。

8 《新五代史》卷36《义儿传·序》，第385页。

儿间的隔阂难以消除,冲突时有发生;并且,假子与亲子之间为争夺继承权,大打出手,甚至父子间相互残杀的事例也屡有发生。如朱温之子朱友珪,得知朱温在病重之际将以后事托付于义儿朱友文,遂笼络禁军将校,不惜弑父篡位,称帝后又诛杀朱友文。后唐同光年间,忠武军节度使张全义亲子张继业,上书告发其父养子张继升,称:"弟继升,本姓郝,有母尚在,父全义养为假子,令官衙内兵士。自皇帝到京,继孙私藏兵甲,招置部曲,欲图不轨,兼私家淫纵,无别无义。臣若不自陈,恐累家族。"[1]此事以庄宗赐张继升自尽而收场。类似事实表明,收养义儿也会给家族的稳定带来冲击,而为避免义儿与亲子冲突所造成的不利影响,减少豢养义儿的数量,或者不再蓄养义儿,无疑是一种明智的选择,义儿之风因此而渐渐有所收敛。

李璟陵出土的陶人首鱼身俑之一(侧面)

第二节　五代十国时期的社会思潮

五代十国时期的社会思潮,是反映其时社会政治情况的主要思想潮流,包括内容众多,下面仅就华夷之辨与忠节观念的问题略作探讨,余不具论。

一　华夷之辨

"华夷之辨"是中国古代儒家学说中民族思想的核心和基石,其主要论点是"尊王攘夷"与"以夏变夷"。汉民族文化圈内天下观、国家观、正统观、华夷观,是形成"华夷之辨"的直接文化因子。其中的华夷观,即华夷之分,起初源于地域的分野,后来逐渐演化为汉族与其他民族间文化的异同、治理关系的有无,并以此为标准,严格将华、夷区分开来,"以夏变夷"转化为儒家民族观的主体。这在唐代的民族政策中体现得分外鲜明。虽然唐王朝仍以"四夷"、"夷狄"、"蕃夷"等名称称呼周边民族或国家,但同是夷狄,因存在"化外人"与"化内人"的界划,性质上则迥然有别。"化外人","谓蕃夷之国,别立君长者,各有风俗,制法不同"[2]。而这些"声教之外,四夷之人"[3],显然并非大唐王朝的"国人"。与"化外人"相对应的是"化内人",即指

[1]《册府元龟》卷934《总录部·告讦》,第11015页。
[2][唐]长孙无忌等编,刘俊文撰:《唐律疏议笺解》卷6《化外人相犯》,中华书局1996年版,第478页。
[3]《唐律疏议笺解》卷16《征讨告贼消息》,第1191页。

五代画家徐熙落款印谱

"归化"或"归附"唐朝的周边各族。在化内人居住区域内，唐朝往往设置羁縻府州进行管理。由于羁縻府州"叛服不常"，故而"化内"、"化外"也并非恒久不变。倘其臣服于中央政府，则被视为"化内人"；一旦叛离，自然就成为"化外人"。"化内人"因居住地点的不同，分为"在蕃"和"入附"两种。前者指居住于原地，其所在地区已被纳入唐朝版图；后者指迁入唐境，一般被安置于侨置羁縻府州内。相比较而言，入附者的汉化程度更高。[1]李唐王朝所实行的上述民族政策，进一步突出和强化了华夷观中的文化色彩，这种华夷观也被五代士人群体所承袭。

五代十国时期，北方少数民族中的沙陀与契丹，都曾先后入主中原，由沙陀人建立的后唐、后晋、后汉三朝更被称作"沙陀三王朝"。在这种民族融合与民族冲突的大背景之下，由于沙陀与契丹接受与认可汉文化的程度不同，影响中原农耕地区的方式大异其趣，致使中原士人与百姓对沙陀政权与契丹政权的态度也截然相左，这构成这一时期华夷之辨的主要内容。

首先来看汉族士人群体对沙陀政权的认同与参与。"唐代安史乱后之世局，凡河朔及其他藩镇与中央政府之问题，其核心实属种族文化之关系也"[2]。所谓河朔地区，即是沙陀三王朝的立国基地，如以"种族"和"文化"的角度予以考察，则这一地区自唐末以来就已呈现出多民族杂糅的面貌。具体就沙陀与唐朝的关系而言，早在唐高宗永徽四年（653），唐廷就已在沙陀人居住区内设置羁縻州性质的金满、沙陀都督府，隶属于北庭都护府，沙陀人因此而成为唐朝"化内人"中的"在蕃者"。其后，沙陀一度臣属于吐蕃，由"化内人"转变为"化外人"。元和三年（806），沙陀人举族内迁，并由此成为"化内人"中的"入附者"。沙陀人的"化外"色彩，在其内迁之后迅速淡化。李克用及其父亲朱邪赤心（李国昌）都是内附后沙陀人的后裔。《唐六典》卷3《尚书户部》云："凡内附后所生子，即同百姓，不得为蕃户也。"也就是说，李克用父子都是唐朝的"王人"、"百姓"，内迁的沙陀人后代亦是如此。到此时，尽管沙陀人仍然以部落为社会组织的基本形式，犹不免"深目而胡须者"[3]，但从李国昌先后担任朔州、蔚州刺史和云中、振武

[1] 参见樊文礼:《"华夷之辨"与唐末五代士人的华夷观——士人群体对沙陀政权的认同》，载《烟台师范学院学报》2004年第3期。
[2] 陈寅恪:《唐代政治史述论稿》，三联书店2001年版，第212页。
[3] 《新五代史》卷43《氏叔琮传》，第467页。

节度使,到李克用镇河东,可知李克用父子已经是名副其实的唐廷地方大臣,与其他封疆大吏适可比肩而立。李克用父子盘踞代北期间,也是沙陀汉化进程大大加速的时期。特别是李克用就任河东节度使时,通过娶汉妇、豢养汉人为养子、任用汉人为官、重用汉人宦官等手段,[1]极大地丰富了沙陀人汉化的形式,沙陀人的汉化程度明显得到加深。李克用本人长期以唐臣自居,并以恢复唐朝社稷为志向,在对其子李存勖的告诫中,曾说:"昔天子幸石门,吾发兵诛贼臣,当是之时,威震天下,吾若挟天子,据关中,自作九锡禅文,谁能禁我!顾吾家世忠孝,立功帝室,誓死不为耳,汝它日当务以复唐社稷为心。"[2]其中所流露出的忠君思想,就是李克用深受汉文化熏陶的必然结果。其后继者后唐庄宗李存勖、明宗李嗣源,以及后晋、后汉统治者,都继续推行汉化政策,使得沙陀与汉民族的交流与融合日益加快。实际上,沙陀族共同体包括多种部族成分,时有所见的非沙陀而称作沙陀的情况,反映出的正是其时族系不清的民族混融局面,而不少出自沙陀、粟特、奚、回鹘等民族的骁将,活跃于中原地区,又可表明,粟特等民族也在沙陀汉化的进程中起到相当大的作用。这些以沙陀为主体的少数族裔,因为汉化色彩的愈益浓厚,遂皆被视为"唐人"或"汉儿"。[3]

　　正是由于沙陀汉化特征的日益显著,中原士人群体对于沙陀建立的割据政权及其所建立的三个王朝,并未显示出抗拒、抵制和排斥的立场,更多的却是持认同的态度,积极参与其中,而沙陀之所以能割据一方,甚至入主中朝,与中原士人的支持与扶助有着至为密切的联系。史载,自唐末"丧乱之后,衣冠多逃难汾、晋间"[4]。"昔武皇之树霸基,庄宗之开帝业,皆旁求多士,用佐丕图。故数君子者,或以书檄敏才,或以缙绅旧族,咸登贵仕"[5]。所谓"数君子者",即指李袭吉、王缄、李敬义、卢汝弼、李德休、苏循、苏楷等人。上述诸人进入河东政权后,竭心尽力辅佐李克用父子。如自称李林甫之后的洛阳人李袭吉,"博学多通,尤谙悉国朝近事,为文精意练实,动据典故,无所放纵,羽檄军书,辞理宏健"。"绰绰有士大夫之风概","在武皇幕府垂十五年"[6],出谋划策,为李克用称霸河东作出了重要

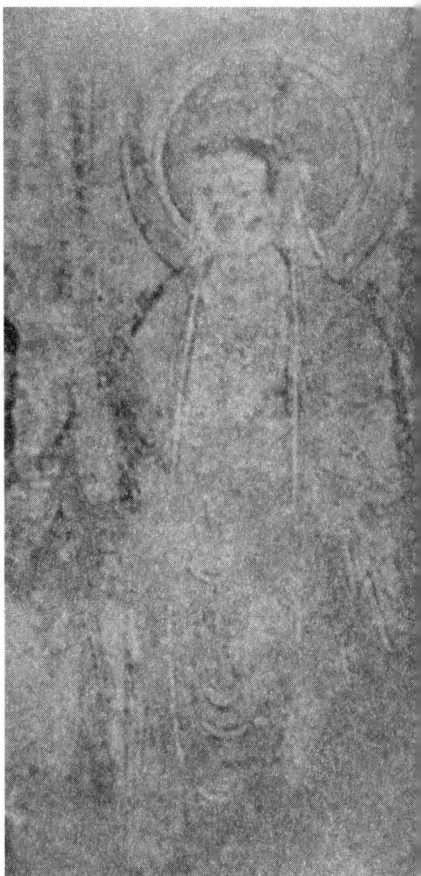

扇面墙壁画——观世音菩萨

[1] 李锋敏:《唐五代时期的沙陀汉化》,载《甘肃社会科学》1999年第3期。

[2]《资治通鉴》卷271,后梁均王龙德元年正月,第8862页。

[3] 邓小南:《五代宋初"胡/汉"语境的消解》,载《文史哲》2005年第5期。

[4]《旧五代史》卷60《李袭吉传》,第801页。

[5]《旧五代史》卷60《苏循附子楷传》,第812页。

[6]《旧五代史》卷60《李袭吉传》,第801、805页。

五代地藏菩萨像

贡献。再如卢汝弼，"其父简求为河东节度使，为唐名家，故汝弼亦多知唐故事。晋王薨，庄宗嗣为晋王，承制封拜官爵皆出汝弼"[1]，足见李存勖对其依赖之重。其他如盖寓、郭崇韬之辈，也是代北集团雄峙一方、逐鹿中原的重要幕僚和得力干将。沙陀族入主中原之后，投入到沙陀政权中的汉人进一步增加，其情形与汉人建立的王朝已无不同。虽说沙陀三王朝究其实只能说是蕃汉联合政府，但汉族士人群体无一例外地是各朝文臣集团中的核心和骨干。仅据《新五代史》所载，后唐任用的147名官员中，汉族出身者90人，少数民族10人，其他不知族属；后晋任用的85名官员中，汉族73人，少数民族6人，不知族属者6人；后汉任用的39名官员中，汉族33人，少数民族3人，不明族属者3人。[2]据此可以看出，沙陀等外来民族的族裔背景，在政权更迭频繁的五代时期，已不再成为时人看重的问题，而这种民族色彩的淡化，在很大程度上即取决于沙陀的汉化，这也是中原士人认同、参与沙陀政权的重要原因。另一方面，沙陀对中原地区的统治，也基本上采用的是汉族传统的治理方式，符合儒家的治世路线，故而能获得汉族士人群体的普遍接受与拥戴。如后唐庄宗李存勖称："盖前王之令典，为历代之通规"，"务振纪纲"，继承唐祚。[3]后晋高祖石敬瑭也下令："朝廷之制，今古相沿"[4]，明确规定后晋制度"用唐礼乐"[5]。后汉高祖刘知远出于仰慕汉朝的缘故，"追尊六庙"，竟以"国号为大汉"[6]。

　　再来看中原士人群体对契丹政权的抗拒与排斥。从汉化进程而言，契丹明显逊于沙陀。自高祖武德二年（619）起，唐廷就在契丹部落设置辽州，贞观年间又新置昌州、师州、带州以及松漠都督府等，并赐其酋长窟哥李唐"国姓"。此后，又以联姻手段笼络契丹酋长，一些契丹部落也内迁至营州、幽州一带，乃至远迁至青州，成为唐廷百姓。然而，契丹的主体始终未曾远离故土，也没有成为大唐王朝的入附者，契丹酋长所担任的羁縻府州的都督、刺史等，仍然具有强烈的化外色彩。由于契丹与唐室的关系时好时坏，羁縻府州也是时兴时废，安史之乱后，东北地区的羁縻府州更是荡然无存，契丹人中除长期居住于河朔地区的一小部分，已被汉化外，大部分已游离于

[1] 《新五代史》卷28《李袭吉传》，第311页。
[2] 翁独健主编：《中国民族关系史纲要》，中国社会科学出版社2005年版，第397页。
[3] 《旧五代史》卷30《唐庄宗纪四》，第412页。
[4] 《旧五代史》卷77《晋高祖纪三》，第1014页。
[5] 《册府元龟》卷93《帝王部·赦宥十二》，第1116页。
[6] 《旧五代史》卷100《汉高祖纪下》，第1333页。

唐廷的统治之下,完成了由"化内人"向"化外人"的转变。大约与此同时,契丹也从部落组织逐步过渡到国家形态。虽然,耶律阿保机也能重用和赏识康默记、韩延徽、韩知古等汉族士人,但其所建立的政权与中原王朝并不存在隶属关系,故而,在汉族士人眼中,契丹政权就是典型的化外夷狄之国,契丹人也自然沦入外国人的范畴。这还仅是问题的一个方面。

在前面的有关章节中业已提到,唐末阿保机时期,契丹社会经济的发展进入到一个全新的历史阶段,农业、畜牧业、手工业和商业均取得长足进步,经济实力明显有所提高。阿保机夺取契丹最高权力和统治各部成为世袭的契丹王之后,于后梁贞明二年(916)称帝,建立契丹国。同年,"阿保机以兵三十万会(李)克用于云州东城"[1],可见此时契丹的军事力量已经较为强大。以军事实力为后盾,契丹走上了对周边民族的征服和掠夺之旅,对与其毗邻的属于中原王朝的幽云地区也虎视眈眈。阿保机在位时,契丹铁骑已开始涉足幽云以及河北有关地区,将大批财物、牲畜及人口掳掠北去。辽神册六年(921),阿保机"空国入寇",因遭李存勖的反击,"无所得而归,然自此颇有窥中国(中原)之意"[2]。耶律德光嗣位后,秉承阿保机以武力掠夺中原并伺机称霸中原的方略,但由于直至后唐明宗时期,中原王朝对北部边境的守御较为得力,故契丹一直无机可乘。末帝李从珂时,朝政渐趋紊乱,契丹乘机挥师南下。辽天显十一年(936),耶律德光率5万骑兵,号称20万,直下晋阳,消灭后唐,扶植石敬瑭建立后晋。傀儡皇帝石敬瑭,割幽云16州给契丹,并每年输帛30万匹。契丹此时控制了中原。

契丹进入中原伊始,便以强者的姿态凌驾于中原王朝之上。后晋高祖石敬瑭依靠契丹的扶持登上皇位,对契丹感恩戴德,从而使两国之间形成畸形的君臣与"父子"之国的双重关系。尤为严重的是,幽云16州的割让,更使中原王朝失去了抵御北方胡骑的天然地理屏障,并直接影响到其后数百年民族关系的走向与中原王朝政局的安危。契丹强势欺凌中原王朝所依凭的是其强大的军事实力,与之相应的即是野蛮掠夺和武力征服的方式。后晋开

五代地藏十王图

[1]《新五代史》卷72《四夷附录一》,第887页。

[2]《文献通考》卷345《四裔二十二·契丹上》,考2702。

孔雀宝相花纹锦

运末年，契丹第二次出兵中原，攻陷开封，灭亡后晋。耶律德光入主中原之后，以"打草谷"为名，大肆纵兵杀掠，致使"丁壮毙于锋刃，老弱委于沟壑"[1]；又以严刑相威胁，竭力搜刮赀财，使得中原地区财富殆尽，民不聊生。"于是内外怨愤，始患苦契丹，皆思逐之矣"[2]。迫于形势失控，耶律德光无奈北撤，并于大同元年（947）"至杀胡林而卒"[3]。其后，契丹的屡次入侵，无不给当地民众带来极大灾难。如后汉乾祐二年（949）十月，契丹军队先后侵掠数州，所过之处，吏民"大被其苦"[4]。契丹依恃武力为后盾的统治方式，直接导致民族矛盾的日益激化和尖锐，也使中原各族人民反抗契丹的斗争此起彼伏，在抗辽压力日甚一日的严峻形势下，契丹无奈北返，仓皇退出中原。契丹与中原这种水火不相容的关系，恰是契丹无法被汉人认同与接受的症结所在。

石敬瑭举全国之力以奉契丹的做法，只不过是实现自身一己政治利益的伎俩，在当时即已遭到时人的诟病与指责。如成德节度使安重荣，"指斥高祖称臣奉表，罄中国珍异，贡献契丹，凌虐汉人，竟无厌足"[5]。并说："谄中国以尊夷狄，困己敝之民，而充无厌之欲，此晋万世耻也！"[6]虽然安重荣本人亦有交结契丹幽州节度使刘晞的行为，但上述言语中还是明确显露出视契丹为夷狄的观念，并以"中国"代言人自诩，缘于此，安重荣"名振北方"[7]。一般士人也对契丹采取不合作，甚至抵抗的态度。如后唐翰林学士张砺，身陷辽境，在悄然南归被俘获后，曾说："砺，汉人也，衣服饮食与此不同，生不如死，请速就刃。"[8]儒士张希崇，被俘掳至辽后，"莅事数岁，契丹主渐加宠信"，但仍然感到："陷身此地，饮酪被毛，生不见其所亲，死为穷荒之鬼，南望山川，度日如岁"，于是设计杀死契丹首领及其群从，率众投奔后唐。[9]儒士刘昫身陷契丹，在北上途中趁机逃脱，藏匿于上谷大宁山中，与避难于此处的儒生"结庵共处，以吟诵自娱"[10]，后来才出仕后唐、后晋。后晋中书舍人李浣，晋亡后归辽，先后任职翰林学士、工部侍郎，得到其兄密信后，"托求医南京，易服夜出，欲遁归汴"，被辽兵抓获后，曾两次自杀。[11]凡此种种，足以表明汉族士人群体对契丹政权的敌视与排斥。

[1]《资治通鉴》卷286，后汉高祖天福十二年正月，第9335页。

[2]《资治通鉴》卷286，后汉高祖天福十二年正月，第9335页。

[3]《资治通鉴》卷286，后汉高祖天福十二年四月，第9356页。

[4]《旧五代史》卷102《汉隐帝纪中》，第1362页。

[5]《旧五代史》卷98《安重荣传》，第1303页。

[6]《新五代史》卷51《安重荣传》，第1148页。

[7]《旧五代史》卷98《安重荣传》，第1304页。

[8]《旧五代史》卷98《张砺传》，第1316页。

[9]《旧五代史》卷88《张希崇传》，第1147—1148页。

[10]《旧五代史》卷89《刘昫传》，第1172页。

[11]《辽史》卷103《李浣传》，第1450页。

综上所述,可见其时华夷观的判断标准,首当其冲的是异族汉化程度的深浅,随之而来的则是民族利益的损害与否。之所以中原士人对沙陀政权与契丹政权会采取截然相反的态度,正是上述华夷观的具体显现。细究其实,沙陀与契丹汉化程度深浅的差别,也恰好与其影响中原地区的积极、消极效果相对应。进入宋代社会以后,沙陀人的族属背景几至消亡,这也正是沙陀完全融入汉文化圈的必然结果。契丹族对北部边境的压力却依然如故,五代时期紧张的民族对立情绪不仅没有消除,反而愈益加剧和突出。

栗色绢地绣宝相莲花纹经帙

二　忠节观念

"忠节"观念反映的是一个时代对臣子与君主关系的认识,属于道德和伦理范畴,其内涵因时而异,代有不同。原始儒家的忠节观,依《大戴礼记》卷6的表述为:"臣择君而事之,有道顺命,无道衡命。"唐代前期依然谨守先儒遗训,以发挥个人才智,建功立业,名扬四海,作为君臣关系和忠节的主流。宋儒则将"死事一主"作为忠节观的核心。[1]介于唐宋之间的五代十国,战火连绵不绝,朝代更替频繁,与治世相去甚远,这一时期的忠节观基本沿袭的是唐风余烈,而与宋儒言论却不尽一致,总体上又与其时代特点深相契合。

宋儒之中,欧阳修关于五代忠节问题的言论,尤具代表性。《新五代史》卷21《梁臣传·序》曾说:"呜呼!孟子谓'春秋无义战',予亦以谓五代无全臣。无者,非无一人,盖仅有之耳,余得死节之士三人焉。"[2]所谓"死节之士三人",即王彦章、裴约、刘仁赡。关于此3人的事迹,《新五代史》卷32《死节传》载之甚详。王彦章,系后梁大将,"骁勇绝伦,每战用二铁枪,皆重百斤,一置鞍中,一在手,所向无前,时人谓之王铁枪"[3]。后因伤重被俘,后唐庄宗多次遣人劝降,王彦章曰:"余本匹夫,蒙梁恩,位至上将,与皇帝交战十五年;今兵败力穷,死自其分,纵至皇帝怜而生我,我何面目见天下之人乎!岂有朝为梁将,暮为唐臣!此我所不为也。"[4]裴约是晋王李存勖的部下,为泽州裨将,昭义节度使李嗣昭之子继韬背叛河东,投降后梁,裴约不愿随

[1] 魏良弢:《忠节的历史考察:秦汉至五代时期》,载《南京大学学报》1995年第2期。
[2]《新五代史》卷21《梁臣传·序》,第207页。
[3]《资治通鉴》卷267,后梁太祖开平三年十一月,第8719页。
[4]《资治通鉴》卷272,后唐庄宗同光元年十月,第8895页。

从,率其部下坚守泽州,后梁攻破泽州后,被杀。刘仁赡原本为杨吴大将,李昇篡位后,成为南唐将领,后周世宗出兵南唐之际,其带领部下全力守御寿州,城池被陷,不受周命而卒。

以上3人,如果仅仅按照宋儒"忠臣不事二主"的标准进行衡量,将王彦章、裴约划于忠臣之列,殆无异议。而刘仁赡身仕二朝,则明显与上述标准不合,"死节之士"的说法或有不妥。其实,细加考究,将王彦章称为"死节之士",本身就与儒家的正统观念相抵牾。众所周知,后梁乃篡唐而立,朱温以弑君之臣而践祚,有悖儒家君臣大义,理当为士人所不齿,出仕后梁已为礼义所难容,遑论忠于其君,死事一朝?然而,欧阳修却对王彦章死节一事,大加赞赏,"呜呼,天下恶梁久矣!然士之不幸而生其时者,不为之臣可也,其食人之禄者,必死人之事,如彦章者,可谓得其死哉"[1]!可见,欧阳修之所以将上述3人列为死节之士,恪守的是宋儒"死事一主"的原则,而这种原则显然与原始儒家的正统观不尽相合。既然以宋儒的忠节观为尺度,评判五代十国时期的忠节问题,存在上述分歧和淆乱,这就表明,五代十国时期的忠节观有异于宋代。

实际上,唐代前期的忠节观在五代十国时期仍然得以延续,其核心内容是建功立业,服务朝廷,而并非刻意固守忠于一朝、死事一主的教条。如名臣魏征,仕宦多朝,历事数主,但时人并未对其忠节问题提出异议。五代十国时期,朝代更迭有如走马灯一般,在社稷易姓如此频繁、迅速的时间段落中,要求为官为宦者无一例外地殉国而死,几无可能。所谓"于此之时,责士以死与必去,则天下为无士矣"[2]。基于这种特定的时代背景,仕宦多朝者比比皆是,其时的社会舆论对此不以为非,鲜有指斥。

谈到五代的忠节观,冯道是一个绕不开的典型人物。关于冯道的评价,前面已经有所论列,此处仅以忠节观为中心,稍加探讨。宋儒欧阳修、司马光分别以"无廉耻者"[3]、"奸臣之尤"[4]作为冯道的盖棺论定之语,然而,在时人看来,冯道的气节并无问题,倒是褒誉之声不绝于耳。如庄宗朝,冯道直言劝谏,朝臣"重其胆量";其"发言简正,善于裨益,非常人所能及也"。后晋末年,契丹入寇,群臣无

五代董源《寒林重汀图》

[1]《新五代史》卷32《王彦章传附裴约传刘仁赡传》,第352页。

[2]《新五代史》卷33《死事传·序》,第355页。

[3]《新五代史》卷54《杂传·序》,第611页。

[4]《资治通鉴》卷291,后周太祖显德元年四月臣光曰,第9512页。

首,"(冯)道以德重,人所则取,乃为众择诸将之勤宿者","军民由是贴然"。是以,史家评论说:"(冯)道历任四朝,三入中书,在相位二十余年,以持重镇俗为己任,未尝以片简扰于诸侯。"进而又说:"道之履行,郁有古人之风;道之宇量,深得大臣之体。"后唐明宗李嗣源称冯道:"真士大夫也"[1]。范质也赞其曰:"原德稽古,宏才伟量,虽朝代迁贸,人无间言,屹若巨山,不可转也。"[2]"时人往往以德量推之"[3]。冯道在其所撰《长乐老自叙》中,自认一生"以三不欺为素","孝于家","忠于国",符合"事亲、事君、事长、临人之道"。[4]凡此种种,反映出其时社会普遍承认的人生价值取向与气节观,并不是以身事一主或忠于一朝为唯一准则,来判定其忠节与否,关注的重点集中于对朝廷的贡献、时局的积极影响。冯道这方面的事迹,前面已有叙述,无须多论。

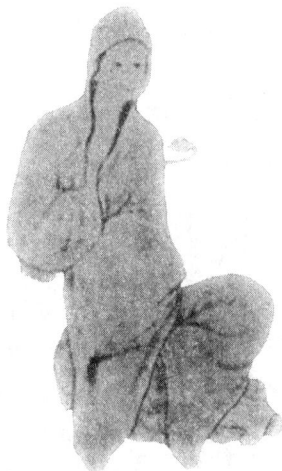
五代周文矩《兜率宫内慈氏图》

　　与冯道类似,张全义也是忠节问题上历来争议颇多的一个人物。宋人王禹偁指斥张全义为"乱世之贼臣"[5],当时人的看法却与此大相径庭。唐末,张全义初据洛阳时,民户"不满百户",邑内满目疮痍,其"善于抚纳,课部人披榛种艺,且耕且战,以粟易牛,岁滋垦辟,招复流散,待之如子"。"数年之间,京畿无闲田,编户五六万"[6],"民甚赖之"[7]。虽然由于专于刑杀,"人多枉滥,为时所非",但似乎无关忠节,以至在后唐庄宗朝冤杀河南县令罗贯之后,史书中犹称为是"良玉之微瑕也"。[8]后晋时,桑维翰曾建议高祖石敬瑭为张全义洛阳生祠赐额,号"忠肃","庙敕已下,会朝廷有故,遂中辍之"。至宋真宗时,鉴于"齐王(张全义)于唐末有大功,洛民受赐者四十余年","诏有司复以'忠肃'额之焉,其德政碑楼,俾再完葺"[9]。可见,时人极其推崇张全义对洛阳的治理之功,并将之视为评价张全义忠节的主要依据,这与唐代忠节观的标准更为相近。

　　其实,忠节观与出仕为宦的原则,并非是一而二、二而一的关系。具体到五代十国时期而言,"忠节"主要表现为为民造福,建立功业,出仕为宦者的原则则因人而异,表现在行动上亦有差别,有人致力于兴利除害,为民谋取福祉;有人则尸位素餐,碌碌无为,甚至鱼肉百姓,玩弄权术,贪赃枉法,卖主求荣,祸国殃民。显而易见的是,前者

[1] 以上引文俱见《旧五代史》卷126《冯道传》,第1656–1666页。

[2]《资治通鉴》卷291,后周太祖显德元年四月臣光曰引范质语,第9511页。

[3]《资治通鉴》卷291,后周太祖显德元年四月,第9510页。

[4]《旧五代史》卷126《冯道传》,第1663页。

[5]《五代史阙文》,《后唐史·张全义》,第2454页。

[6]《旧五代史》卷63《张全义传》,第839页。

[7]《新五代史》卷45《张全义传》,第490页。

[8]《旧五代史》卷63《张全义传》,第843页。

[9]《洛阳缙绅旧闻记》卷2《齐王张令公外传》,第2401页。

可纳入忠节之士的行列,冯道、张全义之所以在时人眼中忠节无亏,原因即在于此。而针对后一类人的表现,欧阳修曾有如下慨叹:"至于儒者,以仁义忠信为学,食人之禄,任人之国者,不顾其存亡,皆恬然以苟生为得,非徒不知愧,而反以其得为荣者,可胜数哉!"[1]究其实,这段话所反映的是其时士风败坏的问题,与忠节与否仍不能等而视之。

五代巨然《层崖丛树图》

[1]《新五代史》卷33《死事传·序》,第355页。

附录一　五代十国年表

国别 年号、 年代 公元	五代 （依次序排）	吴	南唐	前蜀	后蜀	南汉	楚	吴越	闽	荆南	北汉	备注
907	后梁 开平 元年	天祐 四年		天复 七年		开平 元年	开平 元年	开平 元年	开平 元年	开平 元年		晋（河东李氏）用唐天祐年号。
908	开平 二年	天祐 五年		武成 元年		开平 二年	开平 二年	天宝 元年	开平 二年	开平 二年		前蜀建国。吴越虽臣事后梁，而于国内自建年号。
909	开平 三年	天祐 六年		武成 二年		开平 三年	开平 三年	天宝 二年	开平 三年	开平 三年		
910	开平 四年	天祐 七年		武成 三年		开平 四年	开平 四年	天宝 三年	开平 四年	开平 四年		
911	乾化 元年	天祐 八年		永平 元年		乾化 元年	乾化 元年	天宝 四年	乾化 元年	乾化 元年		
912	乾化 二年	天祐 九年		永平 二年		乾化 二年	乾化 二年	天宝 五年	乾化 二年	乾化 二年		
913	乾化 三年	天祐 十年		永平 三年		乾化 三年	乾化 三年	天宝 六年	乾化 三年	乾化 三年		是年底，刘守光称燕帝，不及一年而亡。
914	乾化 四年	天祐 十一年		永平 四年		乾化 四年	乾化 四年	天宝 七年	乾化 四年	乾化 四年		
915	贞明 元年	天祐 十二年		永平 五年		贞明 元年	贞明 元年	天宝 八年	贞明 元年	贞明 元年		后梁太祖死，后梁末帝改元。
916	贞明 二年	天祐 十三年		通正 元年		贞明 二年	贞明 二年	天宝 九年	贞明 二年	贞明 二年		是年，辽建国，辽太祖建号神册（916—921）。
917	贞明 三年	天祐 十四年		天汉 元年		乾亨 元年	贞明 三年	天宝 十年	贞明 三年	贞明 三年		南汉刘䶮称帝。

国别 年号、年代 公元	五代 (依次序排)	吴	南唐	前蜀	后蜀	南汉	楚	吴越	闽	荆南	北汉	备注
918	贞明四年	天祐十五年		光天元年		乾亨二年	贞明四年	天宝十一年	贞明四年	贞明四年		
919	贞明五年	武义元年		乾德元年		乾亨三年	贞明五年	天宝十二年	贞明五年	贞明五年		吴正式建国,改元。
920	贞明六年	武义二年		乾德二年		乾亨四年	贞明六年	天宝十三年	贞明六年	贞明六年		吴睿宗继位。
921	龙德元年	顺义元年		乾德三年		乾亨五年	龙德元年	天宝十四年	龙德元年	龙德元年		
922	龙德二年	顺义二年		乾德四年		乾亨六年	龙德二年	天宝十五年	龙德二年	龙德二年		辽改元天赞(922—926)。
923	后唐同光元年	顺义三年		乾德五年		乾亨七年	同光元年	天宝十六年	同光元年	同光元年		
924	同光二年	顺义四年		乾德六年		乾亨八年	同光二年	宝大元年	同光二年	同光二年		
925	同光三年	顺义五年		咸康元年		白龙元年	同光三年	宝大二年	同光三年	同光三年		前蜀亡。
926	同光四年 天成元年	顺义六年			同光四年 天成元年	白龙二年	同光四年 天成元年	宝正元年	同光四年 天成元年	同光四年 天成元年		辽改元天显(927—938)。后唐明宗即位改元。
927	天成二年	乾贞元年			天成二年	白龙三年	天成二年	宝正二年	天成二年	天成二年		吴称帝。
928	天成三年	乾贞二年			天成三年	大有元年	天成三年	宝正三年	天成三年	天成三年		
929	天成四年	太和元年			天成四年	大有二年	天成四年	宝正四年	天成四年	天成四年		
930	长兴元年	太和二年			长兴元年	大有三年	长兴元年	宝正五年	长兴元年	长兴元年		
931	长兴二年	太和三年			长兴二年	大有四年	长兴二年	宝正六年	长兴二年	长兴二年		

国别 年号、年代 公元	五代 （依次序排）	吴	南唐	前蜀	后蜀	南汉	楚	吴越	闽	荆南	北汉	备　注
932	长兴三年	太和四年			长兴三年	大有五年	长兴三年	长兴三年	长兴三年	长兴三年		吴越钱镠、楚马殷、荆南高季昌死。
933	长兴四年	太和五年			长兴四年	大有六年	长兴四年	长兴四年	龙启元年	长兴四年		闽称帝。
934	应顺元年 清泰元年	太和六年			明德元年	大有七年	应顺元年 清泰元年	应顺元年 清泰元年	龙启二年	应顺元年 清泰元年		后唐闵帝改元，旋败死。末帝夺位，改元。后蜀称帝。
935	清泰二年	天祚元年			明德二年	大有八年	清泰二年	清泰二年	永和元年	清泰二年		
936	后晋天福元年	天祚二年			明德三年	大有九年	天福元年	天福元年	通文元年	天福元年		后唐亡。
937	天福二年		昇元元年		明德四年	大有十年	天福二年	天福二年	通文二年	天福二年		吴灭，南唐烈祖建国。
938	天福三年		昇元二年		广政元年	大有十一年	天福三年	天福三年	通文三年	天福三年		辽改元会同（938—947）。
939	天福四年		昇元三年		广政二年	大有十二年	天福四年	天福四年	永隆元年	天福四年		
940	天福五年		昇元四年		广政三年	大有十三年	天福五年	天福五年	永隆二年	天福五年		
941	天福六年		昇元五年		广政四年	大有十四年	天福六年	天福六年	永隆三年	天福六年		
942	天福七年		昇元六年		广政五年	大有十五年 光天元年	天福七年	天福七年	永隆四年	天福七年		
943	天福八年		（三月改元）保大元年		广政六年	应顺元年（三月） 乾和元年（十一月）	天福八年	天福八年	永隆五年 （殷）天德元年	天福八年		南唐烈祖死，元宗继位。

国别、年代公元 / 年号	五代（依次序排）	吴	南唐	前蜀	后蜀	南汉	楚	吴越	闽	荆南	北汉	备注
944	开运元年		保大二年		广政七年	乾和二年	开运元年	开运元年	永隆六年天德二年	开运元年		
945	开运二年		保大三年		广政八年	乾和三年	开运二年	开运二年	天德三年	开运二年		
946	开运三年		保大四年		广政九年	乾和四年	开运三年	开运三年	保大四年	开运三年		闽亡。
947	开运四年 后汉天福十二年		保大五年		广政十年	乾和五年	开运四年天福十二年	开运四年天福十二年	保大五年	开运四年天福十二年		辽改元大同。九月，辽世宗改元天禄（947—951）。
948	后汉乾祐元年		保大六年		广政十一年	乾和六年	乾祐元年	乾祐元年	保大六年	乾祐元年		
949	乾祐二年		保大七年		广政十二年	乾和七年	乾祐二年	乾祐二年	保大七年	乾祐二年		
950	乾祐三年		保大八年		广政十三年	乾和八年	乾祐三年	乾祐三年	保大八年	乾祐三年		
951	后周广顺元年		保大九年		广政十四年	乾和九年	广顺元年	广顺元年	保大九年	广顺元年	乾祐四年	南唐灭楚。后汉亡，北汉建国。辽穆宗改元应历（951—969）。
952	广顺二年		保大十年		广政十五年	乾和十年	广顺二年	广顺二年	保大十年	广顺二年	乾祐五年	南唐被逐出湖南。
953	广顺三年		保大十一年		广政十六年	乾和十一年	广顺三年	广顺三年	保大十一年	广顺三年	乾祐六年	
954	显德元年		保大十二年		广政十七年	乾和十二年	显德元年	显德元年	保大十二年	显德元年	乾祐七年	后周世宗继位。

年号、年代 国别 公元	五代（依次序排）	吴	南唐	前蜀	后蜀	南汉	楚	吴越	闽	荆南	北汉	备　注
955	显德二年		保大十三年		广政十八年	乾和十三年	显德二年	显德二年	保大十三年	显德二年	乾祐八年	
956	显德三年		保大十四年		广政十九年	乾和十四年	显德三年	显德三年	保大十四年	显德三年	乾祐九年	
957	显德四年		保大十五年		广政二十年	乾和十五年	显德四年	显德四年	保大十五年	显德四年	天会元年	
958	显德五年		中兴元年交泰元年		广政二十一年	乾和十六年大宝元年	显德五年	显德五年	中兴元年显德五年	显德五年	天会二年	
959	显德六年		交泰二年		广政二十二年	大宝二年	显德六年	显德六年	显德六年	显德六年	天会三年	
960	北宋建隆元年		交泰三年		广政二十三年	大宝三年	建隆元年	建隆元年	建隆元年	建隆元年	天会四年	北宋建立,五代结束。

附录二　征引文献目录

一、古籍

[北齐]魏收:《魏书》,中华书局点校本1974年版。

[唐]李延寿:《北史》,中华书局点校本1974年版。

[唐]魏征等:《隋书》,中华书局点校本1973年版。

[唐]杜佑:《通典》,中华书局点校本1988年版。

[唐]长孙无忌等编,刘俊文撰:《唐律疏议笺解》,中华书局1996年版。

[唐]元结:《次山集》,景印文渊阁四库全书本(第1071册)。

[唐]元稹:《元稹集》,中华书局点校本1982年版。

[五代]罗隐:《罗隐集》,中华书局点校本1983年版。

[后晋]刘昫:《旧唐书》,中华书局点校本1975年版。

[五代]孙光宪:《北梦琐言》,中华书局点校本2002年版。

[五代]王仁裕:《玉堂闲话》,五代史书汇编本,杭州出版社2004年版。

[五代]王仁裕:《王氏闻见录》,五代史书汇编本,杭州出版社2004年版。

[后蜀]何光远:《鉴诫录》,五代史书汇编本,杭州出版社2004年版。

[后蜀]张唐英撰,王文才、王炎校笺:《蜀梼杌校笺》,巴蜀书社1999年版。

[后蜀]赵崇祚:《花间集》,四部备要本,上海中华书局影印本1936年版。

[宋]王溥:《唐会要》,上海古籍出版社点校本1991年版。

[宋]王溥:《五代会要》,上海古籍出版社点校本1978年版。

[宋]薛居正:《旧五代史》,中华书局点校本1976年版。

[宋]宋敏求:《唐大诏令集》,商务印书馆排印本1959年版。

[宋]王钦若:《册府元龟》,中华书局影印本1960年版。

[宋]李昉:《太平广记》,中华书局断句本1961年版。

[宋]李昉:《文苑英华》,中华书局影印本1966年版。

[宋]欧阳修、宋祁:《新唐书》,中华书局点校本1975年版。

[宋]欧阳修:《新五代史》,中华书局点校本1974年版。

[宋]司马光:《资治通鉴》,中华书局点校本1956年版。

[宋]陶谷:《清异录》,全宋笔记本(第一编),大象出版社2003年版。

[宋]张齐贤:《洛阳缙绅旧闻记》,五代史书汇编本,杭州出版社2004年版。

[宋]王禹偁:《五代史阙文》,五代史书汇编本,杭州出版社2004年版。

[宋]欧阳修:《归田录》,中华书局点校本1981年版。

[宋]王谠撰,周勋初校证:《唐语林校证》,中华书局1987年版。

[宋]陶岳:《五代史补》,五代史书汇编本,杭州出版社2004年版。

[宋]尹洙:《五代春秋》,五代史书汇编本,杭州出版社2004年版。

[宋]佚名:《五国故事》,五代史书汇编本,杭州出版社2004年版。

[宋]路振:《九国志》,五代史书汇编本,杭州出版社2004年版。

[宋]史温:《钓矶立谈》,五代史书汇编本,杭州出版社2004年版。

[宋]郑文宝:《南唐近事》,五代史书汇编本,杭州出版社2004年版。

[宋]郑文宝:《江表志》,五代史书汇编本,杭州出版社2004年版。

[宋]佚名:《江南余载》,五代史书汇编本,杭州出版社2004年版。

[宋]陈彭年:《江南别录》,五代史书汇编本,杭州出版社2004年版。

[宋]龙衮:《江南野史》,五代史书汇编本,杭州出版社2004年版。

[宋]马令:《南唐书》,五代史书汇编本,杭州出版社2004年版。

[宋]耿焕:《野人闲话》,五代史书汇编本,杭州出版社2004年版。

[宋]句延庆:《锦里耆旧传》,五代史书汇编本,杭州出版社2004年版。

[宋]黄休复:《益州名画录》,五代史书汇编本,杭州出版社2004年版。

[宋]钱俨:《吴越备史》,五代史书汇编本,杭州出版社2004年版。

[宋]周羽翀:《三楚新录》,五代史书汇编本,杭州出版社2004年版。

[宋]张咏:《张乖崖集》,中华书局点校本2000年版。

[宋]欧阳修:《欧阳修全集》,中华书局点校本2001年版。

[宋]范仲淹:《范文正公集》,四部丛刊初编本(第136册),商务印书馆影印本
　　1926年版。

[宋]苏辙:《苏辙集》,中华书局点校本1990年版。

[宋]曾巩:《隆平集》,台北文海出版社影印本1967年版。

[宋]王安石:《临川文集》,景印文渊阁四库全书本(第1105册)。

[宋]司马光:《涑水记闻》,中华书局点校本1989年版。

[宋]赵彦卫:《云麓漫钞》,中华书局点校本1996年版。

[宋]王称:《东都事略》,台北文海出版社影印本1979年版。

[宋]李焘:《续资治通鉴长编》,中华书局点校本2004年版。

[宋]叶梦得:《石林燕语》,中华书局点校本1984年版。

[宋]李心传:《建炎以来朝野杂记》,中华书局点校本2000年版。

［宋］僧文莹：《玉壶清话》，中华书局点校本1984年版。

［宋］刘斧：《青琐高议》，上海古籍出版社点校本1983年版。

［宋］黄休复：《茅亭客话》，景印文渊阁四库全书本（第1042册）

［宋］沈括著，胡道静校注：《梦溪笔谈校证》，古典文学出版社1957年版。

［宋］赞宁：《宋高僧传》，中华书局点校本1987年版。

［宋］陆游：《南唐书》，五代史书汇编本，杭州出版社2004年版。

［宋］洪迈：《容斋随笔》，中华书局点校本2005年版。

［宋］王观国：《学林》，中华书局点校本1988年版。

［宋］不著撰人：《宣和画谱》，景印文渊阁四库全书本（第813册）。

［宋］阮阅：《诗话总龟·后集》，景印文渊阁四库全书本（第1478册）。

［宋］宋子安：《东溪试茶录》，景印文渊阁四库全书本（第844册）。

［宋］洪皓：《松漠纪闻》，景印文渊阁四库全书本（第407册）。

［宋］乐史：《太平寰宇记》，台北文海出版社影印本1971年版。

［宋］郑樵：《通志》，中华书局影印本1987年版。

［宋］曾公亮等：《武经总要·前集》，景印文渊阁四库全书本（第726册）。

［宋］章如愚：《群书考索·后集》，景印文渊阁四库全书本（第937册）。

［宋］孙逢吉：《职官分纪》，中华书局影印文渊阁四库全书本1988年版。

［宋］郑克：《折狱龟鉴》，景印文渊阁四库全书本（第729册）。

［宋］沈作宾修，施宿等纂：《嘉泰会稽志》，宋元方志丛刊本，中华书局影印本
　　1990年版。

［宋］梁克家：《淳熙三山志》，宋元方志丛刊本，中华书局影印本1990年版。

［宋］赵不悔修，罗愿撰：《新安志》，宋元方志丛刊本，中华书局影印本1990年
　　版。

［宋］撰人不详：《钱币考》，丛书集成初编本（第771册），上海商务印书馆1939年
　　版。

［元］脱脱等：《宋史》，中华书局点校本1985年版。

［元］脱脱等：《辽史》，中华书局点校本1974年版。

［元］马端临：《文献通考》，中华书局影印本1986年版。

［明］徐一夔：《史丰稿》，景印文渊阁四库全书本（第1229册）。

［明］黄仲昭：《八闽通志》，福建人民出版社点校本2006年版。

［明］谢肇淛：《五杂俎》，辽宁教育出版社新世纪万有文库本2001年版。

［清］徐松辑：《宋会要辑稿》，中华书局影印本1957年版。

［清］厉鹗：《辽史拾遗》，景印文渊阁四库全书本（第289册）。

［清］吴任臣：《十国春秋》，中华书局点校本1984年版。

［清］顾炎武：《天下郡国利病书》，四部丛刊三编本（第20册），商务印书馆影

印本1935年版。

［清］陈元龙：《格致镜原》，景印文渊阁四库全书本（第1031册）。

［清］王士禛编，郑方坤删补：《五代诗话》，人民文学出版社点校本1989年版。

［清］王士禛：《香祖笔记》，景印文渊阁四库全书本（第870册）。

［清］李调元编：《全五代诗》，丛书集成初编本（第1780册），上海商务印书馆
　　1939年版。

［清］梁廷枏：《南汉书》，五代史书汇编本，杭州出版社2004年版。

［清］吴兰修：《南汉记》，五代史书汇编本，杭州出版社2004年版。

［清］冯甦：《滇考》，景印文渊阁四库全书本（第364册）。

［清］董诰编：《全唐文》，中华书局影印本1983年版。

［清］彭定求等编：《全唐诗》，中华书局点校本1950年版。

［清］王夫之：《读通鉴论》，中华书局点校本1975年版。

［清］赵翼著，王树民校证：《廿二史札记校证》，中华书局1984年版。

［清］卞宝第、李瀚章等修，曾国荃、郭嵩焘等纂：《湖南通志》，上海古籍出版社
　　影印本1990年版。

［清］翟均廉：《海塘录》，景印文渊阁四库全书本（第583册）。

陈尚君辑校：《旧五代史新辑会证》，复旦大学出版社2005年版。

二、考古文献

南京博物院：《南唐二陵发掘简略报告》，《文物参考资料》1951年第7期。

冯先铭：《瓷器浅说》，《文物》1958年第8期。

王士伦：《余姚瓷器探讨》，《文物参考资料》1958年第8期。

浙江省文物管理委员会：《浙江黄岩古代青瓷器窑址调查记》，《考古通讯》1958
年第8期。

湖南省博物馆：《长沙瓦渣坪唐代窑址调查记》，《文物》1959年第4期。

冯先铭：《从两次调查长沙铜官窑所得到的几点收获》，《文物》1959年第4期。

周世荣：《略谈长沙的五代两宋墓》，《文物》1960年第3期。

周世荣：《湖南长沙市郊五代墓清理简报》，《考古》1965年第9期。

三、论著目录

（一）专著

（日）藤田丰八著，何健民译：《中国南海古代交通丛考》，商务印务馆1936年版。

（日）桑原骘藏著，陈裕青译：《蒲寿庚考》，中华书局1954年版。

韩国磐：《柴荣》，上海人民出版社1956年版。

李剑农：《宋元明经济史稿》，三联书店1957年版。

陈垣：《中国佛教史籍概论》，中华书局1962年版。

陈述：《契丹社会经济史稿》，三联书店1963年版。

韩国磐：《隋唐五代史纲》，人民出版社1977年版。

韩国磐：《隋唐五代史论集》，三联书店1979年版。

聂崇岐：《宋史丛考》，中华书局1980年版。

鲁迅：《鲁迅全集》，人民文学出版社1981年版。

丁福保：《古钱大辞典》，中华书局影印本1982年版。

沈起炜：《五代史话》，中国青年出版社1983年版。

卞孝萱、郑学檬：《五代史话》，北京出版社1985年版。

杨伟立：《前蜀、后蜀史》，四川社会科学出版社1986年版。

张泽咸：《唐五代赋役史草》，中华书局1986年版。

张国刚：《唐代藩镇研究》，湖南教育出版社1987年版。

唐长孺：《山居存稿》，中华书局1987年版。

诸葛计、银玉珍：《吴越史事编年》，浙江古籍出版社1989年版。

郑学檬：《五代十国史研究》，上海人民出版社1991年版。

张其凡：《五代禁军初探》，暨南大学出版社1993年版。

成都王建博物馆编：《前后蜀的历史与文化》，巴蜀书社1993年版。

卿希泰：《中国道教史》，四川人民出版社1995年版。

赵雨乐：《唐宋变革期之军政制度》，台北文史哲出版社1995年版。

任爽：《南唐史》，东北师范大学出版社1995年版。

胡如雷：《隋唐五代社会经济史论稿》，中国社会科学出版社1996年版。

黄惠贤等：《中国俸禄制度史》，武汉大学出版社1996年版。

杨果：《中国翰林制度研究》，武汉大学出版社1996年版。

张国刚：《隋唐五代史研究概述》，天津教育出版社1996年版。

朱玉龙：《五代十国方镇年表》，中华书局1997年版。

葛剑雄:《中国移民史》,福建人民出版社1997年版。

诸葛计、银玉珍:《闽国史事编年》,福建人民出版社1997年版。

曾小华:《中国古代任官资格制度与官僚政治》,杭州大学出版社1997年版。

李斌城等:《隋唐五代社会生活史》,中国社会科学出版社1998年版。

宋衍申:《两五代史辞典》,山东教育出版社1998年版。

曾昭岷等编:《全唐五代词》,中华书局1999年版。

吴钢主编:《全唐文补遗》(第7辑),三秦出版社2000年版。

宁可主编:《中国经济通史·隋唐五代卷》,光明日报出版社2000年版。

毛蕾:《唐代翰林学士》,社会科学文献出版社2000年版。

樊文礼:《唐末五代的代北集团》,中国文联出版社2000年版。

郭声波、王蓉贵:《新旧五代史地名族名索引》,四川辞书出版社2000年版。

邹劲风:《南唐国史》,南京大学出版社2000年版。

陈寅恪:《唐代政治史述论稿》,三联书店2001年版。

杜文玉:《南唐史略》,陕西人民教育出版社2001年版。

王勋成:《唐代铨选与文学》,中华书局2001年版。

冻国栋:《中国人口史·隋唐五代时期》,复旦大学出版社2002年版。

毛汉光:《中国中古政治史论》,上海书店出版社2002年版。

武建国:《五代十国土地所有制研究》,中国社会科学出版社2002年版。

何勇强:《钱氏吴越国史论稿》,浙江大学出版社2002年版。

王仲荦:《隋唐五代史》,上海人民出版社2003年版。

郑学檬:《中国古代经济重心南移和唐宋江南经济研究》,岳麓书社2003年版。

傅璇琮:《唐代科举与文学》,陕西人民出版社2003年版。

顾立诚:《走向南方》,台湾大学出版社2003年版。

张剑光:《唐五代江南工商业布局研究》,江苏古籍出版社2003年版。

张兴武:《五代艺文考》,巴蜀书社2003年版。

程民生:《中国北方经济史》,人民出版社2004年版。

魏明孔:《中国手工业经济通史·隋唐五代卷》,福建人民出版社2004年版。

任爽主编:《十国典制考》,中华书局2004年版。

刘海峰、李兵:《中国科举史》,东方出版中心2004年版。

罗庆康:《马楚史研究》,湖南人民出版社2004年版。

吕思勉:《隋唐五代史》,上海古籍出版社2005年版。

翁独健主编:《中国民族关系史纲要》,中国社会科学出版社2005年版。

徐晓望:《福建通史·隋唐五代卷》,福建人民出版社2006年版。

白玉林等:《五代史解读》,华龄出版社2006年版。

任爽主编:《五代典制考》,中华书局2007年版。

(二)论文目录

卞孝萱:《五代时期南方诸国与契丹的关系》,《山西师范学院学报》1953年第8期。

谷霁光:《泛论唐末五代的私兵和亲军、义儿》,《历史研究》1984年第2期。

张其凡:《五代政权递嬗之考察——兼评周世宗的整军》,《华南师范大学学报》1985年第1期。

杨鸿年:《唐募兵制度》,《中国史研究》1985年第3期。

张其凡:《宋初中书事权初探》,《华南师范大学学报》1986年第2期。

董恩林:《五代中央财政体制考述》,《湖北大学学报》1986年第2期。

王育民:《论唐末五代的牙兵》,《北京师范学院学报》1987年第2期。

蒋九如、林兆育、李琼霖:《五代十国闽钱》,《中国钱币》1987年第4期。

齐勇锋:《五代禁军初探》,《唐史论丛》(第3辑),陕西人民出版社1987年版。

方积六:《关于唐代募兵制度的探讨》,《中国史研究》1988年第3期。

张其凡:《五代后梁禁军探微》,《安徽师范大学学报》1988年第3期。

(日)崛敏一:《五代宋初禁军之发展》,陈乐素主编:《宋元文史研究》,广东人民出版社1988年版。

齐勇锋:《中晚唐五代兵制探索》,《文献》1988年第3辑。

张其凡:《五代后周禁军考述》,《安徽师范大学学报》1989年第3期。

张其凡:《五代晋汉禁军考略》,《广州师范学院学报》1989年第3期。

贾大泉、周原孙:《前后蜀的枢密使》,《社会科学研究》1990年第1期。

谢保成:《论五代十国史学的发展》,《河南大学学报》1990年第4期。

张其凡:《五代后唐禁军考实——五代禁军再探》,《暨南学报》1991年第2期。

(日)内藤湖南:《概括的唐宋时代观》,《日本学者研究中国史论著选译》(第1卷),中华书局1992年版。

(日)崛敏一:《藩镇亲卫军的权力结构》,刘俊文主编:《日本学者研究中国史论著选译》(第4卷),中华书局1992年版。

(日)日野开三郎:《五代镇将研究》,《日本学者研究中国史论著选译》(第5卷),中华书局1993年版。

齐勇锋:《五代藩镇兵制和五代宋初的削藩措施》,《河北学刊》1993年第4期。

刘敏:《五代时期的前后蜀铸币》,《四川文物》1994年第1期。

易图强:《五代朝廷军事上削藩设置》,《中国史研究》1994年第3期。

杜文玉:《晚唐五代都指挥使考》,《学术界》1995年第1期。

魏良弢:《忠节的历史考察:秦汉至五代时期》,《南京大学学报》1995年第2期。

来可泓:《五代十国牙兵制度初探》,《学术月刊》1995年第11期。

曾国富:《五代南平史三题》,《中国史研究》1996年第1期。

张国刚:《唐代团结兵问题辨析》,《历史研究》1996年第4期。

杜文玉:《南唐六军与侍卫诸军考略》,《学术界》1997年第4期。

李锋敏:《唐五代时期的沙陀汉化》,《甘肃社会科学》1999年第3期。

戴显群:《关于五代宰相制度的若干问题》,《长沙电力学院学报》2001年第3期。

程遂营:《五代幕府文职僚佐》,《南都学刊》2001年第5期。

陈永胜:《"后晋开运二年寡妇阿龙地产诉讼案"若干法律问题析论》,《兰州大学学报》2003年第2期。

樊文礼:《五代的枢密直学士》,《烟台师范学院学报》2003年第4期。

李军:《五代三司使考述》,《人文杂志》2003年第5期。

刘丽琴:《五代巡检研究》,《史学月刊》2003年第6期。

王凤翔:《五代十国时期的中门使》,《史学月刊》2003年第12期。

樊文礼:《"华夷之辨"与唐末五代士人的华夷观——士人群体对沙陀政权的认同》,《烟台师范学院学报》2004年第3期。

蓝武:《五代十国时期岭南科举考试研究》,《社会科学家》2004年第5期。

赵荣织:《五代义儿与社会政治》,《新疆师范大学学报》2004年第6期。

张其凡、张胜海:《五代翰林学士略考》,《社会科学辑刊》2005年第7期。

邓小南:《五代宋初"胡/汉"语境的消解》,《文史哲》2005年第5期。

本书古今地名对照,全部依据史为乐主编《中国历史地名大辞典》(中国社会科学出版社2005年版)一书,谨此说明,并致谢忱!

本书随正文之图片,大部分采自当时的发掘报告及以后出版的各种图文集,相沿既久,无法一一注明来源,特此说明,并向所有被引用者鸣谢!

索引（按笔画为序）

（人名、地名、重大事件及典章制度等）

后 记

多少年来,五代史一直是史学研究的一块空白。此书之作,是想拾遗补阙,虽然作者学识谫陋,谬误处必然不少,但若能收抛砖引玉之效,也是幸事了。

在撰写过程中,力图把错综复杂的史实理出头绪,找出发展的阶段;对历史人物和历史事件的述评,力求写得活一些,实事求是而不公式化;注意五代十国承前启后的作用,给它以恰如其分的历史地位;还要把这一时期的历史写成整个中国境内各民族的历史,而不仅仅是内地汉族的历史;力图把经济和文化的发展,做力所能及的论述。凡此种种,都不是驽力所能达到的,只不过迈出一步而已,幸勿以志大才疏见责。

我想写这本书,由来已久。1947年在国立师范学院史地系毕业时,我师熊德基先生赐寄《五代史》上册(当时的大学丛书,下册未出),勖勉有加。这本书于解放前遭反动派搜捕时散佚。50年代后期,经常想撰写五代史,以酬老师期望。不意刚想动笔,十年动乱开始,延至今日,党的十一届三中全会以来的阳光雨露,才使枯木逢春。草稿成后,熊老师年近古稀,于百忙中逐篇审阅,手书万余言,详细教诲,一如当年。垂老弟子能得数十年如一日的老师耳提面命,实为人生最大幸事。学长文元珏先生一生坎坷,于此书撰写时,竭诚指教,用了很多心血。湖南考古学专家戴亚东先生、老友谭绪赞先生给了不少的教益,使我非常感激。湖南省文化厅文物处工作同志、湖南师范学院科研处工作同志、江苏社会科学院许辉同志,为本书附图提供了许多方便,谨此致谢。此书撰写,吸收了史学界的一些成果,不敢掠人之美,均一一注明出处。在此,顺致敬谢之意。顾亭林标榜"博学于文,行己有耻"。笔者不敢言博学于文,但必须行己有耻,庶几无玷师教耳。

陶懋炳
1983年12月26日

增订后记

五代历史，向无专书，多附着于隋唐史之后，称之为"隋唐五代史"。20世纪80年代，陶懋炳先生撰《五代史略》一书，于1985年作为人民出版社断代简史之一种出版。此书刚一出版，责任编辑张秀平先生即于1985年4月25日自北京寄赠一本，我于5月10日收到。这是第一部五代历史的专书，收到后十分高兴，当即通读一遍。

我的宋史研究，始自宋初宰相赵普，牵涉到五代历史者正多，因此，一直很注意五代历史的研究。也是在20世纪80年代，我撰写了《五代禁军初探》一书，由暨南大学出版社于1993年11月出版。由是，对五代历史也较为熟悉吧。读过陶著《五代史略》之后，对作者筚路蓝缕、填补空白之作，深为赞赏。此后的研究中，也时常翻阅参考。

21世纪初，老友张秀平先生找到我，问我是否愿意修订《五代史略》一书。原来陶懋炳先生已去世，张秀平先生征得陶先生家人同意，准备对《五代史略》修订后再版。得知原委后，欣然同意，接下了这个任务。嗣后因行政事务繁忙，同时还指导10余名博士与硕士研究生，遂一拖数年。中经张秀平先生几次催促，又蒙曾育荣博士主动合作，终于用了两年多时间，完成了《五代史略》的增订工作。

此次增订主要作了如下工作：

其一，通读原著，改正错讹。原著中稍有史实舛误、文字衍漏等方面的问题，我们对此做了力所能及的修正工作。有些语汇，则一仍其旧。如"封建"一词的使用，迄今仍是学界见仁见智的话题，为避免"以文害意"现象的出现，除个别地方有所改动外，出于对原著的尊重与推崇，我们均继续保留原有表述，未做处理。而对原著中较为冗长的语句，或观点明显有失妥当之处，则适当予以简省或删除。

其二，核对引文，纠谬补缺。针对原著中的众多引文与注释，我们选用目前学界最为常见、通行的各种史籍版本，与今人有关著述，逐一进行了核对、查验，并一一据以订正。而且，遵照现行学术规范，在注释中标明了著者、书籍、卷数、卷名、版本、页码等内容，以便查考与翻检。校对所得，将另以专文刊出。

其三，增补新章，明乎其实。由于原帙中涉及典章制度的篇幅相对较少，我们相应增加了职官制度、法律制度、选举制度、军事制度、经济制度等典章制度的专章，想从更多侧面反映五代十国史的历史面貌。

《五代史略》出版于20多年前，20年来，五代史的研究也有不小进展。在进行上述增订工作时，我们尽可能参考了这20多年学界的众多成果，予以吸收融合，并尽可能随文出注，但为体例、体裁所限，或有遗漏，未能一一注出。对于给予本书提供莫大帮助、未及提到的众多学人，谨在此致以由衷谢忱。

原书约29万字，经删节保留下来者26万字，新增字数约26万字，经过这次增订，较之原书已增一倍。即便如此，相较五代十国丰富的历史内容及其独特的历史地位而言，本书亦不可能做到巨细无遗，无所不包，仍有众多领域未曾涉及，这些只能留待日后再作探讨了。而在新增的若干内容中，也还有许多语焉未详的问题，其中的某些一孔之见，也未必尽得其实。凡此种种，仍需置诸高明，诚愿方家有以教我，幸莫大焉！

本书的提纲主要由我制定，初稿则主要由曾育荣博士承担。我在初稿基础上进行了校改，然后由曾博士再加改正。输入电脑，选择图片，均由曾育荣博士一力完成；书后的"征引文献目录"与"索引"，也由曾博士一手制作。不敢掠美，特此说明。

张其凡
2008年12月10日于广州暨南花园

编辑后记

　　我担任责任编辑的《五代史略》，初版于1985年，作者是湖南师范大学的陶懋炳先生。五代十国，与魏晋南北朝的大分裂一样，是中国的又一次分裂割据时期，头绪多而局势混乱，治史者多不愿问津，因而向无专书，多附属于隋唐史后，称之为"隋唐五代史"。《五代史略》刚一出版，我即在《人民日报·理论版》发表了书评《拾遗补缺　贵在第一》(1985年4月15日)，称该书是第一部关于五代历史的专著；作者筚路蓝缕，填补了该断代历史研究的空白。

　　2000年，开始启动多卷本《中国历史》的出版工作，我即将《五代史略》列入其中。但《五代史略》出版于二十多年前，二十年来，五代史的研究不能说是日新月异，但进展不小，却是有目共睹。原作者陶懋炳先生也已于出书5年后去世。

　　《五代史略》的增订、修订工作，在征得原作者的家属授权后，我立即约请广州暨南大学古籍所的张其凡教授担纲，张教授欣然允诺。

　　我和张其凡教授，相识于20世纪80年代。他年长我1岁，又都与西北有点"渊源"。他是四川蓬溪(今属重庆)人，父母援疆，长在新疆。我是浙江临海人，1969年参加内蒙古生产建设兵团，此后被推荐上了兰州大学历史系，是个"工农兵"大学生。1977年毕业后，分配到了人民出版社，先是在校对科从事校对工作。1年后，按专业分工，我来到了历史编辑室。其时的人民社历史编辑室，人才济济。主任刘元彦先生，是川军将领刘文辉的公子、中国古代史专家；副主任陈汉孝、陆世澄，分别是主攻中国近现代史和德国史的专家；此外，还有美国史专家邓蜀生、共运史专家张郁兰(她的丈夫是哲学史专家宋家修)、古代史专家张作耀(后来的历史编辑室主任、人民出版社副总编辑、《新华文摘》主编)、近代史专家林言椒(后来的三联书店副总编辑)，以及吕涛、吕一方、江平、苏文芳、孙祥秀等，以上诸人，江平、吕涛、张郁兰已去世，其余都已离休或退休。

　　我初来历史编辑室时，正是"文革"后期，出版百废待举，作者青黄不接。当时的主任刘元彦，先让我整理历史编辑室的样书，并登记作者的单位(由老编辑提供)。这个工作虽然麻烦，也看似不重要，但却是编辑工作的一项基本功。为了做好这个工作，我发挥了在内蒙兵团曾做过团计划股统计员的特长，自行设计了一张表格，将样书的书名、作者、单位、通信地址设计为"一览表"，以出版社的"出版物目录"和历史编辑室样书柜的样书为主线一一造册登记。这个工作做了6个月，我边登记边阅读，基本上了解了历史编辑室在"文革"前17年出版的所有主要图书及作者队伍。吕一方是我做编辑工作的老师，她经常带我拜见历史编辑室的作者如白寿彝先生、朱仲玉先生、张传玺先生等等。"工欲善其事，必先利其器"，了解了出版现状和作者的研究方向之后，这对我以后数十年从事的编辑工作，如同注入了一股新生的源泉，以后的组稿、约稿、编稿，则都是这个源泉的汩汩细流。

上世纪70年代末、80年代初，科学和学术迎来了春天，中国古代史各断代史研究会初创成立的五彩缤纷的年代，也宣告到来。中国宋史研究会即于1979年年底成立，邓广铭先生是第一任会长。1981年年初，我接手了邓广铭先生的《岳飞传》(增订本)一书的责任编辑工作。从1981年到1983年《岳飞传》(增订本)出版的3年间，我骑车从家(当时住阜成门内北顺城街)出发至邓广铭先生的寓所——北大未名湖畔的郎润园10公寓206室，往返达数十次。从白石桥到当时的中关村南大街，一条大路，奔驰着自市区通往颐和园的332、331路公交车，高大的白杨树伫立两旁，路上铺满林荫，骑车也晒不到太阳；路的两边，除了舞蹈学院、中央民族大学、友谊宾馆、人民大学、国家气象局等单位外，菜地和麦田点缀其间，新建的中国农业科学院的大门和中国医学院口腔医院大楼，分外巍峨和壮观。一进北大南门，路西是孔庆东"北大往事"中的研究生32楼、34楼……路两边是北大各色各样的海报和各系、各科的通知。校园里，肩负培育英才重任的老师们，步履匆匆；树丛间，莘莘学子，身影婆娑，空气中都能令人感受到这个百年老校的浓浓的学术之风在流动。从南门一直骑到底，过北大图书楼，右拐沿未名湖畔东岸体育馆东北行，就到了郎润园，郎润园的西北是勺园。邓广铭先生毕生从事宋史研究，是宋史界的一代宗师。邓广铭先生的《岳飞传》(增订本)是一部具有"考索之工"的"独断之学"，也是迄今为止所有岳飞传记中的"上乘之作"。我因此书的编辑工作，得到了邓广铭先生的赞扬。1983年，我的第一篇关于宋史研究的论文《宋代榷盐制度述论》发表，也得到邓广铭先生的认可。从1981年的宋史研究会郑州会议开始，两年一次的宋史年会我几乎每次都参加，我也是为数不多的由邓广铭先生亲自介绍入会的会员之一。我进入宋史研究领域，与邓广铭先生的鼓励和帮助是分不开的。先生的道德文章，当另文缅怀；由于这段特殊的经历，我立志要生命不灭、编书不止，一定要对得起学术研究的引路人。

我在历史编辑室编辑出版了《唐太宗传》、《岳飞传》、《五代史略》、《简明宋史》、《古代社会断代新论》等有影响的图书后，1985年，被任命为人民出版社"《祖国丛书》(年鉴)编辑室"副主任(主任缺)，此后又担任了综合室、文化室、历史室副主任。在副主任的岗位上共历19年(1998年确定为正处待遇)，直到2003年黄书元社长来了以后，我才担任东方编辑室主任，创造了人民出版社副主任任期之长之最。孔子说：人生"不患无位，患无以为"。越南社会主义共和国国家的奠基者胡志明主席，当年在中国的广西桂林和柳州之间搞革命，他的《诗选》就有："柳州桂林又柳州，踢来踢去像皮球"，这条路后来被誉为"胡志明小道"。走出漫长艰辛的小道，2003年担任东方编辑室主任后,我立即策划了《东方文化》近20个系列,其中的《20世纪著名人物群体书系》、《现代稀见史料书系》、《战后国际关系稀见史料书系》、《世界宗教与文化书系》、《中国历史》(14卷)等,在读书界产生了广泛而深刻的影响,厚积而爆发的喜悦,是我多年历练的必然结果,也要特别感谢黄书元社长的知人与善任。

1985年起,我开始承担《中国历史学年鉴》"宋史研究述评"的撰写工作。《年鉴》"宋史研究述评"的写作,既需要对一年的宋史研究论文和专题史著作详尽的浏览,还需要对前此的宋史研究概况做到心中有数,绝不是简单的"述"与"评",《年鉴》还特别强调要有作者的眼光与观点。也正因为我是《年鉴》"宋史研究述评"的特约撰稿者,我也由此逐渐团结联系了一大批宋史研究中的佼佼者,张其凡教授就是其中之一。

张其凡教授是一个谦逊的人。他比我年长,是中国宋史界前辈陈乐素的弟子,也是陈先生于"文革"后,恢复在中国社会科学院招生的唯一一位攻读硕士学位的研究生。他的学识和学历都在我之上,但他不以此自傲,却经常和葛金芳(兰州大学赵俪生先生的研究生、湖北大学教授、宋史研究会副会长)、张邦炜(西北大学金宝祥先生的研究生、四川师范大学教授、宋史研究会前副会长)称我为"大师兄"。我在兰大时曾听过李蔚老师的课,而李老师是赵俪生先生的研究生,既乱了辈分,当然就让我无所措了。因为经历和年龄相仿,我们是研究会中相互走动比较近的会员。

张其凡教授是一位勤奋的学者。每有大著出版,都承他惠赠。如《赵普传》、《五代禁军初探》、《宋初政治探析》、《宋太宗》、《两宋历史文化概论》、《张乖崖集》与《宋代典籍研究》等;我也有幸担任了他参予的大著《〈中国政治制度通史〉(1—10卷)〈宋代卷·宋代军制〉》、《宋代历史文化研究》及《续编》的责任编辑;我也经常收到他寄赠的论文。1988年以后,因为连续3年担任《年鉴》"宋史研究述评"特约撰稿,一年一篇《中国史研究动态》的"宋史研究概况"和《中国历史学年鉴》条目式的述评,年年相同的工作与流程,使我觉得自己写不出新东西了,迫切想推掉此项工作。《年鉴》编辑部的特约主持陈高华先生 (全国政协常委、中国社会科学院历史研究所前所长),让我推荐一位合适的人选,我毫不犹豫地推荐了张其凡教授。此时的他已是一位副教授,但他欣然同意,令我感佩。1989年,他又撰写《1978——1988宋史研究10年回顾》,此后的1998、2008,他都撰写了最近10年的宋史研究专文。此时,他早已是教授、广州暨南大学古籍所的所长、博士生导师、宋史研究会的副会长,门生故友遍天下了。撰写综述文章,虽然是编辑工作的另一项基本功,也是编辑进入学术界的捷径,但往往被学界称为"敲门砖",他以"大家"屈任,足见他永远地具有学术研究的广阔视野。

张其凡教授是一个重交情的人。我担任责编、白钢先生主编的《中国政治制度通史》(1—10卷),荣获了第三届国家图书奖。张其凡和白钢先生交往很早很深,参加了该书《宋代卷·军事制度》的写作。近年来,白钢先生几次心脏病发作,他都来京专程探望。有一年，他的儿子和夫人来北京，夫人又转道去了新疆，儿子张睿留在我家。我只是帮他照看了两天，尽尽地主之谊而已。但他却时时感念，每逢年会聚会时，他都会和周边的会员提起此事。搞得我很难为情。

此次增订、修订工作，是由张其凡教授审定修订提纲后，将初稿的写作任务交由其学生曾育荣博士承担的。成稿后，他又多次修改，最后由曾博士改正并打印成稿。为与全套书的体例相一致，曾博士又一力选择图片、精心制作征引文献目录与索引，为此付出了大量艰苦、辛勤的劳动。他们的修订和增补历时数年，主要工作如下：

首先是订正原著中的错讹部分。尽管原著这方面的问题不是太多，但偶尔还是有所存在。新著的此项工作，主要是针对原著中涉及史实舛误的内容，在考订诸书的基础上，选择其中最为可信的记述，予以修改，尽量做到切合客观记载；原著中校对、文字衍漏等方面的问题，也力求尽可能减小失误与差错。

其次是反复校对原书中的引文，以现行学术规范出注。原著引文与注释众多，但没有注明作者、版本的要求和页次，为与时下学术潮流接轨，核对引文与注释当然是必须的。在这项类似于校勘的工作中，作者选择当前学术界最为常见、通行的各种史籍与今人著述，逐条核对引文与注释，将其中的错误之处一一加以厘正，并在注释中依次标明著者、书籍、卷数、卷名、版本、页次等内容，以便读者查考与翻检。

最后是增补了关于典章制度等的若干新内容。新著中特别增加了诸如职官制度、法律制度，选举制度、军事制度和经济制度的专章，力图从制度渊源流变的层面，说明五代十国史的历史地位。另外，书中还新增了"道教"、"五代十国时期的社会风尚与社会思潮"等部分，主旨则在于从更多侧面反映五代十国的历史面貌。

书稿写作的具体实施以及清样的校订，基本上是通过我和曾育荣博士的联系而进行的，这一过程前后持续了一年多。不久之前，我才知道曾博士受业于张其凡教授之前，曾在葛金芳教授指导下攻读硕士研究生，这样与我又多了一层关系。可喜的是，曾博士能在书稿写作以及处理校样期间，始终能不厌其烦，一丝不苟，这大概都与两位老师的教导有关吧。"江山依旧，人才辈出"，从本书的增订与修订的内容和过程看，曾博士应该具有光辉而又灿烂的学术未来。

还是回到五代十国史上来。自公元907年朱全忠废唐建梁(史称后梁)，至公元960年赵匡胤陈桥兵变，篡周(史称后周)建宋，这段时间，共计54年，史称"五代"；在此期间，南北各地又先后出现了一批割据政权，史称"十国"。五代十国是唐代藩镇割据的发展，又是由长期僵持之局转向统一局面的过渡时期。就整个中国古代社会的历史来考察，五代十国是一个大震荡、大变革的时期，确如熊德基先生所言：这段历史"表面上乱，实质是变"。五代十国，又是中国社会经济重心进一步南移的重要时期，是中国古代文化重心南移的开始。赵匡胤建立的"北宋"终于没有成为"五代"

以后的第六代，中国历史又开始显现出走向统一的曙光。

　　著者在撰述本书时，尽可能参考了近二十多年学术界的众多成果予以吸收融合，并尽可能随文注出征引来源。而且，原书约29万字，经删节保留约25万字，新增字数约26万字，又有文物图片近500幅。经过此次增订修改，内容已经有了极大的扩充，篇幅上较之原书增加一倍以上，本书的学术品位已非昔日可比。我又征得原著者陶先生家属同意，署名方式为：陶懋炳　张其凡　曾育荣著，这也名副其实。

　　本书即将付梓之际，我写下以上与编辑有关的人和事、书稿的来龙与去脉，是为"后记"。

张秀平

2009年3月16日下午3时至凌晨1时

于朝内大街166号510室

图书在版编目(CIP)数据

中国历史·五代史 / 陶懋炳 张其凡 曾育荣著.
- 北京:人民出版社,2009 年 3 月
(中国历史 / 张秀平 关宏策划)
ISBN 978-7-01-007727-7/
Ⅰ.中...　Ⅱ.①陶...②...③曾...
Ⅲ.①中国－历史－中国②中国－古代史－五代(907～960)
Ⅳ.K20
中国版本图书馆 CIP 数据核字(2009)第 020456 号

中国历史·五代史
ZHONGGUO LISHI WUDAISHI

作　　者：陶懋炳　张其凡　曾育荣
选题策划：张秀平　关　宏
责任编辑：张秀平　任文正
封面设计：徐　晖
版式设计：陈　岩

人民出版社 出版发行

地　　址：北京朝阳门内大街 166 号
邮政编码：100706
经　　销：全国新华书店经销
印刷装订：永恒印刷有限公司印装
出版日期：2009 年 3 月第 1 版　2009 年 3 月第 1 次印刷
开本：　730 毫米×970 毫米　1/16
印张：　37.25
字数：　600 千字
书号：　ISBN 978-7-01-007727-7/
定价：　80.00 元